LES
FABLIAUX

ÉTUDES

DE LITTÉRATURE POPULAIRE ET D'HISTOIRE LITTÉRAIRE

DU MOYEN AGE

PAR

JOSEPH BÉDIER

Ancien élève de l'École Normale et de l'École des Hautes-Études, maître de conférences
à la Faculté des lettres de Caen.

PARIS
ÉMILE BOUILLON, ÉDITEUR
67, Rue de Richelieu, 67
1893

Forme le 98ᵉ fascicule de la Bibliothèque de l'École des Hautes-Études.

EN VENTE A LA MÊME LIBRAIRIE

Bibliothèque française du moyen âge. Format petit in-8°.
  I, II : Recueil de motets français des XII° et XIII° siècles, publiés d'après les manuscrits avec introduction, notes, variantes, etc., par G. Raynaud, suivis d'une étude sur la musique au siècle de saint Louis, par H. Lavoix fils. 18 fr.
  III : Le Psautier de Metz, tome I°, texte et variantes, publié d'après quatre manuscrits, par F. Bonnardot. 9 fr.
  IV, V : Alexandre le Grand dans la littérature française du moyen âge, par P. Meyer. 18 fr.
  VI, VII : Œuvres de Gautier d'Arras, publiées par E. Loseth. 18 fr.

Alexandre (R.). Le Musée de la conversation. Répertoire de citations françaises, dictons modernes, curiosités littéraires, historiques et anecdotiques avec une indication précise des sources. Seconde édition. In-8°. 4 fr.

Arbois de Jubainville (H. d'). Les noms gaulois chez César et Hirtius de bello gallico. 1re série : Les composés dont rix est le dernier terme. In-18 jésus. 4 fr.

Bastin (J.) Étude sur les principaux adverbes : affirmation, négation, manière. In-8°. 3 fr.

Beljame (A.). La prononciation française du nom de Jean Law, le financier. Gr. in-8°. 1 fr. 25.

Binet (H.). Le style de la lyrique courtoise en France aux XII° et XIII° siècles. In-8°. 3 fr. 50.

Brakelmann (J.) Les plus anciens chansonniers français (XII° siècle), publiés d'après tous les manuscrits. Petit in-8°. 5 fr.

Carnel (D.). Le dialecte flamand de France. Étude phonétique et morphologique de ce dialecte tel qu'il est parlé spécialement à Bailleul et ses environs (Nord). In-8° avec une carte. 2 fr. 50.

Chatelain (E.). Les étudiants suisses à l'école pratique des Hautes Études (section des sciences historiques et philologiques) (1868-1890), avec un appendice sur les étudiants suisses de Paris aux XV° et XVI° siècles. Gr. in-8°. 2 fr.

Chrestomathie de l'ancien français (IX°-XV° siècles), précédée d'un tableau sommaire de la littérature française au moyen âge et suivie d'un glossaire étymologique détaillé. Nouvelle édition soigneusement revue et notablement augmentée, avec le supplément refondu, par L. Constans. In-8°. 7 fr.

Cosquin (E.). Contes populaires de Lorraine comparés avec les contes populaires des autres provinces de France et précédés d'un essai sur l'origine et la propagation des contes populaires européens. 2 vol. gr. in-8°. 12 fr.

Darmesteter (A.). De la création actuelle des mots nouveaux dans la langue française et des lois qui la régissent. Gr. in-8°. 10 fr.

Delboulle (A.). Les fables de La Fontaine. Additions à l'histoire des fables, comparaisons, rapprochements, notes littéraires et lexicographiques. In-18 jésus. 2 fr. 50.

Études romanes dédiées à Gaston Paris par ses élèves français et ses élèves étrangers des pays de langue française. Gr. in-8°. 20 fr.

Flamenca (le roman de), publié d'après le manuscrit unique de Carcassonne, avec introduction, sommaire, notes et glossaire par P. Meyer. Gr. in-8°. 8 fr.

Godefroy (F.). Dictionnaire de l'ancienne langue française et de tous ses dialectes du IX° au XV° siècle.
  L'ouvrage complet se composera de 10 livraisons de 10 feuilles gr. in-4° à trois colonnes au prix de 5 fr. chacune, 72 sont en vente.

Gréban (A.). Le mystère de la Passion, publié d'après les mss. de Paris, avec une introduction et un glossaire par G. Paris et G. Raynaud. 1 fort vol. gr. in-8° à 2 col. 25 fr.

Gregorio (G. de). Il libro dei vizii e delle virtù. Testo siciliano del secolo XIV. In-8°. 8 fr.
— Saggio di fonetica siciliana. In-8°. 5 fr.

Havet (L.). La prose métrique de Symmaque et les origines du Cursus. Gr. in-8°. 4 fr.

8°Z.
114

LES FABLIAUX

MACON, PROTAT FRÈRES, IMPRIMEURS

LES
FABLIAUX

ÉTUDES

DE LITTÉRATURE POPULAIRE ET D'HISTOIRE LITTÉRAIRE

DU MOYEN AGE

PAR

JOSEPH BÉDIER

Ancien élève de l'École Normale et de l'École des Hautes-Études, maître de conférences
à la Faculté des lettres de Caen.

PARIS
ÉMILE BOUILLON, ÉDITEUR
67, Rue Richelieu, 67
1893

BIBLIOTHÈQUE
DE L'ÉCOLE
DES HAUTES ÉTUDES

PUBLIÉE SOUS LES AUSPICES

DU MINISTÈRE DE L'INSTRUCTION PUBLIQUE

SCIENCES PHILOLOGIQUES ET HISTORIQUES

QUATRE-VINGT-DIX-HUITIÈME FASCICULE

LES FABLIAUX, ÉTUDES DE LITTÉRATURE POPULAIRE ET D'HISTOIRE LITTÉRAIRE
DU MOYEN AGE, PAR JOSEPH BÉDIER

PARIS
ÉMILE BOUILLON, ÉDITEUR
67, RUE RICHELIEU, 67
1893

A M. GASTON PARIS

HOMMAGE
DE RECONNAISSANCE ET D'AFFECTION

INTRODUCTION

Voici, sur un sujet léger, un livre pesant. Quelques-uns m'en feront reproche : les fabliaux étant les contes joyeux du moyen âge, à quoi bon alourdir ces amu... 'tes par le plomb des commentaires érudits? Que nous importent, après tout, ces facéties surannées? Ne suffisait-il pas de rire un instant de ces contes à rire, — et de passer?

Pourtant j'ai traité gravement cette matière frivole. C'est à ces joyeusetés, voire à ces grivoiseries, que j'ai consacré, à l'âge des longs espoirs, mon premier et plus sérieux effort.

Ce n'est pas que je me range à l'opinion néfaste selon laquelle tout objet de science mérite égale attention. C'est une tendance commune à beaucoup d'érudits de s'enfermer dans leur sujet, sans se soucier autrement de son importance, grande ou menue. Volontiers, ils s'en tiennent à la recherche pour la recherche, et professent que toute investigation, quel qu'en soit l'objet, vaut ce que vaut celui qui l'entreprend. Les résultats qu'ils obtiennent serviront-ils jamais à personne? Ils laissent à d'autres, sous prétexte de désintéressement scientifique, le soin d'en décider. Or, comme une phrase n'a toute son importance que dans son contexte, un animal dans sa série, un homme dans son milieu historique, de même les faits littéraires ne méritent l'étude que selon qu'ils intéressent plus ou moins des groupes de faits similaires plus généraux, et une monographie n'est utile que si l'auteur a clairement perçu ces rapports. Il est bon de se rappeler ce mot de Claude Bernard, plaisant, mais profond. Un jeune physiologiste lui présentait un jour une longue monographie d'un animal quelconque, soit le crotale ou le gymnote. Claude Bernard lut le livre. « J'estime, dit-il à l'auteur, votre conscience ; je loue votre labeur. Mais à quoi serviraient, je vous prie, ces trois cents pages, si, par hasard, le gymnote n'existait pas ? »

Bien que je ne sois jamais réellement sorti de mon sujet, pourtant, si par hasard les fabliaux n'existaient pas, il resterait peut-être quelque chose du présent travail.

Car l'étude de nos humbles contes à rire du xiiie siècle, indifférents par eux-mêmes, peut contribuer à la solution de problèmes plus généraux.

C'est pourquoi je me soucie peu qu'on me critique d'avoir pris trop au sérieux ces contes gras ; mais je redoute, au contraire, de la part des savants qui sont au courant du sujet, le juste reproche de n'avoir pas craint, en ce livre de débutant insuffisamment armé, d'aborder de front ces problèmes.

Ils sont de deux sortes.

En tant que les fabliaux sont, pour la plupart, des *contes traditionnels*, qui vivaient avant le xiiie siècle et qui vivent encore aujourd'hui, ils font partie du trésor des littératures populaires ; ils avoisinent les contes merveilleux et les fables, et comme tels intéressent les folk-loristes ; car la question de leur origine et de leur transmission se pose pareillement pour eux et pour les autres groupes de contes populaires.

D'autre part, comme constituant un *genre littéraire* distinct, propre au moyen âge français, les fabliaux intéressent les historiens de notre vieille littérature : il s'agit de les étudier dans leur développement et dans leur rapport aux autres genres.

De là les deux parties de ce livre.

.˙.

Pour la question d'origines, il semble que la solution en soit de longue date acquise à la science. Depuis les temps lointains de Huet, évêque d'Avranches, quiconque a parlé des fabliaux l'a proclamé : ils viennent de l'Inde. Tout récemment encore, dans sa *Littérature française au moyen âge*[1], qui, pour chaque question, sait nous dire où en est aujourd'hui la science, souvent où elle en sera demain, M. Gaston Paris écrivait :

« D'où venaient les fabliaux? La plupart avaient une origine orientale. C'est dans l'Inde, en remontant le courant qui nous les amène, que nous en trouvons la source la plus reculée (bien que plusieurs d'entre eux, adoptés par la littérature indienne et transmis par elle, ne lui appartiennent pas originairement et aient été empruntés à des littératures plus anciennes). Le bouddhisme, ami des exemples et des paraboles, contribua à faire recueillir ces contes de toutes parts et en fit aussi inventer d'excellents. Ces contes ont pénétré en Europe par deux intermédiaires principaux : par Byzance, qui les tenait de la Syrie ou de la Perse, laquelle les importait directement de l'Inde, et par les Arabes. L'importation arabe se fit elle-même en deux endroits très différents : en Espagne, notamment par l'intermédiaire des juifs, et en Syrie, au temps des croisades. En Espagne, la transmission fut surtout littéraire...; en Orient, au contraire, les croisés, qui vécurent avec la population musulmane dans un contact fort intime, recueillirent oralement beaucoup de récits. Plusieurs de ces récits, d'origine bouddhique, avaient un caractère moral et même ascétique : ils ont été facilement christianisés ; d'autres, sous prétexte de moralité finale, racontaient des aventures assez scabreuses : on garda l'aventure en laissant là, d'ordinaire, la moralité ; d'autres enfin furent retenus et traduits comme simplement plaisants. »

．．．

Ai-je besoin de dire que, longtemps, l'auteur du présent travail ne douta point que là fût la vérité? Cette théorie avait

1. (2e édition, 1890, p. 111).

pour elle non pas seulement les qualités des beaux systèmes, l'ampleur et la simplicité, — non pas seulement l'autorité de ces noms glorieux : Silvestre de Sacy, Théodore Benfey, Reinhold Koehler, Gaston Paris, — mais cette force toute puissante des idées courantes, anonymes, reçues dès la jeunesse, on ne sait de qui, de partout, jamais discutées.

Le système était assuré, semblait-il. Il n'y avait plus qu'à refaire, après tant de savants, le prestigieux voyage d'Orient : passer, avec chaque fabliau, d'une taverne de Provins ou d'Arras, où un jongleur l'avait rimé, à Grenade, où quelque juif espagnol l'avait traduit de l'hébreu en latin; remonter avec lui jusqu'à la cour des kalifes contemporains de Charlemagne; puis, plus haut encore, en Perse, auprès des princes sassanides, pour s'arrêter enfin sur les bords du Gange où un religieux mendiant, prêchant les quatres vérités sublimes, le contait à la foule.

Sur la route, on pouvait seulement espérer reconnaître avec plus de précision, çà et là, les étapes. Des deux courants, littéraire et oral, qui avaient précipité les contes sur le monde occidental, lequel avait été le plus puissant? Avaient-ils suivi des marches parallèles et simultanées, ou diverses? Quelle était, dans l'œuvre de la transmission des contes, la part propre des Juifs? celle des Byzantins? celle des croisés? celle des pèlerins? celle des prédicateurs, qui, les ayant recueillis en Syrie, revenaient les prêcher en France?

Surtout, ce qui devait être neuf et fécond, c'était d'étudier par quel travail d'adaptation les jongleurs avaient approprié aux mœurs chrétiennes, féodales, des contes tout imprégnés d'idées indiennes; comment l'imagination orientale s'était réfractée dans des consciences françaises, jusqu'à modifier l'esprit de notre littérature, et peut-être de nos mœurs.

Je n'ignorais pas, même dans cette période de foi profonde en ces doctrines, que d'autres systèmes existaient, selon lesquels toute la vérité ne serait pas enclose dans la théorie orientaliste : l'un qui, de Grimm à M. Max Müller, s'obstinait à rapporter les contes populaires, non pas à l'Inde des temps historiques, mais aux âges primitifs de la race aryenne ; l'autre, plus jeune, qui, de Tylor à M. Andrew Lang, croyait y trouver, non pas des conceptions bouddhistes, mais des survivances de mœurs abolies, dont pouvait seule rendre compte l'anthropologie comparée. — Pourtant à quoi bon s'y arrêter? D'un côté, un système d'une belle simplicité, d'un positivisme séduisant, qui ramène à l'Orient, par des voies sûres, d'étape en étape, des contes de tout genre, contes de fées, contes à rire, contes d'animaux ; de l'autre, des théories… qui le combattent? — non pas; qui lui concèdent, au contraire, la validité de ses arguments, quand il fait venir de l'Inde des contes à rire et des fables, et qui, pourtant, prétendent trouver, dans une seule classe de récits, — dans les contes merveilleux, — tantôt des mythes aryens, tantôt des traces de mœurs sauvages.

Avait-on ce droit de laisser faire la théorie orientaliste quand elle ne vous embarrassait pas, de passer outre en cas contraire? A voir la gêne manifeste des chefs de l'école anthropologique, comme M. Andrew Lang, toutes les fois qu'ils se heurtaient aux théories indianistes, il était évident que ni les mythologues, ni les anthropologistes n'avaient rien qui les concernât dans des contes venus de l'Inde et parvenus en Europe seulement aux environs des Croisades. Il fallait donc se méfier de ces mirages : de ces deux systèmes, l'un était chenu et caduc; l'autre, mort-né.

∴

Comme les gouvernements, les systèmes périssent par l'exagération de leur principe, et sont communément ruinés par ceux là même qui, pour avoir voulu les compléter et leur faire porter leurs dernières et logiques conséquences, les ont soudain sentis s'effondrer. Tout système est comme un beau monument, qui donne asile à de nombreux et divers esprits. De puissantes mains l'ont édifié; tous le croient solide. Tantôt l'un de ses hôtes, moins par nécessité que pour le plaisir des yeux, l'étaye d'élégants arcs-boutants, le soutient par quelque colonnade; la plupart se bornent à le revêtir de belles fresques, qui l'ornent sans le compromettre. Un jour, l'un quelconque de ses habitants, le plus humble, le plus confiant, veut ajouter quelque chose à l'édifice; non pas même le surélever, mais le couronner simplement d'une pierre de faîte. Les fondements n'étaient pas solides : tout l'édifice se lézarde et branle.

Quel fut le premier et imperceptible craquement du monument, comment celui qui l'entendit essaya longtemps de se persuader qu'il se trompait, que le beau palais ne branlait pas, comment il tentait de se rassurer, à voir tant d'illustres hôtes l'habiter en paix qui ne doutaient pas qu'il ne fût fondé sur le diamant, — c'est un historique qui n'intéresserait pas le lecteur, et d'ailleurs fort obscur pour celui même qui écrit ces lignes. Qui peut suivre clairement le mystérieux travail par lequel se fonde ou se détruit une croyance?

Toujours est-il que je crus bon de faire la critique du système orientaliste, et sincère d'exposer mes doutes sur sa solidité. Cela, malgré le consentement presque universel, qui l'accueille depuis tant d'années. Mais, disait Pascal, « ni la contradiction n'est marque certaine d'erreur, ni l'incontradiction n'est marque certaine de vérité. »

∴

Voici, brièvement, quelles sont nos *positions*.

L'argument fondamental de la théorie orientaliste est celui-ci : A suivre, à la piste, un conte populaire, on remonte d'âge en âge et de pays en pays jusqu'à un texte sanscrit. Arrivé là, il faut s'arrêter. Invinciblement, nous sommes ramenés vers l'Inde, aux premiers siècles du bouddhisme; à cette époque, les contes y foisonnent. Cherchez-les en Grèce, à Rome, ou dans le haut moyen âge : l'antiquité classique, le monde chrétien jusqu'aux croisades paraissent les ignorer.

Après nous être mis en garde contre la tendance à croire

que, des diverses formes d'un même conte, la plus ancienne en date est nécessairement la forme-mère, — ce qui est le sophisme : *post hoc, ergo propter hoc*, — nous avons recherché s'il était vrai pourtant que le monde occidental eût si tardivement connu les contes populaires. Il n'a pas été malaisé de rappeler (Chapitre III) que, pour les fables tout au moins, la proposition des indianistes devait être renversée, et que les contes d'animaux foisonnaient en Grèce à une époque où nous ne savons rien de l'Inde et où les Grecs ne soupçonnaient même pas qu'elle existât ; — ni de montrer qu'il en est vraisemblablement de même des autres parties du folklore, à en juger par de très anciens contes plaisants ou merveilleux, égyptiens, grecs, romains, qui sont parfois les mêmes que redisent encore nos paysans ; — il n'a pas été malaisé davantage d'établir la même vérité pour le moyen âge antérieur aux croisades, qui nous livre, en une seule collection, presque autant de fabliaux que l'Inde.

Mais, disent les orientalistes, que sont ces rares contes antiques en regard de « l'Océan des rivières des histoires », qui, à l'époque des croisades, se déverse soudain sur l'Europe? Au XIIe et au XIIIe siècle, voici que sont traduits en des langues européennes les plus importants recueils orientaux : aussitôt les fabliaux fleurissent en France, en Allemagne.

J'ai fait effort (Chapitre IV) pour apprécier à sa juste valeur l'importance de ces traductions ; je les ai analysées ; j'ai dressé la statistique des récits qu'elles mettaient à la disposition de nos conteurs, et de ceux que nos conteurs peuvent paraître leur avoir empruntés. Et ce nombre est dérisoire. D'où il résulte que ces grands recueils sont restés des œuvres de cabinet.

Cette démonstration, qui dissipe un *idolum libri*, et qui sera utile aux folk-loristes moins familiarisés avec le moyen âge, est, à vrai dire, superflue pour les représentants les plus autorisés des doctrines orientalistes. Ils reconnaissent, en effet, que les contes populaires sont le plus souvent étrangers aux grands recueils orientaux, et que, s'ils viennent de l'Inde, ils n'en viennent que rarement par les livres. C'est la tradition orale qui les porte communément à travers le monde et cette tradition a son point de départ dans l'Inde.

Comment fondent-ils cette opinion? Uniquement — et c'est en effet la seule méthode possible — sur l'introspection de chacun des contes qu'ils prétendent ramener à l'Inde. Ces contes — dit la théorie — portent en eux-mêmes le témoignage de leur origine indienne : soit que l'on y découvre, même sous leur forme française ou italienne, des survivances de mœurs indiennes, soit encore qu'à certains traits maladroits des versions européennes correspondent, dans les versions orientales, des épisodes plus logiques, donc originaux.

La première de ces prétentions, qui tend à retrouver dans les fabliaux ou dans les contes de paysans des débris de mœurs indiennes, voire des croyances bouddhistes, est si vaine, que seuls, les sous-disciples de l'École paraissent n'y avoir pas encore renoncé. Aussi, nous accordons volontiers que, dans le chapitre où nous rappelons quelques-unes de ces tentatives avortées (Chapitre V), nous avons trop cédé au désir de vaincre sans péril des adversaires peut-être imaginaires.

On ne saurait se débarrasser aussi aisément de la seconde de ces affirmations, à savoir que les formes occidentales d'un conte, comparées aux formes orientales, se révèlent souvent comme de gauches et illogiques remaniements.

Pour le démontrer, les orientalistes ont appliqué, en un grand nombre de monographies de contes, des procédés de comparaison infiniment minutieux. Avec une bonne foi patiente dont le lecteur sera juge, j'ai accepté cette méthode. Le nombre des pages de ce livre serait doublé, si j'y avais exposé toutes les enquêtes que j'ai tentées. J'ai dû me borner : j'ai du moins rapporté celles qui concernaient *tous les fabliaux attestés en Orient*. Le nombre en est, sans doute, très grand? Plus d'un lecteur sera surpris peut-être de voir qu'ils ne sont que *onze*.

Or les résultats de ces enquêtes (Chapitre VI et VII)[1] me paraissent contredire la théorie indianiste.

Dans certains contes — c'est le cas le plus fréquent — les groupes occidental et oriental n'offrent en commun qu'un minimum de données, si nécessaires à la vie même du conte, qu'elles se retrouvent fatalement dans toutes les formes possibles; si bien qu'on ne peut rien savoir du rapport de ces versions, ni décider si les formes occidentales sont les primitives ou inversement.

En d'autre cas, loin que les versions orientales soient les mieux agencées, les plus logiques, partant les versions-mères, il semble au contraire que le rapport soit inverse, et ce sont les versions indiennes qui apparaissent plutôt comme des remaniements.

Si ces observations sont justes, l'ambitieuse théorie orientaliste devra se réduire à ces inoffensives propositions, que nul ne lui contestera jamais. L'Inde a, très anciennement, pour diverses causes et notamment pour les besoins de la prédication bouddhiste, inventé des contes. Elle en a surtout recueilli, qui existaient déjà, dans la tradition orale. Elle les a rassemblés, la première, en de vastes recueils, tandis que les Égyptiens et les Grecs, qui les contaient, eux aussi, ne daignaient que rarement les écrire.

Ces recueils sont restés longtemps confinés dans l'Inde. Pourtant, après avoir été traduits en diverses langues de l'Orient, deux ou trois d'entre eux seulement, et très tard, au xiie et au xiiie siècle de notre ère, ont été mis en latin, en espagnol, en français. Ils ont exercé sur la tradition orale une influence certaine, mais très médiocre; car au moyen âge un fort petit nombre de contes paraît être sorti de ces collections. A la Renaissance et dans les temps modernes, elles ont été traduites de nouveau : elles ne semblent avoir

1. Cf. l'appendice II.

fourni que des occasions de plagiats à des conteurs lettrés. L'histoire de ces traductions, tant au moyen âge que dans les temps modernes, n'intéresse donc guère que les seuls bibliographes.

Par voie orale, des contes sont assurément venus de l'Inde, tant au moyen âge que depuis. Contes de tout genre, merveilleux ou plaisants, fables et fabliaux. Peut-être même, malgré les apparences contraires, les quelques fabliaux que nous étudions spécialement en sont-ils originaires. Mais c'est une concession toute gratuite, car nul n'a le pouvoir de prouver cette origine orientale. Concession nécessaire pourtant, car il n'y a nulle raison d'exclure l'Inde du nombre des pays créateurs de contes. Tous en ont créé. Il est venu, il vient des contes de l'Inde, comme il en vient journellement de la Kabylie et du Groënland.

Bref, la théorie orientaliste est vraie quand elle se réduit à dire : « L'Inde a produit de grandes collections de contes. Par voie lettrée et par voie orale, elle a contribué à en propager un grand nombre. » Affirmations qui conviennent, l'une et l'autre, à un autre pays civilisé quelconque. Elle est fausse quand elle attribue à l'Inde un rôle prépondérant, quand elle l'appelle « le réservoir, la source, la matrice, le foyer, la patrie des contes ». C'est dire que le système orientaliste meurt, au moment précis où il devient un système.

．·．

En nos diverses enquêtes, la méthode de comparaison, universellement admise par les folk-loristes, nous prouvait son impuissance à démontrer que le conte étudié fût originaire de l'Orient. Mais nous révélait-elle une autre patrie pour ce conte? nous disait-elle : il n'est pas né dans l'Inde, mais en Italie, ou en Espagne?

Non : la méthode paraît stérile (Chapitre VIII), et ne le paraît pas seulement dans les quelques monographies que j'ai tentées. Depuis cinquante ans que les plus illustres savants s'obstinent à collectionner des variantes de contes pour les comparer, pour en chercher l'origine et le mode de propagation, l'immense majorité de leurs recherches n'aboutissent pas : si le conte étudié est conservé sous quelque forme orientale, ils se hâtent de le déclarer indien d'origine; sinon, ils se confinent dans un inutile classement logique des variantes, et s'abstiennent de toute conclusion, ou même de toute conjecture.

Or, pourquoi certains contes sont-ils réfractaires à ce genre de recherches?

La méthode qu'on y emploie paraît pourtant très sûre. Elle se résume en cette phrase, qui est de M. G. Paris : « Il faut de toute nécessité distinguer dans un conte entre les éléments qui le constituent réellement, et les traits qui n'y sont qu'accessoires, récents et fortuits[1]. » Dans un grand nombre de contes, le seul examen « des éléments qui constituent réellement le conte » résout la question d'origine; l'inspection des « traits accessoires » résout la question du mode de propagation.

En effet, à examiner en certains contes les éléments « qui le constituent réellement », qui en forment l'organisme, on s'aperçoit qu'ils appartiennent nécessairement à une certaine race, à une certaine civilisation. Ils supposent des mœurs, des croyances spéciales; ils ne peuvent convenir qu'à un groupe d'hommes très déterminé. On peut les définir des *contes ethniques*. On constitue ainsi des groupes de contes celtiques, germaniques; chrétiens, musulmans; médiévaux, modernes. Il est tel conte de la Table Ronde que nous rapportons avec assurance à l'Armorique ou au pays de Galles, même si nous n'en possédons aucune forme bretonne, ni galloise.

En second lieu, la comparaison des traits accessoires des différentes versions peut nous renseigner sur la propagation du conte. Ils sont en effet, souvent, les témoins des adapta-

1. *Revue critique* du 4 décembre 1875.

tions nécessaires que le conte a dû subir pour passer de sa patrie à des groupes d'hommes voisins, plus ou moins différents, incapables de l'accepter sans le modifier.

On sait combien cette méthode est féconde pour l'étude des légendes épiques et hagiographiques. Elle l'est aussi pour déterminer l'évolution d'un grand nombre de contes, de ceux, par exemple, qui forment le noyau des romans de la Table Ronde.

Le grand malheur a été de croire, depuis cinquante ans, que ces mêmes procédés pouvaient s'appliquer à des contes quelconques. On parvenait à établir l'origine de la légende d'Arthur : pourquoi pas celle de la *Matrone d'Ephèse*? On pouvait étudier l'histoire de Renart : pourquoi pas celle d'une fable quelconque? On pouvait reconstituer l'histoire poétique de Garin de Monglane ou de Saint Brandan : pourquoi pas celle du Petit Poucet? Pourquoi les contes populaires les plus aimés, les plus répandus, seraient-ils précisément ceux dont il est interdit de déterminer l'origine et les migrations?

La raison en est simple, pourtant.

La méthode est bonne pour les contes ethniques, parce qu'elle se résume à marquer quelle *limitation* les données sentimentales, morales, merveilleuses de la légende lui imposent dans l'espace et dans le temps ; à étudier à quels hommes elle convient exclusivement ; au prix de quelles transformations elle peut convenir à des hommes différents de ses premiers inventeurs.

Mais l'immense majorité des contes populaires, presque tous les fabliaux, presque toutes les fables, presque tous les contes de fées échappent, par leur nature, à toute limitation.

« Les éléments qui les constituent réellement » reposent, soit, dans la plupart des fabliaux et des fables, sur des données morales si générales qu'elles peuvent également être admises de tout homme, en un temps quelconque ; soit, dans la plupart des contes de fées, sur un merveilleux si peu caractérisé qu'il ne choque aucune croyance, et peut être indifféremment accepté, à titre de simple fantaisie amusante, par un bouddhiste, un chrétien, un musulman, un fétichiste.

De là, leur double don d'ubiquité et de pérennité. De là, par conséquence immédiate, l'impossibilité de rien savoir de leur origine, ni de leur mode de propagation. Ils n'ont rien d'ethnique : comment les attribuer à tel peuple créateur? — Ils ne sont caractéristiques d'aucune civilisation : comment les localiser? d'aucun temps : comment les dater?

On l'a voulu faire pourtant; de là, ces vaines comparaisons de versions, si souvent tentées avant nous et par nous, et dont le lecteur trouvera plus loin des exemples significatifs ; — de là, ces bizarres constructions purement logiques, fondées sur la similitude de traits accessoires indifférents ; — de là, cette histoire étrange de chaque conte, sans dates et sans géographie, soustraite aux catégories de l'espace et du temps; ces généalogies où une forme du xixe siècle apparaît comme l'ancêtre d'une forme de l'Egypte ancienne ; ces groupements de versions qui associent en une seule famille, sans que jamais on sache pourquoi, ici un conte breton et un récit kalmouk, là un narrateur arabe et un novelliste italien.

La question de l'origine et de la propagation des contes paraît donc une question mal posée. Elle est soluble, elle est résolue déjà quand il s'agit des contes ethniques. Pour les autres, qui forment l'immense majorité, il est impossible de savoir où, quand chacun d'eux est né, puisque, par définition, il peut être né en un lieu, en un temps quelconque; il est impossible de savoir davantage comment chacun d'eux s'est propagé, puisque, n'ayant à vaincre aucune résistance pour passer d'une civilisation à une autre, il vagabonde par le monde, sans connaître plus de règles fixes qu'une graine emportée par le vent.

Donc ce travail tend à une sorte de déplacement de la question.

L'histoire ne nous permet pas de supposer qu'il ait existé un peuple privilégié, ayant reçu la mission d'inventer les contes dont devait à perpétuité s'amuser l'humanité future. Elle nous montre, au contraire, que chacun a créé ses contes, qui lui appartiennent : les Bretons, les Germains, les Slaves, les Indiens. Puisque chaque peuple a le pouvoir de créer des contes ethniques, il est naturel de supposer qu'il a pu aussi inventer des contes plus généraux, qui, étant très plaisants et très inoffensifs en leurs données, voyagent indifféremment de pays en pays.

Il faut donc conclure à la polygénésie des contes. Il faut renoncer à ces stériles comparaisons de versions, qui prétendent découvrir des lois de propagation, à jamais indécouvrables : car elles n'existent pas. Il faut abandonner ces vains classements qui se fondent sur la similitude en des pays divers de certains traits forcément insignifiants (par le fait même qu'ils réapparaissent en des pays divers) — et qui négligent les éléments locaux, différentiels, non voyageurs, de ces récits, — les seuls intéressants.

Ces mêmes contes non ethniques, indifférents si on les considère en leurs données organiques, patrimoine banal de tous les peuples, revêtent dans chaque civilisation, presque dans chaque village, une forme diverse. Sous ce costume local, ils sont les citoyens de tel ou tel pays : ils deviennent, à leur tour, des contes ethniques.

Sous cette forme, les contes de fées n'impliquent pas seulement ce merveilleux banal, qui, seul, vagabonde du Japon à la Basse-Bretagne ; mais ils retiennent, en des parties non transmissibles de peuple à peuple, le souvenir de mœurs locales parfois très anciennes, de conceptions surnaturelles abolies, et par là fournissent des matériaux précieux aux anthropologistes, aux mythologues : le champ reste ouvert à l'ingénieuse *Mélusine*.

Pareillement, les mêmes contes à rire indifférents sous leur forme organique, immuable, commune à Rutebeuf, aux *Mille et une Nuits*, à Chaucer, à Boccace, deviennent des témoins précieux, chez Rutebeuf, des mœurs du xiiie siècle français ; dans les *Mille et une Nuits*, de l'imagination arabe ;

chez Chaucer, du xiv⁰ siècle anglais ; chez Boccace de la première renaissance italienne. — C'est ce qu'essaye de montrer, par l'exemple des fabliaux, la seconde partie de ce livre.

.˙.

Qu'il me soit permis de prévoir ici, en quelques mots, deux critiques.

D'abord, on peut dire que, si l'on supprimait de ce travail tout ce qui n'est pas l'étude des fabliaux, on l'abrègerait de moitié. Je l'accorde; mais c'est trop peu dire : qui ferait cette suppression ne le réduirait pas seulement de moitié ; il le réduirait à néant. — Nous nous trouvions en présence d'une théorie de l'origine des fabliaux, qui les faisait venir de l'Inde. S'appuyait-elle sur des arguments tirés de l'examen des seuls fabliaux? Non, mais sur des séries de considérations historiques et sur une méthode comparative d'où elle concluait à l'origine orientale des fabliaux et d'autres groupes de contes, indistinctement. Si elle se fût confinée dans le seul examen des contes à rire, elle ne compterait pas : il en serait de même de toute tentative de réfutation qui ne voudrait retenir de ses arguments que ceux qui concernent spécialement les fabliaux.

Une autre critique plus grave est celle qu'on tirerait du caractère négatif en apparence de mes conclusions. Je me défends ailleurs[1] contre ce reproche de scepticisme et d'agnosticisme. Le premier alchimiste qui a soutenu l'impossibilité de découvrir la pierre philosophale n'était pas un sceptique, mais un croyant. On peut me dire, pourtant : à la fin de votre longue discussion, il n'y a rien de fait, rien, qu'une théorie ruinée, si tant est qu'elle le soit.

Si elle ne l'est pas, si elle triomphe de nos faibles attaques, cette discussion n'aura pourtant pas été inutile. Toute critique de méthodes est chose bonne; car il arrive souvent

1. V. chapitre VIII.

que les partisans d'un système, trop convaincus de l'évidence de leurs principes, n'aient pas conscience qu'ils ont négligé de les rendre également clairs pour tous. Inondés de la lumière qu'ils en reçoivent, ils oublient que des esprits sincères (et non nécessairement aveugles) vivent, un peu par leur faute, dans une zone moins pleinement éclairée. Il est bon que ceux-là demandent *plus de lumière*, même s'ils la demandent en la niant témérairement. De là le sens profond de cette parole : « Il faut qu'il y ait des hérésies. » Si nos critiques sont démontrées fausses, la démonstration de leur fausseté fortifiera, pour le plus grand bien de la science, les théories mêmes que nous avons combattues.

Si, au contraire, nos critiques sont fondées en fait et en raison, qu'on veuille bien songer, avant de nous reprocher le caractère en apparence négatif de nos conclusions, à la place que tient tout système faux, aux théories voisines qu'il comprime, au nombre de travailleurs qu'il immobilise pour un travail stérile.

Combien d'esprits restent aujourd'hui défiants à l'égard des recherches de MM. Lang et Gaidoz, ou de toute tentative folk-loriste, de peur de s'exposer à la déconvenue comique qui consisterait à prendre pour des survivances de mœurs primitives, pour des détritus des conceptions les plus antiques de nos races, les imaginations de quelque prédicant bouddhiste !

S'il est vrai que la science des traditions populaires doive être débarrassée de l'obsédant problème de l'origine des contes, les savants qui s'occupent de novellistique cesseront de croire que toute leur tâche doive consister à étudier, à propos de Chaucer, le *Çukasaptati*; à faire défiler inutilement sous nos yeux, à propos de La Fontaine, tous les conteurs passés, convoqués des points les plus opposés de la terre, du midi au septentrion et de l'orient au couchant.

Quelle aurait été la seconde partie de ce livre si nous avions admis la théorie indianiste ? Considérant les fabliaux comme une matière non proprement française, mais étrangère, il aurait fallu étudier comment l'imagination orientale s'était réfractée dans l'esprit de nos trouvères. Là aurait dû être l'effort du travail : mais, si l'hypothèse orientaliste est vaine, cette recherche eût porté à faux. Si nous avions admis que les contes orientaux se sont transformés en fabliaux, les fabliaux en farces françaises d'une part, d'autre part en nouvelles italiennes, nous aurions dû étudier les transformations que Boccace ou les auteurs comiques du xve siècle ont fait subir à leurs modèles supposés. Or notre conception de l'origine des fabliaux écartait les recherches de ce genre : les auteurs de farces françaises, Boccace et les novellistes italiens ont pris leurs sujets non dans les fabliaux, qu'ils ignoraient aussi bien que Ptolémée ignorait l'existence de l'Amérique, mais dans la tradition orale. Fabliaux, farces, nouvelles italiennes ne sont que les accidents littéraires de l'incessante vie populaire des contes. Il est peut-être utile de comparer entre elles ces diverses manifestations littéraires (v. notre chapitre IX). Mais il est permis aussi de considérer les fabliaux, comme des œuvres non pas adoptives, mais exclusivement françaises ; et de même le *Décaméron*, sans se préoccuper de ses sources, comme une œuvre exclusivement italienne. — Cette conception est fausse peut-être, — négative, non pas.

∴

Quels traits communs nous révèle l'analyse des fabliaux ? Quelle est la portée de l'*esprit gaulois*, fait de gaieté facile, libre jusqu'au cynisme, réaliste sans amertume, optimiste au contraire, rarement satirique ? Ou bien, quand il est satirique, quelle autorité ont les auteurs de fabliaux à mener le *convicium saeculi*, quelle est la valeur de leurs railleries contre les femmes, le clergé, les chevaliers, les bourgeois ? (Chapitre X.)

Quels sont les procédés de composition et de style de nos trouvères dans les fabliaux ? (Chapitre XI.)

Comment l'esprit des fabliaux naît et se développe au cours du xiie siècle, en même temps que la bourgeoisie des communes affranchies, par elle et pour elle ; comment il représente l'une des faces de la littérature du moyen âge, et forme avec l'esprit chevaleresque le plus saisissant des contrastes ; (Chapitre XII.)

Comment, pourtant, le goût des fabliaux et de la littérature apparentée se répand dans les plus hautes classes, si bien que nous constatons une étrange promiscuité des genres les plus nobles et les plus bas, des publics les plus aristocratiques et les plus grossiers ; (Chapitre XIII.)

Que peut-on savoir des auteurs de fabliaux? et comment la place qui leur fut faite dans la société du temps rend compte de cette confusion des publics et des genres, explique que les jongleurs soient à la fois les porteurs des plus héroïques, des plus idéalistes poèmes, et des plus ordes vilenies ; (Chapitre XIV.) Quel est en résumé, l'évolution du genre littéraire des fabliaux? Pourquoi vient-il à dépérir et s'éteint-il au début du xiv siècle? (Chapitre XV.)

Telles sont les principales questions que pose notre seconde partie. Nous ne faisons que les indiquer, par ce bref sommaire : non que nous les tenions pour secondaires et accessoires, mais comme elles sont moins exposées à la controverse que les précédentes, il nous a paru moins utile de marquer ici par avance nos positions. Le lecteur, plus curieux de connaître nos jugements par leur dispositif que par leurs considérants, pourra se reporter à notre conclusion, où nous les résumons.

Mais on peut dire qu'il y a ici, réunis par un lien factice, deux livres en un : le premier qui serait d'un apprenti folkloriste, le second d'un apprenti romaniste.

Nous croyons pourtant que l'unité de ce travail n'est pas seulement dans son titre : *Les fabliaux*. Elle est tout entière dans cette proposition : l'étude d'un groupe de contes populaires quelconque, vaine si on tente de les suivre de migration en migration jusqu'à leur indécouvrable patrie, peut être féconde si on les considère sous la forme que leur a donnée telle ou telle civilisation. — Notre première partie propose et définit la méthode; la seconde tente de l'appliquer. Elle est dans les nécessités du sujet ; et, si nous n'avions choisi les fabliaux, comme exemple nécessaire, il nous aurait fallu traiter d'un autre groupe quelconque de contes, soit des nouvelles de Straparole, soit d'un autre recueil de contes populaires modernes, breton ou lorrain.

La partie où j'essaye de confirmer cette théorie par l'exemple des fabliaux est plus courte que la première, et, sans doute, à bon droit. Les lois d'une juste et classique composition n'exigent pas que les parties différentes d'un ouvrage se fassent exactement pendant par le nombre des chapitres et des pages; mais que les divers développements soient proportionnés à l'importance relative des questions. Si l'on nous accorde ces simples vérités, on ne nous reprochera pas de n'avoir consacré que cent cinquante pages, ou moins encore, à l'examen d'une seule collection de contes joyeux. J'avoue que j'ai tenté d'éviter un écueil où se heurtent souvent les débutants. Comme c'est leur sujet spécial qui leur révèle le plus souvent l'époque où ils se meuvent, comme c'est à mesure qu'ils avancent dans leur sillon qu'ils découvrent les alentours et les plus lointains horizons, ils sont naturellement portés à prendre le coin de terre qu'ils défrichent pour le centre et l'ombilic du monde. Peut-être ai-je exagéré en sens contraire, considérant à tort que les contes à rire du xiiie siècle méritaient difficilement une plus longue étude. Le lecteur en décidera.

**

Celui qui écrit ces lignes doit à M. Gaston Paris plus qu'il ne saurait dire. Il y a six ans, parmi les travailleurs français et surtout étrangers qui entouraient sa chaire, M. Gaston Paris distinguait le plus jeune, le plus anonyme de ses auditeurs, encore sur les bancs de l'Ecole normale. Il l'admettait, sans lui faire subir le stage ordinaire des néophytes, à ces conférences du dimanche dont nul de ses anciens élèves ne perd jamais le souvenir ; il ouvrait sa *Romania* au premier travail de ce débutant. Quelques mois plus tard, par une inexplicable faveur, chaque semaine à jour fixe, il l'appelait chez lui; et pendant une année, le professeur de l'Ecole des Hautes-Études et du Collège de France donna à l'étudiant d'inoubliables leçons privées, en sorte que celui-ci n'apprit pas les éléments des méthodes de la philologie romane dans des manuels, mais à leur source la plus pure, dans le commerce du noble esprit qui les avait fondées ou précisées. L'année suivante, le même élève fut envoyé, grâce à lui, en Allemagne; des lettres d'introduction de M. G. Paris auprès des savants d'outre-Rhin l'y avaient précédé, et M. Hermann Suchier, de l'Université de Halle, lui accordait, entre autres, un appui précieux. — Depuis, à Paris, plus tard dans l'Université suisse où son élève eut l'honneur d'enseigner, de près comme de loin, par ses lettres comme par ses entretiens, soit que M. G. Paris lui ouvrît sa bibliothèque de folk-lore, soit qu'il accordât à l'une de ses publications un encourageant compte rendu, soit qu'il propose aujourd'hui à l'Ecole des Hautes-Etudes de publier ce livre, partout, sous des formes ingénieuses et multiples, toujours présente, s'est étendue sur son travail et sur sa vie privée la chère bienveillance de son maître.

Rappeler ici ces choses, c'est un devoir aimé. C'est un péril aussi ; car le lecteur de ce livre verra trop clairement que cette confiance aurait pu être placée sur un plus digne, et qu'un autre, s'il avait rencontré au début de sa carrière un aussi puissant patronage intellectuel, en eût mieux profité. Je n'ai su reconnaître tant de bienfaits que par une infinie affection et par beaucoup de travail.

Par une qualité, du moins, les disciples de M. G. Paris m'avoueront pour l'un des leurs.

Il se trouve que ce travail sur les fabliaux, que M. G. Paris a de plus ou moins près dirigé, contredit certaines idées qu'il a soutenues. Cette théorie orientaliste que j'attaque, il ne l'a pas acceptée dans ses prétentions excessives ; mais dans la limite où elle est en effet vraisemblable, il la croit vraie. L'étude des faits m'a conduit à des conclusions contraires. Je sens combien elles sont téméraires, se heurtant à une si redoutable autorité. Je ne les exprime pas sans tremblement : je les exprime pourtant.

Par là du moins, M. G. Paris me reconnaîtra comme de son école. Parmi ceux qui la forment, il n'en est pas un qui soit à son égard comme le *famulus* passif du docteur Faust. Tous ont appris de lui la recherche scrupuleuse et patiente, mais indépendante et brave, du vrai ; la soumission du travailleur, non à un principe extérieur d'autorité, mais aux faits, et aux conséquences qu'il en voit découler ; la défiance de soi, la prudence à conclure, mais aussi, quand il croit que les faits ont parlé, l'honnêteté qui s'applique à redire ce qu'ils ont dit. Tous ont retenu de lui ces paroles élevées : « Je professe absolument et sans réserve cette doctrine que la science n'a d'autre objet que la vérité, et la vérité pour elle-même, sans aucun souci des conséquences bonnes ou mauvaises, regrettables ou heureuses que cette vérité pourrait avoir dans la pratique. Celui qui se permet, dans les faits qu'il étudie, dans les conclusions qu'il en tire, la plus petite dissimulation, l'altération la plus légère, n'est pas digne d'avoir sa place dans le grand laboratoire où la probité est un titre d'admission plus indispensable que l'habileté. »

LES FABLIAUX

CHAPITRE PRÉLIMINAIRE

QU'EST-CE QU'UN FABLIAU ? — DÉNOMBREMENT, RÉPARTITION
CHRONOLOGIQUE ET GÉOGRAPHIQUE DES FABLIAUX.

I. *La forme du mot* : fabliau ou fableau? — II. *Définition du genre* : Les fabliaux sont des contes à rire en vers ; dénombrement de nos contes fondé sur cette définition : leur opposition aux autres genres narratifs du moyen âge, lais, dits, romans, etc... — III. *Étendue de nos pertes* : mais les fabliaux qui nous sont parvenus représentent suffisamment le genre. — IV. Dates entre lesquelles ont fleuri les fabliaux : 1159-1340. — V. *Essai de répartition géographique* : que les fabliaux paraissent avoir surtout fleuri dans la région picarde.

I

En intitulant ce livre *Les Fabliaux*, je ne me dissimule pas l'excès de ma témérité[1]. Toute la jeune école romaniste dit *fableau*, comme elle dit *trouveur*. Quiconque ose écrire encore *fabliau*, *trouvère*, fait œuvre de réaction. Il est un profane, un schismatique tout au moins.

Certes, la seule forme française du mot est, en effet, *fableau* : cela n'est point discutable. Le représentant d'un diminutif de *fabula* (*fabula* + *ellus*) doit donner *fableau*, comme *bellus* donne *beau*[2].

---

1. Elle m'a déjà été reprochée par le savant M. A. Tobler, dans l'*Archiv* de Herrig, t. LXXXVII, p. 441.
2. On sait comment se sont comportés tous les mots analogues : *e* devant *ll* + *s* a dégagé un *a* parasite (*beals*) ; *ll* s'est réduite à *l*, et devant une consonne, *l* s'est vocalisée (*beaus*). On déclinait donc en vieux français :

Sing. *sujet* : li fableaus   Pluriel *sujet* : li fablel
      rég. : le fablel   *rég.* : les fableaus

La forme du pluriel a réagi sur le singulier : le *fableau*.

D'où vient donc la forme *fabliau?* Elle appartient aux dialectes du Nord-Est[1]. Les savants des derniers siècles, le président Fauchet, le comte de Caylus, ont trouvé cette forme dans des manuscrits picards et l'ont adoptée, sans se douter qu'elle fût dialectale. Leur erreur, déplorable, s'est perpétuée jusqu'à nos jours. Nous ne devrions pas plus dire *fabliau* que nous ne disons : *biau, chatiau, tabliau. Fabliau* est un provincialisme.

Les défenseurs de *fableau* ont donc pour eux la phonétique et la logique, comme tous les puristes. Mais ils ont contre eux, précisément, d'être des puristes. Nous pouvons déplorer qu'une forme inexacte ait ainsi fait fortune. Nous pouvons regretter d'être venus trop tard dans un monde trop vieux, et qui, depuis les temps lointains du président Claude Fauchet[2] et de Huet, évêque d'Avranches[3], dit *fabliau*; — ou trop tôt, dans un monde trop jeune, qui ne dit pas encore *fableau*. Mais ceux qui soutiennent *fableau* ne doivent pas se dissimuler que, s'ils méritent peut-être la reconnaissance future de nos petits-neveux, ils affrontent assurément l'imperceptible sourire de nos contemporains. J'avoue n'avoir pas ce courage, pour défendre une cause si indifférente.

Il y a, d'ailleurs, ici, outre cette question de bon goût, une menue question de principe. Avons-nous donc le droit de réformer les mots mal constitués de notre langue? Il nous déplaît de dire *trouvère*, alors que nous ne disons pas *emperere*; mais nous ne sommes pas plus autorisés à dire *trouveur* que *sereur*, au lieu de *sœur*. De même pour notre mot : les anciens érudits l'ont pris à des manuscrits picards et n'ont pas eu tout à fait tort : la forme *fabliau* est en effet plus fréquente dans les manuscrits que sa concurrente, parce que la Picardie est la province qui paraît avoir le plus richement développé ce genre, et il est juste, en un sens, que la forme du mot conserve pour nous la marque de ce fait littéraire. — Vous dites

---

1. *Fabliaus* était un mot dissyllabique. (Cis fabliaus aus maris promet..... M R, III, 57). — (Par ces initiales M R, je désigne l'édition des fabliaux de MM. de Montaiglon et Raynaud).

2. « Nos trouverres... alloyent par les cours resjouir les princes, meslant quelquefois des *fabliaux* : qui estoient comptes faicts a plaisir. » Fauchet, Œuvres, 1610, f° 551, r°.

3. Huet, Traité de l'orig. des romans, p. 159 de l'édit. de 1711 : « Les jongleurs et les trouverres coururent la France, débitant leurs romans et *fabliaux*. »

que nous devons parler français en français, et non picard? Mais il est aussi illogique de parler aujourd'hui vieux français que vieux picard; si nous voulons parler français, ne disons ni *fabliau* ni *fableau*, mais *conte à rire* ; de même, ne disons ni *trouvère* ni *trouveur*, mais *poète*. Qu'est-ce donc, d'ailleurs, parler français, sinon suivre l'usage du grand nombre, quand il est approuvé par nos écrivains? Les savants ont le droit, entre eux, de refaire un mot technique, un mot d'érudits, non connu du public, et qui ne fasse point partie du trésor commun de notre vocabulaire. Mais il n'en va pas ainsi pour le mot fabliau. Pas un lettré qui ne le connaisse; pas un écrivain de notre siècle qui ne l'ait employé. C'est sous cette forme qu'on le connaît à l'étranger, et sous cette forme que Victor Hugo lui a fait l'honneur d'une rime :

> Ici, sous chaque porte,
> S'assied le fabliau,
> Nain du foyer qui porte
> Perruque in-folio [1]...

C'est donc l'un de ces mille et un mots à moitié réguliers dont toute langue foisonne, et contre lesquels il est puéril de se dresser en réformateurs. Telles, les expressions consacrées : *l'esprit gaulois*, le *style gothique*. Si impropres soient-elles, on ne peut s'en passer sans quelque gêne, partant sans quelque pédantisme. J'aime mieux *Philippe le Bel* que *Philippe le Beau*, *Montaigne* que *Montagne*, et je ne cesserai de prononcer *violoncelle* à la française que lorsque j'aurai entendu dire *vermitchelle*. Employer la forme *fabliau*, ce n'est pas, dites-vous, parler français? Parler sans affectation, c'est pourtant, déjà, parler français.

Mais, plus que le mot, la chose importe. Sur quels poèmes les hommes du moyen âge appliquaient-ils cette étiquette

---

1. *Chansons des rues et des bois, Fuite en Sologne.* — Comparez Th. de Banville, *Idylles prussiennes*, éd. Lemerre, p. 141; Michelet, *Hist. de France*, t. II, p. 62 (*la naïveté de nos fabliaux*); t. II, p. 63 (*la veine des fabliaux*); Taine, *Histoire de la litt. anglaise*, t. I, p. 97 (*Prenez un fabliau même dramatique*); Daudet, *Lettres de mon moulin* : *Je trouve un adorable fabliau que je vais essayer de vous traduire en l'abrégeant un peu...*, etc., etc. » — En Angleterre, c'est sous ce titre que nos contes ont été traduits (Way, *Fabliaux or tales*, 1815, 3 vol. 8°). — En Allemagne : « Vergleicht man die afz. *fabliaux* mit den arabischen Mæhrchen..... » (Schlegel, *Geschichte der alten und neuen Literatur*, 1812, *Œuvres complètes*, Vienne, 1816, t. I, p. 225), etc., etc.

fableau ou *fabliau?* Il faut fonder notre étude sur une exacte définition. — Les fabliaux conservés représentent-ils suffisamment le genre? — Comment sont-ils répartis dans le temps? dans l'espace?

Ce sont là les prolégomènes nécessaires de notre sujet.

II

Qu'est-ce qu'un fabliau?

La notion n'en est pas très constante en dehors du cercle des purs médiévistes, et plus d'un de mes lecteurs — et des plus lettrés, — attiré par le titre de ce livre, sera déçu, peut-être, à l'ouvrir. Il attend que je le ravisse au sein du beau monde romantique : car, dans l'usage courant de la langue, fabliau se dit de toute légende du moyen âge, gracieuse ou terrible, fantastique, plaisante ou sentimentale. Michelet, notamment, lui attribue sans cesse cette très générale acception. Cet abus du mot est ancien, puisqu'il remonte au président Claude Fauchet, qui écrivait en 1581. Depuis, les éditeurs successifs des poèmes du moyen âge l'ont accrédité : Barbazan en 1756[1], Legrand d'Aussy en 1779 et en 1789[2], Méon en 1808[3] et 1823[4], Jubinal en 1839 et 1842[5], ont réuni pêle-mêle sous le même titre générique de *Fabliaux* les poèmes les plus hétéroclites. « Miracles et contes dévots, chroniques historiques rimées, lais, petits romans d'aventure, débats, dits, pièces morales, tout ce qui se rencontrait d'ancien et de curieux sans être long a été publié par eux au hasard et en masse[6]. »

---

1. *Fabliaux et contes des poëtes françois des XII*ᵉ*, XIII*ᵉ*, XIV*ᵉ *et XV*ᵉ *siècles, tirés des meilleurs auteurs* (3 vol., Paris, 1756), [Barbazan].

2. *Fabliaux ou contes du XII*ᵉ *et du XIII*ᵉ *siècle, traduits ou extraits d'après divers manuscrits du tems. Avec des notes historiques et critiques.* Paris, 4 vol., 1779. Le quatrième est intitulé : « *Contes dévots, fables et romans anciens, pour servir de suite aux fabliaux*, par M. Legrand. »

3. *Fabliaux et contes des poëtes françois des XI*ᵉ*, XII*ᵉ*, XIII*ᵉ*, XIV*ᵉ *et XV*ᵉ *siècles... p. p. Barbazan. Nouvelle édition augmentée et revue sur les manuscrits de la B. impériale*, par M. Méon, 1808, 4 vol.

4. *Nouveau recueil de fabliaux et contes inédits des poëtes français des XII*ᵉ*, XIII*ᵉ*, XIV*ᵉ *et XV*ᵉ *s*. p. p. par M. Méon, 2 vol., Paris, 1823.

5. *Nouveau recueil de contes, dits, fabliaux et autres pièces inédites des XIII*ᵉ*, XIV*ᵉ *et XV*ᵉ *siècles, pour faire suite aux collections de Legrand d'Aussy, Barbazan et Méon*, par A. Jubinal, 1839 (1ᵉʳ vol.), et 1842.

6. A. de Montaiglon, *Fabliaux, avant-propos*, p. IX.

Dès que les critiques ont commencé à se débrouiller parmi les œuvres du moyen âge, ils ont pris garde que les poètes d'alors entendaient par *fabliau* non pas indistinctement toute légende, mais un genre littéraire très déterminé. Les définitions se sont donc précisées, depuis la magistrale étude de J. V. Le Clerc[1], jusqu'à la belle édition de MM. A. de Montaiglon et G. Raynaud[2]. — Comme ceux-ci se proposaient de publier tous les fabliaux et rien que des fabliaux, ils se soucièrent de fonder leur labeur sur une définition qui convînt à tout le défini et au seul défini. Leur concept du mot et de la chose, encore très incertain et flottant dans leurs deux premiers volumes, se précise dans les quatre derniers, où l'on ne trouve en effet, sauf quelques cas douteux, que des fabliaux. Y trouve-t-on tous les fabliaux? Oui, sauf de rares exceptions. Les quelques observations qui suivent — non plus que la dissertation spéciale de M. O. Pilz sur *le sens du mot fableau*[3] — n'ajouteront donc rien à une définition acquise par nos devanciers, et d'ailleurs facile à donner. Elles ne changeront pas la physionomie de leur collection, mais en supprimeront quelques numéros, pour les remplacer par quelques autres.

L'erreur de la langue générale contemporaine qui entend par fabliau à peu près toute légende du moyen âge, et l'embarras des romanistes pour déterminer exactement le sens ancien du mot sont deux effets d'une même cause : à savoir que les trouvères eux-mêmes en ont fait parfois un emploi indiscret et vague. Phénomène trop naturel, en un temps qui, d'une part, ne se souciait guère de composer des poétiques, et qui, d'ailleurs, ne disposait que d'un choix de termes assez restreint, *fable, lai, dit, roman, fabliau, miracle,* pour désigner de nombreuses variétés de poèmes narratifs. De plus, tous ces genres se développent soudain, concurremment, vers le milieu du xii⁰ siècle. Ils germent pêle-mêle, s'organisent, puis se différencient; mais, avant qu'ils aient pris claire conscience d'eux-mêmes, ils se confondent dans une sorte d'indétermination. Tout genre connaît, à sa naissance, de pareilles hésitations. Qu'on se rap-

---

1. *Histoire littéraire de la France*, t. XXIII.
2. *Recueil général et complet des fabliaux des XIIIᵉ et XIVᵉ siècles, imprimés ou inédits, publié d'après les manuscrits, par M. Anatole de Montaiglon et* (à partir du t. II) *par M. Gaston Raynaud.* Paris, Jouaust, 6 vol., 8°(1872, 1876, 1878, 1880, 1883, 1890).
3. *Beiträge zur Kenntnis der altfz. Fabliaux. 1. Die Bedeutung des Wortes Fablel.* Diss. de Marbourg, par Oscar Pilz, Stettin, 1889.

pelle, par exemple, l'embarras des poètes du règne de Louis XIII pour distinguer par des mots divers les différents genres dramatiques, à l'époque où Corneille n'appliquait pas encore les règles « parce qu'il ne savait pas qu'il y en eût », et où il intitulait indistinctement *tragi-comédies*, *Clitandre* et le *Cid*. Ajoutez que le mot *fabliau* qui, par étymologie, signifiait simplement *court récit fictif*, était né vague : d'où sa facilité à s'appliquer à des poèmes divers de ton et d'inspiration.

Pourtant une tradition s'établit vite, qui affecta exclusivement le mot à des poèmes d'un genre très spécial. Il nous est aisé de discerner quels ils sont : si, en effet, sur les 300 fables environ que nous a léguées le moyen âge, 4 seulement portent le titre de *fabliaux*; si pareillement, 7 *dits* seulement sur 300 sont qualifiés de *fabliaux*, c'est que cette étiquette est indûment appliquée à ces 4 fables, à ces 7 *dits*, et l'on doit les exclure d'un dénombrement des fabliaux[1]. Si, au contraire, cinquante poèmes portent ce nom, qui tous répondent à peu près au type du *Vilain Mire*, c'est que tous les poèmes analogues doivent être appelés *fabliaux*.

On arrive ainsi à cette simple définition :

Les fabliaux sont des contes à rire en vers.

Elle est un peu étroite : elle ne convient pas à quelques rares poèmes, à certains par exemple qui sont plutôt des nouvelles sentimentales, et que les trouvères nommaient pourtant des fabliaux. Mais, sous la réserve des quelques éclaircissements que voici, elle suffit. Elle nous rend possible cette tâche minutieuse et nécessaire, qui est le dénombrement exact de notre flottille de fabliaux.

1° *Les fabliaux*[2], disons-nous d'abord, *sont des contes*.

Ce qui les constitue essentiellement, c'est le *récit*. Il faut donc exclure tous les poèmes qui ne contiennent pas la moindre

---

1. On trouvera dans le travail de M. Pilz la liste des poèmes qui ont usurpé ce titre au moyen âge : 3 fables, ou 4; 2 *débats* ou *batailles*, 7 *dits*, le *songe d'Enfer* de Raoul de Houdenc.

2. On trouve, auprès des formes communes (*fablel, fabliau, fableau*), les formes curieuses *flabel, flablet*. Exemples: se *fliabaus* puet veritez estre... (*Vilain de Bailleul*); — un *Flablel* courtois et petit... (*Le prestre qui abeiete*); — Dont le *flablet* je vous dirai... (3 *aveugles*); un *flabel* merveillous et cointe... (*Quatre souhaits*); un *flabel* qui n'est mie briés... (*Prêtre qu'on porte*). — Sur cette singulière mobilité de l'*l*, voy. W. Foerster, *Jahrbuch f. rom. u. engl. Phil.* N. F. I, 286.

historiette, et, de ce chef, nous supprimerons de la collection de MM. de Montaiglon et Raynaud dix poèmes qui sont des satires, des lieux communs moraux, des éloges de corps de métier, des tableaux de mœurs : toutes ces pièces rentrent dans la catégorie, assez mal définie, des *dits*[1]. Mais la limite est parfois indécise entre les dits et les fabliaux. *Le Valet qui d'aise à malaise se met*, par exemple, est-il un conte très faible ou un excellent tableau de mœurs[2]? L'un et l'autre. Il sera bon de respecter l'indécision même des trouvères, et de marquer, en accueillant ce poème dans notre collection, comment les fabliaux peuvent confiner à des genres divers.

Les fabliaux sont des contes : ils étaient narrés, et non chantés. Il faudra, par suite, supprimer de la collection Montaiglon la *Châtelaine de St-Gilles*[3], qui aurait mieux trouvé sa place parmi les chansons de mal mariées réunies par Bartsch[4].

Faut-il donc en exclure, pour la même raison, le *Prêtre qui fut mis au lardier*[5]? Cette spirituelle piécette est rimée sous forme strophique, et le poète l'appelle lui-même « une chanson[6] ». Mais nous serions fort en peine de lui trouver sa place parmi des poèmes similaires, dans un genre lyrique quelconque. Au rebours de la *Châtelaine de St-Gilles*, elle ne rentre dans

---

1. Le mot *dit*, comme son sens étymologique le laisse prévoir, est extrêmement compréhensif. Aussi s'emploie-t-il comme synonyme non technique de *fabliau*, en tant que le fabliau est une espèce du genre narratif. Les trouvères appellent communément leurs fabliaux *des dits* :

> Metre vueil m'entente et ma cure
> A fere un *dit* d'une aventure...
> Atant ai mon *fablel* finé.
>
> (*Braies*, III, 88.)

Cf. III, 62, III, 80, etc... — Tout fabliau est un dit ; mais la réciproque n'est pas vraie. Un poème sans récit est un *dit* et n'est pas un *fabliau*. C'est pourquoi nous effaçons de la liste de MM. de Montaiglon et Raynaud les *dits* dialogués des *Troveors ribauds* (I, 1) et de la *Contregengle* (II, 53); les *dits des Marcheans* (II, 37); des *Vins d'Ouan*, II, 41 ; de *l'oustillement au vilain* (II, 43), *des Estats du siecle* (II, 51), du *Faucon lanier* (III, 66), de *Grognet et de Petit* (III, 56); une *branche d'armes* (II, 38), la *patrenostre farsie* (II, 42).

2. L'auteur du *Valet qui a malaise se met* appelle son poème un fabliau (v. 376). Mais M. Pilz (p. 21) veut lui refuser ce titre.

3. *La Châtelaine de St-Gilles*, M R, I, 11.

4. V. Jeanroy, *Les origines de la poésie lyrique en France*, 1889, ch. IV.

5. *Le Prestre au lardier*, M R, II, 32.

6. V. 167.

aucun groupe de chansons connu, mais procède, par contre, de la même inspiration que les fabliaux. — Accueillons-la donc comme l'unique spécimen d'une variété rare du genre : le fabliau chanté. Un jongleur s'est amusé à chanter sur sa vielle, peut-être sur un mode parodique et bouffon, un fabliau ; c'est une fantaisie qui a dû se renouveler plus d'une fois.

Les fabliaux sont des contes : ce qui implique une certaine brièveté : le plus court a 18 vers[1]; le plus long, près de 1.200[2]. En général, ils comptent de 300 à 400 vers octosyllabiques. Par cette brièveté, ils s'opposent, dans la terminologie du XIII° siècle, aux *romans*[3]. Mais combien faut-il de vers pour qu'un long fabliau devienne un court roman, ou pour qu'un court roman devienne un long fabliau? Comme il est malaisé d'en juger, les critiques disputent s'il faut dire le *roman de Trubert* ou le *fabliau de Trubert*.

2° *Les fabliaux sont des contes à rire.*

Comme tels, ils ont comme synonymes non techniques dans la langue des jongleurs les mots : *bourde, trufe, risée, gabet.* Ils s'opposent aux *miracles* ou contes dévots, aux *dits* moraux, aux *lais*. — Ils s'opposent aux *miracles*, en ce qu'ils excluent tout élément religieux, aux *dits moraux* en ce que l'intention édifiante y est nulle ou subordonnée au rire, aux *lais* en ce qu'ils répugnent à l'extrême sentimentalité et au surnaturel.

Mais, ici encore et surtout, la transition de chacun de ces genres aux fabliaux est presque insensible : tel poème est-il un fabliau ou un conte dévot? Pour en décider, il faut y appliquer « l'esprit de finesse », et c'est pourquoi il sera sans doute toujours impossible de dresser une liste de fabliaux par laquelle on satisfasse tout le monde et son critique. Mais, encore une fois, l'indécision même des trouvères est un fait littéraire qu'il faut respecter, et le souci d'une définition très précise ne doit pas nous porter à l'exclusivisme.

D'abord, les fabliaux ne sont pas des contes dévots : c'est à dire qu'il faut éliminer de la collection Montaiglon-Raynaud, malgré leur forme semi-plaisante, les récits miraculeux de

1. M R, VI, 144.
2. M R, IV, 99.
3. A la fin du *Prêtre qu'on porte*, qui est la plus longue pièce de la collection Montaiglon, le ms. A appelle deux fois ce récit un *roman*, le ms. B, aux mêmes vers (1155-6), l'appelle deux fois un *fablel*.

Martin Hapart[1] et du *Vilain qui dona son ame au diable*[2] ; de même, de l'énumération de M. G. Paris[3], la *Cour de Paradis*, cet étrange et charmant poème où les saints, les apôtres, les martyrs, les veuves et les vierges dansent aux chansons[4]. — Dans ces pièces, l'intention pieuse des poètes est évidente : ils seraient fort scandalisés de retrouver leurs édifiants poèmes en la compagnie des *Braies au cordelier*, et réclameraient de préférence le voisinage du *Miracle de Théophile* et de la *Vie Sainte Elysabel*. — Ce n'est pas que la seule présence du bon Dieu et des saints dans les fabliaux les transforme aussitôt en légendes pieuses et, contrairement à l'opinion de M. Pilz, le plaisant conte des *Lecheors*[5] figure fort bien dans la collection Raynaud auprès des contes irrévérencieux de *Saint Pierre et du Jongleur*, des *Quatre Souhaits S. Martin*, et du *Vilain qui conquist paradis par plaid*.

De même les fabliaux ne sont point des dits moraux ; mais, ce n'est pas dire qu'ils doivent nécessairement être immoraux ; et, sans perdre leur caractère de contes plaisants, ils peuvent confiner à ce genre voisin et distinct : tels sont les fabliaux de la *Housse partie*, de la *Bourse pleine de sens*, de la *Folle largesse*. En cas d'indécision, nous devons nous poser cette question : si le trouvère a voulu plutôt faire œuvre de conteur, ou de moraliste ; s'il a été attiré vers son sujet par le conte, qui l'amusait, ou s'il a au contraire imaginé le conte pour la moralité. C'est ainsi que nous écarterons de notre collection le *dit de la Dent*[6]. — *Le roi d'Angleterre et le Jongleur d'Ely* est à la limite des deux genres.

1. M R, I, 45.
2. M R, VI, 111.
3. *La litt. franç. au moyen âge*, § 78.
4. Recueil de Barbazan-Méon, t. II, p. 128-48. — De même, il ne convient pas de considérer comme un fabliau, ainsi que le voudrait M. G. Paris (*loc. cit.*), le poème de *Courtois d'Arras* (Méon, t. 1), cette page de l'Évangile, spirituellement embourgeoisée. Je compte publier prochainement cette excellente pièce, où l'on peut voir, non pas un fabliau, mais peut-être, et malgré quelques vers narratifs intercalés soit par un copiste, soit par le *meneur du jeu*, un *jeu dramatique* et, sans doute, le plus ancien spécimen de notre théâtre comique.
5. Pilz, p. 23 ; M R, III, 76.
6. Le *dit de la Dent* (I, 12) est bien une pièce morale, et le petit apologue qu'il renferme n'a de valeur et d'agrément qu'autant que le poète en tire une moralité, qui, seule, lui importe. Je sais que ce petit conte du *fèvre* arracheur de dents peut vivre indépendant, sans aucune idée d'application morale. Il est, par exemple, narré pour lui-même

Enfin, les fabliaux, qui sont des contes à rire, s'opposent aux lais, qui sont des légendes d'amour, souvent d'origine celtique et mêlées de surnaturel. Mais, dans la terminologie des jongleurs, les deux mots empiètent souvent l'un sur l'autre, et c'est ici surtout que le départ est délicat entre les genres. MM. de Montaiglon et Raynaud me paraissent avoir saisi la différence avec infiniment de justesse littéraire.

D'abord, il est certains récits que les jongleurs appellent des lais : lai *d'Aristote*, lai *de l'Epervier*, lai *du Cort mantel*[1], lai *d'Auberée*[2], et qui sont de simples contes à rire, mais narrés avec plus de finesse, de décence, de souci artistique. Pourquoi les jongleurs ne les appellent-ils pas des fabliaux ? Parce que le mot s'était sali à force de désigner tant de vilenies grivoises; il leur répugnait de l'appliquer à leurs contes élégants, et le nom de *lai*, qui avait pris un sens assez vague[3], mais s'appli-

dans les *Contes en vers* de Félix Nogaret, Paris, 1810, liv. VI, p. 108 :

> Dans un recueil chirurgical
> Composé par M. Abeille,
> Je trouve un moyen infernal
> D'arracher les dents à merveille.....

Voyez aussi Sacchetti, n° 166. — Mais notre liste de fabliaux s'allongerait démesurément si nous y faisions entrer tous les contes répétés accidentellement, occasionnellement, par les trouvères. On en relèverait dans les romans d'aventure, dans les chansons de geste, dans les vies de saints, partout. Ce serait la confusion des genres. Il est manifeste que la *Dent* appartient au genre très déterminé du *dit moral*. Il ressemble exactement aux autres poèmes de Huon Archevesque, surtout au *dit de Larguece et de Debonaireté*, où le forgeron de Neufbourg est remplacé par Jésus-Christ en croix. — V. l'intéressante monographie de M. A. Héron, *Les dits de Hue Archevesque*, Paris, 1885. — La question est plus malaisée pour le lai de l'*Oiselet*, que M. G. Paris range parmi les fabliaux dans sa *Littér. fr. au m. âge*, § 77 (2e édition), tandis qu'il ne le mentionnait pas à cette place lors du 1er tirage de ce même *Tableau de la Littér. fr.*, et que, dans son exquise édition de cet exquis poème, il n'écrit pas une seule fois le mot fabliau. Il faut plutôt, je crois, ranger le lai de l'*Oiselet* parmi les apologues, auprès du *dit de l'Unicorne et du Serpent* et d'autres poèmes similaires.

1. Bien entendu, si les fabliaux excluent le merveilleux, il ne s'agit pas du merveilleux-bouffe, comme dans le *Court mantel*, le conte de l'*Anneau magique* (M R, III, 60), les *Quatre souhaits*, etc... Il conviendrait peut-être d'admettre aussi parmi les fabliaux le lai du *Corn*.

2. D'après les mss. *A*, *C*, *d'Auberée*.

3. M. Pilz (p. 18) appelle fabliaux les lais *d'Amors*, du *Conseil*, de *l'Ombre*. C'est obscurcir plutôt qu'éclaircir l'idée de fabliau. V. notre édition du *Lai de l'Ombre*, Fribourg, 1890, p. 8. — M. G. Paris dit

quait toujours à des poèmes de bon ton, leur convenait à merveille. Ces contes sont des fabliaux plus aristocratiques, des fabliaux pourtant.

Mais il reste dans la collection Montaiglon-Raynaud quelques contes plus élégants encore, le *Chevalier qui recovra l'amour de sa dame*, le *Vair palefroi*, *Guillaume au faucon*, les *Trois chevaliers et le chainse*. De ces quatre contes, *Guillaume au faucon* est le seul à qui le nom de *conte à rire* convienne encore vaguement ; mais il ne peut s'appliquer aucunement aux trois autres, notamment au conte du *Chainse*, qui est une légende d'amour tragique. Exclurons-nous ces quatre contes de notre collection? ou modifierons-nous, pour eux quatre, notre définition du mot fabliau, un peu étroite? Dirons-nous, par exemple, que les fabliaux sont des contes à rire en vers, et, parfois, des nouvelles sentimentales? Je crois qu'il est bon de retenir ces rares contes sentimentaux, pour montrer que des transitions insensibles nous mènent du fabliau au lai, de l'obscène conte de *Jouglet* au noble récit du *Vair palefroi*.

3° *Les fabliaux sont des contes à rire en vers.*

Le mot désigne toujours les contes, en tant qu'ils sont parvenus à la forme littéraire, rimée par un poète. Par là, ils s'opposent aux mots *conte*, *œuvre*, *fable*, *matière*, *aventure*, qui désignent le sujet brut du conte. Le fabliau est l'œuvre d'art pour laquelle la *matière*, l'*aventure*, etc., ont fourni les matériaux. Un poète nous le dit, entre vingt autres : de même qu'on fait des notes les airs de musique, et des draps les chausses et les chaussons, de même,

       Des *fables* fait on les *fabliaux*[1].

fort bien, *Romania*, VII, 410 : « Le *lai d'Amors* n'a aucun rapport ni avec les lais ni avec les fabliaux. » On peut en dire autant du *Conseil* et de *l'Ombre*, et de bien d'autres pièces encore.

1.   Des fables fait on les fabliaus
         Et des notes les sons noviaus,
         Et des materes les chansons,
         Et des dras cauces et cauchons :
         Por ce vos vuel dire et conter
         Un *fabelet* por deliter
         D'une *fable* que jou oï...
                 (Vieille truaude, v. 129.)

Ces vers sont reproduits par le ms. D du fabliau du *Chevalier qui faisait parler les muets*, t. VI, p. 161. — Cf. ce vers : qui que face rime ne fable...

On pourrait, dans ce vers, remplacer le mot *fable* par l'un quelconque des mots *conte*[1], *aventure*[2], *matière*[3].

On arrive ainsi à une détermination suffisamment nette du mot et de la chose : les fabliaux sont des contes à rire en vers[4] ; ils sont destinés à la récitation publique ; jamais, ou presque jamais, au chant ; ils confinent parfois soit au dit moral, mais l'intention plaisante y domine ; soit à la légende sentimentale

---

1. *Conte*. De même que *dit*, *œuvre* (I, 3 ; V, 120), *exemple* (V, 112, v. 117 ; V, 113 ; II, 35 ; IV, 102, v. 61 ; IV, 107 ; II, 30 ; I, 17 ; I, 18, I, 22), *conte* est un synonyme non technique de *fabliau*. Il signifie le récit brut :

> En cest *fablel* n'avra plus mis ;
> Car atant en fine le *conte*.
> (IV, 103.)

Cf. I, 24 ; II, 14 ; II, 31 ; IV, 92 ; IV, 94 ; etc... etc...

2. *Aventure* :

> Ma peine metrai et ma cure
> En raconter d'une *aventure*
> De sire Constant du Hamel.
> Or en escoutés le *fablel*... (IV, 106)
> ... Faire un *fablel* d'une *aventure*...... (III, 88)
> ... Seignor, se vous voulés atendre
> Et un seul petitet entendre,
> Tout en rime je vous metrai
> D'une *aventure* le *fablel*. (I, 2.)

Cf. II, 35, IV, 95, IV, 107 ; etc.

3. *Matière* :

> Une *matiere* ci dirai
> D'un *fablel* que vous conterai......
> (I, 1. — *Variante* : une *aventure* ci dirai......)

Cf. IV, 89 ; V, 128 ; V, 130, etc.

> Or reviendrai a mon tretié
> D'une *aventure* qu'emprise ai,
> Dont la *matiere* mout prisai
> Quand je oi la nouvelle oie,
> Qui bien doit estre desploïe
> Et dite par rime et retraite.
> (Lai d'Aristote, V, 137, v. 38.)

Une fois « retraite par rime », l'*aventure* qui a fourni cette *matière* devient un *fabliau*.

4. Mais ils ne sont pas, comme le voudrait M. Pilz, *tous* les contes à rire en vers. Il faut considérer à part les contes à rire des grands recueils traduits de langues orientales, le *Chastiement d'un père à son fils*, le *Roman des sept sages*, etc..., et ceux des recueils de fables de Marie de France, des *Ysopets*, etc... Destinés à la lecture plutôt qu'à la récitation, distincts des fabliaux par leur origine littéraire, savante, et par d'autres caractères qui seront marqués plus loin, ces contes à rire forment un groupe qui complète celui que nous étudions, sans se confondre avec lui.

et chevaleresque, mais ils se passent toujours dans les limites du vraisemblable et excluent tout surnaturel.

On trouvera aux appendices la liste des contes que nous étudierons, en vertu de cette définition. Je propose d'adjoindre six fabliaux à la collection de MM. de Montaiglon et Raynaud, et d'en supprimer seize poèmes : les savants éditeurs seraient, j'imagine, disposés aujourd'hui à concéder la majeure partie de ces suppressions. Tel lecteur pourra ajouter cinq ou six contes, tel autre en supprimer cinq ou six autres. On le voit : le désaccord ne pourrait porter que sur un nombre infime de contes.

III

La liste que nous dressons comprend, au total, 147 fabliaux. C'est peu pour représenter le genre. Mais nous en avons assurément perdu un très grand nombre. Pour se figurer l'importance de ce naufrage, qu'on se rappelle l'histoire du recueil de farces dit du *British Museum*[1]. Dans un grenier de Berlin, vers 1840, on a retrouvé un vieux volume, relié en parchemin, imprimé en caractères gothiques. C'était un recueil factice de soixante et une farces ou moralités françaises du xvi° siècle. Or, cinquante-sept de ces pièces ne nous sont connues que par cet unique exemplaire. Ainsi, un siècle environ après l'invention de l'imprimerie, notre répertoire comique était si peu à l'abri de la destruction que ce qui nous en reste serait diminué du quart, s'il n'avait plu à quelque amateur, à un bon Brandebourgeois peut-être, de passage à Paris vers 1548, de collectionner des farces françaises. Et les manuscrits du xiii° siècle sont autrement rares que les plaquettes gothiques du xvi°!

Une observation très simple et plus directe nous donnera une juste idée du grand nombre de fabliaux qui ont disparu. Sur nos 147 fabliaux, 92 sont anonymes ; les 55 autres portent le nom de trente auteurs différents, ou environ[2], ce qui attribue à chacun deux pièces en moyenne. On peut donc conjecturer, par analogie, que les 92 fabliaux anonymes sont l'œuvre de 45

---

1. V. Petit de Julleville, *Répertoire du théâtre comique en France au moyen âge*, 1886.
2. Il est malaisé de dire, au juste, s'ils sont 25 ou 30 ; car plusieurs fabliaux sont attribués à un certain *Guerin* ou à un certain *Guillaume*, et le même nom Guerin, Guillaume est peut-être la signature de plusieurs jongleurs.

autres poètes. Notre recueil de fabliaux représenterait donc une part de l'œuvre collective de 75 poètes environ. Remarquons que la plupart d'entre eux étaient des jongleurs de profession, qui vivaient des contes qu'ils composaient et récitaient. En supposant que chacun ait, pendant tout le cours de sa vie, composé 12 fabliaux seulement, l'œuvre des 75 trouvères comprendrait un millier de pièces : et voilà notre collection sextuplée. Or, il faudrait considérer non pas seulement 75 trouvères, mais, au moins, le double.

Il a donc péri un nombre de fabliaux difficilement appréciable, mais très grand. Un trouvère, Henri d'Andeli, nous donne un renseignement curieux : écrivant un grave *dit* historique, il nous fait remarquer que — ce poème n'étant pas un fabliau — il l'écrit sur du parchemin, et non sur des tablettes de cire[1]. Aussi n'avons nous conservé d'Henri d'Andeli qu'un seul fabliau, charmant d'ailleurs, et s'il nous est parvenu, c'est miracle. On n'estimait pas que ces amusettes valussent un feuillet de parchemin.

Pourtant — ceci est plus surprenant — certaines inductions nous permettent de croire que, si nous possédons seulement l'infime minorité des fabliaux, nous en avons pourtant l'essentiel. Une sorte de justice distributive a guidé le hasard dans son œuvre de destruction. Elle nous a conservé ceux que le moyen âge reconnaissait pour les plus accomplis. Voici sur quoi se fonde cette conjecture : parmi les allusions nombreuses à des contes alors célèbres que l'on rencontre chez les divers écrivains du moyen âge, un très petit nombre se réfèrent à des fabliaux perdus[2]; presque toutes nous rappellent des fabliaux de notre collection. — Par exemple, Jehan Bedel nous dit qu'il a composé sept fabliaux[3] : nous les possédons en effet tous les sept. — L'auteur du roman d'*Eustache le moine* nomme des voleurs célèbres : Barat, Travers, Haimet[4] : or, vous trouverez

---

1. *Le dit du chancelier Philippe*, vers 235-8 (édit. Héron).
2. En voici une pourtant (M R, v. p. 166). Un mari bat un prêtre si fort

C'onques li bons vilains Mados
Qui le tenoit par Curoïn
Ne feri tant sor Baudoïn
Quant il traist Drian de la fosse.

Qui sont ces Madot, Curoïn, Baudouin, Drian? Sans doute les personnages de quelque fabliau perdu.
3. Dans le prologue du fabliau des *Deux chevaux*, M R, I, 13.
4. Ed. F. Michel, v. 298.

dans notre collection le fabliau de *Barat, de Travers et de Haimet*[1]. — Deux jongleurs, en un plaisant dialogue[2], énumèrent les pièces les plus remarquables de leur répertoire, et dans le nombre, sept fabliaux : or, vous pourrez lire, dans le recueil de MM. de Montaiglon et Raynaud ces sept fabliaux. — Le fait le plus significatif est que nos 147 fabliaux ne sont pas 147 contes distincts, mais que plusieurs sont des doublets d'autres fabliaux également conservés, et que tel de ces pauvres poèmes reparaît deux, trois, quatre fois remanié[3], tout comme une noble chanson de geste. On peut conclure de ces menues observations que notre collection, si mutilée soit-elle, représente excellemment le genre; fait aisément explicable, si l'on songe que les manuscrits des fabliaux ne sont pas, en général, des manuscrits de jongleurs, compilés au hasard, mais de véritables collections d'amateurs, à la formation desquelles un certain choix a présidé.

IV

A quelle époque a fleuri le genre littéraire des fabliaux? Il est très facile de le déterminer.

Le plus ancien fabliau qui nous soit parvenu est celui de *Richeut*; il est daté de 1159[4]. Les plus récents sont de Jean de Condé, qui mourut vers 1310.

Ce sont, bien probablement, les dates extrêmes qui marquent la naissance et la mort de ce genre.

En effet, *Richeut* est, sans doute, l'un des plus anciens fabliaux qui aient été rimés. Non que le haut moyen âge ait ignoré les contes; mais ils vivaient de l'obscure vie populaire, comme les contes de fées, qui, eux, ne parvinrent que rarement alors à la littérature. La mode de les rimer ne vint qu'au douzième siècle, et le genre devait être, en 1159, très voisin de sa naissance. Il n'est pas encore asservi à des normes : *Richeut* est écrit dans un système strophique diffi-

---

1. M R, IV, 97.
2. M R, I, 1, *De deux troveors ribaus*.
3. Tels sont : la *Bourgeoise d'Orléans, Berengier, les Braies, Gombert et les deux clercs, les Tresses, la Housse partie, la Male honte, la Longue nuit*, etc.
4. V. une petite monographie sur le *fabliau de Richeut*, que j'ai publiée dans les *Etudes romanes dédiées à M. G. Paris par ses élèves français*, 1891.

cile ; le genre n'a pas adopté jusqu'alors ces petits octosyllabes à rimes plates, ce mètre familier à tous nos conteurs légers, de Rutebeuf à La Fontaine et à Musset, si cher aux poètes médiocres. De plus, l'auteur de *Richeut* ne semble pas encore avoir de mot pour nommer son poème : tel Joachim du Bellay, rêvant aux Franciades futures et qui ne savait encore désigner l'épopée que par cette maladroite périphrase : « le long poème français. » A cette date, le nom de *fabliau* n'est pas encore affecté à ce genre de poèmes, et les plus anciens exemples du mot se trouvent, sans doute, vers 1180, dans les fables de Marie de France.

De même, la date de la mort de Jean de Condé, 1340, est bien aussi celle où meurent les fabliaux. Le genre entre en décadence dès le début du xiv° siècle et le mot lui-même tombe en désuétude chez Jean de Condé, qui intitule ses *fabliaux* des *dits*. Après lui, le mot disparaît. Tandis que d'autres termes voisins, le mot *lai*, par exemple, survivent en dépouillant leur sens primitif, *fabliau* ne se retrouverait nulle part, je crois, du xiv° au xvii° siècle. Il n'a jamais été qu'un terme technique, destiné à représenter un genre littéraire. Le genre une fois mort, il est mort, lui aussi, et n'a plus revécu que dans les livres. Mot de poète, jadis ; aujourd'hui, mot de lettré.

Entre ces deux dates extrêmes — 1159-1340 — est-il possible de préciser? Peut-on savoir à quelles époques plus spécialement on a rimé des fabliaux? Les manuscrits, qui sont tous du xiii° ou des premières années du xiv° siècle, ne nous renseignent pas[1]. Les allusions historiques sont infiniment rares, comme il est naturel, dans ces petits contes, et le fabliau de *la Planté* est, avec *Richeut*, le seul qu'il nous soit possible de dater exactement : il y est, en effet, question de la prise de Saint-Jean-d'Acre en 1191, et du roi Henri de Champagne, mort en 1197. L'étude de la langue des fabliaux ne nous fournit que d'assez vagues approximations. Je ne crois pas qu'on puisse préciser plus que ne fait M. G. Paris : « la plupart sont de la fin du xii° et du commencement du xiii° siècle[2]. » Mais les noms de Philippe de Beaumanoir, d'Henri d'Andeli, de Rutebeuf, de Watriquet de Couvin nous prouvent que la vogue des fabliaux ne s'est pas un instant démentie pendant tout le cours du xiii° siècle.

---

1. V., à l'appendice I, l'énumération de ces manuscrits, tous maintes fois décrits.
2. *Hist. de la litt. fr. au moyen âge*, 2° édit., p. 114.

En somme, les fabliaux se répartissent indistinctement sur toute cette période qu'on peut appeler l'*âge des jongleurs*. Aussitôt que la poésie du moyen âge cesse d'être exclusivement épique et sacrée, le genre apparaît. Il vit près de deux siècles, aussi longtemps et de la même vie que les différents genres narratifs ou lyriques, colportés par les jongleurs. Il meurt, avec tant d'autres genres *jongleresques*, à cette date critique de notre ancienne littérature où M. G. Paris arrête son *Histoire de la littérature française du moyen âge*, et qui est celle de l'avènement des Valois.

V

Où les fabliaux ont-ils fleuri de préférence ? Y a-t-il quelque province qui soit leur patrie d'origine ou d'élection ? Peut-on les répartir géographiquement ?

Le problème était intéressant et facile à résoudre pour plusieurs fabliaux. Un certain nombre sont localisés par le fait que nous connaissons leurs auteurs et la province où vécurent ces poètes. La patrie de quelques autres est déterminée par des indications géographiques très précises. Quand ces renseignements extrinsèques faisaient défaut, nous avons tenté de déterminer le dialecte du poème par l'examen des rimes et de la mesure des vers. Nous nous sommes heurté à de redoutables difficultés. Outre que l'on ne possède pas d'édition critique des fabliaux et que j'ai dû faire, pour plus d'un, le travail préalable du classement des manuscrits, la majeure partie des fabliaux sont trop courts. Sur les deux cents rimes en moyenne de chaque poème, combien peu étaient significatives d'un dialecte spécial ! J'ai poursuivi ce travail pour une cinquantaine de fabliaux environ. J'indique, à l'appendice, le résultat de quelques-unes de mes enquêtes. Elles sont souvent indécises. Sans doute le procédé de l'examen des rimes, ce délicat et puissant instrument d'analyse linguistique, aurait donné, manié par des mains plus sûres, de plus féconds résultats. Ce qui me rassure un peu, c'est que j'ai eu l'honneur, il y a quelques années, d'étudier à l'Université de Halle, sous M. Hermann Suchier, qui est assurément l'homme d'Europe le plus versé dans la connaissance de nos anciens dialectes. Or, après avoir examiné avec moi la langue d'un certain nombre de fabliaux, il m'a déconseillé de ma tâche, comme stérile, dans l'état actuel de cette science naissante. Les fabliaux qui ne sont pas localisés par quelque nom géographique ne deviendront jamais des témoins bien précieux de tel ou tel dialecte : au point de vue de la philologie pure, la question est donc de médiocre importance. Au point de vue littéraire, elle est secondaire. — Je suis parvenu, par différents indices linguistiques ou extrinsèques, à localiser 72 fabliaux, soit la moitié des poèmes de notre collection [1]. Ils se répartissent ainsi sur les pays de langue française :

Provinces du nord (Picardie, Artois, Ponthieu, Flandre, Hainaut).................................	38
Ile de France (Beauvaisis, Beauce, etc.) et Orléanais...	15
Normandie	10
Champagne (et Nivernais)........................	3
Angleterre...	6
Total..........	72

Quel est le sens de cette statistique? Sans doute les autres fabliaux, si j'étais parvenu à déterminer leur patrie, se répartiraient selon la même proportion entre les diverses provinces[2]. On peut remarquer, ici comme ailleurs, qu'il y a eu, dans la France du moyen âge, ce qu'on pourrait appeler un groupe de *provinces littéraires*, duquel paraissent exclues la Bourgogne, la Lorraine et le groupe ouest et sud-ouest des pays de langue d'oïl. Sans attacher trop d'importance à ces statistiques, sera-t-il permis de remarquer aussi que plus de la moitié des fabliaux ainsi localisés appartiennent aux provinces du nord, à la Picardie surtout?

1. V. l'appendice I.
2. Sauf pour les fabliaux anglo-normands. Les traits linguistiques du français parlé en Angleterre sont si apparents que les six fabliaux attribués par moi à ce dialecte sont assurément les seuls de notre collection qui aient été rimés sur le sol anglais.

PREMIÈRE PARTIE

La Question de l'origine et de la propagation des Fabliaux

CHAPITRE I

IDÉE GÉNÉRALE DES PRINCIPAUX SYSTÈMES EN PRÉSENCE

I. *Position de la question* : force singulière de persistance et de diffusion que possèdent les fabliaux et, en général, toutes les traditions populaires ; d'où ce problème : Comment expliquer la présence des mêmes traditions et, plus spécialement, des mêmes contes, dans les temps et les pays les plus divers ? — II. Qu'on ne saurait séparer la question de l'origine des fabliaux du problème plus compréhensif de l'origine des contes populaires, en général. C'est ce que montrera l'exposé des diverses théories actuellement en conflit. — III. *Théorie aryenne de l'origine des contes* : les contes populaires modernes renferment des détritus d'une ancienne mythologie aryenne. — IV. *Théorie anthropologique* : ils renferment des survivances de croyances, de mœurs abolies, dont l'anthropologie comparée nous donne l'explication. — V. *Théorie secondaire*, annexe des deux systèmes aryen et anthropologique, insoutenable et d'ailleurs négligeable. — VI. *Théorie orientaliste* : les contes dérivent, en grande majorité, d'une source commune, qui est l'Inde des temps historiques. — VII. Que cette dernière théorie seule nous intéresse directement : car, seule, elle donne une solution au problème des fabliaux ; mais aucune des théories en présence ne peut la négliger : car, vraie, elle les ruine toutes.

I

Un soir de moisson que le poète Mistral causait avec des gars de son pays, un mari et sa femme passèrent en se querellant. Comme les paysans s'amusaient de la dispute, le mari se contenta de dire, résigné : « Qu'y ferons-nous ? C'est la *Femme au pouilleux !* » — « Qu'est-ce à dire ? » demanda le poète, et un vieillard lui conta cette facétie : « Il était une fois un berger qui eut une altercation avec sa femme, un peu acariâtre ; — mais il ne faut pas, camarade, que cela vous empêche d'être amoureux et de vous marier, si quelque belle fille ici vous plaît ; toutes ne se ressemblent pas, et rien n'est ennuyeux comme d'être vieux et vieux célibataire. — Tout à coup, au milieu de la querelle, la femme crie à son homme, avec des yeux furieux : « Tais-toi donc, tu n'es qu'un pouilleux! — Moi, pouilleux! riposte le mari. Répète, et je te casse les côtes. » Et soufiletée, battue, elle revient, criant : « Pouilleux! » Le mari l'attache, en dépit des coups de griffe, à une corde, et dans le puits la descend, enragée. — « Le répéteras-tu? lui disait-il encore. — Oui, pouilleux! » Et dans le puits la folle descendait. Jusqu'aux mollets, jusqu'aux hanches cependant l'eau l'enveloppait, et le démon ne cessait de crier : « Pouilleux! — Eh bien! tiens! reste! » Et l'homme la plonge au fond, avec l'eau sur la tête. Mon bon monsieur, croiriez-vous bien, vrai Dieu! qu'en barbottant, la noyée réunit les mains en l'air, et ne pouvant lancer le mot fatal, elle faisait le geste d'écacher entre ses ongles! Pour le coup, le berger, bon diable au fond, céda et la tira du puits [1]. »

Le vieillard de Mistral eût été fort surpris, sans doute, si on lui eût dit que sa plaisante histoire n'était point née dans son village, et que les belles filles des Iles d'Or n'y étaient primitivement pour rien : que, le même jour, peut-être, un paysan de l'Argonne [2], un paysan Gascon [3], un paysan de l'Agenais [4] la redisaient de la même façon que lui ; que, bien loin de la Provence, elle amusait, toute semblable, les Allemands [5]; qu'il y a plus de trois cents ans, à Stamboul, elle faisait déjà rire les Turcs [6].

Sa surprise s'accroîtrait encore d'apprendre qu'il y a cinq siècles, on la contait déjà : on la rencontre en effet, vers 1260,

1. Frederi Mistral, *Lis isclo d'or*, Avignon-Paris, 1878, *Cacho-Pesou*, p. 302.
2. *Revue des patois gallo-romans*, 1888, t. II, p. 288.
3. *Contes pop. de la Gascogne*, p. p. J. F. Bladé, t. III, p. 281.
4. *Contes populaires recueillis en Agenais*, par J. F. Bladé, 1874, p. 42.
5. P. Hebel, *Schatzkästlein des rheinländischen Hausfreundes. Das letzte Wort.* Cf. Simrock, *Deutsche Märchen*, Stuttgart, 1861, n° 61. A ce propos, Liebrecht, dans le compte-rendu qu'il fait du livre de Simrock (*Orient und Occident*, III, 376), rapproche indûment ce conte de la 7e nouv. de la IXe journée du Décaméron : il n'y a aucun rapport entre ces deux contes, sinon qu'il s'agit, dans l'un comme dans l'autre, d'une femme obstinée.
6. *Fables turques*, traduites par J. A. Decourdemanche, Paris, 1882, p. 13. C'est, suivant l'éditeur, un recueil savant du commencement du xvie siècle, pillé en partie des *Facéties de Pogge*. Pogge nous transmet, en effet, lui aussi, le conte du Pouilleux (éd. Ristelhuber, XXXIII.)

dans les œuvres du dominicain Etienne de Bourbon[1], et elle dut, à l'époque, entrer comme *exemple* dans plus d'un sermon de moine mendiant. Etienne de Bourbon l'empruntait lui-même à maître Jacques de Vitry, qui fut archevêque d'Acre, et nous en donne, d'après lui, deux versions : celle du Pouilleux, d'abord, telle que la raconte le paysan de Mistral, puis celle du Pré tondu : un mari, se promenant avec sa femme le long d'un pré, lui dit : « Vois comme ce pré a été bien fauché ! — Il n'a pas été fauché, réplique-t-elle, mais tondu ! » Comme elle ne veut point céder, et que, malgré les coups, elle maintient son dire, son mari lui coupe la langue ; elle, ne pouvant plus parler, imite encore avec ses doigts le mouvement de ciseaux qui s'ouvrent et se ferment : *Ideo dicitur, Eccl. XXV, d., commorari leoni vel draconi magis placet quam cum muliere venenosa.* » Sous cette double forme, Jacques de Vitry avait peut-être rapporté cette historiette d'Orient, d'un de ses voyages en Terre Sainte. Pourtant, au moins sous la forme du Pré tondu, elle vivait bien avant lui en France, en Angleterre : vers 1180, Marie de France la contait en vers ; elle prenait aussi place dans l'un des recueils de fables connus sous le nom de *Romulus* : le conte y reste le même, sauf ce naïf détail à ajouter à l'histoire des résistances de la femme : comme son mari lui tient la langue avant de la couper et la serre fortement, « *plena verba formare non poterat, sed orbipe pro forcipe dixit*[2] ». Or, la version de Marie de France et celle du *Romulus* remontent toutes deux à un texte anglo-saxon vraisemblablement antérieur à la première croisade. — C'est aussi la forme du *pré tondu* que connaît l'auteur anonyme d'un fabliau du XIIIᵉ siècle[3]. Voici encore notre facétie au moyen âge, sous l'une ou l'autre de ses formes, en vers allemands[4], en prose allemande[5].

Et les conteurs français ou italiens du XVIIᵉ et du XVIIIᵉ siècle la recueillent et la diversifient de vingt manières, jusqu'à former comme un petit cycle de la *femme obstinée*[6]. Encore n'ai-

---

1. *Etienne de Bourbon*, p. p. Lecoy de la Marche, Paris, 1877, nᵒˢ 242, 243. Cf. Wright, *A selection of latin stories*, t. II, p. 548, p. 12 (le pouilleux), p. 13 (le pré tondu).
2. Hervieux, *Les Fabulistes latins*, t. II, p. 548.
3. MR, IV, 101e.
4. Ad. von Keller, *Erzählungen aus altd. Hss.*, p. 201.
5. Pauli, *Schimpf und Ernst*, p. p. Œsterley, 1866, nᵒ 595.
6. Telle, par exemple, la forme du *coupeur de bourse*, où la femme, refusant de retirer cette expression malsonnante, et empêchée de par-

je pas énuméré la moitié des versions recueillies par Dunlop-Liebrecht et par M. Ristelhuber[1], et il serait facile, à qui en aurait la patience de doubler, de tripler, de quadrupler ces longues listes de références : mais, cette nouvelle liste quadruplée resterait elle-même incomplète.

Ainsi, du nord au midi, du moyen âge au jour présent, à travers le temps, à travers l'espace, vit, se transforme, se multiplie ce méchant conte. Je l'ai choisi insignifiant, à dessein. Ce n'est qu'une nouvelle à la main, une facétie. Or, quel est le héros historique assez populaire pour que son souvenir se prolonge dans la mémoire du peuple au delà d'un siècle écoulé ? Qui pourra dire, au contraire, depuis combien de centaines d'années vit cet humble conte du *pré tondu*, cette bouffonnerie, comme l'appelle Mistral, *aquesto boufonado* ?

Des milliers de contes à rire végètent ainsi, obscurément, au fond de tous les cerveaux. On me conte l'un d'entre eux, et soudain, de ma mémoire confuse, sort le récit. Je le savais déjà, mon voisin le sait aussi, et nous ne saurions le plus souvent dire en quel lieu, à quel jour, de quel livre ou de quelle bouche, nous avons reçu cette historiette.

J.-V. Le Clerc reconnaît dans le Décaméron beaucoup de fabliaux : c'est donc que Boccace a plagié les trouvères ! Le Décaméron doit être rendu à la France, et le patriotisme de J.-V. Le Clerc s'exalte. — Le *Médecin malgré lui* n'est autre que le fabliau du *Vilain Mire* : les moliéristes en concluent à l'omniscience de Molière, qui, sans doute, avait lu le manuscrit 837 de la Bibliothèque nationale. — Un savant de pro-

---

ler, fait le geste de couper une bourse ; celle du *cornard*, où elle fait des cornes avec ses doigts (*La chasse ennuy ou l'honneste entretien des bonnes compagnies...*, par Louis Garon, Paris, 1681, centurie IV, VIII, p. 321). — Telle la jolie forme du *merle* et de la *merlette* : une discussion, suivie de coups, s'engage entre deux époux, sur la question de savoir si le volatile qu'ils sont en train de manger, un soir de mardi gras, est un merle ou une merlette. L'année suivante, au même soir du mardi gras, le mari dit, à table, à sa femme : « Te rappelles-tu comme nous avons été sots, l'an dernier à pareil jour, de nous quereller à propos de ce merle ? — De cette merlette ! » réplique la femme. La dispute recommence et se renouvelle tous les mardis gras (*Elite des contes du sieur d'Ouville*, éd. Ristelhuber, p. 22).

1. V. Dunlop-Liebrecht, *Geschichte der Prosa-Dichtung, Anmerk.*, 475[a]. — Ristelhuber, *Contes du sieur d'Ouville*, p. 22. — Liebrecht, *Germania*, I, 270.

vince recueille des contes de veillée dans son village ; il y reconnait l'esprit spécial des paysans bretons, ou bien des montagnards d'Auvergne. Mais voici qu'on rapproche deux de ces collections de contes provinciaux : ce récit, qui paraît autochtone en Auvergne, et celui-ci, caractéristique du génie breton, c'est la même chose : et cette même chose, c'est aussi une nouvelle de Boccace, et c'est un fabliau. Ce conte étrangement diversifiable, accommodable à des civilisations diverses, bon bourgeois de chaque cité, musulman ici, là chrétien, prêt à servir toutes les morales ou à faire rire tous les gosiers a déjà subi mille et une métamorphoses ; les prêtres bouddhistes en ont fait une parabole, et les frères prêcheurs du moyen âge un *exemple* ; les princes persans se le sont fait conter par leurs favoris ; le Dioneo et la Lauretta de Boccace l'ont dit à Florence, et voici qu'un marchand de cotonnades anglais le rapporte de Zanzibar.

Or, il en est ainsi, non seulement des contes à rire, mais de tout un trésor de légendes, de contes merveilleux, de chansons, de proverbes, de superstitions, de pronostics météorologiques, de devinettes. « Si Peau d'Ane m'était conté, dit La Fontaine, j'y prendrais un plaisir extrême, » et toute l'humanité blanche, jaune ou noire, y prend, en effet, plaisir. — La légende du chien vengeur de son maître s'est fixée à Montargis ; celle du *Mari aux deux femmes*, à Erfurt ; au château de Mersebourg, près de Leipzig, j'ai pu voir partout reproduite, sur les blasons, sur les tombeaux des anciens évêques, l'histoire de la pie voleuse. Un corbeau géant, captif dans la cour du château, y expie encore le crime ancien. — Mais les légendes du chien de Montargis, du Mari aux deux femmes, de la Pie voleuse, insoucieuses des localisations, volent librement par les pays.

De même pour les chansons populaires. Roméo s'irrite contre l'alouette matinale : quelles lèvres ont les premières, dans le haut moyen âge ou dans la primitive antiquité, chanté la première *aube*? et quel est aujourd'hui le village où une *aube* n'ait jamais été chantée ? Ne possédons-nous pas jusqu'à des *aubes* chinoises[1] ?

Voici une devinette : « Une terre blanche, une semence noire, trois qui travaillent, deux qui ne font rien, et la poule qui boit. — C'est le papier, l'encre, la main qui écrit et la plume. » On la trouve dans de vieux recueils de *joyeusetés* du

---

1. Cf. Jeanroy, *Origines de la poésie lyrique*, p. 70.

xv° siècle, dans des collections d'*indovinelli* italiennes, en Sicile, en Angleterre, en Lithuanie, dans la Dordogne, dans le Forez, en Serbie [1].

Ainsi, l'on constate que chaque peuple, chaque province, chaque village possède un trésor de traditions populaires, — une collection de proverbes, de devinettes, — des traditions météorologiques, médicales, — une faune, une flore poétiques, — des contes plaisants, — des contes d'animaux, — des légendes historiques ou fantastiques, — des chants populaires ; — et l'on remarque en même temps ce second fait qu'il n'existe qu'un très petit nombre de ces chansons, de ces légendes, de ces contes, de ces proverbes, qui appartiennent en propre à ce village, à cette province, à ce pays.

On constate, au contraire, que chacune de ces traditions possède une force merveilleuse de survivance dans le temps, de diffusion dans l'espace, si bien qu'on peut dire avec le plus extraordinaire collecteur de contes de notre temps, M. Reinhold Kœhler : « le nombre des contes localisés en deux ou trois points est relativement petit, et serait encore bien moindre, si on les avait recueillis partout avec le même zèle... On peut dire que celui qui a lu la collection de Grimm ou celle d'Asbjœrnsen et Moe n'a plus rien à trouver d'essentiel et de nouveau dans les autres collections [2] ; » — ou bien, avec M. Luzel : « nous retrouvons dans nos chaumières bretonnes des versions de presque toutes les fables connues en Europe [3] ; » — ou encore, avec M. James Darmesteter : « tout ce qui est dans le folk-lore français se retrouve dans tous les autres ; il n'y a pas, à proprement parler, de folk-lore français, ou allemand, ou italien, mais un seul folk-lore européen ; et telle croyance ou telle légende qui paraît isolée dans un coin isolé d'une province de France est soudain rapportée par un voyageur dans des termes analogues ou identiques de chez quelque peuplade d'Afrique ou d'Australie [4]. »

Tel est le fait dominant, et voici le problème : d'où viennent ces traditions populaires? Comment se propagent-elles? Il s'agit de déterminer, pour chacun de ces groupes de traditions,

---

1. Cf. le *Recueil de devinettes* de E. Rolland, n° 250. — *Mélusine*, t. I, col. 200 et col. 254.
2. Reinhold Kœhler, *Weimarische Beiträge zur Literatur und Kunst*, Weimar, 1879.
3. *Contes populaires de la Basse-Bretagne*, préface.
4. *Romania*, t. X, p. 286.

le lieu, la date de sa naissance, les lois de son développement interne, de ses migrations dans l'espace, dans la durée.

Des brigades de travailleurs se sont mis à l'œuvre, et les théories ont germé.

II

D'où viennent ces légendes populaires? En myriades de molécules, il flotte, épars dans l'air, le pollen des contes. D'où est issue cette poussière féconde? S'est-elle détachée de différentes souches? ou de la même, unique et puissante? En ce cas, sur quel sol, en quel temps s'est épanouie la fleur-mère?

Si la question se posait pour les seuls fabliaux, elle n'offrirait qu'un intérêt médiocre et de simple curiosité. Quelle est l'origine de ces amusettes qui, depuis des siècles, réjouissent les esprits peu compliqués? C'est un problème, divertissant peut-être, sans grande portée à coup sûr.

Mais il n'en va pas ainsi des contes merveilleux : ces humbles et étranges histoires de paysans, ces *nursery tales*, ces *Mährchen* des vieilles femmes de la Westphalie et de la Forêt-Noire, ce sont les matériaux de toute recherche mythologique. Il n'y a plus de place aujourd'hui pour un système qui considérerait uniquement le Panthéon classique d'un peuple, ses dieux et ses héros hiérarchiquement groupés dans l'Olympe ou la Walhalla officiels, sa cosmogonie expliquée, épurée par la spéculation consciente des poètes, des philosophes, des artistes. Plus de mythologie qui ne tienne compte des traditions populaires, dont les contes font partie intégrante : car on sait aujourd'hui que souvent les racines des contes et des fictions populaires s'enfoncent profondément dans le passé, jusqu'aux germes des pensées et des croyances primitives. De là, pour les mythologues, la nécessité d'éprouver la valeur des matériaux que, tous, ils mettent en œuvre. Quel emploi légitime en peuvent-ils faire? Quelle en est la provenance? la date? Ce sont là questions nécessaires, et voilà comment c'est au sein des écoles mythologiques contemporaines qu'ont germé les principales théories de l'origine des contes.

On entend bien qu'à propos de nos humbles contes à rire, qui n'ont rien de mythique, nous n'aurions garde de retracer ici l'histoire des systèmes mythologiques de ce siècle. Nous n'aurions garde surtout — n'y étant pas tenu — de trop laisser percer nos préférences pour l'une ou pour l'autre école¹ : les fées malignes des contes, les vieilles fileuses méchantes, les follets entraînent volontiers les mortels trop curieux dans les brousses des forêts prestigieuses.

Mais il est nécessaire — et suffisant — de mettre en son relief, le plus brièvement, le plus nettement possible, l'idée de chaque système. Car on ne saurait résoudre la question de l'origine des fabliaux si l'on ne sait aussi répondre au problème plus compréhensif de l'origine des contes en général, et d'ailleurs, si l'on séparait abusivement ces deux questions, il serait oiseux de rechercher la provenance des contes à rire; réciproquement, un mythologue ne saurait se servir en toute confiance des matériaux du folk-lore, sans avoir élucidé d'abord la question, menue en apparence, des contes plaisants. — Ces assertions, quelque peu sibyllines, deviendront bientôt fort claires.

Les deux grands systèmes aujourd'hui en conflit, — l'école de mythologie comparée ou école philologique et l'école anthropologique, — traitent les contes populaires en vertu de principes opposés, selon des procédés contraires.

Quels sont ces principes et ces procédés?

III

THÉORIE ARYENNE

Quand le grand Jacob Grimm appliqua aux légendes populaires allemandes son esprit génial et comme enfantin tout ensemble, — génial par ses dons de construction, enfantin par le naïf amusement qu'il prenait à ces contes, — une pensée patriotique le guidait surtout². Il sentit qu'il surnageait, en ces fictions flottantes autour de lui, les débris des pensées, des rêves et des croyances des ancêtres. « Comme les sables bleus,

---

1. Voir pour une orientation générale à travers ces systèmes, la très belle préface de Wilhelm Mannhardt au t. II des *Wald-und Feldkulte*, Berlin, 1877, p. I-XL, complétée et mise à jour, en 1886, par l'introduction de M. Charles Michel à *la Mythologie* de M. Andrew Lang, trad. fr. de M. Parmentier; — ou encore, quelques élégantes et jolies pages du comte de Puymaigre, en tête de son livre *Folk-Lore*, Paris, 1885.

2. Mes sources principales pour ce résumé de la théorie aryenne, sont : la grande édition des *Kinder-und Hausmärchen* des frères Grimm, 3 vol., 1856; Kuhn, *die Herabkunft des Feuers und des Goettertranks*,

verts et roses avec lesquels les enfants jouent dans l'île de Wight, elles sont le détritus de plusieurs couches de pensées et de langages ensevelies profondément dans le passé. » Les traits de mœurs plus spéciaux, les superstitions, les imaginations merveilleuses que renferment les contes du foyer, il les rapportait à l'enfance préhistorique de la patrie. Les contes lui apparurent comme le patrimoine commun des peuples aryens, qu'ils auraient emporté avec eux au cours de leurs migrations. Ces fictions, aujourd'hui incomprises, c'était le retentissement affaibli, l'écho à peine perceptible, le travestissement obscur des anciens mythes germaniques. Comment, à sa suite, « les Simrock et les J. W. Wolf crurent retrouver dans chaque conte, dans chaque légende romanesque ou hagiographique, une divinité nordique », c'est ce qu'on lira dans le remarquable exposé que Mannhardt a tracé du système de Grimm[1].

Bientôt les fondateurs de la mythologie comparée devaient transporter la méthode de Grimm sur le terrain plus vaste des sciences indo-germaniques. Hardiment, les Kuhn et les Max Müller comparèrent les mythes glorieux des Védas, des Eddas, des poèmes homériques et hésiodiques avec les obscures fictions que colportent encore les paysans, et tentèrent de reconstituer ainsi une sorte de mythologie préhistorique et aryenne, d'où seraient issus au même titre le panthéon germanique et le monde divin des Hindous, des Grecs et des Romains.

On sait par quelle brillante théorie l'école de Kuhn, de Schwartz, de MM. Max Müller et Bréal, explique la genèse et la nature de ces mythes primitifs : comment, au temps de l'unité de la race aryenne et en une période transitoire de l'évolution de la langue, que l'on appelle « l'âge mythopœique, » à la faveur d'une véritable « maladie du langage, » de simples affirmations sur les phénomènes naturels, sur le lever de l'aurore, sur le crépuscule, la nuit, l'orage, l'alternance des saisons, se seraient transformées en des affirmations sur des personnages imaginaires, mythiques : en sorte que nos ancêtres les Aryas, avant de se séparer pour former les groupes slave, germanique, grec, latin, celtique, iranien, indien, auraient

---

Berlin, 1859; Bréal, *Mélanges de Mythologie et de Linguistique*, Paris, 1878; Max Müller, *Nouvelles leçons sur la science du langage*, trad. G. Harris et G. Perrot, 1867, 1868; Max Müller, *Essais sur la mythol. comparée*, trad. G. Perrot, Paris, 1873; A. de Gubernatis, *Zoological Mythology*, 2 vol., 1872.

1. Mannhardt, *op. cit.*, p. XIII-XIV.

développé une copieuse mythologie fondée sur une sorte de poésie de la Nature, et que les dieux et les héros seraient simplement des formes anthropomorphiques des phénomènes naturels.

Les Aryas, en se séparant, auraient donc emporté avec eux, non pas leur langue seule, mais ces mythes communs. Ils vivent encore, déformés, au sein des races isolées, en lutte avec les idées supérieures — le christianisme et la science — qui, lentement, les tuent. Les contes populaires modernes en renferment encore les détritus, comme de la poussière d'astres. Ils sont comme le patois de la mythologie. On peut souvent, dans nos contes, en lavant l'uniforme badigeon des idées chrétiennes, retrouver, presque effacée, la primitive peinture païenne, et sous l'image actuelle de la Vierge Marie ou des saints, découvrir quelque vieille divinité germanique : les fées, les ogres, les mille lutins qui jouent ou se combattent dans nos contes merveilleux, sont les représentants d'anciens héros légendaires, qui, eux-mêmes, incarnaient primitivement les puissances de la Nature et leurs luttes.

Ainsi, par de graduelles altérations, les mythes primitifs se sont transformés en légendes, et les légendes en contes. « Le « premier travail à entreprendre est donc de faire remonter « chaque conte à une légende plus ancienne, et chaque légende « à un mythe primitif[1] ».

On sait comment cette méthode a été depuis trente ans appliquée de toutes parts — et souvent compromise — de Dasent et de Von Hahn à M. André Lefèvre, par cette école de savants si habile à mettre les rigueurs de la philologie au service des caprices de l'imagination. On sait comment, aujourd'hui encore, M. de Gubernatis prétend démontrer, par l'examen de contes comme Cendrillon et Psyché, que « les nouvelles populaires en « toutes leurs parties essentielles, et en beaucoup de leurs « détails, reposent sur un fondement mythologique, et que les

---

1. C'est cette formule, souvent répétée, que, par une curieuse prescience des théories prochaines, Walter Scott exprimait déjà dans un passage de *la Dame du Lac*, cité par M. A. Lang (*Myth, Custom and Religion*, II, 290 : « On pourrait écrire un livre d'un grand intérêt sur l'origine des fictions populaires et la transmission des contes d'âge en âge et de pays en pays. La mythologie d'une époque nous apparaîtrait comme se transfigurant en la légende de la période suivante, et la légende à son tour comme se transformant jusqu'à produire les contes de nourrices des âges plus récents. »

« contes sont, le plus souvent, des mythes disloqués, élémen-
« taires, qui sont venus, comme des molécules plus légères,
« s'agréger à des corps plus denses ».

Mais laissons, comme de juste, à M. Max Müller le soin
d'exposer plus complètement la théorie. Nul plus que lui n'a
su envelopper de poésie cette vision préhistorique. Il a vu de
ses yeux « la nourrice qui berçait sur ses puissants genoux les
« deux ancêtres des races indiennes et germaniques » et leur
disait les mythes primitifs. Il a suivi ces mythes, dans leur
long exode, jusqu'au jour où les divinités, traquées par les exorcismes chrétiens, trouvèrent asile dans les contes, et où, ne
pouvant se résigner à laisser mourir les dieux d'hier, « les vieilles
grand'mères au cœur tendre, ne fût-ce que pour faire tenir tout
le petit monde tranquille, » répétèrent aux enfants, sous la forme
de contes inoffensifs, leurs légendes, sacrées la veille encore.

« Grecs, Latins, Celtes, Germains et Slaves, dit M. Max Müller,
nous vînmes tous de l'Orient par groupes de parents et d'amis,
en laissant derrière nous d'autres amis, d'autres parents, et
après des milliers d'années, les langues et les traditions de ceux
qui allèrent à l'Est et de ceux qui allèrent à l'Ouest présentent
encore de telles ressemblances que l'on a pu établir, comme un
fait qui n'est plus à discuter, que les uns et les autres descendent
d'un tronc commun. Mais nous allons maintenant plus loin:
non seulement nous trouvons les mêmes mots et les mêmes
terminaisons en sanscrit et en gothique; non seulement nous
trouvons dans le sanscrit, le latin et l'allemand, les mêmes
noms donnés à Zeus et à beaucoup d'autres divinités; non
seulement le terme abstrait qui représente l'idée de Dieu est le
même dans l'Inde, la Grèce et l'Italie, mais ces contes mêmes,
ces *Mährchen* que les nourrices racontent encore presque dans
les mêmes termes, sous les chênes de la forêt de Thuringe et
sous le toit des paysans norwégiens, et que des bandes d'enfants
écoutent à l'ombre des grands figuiers de l'Inde, eux aussi, ces
contes faisaient partie de l'héritage commun de la race indo-
européenne, et l'origine nous fait remonter jusqu'à ce même
âge lointain où aucun Grec n'avait encore mis le pied sur la
terre d'Europe, où aucun Hindou ne s'était baigné dans les
eaux sacrées du Gange. Cela semble étrange, sans aucun doute,
et a besoin d'être entouré de quelques réserves. Nous ne voulons pas dire que les ancêtres des diverses races indo-euro-
péennes aient entendu raconter l'histoire de *Blanche comme la
Neige* et de *Rouge comme la Rose*, sous la forme même où nous

la trouvons aujourd'hui, que ces pères de nos races la racontèrent ensuite à leurs enfants et que c'est ainsi qu'elle fut transmise jusqu'à nos jours... Il est bien certain pourtant que la mémoire d'une nation reste attachée avec une merveilleuse ténacité à ces contes populaires, et que les germes d'où ils sont sortis appartiennent à la période qui précéda la dispersion de la race aryenne ; que ces mêmes peuples, qui, en émigrant vers le nord ou le sud, portèrent avec eux les noms du soleil et de l'aurore, ainsi que leur croyance aux brillantes divinités du ciel, possédaient déjà, dans leur langue même, dans leur phraséologie mythologique et proverbiale, les semences plus ou moins développées, qui devaient nécessairement donner naissance aux mêmes plantes ou à des plantes très semblables dans n'importe quel sol et sous n'importe quel ciel [1].

...« C'est ainsi que M. Dasent a suivi l'altération graduelle par laquelle le mythe se transforme en conte, par exemple dans le cas du *Chasseur sauvage*, qui primitivement était Odin, le dieu germain. Il aurait pu remonter, en cherchant les origines d'Odin, jusqu'à Indra, le dieu des tempêtes dans les Védas, et au-dessous même du grand-veneur de Fontainebleau, il aurait pu retrouver l'Hellequin de France jusque dans l'Arlequin des pantomimes... Ces innombrables histoires de princesses ou de jeunes filles merveilleusement belles, qui, après avoir été enfermées dans de sombres cachots, sont invariablement délivrées par un jeune et brillant héros, peuvent toutes être ramenées à des traditions mythologiques relatives au printemps affranchi des chaînes de l'hiver; au soleil qu'un pouvoir libérateur arrache aux ombres de la nuit; à l'aurore, qui, dégagée des ténèbres, revient de l'occident lointain ; aux eaux mises en liberté, et qui s'échappent de la prison des nuages [2]... »

Bref, les contes populaires sont la transformation dernière et l'aboutissement d'anciens mythes solaires, stellaires, crépusculaires, nés chez nos ancêtres aryens avant leur séparation. Ils continuent à vivre dans l'intérieur de la race aryenne et ne se transmettent point de peuple à peuple, ou ne s'échangent que très rarement. La méthode pour les étudier consiste à en chercher le noyau mythique, en appliquant les règles de la philologie comparée, à le dépouiller de sa gangue d'éléments adventices et à déterminer les transformations graduelles du mythe primitif.

1. M. Müller, *Essais sur la myth. comp.*, traduction G. Perrot, p. 271-3.
2. *Ibid.* p. 283.

IV

LA THÉORIE ANTHROPOLOGIQUE

On sait quelle belle guerre est menée depuis quinze ans contre l'école de M. Max Müller. On lui a contesté ses résultats, ses méthodes, ses principes. Depuis Mannhardt jusqu'à M. James Darmesteter, combien de savants l'ont abandonnée, brûlant ce qu'ils avaient adoré ! Combien, depuis Bergaigne jusqu'à M. Barth, ont fait effort pour dissiper l'ivresse linguistique qui nous grisait, pour dépouiller les Védas de leur autorité sacrée, pour démontrer qu'ils représentent non pas une poésie primitive de l'humanité, mais l'œuvre artificielle d'une corporation sacerdotale fermée, non pas les conceptions des Aryas en la période d'unité de la race, mais une phraséologie exclusivement indienne, non pas une mythologie sur la voie du devenir, mais une littérature de théologiens beaux esprits ! Combien ont contesté à l'école sa théorie de l'âge mythopœique et de la maladie du langage, et ont réduit, comme le voulait Mannhardt, les conquêtes de la mythologie philologique, à trois ou quatre identités stériles, telles que Dyaus = Zeu = Tius; Varouna = Ouranos; Sâramêya = Hermeias ! Combien, depuis M. Andrew Lang jusqu'à M. Gaidoz, ont raillé les dissensions intestines d'une école où, selon Schwartz, les orages auraient été l'élément mythologique par excellence, tandis que, selon M. Max Müller, le même rôle, dans les légendes, serait tenu par la paisible Aurore, ou, d'après un récent théoricien, par le Crépuscule ! Combien n'ont voulu voir dans ces mythes solaires, orageux ou crépusculaires — clefs à toutes serrures, — qu'une sorte de fantasmagorie monotone, qui supposerait que, sur les hauts plateaux de l'Asie centrale, « nos ancêtres n'auraient pas eu d'occupa« tion plus chère que de causer de la pluie et du beau temps ! »

Il est manifeste que ces théories traversent une période sinon de déclin, du moins de recul ou d'arrêt, et la jeune école rivale, qui profite grandement des défiances dont souffre la philologie comparée, a su édifier pour les contes populaires une théorie nouvelle, encore en voie de formation, d'ascension première et de premier succès.

Voici, brièvement, quelles sont ses positions [1].

[1]. Cette analyse des théories de l'école anthropologique repose principalement sur les ouvrages suivants : E. Tylor, *Researches into the early history of Mankind*, Londres, 1865. *Primitive culture*, 1871; Andrew

Quel est l'objet de tout système mythologique ? C'est d'expliquer l'élément stupide, sauvage et irrationnel des mythes, la mutilation d'Ouranos, le cannibalisme de Cronos, Déméter aux naseaux de cheval, Artémis aux trois têtes bestiales, Hermès ithyphallique, Athéné aux yeux de chouette, Indra au corps de bélier et dont les ennemis, Vritra et Ahi, sont des serpents, bref toutes ces légendes qui répugneraient au plus grossier des Papous ou des Canaques et qui, pourtant, forment pour une grande part la religion de Phidias, d'Aristophane ou celle des sages brahmanes. L'école nouvelle en rend compte non plus par une maladie du langage qui aurait développé des mythes célestes sans nulle adhésion de la conscience et de la croyance; mais elle les explique par une maladie de la pensée; ou plus exactement, ces mythes seraient des survivances d'un état d'esprit par lequel toute race a dû passer avant de se civiliser. Les mythes représentent d'anciennes croyances réelles, des explications cosmogoniques qui ont suffi en leur temps et auxquelles on a réellement cru, des légendes qui reflètent exactement les usages, les rites, les pensées quotidiennes de leurs créateurs.

Comment nous rendre compte d'un état d'esprit qui fut normal jadis, et qui nous paraît monstrueux ? Des siècles de culture l'ont aboli dans notre vieille Europe. Mais regardons autour de nous. Sur notre terre, rapetissée par les explorations plus faciles, toutes les phases traversées par l'humanité au cours de son développement comptent encore des représentants vivants. Voici, tout près de nous, des hommes, nos contemporains, nos voisins, nos semblables, qui vivent dans les mêmes conditions intellectuelles que les ancêtres de nos races glorieuses. Ce sont les sauvages. Ces Zoulous, ces Huarochiris, ces Namaquas, ces Botocudos, ne méprisons pas de les interroger. L'anthropologie nous donnera la clef des mythes. A comparer les mille documents que d'ores et déjà nous possédons sur eux, ces bégaiements d'idées religieuses, ces linéaments grossiers de littérature orale, ces étranges conceptions animistes, fétichistes, ces *totems*, ces *tabous*, on arrive à comprendre l'état d'esprit qui produisit les mythes, comme un arbre porte ses fruits. On constate qu'il y a des Zeus esquimaux, des Héraclès apaches,

---

Lang: *Custom and Myth.*, 2ᵉ éd. 1885; *la Mythologie*, 1886; *Myth, Ritual and Religion*, 2 vol., 1887; son introduction à la traduction des *Kinder- und Hausmaerchen* par Mistress Hunt, Londres, 1884; son introduction aux contes de Perrault, 1888, Oxford; — enfin, la collection de la revue *Mélusine*, 1878, 1882-92.

des Indras algonquins, des Odins maoris, tout comme il y a des Huitzilopochtlis helléniques, des Cagn hindous et des Tangaroas scandinaves. Les mythes sauvages éclairent ceux des plus nobles mythologies, qui sont les résidus d'une époque primitive, laquelle s'appelait Sauvagerie.

Comme toute école naissante aime à se chercher des ancêtres et à se constituer une galerie de portraits de famille, l'école anthropologique invoque, comme précurseurs, Fontenelle et le président de Brosses, qui disait dès 1760, dans son livre intitulé *le culte des dieux fétiches* : « En général il n'y a pas de meilleure méthode pour percer les voiles de l'antiquité que d'observer s'il n'arrive pas encore quelque part sous nos yeux quelque chose d'à peu près pareil [1]. » Une idée aussi juste en soi et aussi simple a pu se présenter à beaucoup d'esprits, si bien que c'est l'un des plus déterminés védisants, Schwartz, qui, à en juger par une citation piquante de Mannhardt, a, le premier, donné une définition nette du système futur : « Selon Schwartz, dans la masse des légendes encore vivantes parmi le peuple, est enclose une *mythologie inférieure*, où survit un moment embryonnaire de la vie des dieux et des démons, bien que dieux et démons nous soient attestés, sous une forme plus développée, par des témoignages historiques fort antérieurs. Les légendes populaires ne nous transmettent donc pas, comme le voulait Grimm, un résidu déformé, un écho affaibli de la mythologie de l'Edda, mais au contraire les germes, les éléments fondamentaux d'où s'est développée la mythologie supérieure [2]. »

Pourtant, l'école ne prit vraiment conscience d'elle-même que le jour où E. Tylor appliqua systématiquement à la mythologie les méthodes de l'anthropologie comparée. Mannhardt, qui le suivit, mourut trop tôt. Mais l'école compte aujourd'hui, sous la digne conduite de M. Andrew Lang en Angleterre, de M. Gaidoz et de la vaillante *Mélusine* en France, une pléiade de partisans qui adoptent ces formules de M. Gaidoz : « Le vrai fondement des recherches mythologiques est un examen de l'état psychologique de l'homme, suivant la méthode de M. Tylor.... La mythologie s'explique par le folk-lore et les récits mythiques sont la combinaison et le développement d'idées du folk-lore. »

Quelle est donc l'attitude de l'école en présence des contes

1. Phrase qui sert d'épigraphe au t. III de *Mélusine*.
2. Mannhardt, *Baum- und Feldkulte*, II, xxii.

populaires ? « Le cannibalisme, dit M. Lang[1], la magie, les cruautés les plus abominables paraissent tout naturels aux sauvages qui croient aussi à des relations de parenté entre les hommes et les animaux. Ces traits se retrouvent à chaque pas dans les contes de Grimm, et cependant on ne peut pas dire que ce soient là des choses familières aux Allemands de l'époque historique. Il faut donc que nous ayons affaire ici à des *survivances* dans des contes populaires, qui remontent à l'époque où les ancêtres des Germains ressemblaient aux Zoulous. » Ces sorciers, ces revenants, ces animaux qui parlent, ces ogres, ces

---

1. Il est juste de citer ici un passage étendu de M. Lang, où il expose son système. Nous l'empruntons au tome I de *Myth, Ritual and Religion*, chap. II. Le chapitre XVIII (tome II) du même ouvrage traite plus spécialement de l'origine des contes :

« Une science est née, qui étudie l'homme en toutes ses œuvres et en toutes ses pensées, en tant qu'il évolue. Cette science, l'anthropologie comparée, étudie le développement de la loi, issue de la coutume ; le développement des armes depuis le bâton ou la pierre jusqu'au plus récent fusil à répétition ; le développement de la société depuis la horde jusqu'à la nation. C'est une étude qui ne dédaigne pas de s'arrêter aux tribus les plus arriérées et les plus dégradées, tout comme aux peuples les plus civilisés, et qui, fréquemment, trouve chez les Australiens ou les Nootkas le germe d'idées et d'institutions que les Grecs ou les Romains portèrent à la perfection, ou qu'il conservèrent, en atténuant un peu leur primitive rudesse, au sein même de la civilisation.

Il est inévitable que cette science étende aussi la main sur la mythologie. Notre dessein est d'appliquer la méthode anthropologique — l'étude de l'évolution des idées depuis le sauvage jusqu'au barbare, et du barbare au civilisé, — dans la province du mythe, des rites et de la religion… A l'aide de l'anthropologie, nous démontrerons qu'il existe actuellement un état de l'intelligence humaine, dont le mythe est le fruit naturel et nécessaire. Dans tous les systèmes antérieurs, les théoriciens partaient de cette idée accordée que les créateurs des mythes furent des hommes munis d'idées philosophiques et morales analogues aux leurs propres, — idées que, pour certaines raisons politiques ou religieuses, ils auraient enveloppées dans les voiles bizarres de l'allégorie. Nous tenterons au contraire de prouver que l'esprit humain a traversé un état tout à fait différent de celui des hommes civilisés, pendant lequel des choses semblaient naturelles et raisonnables qui, maintenant, apparaissent comme impossibles et irrationnelles, et que, pendant cette période, s'il a produit des mythes qui survivent encore dans la civilisation, il les a nécessairement produits tels qu'ils semblent étranges et incompréhensibles à des civilisés.

Notre première question sera : a-t-il existé une période de la société humaine et de l'intelligence humaine, où des faits qui nous paraissent monstrueux et irrationnels — les faits correspondant aux incidents sauvages des mythes — étaient acceptés comme les faits courants de la

fées, cette communion constante de l'homme avec une nature fantastique, ce n'est pas l'imagination des civilisés qui a créé cette absurde féérie ; ce sont des restes de manières de penser et de croire abolies. Ici c'est un ancien *totem*, là un *tabou*, et pour expliquer ces merveilles, il faut parfois s'adresser aux Bassoutos, aux Hurons, aux Kamchadales. « Le but est d'ana-
« lyser les contes en les ramenant aux conceptions élémen-
« taires, psychologiques, mythologiques, religieuses, sur les-
« quelles ils reposent : et beaucoup de ces conceptions appar-
« tiennent à la sauvagerie. »

vie quotidienne ?... On sait que les Grecs, les Romains, les Aryas de l'Inde à l'époque des commentateurs sanscrits, les Egyptiens du temps des Ptolémées et d'époques plus anciennes, étaient aussi embarrassés que nous par les aventures de leurs dieux. Or y a-t-il un état connu de l'intelligence humaine où de semblables aventures, les métamorphoses d'hommes en animaux, en arbres, en étoiles, et tous ces bizarres incidents qui nous embarrassent dans les mythologies civilisées, sont regardés comme les événements possibles de la vie humaine de chaque jour ? Notre réponse est que tout ce que nous regardons dans les mythologies civilisées comme irrationnel n'apparaît aux sauvages, nos contemporains, que comme une partie intégrante de l'ordre des choses accepté et naturel, et, dans le passé, apparaissait comme également rationnel et naturel aux sauvages sur lesquels nous avons quelques renseignements historiques. Notre théorie est donc que l'élément sauvage et absurde de la mythologie est, le plus souvent, un legs des ancêtres des races civilisées, qui jadis n'étaient pas dans un état intellectuel plus élevé que les Australiens, les Boschismans, les Peaux Rouges... L'élément absurde des mythes doit être expliqué le plus souvent comme « *survivance* »; l'âge de l'esprit humain auquel cet élément absurde a survécu est un âge où n'existaient pas encore nos idées les plus communes sur les limites du possible, où toutes choses étaient conçues de tout autre façon qu'aujourd'hui : et cet âge, c'est celui de la sauvagerie.
Il est universellement admis que des survivances de cette nature rendent compte de nombreuses anomalies dans nos institutions, nos lois, notre vie sociale, voire dans nos vêtements et dans les menus usages de la vie. Si des restes isolés des anciens temps persistent ainsi, il est plus que probable que d'autres restes survivent aussi dans la mythologie, si l'on tient compte du pouvoir conservateur du sentiment religieux et de la tradition. Notre objet est donc de prouver que l'« élément stupide, sauvage et irrationnel » des mythes des peuples civilisés s'explique, soit comme une survivance de la période de sauvagerie, soit comme un emprunt d'un peuple cultivé à ses voisins sauvages, soit enfin comme une imitation d'anciennes données sauvages par des poètes postérieurs et réfléchis. »

V

THÉORIE SECONDAIRE, ANNEXE DES DEUX SYSTÈMES ARYEN ET ANTHROPOLOGIQUE

Avant d'aller plus loin, il faut nous arrêter un instant pour faire justice d'une opinion fausse, qui, inconsidérément admise par les écoles de Grimm et de M. Lang, a nui gravement à toutes deux.

Chaque conte ou chaque type de contes aurait pu être *inventé et réinventé à nouveau* un nombre indéfini de fois en des temps et en des lieux divers, et les ressemblances que l'on constate entre les contes des divers pays proviendraient de l'identité des procédés créateurs de l'esprit humain.

Cette théorie suppose qu'on laisse un certain vague mystique à l'idée de création populaire; qu'on y voie je ne sais quelle force d'invention collective, anonyme, impersonnelle, différente de l'invention poétique lettrée, individuelle. *Terra ultro fructificat*. La légende se dégage du génie de nos paysans bretons ou normands aussi naturellement que la fumée s'échappe de leurs chaumières.

A vrai dire, il n'y a point là proprement une théorie consciente d'elle-même; nous n'avons point affaire à une école avec son chef, ses disciples, ses schismatiques, ses adversaires. C'est moins un système organisé qu'une *première attitude de l'esprit* en présence du problème. C'est une hypothèse qui se présente volontiers à l'esprit de tout apprenti folk-loriste, au début des recherches, et ne résiste pas aux faits.

Certes, on peut admettre que le libre jeu de l'intelligence humaine reproduise, en des temps et des pays divers, la même idée, la même fantaisie très simple : on trouve dans l'art grec archaïque et chez les anciens Mexicains des poteries très analogues, dont la ressemblance s'explique par la similitude des matériaux, des outils, du degré de civilisation.

De même, on peut admettre qu'un proverbe, — c'est-à-dire une même image, une métaphore, une même réflexion morale — ait pu se présenter à deux, trois, dix esprits indépendants les uns des autres; on peut admettre la même création répétée pour une devinette, bien qu'il y ait ici plus de caprice individuel; on peut et l'on doit admettre pour les chansons populaires, que le même thème sentimental, très général, soit né de lui-même sur des terres très différentes.

Mais il n'est pas moins vrai qu'on reste frappé du très petit nombre de proverbes, de devinettes ou de types de chansons historiquement représentés, de leur caractère contingent, fantaisiste et nullement nécessaire, et du nombre considérable de *formes* où le même proverbe, le même type de chansons, la même devinette reparaît : ce qui implique forcément, dans la grande majorité des cas, création unique, souvenir, répétition, transmission.

Pour les contes, l'hypothèse ne saurait même pas s'exprimer clairement.

Il est certain que les types généraux, les cycles de contes (cycle de la femme obstinée, cycle des ruses de femme) ou les éléments merveilleux des contes (animaux qui parlent, objets magiques) n'appartiennent ni à un pays, ni à un temps, et que ces éléments ont pu et dû être mille fois réinventés. Mais ce que nous retrouvons dans les diverses littératures populaires, si nous passons d'un recueil sicilien à un recueil norwégien, ce n'est pas seulement des types généraux de contes identiques, ce sont les mêmes contes particuliers : c'est parmi les millions de ruses de femmes qu'on aurait pu imaginer, un nombre restreint de ruses spéciales (*la bourgeoise d'Orléans, les Tresses, le chevalier à la robe vermeille*) et, parmi les millions de contes merveilleux qu'on aurait pu imaginer, un nombre restreint de récits très circonstanciés (*la Belle et la Bête, Jean de l'Ours, Cendrillon*), c'est-à-dire des contes organisés qui se répètent, ayant l'unité d'une œuvre d'art, la complexité d'une intrigue de roman, portant l'empreinte d'un esprit créateur.

Ces observations sont d'ailleurs trop simples. Sauf quelques coïncidences négligeables qui ont pu suggérer le même conte à deux esprits indépendants[1], il faut que chaque conte ait été imaginé un certain jour, quelque part, par quelqu'un. Quand ? Où ? Par qui ? La question reste entière, et nul système n'est viable qui ne pourrait admettre que les contes se propagent par voie d'emprunt.

Il est pourtant curieux que l'école de Grimm et celle de M. Lang aient également répugné à accepter cette vérité, et que

---

1. Nous rencontrerons plus loin des formes de quelques fabliaux (*lai d'Aristote, les quatre souhaits St-Martin*) dont les rapports sont si peu compliqués, que nous sommes en peine de décider si nous avons affaire à des variantes d'un même conte ou à des contes distincts, plusieurs fois réinventés.

l'une et l'autre aient recouru à cette véritable échappatoire : si les contes se ressemblent si parfaitement d'un peuple à l'autre, c'est qu'ils ont pu être réinventés un nombre de fois indéfini.

On voit aisément comment Grimm a été amené à cette étrange hypothèse : sa théorie n'était-elle pas que les contes, imaginés par les Aryas en la période d'unité et transportés avec eux dans leurs migrations, n'avaient cessé d'être l'apanage exclusif de la race indo-européenne? Chaque famille isolée conservait cet héritage, qui ne franchissait que très malaisément les frontières d'une langue et d'un peuple : car la dernière chose qu'un peuple emprunte à un autre, ce sont, disait-il, ses contes de fées.

Cette opinion était fort soutenable au début des recherches de Grimm, alors qu'on n'avait guère collectionné de contes qu'en Europe. Mais depuis, on en a recueilli chez les Kalmouks qui ne sont pas aryens, chez les Japonais, qui ne sont pas aryens, etc... et ce sont les mêmes contes [1] !

Grimm, qui n'était pas sans connaître des contes africains analogues à ses contes allemands s'obstina pourtant à soutenir que, sauf quelques cas isolés, les contes ne se propageaient jamais par emprunts; et c'est alors qu'il exprima l'idée que ces ressemblances pouvaient s'expliquer par des coïncidences, des suggestions : « Il y a des situations si simples et si naturelles qu'elles réapparaissent partout, comme ces mots qui se reproduisent sous des formes toutes semblables en des langues qui n'ont aucun rapport entre elles, parce que des peuples divers ont imité de manière identique des bruits de la nature [2]. »

On s'étonne de voir M. Andrew Lang admettre la même

---

1. On a objecté avec raison à l'école aryenne un autre argument, très fort : elle suppose que les Aryas, avant la séparation, auraient inventé non pas *Blanche comme la neige* et *Rouge comme la rose*, non pas *Cendrillon*, tels qu'on les conte aujourd'hui, mais des mythes, qui, par la suite, dans les races séparées, se seraient décomposés, d'abord en légendes, puis en contes. Mais est-il vraisemblable que les mythes se soient décomposés de manière identique, chez les peuples germaniques et chez les peuples latins, pour produire, chez les Latins et chez les Germains, des contes identiques? La supposition est absurde. Il faudrait donc admettre, pour conserver l'hypothèse aryenne, que la collection des contes se fût trouvée constituée, *ne varietur*, dès l'antiquité préhistorique, avant la séparation? C'est aussi invraisemblable.

2. Oui certes; mais ces coïncidences qui ont pu faire réinventer des contes très simples ont précisément la même importance que les onomatopées pour la comparaison de deux langues. C'est-à-dire que, comme les onomatopées, elles sont très rares et négligeables.

théorie : d'autant plus qu'il n'y a pas le même intérêt que Grimm, et que nos collections d'aujourd'hui, infiniment plus nombreuses qu'au temps de Grimm, nous montrent que chaque conte reparaît chez une cinquantaine de nations différentes : ce qui suppose — si l'on n'admet pas simplement emprunt d'un peuple à l'autre — que cinquante peuples ont, indépendamment les uns des autres, réussi à combiner, de manière identique, les mêmes éléments pour former fortuitement le même récit. Il dit en effet : « Nous croyons impossible, pour le moment, de déterminer jusqu'à quel point il est vrai de dire que les contes ont été transmis de peuple à peuple et transportés de place en place dans le passé incommensurable de l'espèce humaine, ou jusqu'à quel point ils peuvent être dus à l'identité de l'imagination humaine en tous lieux... Comment les contes se sont-ils répandus ? c'est ce qui demeure incertain. Beaucoup peut être dû à l'identité de l'imagination dans les premiers âges ; quelque chose à la transmission[1]. » .... Et ailleurs : « Il est difficile de fixer une limite au hasard, à la coïncidence[2]... » ou encore : « Nous devons confesser notre impuissance à décider quelles sont les histoires qui ont été inventées une fois pour toutes et quelles sont celles qui peuvent reproduire les mêmes incidents par le libre jeu des éléments universels de l'imagination[3]. »

Encore une fois, il n'y a de théorie vraisemblable que celle qui peut accepter ce fait, attesté par mille exemples : les contes se transmettent par voie d'emprunt.

Mais notre étonnement est simplement que Grimm et M. Lang aient si énergiquement refusé d'admettre cette vérité : car elle ne gêne nullement leurs systèmes respectifs, ni aucune autre théorie mythologique, passée, présente ou à venir.

L'on voudra bien en effet, prendre garde à cette observation très simple : soit que les contes merveilleux conservent des détritus de mythes solaires, soit qu'ils renferment des survivances de mœurs sauvages, il n'en reste pas moins que ce ne sont que des détritus et des survivances; détritus si vagues, survivances si diluées et si atténuées que les savants disputent de leur nature et même de leur réalité. Or, si les contes vivent et se transmettent depuis des siècles, ce n'est pas que les paysans

---

1. *Introduction aux Contes des frères Grimm.* Passage cité, avec d'autres, par M. Cosquin, qui triomphe aisément de cette théorie (*l'origine des contes populaires européens et les théories de M. Lang*, 1891, p. 6).
2. Introduction de M. Lang aux contes de Perrault.
3. *Myth, Ritual and Religion*, t. II, p. 319.

qui les redisent tiennent à conserver aux mythologues et aux folk-loristes des détritus de mythes ni des survivances du cannibalisme et du fétichisme; c'est simplement qu'ils sont amusants; les débris mythiques n'y ont survécu que parce qu'ils ont pris un sens nouveau, inoffensif. Ils subsistent pourtant, et la voie reste ouverte aux mythologues pour les expliquer soit à l'aide de la théorie aryenne, ou de la théorie anthropologique, ou de tout autre système. Mais le conte lui-même n'est plus qu'un conte amusant, qui, comme tel, devient accessible à un japonais comme à un espagnol; ce qui explique qu'il puisse voyager aussi aisément, s'emprunter d'un peuple à l'autre aussi indifféremment que notre bouffonnerie du *Pré tondu*.

VI

LA THÉORIE ORIENTALISTE

Ces deux systèmes — théorie aryenne, théorie anthropologique de l'origine des contes — si opposés, se rencontrent du moins en ceci : l'un et l'autre admettent que les contes populaires offrent aux mythologues des éléments précieux. Que les éléments des contes soient des mythes solaires ou des mythes sauvages, ce sont des mythes. Qu'ils reflètent les plus anciennes conceptions de la race aryenne ou les croyances des différents peuples au temps où ils vivaient encore en l'état de sauvagerie, les contes nous ramènent vers un lointain passé préhistorique.

Or, c'est ce point de départ même que conteste un troisième système, qu'il nous reste à définir : le système indianiste de l'origine des contes.

Ce système, plus ancien que ses deux rivaux, ne s'est pas laissé ébranler par eux : sceptique en présence des hypothèses étymologiques de l'école de Max Müller, dédaigneux des comparaisons instituées par l'école anthropologique entre les mythes grecs ou germaniques et les croyances des Achantis, il oppose une fin de non recevoir à toute tentative d'explication des mythes que renferment les contes populaires.

Il croit à l'existence d'une *source commune* d'où les contes populaires se seraient répandus sur le monde.

Cette source n'a point commencé à sourdre en des âges primitifs, mais à une époque parfaitement historique, dans une terre parfaitement déterminée, — et cette terre est l'Inde.

« Le plus grand nombre des contes populaires européens, —dit M. Reinhold Kœhler en répétant les paroles de Théodore Benfey, — ainsi que beaucoup des nouvelles qui se sont répandues vers la fin du moyen âge dans les littératures occidentales, sont ou bien directement indiens, ou bien provoqués par la littérature indienne. » — M. Cosquin dit de même : « Les recherches de Théodore Benfey démontrent que l'immense majorité des contes se sont formés dans l'Inde, d'où ils ont rayonné, à des époques parfaitement historiques, se répandant de peuple à peuple, par voie d'emprunt. » — Et M. Gaston Paris : « Les récits orientaux, qui ont pénétré en si grande masse dans les diverses littératures européennes, viennent de l'Inde, et, qui plus est, ont un caractère essentiellement bouddhique. »

Cette théorie est la seule qui nous intéresse directement. Car, seule, elle explique par les mêmes moyens l'origine de *toutes* les catégories de contes, fables, fabliaux ou contes de fées.

Pour nous, qui n'étudions qu'une province de la novellistique, nous n'avons pas qualité pour nous prononcer entre les théories aryenne et anthropologique. Nous bornant à affirmer cette conviction profonde que beaucoup de contes plongent par leurs racines jusqu'aux âges préhistoriques, nous n'avons pas à décider s'ils renferment des détritus de mythes célestes, ou s'il faut confier aux Samoyèdes, aux Bechuanas et aux Iroquois l'exégèse de *Cendrillon* et du *Petit Poucet*. Car ni M. Max Müller, ni même M. de Gubernatis n'ont jamais découvert le moindre mythe crépusculaire ni auroral dans l'histoire de *la Dame qui fist trois tours entour le moustier;* et, de même, ni M. Lang ni M. Gaidoz ne soutiendront jamais qu'il faille expliquer par un *totem* polynésien le fabliau de la *Grue*, ni par un *tabou* des sauvages Samoans ou des Ojibways le *Chevalier qui fist sa femme confesse.*

VII

Pourquoi donc avons-nous soulevé, à propos de nos seuls fabliaux, cette lourde question de l'origine des contes populaires ?

Le voici.

C'est que, si les raisons sont valables qui font venir de

l'Inde nos fabliaux, elles valent aussi pour l'ensemble des contes populaires; et aucune théorie mythologique, quelle qu'elle soit, actuelle ou à naître, ne peut rester indifférente à l'école de Benfey.

Soit le conte de *Psyché*. M. Max Müller l'explique par un mythe : Psyché ou Urvaci, coupables d'avoir vu leurs époux, c'est l'Aurore qui se cache, dès qu'apparaît le Soleil. Pour M. Lang, au contraire, cette légende est fondée sur une loi de l'étiquette sauvage : un mari et sa femme ont transgressé ce commandement mystique, ce *tabou*, commun aux sauvages du Fouta, aux Yoroubas d'Amérique, aux Circassiens, aux Fidjiens, aux Spartiates, et, selon Hérodote, aux Milésiens, et qui défend à de jeunes époux de se voir nus, et à la femme de prononcer le nom de son mari. — Vienne la théorie orientaliste : elle renvoie dos à dos les mythologues, l'un avec son mythe solaire, l'autre avec son *tabou* polynésien : voici une forme indienne de *Psyché*; ce conte est indien, ne cherchez pas plus avant.

Cendrillon s'assied dans les cendres du foyer, c'est-à-dire suivant la mythologie comparée, « dans les nuages gris de l'Aurore. » — Non, dit M. Lang, c'est un souvenir des règles du *Gavelkind* qui donne le foyer comme part d'héritage au plus jeune enfant. — Voici, riposte un orientaliste, que ce conte est attesté dans l'Inde; il suffit, ne cherchez pas plus avant : il est indien.

Pour tel adepte de la mythologie comparée, qui, d'ailleurs, compromet la théorie, le Petit Poucet, le gentil héros qui sème des cailloux et des miettes de pain, est la Nuit qui sème les étoiles. Ses démêlés avec l'Ogre lui rappelleront la lutte de la Nuit contre le Soleil levant. — M. Lang, au contraire, se bornera à considérer certains éléments du conte : ces petits enfants cachés par la femme de l'ogre et trahis par leur odeur de chair fraîche, il les a retrouvés dans le folk-lore des Namaquas, des Zoulous et des sauvages du Canada; de même, les Euménides d'Eschyle flairent Oreste; et cette fréquence des traits de cannibalisme dans les contes européens lui sera un témoignage de l'ancienne sauvagerie de nos races. A propos des bottes de sept lieues, il rappellera que le même incident de héros aidés dans leur fuite par quelque objet magique reparaît dans les contes des Zoulous, des Cafres, des Iroquois, des Japonais, des Allemands et les sandales d'or qu'Hermès chausse dans l'Odyssée (V, 45) lui reviendront en mémoire. —

Mais un orientaliste riposte : le Petit Poucet vient de l'Inde, et tout est dit.

L'école de M. Max Müller explique le succès du plus jeune fils dans les contes par une allégorie du Soleil récemment levé. — Selon la théorie anthropologique, cette préférence pour le dernier-né est un souvenir du *droit de juveignerie*, du *Jüngstenrecht*. — Pour un orientaliste, si ces mœurs ne sont pas en contradiction avec celles de l'Inde, il suffit, ne cherchez pas plus avant.

Or, tant que la théorie orientaliste ne fait venir de l'Inde que les simples contes à rire, les nouvelles, les fables, elle reste indifférente aux mythologues. Aussi l'une et l'autre école mythologique lui fait-elle la grâce de l'accueillir en partie. Il est indifférent au système de M. Max Müller que *Perrette et le pot au lait* vienne, ou non, de conteurs bouddhistes, et M. Max Müller lui-même s'est attaché à démontrer l'origine indienne de cette fable.

Il est indifférent de même à M. Lang ou à M. Gaidoz que le conte des *Trois bossus menestrels* ait été, ou non, inventé sur les bords du Gange ; les deux écoles admettent donc volontiers l'origine indienne, ou la propagation à partir de l'Orient, de tous les contes à rire et de toutes les fables que l'on voudra.

Mais tout autre est la prétention de l'école orientaliste. Elle fait venir de l'Inde, non pas seulement les nouvelles et les fables, mais aussi les contes merveilleux. Comme ses arguments sont les mêmes pour tous les groupes de contes, elle prétend avec raison qu'on ne peut lui accorder l'origine indienne des contes à rire, sans que cette concession entraîne du coup l'origine indienne des contes merveilleux.

Ni l'école philologique, ni l'école anthropologique, ni aucun autre système mythologique imaginable ne peut donc rester indifférent en présence de l'hypothèse indianiste. Il faut nécessairement que tout système mythologique la repousse : car elle lui arrache ses matériaux les plus précieux, les contes populaires ; — ou bien il faut qu'il l'accepte : et, l'acceptant, il se tue du même coup.

Car, si l'on admet que les contes populaires sont vraiment des fruits de l'imagination indienne et spécialement bouddhiste, si toute la science consiste à démontrer que les différentes formes d'un même conte, $a, b, c, d, e...$, nous ramènent fatalement à une forme indienne x, laquelle a pris naissance sur les bords du Gange, aux environs du premier siècle de notre ère, toute recherche mythologique est tuée par avance. Il n'y a plus rien à trouver, rien à chercher. Ce sera un exercice plus ou moins curieux de recommencer indéfiniment sur des contes nouveaux la même expérience, dont on sait d'avance le résultat : ce conte vient de l'Inde, comme cet autre et comme ce troisième. Si le fait est une fois admis, la science est faite; il n'y a plus rien à ajouter; la mythologie n'a plus de matériaux, ni le folk-lore d'objet.

Donc, la théorie orientaliste, vraie, rend superflues toutes recherches ultérieures; fausse, elle gêne la science. Pourtant elle n'a jamais été attaquée de front.

M. Lang l'a niée pour ce qui concerne les contes merveilleux. Mais contredire n'est pas réfuter.

Nul, si l'on excepte M. Gaidoz, en quelques brillants articles de *Mélusine*, ne l'a directement attaquée.

Les mythologues les plus âpres à contester l'origine indienne des contes merveilleux ont concédé pourtant cette origine pour les autres contes. Et qui ne voit que c'est se désarmer?

C'est donc quand la théorie orientaliste prétend ramener à l'Inde les contes merveilleux qu'elle paraît le plus faible. — C'est quand elle soutient l'origine indienne des nouvelles, qu'elle paraît le plus solide et qu'elle a été le moins contestée. C'est là surtout que nous l'attaquerons.

Et si elle cède à ces attaques — ou, après moi, à des attaques mieux dirigées — la science des traditions populaires et la mythologie recouvreront plus de liberté et seront délivrées d'une pesante entrave.

CHAPITRE II

EXPOSÉ DE LA THÉORIE ORIENTALISTE ET PLAN D'UNE CRITIQUE DE CETTE THÉORIE

I. *Historique de la théorie* : Ses humbles commencements de Huet à Silvestre de Sacy. Ses prétentions et son succès depuis Théodore Benfey. — II. *Ses arguments sous sa forme actuelle* : Les contes, nés dans l'Inde, sont parvenus en Europe, par voie littéraire et par voie orale, au moyen âge. Car : 1° Absence de contes populaires dans l'antiquité. 2° Influence au moyen âge des grands recueils orientaux traduits en des langues européennes ; rôle des Byzantins, des Arabes, des Juifs. 3° Survivance de mœurs ou de croyances indiennes ou bouddhiques dans nos contes. 4° Les versions occidentales de nos contes apparaissent comme des remaniements des formes orientales. — III. *Plan d'une réfutation*, qui reprendra, dans les chapitres suivants, chacun de ces arguments.

Nous réunirons ici en un faisceau les arguments essentiels de l'école orientaliste, avec toute la force, toute la clarté, toute l'impartialité qu'il nous sera possible.

Auparavant, quelques remarques sur sa genèse et son histoire sont nécessaires.

I

HISTORIQUE DE LA THÉORIE

Elle est française par ses plus lointaines origines, et l'on peut dire que, déjà, elle existait en puissance aux temps reculés où La Fontaine fit connaissance avec le sage Bidpaï.

Dès 1670, le savant évêque d'Avranches, Daniel Huet, disait expressément : « Il faut chercher la première origine des romans dans la nature de l'homme, inventif, amateur des nouveautez et des fictions... et cette inclination est commune à tous les hommes ; mais les Orientaux en ont toujours paru plus fortement possedez que les autres ; et leur exemple a fait une telle impression sur les nations de l'Occident les plus polies, qu'on peut avec justice leur en attribuer l'invention. Quand je dis les Orientaux, j'entends les Egyptiens, les Arabes, les Perses, les Indiens et les Syriens [1]. »

[1]. *Traité de l'origine des romans*, p. 12 de l'éd. de 1711.

Huet plaçait donc l'origine des fictions dans un Orient vague et indéterminé, et pour des raisons plus vagues encore et plus indéterminées.

Au commencement du xviii⁰ siècle, cet Orient se limita. Égyptiens, Perses, Indiens et Syriens furent un peu sacrifiés, au profit des seuls Arabes. C'est le grand succès des *Mille et une Nuits* qui créa ce préjugé. Grâce aux Galland, aux Cardonne, aux d'Herbelot, l'imagination des peuples de l'Islam passa pour la toute puissante créatrice des fictions. De même que les Arabes avaient introduit en Europe l'aubergine et l'estragon, ils y avaient importé, un beau jour, la rime et les contes.

Ainsi, dès le siècle dernier, l'idée du système orientaliste avait germé. Et comment ? Dans l'esprit d'érudits excellents, à qui manquait simplement le sens de ce qui est primitif et populaire, et persuadés qu'on pouvait se poser ces questions : « qui a inventé les contes ? quel jour fut découverte la rime ? » au même titre que celles-ci : « quel jour a été inventée l'imprimerie ? qui a découvert les propriétés de l'aiguille aimantée ? » Ils commettaient innocemment un sophisme d'humanistes et de rhéteurs, analogue à celui des Grecs qui cherchaient, étymologistes naïvement ambitieux, quel rapport unissait dans les mots le sens au son, et pourquoi ces deux syllabes : ἵππος, et non d'autres, servaient à désigner le cheval. Les Grecs oubliaient qu'à l'époque où ils se posaient ce problème, leurs mots étaient déjà fort vieux, et fort vieille leur civilisation. De même, nos anciens orientalistes oubliaient que l'humanité était bien vieille déjà, lorsqu'elle produisit les premiers romans que nous connaissons, et que chercher « l'origine des fictions », c'était se poser un problème identique à celui des origines de l'esprit humain. Les plus anciennes qu'ils connussent étaient arabes, persanes, indiennes : ils proclamaient donc que les Orientaux avaient inventé les fictions. Mais ce n'est là que la période embryonnaire de la théorie, qui devait encore subir, pendant la première moitié de ce siècle, une lente incubation.

En 1816, parut le célèbre ouvrage de Silvestre de Sacy : *Calila et Dimna ou les Fables de Bidpaï en arabe*. Appliquant son esprit sagace à l'examen des diverses rédactions de ce livre, le plus vaste et le plus répandu des recueils de contes orientaux, il prouvait que la plus ancienne forme n'en était ni arabe, ni persane, mais indienne.

Parce que c'est lui qui établit ce fait considérable, on se réclame aujourd'hui volontiers de son grand nom, bien à tort, je crois : car Silvestre de Sacy n'a pas été le fauteur, du moins conscient, de la théorie.

Son livre n'est, en effet, qu'un travail de bibliographe génial. Il s'est borné à démêler l'écheveau compliqué des divers remaniements orientaux du *Calila*, et ne s'est jamais permis aucune remarque qui outrepassât les promesses modestes de son sous-titre : *Mémoire sur l'origine de ce livre, et sur les diverses traductions qui en ont été faites dans l'Orient*. Le problème général de l'origine des contes ne paraît pas s'être, un seul instant, présenté à son esprit, et je ne pense pas qu'on puisse trouver dans son livre une conclusion plus générale que celle-ci : « Je ne crains pas d'affirmer que toutes les règles de la saine critique assurent à l'Inde l'honneur d'avoir donné naissance à ce recueil d'apologues, qui fait, encore aujourd'hui, l'admiration de l'Orient et de l'Europe elle-même. La conclusion que je tire de tout ce que je viens d'exposer n'est pas absolument que le Pantchatantra soit antérieur à Barzouyèh, ce qui cependant est extrêmement vraisemblable; elle n'est pas même qu'avant Barzouyèh, tous les apologues que celui-ci réunit dans le livre de Calila fussent déjà rassemblés, dans l'Inde, en un seul recueil. Tout ce que je prétends établir, c'est que les originaux des aventures de Calila et Dimna, et des autres apologues réunis à celui-là, avaient été effectivement apportés de l'Inde dans la Perse[1]. » — On le voit : nulle tendance à exagérer la portée de ces faits de pure bibliographie, mais une prudente abstention.

Déjà son élève, Loiseleur-Deslongchamps, généralisait plus que lui, lorsqu'il lui dédiait, en 1838, son *Essai sur les fables indiennes et sur leur introduction en Europe*.

Ce même roman de *Calila*, dont S. de Sacy avait classé les rédactions orientales, Loiseleur-Deslongchamps le suivait à travers ses différents avatars européens; de plus, il montrait qu'une autre importante collection de récits orientaux, les Fables de Sendabar, remontait, elle aussi, à un original indien. Il ne s'arrêtait point là : versé dans la connaissance des nouvelles et des fables des conteurs français et italiens, il s'attachait à les comparer avec celles de ses auteurs indiens, et ne manquait pas de reconnaître, en chacune d'elles, « une imitation » de

---

1. *Calila et Dimna*, p. 8.

Bidpaï ou de Sendabar. La vieille idée, courante depuis Huet, le préoccupait : « Il y a toute apparence, disait-il, que c'est en Orient, et plus particulièrement dans l'Inde, qu'il faut chercher l'origine de l'apologue... Il faut remonter jusqu'au moyen âge pour trouver l'introduction de ces fictions dans les compositions européennes. C'est un examen bien curieux à faire, et l'histoire de ces recueils de contes et de fables peut contribuer à éclairer cette question [1]. »

Vers 1840, on voit en effet se répandre cette idée, nettement visible chez Loiseleur-Deslongchamps, chez Robert[2], chez de Puybusque[3], chez Brockhaus[4], etc... : les contes qui se trouvent à la fois en Occident et en Orient sont issus de l'Inde, et c'est là une vérité acquise à la science par le grand Silvestre de Sacy.

Le très prudent Silvestre de Sacy a-t-il, en effet, exposé cette opinion dans quelque mémoire que j'ignore? Je ne sais, mais je soupçonne que c'est la vieille idée de l'évêque d'Avranches qui chemine sourdement, et que les disciples de Sacy croient pouvoir lui attribuer. Il s'est produit sans doute, ici comme dans l'histoire de tant de systèmes, ce phénomène bien connu du grossissement insensible et continu des faits primitifs à mesure qu'ils passent du premier observateur au disciple, du savant au vulgarisateur. C'est ce que Renan définit si bien : « Les résultats n'ont toute leur pureté que dans les écrits de celui qui les a, le premier, découverts. Il est difficile de dire combien les choses, en passant de main en main, en s'écartant de leur source première, s'altèrent et se défaçonnent, sans mauvaise volonté de la part de ceux qui les empruntent. Tel fait est pris sous un jour un peu différent de celui sous lequel on le vit d'abord; on ajoute une réflexion que n'eût pas faite l'auteur des travaux originaux, mais qu'on croit pouvoir légitimement faire. On avance une généralité que l'investigateur primitif ne se fût pas formulé de la même manière. Un écrivain de troisième main procédera ainsi sur son modèle, et ainsi, à moins de se retremper continuellement aux sources, la science historique est toujours inexacte et suspecte[5]. »

Mais que l'autorité de Silvestre de Sacy ait été justement ou

1. *Op. cit.*, pp. 4, 6, 33, etc...
2. *Fables inédites des XIIe, XIIIe et XIVe siècles*, 1825.
3. *Le comte Lucanor*, apologues du xiiie siècle, 1854.
4. *Die Mährchensammlung des Sri Somadeva Bhatta*, Mém. de l'Ac. de S.-Pétersb., 1839, p. 126, ss.
5. *L'avenir de la science*, p. 241.

témérairement invoquée, toujours est-il que la théorie allait se précisant depuis le commencement du xix⁰ siècle.

Théorie bien inoffensive encore. N'était l'habitude livresque de croire nécessairement plagiée par Boccace toute nouvelle qui se retrouvait à la fois dans le *Décaméron* et dans le *Calila*, n'était cette tendance à regarder les races orientales comme prédestinées, par décret spécial, à inventer les fictions, — les opinions de ces savants étaient aussi justes que modérées. Ils se bornaient à constater l'immense succès des deux romans de *Calila* et de *Sendabad*, et avançaient que les novellistes ou fabulistes européens leur avaient beaucoup emprunté, depuis le moyen âge. Vérités si peu contestables qu'elles ressemblent à des truismes.

C'est pourtant d'une simple généralisation de ces modestes propositions que devait sortir, quelques années plus tard, un système envahissant, impérieux.

Non seulement les deux grands recueils indiens, le *Calila* et le *Sendabad*, avaient fourni cent ou deux cents contes à des novellistes italiens, français, espagnols, à court d'invention ; mais c'était presque tout le trésor de nos littératures européennes qui s'était formé dans l'Inde. Dans l'Inde prenait sa source un immense fleuve charriant des fables, une sorte de *fabulosus Hydaspes*, qui avait inondé le monde.

C'est un orientaliste de Gœttingue, Théodore Benfey, qui construisit ce système.

En 1859, parut cette introduction de 600 pages à la traduction allemande du *Pantchatantra*[1], monument d'une prodigieuse érudition, digne d'un Scaliger et d'un Estienne. Dans le premier succès de son œuvre colossale, Benfey fonda (1860) une revue destinée à montrer quels liens subtils, puissants pourtant, en nombre infini, nous rattachent à l'Orient. Il lui donna ce titre significatif : *Orient et Occident*, et l'on pourrait lui donner cette épigraphe du *Divan* :

> Wer sich und Andre kennt,
> Wird auch hier erkennen :
> Orient und Occident
> Sind nicht mehr zu trennen

Liebrecht, Brockhaus, Gœdeke, toute une pléiade se

---

[1]. *Pantchatantra, fünf Bücher indischer Fabeln, Märchen und Erzählungen, aus dem sanskrit uebersetzt mit Einleitung*, von Théodor Benfey, 2 vol., Leipzig, 1859.

groupa autour de Benfey et prêcha d'après lui la bonne nouvelle. Car c'est bien un évangile que devenait et que devait demeurer jusqu'au jour présent l'*Introduction au Pantchatantra*; les travaux de la revue *Orient et Occident*, ce sont les Actes des apôtres. Il ne manqua guère à la jeune religion que des hérétiques, si l'on excepte le seul Weber, qui protestait isolément dans ses *Indische Studien*. Le *Credo*, ce sont les dix pages de *préface* où le maître a résumé les articles de foi.

Veut-on une preuve curieuse qu'il s'agit bien là de dogmes à jamais promulgués ? Il s'est rencontré un érudit après Benfey, dont on peut dire sans exagération que, depuis le premier homme, nul en aucun pays n'a jamais emmagasiné dans sa mémoire autant de légendes, de fables, de chansons, de proverbes, de contes, de devinettes populaires. C'est M. Reinhold Kœhler. Or, ce savant — qui, peut-on dire, savait « toutes les histoires » — s'est un jour proposé d'extraire de ce prodigieux monceau de documents quelques idées générales. Et tout ce que ces milliers de récits lui ont révélé, c'est simplement l'infaillibilité de Benfey : si bien que sa dissertation sur l'*origine des contes populaires*[1] reproduit exactement, sans une réserve ni une addition, et souvent dans ses termes mêmes, la *préface* du maître.

Aujourd'hui encore, c'est la théorie de Benfey qui domine et triomphe. C'est elle qui est supposée, comme postulat, à la base de centaines de monographies de contes, dispersées dans les revues savantes. C'est elle qui répand sa lumière sur la brillante pléiade d'érudits et de folk-loristes, par qui, depuis trente ans, la science des traditions populaires est illustrée, sur les Marcus Landau, les Félix Liebrecht, les Emmanuel Cosquin, les Luzel, les Comparetti, les Giuseppe Rua. Les trois hommes qui, aujourd'hui, font en ces études le plus d'honneur à leurs pays respectifs, Max Müller[2] en Angleterre, R. Kœhler en Allemagne, Gaston Paris en France, ne prétendent — sauf à commenter ça et là et à rectifier la doctrine du maître — qu'à rester les disciples de Benfey.

Par l'œuvre de ces savants, la théorie orientaliste est deve-

1. *Ueber die europäischen Volksmärchen*, dans les *Weimarische Beiträge zur Lit. und Kunst*, 1865.
2. M. Max Müller, comme nous l'avons vu, admet les théories de Benfey pour les nouvelles et les fables. Voyez différents de ses *essays* et, notamment, l'étude intitulée *La migration des fables, Essais de mythologie comparée*, trad. Perrot, 1873.

nue courante, commune, officielle. J'en appelle à tout lecteur
qui n'aurait pas fait une étude directe de la question. N'est-il
pas vrai que, de longue date, il connaît l'hypothèse indianiste,
pour l'avoir reçue, enfant, de quelque manuel de littérature,
ou pour l'avoir entendu développer en quelque leçon d'ouverture de cours d'Université? N'est-il pas vrai qu'il l'accepte,
plus ou moins vaguement, par cette sorte de croyance provi-
soire qu'on accorde aux systèmes historiques ou philosophiques, que l'on n'a pas le temps de contrôler soi-même? Je
pourrais citer ici, par dizaines, les livres où la théorie orientaliste s'est comme vulgarisée. Je veux me contenter de deux
citations, empruntées non à des sous-disciples, mais à deux
savants de première valeur, A. Darmesteter et Ten Brink.
Ils marquent au premier rang, l'un dans l'histoire de la linguistique romane, l'autre dans celle de la philologie germanique. Mais ni l'un ni l'autre ne s'est jamais occupé qu'en
passant des traditions populaires. Or, voici ce qu'on lit dans
les *Reliques scientifiques*[1] de Darmesteter : « Les découvertes récentes d'une science étrangère nous ont appris que le
cadre de la plupart des contes et des fables s'est formé loin, bien
loin des rives de la Seine, et dans une civilisation bien différente de la nôtre. C'est sur les bords du Gange qu'ils ont été
créés par des prêtres bouddhistes, pour l'édification des fidèles.
On les voit, portés par des traductions pehlvies, arabes,
syriaques, hébraïques, latines, marcher de l'Inde jusqu'en
France, où l'art de nos conteurs du moyen âge les rajeunit et
les rappelle à une vie nouvelle. » Voici quelques lignes de la
belle *Histoire de la littérature anglaise* de Ten Brink :
« C'est de l'Inde que vient le gros (*die Hauptmasse*) des nouvelles du moyen âge. Elles se sont répandues, soit isolément,
par voie orale ou par voie littéraire, soit, et plus souvent, par
l'intermédiaire de grandes collections, où des contes isolés sont
subordonnés à un récit plus général, qui les environne comme
d'un cadre. Ces collections indiennes, en passant par le persan,
l'arabe, la littérature rabbinique, sont parvenues en Europe,
où, par l'intermédiaire du grec ou par quelque autre canal,
elles ont trouvé accès dans la littérature du moyen âge. Souvent modifiés, renouvelés, contaminés par d'autres récits, ces
cycles de nouvelles et de contes merveilleux conservent pour-

---

1. *Reliques scientifiques*, II, p. 17. *Leçon d'ouverture en Sorbonne.*

tant, dans leurs dernières transformations européennes, les traces de leur origine orientale[1]. »

Tant il est vrai que la théorie s'est lentement infiltrée partout, universellement populaire, admise, par une sorte de jugement d'habitude, de ceux-là même qui n'en ont jamais vérifié les titres !

II

ARGUMENTS DE LA THÉORIE INDIANISTE SOUS SA FORME ACTUELLE

Quelle qu'ait été son histoire, la voici sous sa forme accomplie, telle qu'elle vit, à peu près immuable, depuis Benfey[2].

Oublieuse des antiques chimères de l'évêque d'Avranches et des orientalistes du xviiie siècle, à qui, pourtant, elle doit peut-être sa naissance, la théorie se défend, avant tout, d'être une construction a priori et déductive : elle nie être fondée sur l'hypothèse préconçue que les Indiens auraient possédé un don spécial et privilégié d'imagination créatrice.

Sa méthode est inverse : c'est une méthode d'observation et d'induction.

Développée depuis Benfey par des savants armés d'érudition et de patience, ennemis des généralisations hâtives, inquiets des témérités étymologiques de l'école de Max Müller, dédaigneux des comparaisons établies entre les mythes antiques et les croyances des Botocudos et des Achantis, et chères à l'école de M. Lang, fortifiés par le découragement qui suivit l'échec partiel de la philologie comparée, — la théorie affecte avant tout un esprit de positivisme.

« La question de l'origine des contes, a dit le chef de l'école, est une question de fait[3]. » — « C'est une question de fait, » reprend, comme un écho, M. Reinhold Kœhler[4]. —

---

1. Ten Brink, *Geschichte der englischen Literatur*, Berlin, 1877, I, 222.
2. Voici mes sources principales pour cet exposé : l'*Introduction au Pantchatantra* de Benfey (1859), son article *Indien* dans l'encyclopédie d'Ersch et Gruber, t. XVII ; les *Weimarer Beiträge zur Literatur und Kunst* de Reinhold Kœhler, Weimar, 1865 ; *les Contes orientaux dans la littérature française au moyen âge*, de M. G. Paris (Vieweg, 1875) ; l'introduction de Benfey au roman syriaque de *Kalilag et Damnag* (pp. Bickell, 1876) ; l'introduction de M. Emmanuel Cosquin à ses *Contes populaires de Lorraine* (2e tirage, 1887, Paris, Vieweg).
3. *Pantchat.*, préface, p. xxvi.
4. *Weimarische Beiträge*, loc. cit.

« C'est une question de fait » redit M. Cosquin dans *Mélusine*[1], et il répète encore dans ses *Contes de Lorraine*[2] : « C'est une question de fait ».

Il s'agit de prendre successivement chaque type de contes, de le suivre de peuple en peuple, d'âge en âge, et de voir où nous conduira ce voyage de découvertes. » Ce ne seront pas encore des inductions, mais de simples et passives constatations.

Or voici le *fait* constant, attesté par mille recherches indépendantes les unes des autres.

Considérons des contes divers, recueillis aux points les plus opposés de l'horizon.

Prenons, par exemple, un conte kalmouk, du *Siddi-kur*. Qu'est-ce que le *Siddi-kur*? Un recueil mogol qui remonte à un original *sanscrit*, *et il nous est impossible de remonter au delà de ce texte sanscrit*.

Ou bien, prenons un conte thibétain, de la collection Ralston : ce livre thibétain se dénonce comme étant la copie d'un livre *sanscrit*, *et il nous est impossible de remonter au delà de ce texte sanscrit*.

Ou encore, prenons un conte français, dans une collection de contes populaires modernes : le voici au xvi* siècle dans Straparole ; au xiii*, dans un fabliau ; antérieurement, dans un texte hébraïque, traduit de l'arabe ; ce texte arabe est lui-même traduit du pehlvi ; on démontre que le texte pehlvi remonte à un original *sanscrit*, *et il nous est impossible de remonter au delà de ce texte sanscrit*.

« Donc, le terme de nos investigations est toujours l'Inde, et l'Inde des temps historiques. »

Puisque nous voici dans l'Inde, où nous avons été conduits et ramenés involontairement, passivement, regardons autour de nous. Interrogeons ce pays. Faut-il nous étonner outre mesure de ce voyage qui semble étrange, sans cesse recommencé?

Non : car nous trouvons dans l'Inde d'amples et nombreux recueils de contes qui ont joui, dans ce pays même, d'un succès incomparable, et qui se sont répandus par le monde avec la même puissance de diffusion que la Bible.

Ce goût des Hindous pour les contes s'explique historique-

---

1. *Mélusine*, t. I, col. 276.
2. *Contes de Lorraine*, p. xv.

ment par l'influence du bouddhisme : cette religion est avant tout une morale, qui s'est plu à prêcher par familières paraboles. D'autre part, le bouddhisme, qui est aujourd'hui la religion de la moitié de l'humanité, recélait une incommensurable force de propagande : d'où la diffusion de ces contes hors de l'Inde et à partir de l'Inde.

Ainsi nous nous expliquons que l'Inde soit devenue pour les contes populaires un centre, un foyer d'où ils ont rayonné sur la terre. Nous réservons encore la question de savoir si les prédicateurs bouddhistes ont *inventé* les contes, ou s'ils ont simplement approprié à leurs besoins des fictions qui préexistaient; l'Inde n'est peut-être pas la *source* primitive des contes, mais elle en est assurément le *réservoir*, d'où ils ont coulé à flots sur les pays.

Mais, jusqu'ici, nous avons uniquement suivi les contes de livre en livre.

Par exemple, partant d'un conte français du xiii° siècle, nous en avons constaté l'existence dans un recueil latin, *le Directorium humanae vitae*. — Qu'est-ce que le *Directorium*? C'est la traduction, faite vers 1270, d'un livre de Joël. — Qui est-ce que Joël? — C'est un rabbin qui, vers 1265, traduisit en hébreu un roman arabe intitulé *Calila et Dimna*. — Qu'est-ce que ce roman arabe? — C'est une traduction, entreprise au viii° siècle ap. J.-C., d'un ouvrage pehlvi du vi° siècle, qui lui-même remontait à un original sanscrit.

C'est là l'histoire d'un conte quelconque du *Pantchatantra*, dont l'exode est exposé par le tableau synoptique ci-joint [1].

Nous avons donc constaté une *tradition littéraire* qui portait ce conte d'Orient en Occident.

Mais le caractère essentiel des contes populaires est de se transmettre, non pas seulement de livre en livre, mais de bouche en bouche. Les livres sont donc un *véhicule* puissant, mais non unique.

Livrés à la transmission orale, les contes isolés ont-ils suivi la même route que les contes des recueils littéraires?

On ne saurait le dire *a priori*: mais la route que les recueils

---

1. J'ai dressé ce tableau à l'aide de la préface de M. Lancereau à son édition du *Pantchatantra*, et d'un tableau analogue publié par M. Landau dans ses *Quellen des Decameron*. Je me suis attaché à mettre en évidence les divers *remaniements* du Calila, en indiquant les *éditions* de chacun d'eux.

HISTOIRE DES DIVERSES RÉDACTIONS ET TRADUCTIONS DU ROMAN DE *CALILA ET DIMNA* ET DU *PANTCHATANTRA*

ORIGINAL, SANSCRIT, EN TREIZE LIVRES, PERDU

Pantchâtantra
éd. Kosegarten, 1848.
trad.: all. (Benfey, 1859); franç. (Lancereau, 1871).
Diverses versions abrégées : le *Kathâsaritsâgara* (par Somadeva), le *Kathâmritanidhi*, l'*Hitopadésa*, etc... sur le rapport desquelles cf. **Lancereau**, *op. cit.*, XXIII.

Rédaction pehlvie perdue
exécutée sur l'ordre du prince sassanide Khosrou Nouschirvan par le médecin Barzouyeh (1ʳᵉ moitié du 6ᵉ siècle ap. J.-C.).

Rédaction arabe
Calila et Dimna (8ᵉ siècle ap. J.-C.)
entreprise par Abdallah-Ibn-Almokaffa, sur l'ordre du 2ᵉ khalife abbasside, Almansour, d'après un exemplaire de la version pehlvie, échappé à la destruction des œuvres littéraires persanes.
éd. du texte arabe: Silvestre de Sacy, 1816.
traductions: anglaise (1819, Knatchbull); allem. (1832, Holmboe; 1837, Wolf.).

De cette rédaction d'Abdallah dérivent :

Autre rédaction arabe, perdue
exécutée par le fils du Khalife Mamoun (813-833).
Différents remaniements persans, perdus. (xᵉ siècle)

Rédaction syriaque
(*Kalilag et Damnag*)
6ᵉ siècle ap. J.-C.
éd. Bickell, 1876.

A. — VERSIONS EN LANGUES ORIENTALES

Rédaction persane perdue
(xᵉ siècle)
entreprise sur l'ordre de Nasr, fils d'Ahmed, prince samanide.

Rédaction persane
d'Aboû'lmaali Nasrallâh
(1ʳᵉ moitié du xııᵉ siècle)

Rédaction persane
Anvâr-i Souhaïli (*Les lumières de Canope*) par Hosaïn ben-Alî (1491 ap. J.-C.)
éd.: (Calcutta, 1805, 1828)
trad. franç.: *Livre des Lumières* (1644, 1698, 1723...)
trad. angl.: Eastwick, 1854.

Rédaction turque
par Ali-Tchélébi (1540)
(*Houmayoun Nameh, Livre impérial*)
traductions : espagn. (Bratutti, 1654-9); franç. (Galland, 1724; Cardonne, 1778); angl. (1747); grecque (1783); etc.

Rédaction persane
par Aboû'l Fazl (1590)
(*Eyar-i Danisch, le Parangon de la Science*).
Rédaction hindoustanie
(*Akhred-afrouz, l'Illumination de l'entendement*, Calcutta, 1815.)

B. — VERSIONS EN LANGUES EUROPÉENNES

Rédaction grecque
par Siméon, fils de Seth,
Stephanites et Ichnelates
(éd.: 1697, 1760, 1831, etc...
trad.: ital., 1583, 1872; latine, P. Poussines, 1666)

Rédaction espagnole
du xıııᵉ siècle.
Calila é Dymna
éd. de Gayangos, 1860.
Trad. lat. de Raimon de Béziers, 1313 (inéd.).

Trad. allemande
pour le duc Eberhardt de Wurtemberg (1265-1335)
Buch der Weisheit
(éd.: 1483, 1484, etc...)
trad.: holl. (1623); danoise (1618).

Rédaction hébraïque
par le rabbin Joël (vers 1250)
éd. Derenbourg, 1881.

Rédaction latine
par Jean de Capoue (1263-78)
Directorium humanae vitae
éd. 1480; Derenbourg, 1887.

Trad. espagnole
Exemplario c. los engaños
(éd. 1493, 1498...)

Rédaction italienne
Discorsi degli animali
par Firenzuola (1548)
Trad. franç. Cottier (1556)
Pierre de La Rivey (1577)

Rédaction italienne
par A.-F. Doni.
Filosofia morale.
éd. 1552, 1606...

littéraires ont suivie, pour venir de Bénarès à Paris, nous fournit pourtant déjà une indication, une probabilité.

Or, nous avons des raisons de croire cette indication exacte, cette probabilité fondée : on peut démontrer que la propagation orale des contes a suivi sensiblement les mêmes voies que la propagation écrite, et que leur origine est bien indienne : cela, grâce à la triple constatation que voici :

En premier lieu, ces contes, qui réapparaissent si parfaitement semblables dans les recueils indiens et dans les littératures orales modernes et européennes, cherchez les à Rome, en Grèce. L'antiquité classique les ignore. « Nous ne trouvons, dit M. R. Kœhler, dans l'antiquité classique, qu'un nombre dérisoire de nos contes, si nous laissons de côté les tentatives forcées qu'on a faites pour ramener plusieurs d'entre eux à la mythologie grecque. »

En second lieu, — puisque les contes ne pénètrent en Europe qu'au moyen âge, — à quelle époque du moyen âge apparaissent-ils ? Leur venue soudaine coïncide soit avec l'établissement de relations plus intimes entre les peuples de l'Occident et ceux de l'Orient, soit avec l'apparition de traductions des recueils orientaux en des langues européennes. Il en résulte clairement que les contes ont pénétré chez nous à la faveur de contacts plus particuliers de l'Asie avec l'Europe. Les principales occasions de cette transmission, il faut les chercher :

Dans l'influence de Byzance, point central où se touchent les deux civilisations ;

Dans l'existence d'un Orient latin : dans la rencontre fréquente et prolongée des Asiatiques et des Francs en Terre-Sainte, à la faveur des pèlerinages, ou surtout des Croisades ;

Dans la longue domination des Maures en Espagne, et dans le rôle de courtiers joués par les Juifs entre l'Islam et le Christianisme : « une large part dans l'introduction des apologues et des contes orientaux en Europe, dit M. Lancereau[1], doit être

---

1. Lancereau, *Pantchatantra*, 1871, p. xxiii. — M. de Montaiglon dit de même (M R, I, *Préface*) : « Le vrai intermédiaire, c'est le peuple cosmopolite par excellence et le seul qui le fût au moyen âge, c'est-à-dire les Juifs, Orientaux eux-mêmes d'esprit et de tradition, qui seuls savaient l'arabe et qui seuls pouvaient le traduire en latin... La solution de la question, c'est-à-dire le vrai passage des contes orientaux en Europe, est peut-être tout entier dans le Talmud. S'ils se trouvent dans le Talmud et dans l'Inde, c'est le Talmud qui les aura conservés chez les Juifs, et ce sont eux qui, en les écrivant en latin, en ont donné à l'Europe le thème et la matière. »

attribuée aux Juifs. Arts, sciences et lettres, tout ce que les Arabes avaient emprunté à l'Inde et à la Grèce, ils le transmirent aux peuples de l'Occident. Dès le x⁰ siècle, leurs écoles étaient florissantes, surtout en Espagne. En même temps qu'ils traduisaient en hébreu ou en latin les auteurs grecs les plus classiques, ils ne négligèrent pas les fables de l'Orient. Parmi ces vulgarisateurs, il faut citer en première ligne Pierre Alphonse, avec sa *Disciplina clericalis*, le traducteur du *Livre de Sendabad*, l'auteur de la version hébraïque du Kalila et Dimna, et enfin Jean de Capoue. Nos trouvères et nos vieux poètes ont tiré de leurs ouvrages les sujets des récits que leur ont empruntés à leur tour les conteurs italiens et français du moyen âge et de la Renaissance. »

De plus (mais cette opinion de Benfey n'est pas universellement admise dans l'école), les Mogols, à la faveur de leur domination, du xiii⁰ au xv⁰ siècle, dans l'Europe orientale, ont pu également ouvrir un débouché nouveau aux contes indiens.

En troisième lieu — et c'est là l'argument le plus puissant, — les contes européens portent souvent, en eux-mêmes, le témoignage de leur origine orientale. Souvent, même dans des versions modernes, on relève des traits qui, altérés ou non, sont indiens; parfois même, — malgré le remaniement brahmanique très anciennement subi par la plupart des recueils indiens, — on y trouve des traits de mœurs spécifiquement bouddhiques.

De là résulte une méthode de comparaison, souvent employée par les orientalistes, supérieurement maniée par M. G. Paris, en de trop rares monographies de contes. Il s'agit de comparer les différentes formes conservées d'un récit. Elles se classent en deux séries, qui s'opposent : ici un groupe oriental, là un groupe occidental. Or, si l'on considère les traits qui diffèrent de l'une à l'autre version, cette comparaison doit ou peut conduire aux observations suivantes : les traits présentés par le groupe occidental en désaccord avec le groupe oriental sont d'ordinaire gauches et maladroits. Ils se trahissent donc comme des *adaptations*. Sous la forme orientale, au contraire, les traits correspondants et différents sont naturels, logiques, conformes aux mœurs du pays et à l'esprit du conte. Les formes orientales sont donc les formes-mères.

En résumé, l'école indianiste a réponse aux deux questions : d'où viennent les contes ? comment se propagent-ils ?

Mais, tandis que tous les partisans de Benfey sont sensiblement d'accord sur le problème de la *propagation* des contes, ils sont plus ou moins réservés sur la question d'*origine*.

Pour expliquer l'origine des contes, la théorie la plus affirmative et la plus hardie est à peu près celle-ci : l'immense majorité des contes populaires sont nés dans l'Inde. La plupart ont été inventés par les premiers apôtres du Bouddha, pour répondre au besoin spécial de cette religion, d'envelopper sa morale du manteau des apologues.

Les partisans les plus hardis de cette théorie vont si loin dans cette voie, ils sont si bien persuadés que les Indiens ont jadis possédé un don créateur particulier, qu'ils attribuent une valeur supérieure aux versions *modernes, orales*, des contes qui sont aujourd'hui recueillis dans l'Inde : s'étant transmises de génération en génération dans l'intérieur de la *race créatrice*, ces formes seraient plus pures que les versions nomades, erratiques.

Au contraire, d'autres savants se montrent infiniment plus réservés sur la question d'origine. Ils admettent que les prédicateurs bouddhistes n'ont été que des collecteurs et des arrangeurs de récits oraux, comme un Étienne de Bourbon au moyen âge ; — que les contes pouvaient vivre depuis longtemps déjà dans l'Inde et s'y transmettre oralement, quand, pour la première fois, ils servirent à la propagande religieuse ; — que, peut-être même, ils ne sont point nés dans l'Inde, mais y ont été importés. Cependant, pour ces savants, ces contes, non *indiens*, seraient pourtant *orientaux*. Ils croient, eux aussi, à une source unique, et cette source est orientale. Mais où jaillissait-elle ? En Assyrie ? En Perse ? C'est une question sur laquelle ils se prononcent avec aussi peu d'assurance que sur l'emplacement du Paradis Terrestre.

Mais tous les partisans de l'école indianiste sont d'accord du moins sur la question de la *propagation* des contes. Ils reconnaissent une importance sensiblement la même à la transmission par les livres, et à la transmission orale. Les contes passent des livres à la transmission orale, de la transmission orale aux livres, etc..., indéfiniment. Ils croient à l'influence de Byzance, des Croisades, des Juifs. Les contes se sont propagés, oralement et littérairement, sensiblement par les mêmes voies, qui partent de l'Inde.

Bref, l'attitude des indianistes peut se résumer par cette phrase de R. Kœhler :

« Le point de vue de Benfey sur l'origine et l'histoire des contes populaires européens est, comme il le dit lui-même, une question de fait, qui sera complètement résolue le jour seulement où tous les contes, ou presque tous, auront été ramenés à leur original indien. Ces résultats sont à prévoir ; d'ores et déjà, on a ramené tant et tant de contes à des sources indiennes, que nous ne devons jamais admettre, sinon sous les plus prudentes réserves, que tel d'entre eux puisse être, en tel autre pays, d'origine autochtone. »

III

PLAN GÉNÉRAL D'UNE CRITIQUE DE LA THÉORIE INDIANISTE

Nous avons marqué le caractère essentiel de la méthode indianiste : c'est de prendre un conte dans la tradition populaire vivante et de le « suivre à la piste » d'âge en âge, en remontant le courant des littératures.

Le plus souvent, elle se résume en ce raisonnement : soit un conte moderne ; je le retrouve dans le *Directorium humanae vitae*. Or, je prouve que ce recueil a une origine indienne. Donc le conte est indien.

Soit cet autre conte moderne : je le retrouve dans le *Roman des Sept sages* français. Or, je prouve que le livre des *Sept sages* remonte à un original indien. Donc le conte est indien.

Nous voici de la sorte, innocemment, malgré nous, ramenés à l'Inde.

Tant que la théorie n'a point d'argument plus probant (et souvent il en est ainsi), son raisonnement est médiocre. Il se résume en ceci : la plus ancienne forme conservée de ce conte est indienne ; donc le conte lui-même est indien.

Ce sophisme porte un nom dans l'École : *Post hoc, ergo propter hoc*. Nous savons — et ceci n'est pas en discussion — que, pour des raisons historiques et religieuses très bien déterminées, les Indiens ont composé de vastes recueils de contes. Nous savons également que ce sont les plus anciens recueils qui nous soient parvenus. D'autre part, nous savons encore que les contes populaires ont la vie dure. Ce n'est donc pas miracle si la plus ancienne forme conservée d'un conte populaire moderne est fournie par un recueil indien, puisque les recueils indiens sont les plus anciens. Et il n'y a guère lieu d'admirer et de s'écrier comme Mayenne dans la *Satire Ménippée* : « O coup du ciel ! » toutes les fois qu'on est, comme on dit, « ramené » à l'Inde.

Il faut nous dégager de cette habitude littéraire et livresque, souvent presque invincible, qui nous entraîne à considérer que la version d'un conte, la plus anciennement écrite, est, nécessairement, la primitive. Cela est vrai du *Cid* de Guilhem de Castro par rapport au *Cid* de Corneille; mais non de deux versions d'un conte, non plus que de deux manuscrits, non plus que de deux mots.

Soit deux mots, l'un italien, qui se trouve dans la *Divine Comédie*, l'autre qui ne nous est révélé que par un patois moderne français. Direz-vous que le plus anciennement attesté a créé l'autre? Non, mais qu'ils peuvent avoir une source commune, le latin, et — sauf le cas spécial des mots savants — la date de la composition des livres où ces mots apparaissent importe peu. Ce mot patois peut avoir autant d'intérêt et plus d'ancienneté que le mot écrit par Dante. — Ainsi des contes populaires : les formes indiennes sont généralement les plus anciennes qui nous soient parvenues; mais il n'y a, a priori, aucune raison suffisante pour que ces versions représentent la souche du conte et pour qu'on leur attribue plus d'importance qu'à telle version recueillie aujourd'hui de la bouche d'un paysan westphalien ou dauphinois[1]. Il peut y avoir eu, depuis le jour de l'invention du conte, vie indépendante des deux versions, et la source commune des deux formes peut être ailleurs que dans l'Inde.

Que le raisonnement *post hoc, ergo propter hoc* soit le plus souvent la maîtresse forme des indianistes, c'est chose explicable, si l'on se rappelle la genèse probable de la théorie. Elle n'a point en effet germé dans l'esprit des collecteurs de contes modernes, qui, par une méthode d'investigation ascendante, se seraient lentement trouvés conduits vers l'Inde; — mais les constructeurs du système sont, au contraire, des éditeurs du *Calila et Dimna* ou du *Sendabad*. Partant de ces vastes collections, ils recueillaient les versions plus récentes des cent ou cent cinquante contes du Sendabad et du Calila, et les retrouvaient presque tous sous des formes plus modernes. S'ils

---

1. Ce que M. G. Paris dit des chansons s'applique à merveille aux contes: « De même que souvent le zend, le sanscrit, le lithuanien, le grec, le gothique ont conservé chacun seul une des lettres du mot primitif, permettant, par leur rapprochement, de le reconstituer, ainsi chacune des versions différentes de nos chansons est souvent seule à posséder un des traits originaux ; et il arrive ici le même phénomène que pour les langues, c'est-à-dire qu'on voit quelquefois un trait excellent et authentique conservé dans une version qui d'ailleurs est très rajeunie et altérée. » *Revue critique*, 22 mai 1866.

étaient partis du *Décaméron*, peut-être n'est-il pas téméraire de croire que, ne trouvant dans Boccace qu'une quinzaine de contes attestés dans l'Inde, ils n'eussent point construit leur théorie. Mais rien de plus explicable que leur tendance, rien de plus naturel [1], ni de plus faux que leur raisonnement.

Ce raisonnement est, au fond, celui même des arabisants des XVII° et XVIII° siècles, de Galland, par exemple : les plus anciennes formes qu'ils connaissaient des contes étaient arabes; aussi l'imagination arabe fut-elle considérée comme la génératrice première des contes, jusqu'au jour où l'on découvrit des formes plus anciennes.

Les Arabes furent, au XVIII° siècle, les grands inventeurs de contes; au XIX° siècle, ce sont les Indiens. Qui sera-ce, au XX° siècle?

Après cette observation préliminaire, destinée à nous mettre en garde contre un sophisme évident, quel sera le plan général de notre critique de la théorie orientaliste?

Le fait est le suivant : de grands recueils indiens existent. Ils nous fournissent la forme la plus ancienne de beaucoup de contes. Ils ont été souvent traduits; ils ont beaucoup voyagé.

Quelle a été leur influence?

1° Est-il vrai de dire qu'il n'ait pas existé de contes populaires antérieurs aux recueils indiens, c'est-à-dire antérieurement aux rapports plus intimes et aux échanges plus réguliers

---

1. Veut-on saisir, dans toute son amusante naïveté, et comme en flagrant délit, le sophisme dont il s'agit? Comme appendice aux *Facétieuses Nuits de Straparole*, Jannet, 1857), l'éditeur publie des notes comparatives pour chacun des récits, sous ce titre : *Tableau des sources et des imitations*. En effet, chaque liste de références est divisée en deux paragraphes, sous les rubriques : *origines-imitations*. Or, quelles sont les *origines* de chaque conte de Straparole? — Ce sont toutes les versions antérieures à celle de Straparole. Et toutes celles qui sont postérieures sont *imitées* de Straparole. On le voit : le départ est facile à faire! Exemples : « *Nuit II, fable V. Simplice Rossi est amoureux de Giliole, femme de Guiriot paysan, et estant trouvé par le mary, fut battu et frotté qu'il n'y manquoit rien.* ORIGINES: *Le fabliau de la dame qui attrapa un prêtre, un forestier et un prévôt.* — Boccace, *Déc.* VIII, 8. — IMITATIONS: Bandello, III, 20, Bouchet, *Serée* 32, La Fontaine, les *Rémois*, etc. » — Grâce au même très simple raisonnement, on lit plus loin : « *Nuit III, fable IV. Marcel Vercelois fut amoureux d'Etiennette, laquelle le fit venir en sa maison, et cependant qu'elle conjuroit son mary, il se sauva secrètement.* ORIGINES : Boccace, VII, 1. Ce conte rappelle celui du mari borgne, conte qui, parti de l'Inde, a trouvé place dans la *Disciplina clericalis*, dans les fabliaux, etc.., V. *Hitopadésa*, p. 217, ss., etc... »

de traditions que Byzance, les pèlerinages, les Croisades auraient établis entre l'Orient et l'Occident ?

2° Quelle est l'influence des recueils orientaux sur la tradition orale ? Beaucoup de contes sont-ils tombés du cadre de ces recueils pour vivre de la vie populaire ?

3° Est-il vrai de dire que l'on retrouve souvent, dans nos contes populaires européens, des traits de mœurs indiennes, voire spécifiquement bouddhiques ?

4° Comparant un à un les contes sous leurs formes orientales et occidentales, est-il vrai que les versions occidentales se trahissent comme remaniées, gâtées, adaptées, partant comme issues des pures formes orientales ?

CHAPITRE III

LES CONTES POPULAIRES DANS L'ANTIQUITÉ ET DANS LE HAUT MOYEN AGE

I. Qu'il est téméraire de conclure de la non existence de collections de contes dans l'antiquité à la non existence des contes. — II. *Les fables dans l'antiquité.* Résumé des théories émises sur leur origine, destiné à mettre en relief cette vérité, trop souvent méconnue par les indianistes, que, lorsqu'on a fixé les dates des diverses versions d'un conte, on n'a rien fait encore pour déterminer l'origine du conte lui-même. — III. *Exemples de contes merveilleux dans l'antiquité* : a) en Egypte ; b) en Grèce et à Rome : Midas, Psyché, les contes de l'Odyssée, Mélampos, Jean de l'Ours, le Dragon à sept têtes, le fils du Pêcheur, Glaucos, etc. — IV. *Exemples de nouvelles et de fabliaux dans l'antiquité* : Zariadrès. Les Fables Milésiaques. La comédie moyenne. Une narration de Parthénius. Sithon et Palléné. Contes d'Apulée, d'Athénée. Fabliaux du *Pliçon*, du *Vair Palefroi*, des *quatre souhaits Saint-Martin*, de la *Veuve infidèle*, etc. — V. *Exemples de contes dans le haut moyen âge* : examen de la collection dite le *Romulus Mariae Gallicae.*

On vient de le voir, l'argument qui est à la base de la théorie indianiste consiste à dire : si nous jetons les yeux sur l'Inde, aux siècles qui précèdent ou suivent immédiatement la venue de Jésus-Christ, les contes et les recueils de contes y foisonnent. Or, ces contes sont, le plus souvent, les mêmes qui se redisent encore dans nos villages. Considérons, au contraire, l'antiquité classique. Ici, rien de semblable. Point de recueils. Çà et là, des contes isolés, tellement imprégnés des idées mythologiques ou morales de Rome et de la Grèce, qu'ils sont morts en même temps que la Grèce et que Rome, et qu'on ne peut les rapprocher des contes populaires actuels.

On voit la portée de l'argument. Le sol d'Europe est aujourd'hui sillonné par les traditions populaires, qui l'arrosent de mille fleuves, rivières et ruisseaux. Depuis quand? — Depuis le moyen âge seulement. Auparavant, malgré des siècles de culture hellénique et romaine, le même vieux sol apparaît au folk-loriste aussi desséché que le Sahara. Si donc il s'est trouvé soudain inondé de récits populaires, ce n'est sans doute pas qu'il ait su faire enfin jaillir de ses profondeurs des sources jusque-là secrètement enfouies. Non ; mais c'est que « le grand réservoir indien », qui, nous le savons, était déjà rempli jusqu'aux bords aux premiers jours de notre ère, s'est soudain déversé, en un courant impétueux, sur le monde occidental.

C'est l'argument fondamental. Il importe donc de le combattre tout d'abord.

Le lecteur n'attend certes pas des modestes pages qui suivent une histoire méthodique de la fable, des légendes merveilleuses, de la novellistique dans l'antiquité, — ce qui serait la matière de plusieurs livres. Il verra trop que j'ai exploré très superficiellement et très rapidement le sol antique. Mais, si cette recherche, tout incomplète qu'elle lui apparaîtra, m'a suffi pour ramener au jour, en grand nombre, presque à chaque coup de sonde, des apologues, des contes merveilleux, des nouvelles, des fabliaux, les mêmes qu'on retrouve postérieurement dans l'Inde et dans les littératures orales modernes, nul ne songera à me reprocher de n'épuiser pas la matière. Précisément parce que mon enquête n'a pas été systématique, mais presque accidentelle, il en ressortira clairement que les contes antiques sont à fleur de sol; qu'il suffit, dans ce prétendu Sahara, du moindre coup de baguette, donné au hasard, pour faire jaillir du roc les sources cherchées.

I

Tout d'abord — on nous l'accordera aisément — il ne faut tirer nul avantage de ce fait qu'il est impossible d'opposer aux grands recueils des contes indiens des *collections* antiques similaires.

Pourquoi l'Inde possède-t-elle ces recueils? C'est que le bouddhisme s'est plu à prêcher par familières paraboles. A cet effet, il a ramassé dans le courant oral et a coordonné des contes populaires. Sans le bouddhisme, nous ne posséderions pas ces recueils, — non plus, sans doute, que nous ne posséderions la théorie orientaliste de l'origine des contes.

Mais puisque l'antiquité classique n'a connu ni le bouddhisme, ni aucune nécessité, ni religieuse ni littéraire, qui l'induisît à recueillir les contes des petites gens, il est très concevable qu'elle ne les ait pas recueillis. Bien plus, n'ayant pas de raisons positives pour compiler ces humbles récits, elle en avait de fortes pour ne pas les collectionner. Car on s'explique fort bien, par le mépris constant des classes lettrées à l'égard des contes de bonne femme, que ni Thucydide ni Cicéron n'aient colligé des contes.

Mais, si l'antiquité classique ne possède point de recueils qu'on puisse opposer au *Kalilah*, ignorait-elle les contes mêmes du *Kalilah*? C'est là une tout autre question.

Les contes populaires ne sont pas en effet parvenus, à toute époque, jusqu'à la littérature. Prenez tous les écrivains français, depuis la Renaissance jusqu'à la fin du xviie siècle[1]; vous ne trouverez, dans cet énorme amas littéraire, aucune collection de contes de fées. On eût fort étonné Racine, si on lui fût venu dire que chaque village de France possédait un trésor inépuisable de fictions et cette révélation l'eût, je crois, médiocrement intéressé. Pourtant, il est certain que, si M. Emmanuel Cosquin eût vécu à Montiers-sur-Saulx vers 1675, il aurait pu y composer une collection de contes sensiblement pareille à celle qu'il y a recueillie aux alentours de 1875. Que M. Cosquin n'ait point vécu au xviie siècle, et que nul n'ait pu tenter une œuvre pareille, à cette époque, ce sont des faits contingents, historiquement très explicables.

Pareillement M. Giuseppe Pitrè, contemporain de Scipion Emilien ou de Verrès, aurait sans doute pu recueillir en Sicile une collection de contes aussi belle que l'est sa collection. Mais je m'explique aisément, par des raisons historiques, qu'il ne se soit rencontré de Pitrè ni parmi les centurions de Scipion Emilien, ni parmi les scribes de Verrès.

Il suffira donc de montrer qu'il existait, dans l'antiquité, sinon des *recueils de contes*, du moins des *contes*, tout semblables aux contes indiens ou aux contes populaires modernes.

Quand les orientalistes le nient, de quels contes entendent-ils parler ?

Est-ce des contes d'animaux?

Ou bien des contes merveilleux?

Ou bien des nouvelles et des fabliaux?

Parcourons rapidement ces trois catégories, qui comprennent toutes les formes possibles de contes.

II

LES CONTES D'ANIMAUX DANS L'ANTIQUITÉ GRÉCO-LATINE

Assurément les orientalistes ne veulent point parler des fables.

---

1. Les cinq dernières années exceptées, puisque les contes de Perrault sont de 1697, ceux de la comtesse d'Aulnoy, de 1698.

Il existe, dans l'antiquité gréco-latine, un vaste *corpus* de fables. Ces contes d'animaux, tout comme les fictions merveilleuses ou les fabliaux, ont leurs parallèles dans le *Kalilah et Dimnah*.

Il ne s'agit pas ici de recueils d'apologues médiévaux ou byzantins, tels que, pour en expliquer la formation, il suffise de replacer, une fois de plus, sous nos yeux, le tableau synoptique et chronologique des traductions occidentales des grands recueils orientaux.

Bien avant le moine Planude, bien avant les *Romulus*, bien avant que le monde byzantin existât, les contes d'animaux pullulaient en Occident.

Il s'agit d'Avien, de Babrius, de Phèdre. Avien a écrit vers 375 de notre ère ; Babrius[1] a composé son recueil vers 235 après Jésus-Christ ; Phèdre était un affranchi d'Auguste. Or, ni au temps d'Auguste, ni sous Alexandre Sévère, ni même sous Valentinien II, les recueils orientaux n'avaient commencé leur odyssée occidentale, puisque la première étape en est la traduction pehlvie du *Kalilah*, entreprise sur l'ordre du prince sassanide Khosroès, vers l'an 550 de notre ère.

Cinq siècles après Phèdre, trois siècles après Babrius, deux siècles après Avien, les chacals Karataka et Damanaka, les lions Pingalaka et Bhâsouraka, le loup Kravyamoukha s'ébattaient encore en paix sur les rives du Gange, et devaient attendre longtemps sous les palmes avant que l'envoyé du roi Khosroès, le médecin Barzouyèh, vînt les y inquiéter. Pourtant, depuis des siècles, leurs hauts faits étaient célèbres en Europe. Depuis des siècles, dans les gymnases d'Athènes et d'Alexandrie, sans attendre que Bidpaï fût venu, on faisait apprendre aux petits enfants les mêmes apologues que nous lisons dans le *Pantchatantra* ou le *Mahâbhârata* : *le Lion malade*, *les Grenouilles qui demandent un roi*, *l'Homme et le Serpent*. Dans les écoles romaines, Orbilius le fouetteur enseignait à Horace la fable de *la Montagne qui accouche d'une souris*, *le Rat de ville et le Rat des champs*.

D'où venaient les fables grecques ? Nous n'avons pas à répondre à cette question. Mais parcourons rapidement les systèmes proposés : cette revue est fort instructive ; on verra pourquoi.

---

1. Pour accepter l'ancienne hypothèse de Boissonade reprise par O. Crusius.

A. — Analyse des principales théories

Négligeons les différentes traditions que les Grecs, déjà préoccupés du problème, conservaient, soit qu'ils fissent venir les fables de l'Asie-Mineure, les uns de la Phrygie, les autres de la Carie ou de la Cilicie; d'autres tenant pour une origine lybique ou sybaritique, voire attique[1].

Parmi les théories modernes, pour laisser de côté le fantôme, évoqué par Grimm[2], aujourd'hui dissipé, de l'épopée animale indo-européenne, quel est le pays où l'idée préconçue qu'il existe quelque part un réservoir primitif des contes, n'ait fait chercher la patrie des apologues grecs ? On l'a cherchée, donc trouvée, en Arabie d'abord[3], puis en Egypte[4], même en Palestine[5], tandis que, pour d'autres critiques, les fables grecques seraient autochtones, comme si elles étaient nées, elles aussi, des dents du dragon[6].

Mais c'est l'hypothèse indianiste qui a groupé le plus de partisans et d'adversaires. Depuis les temps déjà lointains de Loiseleur-Deslongchamps et de Lassen, quelle variété dans les attitudes de ses défenseurs !

a) *Théorie de Wagener.* — Wagener est le premier[7] — il faut lui en savoir gré — qui ait mis en évidence l'identité des

---

1. Ces traditions sont savamment exposées et discutées par O. Keller, *ueber die Geschichte der griechischen Fabel*, pp. 350-360.
2. Dans son *Reinhart Fuchs* (Berlin, 1834).
3. D'Herbelot, au XVIIIᵉ siècle.
4. D'après Zündel, qui convainquit le grand Welcker, les fables grecques refléteraient parfaitement les symboles égyptiens, et le personnel animal des fables ésopiques conviendrait exclusivement à l'Egypte. Esope serait un Ethiopien. (Zündel, *Rheinisches Museum*, 1847. V. la réfutation de Wagener, *Essai sur les rapports entre les apologues de la Grèce et de l'Inde*, pp. 49-53.)
5. Faut-il mentionner la Palestine? Le système de Julius Landsberger (*die Fabeln des Sophos, syrisches Original der griechischen Fabeln des Syntipas*, 1859) d'après lequel Esope serait un Syrien, et les Juifs les inventeurs de la Fable, a été si mal accueilli que, seul, son inventeur parait y avoir jamais cru. (V. O. Keller, *loc. cit.*, p. 328, sqq.)
6. Pour le dernier éditeur de Babrius, notamment, M. Rutherford. Je ne connais ses idées que par l'analyse qu'en donne M. Jacobs. (*The fables of Æsop*, p. 41 et p. 105.)
7. *Mémoires couronnés et mémoires des savants étrangers pp. l'Académie de Belgique*, t. XXV (1851-3). *Essai sur les rapports qui existent entre les apologues de l'Inde et les apologues de la Grèce*, par O. Wagener, 1852.

apologues indiens et grecs. Il transcrit huit apologues du *Pantchatantra*, un du *Mahâbhârata*, un du *Syntipas*[1] et les place en regard des récits antiques correspondants. A qui revient la priorité? Aux Indiens, ou aux Grecs? Aux Indiens, selon Wagener, car les Grecs avaient conservé la conscience obscure de cette origine. Esope n'est, en effet, qu'un personnage mythique, mais son nom est « une allusion à l'origine « orientale de la fable. Esope veut dire Ethiopien, et, jusqu'à « l'époque d'Eschyle, le nom d'Ethiopien s'applique aussi « bien aux habitants de l'Extrême-Orient qu'à ceux du midi « de l'Egypte. » Dès lors, la seule similitude de deux récits, l'un grec, l'autre indien, prouve l'antériorité du récit oriental, sans qu'un instant cette pensée traverse l'esprit de Wagener que ce rapport de créanciers à débiteurs puisse être renversé[2]. « Ce sont les Assyriens qui ont transmis les fables indiennes à la Lydie, et de là elles se sont répandues dans l'Hellade. »

b) *Théorie de Weber*. — Par malheur, l'égalité : Esope = Ethiopien = Oriental n'a guère fait fortune, et le système s'est donc écroulé. Weber[3] vit nettement que la question de priorité ne pouvait être résolue que par l'examen interne des apologues. Son critérium était d'ordre esthétique : les formes grecques lui parurent primitives, comme plus simples, plus logiques, alourdies au contraire, défigurées, gâtées dans les copies

---

1. En voici l'indication. Je la donne ici, parce que Wagener transcrit *in extenso* les fables qu'il étudie, procédé aussi commode au lecteur que rarement employé. Ce sont, pour le *Pantchatantra*, l'*Ane revêtu de la peau du lion* (Lucien), le *Lion malade* (Babrius, 95), l'*Aigle et les tortues* (Babr., 115), le *Chien qui laisse la proie pour l'ombre*, (Babr. 79), la *Poule aux œufs d'or* (Babr., 123), le *Serpent et le lézard* (Phèdre, II, 23), la *Souris métamorphosée* (Babr., 32), les *Grenouilles qui demandent un roi* (Phèdre, I, 2); pour le *Mahâbhârata*, le *Lion délivré par la souris* (Babr., 107); pour *Syntipas*, la *Jatte de lait empoisonnée* (Stésichore, cf. Elien, I, 37.) — Nous rejetons deux fables rapportées par Wagener, qui n'ont pas, dans l'antiquité classique, de véritables parallèles.

2. M. J. Denis, dans un remarquable opuscule, *De la fable dans l'antiquité classique*, Caen, 1883, p. 13, a retrouvé de son côté l'hypothèse de Wagener, dont il ignorait le travail : « Le nom d'Esope ne me parait que celui d'Αἴθοψ prononcé à la dorienne (αἴσοψ, αἴσωπος) et sous une forme corrompue. » Huet avait déjà trouvé cette étymologie, qu'il propose dans son *Traité de l'origine des Romans*, éd. de 1711, p. 29.

3. Weber, *über den Zusammenhang griechischer Fabeln mit indischen*, *Indische Studien*, t. III, 327-72. V. O. Keller, op. cit., p. 332, Jacobs, op. cit., p. 102, Barth, *La littérature des contes dans l'Inde*, *Mélusine*, III, col. 554.

indiennes. Ainsi, par une étrange rencontre, les mêmes fables qui semblaient à l'helléniste Wagener « porter un cachet évidemment oriental », parurent helléniques à l'orientaliste Weber. Pour lui, toutes les fables du *Pantchatantra* qui revivent dans l'antiquité classique sont des produits grecs, importés dans l'Inde avant la naissance du Christ, et que l'armée d'Alexandre laissa derrière elle comme des dépôts d'alluvion.

Pourtant, on pouvait contester à Weber la légitimité de son principe : peut-être n'est-ce pas la forme la plus accomplie qui naît la première, mais tout au rebours, selon les lois de l'évolution, c'est peut-être la forme la plus grossière, la moins déterminée. Benfey[1] s'est chargé de cette critique : « Si nous pouvions, dit-il, poursuivre jusqu'à sa première origine l'histoire de tous les contes, fables, chansons, légendes populaires, nous reconnaîtrions, je crois, que les plus belles de ces créations procèdent souvent de germes très informes. C'est seulement après avoir été roulées longtemps dans le torrent de la vie populaire, qu'elles se sont arrondies jusqu'à prendre ces formes homogènes et achevées, et qu'elles ont reçu, ici et là, l'empreinte d'un peuple distinct ou d'un esprit individuel. Ainsi, c'est généralement à la version la moins accomplie que, sauf le cas où elle se trahirait comme une forme dégénérée, on devrait accorder le bénéfice de la priorité. »

c) *Théorie de Benfey.* — C'est à l'épreuve de ce critérium que Benfey soumet à son tour les fables. Il en examine soixante environ. Dans une cinquantaine de cas, les formes indiennes lui paraissent soit plus déterminées que leurs parallèles grecs, soit dégénérées : il soutient donc que ces cinquante fables sont nées en Grèce. Pour six fables seulement, il admet l'origine indienne[2]. Voici sa conclusion d'ensemble : « La grande majorité des contes d'animaux sont originaires de

---

1. Benfey, *Pantchatantra*, I, 325.
2. C'est M. Jacobs, *op. cit.*, qui a établi cette statistique. Voici les six fables que Benfey attribue à l'Inde : *Le chacal et le lion*, § 29, p. 104 ; *Le lion et la souris*, § 130, p. 329 ; *Le lion et l'éléphant*, § 143, p. 348 ; *L'homme et le serpent*, § 150, p. 360 ; *La montagne qui accouche d'une souris*, § 158, p. 375 ; enfin, § 200, p. 478.
Voici, par contre, quelques exemples des jugements de Benfey en faveur de la Grèce : § 105, p. 293, « la fable du *Makasa-Jâtaka* n'est qu'une exagération de Phèdre, V, 3. » — § 161, p. 384, « On peut conjecturer que la fable grecque des *Grenouilles qui demandent un roi*

l'Occident et ne sont que des fables ésopiques plus ou moins remaniées. Pourtant, quelques-uns portent l'empreinte d'une origine indienne[1]. »

d) *Théorie de Keller.* — Le principe de Benfey a paru à O. Keller[2] arbitraire et faux. Il en applique une autre qu'il nomme (p. 335) : *le principe de naïveté.* « Entre plusieurs « versions d'une même fable, je considère comme source des « autres celle qui renferme les traits de mœurs animales les « plus conformes à la réalité, à la nature, les plus naïfs. » Il s'ensuit, comme bien l'on pense, qu'il attribue à l'Inde des fables que Benfey croyait grecques d'origine, et inversement. Mais, s'il répartit autrement que Benfey le trésor des apologues entre les deux races contestantes, pourtant il croit comme lui à la réciprocité des emprunts. Non, pourtant, à leur simultanéité. D'après Keller, les premiers inventeurs de l'apologue sont bien les Indiens; mais, plus tard, dégénérés, ils ont, à leur tour, subi l'influence occidentale. « Le stock primitif des anciens apologues ésopiques est venu de l'Inde et s'est répandu en Occident avant Babrius[3]. Puis, après la mort de Jésus-Christ, lorsque les invasions étrangères eurent ouvert les portes du monde oriental aux littératures d'Europe, bien des apologues grecs, de formation relativement récente, pénétrèrent dans l'Inde. La gloire d'avoir inventé les contes d'animaux les plus beaux et les plus anciens reste aux Indiens, et les Grecs, à l'époque la plus brillante de leur littérature, n'ont été que leurs tributaires. Mais, lorsque les jours de l'automne finissant et ceux de l'hiver furent venus pour la littérature indienne, l'Orient accueillit à son tour les belles collections de fables grecques[4]. »

e) *Théorie de M. Rhys-Davids.* — Enfin, en ces dernières

---

a donné naissance à la fable correspondante du *Pantchatantra.* » — § 84, p. 244 : « La fable ésopique de *L'aigle et la tortue* est incontestablement la source première du récit du *Pantchatantra.* » — § 191, p. 168, cf. § 17, p. 79 : « La fable *du chien qui laisse la proie pour l'ombre* est visiblement une forme secondaire et déformée de la belle fable grecque de Babrius, 79. » Comparez les §§ 50, 84, 121, 144 (où il reste indécis), 188, etc...

1. Préface, p. XXII.
2. O. Keller, *ueber die Geschichte der griechischen Fabel* (1861 ?), dans les *Jahrbücher für classische Philologie,* IV, t. suppl., 1861-7, pp. 309-418.
3. C'est-à-dire, d'après la date que Keller assigne à Babrius, antérieurement à l'an 150 av. J.-C. (V. p. 390.)
4. Voyez p. 335 et p. 350.

années, de nouveaux faits ont été apportés au débat, et M. Rhys-Davids a comme renouvelé le problème [1].

Il a mis en relief la haute antiquité des *Djâtakas*, qui racontent les diverses incarnations du Bouddha, et qui remonteraient peut-être à l'époque même de Çakyamouni, soit, sans doute, au 5ᵉ siècle avant Jésus-Christ. On y trouve parfois les mêmes fables que dans l'antiquité grecque, et les contes des Djâtakas seraient le *stratum* archaïque du Pantchatantra. Les Djâtakas ne seraient-ils point aussi la matrice des apologues? Benfey ne les connaissait qu'imparfaitement. Il admettait, pour la composition des grands recueils de fables, la série chronologique suivante, en procédant du plus ancien au plus récent : *Babrius* — *Phèdre* — *Djâtakas* — *Pantchatantra*. C'est pourquoi il crut devoir admettre l'origine grecque des contes d'animaux et la belle simplicité de son système général s'en trouva compromise. Aujourd'hui on admet plus communément la série inverse : *Djâtakas* — *Phèdre* — *Pantchatantra* — *Babrius*, qui donne l'antériorité aux fables indiennes. M. Jacobs conjecture spirituellement, et non trop hardiment, que, si Benfey avait connu cette série, il en aurait sans doute pris acte pour renverser aussi sa proposition et déclarer que les apologues grecs viennent de l'Inde. Ce n'est qu'un jugement téméraire, peut-être, s'il s'agit de Benfey, mais non s'il s'agit de M. Rhys-Davids, qui croit vraiment que les apologues grecs procèdent des *Djâtakas*. Aux cinq cents fables des collections de Phèdre et de Babrius, on n'a, il est vrai, trouvé que douze parallèles dans les *Djâtakas*[2]. Les arbres — douze arbres — ont caché la forêt à M. Rhys-Davids.

En résumé, entre ces deux extrêmes, — origine grecque des apologues indiens, origine indienne des apologues grecs, — il n'est pas de position intermédiaire que n'ait occupée quelque savant. En trente ans, de 1851 à 1880, plusieurs critiques, également armés de science et de conscience, se posent le même problème, et voici, en quelques mots, leurs contradictoires solutions.

« Tous les apologues communs aux deux peuples, dit Wagener, viennent de l'Inde à la Grèce. N'y reconnaissez-vous

---

1. *Buddhist Birth-Stories, or Jâtaka-tales...* edited by V. Fausböll and translated by T. W. Rhys-Davids, Londres, 1880.
2. Cf. Jacobs, *op. cit.*, p. 108.

pas le cachet oriental ? » (Or Wagener n'est pas un orientaliste mais un helléniste.)

« Non, riposte Weber, tous ces apologues viennent de la Grèce à l'Inde. Je n'y retrouve point le cachet oriental, mais comment peut-on y méconnaître le cachet hellénique? » (Or Weber n'est pas un helléniste, mais un orientaliste).

« Distinguons, dit Benfey : ni tous les apologues grecs ne sont d'origine orientale, ni tous les apologues orientaux ne sont d'origine grecque. Mais il y a eu, d'un peuple à l'autre, des emprunts réciproques. Je possède une pierre de touche — le principe de l'indétermination primitive des fables — qui nous permet de distinguer la patrie première de chaque récit. Sur soixante apologues que j'étudie, six sont d'origine orientale, les autres sont helléniques.» (Or Benfey n'est pas un helléniste, mais un orientaliste.)

« J'admets comme vous, corrige Keller, la réciprocité des emprunts. Mais les contes que vous dites helléniques sont généralement orientaux, et inversement. Car votre pierre de touche n'est point la bonne. J'en possède une autre — le principe de naïveté — qui m'apprend que les Indiens ont, après J.-C., adopté des contes grecs, mais que les plus anciens sont d'origine indienne. (Or Keller n'est pas un indianiste, mais un helléniste.)

Enfin, paraît M. Rhys-Davids. « Vous vous perdez, dit-il à ses devanciers, à comparer Babrius et Bidpaï. Voici les Djâtakas, contemporains de Çakyamouni, source lointaine et commune de Babrius et de Bidpaï. C'est là qu'est la matrice des apologues. »

B. — Critique de ces théories

Quelle infinie variété d'opinions! Montaigne dit quelque part, traduisant un vers de l'Iliade : « C'est bien, ce que dict ce vers :

« Ἐπέων δὲ πολὺς νομὸς ἔνθα καὶ ἔνθα..

« Il y a prou de loy de parler, par tout, et pour et contro. » Mais nous sommes-nous proposé seulement de constater, à la Montaigne, le branle et l'inconstance de nos jugements? de triompher ironiquement des conflits indianistes? Non ; mais nous prétendons en tirer un enseignement précieux.

C'est que les défenseurs de la théorie orientaliste ont tout à coup abandonné leur attitude coutumière. Dès qu'il ne s'agit plus de contes merveilleux ou de contes à rire, mais de contes d'animaux, ils transforment soudain leur méthode[1]. Or, ces deux attitudes et ces deux méthodes sont contradictoires.

Les orientalistes triomphent en effet communément de l'absence de contes traditionnels en Grèce, à Rome. C'est, disent-ils, que l'Orient n'a pas encore ouvert les écluses de son torrent d'histoires. Mais le jour où Byzance unira l'Orient et l'Occident, où les Croisades fonderont l'Orient latin, où des Juifs traduiront des recueils arabes pour le plaisir des Européens, soudain fleuriront en Europe légendes, contes de fées, fabliaux.

Pourtant les contes d'animaux n'ont attendu pour se multiplier en Europe ni les Juifs, ni les Arabes, ni les Croisades, ni les Byzantins, puisque les collections de Phèdre et de Babrius, les recueils perdus de Démétrius de Phalère et de Nicostrate sont antérieurs à la formation des grands ouvrages indiens.

La théorie indianiste raisonne ainsi : la plus ancienne forme de ce *fabliau* est orientale, donc ce fabliau est né dans l'Inde.

Mais voici la plus ancienne forme de cette *fable* : elle est grecque, donc....... ne devrait-elle pas conclure que cette fable est née en Grèce ?

Elle ne le fait point pourtant ; car cette conséquence serait un non-sens.

Alors, et alors seulement, les orientalistes paraissent se douter que la tradition écrite n'est pas tout, mais que toutes ces légendes ont pour essence d'être populaires, c'est-à-dire voyageuses, oralement transmissibles. Ils s'avisent, alors seulement, de la médiocre — que dis-je ? — de la nulle importance de ces exodes de recueils littéraires orientaux. Il leur vient à l'esprit, alors seulement, que l'Occident n'a pas attendu les Croisades pour se douter que l'Inde existait. Ils accumulent même les arguments pour démontrer que l'Inde et la Grèce étaient en rapports journaliers. Ne savez-vous pas en effet, disent-ils, que les conquêtes d'Alexandre ont fait communiquer les deux mondes ? que, depuis les temps de Ninus et de Sémiramis, la domination assyrienne s'étendait des montagnes frontières du Pendjab jusqu'aux colonies grecques d'Asie-Mineure ? qu'un commerce florissant unissait les bouches de l'Euphrate et du Tigre à celles de l'Indus, et que de longues caravanes couvraient les routes commerciales qui vont de l'Inde et du Thibet à Baby-

---

[1]. Je ne dis pas cela pour M. Cosquin qui a *oublié* complétement, dans son *Essai sur l'origine des contes populaires*, l'existence des contes d'animaux.

lone, à Suze et jusqu'aux ports de la Méditerranée[1] ? Quoi de surprenant qu'il se soit établi, dès ces âges reculés, un échange de fables ?

Rien de plus naturel, en effet ; mais l'étonnant est que Grecs et Indiens n'aient alors échangé que des contes d'animaux à l'exclusion des autres. Pourquoi ont-ils attendu mille ans pour emprunter aussi des fabliaux et des contes de fées ? Dès que le *Kalilah* est connu des occidentaux, les peuples, dites-vous, se précipitent sur ce trésor, le dépouillent, et la menue monnaie en court encore aujourd'hui par nos villages. Mille ans plus tôt ces mêmes richesses étaient à leur portée : pourquoi les auraient-ils dédaignées, au profit des seuls apologues ?

Je lis la préface où Benfey a résumé ses recherches : j'y trouve ces deux assertions, qui la contiennent toute : 1º Tous les apologues du *Panchatantra*, sauf cinq ou six, sont nés en Grèce, (p. xxi), et dix lignes plus loin (p. xxii) : 2º Tous les contes à rire et tous les contes merveilleux (sauf un, le conte du roi Midas !) sont d'origine indienne.

N'y a-t-il pas dans cette théorie une monstrueuse étrangeté ? Ce sont des faits, direz-vous, contre lesquels nous ne pouvons rien. Au moins pourriez-vous en marquer la bizarrerie, tâcher de l'expliquer : mais vous ne paraissez même pas l'avoir soupçonnée.

Du moins les orientalistes ont-ils reconnu, pour les contes d'animaux, que le raisonnement *post hoc, ergo propter hoc* ne suffit point. Mais le préjugé en faveur de cet argument est si fort que le jour où M. Rhys-Davids démontre la haute antiquité des *Djâtakas*, il prétend y reconnaître la matrice des fables. Mais, si M. Maspéro ou M. Brugsh découvre demain, dans un tombeau de Memphis, des fables grecques des temps homériques, les fables grecques redeviendront-elles provisoirement la source des fables orientales, jusqu'au jour où l'on aura attribué au *Pantchatantra* un *substratum* plus archaïque encore que les Djâtakas ? Nous voilà donc au rouet ?

Si l'on nous demandait maintenant de quitter enfin cette attitude critique, et de déclarer si, à notre avis, les apologues

1. Rien de plus aisé, en effet, que de démontrer l'existence de rapports historiques entre deux peuples quelconques, à une époque quelconque, à condition de supposer entre l'un et l'autre un nombre suffisant d'intermédiaires complaisants. Nous reviendrons plus loin (chapitre VIII) sur cette question.

sont venus de la Grèce à l'Inde, ou inversement, nous dirions que la suite de notre étude nous permet de considérer la question, ainsi posée, comme vaine. Si l'on nous pressait pourtant, nous répondrions que les fables devaient être déjà infiniment vieilles en Grèce au temps d'Esope, infiniment vieilles dans l'Inde, au temps du Mahâbhârata et des Djâtakas. Et nous retiendrions les quelques faits que voici. Laissons de côté les recueils de fables grecques, de l'époque impériale. Laissons de côté Avien, laissons Babrius et les fables que nous transmettent Lucien et Plutarque. Laissons le recueil de Phèdre, sans nous enquérir de ses sources. Transportons-nous en pleine Grèce, non dans la Grèce romaine, ni alexandrine, mais dans la Grèce libre. Alexandre n'a pas encore entrepris cette merveilleuse expédition orientale qui, suivant certaine hypothèse, devait établir des échanges d'apologues entre l'Inde et la Grèce. Nous sommes à Athènes en 400 ou en 350 avant J.-C. Jetons les yeux autour de nous: déjà, les contes d'animaux foisonnent.

Entrons dans un gymnase : les apologues ésopiques font partie, comme aujourd'hui les fables de La Fontaine, de l'instruction première, et les petits Athéniens apprennent à connaître Esope, en même temps qu'Homère, qu'Hésiode, ou que les gnomiques, Théognis, Solon[1]. Nous voici devant un tribunal : les juges s'ennuient pour leurs trois oboles : l'orateur, pour réveiller leur attention, leur raconte « quelque trait comique d'Esope[2] », car Aristote leur a appris dans sa *Rhétorique* l'art d'employer à propos ces artifices oratoires[3]. Aux fêtes Dionysiaques, assistons-nous à quelque comédie? Tantôt il suffira d'un vers à Aristophane pour rappeler aux spectateurs une fable connue, *l'Aigle et le Renard*[4]; tantôt Strattis nous racontera la fable de *la souris métamorphosée en femme*[5]. Les tragiques même, Eschyle[6], Sophocle[7], ne dédaignent pas de faire allusion à ces humbles apologues. A table, après boire, les Athéniens disent aussi « des contes plaisants, dans le genre d'Esope

---

1. Plat. *Rép.* 377 : οὐ μανθάνεις... ὅτι πρῶτον τοῖς παιδίοις μύθους λέγομεν; v., pour d'autres textes, Weber, *op. cit.*, p. 383.
2. *Guêpes*, v. 566 : εἰ δὲ λέγουσι μύθους ἡμῖν, οἱ δ' Αἰσώπου τι γέλοιον.
3. Arist. *Rhét.* II, XX. Aristote y rapporte deux fables qu'il attribue, l'une à Stésichore, l'autre à Esope.
4. *Oiseaux*, 652. Comparez *les Guêpes*, 1182; *la Paix*, 129-134.
5. Strattis, *Meineke*, 444.
6. Eschyle, *Myrm.* fr. 135.
7. Soph. *Ant.* 712.

ou dans celui de Sybaris[1] ». Ecoutons-nous les dialogues des philosophes? « Me voici maintenant, dit Socrate, revêtu de la peau du lion... » et nous reconnaissons au passage la fable célèbre. Platon nous dit aussi que Socrate dans sa prison mit en vers élégiaques plusieurs apologues ésopiques[2].

Mais ce n'est pas assez : remontons dans le passé de la Grèce : les anciens, qui ont pu connaître, dans leurs intégrité, les anciens lyriques, nous disent qu'ils se plaisaient « à envelopper leurs pensées ou leurs satires du manteau de l'apologue[3] ». De fait, dans les misérables et vénérables fragments qui nous sont parvenus d'eux, nous reconnaissons fréquemment des apologues, chez Ibycus, chez Stésichore, chez Simonide, chez Archiloque[4].

Or, plusieurs de ces fables qui nous sont ainsi attestées aux siècles quasi-primitifs de la civilisation grecque, se retrouvent aussi dans l'Inde. Le jour où Socrate se comparait à l'âne revêtu de la peau du lion, le Sîha-Cama-Djâtaka, où l'on trouve la plus ancienne forme indienne de ce conte, n'existait peut-être pas encore[5]. Stésichore nous raconte certain apologue *d'un aigle reconnaissant*. Cet apologue reparaît dans le *Syntipas*[6]. De combien de siècles Stésichore est-il antérieur au *Roman des Sept Sages* et à ses sources les plus reculées ?

1. *Guêpes*, v. 1258.
2. *Cratyle*, 411a. — *Phédon*, p. 61. Dans le *Premier Alcibiade*, Platon rapporte la fable du *Lion et des Animaux*.
3. Julien, disc. VII, 227 a. ἀλλ' ὁ μὲν μῦθός ἐστι παλαιός..... ὅπερ εἴωθε ποιεῖν οἱ τῇ τροπικῇ χρώμενοι τῶν νοημάτων κατασκευῇ. Πολὺς δὲ ἐν τούτοις ὁ Πάρος (Archiloque) ἐστι ποιητής (cité par Bergk, *Poet. lyr.*, II, p. 408, note).
4. On trouvera le relevé de ces fables archaïques, soit chez Wagener (p. 10, ss.), soit chez Keller (p. 381-3,) soit chez M. Jacobs, soit chez M. Denis, *De la fable dans l'antiquité classique*, Caen, 1883, qui nous donne la liste la plus complète que je connaisse et la plus critique, p. 28-30. Je crois qu'il faudrait supprimer de ces listes plus d'un rapprochement. En voici un exemple : Bergk, Jacobs, etc..., croient reconnaître dans un fragment de Théognis la fable de *l'homme qui réchauffe un serpent*. Voici le passage (Bergk, v. 602). Qu'on juge si cette induction n'est pas forcée :

ἔρρε, θεοῖσιν τ' ἐχθρὲ καὶ ἀνθρώποισιν ἄπιστε,
ψυχρὸν ὃς ἐν κόλπῳ ποικίλον εἶχες ὄφιν..

C'est ainsi que Bergk cherche, bien vainement, à reconnaître *le lion malade* ou un autre apologue dans ce vers d'Archiloque (fr. 131): χολὴν γὰρ οὐκ ἔχεις ἐφ' ἥπατι... On pourrait multiplier ces critiques.
5. V. Jacobs, *Ésop*, p. 57.
6. V. les deux textes rapprochés par Wagener, *op. cit.*, p. 114-6.

Enfin, voici le plus ancien apologue que nous ait transmis aucune littérature :

« L'épervier parla ainsi au rossignol sonore qu'il avait saisi
« dans ses serres, et qu'il emportait vers les hautes nuées. Le
« rossignol, déchiré par les griffes recourbées, gémissait ; mais
« l'épervier lui dit ces dures paroles : malheureux, pourquoi
« gémis-tu ? Tu es la proie d'un plus fort que toi. Tu vas où
« je te conduis, bien que tu sois un aède. Je te mangerai, s'il
« me plaît, ou je te renverrai. Malheur à qui veut lutter contre
« un plus puissant que soi ! Il est privé de la victoire et acca-
« blé de honte et de douleur. Ainsi parla l'épervier rapide aux
« ailes étendues. »

Cette fable est extraite, comme on sait, des *Travaux et des Jours*[1]. A l'époque d'Hésiode, que savait-on de l'Inde en Grèce ? C'est seulement plusieurs siècles plus tard qu'on trouve la plus ancienne mention de ces contrées, chez Hécatée. Le jour où Hésiode versifia la fable de l'*Epervier et du Rossignol*, où étaient le *Mahâbhârata*, les *Djâtakas* ? où, Çakyamouni ? Il n'était alors qu'un informe aspirant bouddha, un vague *bôdhisat*, qui devait accomplir encore, pendant des siècles, de nombreux avatars.

Tels sont les faits que nous voulions retenir. Pourquoi avons-nous insisté ainsi sur les plus anciennes fables grecques ?

Pour conclure à leur priorité sur les fables indiennes corres-pondantes ? Nous n'en aurions garde. Mais pour en tirer à peu près la même conclusion que M. Jacobs, dans son beau livre sur Ésope[2] : à savoir qu'il existait en Grèce un véritable *folk-lore*. Le vieil Archiloque, à la fin du viiie siècle avant J.-C., en était déjà conscient, lorsqu'il appelait l'une de ses

---

1. V. 185, v. 191.
2. *The fables of Æsop, now again edited and induced by Joseph Jacobs*, 2 vol., Londres, 1889. — Nous n'avons point à discuter son ingénieuse hypothèse sur les fables de Kâsyapa, qui auraient été introduites à Alexandrie vers l'an 50 de notre ère, par une ambassade cingalaise, et qui seraient la source directe des fables talmudiques, indirecte du recueil de Babrius. Nous nous contentons — encore une fois — de considérer les plus anciens apologues ésopiques, antérieurs à Démétrius de Phalère, et nous pouvons, par suite, nous dispenser également de nous prononcer sur la seconde hypothèse de M. Jacobs, d'après laquelle le recueil de Démétrius serait la source unique de Phèdre.

fables un αἶνος ἀνθρώπων[1]. Les apologues ésopiques s'offrent à nous avec le véritable caractère des traditions populaires, l'anonymat. Il suffit d'un mot, d'une allusion rapide, au théâtre, à l'agora, pour que toute une foule retrouve la fable dans sa mémoire. Ils sont si nombreux, si familiers à tous, que le peuple imagine un être fictif pour les lui attribuer, Esope, analogue à l'Arlotto de Florence, au Till l'Espiègle allemand, au Hodja de Turquie. Quand Démétrius de Phalère, vers l'an 300 av. J.-C., composa ses Αἰσωπείων λόγων συναγωγαί[2], il dut vraiment agir, comme Jacob Grimm, en folk-loriste, se baissant vers la tradition des petites gens, ramassant des contes dans les dèmes d'Attique, au marché aux herbes. Aussi loin que nous remontions dans l'histoire de la Grèce, nous y trouvons des fables; aussi loin que nous remontions dans l'histoire de l'Inde, nous y trouvons des fables. Si nous pouvions remonter de mille ans plus haut dans l'histoire de l'humanité, nous y trouverions aussi des fables, souvent, sans doute, les mêmes.

Et tout ce que nous voulons retenir de cette discussion, c'est cette vérité, que nous avons surabondamment démontrée : quand on a prouvé que Phèdre et Babrius sont plus anciens que le *Sindibad*, que les fables citées par Aristophane sont antérieures au *Kalilah*, que les *Travaux et les Jours* d'Hésiode préexistaient aux *Djâtakas*, personne ne croit avoir démontré par là que la Grèce soit la mère des fables et que l'Inde l'ait plagiée.

Pourquoi donc attribuer tant d'importance à la préexistence en Orient de certains contes à rire, de certains contes merveilleux ? Quand on a fixé les dates respectives de deux recueils de contes, ou de deux versions d'un même conte, on n'a rien fait encore pour déterminer la patrie de ce conte : le problème n'est pas encore résolu; il n'est pas même posé!

---

[1]. Bergk, *Poet. lyr. gr.*, II, Archil., fr. 86.

αἶνός τις ἀνθρώπων ὅδε
ὡς ἄρ' ἀλώπηξ αἰετὸς ξυνωνίην
ἔμιξεν....

Comparez les fragments 87, 88.

[2]. Diog. Laert. V, 80.

III

LES CONTES MERVEILLEUX DANS L'ANTIQUITÉ

Mais, si l'antiquité possède des recueils de fables, elle ne possède pas, du moins, de recueils de contes merveilleux. Les orientalistes peuvent reprendre ici leur attitude favorite, qui se résout en ce raisonnement plus ou moins conscient : c'est dans l'Inde que se trouve la plus ancienne forme de beaucoup de contes merveilleux ; donc ils sont originaires de l'Inde.

Contes de l'ancienne Egypte

Le malheur veut qu'il existe des contes dans l'Egypte ancienne. Il veut que l'un des plus anciens témoignages écrits de la pensée humaine soit un conte merveilleux. Ce ne sont pas de vagues ressemblances qui l'unissent aux contes oraux modernes. Dans une très remarquable étude[1], M. Cosquin a montré que chacun de ses éléments a survécu et vit présentement : il le rapproche successivement, grâce à sa précise érudition, de traditions que connaissent aujourd'hui les paysans dans la Hesse, en Hongrie, en Russie, en Grèce, dans l'Annam, dans le Deccan, en Transylvanie, en Roumanie, dans la Boukhovine, en Valachie, en Serbie, au Bengale, en Norwège, en Bretagne, etc. Où donc a-t-on recueilli ce vénérable doyen — je ne dis pas cet ancêtre — de nos contes populaires? Dans un recueil bouddhiste? Non : il est plus vieux que Çâkya-Mouni, de quelque dix siècles. Du moins l'a-t-on retrouvé dans l'Inde, en quelque recueil védique? Pas davantage : il est antérieur de plusieurs siècles à l'établissement des Aryas dans l'Inde. Le *conte des deux frères* est un récit égyptien, copié par le scribe Ennânâ, contemporain de Moïse, pour le fils du pharaon qui périt dans les eaux de la mer Rouge[2]. Voilà qui embarrasse cruellement les orientalistes. M. Cosquin se demande pourtant si ce conte n'aurait pas pu venir de l'Inde en Egypte, à cette date reculée? Sans doute ; mais pourquoi de l'Inde plutôt que de l'un quelconque des quatre points cardinaux[3], sinon parce que votre préjugé le veut ainsi?

---

1. *Contes populaires de la Lorraine*, appendice B.
2. Voir l'introduction de M. Maspéro aux *Contes de l'ancienne Egypte*, p. 4.
3. Je me borne ici à renvoyer à la vive critique de M. Gaidoz, *Mélusine*, t. III, col. 292.

Faut-il rappeler d'autres contes égyptiens? Le *prince prédestiné*, dont certains traits se retrouvent dans les traditions orales modernes, ou le célèbre conte de *Rhampsinit*[1]? Élien nous dit dans ses *Histoires variées*[2] : « Les Égyptiens racontent que
« Rhodopis était une belle courtisane. Un jour qu'elle bai-
« gnait et que ses servantes gardaient ses vêtements, un aigle
« vola vers elle, enleva une de ses pantoufles et l'apporta à
« Memphis où régnait le roi Psammétichus. Il la laissa tom-
« ber sur le pharaon, qui, admirant l'élégance de la chaussure
« et comment l'aigle la lui avait apportée, fit rechercher par
« toute l'Égypte la femme à qui cette pantoufle avait appar-
« tenu. Quand il l'eut retrouvée, il l'épousa. » Il s'agit de cette Rhodopis sur laquelle couraient tant de légendes, qui fut aimée du frère de Sapho et dont les adorateurs étaient si nombreux que, portant chacun une seule pierre, ils purent élever une pyramide à sa gloire. Qui ne reconnaîtrait en elle une gracieuse aïeule de Cendrillon? Un aigle apporte à Psammétichus la pantoufle de Rhodopis, comme une hirondelle apporte au roi Marc un cheveu d'Iseult la blonde, et c'est là un trait de vingt contes populaires.

M. Maspéro dit fort bien : « Même après vingt siècles de ruines et d'oubli, l'Égypte a conservé presque autant de contes amusants que de poèmes lyriques ou d'hymnes adressés à la divinité[3]. » Ce sont des faits qu'ignorait Benfey et que méconnaissent ses disciples.

Contes merveilleux dans l'antiquité gréco-latine

« Il faut laisser de côté, dit Reinhold Kœhler, les essais forcés qu'on a tentés pour ramener à la mythologie grecque certains de nos contes[4]. »

C'est là une des plus étranges prétentions de l'école. Je veux ici rappeler quelques-uns de ces essais tentés pour ramener nos contes populaires, non pas à la mythologie grecque, mais à des *contes* grecs.

Benfey dit, dans sa préface : « Je ne connais qu'un seul et unique conte dont le fondement doive être en toute sécurité attribué à l'Occident. » C'est le conte du roi Midas, qui se

1. Hérodote, II, 121.
2. *Hist. variées*, XIII, 33. Comparez Strabon, XVII.
3. Maspéro, *Contes de l'Égypte ancienne*, p. VI.
4. *Weimarische Beiträge zu dit. u. Kunst*, p. 191.

retrouve dans le *Siddhi-Kur*, remaniement mogol du *Vetâla-pantchavinçâti*[1]. — En voilà donc un, au moins. Mais une hirondelle ne fait pas le printemps.

M. Cosquin n'en connaît qu'un, lui aussi ; mais ce n'est pas le même : « *Psyché* est le seul conte proprement dit qui nous soit parvenu du monde gréco-romain...[2], » — et il a admirablement prouvé, par une cinquantaine de parallèles[3], que ce conte merveilleux vit aujourd'hui de la même vie qu'au temps où Apulée le recouvrait d'un lourd manteau mythologique. — Voilà donc deux contes grecs, au moins. Deux hirondelles ne font-elles pas encore le printemps? Voici donc quelques hirondelles de plus.

Si l'Odyssée n'est point, comme le veulent certains savants, simplement un tissu de contes populaires, on y retrouve pourtant quelques-unes des « formules » les plus répandues dans la tradition universelle. Brockhaus, R. Kœhler lui-même, Weber l'ont, chacun de son côté, montré jusqu'à l'évidence. Gerland[4] a réuni en un faisceau et enrichi leurs résultats. M. Rohde[5] a souscrit à la plupart de leurs conclusions, et M. A. Lang[6] a tiré de ces matériaux, accumulés par d'autres, de précieuses indications sur le travail d'épuration littéraire qu'ont subi, chez Homère, les contes primitifs. Pour nous en tenir aux rapprochements les plus certains, si l'on considère la conception centrale de l'Odyssée, — retour d'un voyageur déguisé près de sa femme, diverses épreuves qu'il subit avant d'être reconnu par elle, — on connaît un Ulysse messin, un Ulysse chinois. — La plaisanterie d'Ulysse chez Polyphème (οὖτις) reparait dans un conte de la Boukhovine. — Les aventures de Polyphème se renouvellent dans des contes d'ogres gallois, orientaux, hongrois. — Les Phéaciens peuvent être comparés aux Vidyâdha-

---

1. *Pantchatantra*, I, p. xxii. Il est vrai que Liebrecht ne veut pas abandonner ce conte plus que les autres et le revendique aussi pour l'Inde (*Jahrbuch* d'Ebert, III, p. 86). V. Schmidt, *Griechische Märchen*, Leipzig, 1877, p. 224.

2. *L'origine des contes populaires européens et les théories de M. Lang*, Paris, 1891, p. 16. Je ne crois pas trahir la pensée de M. Cosquin en coupant là la citation.

3. Cf. *Contes populaires de Lorraine*, II, 224 et 212.

4. Gerland, *Altgriechische Märchen in der Odyssee*, Magdebourg, 1869.

5. Rohde, *der griechische Roman und seine Vorläufer*, 1876, p. 173.

6. Dans un article de la *Saturday Review*, traduit dans *Mélusine*, I, 489.

ris de Somadeva, et Somadeva est d'environ deux mille cinq cents ans moins ancien qu'Homère. — Ulysse chez Circé traverse des aventures analogues à celles de l'indien Vijaya et de ses compagnons. — « Le récit d'Ulysse chez les Phéaciens, dit « Rohde, cette antique robinsonnade, montre des traces évi-
« dentes d'un fantastique très primitif, souvent préhellé-
« nique. »

Voici quelques autres faits.

Benfey a consacré l'une des plus longues démonstrations de son livre au « cycle des animaux reconnaissants[1] ». Pour lui, tous les contes populaires où des bêtes secourables aident l'homme en ses entreprises, sont d'origine bouddhique. On sait quel abus ses disciples ont fait de cette opinion[2]. Il y a longtemps pourtant que Comparetti a montré que la plus ancienne forme connue de cette conception, « si particulièrement indienne, si spécifiquement bouddhique, » est la fable de Mélampos : il rassemble les oiseaux pour leur demander de sauver de la mort Iphiclus, que guérit en effet un vautour[3].

Pareillement, existe-t-il un conte populaire plus fréquemment attesté que *Jean de l'Ours*? Combien de héros antiques pourrait-on lui comparer, qui furent aussi allaités par des bêtes sauvages, depuis Atalante ou Téléphos jusqu'à Romulus, « ce Jean de l'Ours de l'antiquité? » Mais c'est le conte même, avec ses éléments constitutifs, que M. Gaidoz a retrouvé dans les *Métamorphoses* d'Antoninus Liberalis (chap. XXI)[4]. Du moins, les *Métamorphoses* d'Antoninus nous disent les *enfances* de notre héros. Quant à ses destinées ultérieures, M. Cosquin, dans sa belle étude sur ce conte, nous dit : « L'élément principal de Jean de l'Ours, c'est la défaite d'un monstre, la descente du héros dans le monde inférieur, et la délivrance de princesses qui y sont retenues. » N'est-ce pas le

---

1. *Pantchat.*, I, § 75, p. 192-222.
2. Benfey termine pourtant son étude par une remarque contradictoire de ses assertions. « Il ne m'échappe pas, dit-il, qu'Ésope, Élien, Aphtonius (IIIe s. ap. J.-C.) ont rapporté des récits semblables et que l'idée de la reconnaissance des animaux a tous les droits à être tenue pour universelle. » — Alors ?
3. Comparetti, *Edipo e la mitologia comparata, saggio critico*, Pise, 1867, p. 87.
4. *Mélusine*, t. III, col. 395.

résumé de la légende de nombreux héros grecs? Je nomme seulement Thésée, vainqueur du Minotaure, qui va chercher aux enfers Corè, fille d'Aidoneus et de Perséphonè.

Un héros tue un dragon à sept têtes, et lui coupe ses langues qu'il emporte. Un imposteur profite de son absence pour couper les têtes du monstre abattu. Il les porte au roi, se fait passer pour le vainqueur, est sur le point d'épouser la princesse, quand revient le héros. Il montre les sept langues et confond son rival.

Ce thème reparait dans toutes les collections européennes [1], voire chez les Indiens des Etats-Unis où on l'a trouvé et noté en langue dhegiha [2].

Or, d'après Pausanias (I, 41, 4), « le roi de Mégare avait promis sa fille en mariage à celui qui délivrerait le pays d'un lion qui le ravageait. Alcathus, fils de Pélops, tua le monstre. Après quoi, suivant le scoliaste d'Apollonius de Rhodes, il lui coupa la langue et la mit dans sa gibecière. Aussi les gens qui avaient été envoyés pour combattre le lion s'étant attribué cet exploit, Alcathus n'eut pas de peine à les convaincre d'imposture. »

M. Gaidoz, dans une très remarquable étude des éléments de ce conte, ajoute ces remarques, où transparait son vigoureux et clair bon sens : « Pour vous, lecteur, n'est-ce pas? comme pour moi, c'est la version du conte la plus ancienne de la famille, plus ancienne par sa date que tous les contes sanscrits qu'on puisse produire. Il nous semble même, d'après les similaires réunis par M. Cosquin, *qu'il n'y a pas de conte sanscrit de ce type*. Cela n'empêche pas M. Cosquin de penser que ce conte vient de l'Inde, comme tous les autres. Il est tellement possédé de la théorie de MM. Benfey et G. Paris que ces contes sont venus de l'Inde au moyen âge et qu'avant cette date il n'y avait pas de contes en Europe, qu'il écrit ces lignes sans s'apercevoir que c'est un conte, et la plus ancienne version de cette famille de contes [3]. »

---

1. Cosquin, *Contes de Lorraine*, II, p. 58.
2. *Mélusine*, III, col. 296.
3. *Mélusine*, III, col. 303. — Voir aussi, pour la bibliographie du conte, une longue note, où Rohde (*der griech. Roman*, p. 47), cite le même texte d'Apollodore qu'indépendamment de lui M. Gaidoz a noté.

De même dans le conte du *Fils du Pêcheur*, le héros tue la bête à sept têtes et délivre la fille du roi, comme Persée tue le monstre marin et délivre Andromède, fille du roi d'Ethiopie. Les deux légendes concordent en leurs traits essentiels. Mais le même récit que M. Cosquin appelle un conte lorsqu'il le note chez les Avares du Caucase ou chez les Japonais, n'en est plus un s'il est rapporté, non par un conteur indien, mais par Apollodore[1]. C'est un mythe, et non un conte! Voilà un précieux : *tarte à la crème!*

On connaît le beau lai de Marie de France, *Eliduc* : dans la chapelle d'un ermite, Guilliadon dort, comme la *Belle au bois dormant*, depuis des jours, un sommeil surnaturel, semblable à la mort. Tandis que sa rivale Guildeluec, veille auprès de son corps inanimé, une belette traverse soudain la chapelle, et son écuyer l'abat d'un coup de bâton. Mais, quelques instants après, la femelle vient, portant une fleur vermeille, et la pose entre les dents de la bête tuée, qui se ranime aussitôt. Guildeluec prend la fleur magique et la pose entre les dents de la belle endormie. Elle soupire, ouvre les yeux : « Dieu! fait-elle, comme j'ai dormi ! »

Comparez Apollodore[2] : « Le jeune Glaucos est mort. Polyidos, fils de Céranos, s'enferme avec le petit cadavre. Il voit soudain un serpent s'approcher du mort, et le tue d'un coup de pierre. Mais voici qu'un autre serpent survient, qui porte une herbe; il la dépose sur le corps de la bête tuée, et la rappelle ainsi à la vie. Polyidos approche la même herbe du corps de Glaucos et le ranime aussi. »

La légende de Glaucos avait déjà été poétisée par Pindare et par Eschyle, dans son l'Γλαύκος Πότνιος. Une ancienne légende lydienne nous disait aussi que, grâce au même sortilège, Tylo avait été ressuscité par sa sœur Moriè. M. Rohde[3] cite une quinzaine de parallèles anciens et modernes de ce conte, et R. Kœhler, avec son extraordinaire érudition, énumère encore un nombre indéfini de légendes similaires[4].

1. Cosquin, *Contes de Lorraine* I, 60, 78. Voir la collection des *Griechische Märchen* de Schmidt, 1877, n° 23 et p. 236.
2. Apollodore, III, 3, 1. Cf. Hygin, fab. 136.
3. Rohde, *Der griechische Roman*, p. 125.
4. Dans une introduction à l'édition des *Lais de Marie de France* de K. Warnke, p. civ-cvi. Voir aussi une toute petite note de M. Cosquin, *op. cit.* I, p. 80.

Il ne serait pas malaisé de multiplier ces comparaisons.

Un conte albanais moderne de la collection de von Hahn reproduit certains traits de la légende de Persée combinée avec celle d'Œdipe[1]. — Rohde[2] reconnaît, dans un épisode du roman d'Achilles Tatius, *Leucippe et Clitophon*, la légende de la forêt qui marche de Macbeth. — Qu'on lise Rohde[3] ou la belle « enquête » de MM. Gaidoz, Psichari, Karlowicz, sur les *Arbres entrelacés*[4] : la légende qui faisait germer de la tombe de Tristan un cep de noble vigne, de celle d'Yseult un buisson de roses, a, dans l'antiquité grecque, de nombreux parallèles. Qu'on feuillette le recueil de *Contes grecs modernes* de M. E. Legrand : si peu copieuse que soit sa collection, il relève jusqu'à sept contes qui se retrouvent dans l'antiquité classique[5].

Jamais un folk-loriste n'a encore dépouillé, d'une manière systématique, les légendes antiques, le trésor de ces contes réunis par des hommes comme Pausanias, qui parcouraient la Grèce, demandant aux serviteurs des temples, aux exégètes, aux mystagogues, les créations de la fantaisie populaire. Il faudrait dépouiller Elien, Strabon, Parthénius, Héliodore... Le travail n'est pas commencé. Peut-être sera-t-il aussi fécond que celui de Mannhardt, lorsqu'il fondait son beau livre, le *Culte des bois et des champs*, sur l'étude comparative du folk-lore germanique et du folk-lore gréco-romain. Ici, il suffira d'avoir groupé cette petite troupe « d'hirondelles ».

IV

NOUVELLES ET FABLIAUX DANS L'ANTIQUITÉ

Il était une fois un jeune prince, le plus charmant du monde ; mais il était tombé dans une sombre mélancolie, que nulle des beautés de sa cour ne savait dissiper. Aux prières

---

1. Comparetti, *Edipo e la mitologia comparata*, p. 82, ss.
2. *Op. cit.*, p. 485.
3. *Op. cit.*, p. 158.
4. *Mélusine*, t. IV et V, passim.
5. Legrand, Paris, Leroux, 1881. Ces contes sont : le *Seigneur et le monde souterrain* (= Psyché) ; la *Princesse et le berger* (Énigmes d'Apollonius de Tyr) ; la *Fille qui allaite son père* (= Valère Maxime, Pline, Hygin) ; *Cendrillon* (= Strabon, Elien) ; le *Seigneur et ses filles* (= Œdipe et Jocaste ?) ; le *Dracophage* (= Persée et Bellérophon) ; le *Voleur par nature* (= Rhampsinit).

de ses conseillers, il répondait qu'il voulait pour femme une jeune fille qu'il avait vue en songe, belle comme les étoiles. A l'autre bout de la terre, vivait une princesse, la plus charmante du monde, mais qui repoussait tous les prétendants, attirés des royaumes voisins par le renom de sa beauté. Elle voulait épouser, disait-elle, un jeune prince qu'elle avait vu en songe, beau comme le soleil...

Quelle est cette histoire? Sans doute, le début d'un conte de fées de la comtesse d'Aulnoy? ou bien de Perrault? ou bien un des aimables récits recueillis dans nos chaumières par M. Bladé ou par M. Sébillot? Non, ce prince charmant est Zariadrès, qui règne sur les pays du Tanaïs à la mer Caspienne, et la princesse qu'il aime comme elle l'aime, pour s'être vus l'un et l'autre en rêve, est Odatis, la plus belle des jeunes filles d'Asie, la fille du roi Omartès. Si vous êtes curieux de savoir par quelle suite d'aventures le prince Charmant, après avoir parcouru huit cents stades, rejoint, reconnaît, épouse la princesse, vous le trouverez, non pas dans le *Pantchatantra*, mais dans Athénée. Athénée rapporte cette nouvelle d'après Charès de Mytilène, qui était quelque chose comme introducteur des ambassadeurs (εἰσαγγελεύς), à la cour d'Alexandre le Grand [1].

Nous ne connaissons que très imparfaitement la novellistique de l'antiquité. D'abord, dans les milliers de légendes amoureuses que nous transmettent les logographes, les poètes tragiques, comiques, lyriques depuis les plus anciens [2] jusqu'aux alexandrins, dans les légendes locales de Milet, d'Éphèse, de Rhodes, le départ n'a pas encore été suffisamment fait entre les éléments traditionnels ou populaires et les éléments mythologiques. Puis la novellistique est peut-être le genre littéraire de l'antiquité que le temps a le plus mutilé. Que savons-nous, par exemple, des comédies moyennes d'Athènes? « Qu'elles portent — dit M. J. Denis [3] — des « titres mythologiques, politiques, religieux, moraux, elles « consistaient généralement dans une sorte de *fabliau* ou de

---

1. Athénée, XIII, 35. Sur les rapports de ce conte avec la légende massiliote du Phocéen Euxène et de nombreuses légendes orientales et occidentales, v. Rohde, *op. laud.*, p. 41, ss.
2. On sait que, chez le vieux Stésichore, on trouve déjà des nouvelles d'amour (Bergk, fragm., 43, 44).
3. *La Comédie grecque*, Paris, 1886, t. II. p. 387.

conte mis en action. » Mais où sont les comédies de Ménandre, d'Alexis, de Philémon ? A en juger par les imitations romaines, il ne serait pas malaisé de retrouver dans leurs intrigues, dans le *Miles Gloriosus* par exemple, de véritables contes traditionnels. — Où sont, de même, les légendes érotiques alexandrines de Philétas, d'Hermésianax de Colophon[1] ? Où sont les contes sybaritiques[2] ? Où, les fables milésiennes ? Elle est perdue, cette collection de contes d'Aristide de Milet que L. Cornélius Sisenna avait traduite[3]. Il est perdu, ce recueil de contes milésiens que le Suréna découvrait dans les bagages d'un officier romain tué à la bataille de Carrhes. Si nous pouvions le lire, comme le Suréna le fit lire au sénat de Séleucie, nous n'y rechercherions pas, comme lui, des témoignages de la corruption et de la frivolité romaines, mais les folk-loristes y reconnaîtraient les fabliaux de l'antiquité.

Ici encore, il suffira de quelques rapprochements.

Voici l'une des sèches narrations que Parthénius adressait à Cornélius Gallus, pour qu'elles lui fournissent des canevas de poèmes. Œnone[4], séduite par Pâris sur l'Ida, lui prédit son sort : un jour, il la délaissera ; il sera blessé dans un combat, et, seule, elle le pourra guérir. En effet, après des années, alors que depuis longtemps Œnone a été abandonnée pour Hélène, Pâris est blessé par Philoctète. Il se souvient alors de la jeune fille qui l'a aimé sur l'Ida, et de sa prédiction. Il envoie un messager pour la rechercher et la supplier de venir à son aide. Elle répond par de violentes paroles : que Pâris demande plutôt à Hélène de le guérir ! Mais, à peine le messager parti, elle regrette sa cruauté et se met en route vers celui qu'elle aime encore. Hélas ! Elle a trop tardé. Sa dure réponse a déjà été rapportée à Pâris, qui, en apprenant qu'elle ne viendrait point, est mort. Elle arrive aussitôt après et se tue sur son corps.

J'ignore si l'on a déjà remarqué la ressemblance de cette légende d'amour et de celle de Tristan. Thomas, Eilhart d'Oberg, un manuscrit du roman en prose, nous racontent ainsi la mort des deux amants : Tristan, blessé d'un coup de

---

1. V. Rohde, *op. laud.*, p. 72, ss.
2. *Tristes*, II, 417.
3. *Tristes*, II, 443.
4. Parthénius, *narr*. IV.

lance envenimée, songe que, seule, son amie Yseult de Cornouaille, qui tient de sa mère le secret de remèdes puissants, et qui, deux fois déjà, a guéri ses blessures, pourra le sauver. Il envoie donc vers elle, en Cornouaille, un de ses vassaux. Pour qu'il sache quelques heures plus tôt son bonheur ou sa peine, que la voile de la nef soit, au retour, blanche, si Yseult vient; sinon, noire. Yseult s'embarque, la nef approche, et la voile apparait au large, toute blanche. Mais la femme de Tristan a appris ces conventions. A peine a-t-elle vu le vaisseau qu'elle accourt au lit du blessé et lui annonce l'approche d'un navire. — « De quelle couleur est la voile? lui demande-t-il. — Toute noire. » A cette parole, Tristan rend l'âme. Yseult débarque, apprend la nouvelle, embrasse le cadavre cher, et meurt à son tour.

Il manque ici, pour que la légende d'OEnone et de Pâris soit identique à celle de Tristan et d'Yseult, l'épisode de la voile blanche ou noire. Mais chacun se souvient de l'avoir déjà rencontré sur le sol antique, dans la légende de Thésée si voisine de celle de Tristan[1] : la voile blanche ou noire que devait porter la nef d'Yseult était bien celle que le vieil Egée cherchait à l'horizon sur les flots grecs.

Le cadre du *Roman des sept sages* (une femme repoussée par son beau-fils, à qui elle a déclaré son amour incestueux, s'en venge en l'accusant auprès de son mari du crime même qu'il a refusé de commettre), ce cadre est bien ancien, sans doute, puisqu'il remonte aux temps du bouddhisme indien[2] ; mais la légende de Phèdre et d'Hippolyte est plus ancienne encore.

Un des thèmes les plus répandus de la novellistique populaire est celui-ci : un père qui aime d'amour sa propre fille, impose aux prétendants, pour les écarter, des épreuves réputées insurmontables, jusqu'au jour où l'un d'eux en triomphe, à moins que, en d'autres versions, quelque tragique dénoûment ne punisse le père coupable. C'est, entre vingt contes populaires analogues, le sujet du lai des *Deux amants* de Marie de France[3].

1. V., sur cette parenté, mon article de la *Romania*, t. XV, p. 485.
2. Benfey, *Orient und Occident*, III, 177.
3. Marie de France n'insiste pas sur le caractère incestueux de cette affection. Mais il est évident, à lire son conte, qu'elle connaissait des

C'est aussi le sujet de plusieurs légendes grecques, des légendes d'Œnomaüs et de sa fille Hippodamie ou de Sithon et de sa fille Palléné, telle que nous la rapporte Parthénius[1] : Sithon, épris de sa fille Palléné (comme le père de la *Manekine*, le père de *Crescentia*, etc...), a fait proclamer que celui-là seul l'obtiendrait qui triompherait de lui en combat singulier. Bien des prétendants ont tenté cette épreuve et ont péri. Enfin, comme les forces de Sithon ont décru et qu'il ne peut plus entrer lui-même en lice, il impose à deux prétendants rivaux, Dryas et Clitos, de lutter l'un contre l'autre. Comme Palléné aime Clitos, son père nourricier gagne le cocher de Dryas, et obtient qu'il enlève les chevilles qui fixent les roues de son char de combat. Dryas tombe et Clitos le tue. Le père apprend l'amour et la ruse de sa fille et fait dresser un bûcher pour les deux amants. Mais une pluie miraculeuse éteint les flammes qui les environnent, et Sithon renonce enfin à son cruel amour[2].

A parcourir seulement le livre de M. Rohde, les nouvelles sont nombreuses qui ont vécu dans l'antiquité, comme elles ont vécu en Orient et vivent encore aujourd'hui : telles les légendes d'Héro et de Léandre[3], de Tarpéïa, dont on a des répliques sans nombre, orientales et occidentales[4]; telle l'exquise légende d'Antiochus, épris de Stratonice[5].

Ou bien qu'on feuillette les *Gesta Romanorum*, dans l'édition d'Œsterley[6] : on y verra combien de contes moraux, de

données plus violentes, qu'elle a adoucies (éd. Warnke, v. 29). Parlant de l'amour infini du père pour sa fille, elle dit :

> Li reis n'aveit altre retur;
> Près de li esteit nuit et jur...
> Plusur a mal li aturnerent,
> Li suen meïsme l'en blasmerent...

1. Parthénius, *narr*. VI.
2. Pour des comparaisons avec des contes populaires modernes, v. Rohde, p. 420. On peut aussi rapprocher un épisode du conte égyptien du *Prince prédestiné* (Maspéro, *Contes de l'ancienne Egypte*, p. 33.
3. Rohde, p. 131.
4. Rohde, p. 82.
5. Rohde, p. 53. Ajoutez aux rapprochements de Rohde que c'est aussi le sujet d'une *controverse* de Sénèque le Rhéteur (*opera declamatoria*, éd. Bouillet, p. 563). — V., pour d'autres légendes, Rohde, p. 35 et p. 370.
6. Berlin, 1872.

légendes érotiques, d'*anas* sont empruntés à des écrivains grecs ou latins, et combien de fois les notes de l'éditeur réunissent, pour le même récit, des noms orientaux et des noms classiques, Polyen et Pierre Alphonse, les *Tusculanes* et le *Roman de Barlaam et de Joasaph*, Ovide et les *Quarante Visirs*. Mais

> Tempore deficie, tragicos si persequar ignes,
> Vixque meus capiat nomina nuda liber.

Tenons-nous-en aux *ignes comici*, aux contes à rire.

La Fontaine n'a-t-il pas tiré d'Apulée son conte du *Cuvier* ? d'Athénée, son vilain conte des *Deux amis* ?

S'aviserait-on de rechercher des contes à rire chez le grave orateur du *Procès pour la couronne* et du *Procès de l'ambassade*, chez Eschine ? Lisez pourtant la X° de ses lettres : vous y trouverez un véritable fabliau, conté avec un esprit charmant, et très digne de La Fontaine. Vous y verrez comment une Agnès d'Ilion, très semblable à l'héroïne de notre fabliau de la *Grue*, voue son innocence au fleuve Scamandre ; comment un certain Cimon abuse de sa naïveté, tout comme les valets et les clercs errants des contes du XIII° siècle ; comment, couronné de fleurs des eaux, il se fait passer, auprès de l'innocente Troyenne, pour le Scamandre, de même que le tisserand du Pantchatantra se fait, aux mêmes fins, passer pour Vichnou[1], de même encore que frère Alberto du Décaméron se déguise en l'archange saint Michel[2].

Considérons maintenant les seuls fabliaux de la collection Montaiglon-Raynaud qui ont des parallèles dans l'antiquité grecque et romaine.

Mnésiloque, déguisé en vieille, s'est introduit parmi les femmes assemblées pour célébrer les mystères de Cérès, et pour tirer vengeance d'Euripide. Il défend le poète, son gendre, par

---

1. Traduction Lancereau, p. 55.
2. *Décam.*, IV, 2. Je ne sais si ce rapprochement a déjà été indiqué. Benfey ne mentionne pas le récit grec, non plus que Landau (*Quellen des Dekameron*, p. 293 ss.). Naturellement, pour Benfey, le conte doit être considéré, *umbedenklich* (p. 159), comme issu de sources bouddhiques. Pourtant le récit du Décaméron diffère autant de la version du *Pantchatantra* que de celle d'Eschine. — Eschine est-il bien l'auteur de ces lettres ? ou sont-elles plutôt l'œuvre de quelque alexandrin ? Peu nous importe ici. Nous n'en sommes pas à 200 ans près ! (Voir, sur la question : Castets, *Eschine l'orateur*, appendice).

un étrange plaidoyer où il allègue une série de méfaits féminins dont Euripide aurait pu tirer parti pour ses tragédies, et dont il n'a soufflé mot. Plusieurs des exemples de Mnésiloque se référaient, sans doute, à des contes à rire connus des spectateurs. Voici l'un d'eux : « Euripide, dit Mnésiloque, n'a jamais raconté l'histoire de cette femme qui, en faisant admirer à son mari un manteau et en l'étalant sous ses yeux, a fait évader son amant caché; cela, il ne l'a jamais raconté[1]. »

On reconnaît ici le *Pliçon* de Jean de Condé (Montaiglon-Raynaud, t. VI, 156°).

« Deux rivaux, l'un riche et laid, l'autre de bonne race et beau, mais pauvre, recherchent la même jeune fille. Le riche l'emporte. Le jour du mariage, pour que les pierres de la route ne blessent pas les pieds de l'épousée, on loue un âne qui se trouve être précisément celui de l'amant rebuté. Le cortège nuptial se déploie pompeusement, quand soudain, par une faveur de Vénus, un orage terrible éclate, qui disperse parents et paranymphes. L'âne effrayé s'enfuit, et se réfugie sous un toit; c'est là, précisément, que son maître, au milieu de ses amis, est en train de noyer son chagrin au fond des pots. Tandis que le fiancé officiel fait rechercher sa fiancée à cri de héraut, l'autre

dulces perficit
Æqualitatis inter plausus nuptias. »

C'est un conte de *Phèdre*[2]. — Transportez-le, sans y rien modifier d'essentiel, dans un milieu chevaleresque. Transformez seulement l'humble baudet en un noble palefroi; confiez

---

1. *Les Fêtes de Cérès*, 498.

οὐδ' ἐκεῖν' εἴρηκέ πω
ὡς ἡ γυνὴ δεικνῦσα τ' ἀνδρὶ τοὔγκυκλον
ὑπ' αὐγὰς, οἷόν ἐστιν, ἐγκεκαλυμμένον
τὸν μοιχὸν ἐξέπεμψεν, οὐκ εἴρηκέ πω.

Remarquez la forme condensée du récit, qui indique que les spectateurs reconnaissaient, au vol, une histoire connue. — Le conte d'Aristophane paraît moins bien concorder avec le *Pliçon* qu'avec le conte très voisin des *Gesta Romanorum* et de *Pierre Alphonse* (v. *Gesammtab.*, II, p. xxxi; en tout cas, il est plus voisin du *Pliçon* que l'*Hitopadésa* (trad. Lancereau, 1882, p. 54, ss.) qu'il faudrait pourtant, selon von der Hagen (*op. cit.*, p. xxxii), considérer « als die grundlage » de notre fabliau. (v. notre appendice II).

2. *Appendix*, XVI. Il est acquis à la science que cet appendice est légitimement attribué à Phèdre.

le sujet à un poète moins désespérément sec que Phèdre : ce sera le charmant fabliau d'Huon le Roi, le *Vair Palefroi*. (Montaiglon-Raynaud, I, 3).

Un autre récit de Phèdre[1] nous offre les données essentielles du fabliau des *Quatre souhaits Saint Martin* (Montaiglon-Raynaud, V, 133).

La *Casina* de Plaute, prise à Diphile, rappelle l'intrigue du fabliau du *Prêtre et d'Alison* (Montaiglon-Raynaud, II, 31)[2].

Le fabliau de la veuve qui se console sur la tombe de son mari (Montaiglon-Raynaud, III, 70) est une variante grossière et altérée de la *Matrone d'Ephèse*, que nous racontent Phèdre[3] et Pétrone[4].

Les *Métamorphoses* d'Apulée[5] nous rapportent un récit très comparable au fabliau des *Braies au Cordelier* (Montaiglon-Raynaud, III, 88 ; VI, 155).

Pour éprouver la chasteté des femmes, les *Mille et une Nuits* ont un miroir magique que ternit la femme infidèle qui s'y mire ; l'Arioste connaît la coupe enchantée qui se répand sur le buveur, s'il est un mari trompé[6]. Le manteau mal taillé du fabliau (Montaiglon-Raynaud, III, 55) s'allonge ou se raccourcit méchamment sur les épaules des épouses réputées les plus chastes de la cour d'Arthur. — De même, dans les légendes gréco-latines, l'eau du Styx s'écarte des femmes pures, et noie les autres[7].

Ainsi, parmi les fabliaux conservés, cinq ou six au moins, à ma connaissance, sont attestés dans l'antiquité classique. — C'est peu, dira-t-on.

Combien donc sont attestés dans l'Orient, de l'Inde à l'Arabie, et de la Perse à la Chine ? — Onze.

---

1. Phèdre, *appendix*, IV. Voir, au chapitre VIII, notre étude sur ce fabliau.
2. On peut conjecturer, d'après les données de la 363ᵉ *déclamation* de Quintilien (*Vestiplica pro Domina*), que le rhéteur romain connaissait un récit analogue.
3. Phèdre, *Appendix*, XV.
4. *Satiricon*, § 111.
5. Apulée, IX, ch. XVII.
6. Comparez le gobelet de Joseph, *Genèse*, 44, 5. « N'avez-vous pas « la coupe dans laquelle boit mon maître, et dont il se sert pour devi- « ner ? » — Lefébure, *Mélusine*, IV, 38.
7. Sur un épisode d'un roman d'Achille Tatius, où l'héroïne se tire à son honneur de l'épreuve du Styx par le même serment avec réserve mentale qu'Yseult, v. Rohde, *op. laud.*, p. 484. — V., sur tout ce cycle, le remarquable travail de M. Giuseppe Rua, *Novelle del Mambriano del Cieco da Ferrara*, Turin, 1888, p. 73, ss.

V

CONTES POPULAIRES DANS LE MOYEN AGE ANTERIEUR AUX CROISADES

Ainsi les fabliaux se retrouvent presque aussi nombreux dans l'antiquité que dans l'Orient.

Mais voici une autre assertion de l'école orientaliste : dans le haut moyen âge, il n'y a pas trace de ces contes. Au xii° siècle seulement, sont traduits dans des langues occidentales des recueils orientaux. Aussitôt le goût des contes se répand en Europe, et nous assistons à la floraison littéraire des fabliaux. C'est donc sous l'influence des croisades, grâce à ces deux faits concomitants et étroitement enchaînés, à savoir : — que, d'une part, des contes ont été entendus en Orient, et *oralement* rapportés par des croisés et des pèlerins; que, d'autre part, les *livres* orientaux ont été traduits en latin, en espagnol, en français, — c'est grâce à ces deux faits que les contes ont pénétré d'Orient et d'Occident.

Nous aurons à déterminer, au chapitre suivant, quelle a été, sur la tradition orale et sur les fabliaux, l'influence de ces recueils traduits. Pour le moment, montrons que le moyen âge antérieur aux croisades n'a, pas plus que l'antiquité, ignoré nos contes.

Je nomme à peine les contes de *Renart* : car, seul, sans doute, Robert[1] a jamais cru que le *Roman de Renart* dût sa naissance au *Kalilah et Dimnah*, et Benfey admet lui-même que, si *Renart* a subi l'influence de ce recueil, du moins il faut chercher ailleurs le secret de sa genèse[2].

Je ne veux considérer ici qu'une série de faits. — Le plus copieux des recueils de fables du moyen âge est la collection que M. Hervieux nomme le *Romulus de Marie de France*, et qu'il publie d'après deux manuscrits de la Bibliothèque nationale[3]. Voici comment M. G. Paris[4] se rend compte de cette collection, R".

---

1. Robert, *Fables inédites des XII°, XIII°, XIV° s.*, I, CXXIII.
2. *Panlchat.*, § 31, p. 107. On attend impatiemment un livre de M. L. Sudre sur cette importante question.
3. *Les fabulistes latins depuis le siècle d'Auguste jusqu'à la fin du moyen âge*, par L. Hervieux, 1884, t. II, p. 484, ss.
4. Compte rendu du livre de M. Hervieux, dans le *Journal des savants*, 1884-5.

Une collection de fables latines a été traduite en anglo-saxon. Cette traduction anglo-saxonne a été, postérieurement, attribuée au roi d'Angleterre Alfred, comme beaucoup d'autres ouvrages dont il n'est point l'auteur. Ce texte anglo-saxon a été traduit à son tour : 1° en français (ce sont les fables de Marie de France); 2° en latin, c'est la collection R". (Le prologue nous dit, en effet : *Deinde Rex Angliae Affrus* [variante : *Afferus*] *in anglicam linguam cum transferri jussit.*)

Tous ces faits peuvent s'exprimer par ce schéma :

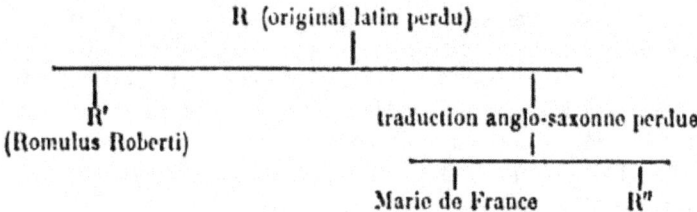

Ce recueil contient 137 fables, dont 75 se retrouvent dans l'ancien *Romulus*, c'est-à-dire dans l'antiquité classique.

Que sont les 62 autres contes ? — Ecartons, avec M. G. Paris, pour diverses raisons, 20 de ces récits[1]. Restent 42 fables, dont 23 sont des contes d'animaux « portant le caractère du moyen âge[2], » 4 des contes de Renart[3], 2 des « moralités[4] », les autres des contes proprement dits, dont nous allons spécialement nous occuper. En voici le dénombrement et l'analyse :

N° 36. — *De muliere et proco suo*. C'est le conte des *Gesammtabenteuer*, XXVI, *Frauenlist*.

N° 37. — *Iterum de muliere et proco suo*. Le titre du recueil de Marie de France donne une idée du conte : « De la femme

---

1. Ce sont :
a) Les numéros 6, 61, 77, 118 (doublets de Phèdre), 126 (remaniement d'une fable contenue dans Adhémar);
b) Les numéros 41, 48, 49, 57, 63, 78, 119, 127, 128, 129, « qui « portent le caractère de l'apologue antique, ou qui se retrouvent dans « des collections de fables ésopiques. » Ajoutons le n° 43 ;
c) Le numéro 135 (apologue biblique), les numéros 75, 113, 131, « sentences sans récit. »
2. Ce sont :
Les numéros 40, 52, 53, 55, 59, 61, 62, 65, 67, 69, 72, 116, 117, 119, 120, 121, 122, 123, 124, 126, 132, 134, 136.
3. Contes de Renart : les n°s 50, 51, 60, 66.
4. Moralités : les n°s 54, 130.

qui dist qu'elle mor;oit parce que ses maris vit aler son dru
o li au bois. »

N° 38. — *De equo vendito*. Deux hommes, en contestation
sur la valeur d'un cheval, conviennent de prendre comme
arbitre le premier passant qu'ils rencontreront. Ce passant
est un borgne, qui évalue le cheval à un demi marc. — « Mais,
dit le marchand, c'est qu'il n'a vu qu'un demi cheval. S'il
avait eu ses deux yeux, il l'aurait estimé un marc entier. »

N° 39. — *De fure et Sathana*. Bon tour joué par Satan à
un voleur qui s'est trop confié à lui.

N° 41. — *De agricola qui habuit equum unum*. — Un vilain,
qui possède un seul cheval, importune Dieu pour en avoir un
second. Sur les entrefaites, son unique cheval lui est volé. Il
modifie ainsi sa prière : « Mon Dieu, si tu me rendais mon
cheval volé, je te tiendrais bien quitte du reste ! »

N° 45. — *De homine qui tarde venit ad ecclesiam*. Conte
moral et plaisant.

N° 46. — *De urbano et monedula sua*. Vaguement analogue
au *Testament de l'Ane*.

N° 47. — *De villano et nano*. C'est une forme du fabliau
des *Quatre souhaits St-Martin*. V. plus loin (chap. VIII) notre
étude sur ce conte.

N° 68. — *De pictore et uxore sua*. Historiette morale.

N° 73. — *De homine et uxore litigiosa*. C'est le fabliau du
Pré tondu.

N° 74. — *De uxore mala et viro suo*. — Conte très
répandu dans les littératures populaires : Un mari avait une
femme contredisante et acariâtre. Comme il faisait dériver un
cours d'eau pour le conduire dans une piscine, ses ouvriers lui
demandèrent de leur faire apporter leur repas sur le chantier.
Le mari les adresse à sa femme : mais qu'ils disent bien qu'il
a refusé ; c'est le seul moyen qu'elle consente. Naturellement,
la femme s'empresse d'accorder, et apporte elle-même des
vivres aux ouvriers. Son mari veut s'asseoir auprès d'elle,
pour manger aussi. Mais elle s'éloigne de lui, à mesure qu'il
se rapproche, si bien qu'elle tombe dans l'eau. Les ouvriers
veulent la repêcher : « Cherchez à la source du torrent, dit le
mari ; car, par esprit de contradiction, elle l'a certainement
remonté[1]. »

1. Pour la bibliographie de ce conte, voyez Pauli, *Schimpf und
Ernst*, 142, et Crane (*Exempla of Jacques de Vitry*, London, 1890,
n° CCXXVII). Crane croit, à tort, que l'*exemple* de son auteur est la
plus ancienne forme connue du récit.

Nº 114. — *De divite qui sanguinem minuit.*

M. G. Paris insiste avec raison sur la haute ancienneté de ce recueil : « La traduction anglo-saxonne du Romulus anglo-latin sur laquelle a travaillé Marie de France, et qui était, au xii° siècle, attribuée à Alfred le Grand, ne peut être plus récente *que le* xi° *siècle*[1]. *C'est donc à ce siècle tout au moins, et sans doute au commencement, que remonte la collection latine.* »

Voilà donc des contes, presque tous populaires, qui sont de vénérables contemporains de la *Chanson de Roland*, peut-être du *Saint-Alexis* !

M. G. Paris ajoute : « On est surpris de trouver à pareille époque, une œuvre aussi originale que l'est la partie nouvelle du *Romulus* anglo-latin. Elle doit certainement tenir désormais une place importante dans l'histoire de la production et de la transmission des contes et des fables en Europe. »

On peut être surpris en effet de trouver ces contes en Europe, dans l'hypothèse indianiste, qu'ils démentent. Mais, en dehors de cette hypothèse, le fait n'a rien que de naturel.

Il existait donc en Europe, antérieurement aux croisades, antérieurement aux dates où l'on prétend que les contes sont parvenus d'Orient en Occident, tout un *corpus* de fabliaux. Des contes ci-dessus, qui sont presque tous des contes populaires traditionnels, deux se retrouvent parmi les fabliaux français : *Les Quatre Souhaits St-Martin, le Pré tondu.*

En les ajoutant aux six ou sept fabliaux grecs ou latins, on voit que huit fabliaux de la collection de MM. de Montaiglon et Raynaud, au moins, étaient connus en Occident avant les croisades.

---

1. Je ne crois pas devoir accepter l'opinion de M. Jacobs à ce sujet. Il se trompe d'au moins cinquante ans sur l'époque où Marie de France a vécu. (*The fables of Æsop*, p. 164-8.)

CHAPITRE IV

L'INFLUENCE DES RECUEILS DE CONTES ORIENTAUX RÉDUITE A SA JUSTE VALEUR

I. Que les fabliaux représentent la tradition orale, et que leurs auteurs ne paraissent pas avoir rien emprunté, consciemment du moins, aux recueils orientaux traduits en des langues européennes. — II. Quels sont les contes que le moyen âge occidental pouvait connaître par ces traductions de recueils orientaux, et quels sont ceux qu'il leur a réellement empruntés ? — Possibilité, légitimité, utilité de cette recherche. — III. Analyse de tous les recueils de contes du moyen âge traduits ou imités des conteurs orientaux : 1° de la *Discipline de clergie*, 2° du *Dolopathos* ; 3° et 4° des romans des *Sept Sages* occidental et oriental ; 5° du *Directorium humanae vitae* ; 6° de *Barlaam et Joasaph*. — Résultat de ce dépouillement : nombre dérisoire de contes qui paraissent à la fois dans les recueils orientaux et dans la tradition orale française. Comme contre-épreuve, grand nombre de contes communs à des collections allemande et française. — IV. Portée assez restreinte de toute cette démonstration. Que, du moins, nous avons dissipé un *idolum libri*, funeste à beaucoup de folk-loristes.

Nous avons recueilli des formes grecques et latines de nos fabliaux. Nous en avons recueilli dans le haut moyen âge occidental : d'où il nous a paru résulter que nos conteurs savaient, au besoin, se passer des prédicateurs bouddhistes.

Mais, disent les orientalistes, pour avoir colligé çà et là quelques récits antiques, vous n'ébranlez point encore notre théorie. Que sont ces rares contes en regard des fictions orientales, en nombre infini ? Un recueil indien s'intitule « *l'océan des rivières des histoires.* » C'est cet océan de rivières qui, soudain, aux XII° et XIII° siècles, se précipite sur l'Europe, l'inonde, la submerge. Le fait dominant, l'événement littéraire, si grave que tous les autres n'apparaissaient plus auprès de lui que comme de minuscules détails, est celui-ci : Au XI° siècle, les peuples occidentaux — les Français par exemple — ignorent les collections de contes indiens : or, à cette époque, ils n'ont point non plus de fabliaux ; du moins, nous ne savons s'ils en possédaient, car leurs contes ne parviennent pas à la vie littéraire. Aux XII° et XIII° siècles, au contraire, voici que des Juifs, ou des chrétiens qui ont habité la Terre Sainte, traduisent en latin, en espagnol, en français, les plus importantes collections orientales. Ces collections sont désormais accessibles à tous, et des centaines de contes indiens sont connus en Europe. Or, l'époque de ces traductions est précisément celle où les fabliaux fleurissent en France, en Allemagne. — Comment nier, dès lors, que les contes occidentaux aient pris leur source dans l'Inde?

C'est précisément le degré d'influence de ces traductions que je voudrais déterminer.

Comment cela est-il possible?

I

Notons d'abord que, si l'influence des livres s'est exercée sur nos conteurs, elle a du moins été *inconsciente*, et le fait est bien étrange. La source immédiate des jongleurs est toujours, ou presque toujours, orale.

Interrogeons, en effet, les prologues des fabliaux.

Trois fois seulement, le trouvère prétend connaître une forme écrite de son récit :

> Nos trovomes *en escriture*
> Une merveilleuse aventure
> Qui jadis avint [1]...

> ..Il avint, *ce dit l'escriture*,
> N'a pas lonc tans en Normandie [2]....

> ...Ce nous raconte li *escris* [3]....

Que pouvaient être ces *écritures*? Nous l'ignorons, et peut-être étaient-elles imaginaires, comme en tant d'autres cas où les trouvères font parade de sources très savantes. Quoi qu'il en soit, il est piquant qu'aucun de ces trois contes qui seraient empruntés à des *escris* n'a jamais été retrouvé sous aucune forme orientale.

---

1. MR, *Du vilain qui conquist Paradis* (III, 63).
2. MR, VI, 151, *Du chevalier qui recovra l'amor de sa dame*. A la fin de ce conte, le jongleur nous dit que « Pierre d'Anfol fist et trova premierement ce fablel ». Ce nom de Pierre d'Anfol est sans doute une traduction de « Petrus Alphonsi ». Ce serait la seule allusion d'un conteur à la *Disciplina clericalis*. Il va sans dire que ce fabliau ne se retrouve pas dans l'œuvre du Juif espagnol, et la source qu'allègue notre conteur est vraisemblablement supposée.
3. MR, I, 5, vers 103, *La Housse partie*. Le prologue contredit cette affirmation.

Par contre, dans *tous* les autres cas, les conteurs nous disent qu'ils recueillaient les fabliaux sous forme parlée.

« *J'oï conter* l'autre semaine[1] »... « On me le *conta* por voir[2] »... « Il advint à Orléans, comme en témoigne *cil qui m'en donna la matiere*[3]... »

> ...Une truffe de verité
> Vos vorrai ci ramentevoir,
> Si c'om le me *conta de voir*[4]...

On en répétait ainsi beaucoup, par les bourgs et les cités, plus qu'on n'en pouvait écrire. Les conteurs regrettent qu'on ne puisse pas noter tous ces récits qui courent les rues; les « bons menestrels » les devraient « enromancier ».

> Ausi come gens vont et vienent
> Ot on maintes choses conter
> Qui bones sont a raconter;
> Cil qui s'en sevent entremetre
> I doivent grant entente metre[5]...

Mais quoi, on ne peut toutes les recueillir! Elles sont trop!

> Une aventure molt petite
> Qui n'a mie esté sovent dite
> Ai oï dire, tot por voir...
> Nes puet en mie toutes dire
> Ne tretier en romanz, n'escrire;
> De plusors en ot-en conter,
> Qui très bien font a remembrer[6]...

Les jongleurs nous disent souvent en quel lieu ils ont recueilli leur fabliau, au hasard de leurs pérégrinations : celui-ci « l'a oï conter à Douai[7] ».... cet autre « en Beessin, mout près de Vire[8] ».... ou bien

> A Vercelai, devant les changes :
> Cil ne set mie de losenges,
> Qui me l'a contéé et dite[9]...

---

1. MR, III, 63, *le Pêcheur de Pont sur Seine*.
2. *Le Sentier battu*, III, 85.
3. MR, III, 86, *les Braies*. — Cf. *le Valet aus douse femmes*, MR, III, 78.
4. MR, IV, 91, *le Clerc derrière l'escrin*. — Cf. MR, VI, 142, *Des quatre prestres*.
5. MR, I, 5, *Housse partie*.
6. MR, IV, 95, *le lai de l'Espervier*.
7. MR, V, 131, *le Souhait desvé*.
8. MR, I, 16, *Le Chevalier confesseur*.
9. MR, V, 126, *la Grue*.

Cet autre, Gautier,

> Tant a alé qu'il a ataint
> D'un autre prestre la matiere [1]...

Nos conteurs n'allèguent donc jamais — ou presque jamais — une source littéraire. On sait pourtant le respect du moyen âge pour la chose écrite. Volontiers les jongleurs invoquent, inventent au besoin des livres mystérieux où ils ont puisé leur matière. S'ils avaient su que leurs contes se trouvaient dans les livres orientaux, on peut l'assurer, ils se seraient vantés de les y avoir découverts. Comparez les *lais* : Marie de France, Chrétien de Troyes ont toujours conscience d'imiter les Bretons ; même lorsque leurs récits n'ont rien de kymrique, ni d'armoricain, ils les donnent pour tels. Ils se plaisent à affubler leurs héros de noms celtiques, ou d'allure celtique ; à placer l'action dans l'Armorique, à Dol, à Saint-Malo ; ou en Cornouaille, à Tintaguel ; à Caer-Lleon, à Caer-Went en Monmouth. Dans les fabliaux, au contraire, on ne peut jamais saisir une influence matérielle, directe, de ce genre. Pourquoi, jamais, un jongleur ne parle-t-il de l'Orient ? Pourquoi ne fait-il jamais allusion à un livre oriental qu'il aurait lu, ou dont il aurait entendu parler ? Pourquoi ont-ils jalousement dépouillé leurs contes de toute apparence exotique ? Pourquoi ne trouvons-nous jamais, dans les fabliaux, ni un nom de personnage, ni un nom de lieu, ni un détail de costume qui se réfère à l'Orient ? ni jamais un nom d'auteur juif ou arabe ? Pourquoi nul de nos trouvères ne dit-il avoir rapporté son récit d'un pèlerinage en Terre-Sainte, ou l'avoir reçu d'un pèlerin ou d'un marchand ou d'un croisé ?

Retenons donc ce fait : on a beau traduire, au cours des xiie et xiiie siècles, des recueils orientaux, il ne semble pas qu'un seul des soixante ou cent poètes allemands et français dont nous connaissons les contes ait utilisé ou même connu ces traductions. Tous, ils représentent uniquement la tradition orale. Il

---

1. MR, V, 128, *Connebert*. — Jacques de Baisieux nous dit, à la fin d'un conte (III, 62) :

> Jakes de Baisiu sans doutance
> L'a de tieus en romance rimée
> Por la trufe qu'il a amée.

S'il faut admettre la conjecture de Scheler (*tieus*), il aurait rimé son fabliau d'après un conte *tiois*. Il l'aura sans doute *entendu* conter dans cette langue.

est donc d'ores et déjà probable que ces traductions, qui ne leur sont point parvenues, sont demeurées des œuvres de cabinet.

Pourtant le fait serait si étrange qu'il exige une plus ample démonstration. Cet argument négatif, tiré du silence des conteurs, ne suffit point. Il serait possible que l'influence des livres, indirecte et inconsciente, ait été, pourtant, réelle et forte. Nos conteurs puisaient dans la tradition orale, il est vrai, mais cette tradition orale pouvait elle-même prendre sa source dans les recueils orientaux, mis, quelques années auparavant, à la disposition des Européens.

II

Nous possédons d'une part la tradition orale des contes du moyen âge, représentée en partie par les fabliaux; — d'autre part, la tradition écrite, représentée par des traductions occidentales de recueils orientaux. — Opposons l'une à l'autre ces deux catégories de contes.

A cette fin, plaçons-nous au commencement du xiv° siècle — aux environs de l'an 1320 — à la date où le genre des fabliaux a déjà produit tout ce qu'il devait produire. Quels étaient les recueils orientaux que nos conteurs, directement ou indirectement, avaient pu utiliser?

Il s'agit de dresser ici d'une part la liste de *tous* les contes orientaux que la tradition écrite avait mis à la disposition des conteurs d'Occident; — d'autre part, une liste, *aussi étendue que possible*, des contes occidentaux conservés — et de voir combien de contes des livres orientaux sont aussi conservés sous des formes occidentales.

Cette liste est-elle très longue? Il en résultera cette vraisemblance que les livres ont dû exercer une profonde influence sur la transmission orale. Cette liste est-elle, au contraire, très courte? Il en résultera la preuve que cette influence fut insignifiante ou médiocre. — Cette recherche est-elle légitime et probante?

Est-elle légitime? — Qu'appelons-nous *contes occidentaux, formes occidentales*? Nul ne nous contestera que ce doivent être uniquement les fabliaux et les *exemples* des prédicateurs, c'est-à-dire les contes qui vivent d'une manière indépendante, en dehors des recueils, à l'état sporadique.

Voici, par exemple, un conte, *Senescalcus*, qui se trouve en vers français dans une version du roman des *Sept Sages*, en prose espagnole dans le *Libro de los Engaños*, traduction du même roman. Il est, dites-vous, français, espagnol. D'autre part, comme il se trouve dans le *Sindbad* syriaque, dans le *Syntipas* grec, dans le *Sandabar* hébraïque, etc..., et que l'archétype de ces recueils est d'origine indienne, *Senescalcus* est aussi indien.

Nullement : si ce conte — comme c'est, en effet, le cas pour *Senescalcus* — n'est jamais sorti de ces traductions, s'il ne s'est jamais évadé hors du *Roman des Sept Sages*, si vous ne pouvez démontrer qu'il ait jamais passé à la tradition orale, il n'a jamais été français, ni espagnol ; il est et demeure un paragraphe d'un livre étranger ; il reste un conte indien.

Car enfin, lorsque l'on prétend que nos contes populaires sont d'origine indienne, on n'entend pas dire seulement que le *Pantchatantra* ou que le *Roman des Sept Sages* ont été traduits en français, en espagnol, etc..., ce que personne ne contestera. On entend — n'est-il pas vrai ? — que ces contes vivent et ont vécu en Europe d'une vie indépendante.

Pour savoir si tels de ces contes ont vraiment vécu au moyen âge, le seul critérium possible est leur existence à l'état isolé, sporadique. A vrai dire, tel fabliau ou tel exemple peut, malgré cette apparence, n'être lui-même qu'un remaniement savant d'une traduction orientale, et n'avoir jamais vécu sur les lèvres du peuple. Mais, pour la démonstration que nous nous proposons ici, nous sommes en droit — car il ne peut être que défavorable à notre thèse de l'admettre — de considérer tous les fabliaux[1], indistinctement, comme les témoins de la tradition orale : et les considérer comme tels, c'est rester, tout au moins, dans la vérité générale.

Cette enquête, assurément légitime, sera-t-elle probante ? Nous allons dresser le bilan de *tous* les contes que pouvaient connaître, *par les livres*, les conteurs du moyen âge. Nous savons que ce ne sont pas les seuls qu'ils aient pu, à cette époque, recevoir de l'Orient. Nous savons que la théorie orientaliste ne considère la tradition écrite que comme l'un des véhicules possibles des contes ; en quoi elle a raison : la transmission orale a dû, en effet, être infiniment plus puissante. Si

---

[1]. Pour les *exemples*, nous serons obligé de faire quelques réserves nécessaires (v. p. 109).

nous dépouillons les recueils orientaux traduits au moyen âge, nous voyons quels contes les Européens ont sûrement connus à cette époque, *par les livres*, mais non pas tous ceux qu'ils ont pu connaître. Pourtant il est bon, pour l'instant, de considérer uniquement ces traductions : d'abord pour déterminer le rapport de ces traductions à la tradition parlée — et c'est notre principal objet; — puis, pour marquer ce fait connu, mais non assez observé, que beaucoup de ces contes renfermés dans les recueils orientaux, n'ont pu venir d'Orient aux hommes du moyen âge que par la seule tradition orale. Par exemple, le *lai d'Aristote* se trouve dans le *Pantchatantra*. Mais le *Pantchatantra* n'a été connu en Europe qu'en 1848 par l'édition de Kosegarten ; au moyen âge, il n'a pu être connu que par le *Directorium humanae vitae*. Il se trouve que le *Directorium* ne renferme pas ce conte. Donc, il n'a pu venir de l'Inde en France — s'il en vient — que par la seule tradition orale.

Nous dresserons une statistique, qui sera, comme toute statistique, incomplète. Car, si nous possédons toute la tradition écrite du moyen âge, c'est-à-dire tous les recueils orientaux qui furent alors traduits, il s'en faut que nous connaissions toute la tradition orale.

Combien de contes, populaires au moyen âge, n'ont pourtant pas reçu la forme poétique des fabliaux, ni n'ont été recueillis par les sermonnaires? Combien de contes, qui avaient pris cette forme poétique ou cette destination pieuse, ne nous sont point parvenus? Même parmi ceux qui nous sont parvenus, combien en négligerons-nous ?

Je prends, du moins, comme témoins de la tradition orale :

1° Les deux plus vastes recueils de contes du moyen âge, savoir:

Le recueil de MM. de Montaiglon et Raynaud pour la France,

Le recueil des *Gesammtabenteuer* pour l'Allemagne;

2° Deux vastes compilations d'*exemples*, celle de Jacques de Vitry[1] et celle d'Etienne de Bourbon[2], en tout, environ quatre cents contes.

Opposons-les à la tradition écrite orientale.

---

1. *Exempla of Jacques de Vitry*, ed. by Th. Fred. Crane, Londres, 1890.
2. *Anecdotes historiques, légendes et apologues tirés du recueil inédit d'Etienne de Bourbon....*, par A. Lecoy de La Marche (*Société de l'Histoire de France*), 1877.

III

ANALYSE DES RECUEILS ORIENTAUX TRADUITS AU MOYEN AGE DANS DES LANGUES OCCIDENTALES.

1° *Disciplina clericalis.*
2° *Discipline de clergie.*
3° *Chastiement d'un pere a son fils.*

Pierre Alphonse, le juif compilateur de ce recueil, était né en 1062, et fut baptisé en 1106. Son livre n'a été composé qu'après sa conversion, et ses sources sont le plus souvent arabes: « *Libellum compegi, partim ex proverbiis philosophorum et suis castigationibus arabicis, partim ex animalium et volucrum similitudinibus.* »

1° Contes de la *disciplina clericalis* : Ceux de ces contes qui se trouvent au moyen age sous forme indépendante :

1. Du preudome qui avoit demi-ami.... Jacques de Vitry, n° CXX.
2. De deus bons amis loiaus..........
3. Des versefieres................
4. De l'homme et du serpent........
5. D'un versefierres [d'un vilain teigneus et] bossu..................
6. De deus clers..................
7. La male femme................
8. D'une autre male dame.......... Gesammtabenteuer, XXXIX Dit du Pliçon.
9. D'une autre male fame [1]..........
10. Du fableor....................
11. De la male vieille (la chienne qui pleure).................... Jacques de Vitry, CCL.
12. De celui qui enferma sa femme en une tor....................
13. D'un home qui comanda son avoir...
14. Li jugemens de l'oile qui fu prise en garde....................
15. D'un home qui porteit grant avoir..
16. Por quoi en deit amer le grant chemin.
17. De deus borgeis et d'un vilein......
18. Du taillëor le roi et de son sergant [2].

---

1. De lointaines ressemblances avec le *lai de l'Epervier*; mais ce n'est pas le même conte. Voyez *Romania*, VII, p. 20.
2. N° 18 dans la *Disciplina* et dans le *Chastiement* publié par Méon; n° 26 dans l'édition des Bibliophiles.

19. Des deus jugleors..................
20. Du vilein et de l'oiselet........... Lai de l'Oiselet.
21. Du vilein qui dona ses bués au lou.......................
22. Du larron qui embraça le rai de la lune.......................
23. D'un marcheant qui ala veoir son frere......................
    Texte de Méon : de Marien qui dist ce qu'on li demanda..............
24. De Maimon le pereceus...........
25. *Texte de Méon :* Socrate et Alexandre.
26. D'un larron qui demeura trop au tresor......................
27. Du vilain qui sonjoit.............
28. D'un prodome qui donna tot son avoir a ses deus filles...............

Soit, au total, 4 contes de la *Discipline de Clergie*, qui vivent sous des formes indépendantes, savoir : 1 fabliau de la collection Montaiglon-Raynaud et des *Gesammtabenteuer* : *le dit du Pliçon*; 2 *exemples* de Jacques de Vitry : et *le lai de l'Oiselet*.

  2° *Contes du Dolopathos :*   *Contes du Dolopathos qui se trouvent au moyen âge sous forme indépendante :*

1. Canis:....................
2. Gaza....................
3. Filius....................
4. Le marchand de Venise..........
5. Le fils du roi qui tue la poule d'une pauvresse..................
6. Les trois voleurs qui racontent :
    a. Polyphème...............
    b. Les sorcières..............
    c. Le voleur traîné par les sorcières..
7. Les sept cygnes................. Le Chevalier au cygne.
8. Inclusa......................
9. Puteus......................

Soit aucun fabliau, ni aucun exemple qui se retrouve sous forme indépendante.

  3° *Le groupe occidental du roman des Sept Sages.*

Quels que soient les rapports réciproques des diverses versions de ce recueil, et quelle qu'en soit l'origine première, nous pouvons l'opposer, comme étant un *livre*, à la tradition orale, représentée par les fabliaux et les *exemples*. Plus d'un des contes énumérés dans le tableau ci-joint ne doit proba-

3° *Les contes du Roman des Sept Sages. — Groupe occidental.*

Le Roman des Sept Sages (Keller, 1837)	Version rimée (la 1ʳᵉ dans l'édition de M. G. Paris, 1876).	Historia septem sapientum, 1ʳᵉ traduction p. p. G. Paris (1876).	Scala coeli (Liber de 7 sap.) orient and Occedent ; III, 397.	D'Ancona, et 12 mss. de la B. N.	Leroux de Lincy, 1838.	La Male Marastre.
1ᵉʳ jour. *Reg.* : Arbor.	*R.* Arbor.	*R.* Arbor.		*R.* Arbor.	*R.* Arbor.	Arbor.
1. *Sap.* : Canis.	1. *Sap.* Canis.	1. *Sap.* Canis.	1. *Sap.* Canis	1. *Sap.* Canis.	1. *Sap.* Canis.	Canis.
2ᵉ jour. *R.* Senescalcus.	*R.* Senescalcus.	*R.* Aper	*R.* Aper.	*R.* Aper.	*R.* Aper.	Aper.
2. *S.* Medicus.	2. *Sap.* Medicus.	2. *Sap.* Puteus.	2. *Sap.* Medicus.	2. *Sap.* Medicus.	2. *Sap.* Medicus.	Medicus.
3ᵉ jour. *R.* Aper.	*R.* Aper.	*R.* Gaza.	*R.* Gaza.	*R.* Gaza.	*R.* Gaza.	Gaza.
3. *S.* Puteus.	3. *Sap.* Puteus.	3. *Sap.* Avis.	3. *Sap.* Tentamina.	3. *Sap.* Puteus.	3. *Sap.* Puteus.	Avis.
4ᵉ jour. *R.* Roma.	*R.* Sapientes.	*R.* Sapientes.	*R.* Senescalcus.	*R.* Senescalcus.	*R.* Senescalcus.	Noverca.
4. *S.* Tentamina.	4. *Sap.* Tentamina.	4. *Sap.* Tentamina.	4. *Sap.* Puteus.	4. *Sap.* Tentamina.	4. *Sap.* Tentamina.	Vidua.
5ᵉ jour. *R.* Gaza.	*R.* Roma.	*R.* Virgilius.	*R.* Virgilius.	*R.* Virgilius.	*R.* Virgilius.	Nutrix.
5. *S.* Avis.	5. *Sap.* Avis.	5. *Sap.* Medicus.	5. *Sap.* Avis.	5. *Sap.* Avis.	5. *Sap.* Avis.	Athénor.
6ᵉ jour. *R.* Sapientes	*R.* Gaza.	*R.* Senescalcus et Roma.	6. *Sap.* Vidua.	*R.* Sapientes.	*R.* Sapientes.	Spurius.
6. *S.* Vidua.	6. *Sap.* Vidua.	6. *Sap.* Amatores.	*R.* Filia.	6. *Sap.* Vidua.	6. *Sap.* Noverca.	Cardamum.
7ᵉ jour. *R.* Virgilius.	*R.* Virgilius.	*R.* Inclusa.	7. *Sap.* Noverca.	*R.* Roma.	*R.* Filia.	Iliakesim.
7. *S.* Inclusa.	7. *Sap.* Inclusa.	7. *Sap.* Vidua.	Vaticinium.	7. *Sap.* Inclusa.		Inclusa.
L'enfant. Vaticinium.	Vaticinium + le combat singulier et la toise.	Vaticinium + Amicus.		Vaticinium.		Vaticinium.

blement rien à l'Orient : tel *Roma*. En tout cas, pour ce qui nous intéresse ici : Un de ces contes se trouve sous forme de fabliau, c'est *Amatores*, qui est le fabliau des *Trois Bossus Ménestrels*[1]. Un autre se trouve sous forme d'exemple, c'est *Vidua*, cf. Jacques de Vitry, n° CCXXXII, dont on peut aussi rapprocher un fabliau (MR, III, 70.) — C'est la matrone d'Éphèse antique.

4° *Le groupe oriental du roman des Sept Sages.*

Nous énumérons maintenant, dans le tableau synoptique ci-joint, tous les contes des divers rédactions orientales du *Roman des Sept Sages*.

Tout ce groupe oriental ne pouvait être connu de nos conteurs que par la traduction espagnole[2]. On peut se demander si cette traduction a jamais été lue par une autre personne que le prince castillan à qui elle était dédiée, et si ce groupe oriental n'est pas resté aussi inconnu aux poètes français et allemands que s'il leur avait fallu lire directement le texte syriaque ou le texte hébreu. — Mais, admettant que cette traduction espagnole ait été fort répandue, voici ceux des contes qu'elle renferme et qui vivent aussi d'une vie indépendante : Ce sont 3 fabliaux (*l'Épervier*, *Auberée*, *les Quatre souhaits Saint-Martin*) et 1 exemple (la *Chienne qui pleure*, Jacques de Vitry, CCL.).

5° *Le Directorium humanae vitae.*

Passons à une autre collection de contes orientaux, accessibles aux conteurs du moyen âge, au *Kalilah et Dimnah*. Ils ne pouvaient la connaître que par la traduction espagnole du XIII° siècle, publiée en 1860 par M. de Gayangos, ou bien par le *Directorium humanae vitae*, écrit par Jean de Capoue entre 1263 et 1278[3].

Analysons le *Directorium*, en écartant les contes d'animaux, et voyons combien de contes proprement dits de ce recueil sont attestés au moyen âge sous forme indépendante.

---

1. Ce conte se retrouve, comme on le verra plus loin, dans le texte hébreu du roman des Sept Sages, le *Mischle Sandabar*.

2. Libro de los Engannos et los assayamientos de las mugeres, de arávigo en castellano transladado por el Infante don Fadrique, fijo de don Fernando e de doña Beatris (Comparetti, *Ricerche intorno al libro di Sindibad*, 1869.)

3. *Johannis de Capua Directorium humanae vitae*... traduction latine du livre de *Kalilah et Dimnah*, p. p. J. Derenbourg, 72° et 73° fascicules de la *Bibliothèque de l'École des Hautes-Études*.

1° *Les contes du Roman des Sept Sages.* — *Groupe oriental.*

Syntipas, version grecque d'Andréopoulos, XIe siècle, p. Barthpen, 1879.	Mischlé Sandabar, version hébraïque, milieu du XIIIe siècle, traduction de Sengelmann, 1842.	Mille et une Nuits (version de Boulaq).	Sindibâd Nameh, poème persan du XIVe siècle, *Hectic Jaurnal* (1841).	Mille et une Nuits, 999e Nuit, t. XV de l'édition Habicht, von der Hagen, Schall, 1825.	Varchedeh, poème persan, XVe siècle (?) de Nak'hsebi.
1er jour. a) Traces du Lion. b) Avis.	1. a) Traces du Lion. b) Avis.	1. a) Traces du Lion. b) Avis.	1. a) Avis. b) L'Epervier.	1. a) Les traces du lion. b) L'enfant complice; les deux autres versions ont Avis.	1er Vizir. L'Epervier.
f) La foulon et son fils.	f) Le foulon et son fils.	f) Le foulon et l'enfant complice.	2. f) Le foulon et son fils.	c) Le foulon et son fils.	
2e jour. a) Les pains de cataplasme. b) L'Epervier. f) La Sorcière.	2. a) Les pains de cataplasme. b) L'Epervier. f) Absalon.	2. e) Les pains de cataplasme. b) L'Epervier. f) La Sorcière et la source enchantée.	2. a) Le grenier du pigeon. b) La poussière au crible. f) La Sorcière.	2. a) Les pains de cataplasme. b) L'Epervier. f) La Sorcière.	2°) La chienne qui pleure.
3e jour. a) Le chasseur à la ruche.	3. a) Canis.	3. a) Le chasseur à la ruche.	3. a) Canis.	3. a) Le chasseur à la ruche.	3°) L'éléphant de pain.
b) La poussière passée au crible [manque dans Andréopoulos].	b) Auberée.	b) La poussière au crible.	b) La chienne qui pleure.	b) La poussière au crible.	
f) La source qui métamorphose.	f) Le lion chevauché.	f) La source qui métamorphose.	f) Aper.	f) La source qui métamorphose.	
4e jour. a) Senescalcus.	4. a) Les pains de cataplasme.	4. a) Senescalcus.	4. a) Senescalcus.	4. a) Senescalcus (seulement dans les textes de Boulaq et de Scott).	c) Le livre des ruses féminines.
b) La chienne qui pleure. f) Le joaillier.	b) La poussière au crible. f) Aper.	b) La chienne qui pleure. f) Le joaillier.	b) Canis (deux parties). f) Le lion chevauché.	b) La chienne qui pleure. f)	
5e jour. a) Sen...calcus.	5. a) L'homme qui ne rit plus.	5. a) L'homme qui ne rit plus.	5. a) Le livre des ruses féminines.	5. a) L'homme qui ne rit plus.	5°) La poussière au crible.
b) Auberée. f) La lion chevauché.	b) L'Epervier. f) Absalon.	b) .... f) L'amant au coffre.	b) .... f) La source qui métamorphose.	b) .... f) L'amant au coffre.	
6e jour. a) Le grenier du pigeon. b) L'éléphant de pain.	6. a) Réponse à Absalon. b) Les souhaits de saint Martin.	6. a) Les quatre amants. b) Les souhaits de saint Martin. La pie voleuse. Les deux pigeons. L'amazone.	6. a) Les quatre souhaits. b)	6. a) La nuit al-Kader. b)	6°) Le beau-père.
7e jour. a) Les souhaits de saint Martin. b) Le livre des ruses féminines. (Syntipas intercale Les Pourceaux.)	7. a) L'enfant déguisé en femme. b) Les trois bossus.	7. a) Auberée. b) L'anneau.	7. a) .... b)	7. 1. La pie voleuse. 2. La femme qui combat ses prétendants. 7. Auberée.	
8e jour. a) Le prince : Les hôtes empoisonnés. L'enfant de trois ans. L'enfant de quatre ans. L'assiettée de puces.	8.	8. Le bois de santal. L'enfant de trois ans. L'enfant de cinq ans. L'assiettée de puces.	8. Les hôtes empoisonnés. L'enfant de trois ans. L'enfant de cinq ans. L'assiettée de puces.	8. Les hôtes empoisonnés. Le bois de santal. L'enfant de cinq ans.	
Le ms. de Sindbân, incomplet, s'arrête ici. Syntipas a de plus : Le Renard. (Conduletc manque.) L'enfant voleur. (Conduletc manque.)	Le Renard.		Le *Sindibâd Nâmeh* ajoute (introduction), le singe, le chameau, l'éléphant, le roi des pigeons (version écourtée), les quatre frères.	Le Renard.	
(Conduletc seul : L'Abbé.)				Ahmed (Scott, 1er vizir).	

Contes du Directorium :   *Ceux de ces contes qui se retrouvent sous forme indépendante au moyen âge.*

Chapitre I. *De legatione Beroziae in Indiam.*

1. Les voleurs et le rayon de lune......
2. Le souterrain par où s'enfuit l'amant.
3. Les perles et le joueur de flûte......
4. Apologue de l'homme qui, fuyant un lion, s'accroche aux branches d'un arbre au dessus d'un puits. Le lion le guette, deux rats rongent les branches, un serpent attend sa chute au fonds du puits. L'homme, cependant, mange paisiblement un rayon de miel trouvé dans le creux de l'arbre.   Jacques de Vitry, n° 134. *Nouveau recueil* de Jubinal, II, p. 113, *Dit de l'Unicorne et du Serpent.*

Chapitre II. *De leone et bove.*

5. L'ermite volé par son disciple, et les aventures qui, dans le Pantchatantra, se rattachent au religieux Devasarman....................   Fabliau des *Tresses*; deux contes des *Gesammtabenteuer*, n°s 31, 43.
6. *Avis* du Roman des Sept Sages.......
7. Le trésor caché sous un arbre, et volé; l'arbre pris à témoin du vol ......
8. La poussière passée au crible.........
9. Le fer mangé par les rats et l'enfant emporté par les oiseaux... ......

Chapitre III. *De inquisitione causae Dimnae.*

10. Le manteau blanc et noir, et le serviteur infidèle ....
11. Le médecin qui empoisonne la fille du roi.........................
12. Le laboureur, mené en captivité avec ses deux femmes, l'une chaste, l'autre impudique..............
13. Les deux perroquets qui parlent la langue édomique..............

Chapitre IV. *De columba.*

14. La souris et le dévot..............
15. Le sésame émondé à vendre contre du sésame non émondé............

Chapitre V. *De corvo et sturno.*

16. Le dévot et le cerf. Un dévot a acheté un cerf pour le sacrifier. Trois voleurs s'espacent sur sa route, et le rencontrant successivement, lui demandent : Que prétends-tu faire du *chien* que tu portes ainsi? » A la   Etienne de Bourbon, n° 339. — Jacques de Vitry, XX.

troisième fois, le dévot finit par croire qu'il est dupe de quelque enchantement, et jette le cerf sur la route au grand profit des voleurs...

17. La jeune femme qui se refuse à son vieux mari et le voleur ....
18. Le voleur et le démon à face humaine qui s'associent pour voler la vache d'un paysan ....
19. Le mari caché sous le lit de sa femme. La femme, voyant ses pieds qui dépassent, fait à son galant un tel éloge de son mari, que celui-ci, attendri, pardonne..............
20. Un dévot possède une souris métamorphosée en femme. Il veut la marier à l'être le plus puissant qui se pourra trouver. Il est renvoyé successivement, comme à des êtres de plus en plus puissants, du soleil au chef des nuages, de celui-ci au vent, du vent à la montagne. Mais la montagne déclare que la souris est plus puissante qu'elle, car la souris peut la percer. La jeune fille, rendue à sa primitive nature, épouse une souris mâle....

CHAPITRE VI. *De Simeo et Testitudine.* Aucun conte.
CHAPITRE VII. *De Heremita.* Aucun conte.

21. Le dévot et le vase de miel. (Perrette). Jacques de Vitry, LI
22. Conis du *Roman des Sept Sages*......

CHAPITRE VIII. *De murilego et mure.* Aucun conte.
CHAPITRE IX. *De rege et ave.*

23. Histoire du fils du roi qui tue un petit oiseau........................

CHAPITRES X, XI, XII. Aucun conte.
CHAPITRE XIII. *De leone et vulpe.*

24. Un dévot voit, tombés au fond d'une fosse, un singe, une vipère, un serpent, un homme. Il jette trois fois une corde pour sauver l'homme; mais, les trois fois, c'est un des animaux qui profite de ce secours. Ils lui conseillent de ne pas retirer l'homme, le plus méchant des animaux. Le dévot le sauve pourtant. Reconnaissance des trois animaux; ingratitude de l'homme.... ......

CHAPITRE XIV. *De l'orfèvre et du serpent.* Aucun conte.
CHAPITRE XV.
25. Le fils du roi, le fils du marchand et le colporteur..................

CHAPITRE XVI.
26. Une colombe, délivrée par un homme, lui fait découvrir un trésor.......

CHAPITRE XVII. Néant.

Soit, au total, 1 fabliau et 1 conte de la collection des *Gesammtabenteuer*: les *Tresses*; 2 *exemples: Perrette et le pot au lait; les voleurs et l'homme qui porte un cerf.*

6° *Barlaam et Joasaph.*

Enfin, il convient de remarquer que les paraboles du roman pieux de *Barlaam et Joasaph* se trouvent à l'état sporadique chez les sermonnaires du moyen âge. Les exemples IX, XLII, XLVII, LXXVIII, CXXXIV du seul Jacques de Vitry remontent à ce roman. Mais, sauf pour quelques contes comme les *Oies du frère Philippe* (exemple LXXXII) et le *lai de l'Oiselet* (exemple XXVIII), il ne semble pas que nous ayons affaire à des contes qui aient vraiment vécu dans la tradition orale. Les prédicateurs sont ici conscients d'emprunter leurs récits à ce livre pieux: *ut legitur in Barlaam*[1], disent-ils en les annonçant. — Ces paraboles ne doivent donc pas être plus considérées que celles qu'ils empruntent à Boèce, ou à Sénèque le philosophe, ou aux *Vies des Pères*.

Il reste à faire une manière de contre-épreuve. Comparons le recueil des *fabliaux* allemands au recueil des fabliaux français. Nous tirerons de cette comparaison un enseignement intéressant.

On peut nous dire, en effet: s'il n'y a qu'un nombre misérable de contes qui aient passé des recueils orientaux à la collection française, c'est qu'il a péri un très grand nombre de fabliaux. Combien d'autres contes ont dû vivre en France, qu'on retrouverait dans la *Discipline de clergie* ou le *Directorium*, et qui ne nous sont point parvenus! Cela est, en effet, vraisemblable. Mais si l'on compare la collection des *Gesammtabenteuer* avec notre collection de fabliaux, on s'aperçoit que

---

1. V. Crane, *op. cit.*, p. 145.

33 0/0 des fabliaux français conservés trouvent, en Allemagne, leurs parallèles. Si les grands recueils orientaux traduits au moyen âge avaient exercé sur la tradition orale une influence sensible, c'est une proportion semblable qu'il faudrait trouver entre le *corpus* des fabliaux allemands et français d'une part, et le *corpus* des contes orientaux d'autre part.

Voici quels sont les contes des *Gesammtabenteur* qui correspondent à des fabliaux français :

GESAMMTABENTEUER	FABLIAUX DE LA COLLECTION RAYNAUD
2. Aristoteles und Fillis.	Le lai d'Aristote.
5. Rittertreue.	Du prêtre qui eut mère à force.
3. Frauenzucht.	La male dame.
10. Die halbe Birne.	Bérengier.
21. Das Häselein.	La Grue.
22. Der Sperber.	La Grue.
27. Frauen beständigkeit	La bourgeoise d'Orléans.
30. Der entlaufene Hasenbraten.	Le dit des Perdrix.
31. Der Reiher.	Les Tresses.
35. Ehefrau und Bulerin.	La Bourse pleine de sens.
37. Die drei Wünsche.	Les Souhaits Saint-Martin.
39. Der Ritter und die Nüsse.	Le dit du Pliçon.
41. Der Ritter unterm Zuber.	Le Cuvier.
43. Der verkehrte Wirth.	Les Tresses.
45. Der begrabene Ehemann.	Le vilain de Bailleul.
47. Das Schneekind.	L'enfant de neige.
48. Die halbe Decke.	La Housse partie.
53. Der weisse Rosendorn.	Le chevalier qui faisoit parler.
54. Berchta mit der langen Nase.	Celui qui bota la pierre.
55. Irregang und Girregar.	Gombert et les deux clercs.
61. Der geäffte Pfaffe.	Le pauvre clerc.
62. Die drei Mönche von Colmar.	Constant du Hamel.

Ce sont 22 poèmes allemands semblables aux fabliaux français. Comme le recueil des *Gesammtabenteur* ne renferme que 70 contes[1], c'est donc bien une proportion de 33 0/0. Et nous

---

1. Nous écartons en effet les nos 72-90, qui sont des contes dévots; 91-100 qui sont des romans historiques ou d'aventures (*Constantin Eracle, Saladin,* etc...) — Les nos 24, 25, 26 ont leurs parallèles, soit dans les *Fables*, soit dans les *Lais* de Marie de France. — Von der Hagen cite les formes orientales des nos 2, 16, 41, 45, 62, 63, 71 : mais elles sont tirées soit de recueils inconnus en Europe au moyen âge, soit de contes orientaux modernes. Les nos 1, 4, 6, 8, 11, 12, 13, 14, 15, 16, 18, 19, 20, 21, 23, 28, 29, 32, 33, 34, 36, 38, 40, 42, 44, 46, 49, 50, 52, 56, 58, 60, 64, 65, 66, 69, 70 n'ont, à ma connaissance, d'équivalents ni dans l'Orient, à une époque quelconque, ni parmi les fabliaux français.

avons vu qu'il n'offre, par contre, que 4 parallèles à des contes orientaux traduits au moyen âge. — Or l'examen de toute autre collection de contes allemands, — du *Liedersaal* de Lassberg ou des *Altddeutsche Erzählungen* de Keller, — conduit aux mêmes constatations.

Quels sont les résultats de cette statistique?

Ayant analysé tous les recueils orientaux connus en Europe au commencement du xiv⁰ siècle, et les ayant opposés à 400 contes environ, français, allemands, latins, témoins de la tradition parlée du moyen âge, combien de contes sont communs aux livres orientaux et à nos narrateurs d'Europe?

Ce sont d'abord 6 fabliaux :

FABLIAUX	FORMES ORIENTALES
1. *Le Dit du Pliçon* (Montaiglon-Raynaud et Gesammtabenteuer.)	*Disciplina clericalis.*
2. *Les trois bossus ménestrels* (Gesammtabenteuer, Montaiglon-Raynaud.)	*Historia Septem Sapientum. Mischle Sandabar.*
3. *Le lai de l'Epervier.*	*Sept Sages orientaux.*
4. *Auberée.*	*Sept Sages orientaux.*
5. *Les Souhaits St-Martin* (Gesammtabenteuer, Montaiglon-Raynaud.)	*Sept Sages orientaux.*
6. *Les Tresses* (Gesammtabenteuer, Montaiglon-Raynaud.)	*Directorium humanae vitae.*

Ce sont, ensuite, 2 contes français que nous ne considérons pas comme des fabliaux, et qui se retrouvent aussi dans les *exemples* des prédicateurs :

CONTES FRANÇAIS	FORMES ORIENTALES
1. *Le lai de l'Oiselet.* (Jacques de Vitry, XXVIII).............	*Disciplina clericalis.*
2. *Le dit de l'Unicorne et du Serpent.* (Jacques de Vitry, CXXXIV).	*Directorium humanae vitae.*

Enfin, pour négliger les paraboles savantes du *Barlaam*, 5 *exemples* de prédicateurs ont des équivalents dans les recueils orientaux, savoir :

EXEMPLES	FORMES ORIENTALES
1. *Les oies de frère Philippe* (Jacques de Vitry, LXXXII).	*Barlaam.*
2. *Le dévot et le vase de miel* (Perrette) Jacques de Vitry, LI.	*Directorium.*

3. *La matrone d'Ephèse* (Jacques Sept Sages orientaux.
de Vitry, CCXXXII).

4. *La chienne qui pleure* (Jacques *Disciplina clericalis* et *Sept Sages*
de Vitry, CCV). *orientaux*.

5. *Le cerf pris pour un chien. Directorium.*
(Etienne de Bourbon, n° 339.)

Soit, en tout, treize histoires, dont trois sont attestées déjà dans l'antiquité classique : le *dit du Pliçon*, la *Matrone d'Ephèse*, et les *Quatre Souhaits St-Martin*.

Il y a loin de ce nombre de dix ou treize à l'infinité des contes orientaux qu'on pouvait espérer retrouver en Europe. Voilà donc cet « océan des rivières des histoires » qui aurait inondé l'Europe au moyen âge !

En opposant au grand nombre de contes que les hommes du moyen âge pouvaient puiser dans les livres, le nombre vraiment dérisoire de ceux qu'ils *paraissent* y avoir pris (car nous démontrerons que cela même n'est qu'une apparence), — nous avons réduit à sa juste valeur l'influence des livres orientaux traduits au moyen âge.

Cet argument paraissait très frappant que la vogue des fabliaux coïncidât avec l'apparition de ces livres en Europe. Maintenant nous sommes en droit de nous demander si ces traductions ne sont pas un *effet*, plutôt qu'une *cause*. A l'exception de la *Disciplina clericalis*[1], elles ne sont pas antérieures à la vogue des fabliaux, mais leur sont contemporaines ou plutôt postérieures[2]. Si donc nous pouvons trouver — ce qui sera fait dans la seconde partie de ce livre — des raisons historiques, locales, qui, sans que nous sortions de France, nous permettent d'expliquer la production littéraire des fabliaux, nous comprendrons qu'à la faveur de ce goût pour les contes, on ait aussi traduit des recueils arabes ou hébreux. Quant aux *exemples*, il est trop évident que les grands fondateurs des ordres religieux populaires, Saint-François et Saint-Dominique, n'ont pas attendu, pour en recommander l'usage aux prédicateurs, la traduction du *Kalilah et Dimnah*.

Certes, ne nous méprenons ni sur la nouveauté, ni sur la portée de la démonstration qui précède.

Elle n'est pas nouvelle pour quelques romanistes, qui se

---

1. Elle est du milieu du xii° siècle.
2. Le *Directorium* a été écrit vers 1270.

seraient passés de cette statistique, et nous en auraient volontiers concédé sans discussion les résultats. M. G. Paris le dit très nettement : « Les fabliaux sont, sauf exception, étrangers à ces grands recueils traduits intégralement d'une langue dans une autre ; ils proviennent de la transmission orale, et non des livres[1]. »

Cette démonstration, que je me suis attaché à donner plus nette qu'elle n'avait été faite jusqu'ici, n'est point superflue pourtant. Je crois qu'inutile aux romanistes, elle sera précieuse à la majorité des folk-loristes.

En effet, l'existence au moyen âge de ces grandes traductions de recueils indiens a cruellement embarrassé les savants qui, n'étant pas spécialement médiévistes, en étaient arrivés, par diverses voies, à douter de la théorie de Benfey. S'exagérant l'influence de ces livres, ils concédaient qu'à vrai dire un flot de nouvelles et d'apologues s'était répandu, au XIII° siècle, sur le monde occidental, quitte à négliger ensuite, dès qu'il les gênait, ce fait accordé : « La théorie orientaliste est dans le vrai, — dit, par exemple, un des partisans de la théorie aryenne[2], — quand elle reconnaît dans nos vieux fabliaux du moyen âge ou dans les conteurs français et étrangers de la Renaissance les récits du *Pantchatantra* et les apologues de *Sendabad*. La littérature indienne a en effet *pris racine* en Europe à la suite des croisades et des événements du moyen âge. » — On trouverait la même concession bénévole chez les libres esprits qui s'attachent à la théorie anthropologique, chez M. Gaidoz lui-même, chez M. Andrew Lang. M. Lang, par exemple, après avoir raconté l'exode occidental du *Kalilah et Dimnah* et du *roman des Sept Sages*, conclut ainsi : « La théorie indianiste prouve bien que beaucoup de contes ont été introduits de l'Inde en Europe, au moyen âge[3]. » Lui aussi, il rappelle les invasions des Tartares, les croisades, la propagande bouddhiste, les traductions de recueils indiens, et conclut : « Des contes sont certainement sortis de l'Inde au moyen âge, et sont parvenus en abondance dans l'Asie et l'Europe à cette époque[4]. »

1. G. Paris, *La littérature française au moyen âge*, 2ᵉ éd. p. 112.
2. M. Loys Brueyre, *Mélusine*, I, col. 237.
3. M. Lang, à la fin de son *Introduction* à l'édition des *Contes de Perrault*.
4. Lang, *Myth, Ritual and Religion*, II, p. 313.

Oui certes, leur dirons-nous, des contes sont venus de
l'Inde au moyen âge, comme à n'importe quelle autre époque
et comme de partout ailleurs. Mais, après une étude conscien-
cieuse des contes du moyen âge, j'en ai pu découvrir jusqu'à
treize qui se retrouvent dans les livres indiens.

Il est bon d'avoir dissipé cet *idolum libri*.

On nous dira peut-être : vous avez, arbitrairement, en ne
considérant que des traductions, restreint le nombre des contes
que les Européens pouvaient connaître, au moyen âge, par
les *livres*. Vous deviez dépouiller tous les recueils orientaux
qui existaient au xiii° siècle, qu'ils fussent, ou non, traduits.
En effet, vous avez marqué que vos trouvères représentaient
la tradition orale, mais vous avez admis que cette tradition
orale pouvait remonter aux livres. Ces livres étaient presque
aussi facilement accessibles à des Européens, qu'ils fussent
écrits en hébreu ou en arabe, ou traduits en latin ; car vous
pouvez admettre sans peine qu'un Jean de Capoue ait raconté
en italien, qu'un juif quelconque ait raconté en français des
contes renfermés dans des recueils orientaux. Bien plus, nous
possédons d'autres recueils orientaux, postérieurs aux fabliaux,
comme les *Mille et une Nuits*, mais qui remontent, en totalité
ou en partie, à des originaux sanscrits. Il fallait les admettre
dans votre dénombrement, car la tradition orale des contes
occidentaux pouvait avoir pris sa source dans les livres sanscrits.

Il n'y a rien à répondre à cette objection, sinon que nous
n'avons que provisoirement écarté les recueils orientaux écrits en
des langues orientales. Nous voulions étudier simplement l'influence de leurs traductions. Mais nous ne faisons aucune difficulté d'ajouter ici aux six fabliaux attestés dans ces traductions
ceux qui se retrouvent dans un recueil oriental d'une date
quelconque. Voici donc la liste complète des fabliaux à qui
l'on a jusqu'ici découvert des similaires orientaux :

*I. Fabliaux qui se trouvent dans des recueils orientaux
traduits au moyen âge.*

a) *Ceux de ces fabliaux dont la plus ancienne forme est
grecque ou latine :*

1. Le Pliçon.
2. Les Quatre Souhaits St-Martin.

b) *Ceux de ces fabliaux dont la plus ancienne forme est
orientale :*

3. L'Epervier.
4. Auberée.
5. Les Tresses.
6. Les Trois Bossus ménestrels [1].

II. *Fabliaux qui se retrouvent dans des recueils orientaux non traduits au moyen âge et de date quelconque :*

7. Le lai d'Aristote (*Pantchatantra et Mahâkâtjâjana*).
8. Le vilain asnier (*Mesnewi*).
9. Constant du Hamel (*Mille et une Nuits*).
10. Bérengier (*Siddi-Kur mogol*).
11. Le vilain mire (*Çukasaptati* [2]).

Ces onze fabliaux sont les seuls dont je connaisse des formes orientales. Peut-être est-ce peu pour édifier la théorie, si l'on considère le grand nombre de fabliaux qui n'ont aucun similaire en Orient. Peut-être peut-on trouver que les arbres ont caché la forêt aux orientalistes. C'est l'erreur du prêtre de Neptune : « Vois, mon fils, disait-il, tous ces tableaux votifs promis au dieu pendant la tempête par des marins, qu'il a en effet sauvés, et honore Neptune ! — Mais où sont, père, les tableaux de ceux qui ont fait le même vœu, et ont été noyés ? »

Les orientalistes avançaient comme preuves de l'origine indienne des contes :

1° Que l'antiquité ne les a pas connus. — Nous avons montré qu'elle les connaissait aussi bien que l'Inde.

2° Que le moyen âge ne les a connus qu'à la faveur de rapports plus intimes avec l'Orient, spécialement grâce aux croisades. — Nous avons analysé un copieux recueil de contes du moyen âge antérieur aux croisades.

3° Que le moyen âge a emprunté nombre de ses contes à des traductions de recueils orientaux. — Nous avons fait voir que l'influence de ces traductions a été médiocre, et nous prouverons plus tard qu'elle n'a pas été seulement médiocre, mais, peut-être, nulle.

Par cette triple démonstration, nous avons enlevé à la théo-

---

1. Comme nous le verrons plus loin, il n'est pas prouvé que les *Trois Bossus*, ni *Constant du Hamel* aient jamais vécu dans l'Inde, ni antérieurement au XIIIe siècle.
2. Nous nous refusons d'ores et déjà à faire entrer dans cette liste des contes comme le *dit des Perdrix* ou la *Bourse pleine de sens* qui ne se retrouvent que dans l'Inde actuelle, dans la tradition orale du XIXe siècle. Nous donnons plus loin (chapitre VIII) la raison de cette exclusion.

rie orientaliste le bénéfice du sophisme : *Post hoc, ergo propter hoc*. Achevons enfin de lui ravir cette ressource.

Ces contes à formes orientales, de quel droit les dire orientales d'origine ? ou même simplement orientales pour s'être propagées à partir de l'Inde? — Parce que les formes indiennes conservées sont les plus anciennes ?

En ce cas, nous dirons que le fabliau de *Constant du Hamel* — xiii° siècle — est la source de la *Nuit al-Kader* des Mille et une Nuits (xv° et xvi° siècles). Car si les contes des *Mille et une Nuits* remontent parfois à des recueils sanscrits, il est certain pourtant que la *Nuit Al-Kader* ne faisait point partie du roman primitif de Sindibâd, que ce conte n'y est qu'un intrus, mal à propos introduit, à une époque récente, par un remanieur arabe. — En ce cas, nous dirons encore que le *dit du Pliçon* (Aristophane) et les *Quatre Souhaits St-Martin* (Phèdre) sont venus d'Athènes et de Rome dans l'Inde.

Pourquoi attribuez-vous aux formes indiennes une valeur supérieure ? Parce que vous tenez pour assuré que l'Inde est « la mère des contes ». Et vous le croyez, parce que les formes indiennes sont souvent les plus anciennes. Mais ici c'est l'inverse. Vous ne pouvez donc plus, en aucun cas, alléguer l'antériorité des formes orientales. Cet argument se retourne contre vous, car, pour la majorité des contes, vous ne trouvez point de similaire oriental ; — et, pour le petit nombre de contes conservés sous des formes orientales, les formes européennes sont souvent plus anciennes.

Vous n'admettez pas, sans plus de discussion, que la *Matrone d'Éphèse* soit venue de Rome à l'Inde, et vous avez raison de ne pas l'admettre ; — ni que le *dit des Perdrix*, qui n'est attesté dans l'Inde que sous des formes toutes modernes, soit venu de la Gascogne ou du Portugal, à l'Inde, et vous avez raison de ne point l'admettre ; mais souffrez aussi que nous n'admettions pas que le conte de *l'Epervier* ou celui des *Tresses* soit venu de l'Inde à nos conteurs, par cette seule raison que la forme indienne est la plus ancienne conservée.

Et laissons là, de part et d'autre, une fois pour toutes, le misérable argument : *Post hoc, ergo propter hoc*.

Vous ne possédez réellement qu'un seul moyen de démontrer que les contes sont indiens. Laissant enfin de côté la question de savoir où et quand apparait pour la première fois chacun d'eux, il faut étudier en elles-mêmes les formes orientales et occidentales de chaque conte. S'il existe des raisons logiques, intrinsèques, de considérer les formes orientales comme primitives, le conte est indien.

Cela de deux manières :

D'abord, si ces contes sont indiens, si c'est pour les besoins de la prédication bouddhiste qu'ils ont été imaginés, si c'est du moins parce qu'ils convenaient excellemment à la morale de cette religion qu'ils ont été recueillis dans l'Inde pour s'en écouler ensuite comme d'un vaste réservoir, — ils doivent avoir conservé quelque trace de leur destination première, des *survivances* de mœurs bouddhiques, de l'esprit indien. Relevez ces traits bouddhiques, indiens, — et vous nous aurez convaincus.

En second lieu, si ces contes sont indiens, si partout ailleurs ils ne sont que des hôtes, ils ont dû, pour s'accommoder à des milieux nouveaux, souffrir certaines adaptations ; montrez que les formes indiennes sont les plus logiques, non remaniées, partant les formes-mères. Appliquez cette méthode de l'examen des traits correspondants et différents, que nous avons définie d'après vous, — et vous nous aurez convaincus.

C'est, en effet, la double nécessité qu'a sentie l'école orientaliste. Voyons à quoi ont abouti ses efforts.

CHAPITRE V

EXAMEN DES TRAITS PRÉTENDUS INDIENS OU BOUDDHIQUES QUI SURVIVRAIENT, SELON LA THÉORIE ORIENTALISTE, DANS LES CONTES POPULAIRES EUROPÉENS

I. Quelques contes où les orientalistes ont cru reconnaître des survivances de mœurs indiennes ou de croyances bouddhiques montrent la vanité de cette prétention : 1° Les épouses rivales dans les récits populaires; 2° le cycle des animaux reconnaissants envers l'homme ; 3° le fabliau de Bérengier ; 4° un conte albanais; 5° la nouvelle de Frederigo degli Alberighi et de Monna Giovanna; 6° le meunier, son fils et l'âne. — II. Qu'il existe, à vrai dire, des contes spécifiquement indiens et bouddhiques ; mais que ces contes restent dans l'Inde et meurent dès qu'on veut les en retirer : histoire du tisserand Somilaka; — histoire de la courtisane Vâsavadattâ, etc.

On s'attendrait à ce que les orientalistes eussent tenté quelque part une sorte de relevé systématique des traits de mœurs et de croyances indiennes ou bouddhiques remarqués par eux dans les contes occidentaux. Extraire de nos collections de récits populaires une sorte de catéchisme du Bouddha, montrer que tel d'entre eux suppose la théorie bouddhique de l'effort ou la connaissance des divers modes de méditation, et cet autre la théorie du nirvâna, reconstituer, à l'aide de nos seuls contes de bonnes femmes les traits généraux de la vie sociale indienne, prouver que nos contes ne prennent leur signification entière que si on leur attache, comme moralités, des *sûtras* et des *slokas*, — ce serait, en vérité, une belle démonstration de la théorie.

Mais les orientalistes nous déçoivent ici : ce relevé, ils ne l'ont pas dressé — et pour cause. Ils affirment volontiers dans leurs préfaces la survivance fréquente de traits orientaux dans les contes. En viennent-ils à l'œuvre? Ils oublient ou négligent leur dessein, et l'on ne voit guère qu'ils s'arrêtent, ici et là, à marquer un trait indien.

Cela est si vrai que l'on trouvera, si je ne me trompe, dans les quelques pages qui suivent, le plus long groupement de survivances prétendues indiennes qui ait jamais été tenté. Or j'en grouperai jusqu'à six, alléguées par Benfey ou ses partisans. On en trouverait d'autres, assez nombreuses, disséminées dans l'*Introduction au Pantchatantra* et dans les mille et une monographies de contes écrites jusqu'ici. On verra plus loin pourquoi je néglige de les relever toutes.

1) Voici la trace la plus nette de mœurs indiennes que les orientalistes aient remarquée dans nos légendes populaires. Dans beaucoup de nos contes de fées, une belle-mère jalouse persécute sa bru, ou une marâtre ses filles. Cette rivalité est, dit-on, peu conforme à nos mœurs. Dans les récits indiens correspondants, les rôles de la belle-mère et de sa bru, de la marâtre et de ses filles, sont tenus par des épouses rivales. Il en résulte que les formes européennes nous présentent ici un exemple d'adaptation au milieu, et que ces contes sont nés dans des pays polygames, donc en Orient.

Cette remarque est assurément très saisissante. Mais chacun de ces contes doit être considéré à part. Tel d'entre eux peut avoir présenté, à l'origine, le couple de la belle-mère et de sa bru, ou de deux sœurs jalouses l'une de l'autre, ou d'une maîtresse et d'une femme légitime, et n'aura que postérieurement adopté, en pays polygame, le trait, qui nous paraît primitif, de la rivalité entre épouses légales. Tel autre, bien qu'il fût primitivement fondé sur des données polygamiques, est, peut-être, né pourtant en Europe. Rappelez-vous *Eliduc*, qui a deux femmes légitimes. N'est-ce pas un conte breton ? La monogamie est-elle donc un fait si ancien, si constant, si universel dans l'histoire de l'Occident ? Les Celtes[1], les Germains de Tacite n'étaient-ils pas des polygames ?

2) On a encore voulu voir le reflet d'idées indiennes dans les contes européens où agissent des animaux reconnaissants envers l'homme. Nous avons déjà rappelé que les contes de ce type n'étaient pas étrangers à la Grèce antique, et M. A. Lang en a retrouvé un, recueilli dès 1608, chez les Incas de la province de Huarochiri.

3) Benfey a cru pouvoir remarquer dans l'un de nos fabliaux une preuve matérielle d'une origine indienne.

1. V. la remarquable étude de M. Nutt sur *Eliduc and Little Snow-White* dans la revue *Folk-lore*, III, p. 44, 1892.

Il s'agit de notre fabliau de *Berengier*[1], qui se retrouve dans le Siddhi-Kur mogol[2].

Il ne convient pas de rapporter clairement ici le sujet du conte. Je prie seulement les lecteurs curieux de comprendre les ingénieuses inductions de Benfey de vouloir bien considérer le titre complet du fabliau, tel qu'ils le trouveront dans la collection de MM. de Montaiglon et Raynaud (III, 86).

La femme d'un mari poltron et bravache se déguise en guerrier, provoque son mari, l'épouvante, l'oblige à un baiser honteux et s'éloigne après lui avoir appris son nom de guerre, tel que l'indique le titre du fabliau.

Dans le conte mogol, elle le menace de *Suriya Baghadur*, ou plutôt *baghatur*.

Benfey a démontré l'origine sanscrite du recueil mogol, et, pour ce conte, il ajoute les remarques suivantes :

Qu'est-ce que ce nom de *Suriya-Baghatur*? Il pourrait représenter le sanscrit *bhagadara*. Comme Benfey ne savait pas le mogol, il s'est adressé à Schiefner, qui a confirmé son hypothèse et reconnu dans *baghatur* l'un des nombreux mots d'origine aryenne accueillis par les Mogols.

Or, que signifie ce mot, rendu à la forme sanscrite ?

Le mot *suriya*, qui signifie en langue mogole *clarté, lueur, éclat*, correspond au sanscrit *Sûrya*, soleil. D'autre part, le mot *bhagadara* se décompose en deux éléments : *dara*, dont le sens est : *qui possède*, et *bhaga* qui signifie : *force, puissance*. Le nom du héros mystérieux du conte sanscrit signifierait donc : *le Soleil qui possède une force merveilleuse*. Mais le mot *dara* peut avoir une seconde acception, et le héros du conte s'appellerait aussi, par une sorte de calembour, le Soleil qui possède... à peu près la même épithète d'ornement que Bérengier dans le fabliau français.

Tout le conte serait donc fondé sur un jeu de mots qui ne peut exister qu'en sanscrit, et la forme indienne serait par là démontrée comme primitive[3].

---

1. Etudié par Liebrecht et Benfey dans la revue *Orient und Occident*, t. I, p. 116.
2. On en trouvera une traduction française dans la *Fleur lascive orientale*, Oxford, 1882, p. 1.
3. Benfey est si heureux de sa découverte qu'il va jusqu'à demander: « le nom de *Berengier* ne serait-il pas le même mot que *Baghadur*? » — On nous permettra de ne pas répondre à cette bizarre question.

Il serait, en effet, vraiment curieux qu'un conte français eût comme noyau un jeu de mots sanscrit.

Mais il faut que les folk-loristes se mettent en garde contre ce procédé : si — comme c'est ici le cas — le conte demeure aussi complet, aussi plaisant, dépouillé de ce jeu de mots, s'il vit par lui-même sans ce nom propre à double sens, c'est que ce calembour n'est pas essentiel au récit, et qu'il peut n'être qu'une fantaisie d'un conteur postérieur.

Ici le fait est évident ; mais dans d'autres cas, tel trait peut sembler absolument lié au récit original, au point d'en paraître le germe et la raison première, qui n'est, en définitive, qu'un détail d'ornement, surajouté.

Tel, par exemple, le conte célèbre des grues d'Ibycus. Il paraît fondé sur cette égalité : Ἴβυκες = ἴβυκες = *grues*. Mais comme le récit vit au moyen âge, sans ce jeu de mots, dans la *Fable du bouteiller et du Juif*, et qu'il n'est pas moins intéressant sous cette forme, il y a apparence que le conte n'a pas été provoqué par le calembour ; le conte existait, et la ressemblance des mots a postérieurement introduit Ibycus dans la légende.

On connaît de même cette anecdote très répandue : une pauvre femme, rencontrant un jésuite monté sur un splendide cheval, magnifiquement harnaché, lui dit :

> Jesuita, Jesuita,
> Non ibat Jesu ita !

N'affirmerait-on pas que c'est ce jeu de mots qui a suggéré le conte, et que le récit n'existe que par lui ? Or la même facétie se trouve, toute semblable, sauf le trait final, appliquée à un grand clerc du moyen âge trois siècles avant la naissance d'Ignace de Loyola, et on pourra le lire dans les *Exemples* d'Etienne de Bourbon, sous le n° 255[1].

---

1. Ed. Lecoy de la Marche. — D'autre part, ce calembour existe indépendamment de l'anecdote :

> Versipelles, gloriosi,
> Ultores, seditiosi
> Sunt isti religiosi.
> Gubernant spirituale,
> Gubernant et temporale,
> Gubernant omnia male.
> Ergo,
> Vos qui cum Jesu itis
> Non ite cum Jesuitis.
>
> (*Canticum jesuiticum*, 1683.)

Le procédé de Benfey pourrait donc entraîner des déconvenues

1) Voici un conte, qui se trouve à la fois dans le *Siddhi-Kur* mogol et divers recueils indiens, d'une part; d'autre part, dans un recueil de contes albanais modernes.

Un enfant a appris des diableries chez les diables. Quand il en sait aussi long que ses maîtres, il retourne chez son père et se métamorphose en cheval. « Des diables viendront m'acheter dit-il à son père. Tu peux me vendre, mais aie bien soin de garder le licol. Tant que tu le conserveras, je pourrai m'échapper et revenir auprès de toi. » Son père le vend en effet aux diables; mais, comme il a gardé son licol, le fils peut rentrer à la maison paternelle; ce trafic avantageux se renouvelle plusieurs fois. Un jour les diables s'aperçoivent enfin de la ruse, et, comme le cheval détale, ils le poursuivent. Il se transforme en lièvre, les diables en chiens; — en pomme, les diables en derviches qui s'apprêtent à la cueillir; — en millet, les diables en poules; — en renard, qui mange les diables sous leur forme de poules[1].

Benfey voit dans ce récit des données bouddhiques[2] : « cette lutte de l'élève en magie contre ses maîtres paraît d'origine bouddhique : elle semble reposer sur les nombreux conflits qui s'élevèrent, selon les légendes, entre les saints brahmannistes et bouddhistes. » — On nous permettra de demeurer sceptique : le don de métamorphose est le privilège le plus élémentaire de tout sorcier, indien ou européen, et la Canidie d'Horace s'en serait fait un jeu.

comiques. En voici un autre exemple. Les indigènes de l'île de Samoa se représentent ainsi la naissance de nos premiers parents : « les hommes tirent leur origine d'une petite pierre à Fakolo. La pierre fut changée en un homme appelé Vasefanua. Après un temps, il pensa à créer une femme; il ramassa de la terre et en fit un modèle sur le sol. Puis il prit une côte de son flanc droit, et il la plaça à l'intérieur du modèle de terre, qui s'anima aussitôt et se releva femme. Il l'appela *Ivi*, c'est-à-dire *côte*, et il la prit pour femme, et d'elle descendit la race des hommes. » (*Samoa,...* by George Turner, Londres, 1884. *Mélusine*, II, col. 214). — Il est évident qu'il y a dans cette légende des éléments bibliques, mélangés de croyances locales; il est curieux d'y voir à quoi servent parfois les missions chrétiennes. Mais, appliquant le procédé de Benfey, ne peut-on pas dire que le nom *Ivi* qui signifie *côte* en langue polynésienne, prouve que c'est en Polynésie qu'est né le nom d'*Ève*, et, par suite, que la légende de Samoa est la source du chapitre de la Genèse?

1. *Contes albanais*, p. p. Aug. Dozon, Paris, Leroux, 1881, n° XVI.
2. *Pantchatantra*, I, p. 411.

5) On se rappelle la gracieuse nouvelle de Frederigo degli Alberighi dans le *Décaméron*[1]. Riche, il s'est ruiné en joûtes et en tournois pour Monna Giovanna, qui, aussi honnête que belle, ne prend point garde à lui. Bientôt il ne lui reste plus qu'une petite métairie où il se retire, et un faucon, le meilleur du monde, qui lui est très cher. Il vit misérablement, oiselant tout le jour, pour subvenir à sa nourriture. Monna Giovanna, devenue veuve, s'est retirée dans une campagne proche de l'humble métairie, et son jeune fils s'est fait le compagnon de chasse de son voisin Frederigo. Un jour, l'enfant, tombé malade, dit à Monna : « Mère, si vous me faites avoir le faucon de Frederigo, je crois que je serai promptement guéri. » Elle se résout à lui faire visite. Frederigo degli Alberighi veut la traiter honorablement ; mais, dans son dénûment, il ne trouve aucun mets digne de lui être offert. Il prend donc son bon faucon, lui tord le cou, et le fait servir à la dame. Après le repas, Monna expose la requête de son fils ; mais Frederigo ne peut plus que lui montrer les plumes, les pattes, le bec de son oiseau favori, qu'il a tué pour elle. — A quelque temps de là, le petit malade étant mort, Monna épousa Frederigo.

Voici les rapprochements que M. Marcus Landau[2] imagine à ce sujet. Dans une légende bouddhique (p. p. Stanislas Julien, *Mémoires*, II, 61), le Bouddha se transforme en un pigeon, et se laisse rôtir pour apaiser la faim de la famille d'un oiseleur. Dans le *Pantchatantra* (liv. III, conte VII), et dans le *Mahâbhârata* (XII, v. 546, 2), un oiseleur a pris dans ses filets la femelle d'un pigeon et l'emporte dans une cage. Un orage terrible ayant éclaté, il se réfugie sous l'arbre où l'oiseau qu'il tenait prisonnier avait établi son nid. Il réussit à allumer du feu et invoque la protection des habitants de l'arbre, pour qu'ils l'aident à trouver quelque nourriture. La femelle captive, émue de cette prière, exhorte son mâle à remplir les devoirs de l'hospitalité invoqués par le chasseur, et le pigeon se jette de lui-même dans le feu pour servir au repas de son ennemi.

Et M. Landau énumère d'autres légendes où Indra prend la forme d'une colombe, où le Bouddha se métamorphose, pour se sacrifier, en pigeon et en divers autres animaux. « On montrait dans l'Inde, on montre peut-être encore aujourd'hui, les lieux où le Bouddha s'était sacrifié pour sauver un pigeon

---

1. *Décaméron*, V. 9.
2. *Quellen des Dekameron*, p. 24.

ou avait offert son propre corps en nourriture à une tigresse et à ses petits affamés, ceux où il avait donné en aumône ses yeux ou sa tête.

« Dans Boccace, ajoute M. Landau, Frederigo degli Alberighi n'a rien à offrir à la dame aimée qui le visite : il se trouve donc dans la même situation que le pigeon du *Pantchatantra*. Il sacrifie non pas son propre corps, mais son trésor le plus cher, son unique faucon, et reçoit en récompense le plus grand des biens, — l'amour de celle qu'il aime, — de même que, dans le *Mahâbhârata*, le roi Usinara est récompensé de son sacrifice par le royaume du ciel où le reçoit Indra.

« Avec quel art Boccace n'a-t-il pas développé les données « si simples de cette légende !... etc... »

Admirons ici à quoi l'esprit de système peut conduire un savant distingué. Voilà donc les conséquences d'une idée préconçue ! On ne peut plus, dans un conte européen, tordre le cou à un pigeon, sans que les orientalistes évoquent le souvenir des avatars des Bôdhisattvas, et des sacrifices de Çakyamouni !

6) Il s'en faut, certes, que toutes les prétendues survivances indiennes soient aussi manifestement imaginaires. Il en est de plus discrètes, spécieuses et séduisantes.

M. G. Paris, étudiant *le Meunier, son fils et l'âne*[1], y relève certains « traits bouddhiques. » Dans un sermon de saint Bernardin de Sienne, le meunier et son fils font place à un moine et à un novice. « Le caractère bouddhique de cette excellente parabole, dit M. G. Paris, est frappant. Elle a pour but primitif, non pas d'engager à se décider par soi-même, comme on le lui a fait signifier plus tard, mais d'inspirer le mépris du monde et de ses jugements. La version de saint Bernardin est encore plus authentique que les autres, en cela qu'elle met en scène, non pas un père et un fils, mais un moine et un novice. Changez le moine en ascète bouddhiste, et vous aurez un couple que les histoires anciennes nous offrent sans cesse : celui du vieux solitaire et du jeune disciple qui se sent attiré vers le monde, et que son maître décide, par quelque ingénieuse démonstration, à embrasser la vie sacerdotale. »

La conjecture est ingénieuse ; mais ce n'est qu'une conjecture. Outre que l'original sanscrit qui nous montrerait un ascète et son disciple est hypothétique, et que les formes orien-

---

[1]. G. Paris, *Les contes orientaux dans la litt. fr. du. m. d.*, 1875.

tales conservées nous présentent un père et son fils, le vieux moine et le moinillon des récits français font très bien notre affaire. Ce couple, fréquent aussi dans la *Vie des Pères*, convient aussi bien que le couple bouddhiste imaginaire, et cette invention ne porte pas le caractère emprunté et maladroit d'une adaptation.

Pour ce qui est de *l'esprit bouddhique* de la parabole, la religion chrétienne se préoccupe sans doute autant que le bouddhisme « d'inspirer le mépris du monde ».

Combien d'ailleurs n'est-il pas difficile de reconnaître *l'esprit* originaire d'un conte, et combien, au contraire, il est aisé, avec un peu d'art et une once d'esprit de système, d'attribuer à chacun d'eux un sens spécial, une moralité distinctive ! Prenez au hasard l'un des contes des *Gesta Romanorum*, le n° 2 par exemple (*De misericordia*), ou bien celui-ci (n° 4, *de Justitia judicantium*) :

« Un empereur avait établi cette loi que toute femme violentée aurait le droit de décider si son ravisseur devait être mis à mort, ou s'il devait l'épouser sans dot. Il arriva que le même homme outragea dans la même nuit deux femmes. L'une exigeait qu'il mourût, l'autre qu'il l'épousât. Celle-ci raisonnait ainsi : nous nous réclamons toutes deux de la même loi ; mais comme ma requête est la plus charitable, le juge doit, je crois, décider en ma faveur. — Le juge en ordonna ainsi, et elle épousa l'homme.

« Très chers, cet empereur est notre Seigneur Jésus-Christ ; le ravisseur est le pécheur qui fait outrage à deux femmes, la Justice et la Pitié, toutes deux filles de Dieu. Le ravisseur est appelé devant le Juge, quand l'âme quitte le corps. La première femme, la Justice, soutient contre le pécheur qu'il doit mourir de la mort éternelle, selon la loi. Mais l'autre, la Pitié divine, proteste qu'il peut être sauvé par la contrition et la confession. Attachons-nous donc à plaire à Dieu. »

Ces contes, qui se prêtent si bien à la morale du christianisme, ne semblent-ils pas, en vérité, imaginés pour l'édification de chrétiens, catholiques romains ? Ils sont pourtant empruntés aux *controverses* de Sénèque le Rhéteur !

On trouverait, certes, dans le grand ouvrage de Benfey et chez ses partisans, plus d'une induction analogue, mais le lecteur n'attend pas que nous discutions ici toutes les imaginations similaires des orientalistes, car c'est la partie de leur œuvre dont, le plus volontiers, ils reconnaissent la stérilité. M. G. Paris l'abandonne aisément : « Les récits orientaux qui ont pénétré en si grande masse dans les diverses littératures européennes viennent de l'Inde, et, qui plus est, ont un caractère nettement bouddhique. J'aurais pu donner pour titre à mes leçons : *l'influence du bouddhisme sur la littérature française au moyen âge*; mais ce titre n'aurait pas été absolument exact. Car, dans la plupart des livres qui ont passé d'Asie en Europe, le caractère spécialement bouddhique s'est effacé de bonne heure et n'a ni aidé, ni même participé à leur incomparable vogue. »

Les orientalistes — j'entends les grands représentants de l'école et non les sous-disciples — le reconnaissent donc avec bonne grâce : il n'y a guère de survivances indiennes dans nos contes. Mais, disent-ils, le fait n'a rien de surprenant. Le premier remaniement que devaient leur faire subir des conteurs non indiens et non bouddhistes était nécessairement de les dépouiller de leur caractère quasi confessionnel. L'imagination populaire est logique et non archéologique. Elle se soucie peu de la couleur locale; elle a seulement retenu ceci des contes, dépouillés de leur signification morale, qu'ils étaient amusants. Ajoutez-y les défaillances de mémoire, l'inintelligence des conteurs intermédiaires, l'usure que subissent les contes à voyager. On peut même, poussant plus avant, dire que l'oubli de la signification morale, bouddhique, d'un conte, était la condition première de sa diffusion.

Soit ; mais il y a ici une contradiction.

Si ces contes étaient bouddhiques ou indiens en soi, comment auraient-ils si aisément dépouillé leur sens originel? Si, au contraire, ils n'étaient pas très spécialement bouddhiques, comment peut-on attribuer une si haute importance à ce fait que quelques-uns d'entre eux, qui se rencontrent partout, se rencontrent aussi dans des recueils indiens et bouddhiques?

Que l'on considère nos fabliaux et, si l'on veut, nos contes de fées que l'on prétend faire venir de l'Inde, et qu'on se demande, en vérité, quelle apparence il peut y avoir qu'ils aient jamais représenté des idées proprement indiennes?

Que supposent nos contes de fées? Un merveilleux très général qui ne correspond nullement à la mythologie indienne. J'en appelle à vous, prince charmant, oiseau vert, oiseau bleu, — à toi, pauvre fillette, méprisée comme Cendrillon, qui seule

peux cueillir les clochettes carillonnantes du poirier d'or et qui
épouses le fils du roi, — à vous, ogres terribles qui sentez de
loin la chair fraîche, — jeunes hommes qui partez bravement à
l'aventure chercher l'eau qui rajeunit, — follets, lutins, fées
bienfaisantes, fées revêches, braves petits vieux qui avez autant
d'enfants qu'il y a de trous dans un tamis, — bonhomme qui
montes au ciel le long d'une tige de haricots, — à vous, Jean
de l'ours, petit Chaperon rouge, Peau d'Ane, hôtes charmants
et redoutables des imaginations enfantines, — qu'avez-vous de
commun avec Çakyamouni?

De même, quelles conditions sociales, morales, religieuses,
supposent les fabliaux?

Ils supposent, presque uniquement, dans un pays, l'existence de cette trinité : le mari, la femme, l'amant, et que
les personnages de ce trio se jouent entre eux certains tours. Ce
sont des conditions qu'a sans doute réalisées déjà la première
génération issue d'Adam et d'Eve, et dont on n'a jamais
observé, je pense, que la religion bouddhique les ait plus
spécialement provoquées.

II

Mais il existe, par contre, réellement, dans ces mêmes
recueils orientaux qui ont parcouru l'Occident et où les indianistes voient la source de nos contes, des récits vraiment
empreints d'idées indiennes. — Une femme d'esprit, après
avoir lu le *Voyage en Espagne* où Théophile Gautier se
montrait plus coloriste que psychologue, et plus habile aux
« transpositions d'arts » qu'à l'observation des mœurs, lui
demandait : « Mais n'y a-t-il donc pas d'Espagnols en
Espagne? » — De même, à voir les orientalistes chercher dans
nos contes des atomes d'indianisme, on serait vraiment tenté
de leur demander: « Mais n'y a-t-il point d'apologues bouddhiques dans le bouddhisme? N'y a-t-il point de contes indiens
dans l'Inde? »

Oui certes, il y en a, et nous les trouvons dans ces mêmes
recueils d'où l'on prétend que sont issus nos contes. Le *Pantchatantra*, malgré son revêtement brâhmanique, en conserve
encore un grand nombre. Seulement, ce qu'on néglige de
remarquer, — et ce qui est grave, — ces contes-là ne voyagent
pas, ils *restent* dans ces recueils.

Voici le *lai d'Aristote* : il se trouve dans le *Pantchatantra*; avec toute la bonne volonté possible, on ne saurait y découvrir aucun trait indien ; aussi est-ce un conte populaire qui se retrouve dans tous les pays.

Voici, au contraire, un autre conte : *le brahmane, le voleur et le rakchâsa*. Il se trouve dans le *Pantchatantra*[1]; mais il est vraiment empreint d'un caractère religieux indien. Cherchez-le parmi les contes populaires européens : vous ne l'y trouverez pas[2]. Ce conte est resté dans le *Pantchatantra*, et ce recueil serait-il traduit encore en vingt langues nouvelles, le conte n'en sortirait pas.

Il y aurait une curieuse analyse à faire du Pantchatantra ou d'un recueil indien quelconque : il s'agirait de relever tous les contes qui portent la marque de mœurs indiennes, et de montrer qu'ils n'ont aucun similaire en Occident. Cherchez, par exemple, celui-ci dans nos recueils populaires[3].

Un tisserand, nommé Somilaka, fabriquait sans repos des vêtements de diverses couleurs ornés de dessins, et dignes d'un roi; mais, en sus de la nourriture et de l'habillement, il ne gagnait pas la plus petite somme d'argent, tandis que la plupart des autres tisserands de cet endroit, qui étaient habiles dans la fabrication des vêtements grossiers, possédaient une grande fortune. En les regardant, Somilaka dit à sa femme : « Ma chère, vois ces fabricants d'étoffes grossières : ils sont riches en biens et en or ; aussi cet endroit m'est insupportable; allons nous en donc ailleurs pour gagner quelque chose. Cette résolution prise, le tisserand alla à la ville de Vardhamâna, et après qu'il y fut resté trois ans et qu'il eut gagné 300 souvarnas, il se remit en route vers sa maison. Comme, à moitié chemin, il passait dans une grande forêt, le vénérable Soleil se coucha. Par crainte des bêtes féroces, Somilaka grimpa sur le tronc d'un figuier, et pendant qu'il dormait, il entendit en songe deux hommes de figure effrayante, qui parlaient entre eux. Alors l'un d'eux dit : « Hé! Kartri[4], tu sais que ce Somilaka ne peut posséder rien de plus que la nourriture et le vêtement. En conséquence, tu ne dois jamais rien lui accorder. Pourquoi donc lui as-tu donné 300 souvarnas ? — Hé! Karman, répondit l'autre, je dois nécessairement donner à ceux qui sont actifs, le fruit de leurs efforts. Mais il dépend de toi de changer cela; par conséquent, enlève-les. »

1. Lancereau, p. 242.
2. V. Benfey, I, § 151, p. 368-9.
3. Lancereau, p. 177.
4. Ce personnage, qui formule d'une manière si imprévue la *loi d'airain* de Lassalle, est, d'après M. Lancereau, « la personnification de l'activité de l'homme dans la vie présente; » le second, Karman, personnifie « les œuvres accomplies dans une vie antérieure, ou, en d'autres termes, la destinée. »

Et le tisserand, se réveillant, trouva sa bourse vide. — Il retourna tristement dans la même ville, et regagna en un an 500 souvarnas. Il se remit en route vers sa demeure; mais par crainte de perdre les souvarnas, quoique très fatigué, il ne se reposa pas; comme il marchait vite, il entendit deux hommes à l'air dur, tout à fait semblables aux premiers, qui venaient derrière lui et qui parlaient entre eux. Ils eurent le même dialogue que précédemment, et quand Somilaka examina sa bourse, elle était vide. Alors il voulut se pendre à un figuier. Mais comme, une corde au cou, il allait se laisser tomber, un homme qui était dans les airs dit : « Hé, hé, Somilaka! ne fais pas ainsi acte de violence! C'est moi qui t'ai enlevé ton argent; je ne permets pas que tu aies même un varâtaka de plus que la nourriture et le vêtement. Va donc vers ta maison. Au reste, je suis satisfait de ton emportement. En conséquence, demande quelque faveur que tu désires. — Si c'est ainsi, dit Somilaka, alors donne moi beaucoup de richesses! — Hé! répondit l'homme, que feras-tu d'une richesse dont tu ne peux jouir? — Hé! dit Somilaka, bien que je ne doive pas jouir de cette fortune, puisse-t-elle cependant m'arriver! Car on dit : Quoique avare, quoique de basse origine et toujours fui par les honnêtes gens, l'homme qui a un amas de richesses est vénéré par le monde. »

Benfey[1] montre à merveille combien cette légende porte la marque de la religion bouddhique, et quelles croyances, quelles traditions voisines y sont rattachées. Aussi elle est restée enfermée dans les recueils indiens. Benfey dit pourtant: « le 13ᵉ des *Contes serbes* recueillis par Wuk est apparenté à ce récit sanscrit. » Je n'ai pas lu le conte serbe; mais je ne crois pas risquer beaucoup en gageant que cette parenté est imaginaire.

Ou bien, qu'on cherche encore, dans nos recueils populaires, un parallèle à cette belle légende bouddhique : celle-ci ne suppose pourtant aucun merveilleux oriental, mais simplement une morale spéciale[2].

Il y avait à Mathurâ une courtisane nommée Vâsavadattâ. Sa servante se rendit un jour auprès d'Upagupta, pour lui acheter des parfums. Vâsavadattâ lui dit, à son retour : « Il paraît, ma chère, que ce marchand de parfums te plaît, puisque tu lui achètes toujours. » La servante lui répondit : « Fille de mon maître, Upagupta, le fils du marchand, qui est doué de beauté, de douceur et de talent, passe sa vie à observer la loi. » En entendant ces paroles, Vâsavadattâ conçut de l'amour pour Upagupta, et enfin, elle envoya sa servante pour lui dire son amour. La servante s'acquitta de cette commission auprès d'Upagupta; mais le jeune homme la chargea de répondre à sa maîtresse : « Ma sœur, il n'est pas encore temps pour toi de me voir. » Or il

---

1. *Pantchatantra*, I, § 321-323.
2. Burnouf, *Introduction à l'histoire du bouddhisme indien*, 1876, p. 130 ss.

fallait, pour obtenir les faveurs de Vâsavadattâ, donner cinq cents purânas. Aussi la courtisane s'imagina-t-elle que, s'il la refusait, c'était qu'il ne pouvait donner les 500 purânas. C'est pourquoi elle envoya encore sa servante, afin de lui dire : « Je ne demande pas au fils de mon maître un seul kârchâpana ; je désire seulement l'aimer. » La servante s'acquitta encore de la commission ; mais Upagupta lui répondit de même : « Ma sœur, il n'est pas encore temps pour toi de me voir. »

Cependant, quelque temps après, la courtisane assassina un de ses amants. Elle fut condamnée, et les bourreaux lui coupèrent les mains, les pieds, les oreilles et le nez et la laissèrent dans le cimetière.

Upagupta entendit parler du supplice qui avait été infligé à cette femme, et aussitôt cette réflexion lui vint à l'esprit : cette femme a désiré me voir jadis dans un but sensuel ; mais aujourd'hui que les mains, les pieds, le nez et les oreilles lui ont été coupés, il est temps qu'elle me voie, et il prononça ses stances :

« Quand son corps était couvert de belles parures, qu'elle brillait d'ornements de diverses espèces, le mieux, pour ceux qui aspirent à l'affranchissement et qui veulent échapper à la loi de la renaissance, était de ne pas aller voir cette femme.

Aujourd'hui qu'elle a perdu son orgueil, son amour et sa joie, qu'elle a été mutilée par le tranchant du glaive, que son corps est réduit à sa nature propre, il est temps de la voir. »

Alors, abrité sous un parasol porté par un jeune homme qui le suivait en qualité de serviteur, il se rendit au cimetière avec une attitude recueillie. La servante de Vâsavadattâ était restée auprès de sa maîtresse, et elle empêchait les corbeaux d'approcher de son corps. En voyant Upagupta, elle lui dit : « Celui vers qui tu m'as envoyée à plusieurs reprises, Upagupta, vient de ce côté. Il vient sans doute attiré par l'amour du plaisir. » Mais Vâsavadattâ lui répondit :

« Quand il me verra privée de ma beauté, déchirée par la douleur, jetée à terre, toute souillée de sang, comment pourra-t-il éprouver l'amour du plaisir ? »

Puis elle dit à sa servante : « Amie, ramasse les membres qui ont été séparés de mon corps. » La servante les réunit aussitôt et les cacha sous un morceau de toile. En ce moment, Upagupta survint et il se plaça devant Vâsavadattâ. La courtisane, le voyant ainsi debout devant elle, lui dit : « Fils de mon maître, quand mon corps était entier, qu'il était fait pour le plaisir, j'ai envoyé à plusieurs reprises ma servante vers toi, et tu m'as répondu : « Ma sœur, il n'est pas temps pour toi de me voir. » Aujourd'hui que le glaive m'a enlevé les mains, les pieds, le nez et les oreilles, que je suis jetée dans la boue et dans le sang, pourquoi viens-tu ? Et elle prononça les stances suivantes :

« Quand mon corps était doux comme la fleur du lotus, qu'il était orné de parures et de vêtements précieux, qu'il avait tout ce qui attire les regards, j'ai été assez malheureuse pour ne pas obtenir de te voir.

« Aujourd'hui, pourquoi viens-tu contempler un corps que les yeux ne peuvent plus supporter de regarder, qu'ont abandonné les jeux, le plaisir, la joie et la beauté, qui inspire l'épouvante et qui est souillé de sang et de boue ? »

Upagupta répondit : « Je ne suis pas venu auprès de toi, ma sœur, attiré par l'amour du plaisir ; mais je suis venu pour voir la véritable nature des misérables objets des jouissances de l'homme. »

Upagupta ajouta ensuite quelques maximes sur la vanité des plaisirs et la corruption du corps ; ses discours portèrent le calme dans l'âme de Vâsavadattâ, qui mourut après avoir fait un acte de foi au Bouddha, et qui s'en alla renaître aussitôt parmi les dieux.

Les seuls contes à rire, les histoires de maris trompés, les apologues moralement indifférents, les contes merveilleux en leurs éléments les plus généraux réapparaissent sous des formes occidentales.

Et les seuls contes qu'on prétende rattacher à l'Inde et au bouddhisme sont ceux qui n'ont en eux-mêmes rien d'indien ni de bouddhique.

Je ne veux pas insister davantage. Aucune des ambitions de l'École orientaliste n'a plus visiblement échoué que celle qui prétend découvrir dans les contes populaires européens des survivances indiennes. Les orientalistes les plus déterminés paraissent ici passer condamnation, et je veux citer, en terminant, un aveu étrange de M. Cosquin. « Si j'ai fait ressortir dans mon livre, écrivait-il récemment[1], combien certains traits de nos contes populaires, tels que l'étrange charité de leurs héros envers les animaux, sont d'accord avec les idées et les pratiques de l'Inde, ç'a été uniquement pour montrer que la grande fabrique indienne de contes avait trouvé sur place les éléments à combiner ; autrement dit, *que les contes qui se retrouvent partout reflètent bien les idées de l'Inde.* Des idées analogues existent-elles également chez d'autres peuples, comme le dit M. Lang ? C'est possible ; mais, la chose fût-elle prouvée, cela n'aurait pas grande conséquence. Le vrai argument contre l'origine indienne des contes, ce serait de montrer qu'ils sont en contradiction avec les idées régnant dans l'Inde ; mais on n'apportera jamais cette preuve. »

La prétention est imprévue : les contes populaires européens sont d'origine indienne, disait-on ; à preuve, répétait l'École depuis Benfey jusqu'à M. Cosquin lui-même, les traits spécialement indiens qui s'y retrouvent. — Mais, proteste M. Lang, ces traits n'ont rien de spécialement indien. — Je le veux bien, réplique M. Cosquin ; mais prouvez « qu'ils sont en contradiction avec les idées régnant dans l'Inde » ! C'est un

---

[1] *L'origine des contes populaires européens et les théories de M. Lang, mémoire présenté au congrès des traditions populaires de 1889,* p. E. Cosquin, 1891, p. 14.

étrange revirement de nos situations respectives! Comme M. Cosquin le conjecture fort bien, cette preuve, on ne l'apportera jamais; car il ne lui échappe assurément pas que celui qui tenterait seulement de la donner serait un sot.

Quels sont, en effet, les contes dont il faudrait prouver qu'ils contredisent les « idées indiennes »? Il y en a; tous les contes chevaleresques, toutes les légendes chrétiennes, certains contes celtiques, etc... Mais ce n'est pas d'eux que les orientalistes entendent parler. Non : il s'agit seulement des contes *qui se retrouvent partout*, comme M. Cosquin le dit lui-même. C'est de ceux-là qu'il nous faudrait apporter la preuve qu'ils ne sont pas contradictoires des idées hindoues? Mais ils n'auraient garde de les choquer! car alors, *ils ne se retrouveraient plus partout*. S'ils se retrouvent en effet *partout*, c'est qu'ils se sentent chez eux *partout*, dans l'Inde comme ailleurs, c'est-à-dire qu'ils reflètent des idées et des sentiments assez généraux pour ne déplaire ni à des chrétiens, ni à des musulmans, ni à des bouddhistes, ni à des blancs, ni à des noirs, ni à des jaunes. S'ils se trouvent chez les Finlandais, par exemple, c'est qu'ils ne sont nullement en contradiction avec « les idées régnant » en Finlande. Mais ce n'est pas un argument pour l'origine finnoise des contes : car, par définition, en tant que se trouvant partout, ils ne heurtent pas non plus « les idées régnant » au Groënland ni chez les Boërs, et n'ont donc aucune raison de choquer de préférence les idées des Hindous.

La théorie orientaliste aboutit donc — après des efforts plus hautains — à soutenir simplement que « *les contes qui se retrouvent partout ne sont pas en contradiction avec les idées régnant dans l'Inde* ». Nous le lui accordons de grand cœur.

Théodore de Banville, en son spirituel *Traité de poésie française*, traite ainsi deux de ses chapitres : « CHAPITRE IV : *Des licences poétiques*. Il n'y en a pas. — CHAPITRE V. *De l'inversion*. Il n'en faut jamais. » — N'était la révérence due à notre sujet, nous aurions pu traiter de même cette question : « DES TRAITS INDIENS ET BOUDDHIQUES DANS LES CONTES EUROPÉENS. — Il n'y en a pas. »

CHAPITRE VI

MONOGRAPHIES DES FABLIAUX QUI SE RETROUVENT SOUS FORME ORIENTALE.
LES FORMES ORIENTALES SONT-ELLES LES FORMES-MÈRES?

Le fabliau des Tresses. I. *Les versions orientales,* a) Le récit du *Pantchatantra;* b) le même récit dans divers remaniements du *Calila;* c) le même récit plagié par divers conteurs modernes. — Dans toutes ces versions, le conte, copié de livre à livre, reste immuable; d) que le germe du conte n'est point dans le l'*etdlapantcharinçdti.* — II. *Les versions occidentales.* a) Le fabliau comparé aux formes orientales. Supériorité logique de la forme française. — b) Qu'il nous est impossible, en fait, de décider laquelle est la primitive, des versions sanscrite et française. — Discussion de la méthode qu'il convient d'employer pour ces comparaisons de versions. — c) Les différentes versions européennes, toutes indépendantes des formes indiennes. Mobilité, variété des éléments du récit sous ses formes européennes, en contraste avec l'immobilité des formes orientales.

Il semble donc bien qu'il ne reste plus à la théorie orientaliste qu'un seul argument, suffisant, il est vrai, s'il est justifié.

Il s'agit pour elle de prouver — et c'est là sa dernière ressource — que, si l'on compare les traits correspondants et différents des versions orientales et occidentales d'un même conte, ce sont les traits des versions orientales qui sont les plus intelligents, les plus logiques, les plus conformes à l'esprit du conte; que, tout au contraire, les traits occidentaux sont maladroits, se trahissent comme des adaptations, nécessitées par la différence des mœurs, l'oubli de la signification première du conte, l'intelligence de narrateurs intermédiaires.

Ici, les discussions générales ne suffisent plus. Il s'agit d'étudier de près chacun des fabliaux qui sont conservés sous des formes orientales. L'école orientaliste a pris cette devise : « la question de l'origine des contes est une question de fait. » Il n'est pas d'objection qui doive tenir devant cette parole brutale, triomphale. « C'est une question de fait, » répète, après Benfey, Reinhold Kœhler dans les quelques pages précieuses qu'il nous a données, les seules où il ait daigné dégager quelques idées générales de l'extraordinaire appareil de notes qu'il a accumulées durant toute une vie de travailleur. « C'est une question de fait, » redisent les plus récents adeptes du système.

Soit; mais ne s'est-il donc jamais vu, dans l'histoire du pauvre esprit humain, que les mêmes faits prissent une figure différente, selon qu'on les interprétait différemment? La question de l'origine des contes est, comme toute question historique, non pas précisément « une question de fait, » mais « une question d'interprétation des faits. » Ce n'est qu'une nuance, mais, seule, la seconde de ces formules admet que l'homme soit faillible.

Considérons donc successivement ceux de nos fabliaux dont on connaît des formes orientales. Etudions-les patiemment, en toute conscience, avec la précision qu'on apporte à des recherches du même ordre, à une classification de manuscrits, par exemple.

Commençons par le conte des Tresses.

Le fabliau des Tresses.

C'est l'un de ces contes dont on a souvent affirmé, dont on n'a jamais contesté l'origine orientale. Benfey lui a consacré une longue étude[1]; et, de Loiseleur-Deslongchamps[2] à von der Hagen[3], à M. Lancereau[4] ou à M. Landau[5], il n'est personne qui n'ait considéré comme un fait hors de discussion la provenance indienne de ce récit. Que l'on ouvre une édition de l'*Hitopadésa* ou des fabliaux, ou de Boccace, partout on verra s'aligner la liste des formes diverses du conte en une longue série où l'on admet, sans l'ombre d'un soupçon, qu'une tradition unilinéaire a porté le conte du *Pantchatantra* au *Décaméron*. Voyons si ce « fait » de l'origine orientale est aussi bien démontré, pour ce récit, que l'ont cru tant de critiques.

Voici le sujet du conte : *un mari a des raisons d'en vouloir à sa femme (soit qu'il la soupçonne de le tromper, soit qu'il ait en effet surpris l'amant, soit pour une autre raison quelconque). Comme elle craint sa colère, elle trouve moyen de s'échapper de la chambre conjugale pendant la nuit. Pour que le mari ne s'aperçoive point de son absence, une amie com-*

1. *Pantchatantra*, I, § 50, p. 140, ss.
2. *Essai sur les fables indiennes*, p. 31.
3. *Gesammtabenteuer*, II, p. XLIII.
4. *Hitopadésa*, liv. II, p. 98.
5. *Quellen des Dekameron*, pp. 19, 92, 100, 132.

*plaisante a pris sa place dans la chambre, à la faveur de
l'obscurité; le mari se réveille et sa rancune lui revient au
cœur; il bat celle qu'il croit être sa femme, et la malheureuse
se tait, de crainte d'être reconnue. Il lui fait, de plus, subir
une mutilation corporelle (il lui coupe les tresses, ou le nez).
Sa vraie femme rentre inaperçue au logis et reprend paisiblement sa place. Au matin, comme elle peut montrer son corps
intact et sain, sans traces de coups ni de mutilation, le bon
mari est obligé de croire qu'il a rêvé (ou que les dieux ont
réparé l'injure faite à une innocente).*

Tel est, en deux mots, notre conte. Cette forme sèche et abrégée ne rend exactement aucune des versions conservées. Par la suite, au contraire, nous ne nous ferons pas faute de citer, même longuement, les détails de chaque récit. Quiconque a l'habitude de ces sortes de recherches nous saura gré de ces longueurs; pour apprécier des résumés suffisamment explicites et fidèles, il faut avoir connu la fatigue des indications sommaires de versions, qu'on doit rechercher de livre rare en livre rare pour aboutir souvent à reconnaître que ces références étaient inexactes. Et peut-être serait-ce de la difficulté de contrôler les assertions rapides de Benfey que provient, pour une certaine part, le succès de sa doctrine. Il fallait lire son livre comme un répertoire sommaire et merveilleux de sources; on l'a trop souvent lu comme un évangile.

I

LES VERSIONS ORIENTALES

Étudions d'abord les rédactions orientales du conte, ces formes primitives et vénérables, d'où seraient dérivés nos fabliaux et nos versions modernes. Voici, légèrement abrégé, le récit du Pantchatantra [1]:

a) *Le conte du Pantchatantra.*

« Un tisserand, avec sa femme, partait un soir de son village pour aller boire des liqueurs spiritueuses à la ville voisine. Un religieux mendiant, Devasarman, qui cherchait un gîte, l'arrêta et lui demanda l'hospitalité. Le tisserand dit alors à sa femme : « Ma chère, va à la maison avec cet hôte, lave-lui les pieds, donne-lui des aliments, un lit et les autres soins de l'hospitalité, et reste là. Je t'apporterai beaucoup de liqueur. » Sa femme, qui était une libertine, rentra chez elle,

---

1. *Pantchatantra*, trad. Lancereau, p. 65, ss.

donna à son hôte une couchette sans matelas et toute brisée, fit toilette et sortit pour aller trouver son amant. Aussitôt arriva en face d'elle son mari, le corps chancelant d'ivresse, les cheveux flottants et tenant un pot de liqueur spiritueuse. Dès qu'elle l'aperçut, elle retourna bien vite, rentra dans la maison, mit bas sa toilette et fut comme auparavant. La voyant se sauver si bien parée, le tisserand, qui avait déjà des soupçons antérieurs, rentra tout irrité à la maison et lui dit : « Eh! méchante coureuse, où es-tu allée? » — « Nulle part ; je n'ai pas quitté la maison et tu parles dans l'ivresse. » Le mari, furieux, lui rompit le corps de coups de bâton, l'attacha à un pilier avec une corde solide, et, chancelant d'ivresse, tomba dans le sommeil. Cependant une amie de cette femme, lorsqu'elle sut que le tisserand dormait, vint et dit : « Mon amie, ton amant Devadatta attend là-bas ; vas-y donc vite. » — « Comment y pourrais-je aller, attachée comme je suis? et mon méchant mari est tout proche. » — « Mon amie, dit la femme du barbier, il ne se tient plus d'ivresse, et il se réveillera quand il aura été touché par les rayons du soleil. Je vais donc te délivrer ; lie-moi à ta place, et dès que tu te seras entretenue avec Devadatta, reviens bien vite. » — « Soit, » dit la femme du tisserand. — Quelques instants après que cela fut fait, le mari se réveilla, dégrisé, et offrit à sa femme de la délivrer, si elle voulait promettre de ne plus parler à un autre homme. La femme du barbier, par crainte de la différence de voix, ne répondit rien. Il lui répéta plusieurs fois les mêmes paroles ; mais comme elle ne donnait aucune réponse, il se mit en colère et lui coupa le nez. Puis il se rendormit. — Cependant, le religieux Devasarman écoutait et voyait toute la scène, de sa couchette.

« La femme du tisserand revint à sa maison après quelques instants, et dit à la femme du barbier : « Te portes-tu bien? Ce méchant ne s'est pas levé tandis que j'étais sortie? » — « Excepté le nez, le reste du corps va bien. Délie-moi donc vite. » — Après que cela fut fait, le tisserand se leva de nouveau et dit à sa femme : « Coureuse, même maintenant ne parleras-tu pas? Faut-il que je te coupe les oreilles? » Celle-ci répondit : « Fi! fi! grand sot! qui peut me blesser ou me défigurer, moi femme vertueuse et très fidèle? Si j'ai de la vertu, que les dieux me rendent mon nez intact et tel qu'il était ; mais si, par pensée seulement, j'ai désiré un autre homme, alors qu'ils me réduisent en cendres! » Lorsqu'elle eut ainsi parlé, elle dit encore à son mari : « Hé! méchant! regarde! par la puissance de ma vertu, mon nez est redevenu tel qu'il était. » Puis le tisserand prit un tison, et comme il regardait, le nez était tel qu'auparavant, et il y avait une grande mare de sang à terre. Saisi d'étonnement, il délia sa femme, l'enleva, la mit sur le lit et chercha à l'apaiser par cent cajoleries.

« Le religieux mendiant, témoin de toute cette conduite, passa la nuit très péniblement. L'entremetteuse, avec son nez coupé, alla à sa maison, et sur le matin, son mari, pressé de sortir, lui dit : « Ma chère, apporte vite la boîte à rasoirs, que j'aille faire mes affaires de la ville. » Mais la femme, avec son nez coupé, resta debout au milieu de la maison, tira un seul rasoir de la boîte et le jeta devant lui. Le mari, saisi de colère, le rejeta. Dans cette action réciproque, la coquine leva les bras en l'air et sortit de la maison pour crier en sanglotant : « Ah! voyez! ce méchant m'a coupé le nez, à moi dont la conduite est honnête! »

Les hommes du roi arrivèrent, lièrent le barbier et le conduisirent aux juges qui le condamnèrent à être empalé. Mais Dévasarman, le religieux mendiant, lorsqu'il le vit conduire au supplice, alla raconter aux juges tout ce dont il avait été témoin et le barbier fut remis en liberté. »

b) *Le même récit dans différents remaniements du Calila et Dimna.*

Voilà donc la forme que le *Pantchatantra* donne à notre conte, et c'est, à proprement parler, la seule que l'Orient paraisse avoir jamais connue. Pour faire voir comment les différentes versions restent fidèles à ce type, il serait ici tout à fait disproportionné de comparer entre eux les quinze ou vingt remaniements du *Pantchatantra* et du *Kalilah*. Ceux-là seuls peuvent s'intéresser à une pareille besogne qui étudient l'extraordinaire odyssée de ce recueil. Pourtant il ne sera pas indifférent de montrer au lecteur moins familier avec ces livres combien les divers remanieurs furent des êtres passifs, exclusivement voués à leur tâche de traducteurs, et combien insignifiantes sont les variantes qui distinguent tous ces textes les uns des autres. Mais, si quelque lecteur veut m'en croire sur ma seule parole, il peut négliger la longue analyse qui suit, et passer deux pages ; il se fatiguera à les lire, sans profit.

Je donne donc, en opposition au texte du *Pantchatantra*, le texte de trois versions du *Kalilah et Dimnah*, dont je note soigneusement les variantes. On aura ainsi en présence deux textes qui sont sortis d'un original commun il y a quinze ou dix-huit cents ans, mais qui, depuis, n'ont jamais eu aucun rapport réciproque. Je donne la traduction du texte latin du *Directorium humanae vitae*[1], qui fut composé par le juif Jean de Capoue, entre les années 1263 et 1278, d'après un texte hébreu du XIIIᵉ siècle : c'est la plus ancienne forme de l'ouvrage qu'on ait pu connaître en France. J'indique entre parenthèses les variantes de deux autres versions, que je choisis arbitrairement : l'*Anwâr-i Sohaïli* (A) qui est un texte persan de l'an 1494[2] et le *Livre des lumières* (L), traduction du précédent ouvrage et qui est le livre où La Fontaine apprenait à connaître les fables de Bidpaï[3]. Voici donc ci-dessous

---

1. *Directorium*, éd. J. Derenbourg, 72ᵉ fasc. de la Bibl. de l'École des Hautes-Études 1887, chap. II, p. 54-6.
2. *The Anvar-i Suhaili, or the lights of Canopus...* translated by Edward B. Eastwick, 1854, p. 106, ss.
3. *Le Livre des Lumières ou la conduite des rois...* traduit par David Sahid, d'Ispahan, Paris, 1644, p. 78, ss.

trois textes bien éloignés dans le temps et dans l'espace : un texte latin du xiiie siècle, un texte persan du xve, un texte français du xviie; j'y ajoute (*H*) les variantes de l'*Hitopadésa*[1] qui devrait *a priori* en différer bien davantage, puisque l'*Hitopadésa* est un remaniement du *Pantchatantra* actuel, et n'a, comme lui, de commun avec les versions du *Kalilah* que le très ancien original sanscrit perdu. Et pourtant tous ces textes, si distants les uns des autres, se ressemblent infiniment entre eux, comme il est aisé d'en juger :

« Un religieux reçut l'hospitalité chez un de ses amis (*AL* un cordonnier, *H* un vacher; Benfey fait remarquer[2] que, dans l'original bouddhique, le mari devait être un cordonnier; les brahmanes remanieurs du Pantchatantra ont fait de lui un tisserand ou un vacher, parce que le métier de cordonnier était considéré comme impur, et que le religieux se serait souillé en passant la nuit chez un homme de cette caste). Cet ami ordonne à sa femme de le recevoir avec honneur; quant à lui, des amis l'ont invité, et il ne pourra revenir de la nuit (*H* le mari va à ses pâturages). La femme avait un amant; une voisine, la femme d'un barbier lui servait d'entremetteuse; elle pria donc celle-ci d'aller demander à son amant de venir la trouver cette nuit et d'attendre à la porte qu'elle vînt lui ouvrir. Il fut ainsi fait, et l'amant attendait à la porte (*L* heurtait à la porte) quand le mari revint; (*H*, comme dans le Pantchatantra, l'amant n'intervient pas en personne; le mari voit simplement à son retour sa femme causer avec l'entremetteuse). Comme il avait déjà des soupçons antérieurs, il entra chez lui (*LH* il battit sa femme), attacha sa femme à un pilier et s'en alla dormir (*A* le religieux, témoin de la scène, donne en lui-même tort au mari brutal). L'amoureux, las d'attendre, dépêcha la femme du barbier à son amante (*LAH* l'entremetteuse vient d'elle-même) qui lui dit : « Que veux-tu que devienne cet homme qui se morfond à ta porte? » Elle lui répondit : « Fais-moi cette grâce de me délier et de te laisser attacher à ma place, j'irai le trouver et je reviendrai au plus vite (dans *H* comme dans le Pantchatantra, cette substitution est proposée par l'entremetteuse elle-même). La femme du barbier consentit, et se fit attacher au pilier. Cependant le mari se réveilla et appela sa femme; mais la femme du barbier se garda bien de répondre, de peur que le son de sa voix ne la fit reconnaître; le mari, irrité de ce silence, se leva, lui coupa le nez, et lui dit : « Va maintenant porter ce beau présent à ton amant » *LH*, ce dernier trait manque). L'autre femme revint, vit le malheur arrivé à son amie, la délia et reprit sa place au pilier, tandis que la femme du barbier s'en allait (*H* suit, dès maintenant, les destinées de la femme du barbier et ne raconte qu'en terminant comment la femme attachée au pilier a dupé son mari). Cependant le religieux observait toute la scène.... La femme attachée se mit tout à coup à crier bien fort : « Seigneur, si tu daignes voir l'affliction de ta

---

1. *Hitopadésa*, trad. Lancereau, Paris, 1882, p. 127, ss.
2. *Einleitung zu Kalilag*, éd. Bickell, p. 119.

servante et considérer ma faiblesse et mon innocence, rends-moi mon nez et fais un miracle en ma faveur. » Au bout d'un instant, elle cria à son mari (*AL*, le mari, se moque de cette prière) : « Lève-toi, méchant et impie, et admire quel miracle Dieu a accompli pour manifester mon innocence et ton impiété ! Voici qu'il m'a rendu mon nez comme il était avant. » Le mari alluma une lumière, et quand il vit son nez intact, il la délivra de ses liens, la supplia de lui pardonner, et demanda à Dieu miséricorde et rémission.

Cependant la femme du barbier était rentrée chez elle, songeant au moyen d'échapper à son mari et de lui expliquer comment son nez avait été coupé. Au petit jour, son mari se réveilla et lui dit : « Donne-moi mes instruments ; j'ai affaire dans la maison d'un seigneur (*L* je vais panser quelqu'un). Elle se leva (*L* la femme demeura longtemps à lui chercher ce qu'il demandait) et lui donna un seul rasoir. « — Je veux tous mes outils. » De nouveau, elle lui tendit un seul rasoir. Furieux, il le lança dans sa direction, à l'aveuglette. Elle se mit aussitôt à crier : « Oh ! mon nez ! mon nez ! » — Au jour, ses parents et ses frères se réunissent (*ALT* ce détail manque), on fait prendre le mari ; interrogé par le juge, il ne sait que répondre ; il est condamné à être promené à travers la ville enchaîné et battu. Mais le religieux survient et explique toute la scène dont il a été témoin (*Il* met tout le récit dans la bouche du religieux).

c.) *Le même récit plagié du Kalilah par différents conteurs modernes.*

Le lecteur qui a eu la patience de lire ces deux formes de notre récit, donnée chacune presque in extenso, pourra se demander s'il n'a point perdu sa peine. On lui a fait lire deux fois le même conte, avec un appareil compliqué de variantes qui ne variaient rien[1]. Il savait de reste que nous avions affaire à un seul et même ouvrage cent fois traduit. On lui a prouvé longuement que les remanieurs persans, arabes ou juifs, qui se sont succédé pendant quinze cents ans, ont été, sauf quelques menues trahisons, de consciencieux traducteurs ; le fait est intéressant, peut-être ; mais réclamait-il ce luxe de preuves ? méritait-il seulement l'honneur d'une note ?

Soit ; mais je demande alors la même exclusion pour toute une classe de récits dont je vais parler, qui sont impitoyablement rapportés par Benfey, et dont la théorie orientaliste néglige sans cesse de remarquer le manque d'intérêt. Je voudrais montrer que ces formes se comportent à l'égard du Pant-

---

1. Quelques variantes plus intéressantes sont données dans le *Bahar Danush*, mais, là encore, on n'a affaire qu'à une traduction (*Bahar Danush, or garden of knowledge*, an oriental romance, translated from the persic by Jonathan Scott, Shrewsbury, 1799, 3 vol., t. II, p. 80, ss.)

chatantra absolument comme la traduction ci-dessus donnée de Jean de Capoue ; que, par conséquent, elles devraient être exclues du débat, sans autre forme de procès.

C'est qu'en effet le conte des *Tresses* est souvent tombé du cadre du *Kalilah et Dimnah*. Dans diverses littératures il a rompu ses liens factices avec les mille histoires artistement imbriquées que se racontent les ingénieux chacals du *Pantchatantra*. Voici qu'il vit de sa vie propre, indépendant. Schéhérazade le raconte dans les *Mille et une Nuits*[1]; au XVIIe siècle, il se présente sous un costume nouveau au public de France, d'Italie, d'Angleterre, et cela presque simultanément, presque la même année dans ces trois pays : Annibale Campeggi[2] (1630) et Verboquet le Généreux[3] (1630) le reproduisent sous forme de nouvelle; Massinger lui donne la forme dramatique dans l'une de ses cent comédies aux intrigues touffues (1633). Et dans ces quatre versions, le conte répète, trait pour trait, les données du *Pantchatantra*.

Mais il est trop facile de montrer que le livre de *Kalilah et Dimnah* est la source immédiate et unique de ces quatre récits et que ces quatre versions sont purement et simplement des traductions.

Dans les *Mille et une Nuits*, l'auteur s'écarte seulement de son original en ce qu'il a négligé de nous dire ce que devient la femme sans nez : il a supprimé l'histoire du rasoir, sans doute comme trop sotte, en quoi il n'avait pas tort; mais pour qu'on voie bien qu'il se borne à traduire le *Kalilah*, il fait, lui aussi, de l'entremetteuse, la femme d'un barbier : ce qui, dans son récit, n'a plus aucun sens.

Annibale Campeggi prétend écrire sa nouvelle « nello stile di M. Giovanni Boccacio ». A cette intention, il parsème son récit de fleurs classiques et de réminiscences mythologiques : le mari attache sa femme au pilier « avec des liens trop différents de ceux dont elle espérait que son cher amant la lierait »; et, quand elle prie les dieux de faire briller son innocence, elle invoque, dans une longue prière, qui ferait mieux en vers latins, Jupi-

---

1. *Tausend und eine Nacht*, texte de Breslau, 554e et 555e N., t. XIII, p. 57, ss.
2. A. Campeggi, *Novelle duece poste nello stile di G. Boccacio*, Venezia, 1630; réimprimées dans le *Novelliero italiano*, Venezia, 1754, t. IV, p. 275, ss.
3. *Les délices ou discours joyeux et récréatifs...*, par Verboquet le Généreux, Paris, 1630, p. 19.

ter et ses foudres, Lucine, déesse des saints mariages, et
Vénus très splendide. Mais supprimez simplement du récit les
adjectifs, il vous restera mot pour mot le texte du *Kalilah*.

Quant au bon Verboquet le Généreux, on le croirait moins
érudit : il promet, au frontispice de son livre, de nous répéter
les « discours joyeux et récréatifs tenus par les bons cabarets
de France ». On croirait donc volontiers qu'il a en effet entendu
conter les *Tresses* par quelque buveur de la *Pomme de Pin* :
mais l'examen du texte prouve que Verboquet est, lui aussi,
un plagiaire savant. Une seule preuve décisive : le conte des
Tresses vient immédiatement dans son texte après certaine histoire de « *la vieille qui vouloit empoisonner un jeune homme
et par la mesme invention fut empoisonnée* ». Or, cette histoire nous la connaissons : elle précède aussi le conte des
Tresses dans plusieurs versions du *Kalilah*[1]. Verboquet s'est
donc borné à copier à la file plusieurs feuillets de ce roman, et
les « *buveurs des cabarets de Paris* » n'y sont pour rien.

Enfin, pour ce qui est de Massinger[2], on croirait d'abord
que, s'il a suivi un modèle écrit, les nécessités de la mise en
scène et sa très libre imagination, eussent dû l'entraîner à
modifier son modèle de cent façons. Il n'en est rien, pourtant ;
l'imitation reste flagrante, et c'est à peine si l'on peut remarquer, comme variantes aux données du Kalilah, que l'entremetteuse est ici une suivante, Calypso, et que le mari, Severino, taillade à coups de poignard les bras de l'amie complaisante avant de lui couper le nez[3].

Voilà donc quatre versions modernes, dont trois occidentales
— et sans doute il en existe d'autres — qui remontent sans
conteste à des livres indiens.

Est-ce bien cela que l'on veut démontrer, lorsqu'on soutient
que nos contes populaires viennent de l'Inde ? Est-ce pour mener
à cette conclusion qu'on cite et qu'on analyse minutieusement
ces formes ? Si oui, la conclusion est trop aisée, et la démon-

---

1. V. par ex. le *Directorium*, éd. Derenbourg, p. 53-54.
2. Massinger, *The Guardian* (licensed 1633). *Works edited by Gifford
and lieut.-colonel Cunningham*. — Seul l'acte III intéresse notre conte;
les quatre autres présentent un fouillis d'aventures qui lui sont étrangères, empruntées notamment à Cervantès et maladroitement juxtaposées.
3. Pour persuader parfaitement au lecteur que ces quatre versions
ne sont que des copies directes du Kalilah, il n'y aurait d'ailleurs qu'à
lui soumettre les quatre textes. Pour éviter ces fastidieuses redites, je

stration trop évidente. Mais ne voit-on pas que ces versions doivent, de toute nécessité, être considérées comme non avenues? Autant démontrer qu'une traduction russe du *Cid* est d'origine française : on ne trouvera pas beaucoup de contradicteurs.

Le *Kalilah* a été traduit, nous le savons, dans toutes les langues qui s'écrivent; dans les diverses littératures, quelques conteurs à court d'invention ont trouvé commode d'emprunter à ce vaste recueil certains récits qu'ils se sont appropriés; le fait n'a rien d'étrange, et le contraire seul pourrait nous surprendre. Qu'on cite ces versions comme des preuves surabondantes du succès universel des livres indiens, soit; mais qu'on sache et qu'on dise que ce sont là de simples plagiats, parfaitement conscients.

Qu'on sache et qu'on dise, lorsqu'on cite ces formes, qu'on ne prétend nullement ajouter quelque chose à la science des traditions populaires, mais simplement à la bibliographie.

Qu'on dise qu'on a affaire à des copistes et qu'on passe.

Nous connaissons cinquante traductions du livre de *Kalilah*; quand nous avons lu les *Mille et une Nuits*, Verboquet, Massinger et Campeggi, nous en connaissons, pour notre conte, cinquante-quatre, et voilà tout. Comparer ces versions, est un exercice qui offre précisément le même genre d'intérêt que de comparer, à propos d'une ode d'Horace, les traductions du général Dupont et de M. Patin.

Ainsi, jusqu'à présent, nous n'avons rencontré qu'une même et unique forme du conte. Il n'a rien gagné, rien perdu à passer pendant quinze siècles d'un livre à l'autre. Il n'a subi aucune de ces évolutions qui sont la condition même de la vie. Il n'a pas

me borne à copier une même phrase des diverses versions. Quand le mari a coupé le nez de celle qu'il croit sa femme, on se souvient que le *Kalilah* lui fait dire : « Porte maintenant ce beau présent à ton amant. » Campeggi dit de même : « Prends-le et donne-le à ton amant, et que cette figure charmante plaise aux adultères. » — Verboquet : « Or va, misérable et meschante femme, tiens, voilà ton nez, fais-en un présent à ton amy. » — : Les *Mille et une Nuits* : « Je t'apprendrai à m'obéir : tu peux maintenant faire à ton amant un nouveau cadeau. » — La preuve est donc faite : les formes nous ramènent immédiatement au livre de *Kalilah*, et il serait aussi facile qu'inutile de rechercher quelle est précisément la traduction dont se servait chacun de nos quatre conteurs.

plus voyagé que ne voyagerait la Belle au Bois dormant, si on la transportait en litière à travers le monde. Il n'a pas vécu; il a été transcrit, rien de plus.

Mais, à côté de cette existence inorganique, livresque, il a connu aussi d'autres destinées. Il nous apparaît sous des formes multiples, ondoyantes, dans un grand nombre de versions, toutes occidentales[1]. La théorie orientaliste prétend que ces formes occidentales se rattachent toutes à celle du *Pantchatantra*. Pour le démontrer, il ne suffit pas de faire voir que le *Pantchatantra* a été écrit avant que Boccace fût né, ce qu'on accorde volontiers. Il faut prouver que ce n'est point là le seul argument de l'École. Il faut prouver que l'une quelconque des formes européennes, le fabliau par exemple, *suppose* la forme indienne.

On pourrait le démontrer de deux manières : ou bien on trouverait dans un autre conte indien le germe du conte des *Tresses* et l'on aurait ainsi la preuve que le conte s'est primitivement développé sur le sol indien ; ou bien, comparant le *Pantchatantra* avec le fabliau, on montrerait que les traits sanscrits sont logiquement les plus archaïques.

d) *Que le germe de ce conte n'est pas un récit du recueil intitulé le* Vetalapantchavinçati.

Benfey a tenté le premier de ces deux ordres de démonstrations; il croit avoir trouvé le germe premier du récit du *Pantchatantra*.

Il applique aux *Tresses* les mêmes théories qu'aux autres contes, c'est-à-dire qu'il voit dans le récit du *Pantchatantra*,

---

1. Benfey et Lancereau, après lui, rattachent à notre conte une histoire du *Tooti-Nameh*, dont voici le résumé. Une jeune femme, Chunder, imagine, pour rester en compagnie de son amant, d'envoyer à sa place dans la maison conjugale un Arabe, ami de son amant, qu'elle a affublé de son voile et de ses vêtements. Le mari offre une tasse de lait à la personne qu'il croit être sa femme; l'Arabe la refuse, pour ne pas être obligé de découvrir sa figure. Le mari, impatienté de son silence, le bat comme plâtre, et l'Arabe « riait et pleurait en même temps ». Le mari envoie, pour attendrir la personne voilée, d'abord sa mère qui n'a pas plus de succès, puis sa sœur, à qui l'Arabe se découvre et qu'elle récompense largement de cette marque de confiance. — On voit que ces deux contes peuvent être indépendants; ou, s'ils dérivent l'un de l'autre, le conteur persan avait si imparfaitement retenu les données primitives du récit, qu'il n'en reste, peut-on dire, rien. — *Les quinze contes d'un perroquet, contes persans, traduits sur la version anglaise* par Mme Marie d'Heures, Paris, 1826, conte XII, p. 95.

sinon nécessairement la forme primitive, du moins une forme très voisine du récit original. Il admet fort bien que ces contes pouvaient déjà vivre sur les lèvres du peuple au moment où l'auteur du *Pantchatantra* les recueillit pour leur donner place dans l'agencement à la fois subtil et indécis de son roman. Pourtant sa théorie de prédilection est que les contes, au moment de la rédaction de ces vastes recueils, étaient très voisins de leur naissance. C'est bien dans l'Inde même qu'ils avaient été imaginés ; inconnus des autres peuples, ils avaient été créés pour les besoins de la prédication religieuse ; en un mot, si ce n'est pas l'auteur de l'original sanscrit du *Pantchatantra* qui les a inventés, c'est donc son frère, c'est-à-dire un prédicant bouddhiste comme lui. Aussi arrive-t-il souvent à Benfey, et spécialement pour notre conte, de chercher dans l'Inde le germe des contes du *Pantchatantra*. La tentative est ingénieuse, et si elle réussissait, l'origine indienne des contes serait, par là-même, mise hors de discussion, et la question vidée.

Qu'on veuille bien, en effet, y réfléchir. Voici dans le *Pantchatantra* un conte, celui des *Tresses*, logiquement ordonné, complètement développé, vivant de la vie, à la fois multiple et une, de ces organismes délicats que sont les œuvres d'art ; je prétends que c'est l'auteur du *Pantchatantra*, c'est-à-dire un Indien bouddhiste qui vivait vers le ve siècle de notre ère au plus tard, qui l'a inventé. Ce n'est là qu'une affirmation sans preuve. Mais si je puis découvrir comment il l'a inventé ; si je puis décomposer et recomposer le travail de son imagination créatrice ; si je découvre le noyau du conte ; s'il se trouve que ce noyau était un autre conte indien, que notre auteur devait connaître ; si je montre que de ce germe primitif devait logiquement se développer le récit complet, il s'ensuivra que toute forme moderne du conte remonte nécessairement au livre du narrateur indien. En deux mots, admettons qu'on trouve, dans un recueil indien très ancien, une forme *a* du conte dont le récit du *Pantchatantra* ne soit que le développement logique ; il est évident que si *a* n'avait pas existé, le conte du *Pantchatantra* n'existerait pas non plus, et, partant, qu'aucune des versions occidentales n'existerait davantage.

C'est ce germe premier, cette source indéniable du conte du *Pantchatantra*, que Benfey croit avoir trouvé. Il affirme cette origine, sans soupçonner même qu'on la puisse discuter. Discutons-la pourtant.

— 145 —

Il existe, en effet, en différentes langues asiatiques, en sanscrit, en mogol, en tamoul, en hindi et dans plusieurs autres dialectes modernes de l'Inde, des recueils de contes que l'on appelle d'un titre générique *les vingt-cinq contes d'un démon*, et qui remontent tous, comme Benfey l'a démontré, à un original sanscrit et bouddhique perdu. Cet original aurait été composé au plus tôt au 1er siècle de notre ère, puisque le roman tout entier est destiné à rappeler la gloire du roi Vikramâditya, qui était sensiblement le contemporain de Jésus-Christ. Bien qu'il n'y ait pas de preuve décisive que ce livre existât avant le xiie siècle de l'ère chrétienne, Benfey le croit pourtant antérieur au *Pantchatantra*. Admettons le : l'auteur du *Pantchatantra* avait entre les mains un exemplaire de ce recueil. C'est là que, selon Benfey, il aurait trouvé en germe le conte des *Tresses*. Voici ce qu'il y pouvait lire[1] :

« Dans le royaume d'Odmilsong vivent deux frères, l'un pauvre et bon, l'autre riche et mal intentionné à l'égard de son cadet. Celui-ci, souffrant de sa misère et des affronts que lui fait subir son frère, s'introduit une nuit dans la chambre où le mauvais riche gardait ses trésors et s'y cache pour le voler. A sa grande surprise, il voit sa belle-sœur se lever, préparer des viandes et des plats sucrés et sortir en les emportant. Il la suit par curiosité, et la voit se diriger vers le cimetière. Là, sur un monticule, s'élève un riche tombeau : un corps y est étendu, celui de l'homme qui naguère était l'amant de sa belle-sœur. Elle vient ainsi chaque soir protéger son cadavre contre les oiseaux et les renards et lui apporter à manger. Comme ses mâchoires sont serrées par la mort, elle lui tient la bouche ouverte avec une pince de métal et y enfonce la nourriture avec sa langue. Mais tout à coup la pince tombe, les mâchoires se referment brusquement et coupent le nez et la langue de la femme. Elle rentre chez elle, toujours suivie et observée par son beau-frère. Elle se couche auprès de son mari et se met à pousser des cris : « C'est mon mari qui m'a mutilée ! » Le *Chan* condamne le mari, qui ne peut se justifier, à être brûlé. Mais son frère est là pour tout expliquer : sur ses indications, on se rend au cimetière, et l'on trouve dans la bouche du mort le bout de la langue de la femme, dans la pince le bout de son nez. C'est elle qui est brûlée. »

Les variantes de cette répugnante histoire ne nous intéressent

---

1. Nous citons, en l'abrégeant, la forme mogole de l'histoire, que Benfey considère comme la plus ancienne. B. Bergmann a le premier publié ce recueil mogol, le *Siddhi-Kür*, *Nomadische Streifereien unter den Kalmüken in den Jahren 1802 und 1803*, Riga, 1804, t. I, p. 328. Benfey l'a étudié dans un mémoire célèbre du *Bulletin de l'Académie de St-Pétersbourg* (*Mélanges Asiatiques*, 4 septembre 1857, t. III, p. 170, ss.) Depuis, le recueil a été de nouveau publié par B. Jülg, *Kalmükische Mährchen*, Leipzig, 1866.

pas directement. Disons rapidement que, dans les trois autres versions que nous connaissons, il n'est plus question des deux frères rivaux ; le dénonciateur est un voleur quelconque ; dans les trois versions, il s'agit d'une jeune femme qui a pris un amant, lasse d'attendre son mari, qui depuis des années fait le négoce au loin. Le jour où il revient, elle se refuse à lui et sort dans la nuit pour rejoindre le galant à qui elle a donné rendez-vous. Mais, d'après Somadéva [1] (XIIe siècle), elle trouve son amant au .'eu fixé, mais mort, et se balançant au bout d'une corde. Les gardes de nuit l'ont pris pour un voleur et l'ont pendu. Elle le dépend et lui baise le visage ; mais un *vetâla*, démon qui vit volontiers dans les cadavres, s'introduit par manière de plaisanterie dans le corps du mort, et d'un coup de mâchoire coupe le nez de l'amante. Dans le *Bétâl Patchisi*, qui est une rédaction moderne du roman en dialecte hindi [2], l'amant vient de mourir d'une piqûre de serpent, et le spirituel démon, qui contemple la scène assis sur un figuier, se comporte comme dans Somadeva, et bien plus grossièrement encore ; dans le *Veddla Cadai* [3], il n'est plus question du *vetâla* ; les gardes de nuit ont pris l'amant pour un voleur et viennent de le blesser d'un coup de flèche ; c'est dans un hoquet d'agonie qu'il coupe le nez de son amante.

Dans ce conte laid, qui rit d'une gaieté macabre, on reconnaît aisément une partie du récit du *Pantchatantra* : dans le *Vetâlapantchaviṇçati* comme dans le *Pantchatantra*, une femme a le nez coupé dans une équipée amoureuse (qu'elle y soit intervenue pour son propre compte ou comme entremetteuse). Elle rentre chez elle, ameute les voisins, accuse son mari de la mutilation. On va conduire le pauvre homme au supplice, quand un témoin imprévu de toute la scène dévoile l'imposture.

C'est évidemment le même conte. L'auteur du *Pantchatan-*

1. Voyez ce texte dans le mémoire de Benfey cité à la note précédente, p. 175.
2. Voir, sur le *Bétâl Patchisi*, la date de sa composition et les différentes versions modernes du *Vetâlapantchaviṇçati*, le travail de M. Lancereau, *Journal Asiatique*, t. XVIII, 1851, p. 383, ss. Notre conte est aussi publié en allemand à la page 61 de la traduction allemande de H. Œsterley, *Baitâl Patchisi, oder die 25 Erzählungen eines Dämon*, Leipzig, 1873.
3. *The Veddla Cadai, being the tamul version of a collection of ancient tales in the sanscrit language...translated by* B. G. Babington, *Miscellaneous translations from oriental languages*, t. I, p. 43, 1831.

tra connaissait l'histoire du démon qui pénètre dans le cadavre ; il a été choqué de ces perquisitions judiciaires dans la bouche du mort, de ces plaisanteries de fossoyeur. Il a renvoyé à son figuier sacré le hideux *vetâla*. Il a adouci le conte.

Nous ne pouvons que constater son bon goût, mais aussi son impuissance inventive : car enfin, à l'odieux il a substitué la sottise. Cette femme, qui prévoit qu'elle n'a qu'à tendre un rasoir à son mari pour que celui-ci le lance par la chambre, a inventé là une bien pauvre ruse, et si sommaire qu'ait pu être la justice de l'Inde, le moindre juge de ces temps reculés ne se fût pas laissé prendre à ces malices. Toujours est-il que le conte du *vetâla* est bien la source des mésaventures de la femme du barbier dans le *Pantchatantra*.

Mais Benfey prétend voir aussi dans ce conte le germe du très spirituel récit des *Tresses* : « Le *Pantchatantra*, dit-il, a
« transformé avec une merveilleuse habileté la vieille histoire
« macabre de son modèle; la punition n'atteint ici que l'entre-
« metteuse, tandis que la femme mariée paraît sortir indemne
« de toute cette aventure. Nous y voyons apparaître le mari
« ridicule et crédule, conforme au type convenu dans ces
« contes, et pour qu'il paraisse mériter son malheur, il nous
« est présenté comme un brutal ivrogne. »

Dans les *Mémoires de l'Académie de Saint-Pétersbourg*, il dit encore : « Cette forme mogole du conte nous permet de saisir
« ce fait que confirment tant de récits d'origine indienne
« aujourd'hui répandus sur la surface de la terre, à savoir que
« le noyau du conte, qui est d'origine indienne, reste intact,
« tandis que son enveloppe se modifie de mille façons, selon
« les besoins moraux et les conceptions sociales des peuples
« qui l'accueillent. »

En vérité, existe-t-il un rapport logique, une relation de cause à effet entre cette donnée: « une femme à qui on a coupé le nez accuse son mari de ce méfait, » et celle-ci : « une femme, que son mari soupçonne, s'échappe, à la faveur de la nuit, de la chambre conjugale, et une amie y prend sa place; le mari se trompe dans l'obscurité, bat et mutile cette amie; sa vraie femme rentre au matin, le corps intact, et prouve aisément à son mari que les dieux l'ont justifiée? » Je vois bien que les deux contes sont juxtaposés; mais je vois aussi que chacun d'eux peut vivre de son existence propre. Et ce qu'il m'est impossible de concevoir, c'est comment l'un pourrait être le germe de l'autre. Je vois bien que l'oiseau est virtuellement renfermé dans l'œuf; mais que le conte des *Tresses* soit virtuellement enfermé dans le conte du *Vetâlapantchavinçati*, c'est ce qui m'échappe.

Supposez, en effet, qu'on enferme dans des cellules tous les conteurs passés et futurs, en leur proposant comme canevas le conte du *Vetâla*, avec charge d'en tirer tous les développements logiques qu'il contient en germe. Qu'on les enferme tous, les bons plaisants et les subtils narrateurs, Schéhérazade, Till l'Espiègle, et les aimables conteurs florentins du Décaméron, et les Vénitiens que les *Facétieuses nuits* de Straparole réunissent autour de Lucrèce Sforze, et les spirituels gentilshommes de la reine de Navarre. Qu'on enferme encore avec eux les Sept Sages de Rome, Bacillas, Caton et Malquidas, et aussi le charmant perroquet du *Touti-Nameh*; et qu'on enferme Roger Bontemps, et ceux qui, dans mille ans, diront encore la Matrone d'Ephèse aux races à venir. La captivité durât-elle des siècles, et le travail de tous ces ingénieux esprits fût-il incessant, le conte des Tresses ne germerait pas du conte du Vetâla.

Il s'est simplement produit ici un phénomène qui n'est point rare dans l'histoire des contes : une *contamination*. Deux contes, primitivement étrangers l'un à l'autre et qui suivront d'ailleurs des destinées ultérieures distinctes, s'agrippent soudain l'un l'autre. Ce phénomène est fréquent, et nous verrons tout à l'heure que notre conte des Tresses s'est ainsi temporairement attaché, en Europe, une dizaine de contes divers. On n'a jamais imaginé de rechercher, dans tel de ces éléments adventices et caducs, la source première du conte. Pourtant, tel récit contaminé, français, allemand, italien, pourrait, avec autant de vraisemblance que le *Vetâla*, être présenté comme l'original des Tresses. Mais quoi! ces contaminations étaient françaises, allemandes, italiennes — non indiennes! — Le plus souvent, il est difficile de savoir où, quand, pourquoi deux contes se sont ainsi soudés : la fantaisie individuelle d'un conteur, un vague trait commun dans les deux récits, souvent le simple désir de dire une histoire plus longue, le caprice de l'association des idées provoquent ces rapprochements. Mais, ici, ce qui est vraiment curieux et ce qui aurait dû faire réfléchir Benfey, c'est que, dans le récit du *Pantchatantra*, l'on découvre fort bien les intentions intimes du narrateur : la soudure des deux contes y est évidente, et les causes de la contamination flagrantes.

On se souvient en effet que, dans le récit du *Pantchatantra*, un religieux mendiant, Devasarman, observe de sa mauvaise couchette toutes les péripéties du drame. Or, ce Devasarman, les lecteurs du *Pantchatantra* le connaissent bien : cet épisode de la vie conjugale n'était pas la première scène bizarre dont il ait été le témoin ; déjà on l'a suivi, avec une surprise toujours croissante, dans une série d'aventures entre lesquelles on ne remarquait d'abord aucun lien. Ce lien existait pourtant, et l'auteur réservait au religieux Devasarman de tirer de ces épisodes disparates une seule et même leçon. Il lui fallait donc trouver une sorte de mise en scène qui permît à Devasarman de raconter ses aventures et d'en tirer la morale.

C'est alors que l'auteur du *Pantchatantra* s'est souvenu de ce conte du *Vetâla* où un témoin imprévu venait révéler à des juges l'innocence d'un mari condamné. Dans le conte primitif des *Tresses* — nous le montrerons plus loin — l'entremetteuse, une fois châtiée et blessée par le mari, devait disparaître de la scène et ne plus nous occuper. Mais l'auteur du *Pantchatantra* avait encore besoin d'elle : il fallait qu'elle accusât et fît condamner son mari, à seule fin que le religieux Devasarman, sur la place du supplice, en présence du peuple et des juges assemblés, pût survenir, dérouler la série de ses aventures et dire aux juges : « Suspendez votre jugement, parce que ce n'est pas le larron qui a emporté ma robe, ny ce n'est les moutons qui ont tué le renard, ny le jeune homme n'a tué la méchante femme, ny non plus ce n'est pas le cordonnier qui a coupé le nez de la chirurgienne, mais c'est nous-mêmes qui avons tiré ces maux sur nous.... etc.[1]. » D'où la contamination du *Vetâla* et des *Tresses*.

En tout cas, on voit qu'il n'y a primitivement rien de commun entre les deux récits. Plaute associe en une seule pièce une comédie de Diphile et une comédie de Ménandre. L'auteur du *Pantchatantra* associe deux contes populaires, le *Vetâla* et les *Tresses*. Ce sont là des faits similaires : le *Vetâla* n'est pas plus la source des *Tresses* que la comédie de Ménandre n'est la source de Diphile.

II

LES VERSIONS OCCIDENTALES

Soit, dira-t-on peut-être ; le conte du *Vetâla* n'est point la source du conte des *Tresses*. Mais nous nous réservons une

[1]. *Livre des Lumières*, 1644, p. 86.

arme autrement puissante. Si nous n'avons pu découvrir le germe du conte du *Pantchatantra*, sa *Vorgeschichte*; si nous ne connaissons pas le mystère de sa naissance, du moins connaissons-nous sa lignée; et cette lignée, ce sont toutes les versions occidentales modernes. Comparons par exemple le fabliau français avec le *Pantchatantra* : nous verrons que la version sanscrite est la plus archaïque, si bien que les traits du fabliau ne peuvent s'expliquer que comme des déformations des traits correspondants du *Pantchatantra*; et, pour expliquer le fabliau, si le *Pantchatantra* n'existait pas, il faudrait l'inventer. — Comparons donc.

a) Le fabliau comparé aux formes orientales. Supériorité logique du récit français.

Voici le récit de l'un de nos fabliaux[1] :

Un chevalier a une femme, et sa femme a un amant. Les amoureux profitent de ce que le mari est grand coureur de tournois pour se voir en secret chez la sœur du galant. Un jour que l'on annonce le retour du mari, la femme demande à son ami un *don*, que l'on peut considérer comme une de ces mille épreuves de courage que les femmes du moyen âge (au moins dans les romans) requéraient en amour : c'est qu'il viendra la trouver cette nuit-là, dans la chambre conjugale. Il y pénètre en effet le soir, par la fenêtre, et s'approche à tâtons du lit où reposent les deux époux. Mais le malheureux se trompe :

> Lors taste et prent par mi le coute
> Le seignor qui ne dormoit pas,
> Et li sires esvel le pas
> Si le ra saisi par le poing.

Les deux hommes luttent dans l'obscurité et le mari pousse son adversaire, qu'il prend pour un voleur, jusqu'à la porte d'une salle voisine de sa chambre, où il mettait son cheval favori et sa mule. Il renverse son ennemi dans une cuve qui se trouvait là et l'y maintient : « Alumez chandoile! » crie-t-il à sa femme. Mais celle-ci se garde bien d'obéir; elle proteste qu'elle ne pourra jamais trouver dans l'obscurité la porte de la cuisine; elle préfère garder ce voleur pendant que son mari ira chercher de la lumière. Comme le mari s'éloigne en lui confiant son prisonnier, vite, elle le laisse échapper, et quand le bonhomme revient une chandelle dans une main, une épée nue dans l'autre, il voit que sa femme maintient dans la cuve, avec le plus grand sérieux du monde, la tête de sa mule. Il en conclut avec un certain bon sens qu'il a pris un « lecheor » pour un voleur, et jette sa femme à la porte. Elle se réfugie dans la maison amie où elle retrouve son amant, puis s'avise d'un *engin* : « jamais n'orrez parler de tel! » Elle s'en va réveiller une bourgeoise qui lui est dévouée et la fait consentir à entrer dans la chambre de son mari, où elle s'occupera à pleurer tant et plus. En effet,

[1] MR., IV, 94.

l'amie complaisante mène grand deuil auprès du mari qui, n'y tenant plus, se lève, arme d'éperons ses pieds nus, prend par les cheveux celle qu'il croit être sa femme et la met en sang à coups d'éperons; cependant sa vraie femme a rejoint le galant :

> Molt pot ore la dame atendre
> De son ami greignor soulaz
> Que celle qui est prise as laz !

Enfin le mari, las de frapper, prend son couteau, coupe les deux tresses de la malheureuse et la renvoie. Elle court conter sa mésaventure à son amie; celle-ci la console de son mieux, et va se rasseoir sans bruit sur le lit de son mari qui s'est rendormi. Elle trouve sous l'oreiller les tresses coupées, les prend, y substitue la queue d'un cheval, et s'endort paisiblement jusqu'au jour.

Il faut lire dans le texte même la scène très spirituellement menée du réveil; l'étonnement croissant du mari quand il trouve sa femme couchée auprès de lui, quand il découvre son corps tout sain et frais, sans même une « bubete », quand il voit ses tresses intactes et, sous l'oreiller, une queue de cheval. Il se persuade aisément qu'il a rêvé,

> Ou ce est fantosme qui vient
> As genz por aus faire muser,
> Et por aus folement user
> Et por faire foler la gent....

Afin qu'à l'avenir il ne soit plus « enfantosmé » de la sorte, sa femme lui conseille d'aller en pèlerinage à la Sainte Larme de Vendôme, ce à quoi il se résout de grand cœur.

Notons d'abord qu'il est impossible d'admettre que l'auteur anonyme de ce fabliau ait eu directement connaissance du *Pantchatantra*. La traduction latine de Jean de Capoue (1278-1291), la première qui ait été faite dans l'Europe occidentale, est de cinquante ans environ postérieure au fabliau.

Comparons donc les traits correspondants et différents de la version sanscrite et du récit français. Il se pourrait que telle donnée *b* du fabliau ne pût s'expliquer que comme une déformation d'une donnée *a* du Pantchatantra; il se pourrait que le *Pantchatantra* présentât en somme un état plus archaïque du récit, où les incidents de l'intrigue seraient plus conformes qu'ailleurs à la signification intime du conte, plus logiques, plus satisfaisants, partant primitifs. Je crois que c'est précisément le contraire qui est le vrai.

Par exemple, dans le fabliau, la femme adultère perd les cheveux, et non plus le nez. On pourrait être tenté d'y voir un adoucissement du récit primitif : le trouvère aurait été choqué de cette horrible blessure et aurait assez heureusement modifié ce trait du conte sanscrit. — Faut-il vraiment discuter cette très grave question de savoir s'il est mieux que cette femme perde son nez, ou bien ses tresses? Je laisse aux orientalistes à prouver par des textes de lois que cette perte du nez était le châtiment des adultères dans l'Inde, et que c'est là un trait bouddhique[1].

J'y consens. Pourtant, si l'on en voulait tirer trop d'avantage, je serais prêt à soutenir envers et contre tous que ce sont au contraire les tresses coupées qui sont le trait primitif, et que c'est là un détail de mœurs germaniques. Ne se souvient-on pas en effet que Tacite, au chapitre XIX de sa *Germanie*, décrit ainsi le châtiment des adultères : « *abscisis crinibus* nudatam « uxorem coram propinquis expellit domo maritus » ? Ne se souvient-on pas de même de cette belle légende de l'*Heptaméron*[2] où un vieux chevalier d'Allemagne, pour punir sa femme d'un très ancien adultère, l'oblige à paraître chaque jour à sa table devant ses hôtes « *la teste toute tondue*, le demeurant du corps habillé de noir » ? Von der Hagen a gravement réuni, à propos de notre conte, des témoignages de cette coutume germanique[3].

Mais laissons-là ces plaisanteries. Il est facile de montrer comment c'est plutôt le fabliau qui présente ici un état antérieur du conte, dont le trait du *Pantchatantra* n'est qu'une malhabile déformation. Le conte est essentiellement imaginé pour nous faire rire d'un bon tour joué à un mari; et une ruse n'est drôle que si elle réussit. Or la ruse ne réussit nullement dans le *Pantchatantra*. Là, en effet, l'entremetteuse qui a perdu son nez va se plaindre, accuse son mari; c'est dans le bourg un beau tapage. Que fait, en l'apprenant, l'autre mari, celui qui se rappelle avoir coupé le nez de quelqu'un dans l'obscurité? Le *Pantchatantra* se tait prudemment là-dessus. Il est évident que, dupé une heure, il a reconnu dès le matin la fraude et l'erreur : la ruse de sa femme se retourne contre elle. Dans le fabliau, tout au contraire, l'entremetteuse n'est jamais gênante; elle a perdu ses cheveux? elle en sera quitte pour porter de

---

1. Au contraire, voyez dans le *lai de Bisclarret*, toute la postérité d'une femme adultère, qui naît *esnasée*.
2. Nouvelle XXXII.
3. *Gesammtabenteuer*, II, p. XLV.

fausses nattes sous son couvre-chef[1]; nul ne se doutera de son malheur; le mari pourra faire en toute conscience son pèlerinage à la Sainte Larme de Vendôme, et nous pourrons rire du bon tour qu'on lui a joué. Il est bien probable que, dans la forme primitive du conte, l'entremetteuse en était quitte pour une mutilation légère, et le fabliau est plus voisin que le *Pantcha-tantra* de cette forme primitive.

Mais la rédaction sanscrite souffre d'une infériorité plus caractéristique. La femme adultère n'y est, à aucun moment, une rusée qui combine un plan; c'est le hasard qui mène tous les évènements. C'est par hasard que l'entremetteuse vient lui porter un message. C'est cette entremetteuse qui lui propose de prendre sa place au pilier; quant à elle, elle reste constamment passive; et, lorsque le mari se réveille, elle n'a vraiment pas grand mérite à s'écrier : « Que les dieux me rendent mon nez! » car la première sotte venue l'aurait dit à sa place. Dans le fabliau au contraire, le trait de génie de la femme consiste précisément à préparer toute cette scène. Comme elle prévoit qu'elle sera battue dans la nuit, elle préfère aller rejoindre son amant et qu'une amie supporte la volée; et dès qu'elle sait le succès de sa ruse, quelle active habileté! Vite, elle efface de sa chambre toute trace de désordre, enlève les tresses révélatrices, les cache, met à leur place une queue de cheval et attend le réveil du mari pour lui persuader lentement, par une série de preuves savamment combinées, qu'il a été hanté par quelque cauchemar. Si l'on songe que notre conte fait partie du cycle des *ruses féminines*, laquelle de ces deux formes est primitive? N'est-il pas vrai que ce n'est point, comme le voudrait la théorie, dans la version orientale qu'on trouve la plus parfaite intelligence du conte, mais tout au contraire dans le fabliau ?

b) *Qu'il est impossible, en fait, de savoir quelle est la primitive, des versions indienne et française. Discussion de la méthode.*

Comment peut-on, en bonne critique, établir les rapports réciproques de deux versions d'un même conte? Voici une méthode qui me paraît sûre, nécessaire et non contestable.

---

1. C'est en effet ce que lui conseille son amie :

« Ne ja douter ne li estuet
Des tresces, se trouver les puet,
Que si bien ne li mette el chief,
Que ja n'en savra le meschief
N'ome ne feme qui la voie. »

A passer de bouche en bouche et de livre en livre, du livre à la tradition orale ou inversement, du musulman au chrétien, du grand seigneur à la portière, d'un sot à Boccace, d'un matelot breton à un cafre de la côte de Mozambique, un conte s'expose à mille remaniements. Mais s'il est à la merci du caprice, de la sottise, de la fantaisie imaginative, du manque de mémoire, des mœurs particulières de chacun de ses narrateurs successifs, il s'en faut pourtant que ces transformations puissent indistinctement porter sur toutes les parties du récit. Un conte est un organisme vivant, et, comme tel, est soumis pour vivre à de certaines conditions. On peut enter sur une plante une greffe étrangère, couvrir un animal de parures diverses; inversement, on peut mutiler un être vivant, animal ou plante, lui retrancher un nombre déterminé d'organes; l'être ainsi mutilé pourra languir; il sera réduit à son minimum de vie, mais il vivra. Touchez au contraire à l'un de ses organes essentiels et à un seul, le voilà mort. Pareillement, on peut greffer sur un conte des membres parasites ou l'affubler de costumes différents, selon les pays qu'il habite. On peut au contraire le réduire à la nudité ésopique, le mutiler même, il vivra toujours. Mais il est essentiellement constitué par un ensemble d'organes tel qu'il est impossible de toucher à l'un d'entre eux et à un seul, sans le tuer.

Il est extrêmement facile, étant donné un conte quelconque, d'en déterminer la constitution organique.

Voici, par exemple, celle des *Tresses* : *Un mari a de certaines raisons d'en vouloir à sa femme. Celle-ci trouve un moyen de s'esquiver hors de la chambre conjugale, sans que le mari s'en aperçoive; une amie l'y remplace, et comme, dans l'obscurité, le mari n'a pu s'apercevoir de la substitution, c'est elle qui reçoit la correction prévue; en outre, le mari lui fait subir une mutilation corporelle quelconque; sa vraie femme retourne ensuite dans sa chambre, et, comme elle peut lui montrer son corps intact, sans blessure d'aucune sorte, elle lui persuade aisément qu'il a rêvé, ou que les dieux ont réparé l'injure faite à une innocente.*

Quels sont les caractères propres à cette forme? C'est d'abord que, pour la dégager, il n'est pas nécessaire de comparer les différentes versions conservées du récit : ce travail est possible sur une forme quelconque d'un conte quelconque; ensuite, que ce résumé convient exactement non seulement aux trente versions conservées d'un conte, mais aussi à toutes les versions intermédiaires perdues, mieux encore, à toutes les versions *possibles*; il est tel qu'on ne saurait y ajouter un trait, et un seul, qui ne fût secondaire; qu'on ne saurait en supprimer un trait, et un seul, que le conte ne mourût du même coup. En un mot, on peut réduire une version quelconque d'un conte à une forme irréductible : ce substrat dernier devra nécessairement passer dans toutes les versions existantes, ou même imaginables, du récit, il est hors du pouvoir de l'esprit humain d'en supprimer un iota. On redirait le conte dans dix mille ans que cette forme essentielle se maintiendrait, immuable.

Cela posé, puisque tout conteur passé ou futur a été, est, ou sera nécessairement contraint d'admettre dans son récit cet ensemble de traits organiques, que nous appellerons ω, il s'ensuit que nous ne pouvons rien savoir du rapport de deux versions qui ne possèdent que ces seuls traits en commun.

Mais il est évident que jamais un conte ne s'est transmis sous cette forme sommaire, abstraite et comme symbolique : le jour même où il a été inventé, ses personnages vivaient déjà d'une vie plus concrète, plus complexe. Chacun des incidents nécessaires de l'intrigue était expliqué, motivé : c'était, ici, un détail de mœurs, là un mot plaisant, là un trait de caractère. Si on nous permet d'employer ces formules, le conte ne s'exprimait point par ω, mais par $\omega + a, b, c, d...$, et chacun de ces traits accessoires $a, b, c, d...$, est par nature transitoire et mobile. Ils sont les accidents du conte, dont ω est la substance. Ils sont, par définition, arbitraires et peuvent varier d'un conteur à l'autre.

Si donc on retrouve l'un d'entre eux dans deux versions — et dans ce cas seulement — ces deux versions sont indissolublement unies. De même qu'une famille de manuscrits est constituée par l'existence d'une même faute dans divers manuscrits, de même plusieurs versions d'un conte peuvent être rangées en une même famille, si ces versions présentent les mêmes traits accessoires en commun; car, s'il est impossible d'admettre que deux copistes indépendants commettent la même faute au même endroit, il est aussi impossible que deux conteurs indépendants imaginent le même trait accessoire au même endroit, la fantaisie créatrice étant un acte de l'esprit aussi individuel que l'erreur[1].

---

1. Il reste ici, comme dans les classifications de manuscrits, un élément de critique subjective : de même qu'une faute identique peut avoir

En résumé, il faut, étant donné une forme quelconque d'un conte, distinguer d'abord des traits accessoires les traits essentiels, c'est-à-dire ceux dont on ne peut concevoir qu'ils soient jamais modifiés, sans que le conte meure. — Certes, l'erreur peut se glisser dans cette opération, et il est possible que l'on considère comme essentiel au récit un détail d'ornement. Mais nul ne saurait contester que ce départ soit possible. Si nous l'avons opéré avec justesse, ici comme dans les monographies qui suivront, c'est ce que le lecteur éprouvera.

Ce travail une fois fait, toute classification de versions fondée sur la seule communauté des traits essentiels ω est non avenue; mais il suffit que deux versions possèdent un seul trait accessoire, a, en commun pour être indissolublement associées.

Appliquons ces procédés au conte des Tresses.

Pour peu que l'on veuille comparer la forme orientale et le fabliau, on s'apercevra que ces deux versions n'ont précisément en commun que les traits que nous réunissons en ω; *tous les autres*, qui sont secondaires, diffèrent. La rédaction sanscrite sera par exemple, exprimée par la formule : ω $+ a$ *(le moine mendiant)* $+ b$ *(la femme au pilier)* $+ c$ *(le nez coupé)* $+ d$ *(la femme du barbier et le rasoir)* $+ e$ *(le jugement)* etc..., tandis que la formule du fabliau sera ω $+ v$ *(la mule et la cuve)* $+ x$ *(la femme blessée à coups d'éperons)* $+ y$ *(les tresses coupées)* $+ z$ *(le pèlerinage)* etc... Ces deux formes ω $+ a, b, c, d...$, ω $+ v, x, y, z...$ ne sont donc pas comparables, et l'on ne pourra rien m'objecter, s'il me plaît de soutenir que le conte des *Tresses* a été inventé par tel conteur, Carthaginois ou Thrace, qu'il me conviendra d'imaginer, ou par un bel esprit égyptien qui vivait au cours de la xixe dynastie, sous le règne de Ramsès II; que cet égyptien l'a conté à deux de ses amis; que l'un de ces amis a inventé les traits accessoires qui sont donnés par le *Pantchatantra*, l'autre ceux qui sont parvenus à notre trouvère. Il est possible que ces deux formes n'aient eu aucun rapport commun depuis le règne de Ramsès II.

On dira : il n'est pas démontrable en effet que le fabliau vienne du *Pantchatantra* ; mais cela est pourtant possible. Ils n'ont plus qu'ω en commun, il est vrai; mais rien ne nous

.

été suggérée à deux copistes indépendants, de même un même trait accessoire peut, dans certains cas, avoir été imaginé par deux conteurs indépendants. Chaque cas doit être étudié à part. Voyez au chapitre suivant nos remarques sur le *lai de l'Epervier*.

prouve que les traits accessoires a, b, c, d, ne soient pas tombés précisément au cours du voyage d'Orient en Occident.

Le fait est possible, en effet, mais non démontrable. Or, notons d'abord que cette démonstration eût été la dernière ressource permise aux indianistes.

Ils ne peuvent la faire, et je puis, au contraire, fournir la preuve inverse.

S'il m'arrive, en effet, de montrer — comme je le ferai au chapitre suivant — que ce minimum de rapports possible entre le fabliau des *Tresses* et le conte du *Pantchatantra* n'est pas un fait isolé, que bien au contraire, les contes français qui nous restent à étudier n'ont *presque jamais* aucun trait accessoire en commun avec les mêmes contes sous une forme orientale, peut-être sera-t-on forcé de convenir qu'il y a là une présomption digne de quelque attention.

Nous entendrons, en effet, dans un instant, Hans Sachs nous raconter les *Tresses* à son tour. Chose étrange! Il nous racontera, quoi? le fabliau. Non pas seulement les traits nécessaires du fabliau, cette intrigue succinte que nous appelons ω; non, mais aussi vingt détails accessoires, le rendez-vous donné à l'amant dans la chambre conjugale, et sa lutte avec le mari dans l'obscurité, et son évasion pendant que le mari va chercher de la lumière, et l'épisode du veau retenu prisonnier à la place de l'amant, et ainsi de suite, jusqu'à la fin du récit. Pourtant, voilà plus de 300 ans que le fabliau était enfoui dans un manuscrit ignoré; Hans Sachs ne l'avait pas lu; nous ne connaissons aucune source intermédiaire écrite qui ait pu conserver ces traits : et voici qu'on ne sait d'où, à travers le moyen âge écoulé et la Renaissance, le conte arrive, presque exactement sous la forme du fabliau, dans une échope de Nuremberg! Et tandis que nous constatons cette extraordinaire fixité des détails secondaires dans la tradition orale — pourquoi, si les contes français viennent des contes indiens, ne retrouve-t-on pas une semblable communauté de détails entre les prétendus originaux et leurs copies?

Le chapitre suivant prouvera qu'en effet cette communauté ne se présente presque jamais.

Cette absence de traits accessoires communs entre les récits indiens et les récits occidentaux ne peut s'expliquer sérieusement que d'une manière : ces récits occidentaux ne viennent pas des récits indiens.

Ainsi, le procédé de comparaison ci-dessus proposé ne

prouve pas que notre conte ne puisse venir de l'Inde, puisqu'il est possible, — à tout prendre, — que ce soit au cours de son voyage du conteur bouddhiste au trouvère, que le récit a perdu ses traits accessoires *a, b, c, d..* Mais ce procédé a une double efficacité : il fait voir que l'origine orientale de ces contes, pour possible qu'elle soit, est indémontrable ; il fait voir encore que cette origine, possible, mais indémontrable, est, de plus, improbable ; car, entre les soi-disants modèles et leurs prétendues imitations, il n'y a de semblables que les seuls traits qui leur seraient communs s'ils étaient indépendants les uns des autres.

c) *Les différentes formes européennes, toutes étrangères aux formes orientales.*

Il paraît donc démontré que notre trouvère ignorait la forme indienne du conte. Il l'ignorait aussi parfaitement que s'il lui avait fallu s'en aller lui-même découvrir le *Pantchatantra* dans un couvent cinghalais, quitter sa taverne et ses dés, ceindre ses reins comme le religieux chinois Hiouen-Thsang, et vénérer en personne le bois de manguiers où Çakyamouni, après six ans d'austérités, était enfin devenu bouddha accompli.

Mais voici que, postérieurement à notre vieux poète, le livre bouddhiste a lui-même accompli son exode vers nos pays occidentaux. Voici le moyen âge passé et l'imprimerie inventée. Ce n'est plus seulement par des manuscrits que se transmet la traduction latine de Jean de Capoue. Le livre indien est publié : les Allemands peuvent le lire en allemand (*Buch der Beispiele*, 1480); les Italiens, en italien (Doni, 1552), etc.

N'est-il pas à prévoir que la forme indienne des *Tresses*, multipliée par les presses de Venise, de Francfort, trouvera dans la tradition orale quelque popularité, tandis que notre fabliau, oublié dans un unique manuscrit que des moines conservent, mais se gardent bien de lire, attendra pour revivre que Méon le retrouve dans le manuscrit 19.152 de la Bibliothèque Nationale? N'est-il pas à prévoir que nous retrouverons quelque part ces traits accessoires du *Pantchatantra*, inconnus du fabliau?

Eh bien! non. Sous dix formes encore qui représentent la tradition de dix mille conteurs, peut-être — nous retrouverons ce conte, et chacune des dix formes ressemble au fabliau, jamais au récit sanscrit. Jamais plus nous ne reverrons l'épisode du pilier où sont successivement attachées les deux amies et jamais plus la sotte histoire du rasoir du Pantchatantra. Mais, partout, le conte reste, dans sa teneur, semblable au fabliau. Comme le fabliau, les versions européennes nous présentent une ruse de femme savamment combinée : c'est la coupable elle-même qui imagine de faire entrer son amie à sa place dans la chambre conjugale; l'amie est battue et perd ses tresses; la coupable profite du sommeil du mari pour faire échapper sa complice, réparer le désordre et se justifie en montrant sa chevelure intacte. En sorte que, si nous représentons la forme orientale par $\omega + a, b, c, d,...$, la forme du fabliau par $\omega + v, x, y, z...$, la formule qui exprimera l'une quelconque des formes européennes[1] comprendra un ou plusieurs des termes v, x, y, z, et jamais l'un des termes a, b, c, d. — Ainsi, deux choses ont été surabondamment prouvées : non seulement les formes européennes[1] les plus anciennes ne dérivent point des formes orientales; mais encore quand l'imprimerie a répandu à des milliers d'exemplaires, dans des langues diverses, la forme orientale, on ne voit jamais que cette forme orientale et savante se soit combinée avec la forme occidentale et populaire.

On pourrait s'arrêter là et clore cette discussion. Mais si nous suivons encore notre conte dans ses destinées, nous y trouverons l'occasion d'une constatation curieuse : tandis que

---

1. Voici, pour être aussi exact que possible, les variantes de détail que présentent ces versions. Le fabliau de Garin ressemble, plus que toute autre forme, au fabliau précédemment analysé, sauf qu'il y ajoute quelques grossièretés (notamment vers 228 ss.); de plus, le mari est un bourgeois et non plus un chevalier, ce qui explique mieux le voisinage d'une étable. — *Hans Sachs* : l'amant est un prêtre, qui, à la fin du conte, vient exorciser le mari; c'est une vieille qui sert d'entremetteuse; la fin du conte est maladroite, car le mari a pu garder et montrer à son beau-frère les tresses de la vieille femme, et la justification de sa femme demeure par suite incomplète. — *Boccace* : la femme complaisante est une servante; le mari lui arrache une touffe de cheveux qu'il va porter à ses beaux-parents, cependant que sa femme, Monna Sismonda, rentre chez elle et se met paisiblement à filer; et, quand ses parents arrivent, elle proteste que son mari, ivre, a dû passer la nuit chez quelque mauvaise femme. — *Herrand de Wildonie* : aucune variante qui offre quelque intérêt. — *Der Reiher* : le mari, avant de couper les tresses, casse trois bâtons sur le dos de la femme et ces bâtons deviennent des pièces à conviction qu'il faut faire disparaître comme les cheveux. — *Cent Nouvelles* : les bâtons brisés comme dans le *Reiher* et les draps de lit ensanglantés sont les seules pièces à conviction; dans cette seule version le mari ne coupe point les tresses de sa femme. — *Le Singe de La Fontaine* est une simple mise en vers du conte des *Cent Nouvelles*.

la forme orientale se transmet de traduction en traduction, toujours identique à elle-même, la même chez Campeggi ou chez Verboquet, morte, et comme enserrée dans des bandelettes de momie, le conte oral, qui vagabonde librement par le monde, très étranger aux remaniements que les savants peuvent faire du *Pantchatantra*, subit toutes ces vicissitudes d'un organisme vivant. Il s'agrège des traits nouveaux, en élimine d'anciens, se combine avec des contes qui lui étaient primitivement étrangers; et c'est une réelle surprise de constater sa plasticité, la diversité des éléments qu'il adopte et rejette successivement, et tout ensemble la force de résistance et la vitalité de ces éléments assimilés. Il peut être intéressant de faire rapidement l'histoire de ces *contaminations*.

C'est le début du conte qui permettait aux narrateurs le plus de fantaisie. La forme abstraite et nécessaire que nous en avons donnée, ω, porte simplement : « un soir, un mari a des raisons d'en vouloir à sa femme. » Quelles sont ces raisons? Le conteur peut les imaginer à sa guise, sans que la suite du conte en souffre. Trois conteurs (on ne sait ni l'on ne saura jamais qui, ni où, ni quand) ont résolu différemment à la question posée, et, pour y répondre, ont soudé, par contamination, au conte des *Tresses* trois récits qui vivaient déjà et qui sans doute vivent encore aujourd'hui d'une vie indépendante; d'où trois familles différentes selon que c'est l'invention de tel de ces trois conteurs qui a prévalu.

a) *La Mule.* — Nous avons déjà rencontré l'une de ces trois contaminations. C'est ce bizarre épisode du fabliau où une mule est substituée dans l'obscurité à l'amant qui s'enfuit. Quatre conteurs, bien éloignés les uns des autres, se rencontrent pour nous transmettre cette tradition : ce sont Garin, auteur d'un autre fabliau[1], un poète allemand du XIIIe siècle ou du XIVe, Herrand de Wildonie[2]; un autre poète allemand du moyen âge[3], enfin Hans Sachs qui nous raconte cet épisode avec sa lourde bonhomie[4].

1. Fabliau de la *dame qui fist entendant son mari qu'il sonjoit*, M R, t. V, 121. M R.
2. *Der verkehrte Wirth*, Gesammtabenteuer, t. II, p. 337, XLIII.
3. Keller, *Erzählungen aus altd. Hss., der Pfaff mit der Snuer*, p. 310.
4. Hans Sachs, *Schwanck*; *Der Bauer mit dem zopff*; Bibliothek des literarischen Vereins, t. 125 de la collection, t. IX de Hans Sachs, p. 279. « Quand le mari arrive avec sa lumière et s'aperçoit que c'est

Cette histoire se comprend mal, car enfin il n'y a aucune apparence que le mari se laisse prendre à la ruse et croie réellement qu'il a pu confondre un homme avec une mule, un âne ou un veau. Ce n'est pas sous cette forme qu'a dû être inventé le récit, et la version primitive est celle que nous donne le *Çukasaptati*; on nous dispensera de transcrire cette imagination obscène qu'on pourra lire dans l'allemand de Benfey[1]; il est évident que le premier conteur qui a contaminé les deux récits racontait l'histoire du veau telle qu'elle se trouve dans le *Çukasaptati*[2] et peut-être la raconte-t-on encore aujourd'hui sous cette forme : nos conteurs ou leur source commune l'ont adoucie; ils l'ont rendue plus décente et moins claire[3].

b) *La ficelle*. — Boccace et une autre lignée de conteurs ont admis une tradition différente. La jeune Monna Sismonda, nous raconte Boccace[4], étant fort surveillée par son mari, pour être avertie de la venue de son ami Ruberto, imagina d'installer en dehors de la fenêtre de sa chambre une ficelle dont l'un des

---

un âne que sa femme tient prisonnier, la femme rit beaucoup et dit : « Tu n'es pas bien malin ! Tu t'en prends à ce doux animal qui nous a longtemps servis, toi et moi, qui nous porte du bois et de l'eau, et voici que tu veux le faire pendre à une potence comme un voleur? » — « Cet âne avait des pieds et des mains d'homme ! » — « Va, cher mari, tu es encore tout saoûl de sommeil ! »

1. Benfey, *Mém. de l'Ac. de St-Pétersb.*, loc. cit.
2. Ce qui ne signifie pas que ce conte soit davantage d'origine orientale.
3. On peut rapprocher du récit du *Çukasaptati* la 61e des *Cent Nouvelles nouvelles*. Par contre, je ne vois aucun rapport entre ce récit et la malpropre et insignifiante histoire qu'indique Benfey : Morlini, éd. elzévirienne, Paris, 1885, nov. LXVIII, p. 122, *De rustico qui reperit adulterum cum uxore*. — Quant à la lettre d'Aristénète que cite aussi Benfey, elle est incomplète et nous ne pouvons savoir si elle avait quelque rapport avec notre conte (éd. Boissonade, 1822, p. 191, dernière lettre, περὶ τῆς συμβάσεως τὸν μοιχὸν ἀπολυούσης). Une femme, surprise par le retour du mari, attache son amant avec des cordes, et dit au mari qui entre : « C'est un voleur qui était en train de piller la maison ; nous ne le livrerons que demain à la police. Si tu as peur, je veillerai seule sur lui toute la nuit..... » Le ms. s'arrête là. Par quel ingénieux procédé (συμβάσεως) la femme délivrait-elle son amant? Nous l'ignorons. Le recueil qui porte le nom d'Aristénète a été écrit entre le IVe et le Ve siècle après J.-C. Voilà un des mille contes grecs qui gênent Benfey; ce récit d'Aristénète, dit-il, dérive peut-être d'originaux indiens; oui, sans doute, mais peut-être aussi d'originaux siciliens, ou ibériques, ou gaulois, etc...
4. *Décaméron*, VII, 8.

bouts retomberait à terre et dont l'autre, traînant sur le plancher, arriverait jusqu'à son lit, de façon qu'elle pût l'attacher à son orteil. L'amant venait tirer la ficelle, et des signes convenus annonçaient si le mari était endormi ou non. Mais, un jour, le mari, étendant le pied dans le lit, rencontre la ficelle, l'attache à son doigt, et quand l'amant la tire, il se lève, le poursuit, le rejoint, se bat avec lui; pourtant Ruberto s'échappe, sans que le mari ait pu le reconnaître dans la nuit. Pendant cette lutte, Monna Sismonda a fait entrer sa servante à sa place dans le lit conjugal. Suit le conte des *Tresses*.

Ce conte est sans doute aussi une contamination et a dû vivre d'une vie indépendante. Mais le conteur qui le premier l'a lié au conte des *Tresses* a été obligé de lui enlever son dénouement primitif. Comment, dans la version originaire, la femme se tirait-elle de ce mauvais pas? Nous ne connaissons pas de forme indépendante de ce conte, sinon dans La Fontaine[1].

Mais le moment le plus curieux dans l'histoire de ces contaminations est celui que nous saisissons dans le poème allemand de Herrand de Wildonie : il participe à la fois du récit des deux fabliaux et du récit de Boccace, en sorte qu'il associe trois contes : 1°) la ficelle; 2°) l'âne; 3°) les tresses. En effet, le conte commence comme la nouvelle de Boccace : le mari voit une ficelle; sa femme en tient l'un des bouts; à l'autre, il découvre un galant. Il le saisit par les cheveux et ne le laisse point s'échapper comme dans Boccace; mais, comme

---

1. Dans la *Gageure des trois commères*, une femme qui veut duper son mari dispose une ficelle de la même façon que Monna Sismonda, avec cette différence que personne ne doit venir la tirer. Ce n'est qu'un stratagème pour provoquer la jalousie du mari. Le bonhomme, en effet, voit la ficelle, croit qu'un amant est au bout, s'arme jusqu'aux dents, et va faire le guet dans la cour, tandis que le galant s'introduit dans sa chambre. Trois nuits de suite, le mari fait ainsi sentinelle devant la ficelle que personne ne vient tirer. La quatrième nuit, un homme vient, qui la tire. Le mari s'élance sur lui et reconnaît son valet. Celui-ci expose qu'il veut épouser la chambrière et que c'est pour lui un moyen de se faire ouvrir que de venir tirer cette ficelle qui communique au pied de sa belle. La femme explique à son tour, qu'ayant vu, quelques jours auparavant, un fil au pied de sa chambrière, avait aussi disposé un fil semblable et l'avait attaché à son pied, pour surprendre les relations légères de cette fille. — Il est difficile de décider si La Fontaine a reçu le conte tel quel, d'une source que j'ignore, ou si, contrairement à son habitude, il a habilement remanié et rendu à sa vie indépendante le conte de Boccace.

dans les fabliaux, il lo fait tenir par sa femme pendant qu'il va chercher de la lumière, avec menace de la tuer si elle le laisse échapper; quand il revient, c'est un âne que sa femme tient par les oreilles. Suit le conte des *Tresses*. — Ici, notre récit est arrivé à son plus haut degré de complexité : les deux versions qui couraient le monde, depuis des siècles peut-être, *l'âne + les tresses*, — *la ficelle + les tresses* sont un jour parvenues, par un grand hasard, aux oreilles d'un même homme, qui a répété le conte à son tour; mais ne voulant pas sacrifier l'une de ces histoires qu'il trouvait si jolies toutes deux, il les a combinées non sans adresse, et a conté *la ficelle + l'âne + les tresses*. Et c'est la source du récit de Herrand de Wildonie.

c) *Le héron*. — Une troisième et dernière série de narrateurs ont différemment profité de la liberté de répondre à leur guise à cette question : « Quels motifs de colère le mari a-t-il contre sa femme? » A la fin du conte des *Tresses*, le mari est persuadé qu'il a rêvé, qu'il a été *enfantosmé*; et cette idée secondaire a évoqué dans la mémoire de certains conteurs le souvenir d'autres récits analogues où un mari était ainsi convaincu de folie passagère. Ce sont ces récits qui se sont liés alors au conte des *tresses*; de la sorte, le mari se persuade que deux fois, dans la même nuit, il a été *enfantosmé*.

Voici l'une de ces histoires, telle que nous la donne un poème allemand, *der Reiher*[1] : un homme, riche en biens et en terres, se plaisait à élever un coq, qui, à son appel, volait sur son poing et se laissait ainsi porter en tous lieux. Un jour que l'homme le portait le long d'un étang, il rencontra un héron qui prit le coq pour un épervier, et qui, fasciné, se laissa prendre à la main. L'homme revint chez lui, tout heureux d'avoir pris un héron grâce à son coq, et s'en fut inviter son seigneur à le manger avec lui, tandis que sa femme apprêtait le héron. Mais pendant son absence, une commère est venue causer avec sa femme; toutes deux sont alléchées par la bonne odeur du gibier qui cuit; elles se laissent tenter, cèdent et mangent le héron à elles deux[2]. Le seigneur est reçu avec honneur, et le dîner est fort beau; mais de héron, point. « Où donc, demande le mari, est notre héron? » — « Quel héron? » — « Mais celui que j'ai pris avec mon coq? » — « Où as-tu jamais vu que l'on pût prendre un héron avec un coq? » Et tous les convives, pris à témoin, conviennent que

1. *Gesammtabenteuer*, II, XXXI.
2. On reconnaît ici la scène amusante du fabliau des *Perdrix*.

pareille chasse ne s'est en effet jamais vue, et que le mari doit avoir rêvé. Le mari n'insiste pas, mais se promet bonne vengeance pour la nuit. Suit le conte des tresses, et le lendemain, quand le bonhomme prétend avoir coupé les cheveux de sa femme celle-ci s'écrie victorieusement : « Cela est aussi vrai que ton imagination du héron pris par un coq ! » Une histoire très analogue se retrouve, sous forme indépendante, dans le fabliau *des trois femmes qui trouvèrent l'anneau*[1], et dans un conte petit-russien[2] : « Une femme, qui avait parié de jouer un bon tour à son mari, prit à la nasse dix tanches, un jour qu'il était au labourage. A midi, elle lui porta son déjeuner, et en arrivant au champ où il labourait, elle jeta les dix tanches à intervalles réguliers dans le sillon qu'il traçait. Le paysan reprit un sillon nouveau et trouva successivement les dix tanches, encore vives, dans le sillon qu'il venait de creuser. Après s'être étonné du prodige, il donna pourtant les poissons à sa femme, pour qu'elle les lui servît au dîner. Le soir venu, elle lui apporta son repas, mais pas de poissons. « Où sont donc mes tanches ? » — « Quelles tanches ? » — « Mais celles que j'ai déterrées en labourant ! » — « Es-tu fou ? où as-tu pris que les tanches vivent dans les sillons ? » Le paysan battit sa femme, qui alla se plaindre au *sotsky*[3] et lui raconta comment son mari croyait avoir tiré dix tanches de son champ. Le *sotsky* crut le mari fou et le fit lier, tandis que la femme allait chercher le pope qui avait coutume d'entendre la confession du paysan. Et tout en se confessant, l'homme lui disait : « Petit père, crois-moi, je les ai bien déterrées ! » et comme il entendait les tanches frétiller dans un seau sous le banc : « Vois, petit père, elles sont encore vivantes ! » Le prêtre le tenant de plus en plus pour fou, le bonhomme rentra en lui-même et finit par dire : « Après tout, cela m'est peut-être arrivé justement ! » — C'est encore ce récit, affaibli et moins intelligemment rapporté, que les *Cent nouvelles* et un méchant poète du XVIIIe siècle associent, comme le poète allemand, au conte des *Tresses*[4].

1. M R, XV.
2. *Rudtschenko, südrüssische Volksmärchen*, Kiew, 1865, p. 165. Etudié par Liebrecht, *Germania*, t. XXI, 1886, p. 385, ss.
3. Surveillant de cent âmes.
4. 38e des *Cent Nouvelles*. Ce récit des *Cent Nouvelles* est mis en vers dans un recueil du XVIIIe siècle, le *Singe de La Fontaine ou contes et nouvelles en vers, à Florence, aux dépens des héritiers de Boccace*, 2 vol., 1773, p. 8.

LE FABLIAU DES « TRESSES »

ENSEMBLE DES TRAITS QUE DOIT NÉCESSAIREMENT RENFERMER TOUTE VERSION PRÉSENTE, PASSÉE OU A VENIR.

Un soir, un mari a des raisons d'en vouloir à sa femme. Celle-ci trouve moyen de s'évader de la chambre conjugale, sans que son mari s'en aperçoive. A la faveur de l'obscurité, une amie se substitue à la coupable, et c'est cette amie qui reçoit une dure correction. Le mari lui fait en outre subir une mutilation corporelle (il lui coupe le nez ou les tresses). La vraie femme retourne le matin dans sa chambre, et peut montrer à son mari son corps intact, sans blessure ni mutilation d'aucune sorte. Le bon mari se laisse donc persuader qu'il a rêvé ou que les dieux ont réjani l'injure faite à une innocente.

Versions orientales

formule : to + a, b, c, d, e, f......

a = c'est une entremetteuse qui vient relancer la femme chez son mari ;
b = la coupable n'a rien prémédité ; aucune ruse de sa part ;
c = le pilier ;
d = le nez coupé ;
e = contamination du conte du *Vêtâlapanchavinçati* ;
etc......

Le *Pantchatantra* et les diverses traductions du *Kalilah et Dimnah*, dans les diverses versions (aussi, mdaces (Vikr et lunc), Vuli, Annibale Campeggi, Verloquet, Masuyer), à simplement tradition savante, plagiat et traduction de livre à livre.

Versions occidentales

formule : to + t, u, v, x, y........

t = pas d'entremetteuse ; c'est la femme qui imagine d'envoyer une amie à sa place ;
u = la ruse de la femme est préméditée ;
v = les tresses coupées ;
x = contaminations d'histoires diverses qui répartissent les contes de ce groupe en sous-familles
etc...

1ʳᵉ HISTOIRE CONTAMINÉE	2ᵉ HISTOIRE CONTAMINÉE	3ᵉ HISTOIRE CONTAMINÉE
La Mule	*La Ficelle*	*Le Héron*
(Existe comme indépendante dans le *Cukasaptati* et les *Cent nouvelles nouvelles*).	(Existe comme indépendante dans La Fontaine (?))	(Existe comme indépendante dans plusieurs contes populaires, notamment dans un conte petit-russien).
Fabliau anonyme	Boccace	der Reiher
Fabliau de Garin	Herrand de Wildonie.	(Cent nouvelles nouvelles
Keller		*Le Songe de La Fontaine.*
Hans Sachs		
Herrand de Wildonie.		

Toutes ces formes occidentales proviennent de la seule tradition orale. (V. dans notre étude les rares exceptions.)

Cette étude, outre qu'elle détruit l'hypothèse de l'origine indienne du fabliau *des Tresses*, met en relief un phénomène curieux : c'est l'immutabilité des contes, lorsqu'ils passent d'un livre à un autre livre; leur puissance de transformation, au contraire, lorsqu'ils se répètent oralement.

Tout conteur livresque copie son modèle, le modifiant le moins possible, par paresse ou par indifférence. Les invraisemblances ne le choquent pas. La Fontaine, imitant Boccace, s'applique à marquer la physionomie de ses héros, à écrire de jolis vers : les données du récit lui importent médiocrement. Pour les narrateurs lettrés, ces menues intrigues sont sacrées, comme les livres saints, car personne n'y touche. Mais on ne touche pas aux livres saints, parce qu'on les respecte trop ; on ne touche pas aux contes, parce qu'on ne les prend pas assez au sérieux pour leur faire l'honneur de modifications réfléchies. A travers les versions orales, au contraire, la vie circule : c'est que l'oubli, l'usure des épisodes et Nécessité l'ingénieuse les transforment incessamment.

CHAPITRE VII

SUITE DE NOS ENQUÊTES SUR LES DIVERS FABLIAUX ATTESTÉS DANS L'ORIENT

I. Fabliaux qu'il nous faut écarter : *la Housse Partie, la Bourse pleine de sens, le dit des Perdrix*. — II. Monographies des fabliaux qui se retrouvent sous quelque forme orientale ancienne. — Rejet aux appendices, pour éviter de fastidieuses redites, des contes d'*Auberée*, de *Bérengier*, de *Constant du Hamel*, du *Plicon*, du *Vilain Asnier*, du *Vilain Mire*. — Etude spéciale de quatre fabliaux: A, le *lai d'Aristote*; B, les *Quatre Souhaits Saint-Martin*; C, le *lai de l'Epervier*; D, les *Trois Bossus Ménestrels*.

Nous avons posé ces principes au cours de la précédente étude :

1) Il existe, dans chaque conte, une partie fixe, organique et immuable, qui doit se retrouver dans toute version passée, présente ou future, et une partie accessoire et mobile.

2) Deux versions ne peuvent donc être associées que par la communauté d'un même trait accessoire, et l'on ne peut ni l'on ne pourra jamais rien savoir du rapport de deux versions qui ne présentent en commun que ce substrat organique du conte.

3) Si pourtant, lorsque deux versions présentent des traits accessoires correspondants et différents, tel trait de l'une d'elles ne peut s'expliquer que comme une déformation du trait correspondant de l'autre récit, l'une des deux versions est dérivée de l'autre, qui doit être considérée comme la forme-mère.

C'est ce que veut signifier, sans doute, M. G. Paris, lorsqu'il écrit : « Il faut de toute nécessité distinguer dans un conte entre les éléments qui la constituent réellement, et les traits qui n'y sont qu'accessoires, récents et fortuits[1]. » Il nous faut appliquer ces principes à tous ceux de nos fabliaux qui se retrouvent en Orient.

1. *Revue critique*, 4 décembre 1875.

I

FABLIAUX QU'IL NOUS FAUT ÉCARTER DE CETTE ENQUÊTE : LA HOUSSE PARTIE, LA BOURSE PLEINE DE SENS, LE DIT DES PERDRIX.

Deux de nos fabliaux, sous le titre de la *Housse partie*, nous rapportent l'histoire universellement connue du fils ingrat qui, chassant son vieux père, est amené soudain au repentir par une action naïve de son propre fils. Au moment de chasser le vieillard, il consent à lui donner un manteau (ou une housse de cheval) pour qu'il en couvre ses membres nus. Son jeune enfant, qu'il a envoyé quérir la housse, la coupe en deux morceaux, et n'en apporte qu'une moitié à l'aïeul. — « Pourquoi? lui demande le père irrité. — C'est, répond l'enfant, que j'ai gardé l'autre moitié pour vous, quand vous serez vieux à votre tour. »

Nous avons conservé une soixantaine de versions de ce récit[1] et du conte voisin, où un fils ingrat cache un chapon pour ne point le partager avec son père. Quand l'importun vieillard est parti, il retire le plat de sa cachette : mais le chapon s'est transformé en une bête immonde, qui s'élance à son visage et s'y attache.

Toutes les variantes de ces deux récits sont européennes, sans exception. Félix Liebrecht[2] a pourtant cru pouvoir en rapprocher un conte du recueil chinois des *Avadânas*, dont on sait l'origine indienne et bouddhique. Le voici. « Un jour, le Dieu du Tonnerre voulait châtier un fils rebelle à ses parents. Celui-ci lui arrêta le bras et lui dit : Ne me frappez pas! Je vous demanderai, ajouta-t-il, si vous êtes le nouveau ou l'ancien Dieu du Tonnerre. — Qu'entendez-vous par là? demanda le Dieu. — Si vous êtes le nouveau Dieu du Tonnerre, je mérite d'être écrasé sur le champ. Mais si vous êtes l'ancien Dieu du Tonnerre, je vous dirai que mon père s'est révolté autrefois contre mon aïeul. Où étiez-vous dans ce temps-là[3] ? »

Il est aisé de se convaincre, sans que j'aie besoin d'insister, que nous sommes en présence de deux contes distincts. La

1. V. nos notes sur ce conte, à l'appendice II.
2. Dans son compte rendu de l'édition des Avadânas donnée par Stanislas Julien, *Zur Volkskunde*, p. 109, ss.
3. *Fables et contes chinois*, *Avadânas*, pp. Stanislas Julien, Paris, 1859, t. II, n° CXXI, p. 144.

housse partie est l'un de ces mille contes dont on ne peut citer aucune version orientale, fait qui semble d'ailleurs négligeable aux tenants de l'hypothèse indianiste.

Si j'ai rapporté ce récit, c'est simplement pour donner au lecteur la confiance que j'énumère ici, consciencieusement, tous les fabliaux dont je connais une forme orientale, même s'il ne s'agit, comme présentement, que d'un rapprochement arbitraire et faux.

Ecartons de même de notre enquête quelques fabliaux qui vivent *aujourd'hui* dans l'Inde, comme ils vivent en Petite-Russie, en Islande et ailleurs, mais dont nous ne connaissons aucune forme orientale ancienne. M. Cosquin [1] est disposé à accorder à ces formes indiennes une valeur toute spéciale : « Voici seulement quelques années qu'on a commencé à rassembler les contes populaires du Bengale, du Deccan ou du Pandjab. Combien de nos contes populaires européens doivent se rattacher, non point à la forme conservée par la littérature indienne, — quand elle y est conservée, — mais à telle forme orale, encore vivante aujourd'hui dans l'Inde ! »

Il est évident que ces formes indiennes n'ont *a priori* pas plus d'intérêt que toute autre forme recueillie en un autre point quelconque de la terre. *A posteriori* seulement, si, comparées aux autres versions, elles nous révèlent, en effet, un état logiquement plus ancien du conte, nous devrons les considérer plus spécialement. Mais les vénérer simplement parce qu'elles sont indiennes, c'est affaire aux seuls dévots de l'église orientaliste.

Deux de nos fabliaux, au moins, la *Bourse pleine de sens* et le *Dit des perdrix* vivent aujourd'hui dans l'Inde.

Dans le premier, une femme prie son mari, qui part pour un voyage, de lui rapporter « une bourse pleine de sens », tout comme dans un vieux conte allemand, elle lui demande pour « un *pfennig* de sagesse », et dans un conte espagnol pour « un maravédis de prudence ». Pareillement, dans un conte kamaonien, elle demande, sous la même forme sibylline, que son mari lui procure le « bon du mauvais et le mauvais du bon [2] ».

1. Cosquin, *Contes de Lorraine, Introduction.*
2. V. nos notes sur ce conte et sur le *dit des Perdrix* à l'appendice II.

De même l'amusante facétie des *Perdrix* est attestée comme actuellement vivante dans l'ile de Ceylan et dans le sud de l'Inde[7]. Mais, le même jour peut-être où un folk-loriste la recueillait dans une paillotte cinghalaise, M. Sébillot la retrouvait dans une chaumière de la Haute-Bretagne, ou M. Braga dans les iles Açores, ou M. Bladé en Gascogne. Il est bien évident que les formes kamaonienne ou cinghalaise n'avaient *a priori* aucun droit à réclamer notre attention plutôt que les versions bretonne, portugaise, balzatoise ou lorraine. Nous avons pourtant fait au préjugé orientaliste cette concession de rechercher, avec une naïve bonne foi, si quelque trait permettait de considérer les variantes indiennes comme les témoins d'un état primitif du conte. Notre enquête a été négative, et ce serait faire trop d'honneur à ces variantes que de le démontrer. S'y arrêter plus longtemps serait pure superstition.

Passons donc aux fabliaux dont la forme orientale peut, comme pour le conte des *Tresses*, prétendre à quelque antériorité logique ou historique.

II

MONOGRAPHIES DES FABLIAUX QUI SE RETROUVENT SOUS QUELQUE FORME ORIENTALE ANCIENNE.

Ils sont dix, en tout.

Il serait fastidieux d'étudier chacun d'eux avec le même luxe de développements que le fabliau des *Tresses*. J'ai fait ce travail pourtant, car il était nécessaire. Mais, pour éviter au lecteur d'insupportables redites, je rejette à l'appendice II mes remarques sur six de ces contes : *Auberée, Bérengier, Constant du Hamel, le Pliçon, le Vilain Asnier, le Vilain Mire*. Si sommaires et succinctes qu'elles soient, ces quelques observations suffisent à montrer, je pense, que les formes orientales n'offrent en commun avec les fabliaux français que leur organisme nu, c'est-à-dire qu'on ne peut rien savoir de leurs rapports[1].

Je retiens seulement ici, pour une étude plus explicite, quatre fabliaux : le *lai d'Aristote*, les *Quatre Souhaits Saint-Martin*, le *lai de l'Epervier*, les *Trois Bossus Ménestrels*. Une certaine variété pourra différencier ces petites monographies,

---

1. Cosquin, II, 348.

malgré leur analogie avec notre étude du précédent chapitre, car chacune d'elles permettra de mettre en relief quelque phénomène différent de la vie des contes.

Le lai d'Aristote

Le *lai d'Aristote* est l'un de ces contes qui, s'ils sont venus de l'Inde en Europe, n'ont pu y parvenir, au xiii° siècle, que par la seule tradition orale, car on ne le retrouve au moyen âge dans aucun recueil traduit d'une langue orientale : le *Directorium humanae vitae* l'a laissé tomber du cadre du *Pantchatantra*. Quand Henri d'Andeli nous affirme — comme tous les auteurs de fabliaux, ses confrères — qu'il a « ouï la nouvele » de son lai[1], nous devons donc l'en croire ; mais, qui plus est, ceux qui le lui ont rapporté ne dépendaient pas davantage, immédiatement ni indirectement, d'un livre oriental traduit dans une langue européenne.

Lors donc qu'on prétend que ce joli conte est d'origine indienne, on entend que, seule, la tradition parlée l'a porté du Kachemir ou du Népâl au clerc Henri d'Andeli. Quelle raison a-t-on de croire à la réalité de cet exode? Il en faut une pour satisfaire, je ne dis pas seulement les sceptiques, mais simplement, ceux qui, par probité intellectuelle, exigent que celui qui affirme se soit au moins préoccupé de savoir pourquoi il affirme. Pourtant, il est curieux que les nombreux illustrateurs du *lai d'Aristote* aient admis cette origine, sans plus ample discussion, à l'ombre de la reposante théorie orientaliste. Tous les contes viennent de l'Inde, même ceux dont nous ne connaissons aucune forme indienne ; or celui-ci est conservé sous des formes sanscrites ; donc, il vient de l'Inde, nécessairement. Cela s'entend de soi.

Il y faut pourtant une démonstration, et il n'y en a point deux possibles. Si l'hypothèse de l'origine orientale n'est pas un simple préjugé, il faudra que les formes françaises supposent à leur base les formes indiennes. Comparons-les donc.

Le lai d'Aristote est universellement connu. Mais, comme il est un des joyaux de notre collection, on ne nous en voudra pas de le raconter d'après Henri d'Andeli, pour égayer un instant la sécheresse de ces discussions.

« Alexandre, le bon roi de Grèce et d'Egypte, a subjugué les Indes, et, honteusement, « se tient coi » dans sa conquête.

---

1. Vers 40-41.

Amour a franche seigneurie sur les rois comme sur les vilains, et le vainqueur s'est épris d'une de ses nouvelles sujettes. Son maître Aristote, qui sait toute *clergie*, le reprend au nom de ses barons et de ses chevaliers, à qui il ne fait plus fête, mais qu'il néglige pour muser avec une « meschine estrange ». Le roi lui promet débonnairement d'amender sa folie. Mais peut-il oublier la beauté de l'Indienne, son « front poli, plus clair que cristal »? Son amie s'aperçoit de sa tristesse, lui en arrache le secret. Elle promet de se venger du vieux « maître chenu et pâle » : avant le lendemain, à l'heure de none, elle lui aura fait perdre sa dialectique et sa grammaire. Qu'Alexandre se tienne seulement aux aguets, à l'aube, derrière une fenêtre de la tour.

« En effet, au point du jour, elle descend au verger, pieds nus, sans avoir lié sa guimpe, sa belle tresse blonde abandonnée sur son dos; elle va, à travers les fleurs, relevant par coquetterie un pan de son *bliaut*, et fredonnant une chansonnette :

>Or la voi, la voi, m'amie,
>La fontaine i sort serie...

« Maître Aristote d'Athènes l'entend, du milieu de ses livres; la chanteuse

>Au cuer li met un souvenir
>Tel que son livre li fet clore.

« Hélas! songe-t-il, qu'est devenu mon cœur?

>Je sui toz vieus et toz chenuz,
>Lais et pales et noirs et maigres,
>En filosofie plus aigres
>Que nus c'on sache ne c'on cuide... »

« Tandis qu'il se désole, la dame cueille des rameaux de menthe, en tresse un *chapel* de maintes fleurs, et ses « chansons de toile » volent jusqu'au vieillard, taquines et câlines.

« Par quels lents manèges de coquetterie elle enchante le philosophe, c'est ce que vous lirez avec plaisir dans le vieux fabliau. Bref, Aristote se met à lui parler la langue amoureuse des troubadours et, comme un chevalier de la Table Ronde, s'offre à mettre pour elle corps et âme, vie et honneur « en aventure ». Elle n'en demande point tant, mais qu'il se plie seulement à sa fantaisie de se laisser chevaucher un petit peu par elle, sur l'herbe, en ce verger : « Et je veux que vous ayez une selle sur le dos :

>J'irai plus honorablement. »

« Il consent ; voilà le meilleur clerc du monde sellé comme un roussin, et la *meschine* qui rit et chante clair sur son dos. Alexandre paraît à la fenêtre de la tour. Le philosophe bridé et sellé se tire spirituellement de l'aventure et retrouve soudain toute sa dialectique : « Sire, voyez si j'avais raison de craindre l'amour pour vous, qui êtes dans toute l'ardeur du jeune âge, puisqu'il a pu m'accoutrer ainsi, moi qui suis plein de vieillesse. J'ai joint l'exemple au précepte ; sachez en profiter ! »

D'ores et déjà, *a priori*, avant toute comparaison avec les versions indiennes, il est évident que cette forme se suffit à elle-même. Rien qui décèle un remaniement. Nulle trace de rhabillage, de replâtrage. Remarquez-vous un seul trait maladroit, nécessité par l'adaptation à nos mœurs de données orientales? Sous sa forme française, le conte est accompli. Nous pouvons d'avance l'affirmer : l'Inde nous livrera peut-être des versions aussi bonnes ; de supérieures, non pas.

Or ces versions indiennes, loin d'être plus logiques, plus artistement motivées et agencées que le fabliau, loin même de le valoir, ne lui sont-elles pas misérablement inférieures?

Voici celle du Pantchatantra[1]. — « Un ministre très sage, Vararoutchi, à la suite d'une querelle conjugale, n'obtient son pardon qu'à la condition de le demander à genoux, la tête rasée. — De même, un roi très puissant, Nanda, après s'être querellé tout comme son ministre, avec sa femme, n'obtient sa grâce que s'il se laisse mettre un mors dans la bouche et chevaucher par elle, tandis qu'il hennira comme un cheval. — Au matin, comme le roi siège dans l'Assemblée, Vararoutchi arrive, et le roi, quand il le voit, lui demande : « Hé ! Vararoutchi, pourquoi ta tête est-elle rasée, sans que ce soit jour consacré? — Le ministre répond : « Là où ceux qui ne sont pas des chevaux hennissent, on se rase la tête, sans que ce soit le jour. »

Il est inutile d'insister sur la médiocrité de ce conte. — Je connais une seconde forme indienne[2], moins sommaire et moins insignifiante, que mes devanciers paraissent avoir ignorée.

« Bharata, ministre d'un roi puissant, a dompté le peuple

---

[1]. *Pantchatantra*, trad. Lancereau, p. 296.
[2]. *Mahâkâtjâjana und König Tshanda Pradjota, ein cyclus buddhistischer Erzählungen, mitgetheilt von* A. Schiefner, dans les *Mémoires de l'Acad. de S. Pétersbourg*, VIIe série, t. XXII, n° 7, p. 25.

des Paṇḍavas. Parmi les captifs se trouve une jeune fille, dont le corps est recouvert d'ulcères repoussants. Le roi, visitant le butin, la voit et demande à Bharata: « Est-il possible que « jamais un homme consente à s'unir à une telle fille? — « O roi, non seulement cela est possible, mais je gage qu'elle « forcera un homme à la porter sur son dos et à hennir en la « portant. »

« En effet, le ministre fait soigner et guérir Târâ, sa captive. Elle devient fort belle. Un jour il la fait baigner, parfumer, parer à merveille, et invite le roi à dîner. Soudain, comme il s'entretient avec son maître, la jeune fille, jouant dans la salle voisine, lance par mégarde, par dessus un rideau, sa balle qui vient tomber au milieu des convives. Elle entr'ouvre le rideau : « Père, rends-moi ma balle ! » Le roi, ébloui de sa beauté, s'émerveille : « Bharata, de qui est-elle la fille ? — Je suis son père. — Est-elle déjà promise ? — Non, roi. — Alors, Bharata, pourquoi ne me la donnes-tu pas ? — O roi, je te la donnerai donc. »

« Le roi l'emmène dans son palais, et son amour va grandissant de jour en jour.

« A quelque temps de là, le ministre demande à la jeune épousée : « Fille, te sens-tu capable d'obtenir du roi qu'il te porte sur son dos en hennissant? » En riant un peu, Târâ répondit : « Père, e verrai ! »

« Après s'être parée de son mieux, elle prend devant le roi une attitude désolée. Il s'inquiète, l'interroge : « O roi, les dieux sont irrités contre moi ! — Que leur as-tu fait, reine ? — O roi, quand tu as envoyé mon père pour dompter le peuple des Paṇḍavas, j'ai prié les dieux et j'ai fait ce vœu que, s'il revenait sain et sauf et victorieux, j'obtiendrais de l'homme qui me prendrait pour femme qu'il me portât sur son dos en hennissant. C'est à toi que j'ai été donnée. Le nombre des femmes de ton sérail est si grand qu'il me sera, je le sens bien, impossible d'accomplir jamais mon vœu, et c'est pourquoi je suis triste. — Soit, dit le roi, je ferai ce que tu désires. » — Mais la jeune femme garde son attitude abattue. — Pourquoi, reine? As-tu encore une prière à m'adresser? — Pas la moindre ; mais mon vœu comportait que des brâhmanes seraient présents, ainsi qu'un joueur de luth, qui jouerait, tandis que les brâhmanes prieraient pour le roi ! » — Il accepte encore[1] et

---

1. Le récit prend, à partir d'ici, une direction qui ne nous intéresse plus.

se laisse chevaucher par Târâ au bruit des instruments et des chants. »

Ce conte est agréable et son auteur fut, certes, un homme d'esprit. La scène du jeu de balle est gracieuse, et c'est une plaisante imagination qui termine le récit. Non seulement la malicieuse Târâ obtient de chevaucher son royal époux; mais, par luxe d'exigence et pour bien montrer à tous que cette victoire lui a été facile, elle veut que les hennissements de son mari soient rythmés par les accords des luths et les prières des brâhmanes.

Par malheur, ce très spirituel conteur travaillait sur des données illogiques.

D'abord, quelle est la signification de son récit? Le roi avait gagé contre son ministre qu'il ne se trouverait pas d'homme pour aimer une jeune fille rongée d'ulcères. Il n'a nullement prétendu qu'il n'aimerait point une jeune fille plus belle que l'aurore au printemps, et si l'ingénieux ministre Bharata triomphe, c'est qu'il a triché au jeu. Le récit est un conte pharmaceutique, qui prouve seulement l'excellence des drogues indiennes. Puis, lorsque la jeune reine demande à son époux de souffrir qu'elle le chevauche, il est bien étrange qu'il ne se souvienne pas du pari tenu par lui contre son ministre. Il est non moins invraisemblable qu'il croie au vœu stupide formé par sa femme. Mais cet oubli et cet aveuglement, mettons-les sur le compte des ravages de l'Amour, et admettons ces données. Il reste encore que ce conte ne signifie rien, car il se résume en ceci : un jeune prince, dans toute la force de la jeunesse et des passions, trouve sa femme tourmentée d'un scrupule religieux; elle a fait, jeune fille, un vœu que son mari l'aurait aidée à accomplir, s'il n'avait été qu'un modeste kchatriya. Hélas! elle a épousé un roi, qui ne se prêtera pas à l'épreuve! Si le jeune prince lui montre qu'elle a eu tort de douter de lui, qu'il saura apaiser le trouble de sa conscience et lui prouver sa tendresse aussi bien que l'eût fait le moindre de ses sujets, il fait preuve, non pas de stupide passion, comme Aristote, mais de galanterie. Henri IV en aurait fait tout autant pour Gabrielle.

Comparez cette forme au *Pantchatantra* : elle est mieux racontée, mais moins significative. Comparez le *Pantchatantra* au lai d'Aristote : la forme du *Pantchatantra* se résume en cette médiocre historiette : « Deux maris, l'un très puissant, l'autre très sage, supportent, pour apaiser leurs femmes, des épreuves diverses et ridicules, et se raillent l'un l'autre. » Où est notre vieil Aristote du conte français, si habile à démontrer à son élève les dangers de la passion, et qui tombe dans le piège même que sa dialectique enseignait si merveilleusement à éviter?

L'avantage reste manifestement à la forme occidentale du conte. On peut assurer que ni l'un ni l'autre des conteurs indiens ne la connaissaient : sans quoi, ils l'eussent préférée. Il y a donc présomption pour qu'elle ne fût pas connue dans l'Inde.

Mais, nous dira-t-on, le conte indien a subi, en voyageant, une habile révision. Le *lai d'Aristote* n'est qu'un heureux développement des données du *Pantchatantra*. — La théorie orientaliste manie en effet une arme à double tranchant, qu'il nous faut émousser l'un après l'autre. Les formes orientales d'un conte sont-elles supérieures? c'est, dit-elle, que les conteurs occidentaux sont des maladroits qui les ont gâtées. Les formes orientales sont-elles inférieures ? c'est que les conteurs occidentaux ont développé logiquement et harmonieusement un informe germe indien.

Acceptons encore cette seconde partie de la discussion, inverse de la précédente.

Qu'y a-t-il de commun entre les versions indiennes et le *lai d'Aristote?* Le minimum de rapports possibles, comme nous l'observons, avec surprise, pour presque tous nos contes. Elles ne sont réunies que par ce seul trait : un homme souffre qu'une femme le bâte et le chevauche.

Or, — j'en demande humblement pardon au lecteur, — la langue sacrée des Védas disait peut-être, comme notre langue populaire, que certaines femmes « font tourner leurs maris en bêtes », et notre conte n'est que cette métaphore grossière, réintégrée en son sens matériel. Une idée aussi peu compliquée a pu naître un nombre indéfini de fois, et il est possible que les deux groupes oriental et occidental n'aient pas même la communauté d'une origine unique. Rien ne s'oppose à ce que le *lai d'Aristote* soit sorti, tout organisé, du cerveau de quelque clerc, un beau jour qu'il s'ennuyait à entendre un maître ès arts commenter l'*Organon* d'Aristote.

Mais admettons que les trois formes du *Pantchatantra*, du *Mahâkâtjâjana*, du fabliau, soient, en effet, sorties d'une source unique.

Si un conteur n'a emprunté à ses modèles que cette donnée : « un homme s'est laissé chevaucher par une femme », et s'il en a su tirer le charmant *lai d'Aristote*, je dis que le *lai d'Aristote* n'existait pas jusqu'à lui, et qu'il en est le véritable inventeur.

Mais est-il vraiment nécessaire de supposer qu'il ait eu besoin du point de départ des versions indiennes? Les contes vont-ils se gâtant ou se perfectionnant? L'un ou l'autre, selon qu'ils passent d'un homme d'esprit à un sot, ou inversement. Dans l'espèce, la question se réduit à ceci : un conte a été inventé, on ne sait où. On en possède des formes indiennes médiocres, une forme française excellente. La forme excellente est-elle dérivée des formes médiocres? Cela est possible, non nécessaire. Mais, dans notre incertitude, il y a une présomption en faveur de l'hypothèse inverse. Elle se tire d'un principe d'observation et de bon sens : les formes sottes d'un conte ne sont point les plus vivaces. Elles ne voyagent pas. Elles sont éphémères et caduques. Or, des deux formes indiennes de notre conte, l'une est insignifiante, l'autre mal motivée. Il n'y a donc pas lieu d'en faire dériver toute la tradition orale.

Il reste une troisième forme orientale, non indienne, mais arabe[1]. C'est le *Vizir sellé et bridé*, que nous raconte l'*Adjaibel Measer*. Ici, tout concorde avec le fabliau, sauf d'insignifiants détails[2]. Mais cette version est moderne, et rien ne nous permet de supposer qu'elle remonte jusqu'à l'Inde. Plus d'une autre version ressemble parfaitement au fabliau, sans qu'on lui attribue aucun droit de priorité sur le récit français. Par exemple, le très charmant conte allemand d'*Aristote et Fillis*[3] concorde aussi exactement que le récit arabe avec le lai d'Henri d'Andeli; les mêmes détails y reparaissent, jusqu'à la jolie scène du verger printanier, où Fillis cravache le vieux sage avec une tige de rosier fleuri. La version allemande ne peut-elle pas prétendre, aussi bien que la version arabe, à être la source du fabliau? Le conte de l'Adjaibel Measer doit être placé, par rapport au *lai d'Aristote*, sur le même plan que l'une quelconque

---

1. Cardonne, *Mélanges de littér. orientale*, 1780, t. I, p. 16.
2. Aristote cède ici la place comme de juste, à un vieux vizir, et la scène se passe dans un sérail. Mais tous les traits concordent, jusqu'au mot d'esprit par lequel le vieillard bridé se tire de sa mésaventure : « Prince, c'est parce que je connaissais tous les caprices de ce sexe dangereux que j'exhortais votre Majesté à ne pas s'y livrer ; mes leçons doivent faire plus d'impression sur votre esprit, depuis que j'ai joint l'exemple au précepte. »
3. *Gesammtabenteuer*, I, 2.

des répliques de cette nouvelle, telles que le conte moral de Marmontel, ou le livret d'opéra comique de M. Alphonse Daudet. Le récit arabe vient-il du fabliau, ou inversement? Nous ne savons, et Voltaire n'était pas plus embarrassé pour décider

>Si Rapinat vient de rapine
>Ou rapine de Rapinat.

Pourtant, si l'on songe à l'universelle popularité du *lai d'Aristote*, raconté dans tout l'Occident par les prédicateurs[1], sculpté dans les cathédrales, aux portails, aux chapiteaux des pilastres, sur les miséricordes des stalles, ou encore sur des coffrets d'ivoire et des aquamaniles, on conviendra qu'il y a apparence pour que ce soit la forme européenne qui parvint au conteur arabe.

Les Quatre souhaits Saint-Martin.

Le fabliau des *Quatre souhaits St-Martin* se retrouve, d'une part dans le *Pantchatantra* et dans le groupe oriental des *Sept Sages*; d'autre part, dans un nombre indéfini de versions occidentales.

Posons-nous cette double question : Y a-t-il quelque raison de croire que les formes orientales soient les génératrices des autres? S'il nous semble que non, quelles sont ces formes génératrices? c'est-à-dire, que pouvons-nous savoir de *l'origine* du conte? En second lieu, si nous groupons en familles les versions conservées, ces familles peuvent-elles nous renseigner sur le *mode de propagation* du conte à travers le temps et l'espace?

Je veux le remarquer tout d'abord : si pareille enquête sur un conte peut être féconde, c'est ici qu'elle le sera, ou jamais.

Notre fabliau appartient en effet à la catégorie des *contes à tiroirs* : d'un cadre donné, commun à tous, les différents narrateurs peuvent éliminer les épisodes qui leur déplaisent, pour y introduire ceux que leur suggère leur fantaisie. C'est ici que les traits accessoires, qui, dans tout conte, sont aban-

---

[1]. Il se trouve en effet rapporté dans le *Promptuarium exemplorum* d'après Jacques de Vitry (V. *Gesammt*, I, p. LXXVIII) bien qu'il ne se retrouve pas dans les *Exempla* de ce dernier. — Naturellement Schiefner affirme que c'est « Jacques de Vitry qui a transplanté ce conte d'Orient en « Europe. »(V. *Mém. de l'Ac. de S. Pétersb. loc., cit.*, p. VII.)

donnés à la libre invention du narrateur, apparaissent le plus clairement comme arbitraires; par suite, c'est ici que la communauté du même trait accessoire groupe les versions par les ressemblances les plus nettes, ou les oppose par les contrastes les plus saillants.

Ainsi, dans notre fabliau, la donnée commune à tous est simplement celle-ci : *un être surnaturel accorde à un ou plusieurs mortels le don d'exprimer un ou plusieurs souhaits, qu'il promet d'exaucer. Ces souhaits se réalisent, en effet; mais, contre toute attente et par la faute de ceux qui les forment, ils n'apportent après eux aucun profit, quand ils n'entraînent pas quelque dommage.*

Cette donnée est aussi universelle que l'idée même de la prière et de l'inintelligente vanité de nos désirs. Il est évident que, dans ces contes, les personnages à qui sont dévolus les souhaits, peuvent, la variété des désirs humains étant infinie, former les vœux les plus divers. Si donc, libre d'élire à son gré l'un quelconque des biens de la terre, des eaux et des cieux, la beauté, l'honneur du monde, la puissance, la richesse, une femme choisit de posséder une aune de boudin, on reconnaîtra que ce souhait n'offre aucun caractère de nécessité. Si trois versions — espagnole, tchèque, allemande, — reproduisent ce même vœu imprévu, ces trois versions seront associées avec une évidence plus indiscutable que dans la majorité des contes.

On le voit : les contes à tiroirs sont ceux qui nous fournissent les classements des versions les plus sûrs. C'est pourquoi j'implore du lecteur, pour cet humble conte à rire, sa plus scrupuleuse attention.

Je connais de ce conte vingt-deux variantes, qui se ramènent à cinq formes irréductibles [1].

---

1. Voici les études que je connais sur les *Souhaits St-Martin* :

1° Grimm, *Kinder- und Hausmärchen*, notes du conte 87;

2° Von der Hagen, *Gesammtabenteuer* II, xxxvii;

3° Benfey, *Pantchatantra*, I, p. 195;

4° Lang, *Perrault's popular tales*, Oxford, 1888, p. xlii. — L'étude de M. Lang est conçue à peu près dans le même esprit que celle-ci, que j'avais préparée avant de connaître son édition des contes de Perrault. La mienne ne fait pas double emploi pourtant avec celle du savant anglais. Ce n'est pas que je tire vanité des quelques versions du conte que j'ajoute à sa collection : je profite de son travail, et le premier sot venu pourrait allonger notre double liste. Mais là où M. A. Lang n'a voulu que montrer la difficultés des problèmes qui se posent, je prétends montrer qu'ils ne sont pas seulement difficiles, mais insolubles.

Je ne donnerai que l'essentiel de chaque version, m'efforçant de faire saillir les traits distinctifs de chacune. Pour la plus grande clarté de l'exposition, je rejette en note tous les détails.

Voici quelles sont ces formes, en procédant des plus simples aux plus complexes :

A. PREMIÈRE FORME. — *Il n'est accordé qu'un seul souhait à un seul homme.*

Sur le conseil de sa femme, il forme un vœu grotesque : celui d'avoir deux têtes et quatre bras. Mais, à peine a-t-il été exaucé, les gens qu'il rencontre le prennent pour un génie malfaisant et le tuent.

Cette forme n'est représentée que par le seul *Pantchatantra*[1].

B. SECONDE FORME. — *Il est accordé deux souhaits chacun à une personne différente.*

C'est la donnée d'une fable de Phèdre. — Deux femmes, dont l'une a un enfant au berceau et dont l'autre est une courtisane, ont chichement reçu Mercure dans leur maison. Pour les payer en proportion de leurs mérites, il accorde à chacune un souhait qu'il promet d'exaucer. La mère souhaite de voir le plus tôt possible son enfant avec de la barbe au menton; la courtisane d'attirer après elle tout ce qu'elle touchera. Mercure s'envole et les deux femmes rentrent chez elle : la mère trouve son enfant dans son berceau, orné d'une barbe magnifique. A cette vue, la courtisane éclate de rire, et porte la main à son nez. Quand elle laisse retomber le bras, son nez suit sa main

Traxitque ad terram nasi longitudinem[2].

C. TROISIÈME FORME. — *Un même don est accordé à deux personnes : l'un tourne à bien, l'autre à mal.*

---

1. Traduction Lancereau, p. 333. Il s'agit d'un tisserand nommé Manthara (= niais), qui veut couper un arbre sinsapâ. Mais dans cet arbre réside un Esprit qui lui demande de respecter sa demeure. Il l'épargne, en effet, et par reconnaissance l'Esprit lui accorde un souhait à sa fantaisie. Il consulte sa femme, malgré l'opposition d'un barbier de ses amis. Elle lui donne son sot conseil, afin qu'il puisse travailler double à son ouvrage de tisserand, grâce à sa double paire de bras.

2. Phèdre, *Appendix*, XV. Benfey rapproche un conte du *Pentamerone* de Basile (éd. Liebrecht, II, 1E 5), que je ne connais pas.

Le Dieu Fô (Bouddha), bien reçu chez une pauvresse, lui accorde ce don qu'aussitôt après son départ de la demeure hospitalière, elle pourra continuer tout le jour l'occupation une fois commencée. Le dieu parti, elle aune de la toile. La toile s'allonge sous ses doigts, et elle continue ainsi jusqu'au coucher du soleil, si bien que sa maison s'emplit d'étoffes[1].
— Une voisine avare, riche et jalouse, obtient du dieu Fô la même faveur; mais, au moment d'imiter la pauvresse, elle se dit : « si j'aune de la toile tout le jour, les bêtes de ma basse-cour auront faim et soif; je vais leur donner au moins de l'eau. Et, la journée entière, elle leur verse de l'eau, sans pouvoir s'arrêter, tant qu'elle inonde tout le pays.

C'est un conte chinois[2]. On l'a retrouvé en Poméranie, dans la Hesse, ailleurs encore[3]. Je l'ai entendu moi-même conter à Caen, sous cette forme bien gauloise : Saint-Pierre a octroyé à deux femmes la même faveur que le dieu Fô; l'une compte des écus tout le jour; l'autre, comme dans le conte chinois, inonde aussi le pays jusqu'au coucher du soleil, mais à la façon de Gargantua[4].

D. QUATRIÈME FORME. — *Il est accordé trois souhaits, chacun à une personne différente.*

Un conte populaire français nous raconte comment les fées, pour remercier trois frères de les avoir fait danser, leur accordent un souhait à chacun. L'aîné, qui est en possession de l'héritage paternel, ne trouve aucun vœu à exprimer; mais, comme il doit s'exécuter, il demande que son veau guérisse la colique de quiconque le saisira par la queue. — Le plus jeune

---

1. Benfey rappelle (p. 198) un conte thibétain où des voleurs voient aussi s'allonger indéfiniment entre leurs mains une pièce d'étoffe qu'ils veulent faire passer par une fenêtre.
2. Il est analysé par Grimm, *Kinder- und Hausmärchen*, loc. cit. Comparez un conte de l'Amiénois, p. p. M. Carnoy, *Mélusine*, I, col. 240.
3. C'est Benfey (*loc. cit.*) qui rappelle ces versions, et je n'ai pas vérifié ces indications.
4. On sent, dans tous ces récits, le voisinage de fables analogues, comme celle du paysan qui redemande à Jupiter sa cognée perdue. (Cf., outre La Fontaine, Rabelais, *2e prologue du quart livre*). Je ne les fais pourtant pas entrer en ligne de compte, parce que la donnée essentielle de notre fabliau y disparait : il ne s'agit plus ici d'un don accordé aux héros du conte qu'ils pourront appliquer délibérément à tel usage qu'il leur plaira, mais d'une prière déterminée qu'ils adressent à la divinité, ce qui leur attire, selon leurs mérites, profit ou dommage.

frère, irrité de sa sottise, souhaite que les cornes du veau passent sur la tête de son aîné. — Le cadet, fâché à son tour, demande qu'une tête de chien pousse sur les épaules de son plus jeune frère. — Les fées compatissantes annulent les trois souhaits[1].

E. CINQUIÈME FORME. — *Trois souhaits sont accordés à un mari et à sa femme, qui les gâchent ainsi : la femme forme le premier vœu, qui, réalisé, paraît ridicule au mari. Dans sa colère, il en exprime un second, qui ne fait qu'empirer la situation. Le troisième souhait est employé à annuler les deux premiers et à rétablir toutes choses en leur primitif état.*

Comme une sorte de justice distributive préside aux destinées des contes, c'est cette forme, habilement machinée, qui nous apparaît comme la plus vivace. Elle est représentée par un grand nombre de variantes, qui se distribuent en plusieurs familles et sous-familles.

1.) *Les souhaits sont perdus par la distraction ou la futilité de la femme.*

a) Tantôt, dans le *Romulus* et dans Marie de France :

1. La femme, qui a un os pris dans la gorge, souhaite que son mari soit pourvu d'un bec de bécasse pour qu'il puisse le lui retirer;
2. Le mari en souhaite un semblable à sa femme;
3. Le troisième vœu rétablit toutes choses en l'état[2].

---

1. Cette maladroite version est communiquée, d'après une tradition orale, par Colin de Plancy, dans son édition des *Œuvres choisies de Perrault*, Paris, 1826, p. 210. — Je ne la connais que par M. Lang. On s'étonne de voir un aussi libre esprit que M. Lang, reconnaître dans ce veau la bête sacrée que les dévots hindous tiennent par la queue à l'heure dernière. Précisément parce que le bœuf est un animal sacré sur les bords du Gange, précisément parce qu'en tenir un par la queue c'est accomplir, en certains cas, un rite religieux, un Hindou, cherchant un épisode tout à fait ridicule pour son récit, aurait fait tout le tour des combinaisons possibles, avant de s'arrêter à cette imagination sacrilège; le souhait du jeune homme n'aurait rien de bouffon dans l'Inde. — C'est ici un témoignage curieux de l'influence qu'une théorie depuis longtemps courante peut exercer sur ceux-là même qui, comme M. Lang, s'en croient le plus dégagés.

2. *Romulus Mariae Gallicae*, Hervieux, *Les fabulistes latins*, II, p. 532, n° XLVII. Les souhaits sont accordés par un *follet* (*nanus monticulus*, dit le texte latin), dont un vilain s'est emparé et qui veut, par ce don, recouvrer sa liberté. Le bénéficiaire des souhaits est le mari, qui, sur la prière de sa femme, lui en cède deux. Dans le texte latin, la femme, qui s'est étranglée, souhaite à son mari un bec de fer.

b) Tantôt, dans une nouvelle de Philippe de Vigneulles[1] et dans un conte recueilli à Leuze en Hainaut[2] :

1. La femme souhaite un pied pour sa marmite cassée;
2. Le mari demande que le pied du pot lui entre dans le ventre;
3. *Statu quo ante.*

c) Ou bien, comme dans Perrault[3] :
1. La femme s'écrie :

« Une aune de boudin viendrait bien à propos ! »

2. Le mari riposte :

« Plût à Dieu, maudite pécore,
Qu'il te pendit au bout du nez ! »

3. Il est trop heureux

« D'employer le vœu qui restait,
Frêle bonheur, pauvre ressource,
A remettre sa femme en l'état qu'elle était. »

Outre la version de Perrault, j'en connais trois semblables : un conte allemand[4]; — un conte magyar[5]; — un conte espagnol[6].

---

1. Philippe de Vigneulles, 68e nouvelle.
2. J'emprunte l'indication de la forme hennuyère à M. Lang, *op. cit.*
3. Perrault, *Les souhaits ridicules*, conte en vers. C'est Jupiter qui les accorde à un bûcheron, lequel en abandonne un à sa femme.
4. Hebel, *Schatzkästlein des rheinländischen Hausfreundes*, 1811, p. 117. C'est la fée des montagnes Anna Fritze qui donne les souhaits.
5. *The folk-tales of the Magyars, collected by Kryza, Erdélyi, Pap and others, translated and edited by the Rev. W. Henry Jones and Lewys L. Kropf*, London, 1889, p. 217. — Un pauvre homme a trouvé, près du champ de maïs du seigneur, une petite fée traînée par quatre jolis chiens noirs dans une voiture d'or. Le char minuscule était embourbé. Le paysan délivre la fée, et c'est par reconnaissance qu'elle lui accorde trois souhaits. Mais c'est sa femme qui doit les exprimer tous les trois. (On voit que, par ce trait, unique dans notre collection de variantes, cette version ne répond pas exactement à la définition du groupe E.) — Par l'effet du premier souhait, descend le long de la cheminée, dans une poêle à frire, une saucisse assez longue pour enclore tout le jardin. Ce qui est curieux, c'est que le mari n'en est point irrité, mais qu'il cherche, pour le conseiller à sa femme, un second souhait plus profitable. Demandera-t-elle deux génisses? ou deux chevaux ? ou deux cochons de lait? En y songeant, il bourre sa pipe et veut l'allumer avec un tison. Mais il s'y prend si maladroitement qu'il renverse dans la cendre la poêle à frire et la saucisse. — Puisse-t-elle, s'écrie la femme, te pendre au bout du nez! — Puis, par pitié et par amour, elle le délivre.
6. *Cuentos, oraciones, adivinas y refranes populares é infantiles* reco-

II. *Dans d'autres versions, les souhaits sont gâchés par la coquetterie de la femme.*

d) 1. Elle demande d'être la plus belle des femmes;

2. Le mari, jaloux, souhaite qu'elle soit changée en chienne;

3. *Statu quo ante.*

C'est un conte arabe[1], et, avec des divergences nombreuses, un conte de l'Inde musulmane[2].

gidos *por Fernan Caballero*, Madrid, 1877, p. 103. *Los deseos*. Personne, non pas même Perrault ni Grimm, n'a conté notre récit avec autant d'agrément que la femme de grand talent qui signe du nom de Fernan Caballero. — Deux vieux époux très pauvres sont assis au coin du feu, et au lieu de rendre grâce à Dieu de ce peu qu'ils lui doivent, il envient la pièce de terre de l'oncle Polainas, le mulet de l'oncle Polainas... Par la cheminée descend, toute mignonne, une très petite femme : c'est la Fée Fortunée. Elle accorde le premier souhait à la femme, le second au mari; quant au troisième, il devra être formé d'un commun accord par les deux époux, et la fée reviendra l'exaucer en personne. — Long débat du vieux et de la vieille, embarrassés de choisir. La conversation finit par tomber sur des matières indifférentes, et sur les superbes *morcillas* des voisins. — C'est par distraction que la femme en souhaite une, et c'est par colère que le mari la lui suspend au nez. — Ici, un épisode plaisant. Le vieux voudrait bien employer mieux le troisième souhait ; mais, on s'en souvient, la fée a imposé cette condition qu'il serait formé d'un commun accord par le mari et la femme réunis. Le vieux supplie donc sa compagne de se résigner à vivre avec son étrange appendice nasal. Riche, il lui fera faire un bel étui en or pour l'y enfermer. Comme son éloquence ne la persuade pas, il faut bien qu'il se résigne à demander, par son troisième souhait, le *statu quo ante* : la fée Fortunée vient le rétablir et tirer la morale de l'aventure.

1. Freytag, *Arabum proverbia*, I, 687. Je traduis du latin le texte assez court donné par Liebrecht, *Orient und Occident*, III, p. 378, à propos du conte 70 des *Deutsche mährchen* de Simrock : « Le mari d'une femme juive, nommée Basusa, avait obtenu de Dieu le droit d'exprimer trois souhaits, qui seraient exaucés. Basusa lui arracha la grâce d'en former un elle-même, et obtint de devenir la plus belle femme du monde. Elle espérait ainsi quitter son mari, en se faisant enlever. Celui-ci, irrité, demanda qu'elle fût transformée en une chienne aboyante. Mais ses fils le supplièrent de la rétablir en son état primitif, ce qu'ils obtinrent. »

2. C'est un conte recueilli à Châhdjihânpour, et que je trouve dans l'ouvrage intitulé : *A fly on the whel or how I helped to govern India*, by Lieut. Col. H. Lewin, Londres, 1885, p. 81. — C'est une forme très piquante, qui ne répond pas tout à fait à la définition du groupe E, et où s'exprime bien le fatalisme musulman. Sa Hautesse Moïse, passant à travers une jungle à l'heure de la prière, y voit un vieillard couvert d'une pauvre pièce d'étoffe, qui prie, tandis que sa femme et son fils, nus jusqu'à la ceinture, ont la partie inférieure du corps enfouie dans le sable. A ses questions, les pauvres gens répondent qu'ils n'ont que

e) 1. La femme demande des cheveux d'or et une brosse pour les brosser ;

2. Le mari demande que la brosse lui entre au corps ;

3. *Statu quo ante.*

Cette forme est celle d'un conte allemand du xvii° siècle[1].

f) 1. La femme demande la plus belle robe que jamais femme ait revêtue.

2. Le mari souhaite que la robe lui entre dans le corps.

3. *Statu quo ante.*

ce seul haillon, dont ils se couvrent tous trois ; mais, par décence, à l'heure de la prière, chacun d'eux successivement prend ce méchant vêtement pour lui seul, tandis que les deux autres cachent leur nudité dans la terre. Moïse promet de les tirer d'embarras, expose le cas à Allah, qui leur accorde trois souhaits à tous trois. La femme, avec l'approbation de son mari, souhaite de redevenir jeune et très belle. Mais, comme la vieille n'a plus que quinze ans, le gouverneur de la province, qui chasse par là, la fait mettre dans un palanquin et emporter vers sa résidence. — « Souhaite qu'elle soit transformée en pourceau ! » dit le vieillard à son fils. Ainsi fait. — En voyant cette métamorphose, les porteurs croient porter le diable, laissent tomber le palanquin, et le pourceau revient, très humilié, à la jungle, où le troisième souhait est employé par le mari à rendre à la vieille sa forme primitive. — Quelques jours après, à l'heure de la prière, Moïse retrouve ses trois protégés dans la même posture qu'auparavant, l'un priant enveloppé du même haillon, les deux autres enfouis jusqu'à la ceinture. Il va se plaindre à Allah qui lui dit : « J'ai rempli les désirs de ces trois personnes. » Moïse se fait raconter la suite des aventures, et, l'ayant apprise, il met la main devant sa bouche, devient pensif, et dit : « Allah est grand! Allah est tout puissant! Qui peut dire son éloge ? » — On ne voit pas, dans ce très joli conte, à quoi sert l'intervention du fils. Il ne gêne pas, il est vrai, puisqu'il ne s'agit plus, dans cette version, d'une opposition entre le mari et la femme; malgré sa coquetterie sénile, le vœu que forme la vieille est, après tout, fort raisonnable, comme les deux autres. — L'esprit du conte est tout changé et peut-être faudrait-il considérer le récit de Châhdjihânpour comme une sixième forme irréductible du conte.

1. Je ne connais cette forme que par l'analyse incomplète qu'en donne Grimm, *loc. cit.* Il la rapporte en abrégé, d'après Lehmann, *im erneuerten poet. Blumengarten*, Francfort, 1640, p. 371, que je n'ai pu me procurer. Voici le texte peu clair donné par Grimm : « Il arrive souvent « que l'homme a beaucoup de bonheur, sans que ce bonheur soit béni, « ainsi qu'il advint de cette femme, à qui S. Pierre avait accordé trois « souhaits pour son plus grand bien. Car elle souhaita d'abord une « chevelure blonde, puis une brosse. » Grimm ajoute : « mais son mari fit, à propos de sa brosse, un vœu mauvais qu'il fut obligé d'annuler par son troisième souhait. » — J'ai complété ce récit par conjecture, et par analogie avec les formes *d, f.*

(Conte allemand du moyen âge[1].)

III. *Dans un troisième et dernier groupe, les souhaits sont perdus par la sensualité de la femme.*

Il ne nous convient pas d'analyser cette forme ; disons seulement qu'elle appartient bien au type que nous considérons, c'est à dire que :

g) 1. La femme forme un vœu grossier ;

2. Le mari en forme un second qui rend la situation plus pénible encore ;

3. Le troisième souhait rétablit toutes choses en l'état.

C'est la version des différentes formes orientales du *roman des Sept Sages*, *Sindbad*, *Syntipas*, *Sandabar*, *Cendubete*, *Sindibad*, les *Mille et une Nuits* : le fabliau des *Quatre souhaits Saint-Martin* n'en est qu'une plaisante et obscène exagération[2].

---

1. *Gesammtabenteuer*, dri wunsche, II, XXXVII. Un couple très pauvre importune Dieu de ses prières. L'Ange du mari lui est dépêché pour lui annoncer que ses requêtes sont vaines, car il a obtenu déjà toute la part du bonheur qui lui revenait. Pourtant, comme l'homme insiste, l'ange lui accorde trois souhaits : qu'il ne s'en prenne qu'à lui-même, s'ils tournent à son désavantage. (Remarquez ce curieux trait de fatalisme populaire.) — Quand la femme a souhaité une belle robe, il est curieux que le mari ne trouve à lui reprocher que son égoïsme : car, dit-il, tu aurais pu, du même coup, obtenir de belles robes pour toutes les femmes de la terre. (Ce mari est un médiocre psychologue, car, si la femme avait fait ainsi, où aurait été son plaisir?) — Quand, en vertu du second souhait, la robe est entrée au corps de la femme, qui pousse des cris de douleur, les voisins s'assemblent et menacent de tuer le mari, s'il n'emploie son troisième souhait à délivrer la coquette. — Ce dénoûment rappelle celui des *Arabum proverbia*. Notez comme les conteurs se sont ingéniés à sortir de cette difficulté : dans toutes ces versions, le mari n'a aucune raison d'employer son troisième souhait à réparer le dommage que lui-même a voulu faire à sa femme. La plus jolie imagination est celle de Fernan Caballero, qui suppose que le troisième souhait doit être le résultat d'une délibération commune des deux époux. — Mais le nombre des combinaisons possibles n'est pas infini, et il est concevable que deux conteurs indépendants (celui des *Arabum proverbia* et le *Stricker*) aient recouru à peu près au même procédé, c'est-à-dire à l'intervention des voisins ou des parents.

2. C'est le premier récit du septième sage dans le *Sindbad* syriaque (éd. Baethgen), dans le *Syntipas* grec (éd. Boissonnade), dans le *Libro de los engannos* (éd. Comparetti) ; le deuxième récit du sixième sage dans le *Sandabar* hébreu (éd. Sengelmann). Il se trouve aussi dans le *Sindibad-Nameh* persan, du XIVe siècle (*Asiatic Journal*, 1841, t. XXXVI, p. 16). — Dans les *Mille et une nuits*, c'est le 1er récit du sixième vizir :

E". — *Formes redoublées et contrastées du conte.* — *Un personnage surnaturel, en voyage sur la terre, accorde à des hôtes pauvres et accueillants trois souhaits qui leur apportent le bonheur. Des voisins avares et jaloux, qui ont mal reçu le voyageur, obtiennent de lui la même faveur : ils veulent copier leurs voisins; mais leurs souhaits se retournent contre eux.*

(*l'homme qui désirait connaître la nuit Al-Kader*). — Je ne connais pas la version du texte de Breslau, que les éditeurs n'ont pas voulu traduire. Mais on peut prendre connaissance du texte de Boulak, grâce à la traduction française donnée dans la *Fleur Lascive orientale*, Oxford, 1882, p. 132. Le récit des *Mille et une nuits* est très supérieur à notre fabliau et aux autres versions du *roman des Sept Sages*.

Je puis parler, sinon du conte lui-même qui est indécent, du moins de l'être surnaturel qui accorde les souhaits. Dans les *Mille et une nuits*, c'est l'ange Ezraël, dans le *Libro de los Engannos*, c'est une diablesse. Peu nous importe ici; mais dans les autres versions des *Sept Sages*, c'est un démon familier qui habite dans le corps d'un homme (le *Syntipas* l'appelle bizarrement l'Esprit du Python). C'est, dans toutes les versions, un génie bienfaisant, qui, après être longtemps demeuré dans le corps de l'homme, est forcé, par un autre génie dont il dépend, d'élire une demeure différente. « Le roi des démons m'a ordonné, dit-il dans le *Mischle Sandabar*, d'aller dans un autre pays; » et c'est au moment de cette pénible séparation qu'il accorde trois souhaits à son ancien hôte. — On reconnaît, à tous ces traits, le début de la fable de La Fontaine :

> Il est au Mogol des follets,
> Qui font office de valets...

L'un d'eux, après avoir longtemps servi les mêmes maîtres, est envoyé en Norwège « par le chef de la république des Follets ». — Or M. Regnier (*éd. des grands écrivains*, fable VII, 6,) a montré que La Fontaine a dû connaître les *Paraboles de Sandabar*, traduites plusieurs fois au. xvie et xviie siècles. La Fontaine a donc emprunté son récit au livre hébreu. A cette époque, il n'écrivait plus des contes grivois, mais des fables : il a reculé devant l'obscénité du récit. Il a donc seulement conservé le cadre de son modèle, et inventé trois souhaits. Ils sont faiblement imaginés : les deux époux souhaitent d'abord l'*abondance* ; (ils s'en dégoûtent, comme le savetier enrichi par le financier); ils demandent alors la *médiocrité* et la *sagesse* :

> « C'est un trésor qui n'embarrasse point. »

Je suis donc autorisé à considérer la version de La Fontaine comme une simple copie remaniée des Sept Sages. C'est pourquoi je ne la rappelle qu'en note. — On voit combien est inexacte la supposition de Liebrecht (*Germania*, I, 262) : « La nouvelle de Philippe de Vigneulles « peut être considérée comme intermédiaire entre le récit de Marie de France et celui de La Fontaine. »

TABLEAU SYNOPTIQUE DES DIFFÉRENTES VERSIONS DU FABLIAU DES « SOUHAITS SAINT-MARTIN »

Un être surnaturel accorde à un ou plusieurs mortels le don d'exprimer un ou plusieurs souhaits, qui seront exaucés. Ces souhaits se réalisent, en effet. Mais, contre toute attente, et par la faute de ceux qui les forment, ils n'apportent aucun avantage, quand ils n'entraînent pas quelque dommage.

Cinq formes principales de ce conte :

A
Un seul souhait accordé à une seule personne.

Un tisserand souhaite 2 têtes et 4 bras. Pris pour un monstre, il est tué.

(1) *Pantchatantra*.

B
Un seul souhait accordé à deux personnes.

L'enfant harou. Le long nez.

(2) *Phèdre*.
(3) *Pentamerone*.

C
Un même don accordé à deux personnes : l'un tourne à bien, l'autre, à mal.

Une femme aune de la toile (ou compte des écus) tout le jour ; l'autre verse de l'eau tout le jour.

(4) Conte chicois.
(5) Conte bas-normand.

D
Un seul souhait accordé à trois personnes : les trois, ridicules.

(6) Conte populaire français (Colin de Plancy).

E
Trois souhaits accordés à un mari et à sa femme. La femme forme un premier souhait ridicule ; le mari, par colère, en forme un second, qui empire la situation. Le troisième souhait est employé à rétablir le *statu quo ante*.

E¹ — FORMES SIMPLES
La femme forme et gâche le premier souhait par l'un des motifs suivants :

I — Par distraction ou futilité, elle souhaite :

- a — Un bec de fer (de là-cassé) pour son mari
  (7) Romulus ;
  (8) Marie de France.
- b — Un piel pour son pot
  (9) Philippe de Vigneulles ;
  (10) Conte du Hainaut.
- c — Une aune de boudin
  (11) Perrault ;
  (12) Conte magyar ;
  (13) Conte espagnol ;
  (14) Conte allemand (Hebel).
- d — La beauté
  (15) Arabum proverbia ; Version un peu excentrique, ne répondant pas exactement à la définition de E.
  (16) Conte populaire de Chahdjihanpour

II — Par coquetterie, elle souhaite :

- e — Des cheveux d'or et une brosse
  (17) Conte allemand du XVI° siècle. (Lehmann).
- f — Une belle robe
  (18) Conte allemand du moyen âge. (*Gesammtabenteuer*)

III — Par sensualité, elle forme :

- g — Un vœu obscène
  (19) différentes versions orientales des Sept Sages ;
  (20) Fabliau des souhaits Saint-Martin ;
  (21) (La Fontaine, fables, VII, 6).

E² — FORMES REDOUBLÉES ET CONTRASTÉES
Les trois souhaits ridiculesforment contraste, comme en C, à trois souhaits heureux.

(22) Conte allemand du XVI° siècle (Wenalunmuth) ;
(23) Conte hessois (Grimm)

Dans un conte allemand du xiv° siècle[1], les hôtes, qui ont bien accueilli saint Pierre et saint Paul, souhaitent :

1) que leur vieille maison brûle,
2) qu'elle soit remplacée par une belle maison neuve,
3) qu'ils obtiennent le royaume de Dieu.

La voisine jalouse obtient aussi trois souhaits, et, en l'absence de son mari,

1) elle souhaite que sa vieille maison brûle ; Son mari revient des champs, criant : « au feu ! » elle veut le faire taire ;
2) « Puisse, s'écrie-t-il, un tison te sauter au corps ! »
3) *statu quo ante*.

Comparez un conte hessois de la collection de Grimm[2].

Nous voilà au bout de ce dénombrement.

Je le résume par le tableau synoptique ci-contre — un peu chargé, — mais dont la lecture et l'intelligence sont pourtant faciles.

Ce classement de variantes, le lourd appareil scientifique qui enserre cette amusette, est-ce là, — comme tant de collecteurs de contes le semblent croire, — l'*Ultima Thule* de nos recherches ? Non : il faut que les belles divisions, subdivisions et accolades de ce tableau synoptique signifient quelque chose. Ne signifient-elles rien ? Il faut avoir la bonne foi de s'en rendre compte et de le déclarer[3].

---

1. *Wendunmuth*, éd. Kirchhof, n° 218, I, p. 219. — Cf. K. Goedeke, *Schwänke des XVI Jahrh.*, Leipzig, 1879, n° 31, p. 54.

2. Grimm, n° 87. Dans ce conte, les bons pauvres souhaitent :
1° L'éternité bienheureuse,
2° Le pain quotidien,
3° Une belle maison.

Le mauvais riche, apprenant la bonne aubaine échue à son voisin, monte à cheval, rejoint le bon Dieu qui s'en va, obtient de lui les trois souhaits :

1° En route, son cheval bronche : « Puisses-tu, s'écrie-t-il, te rompre le cou ! » Ce souhait est aussitôt exaucé ;

2° Il poursuit sa route, portant sa selle, et pense tout à coup que, pendant qu'il sue sang et eau sur la grand'route, sa femme prend le frais, commodément assise dans sa chambre : « Je voudrais, dit-il, la voir assise sur une selle, sans pouvoir se lever ! » Il rentre, et la trouve chevauchant, en effet, une selle ;

3° Il la délivre.

3. Notre classement repose uniquement sur l'examen des souhaits exprimés, et non sur les récits qui servent de cadre à l'histoire. Peu importe, en effet, que l'être surnaturel qui accorde les souhaits

Ce tableau, dressé en toute patience et conscience, interrogeons-le avec scrupule.

L'exemple choisi est favorable : sauf quelques cas négligeables[1], toutes nos variantes représentent des moments distincts de la tradition parlée. Les *tiroirs* de notre conte nous ont fourni un classement très net.

Ce tableau peut-il nous renseigner sur la forme et la patrie primitive du conte? sur les lois de son développement?

Interrogeons-le, en partant des groupes de versions les plus déterminés pour remonter aux plus généraux; c'est-à-dire, interprétons le tableau *en le lisant de bas en haut*.

1°) Considérons l'une quelconque des sous-familles a, b, c, d, e, f, g[2].

Soit le groupe c, où le souhait ridicule est celui d'une aune de boudin. Nous constatons — et c'est là un résultat positif — que ce conte vivait dans la tradition orale en France il y a deux siècles et qu'il continue à vivre de même aujourd'hui en Hongrie, en Espagne, en Allemagne. Quelle est la portée de ce résultat? Voyons-nous et verrons-nous jamais une raison pour expliquer que cette forme existe en ces quatre pays, plutôt que la forme d, qui n'est attestée qu'en Arabie et au Bengale? Existe-t-il un folk-loriste assez hardi pour affirmer que la forme c n'existe pas en telle contrée qu'il me plaira de nommer? Sait-il si je n'en tiens pas en réserve une forme arabe? C'est donc le hasard seul qui a réuni, en c, ces quatre pays. — Dirons-nous que le conte magyar procède du conte allemand,

---

soit tantôt un voyageur céleste et qu'il s'appelle Mercure, le dieu Fô, Saint-Pierre et Saint-Paul, ou le bon Dieu ; — tantôt, un génie bienfaisant et reconnaissant, démon familier, diablesse, Esprit du Python, fées danseuses, fée des montagnes, Anna Fritze, esprit d'un arbre sinsapá, etc...; — ou bien une divinité sage et prévoyante, Allah, la fée Fortunée ; — ou encore un génie ironique et taquin, St-Martin, le follet, le nain des montagnes, etc... Les groupements qu'on obtient à considérer ces détails sont superficiels, factices, séparent des formes voisines, réunissent des versions divergentes.

Il nous faut donc nous en tenir à notre classement.

1. Tel est le cas de *Syntipas* copiant *Sindbad*, ou de Marie de France et du *Romulus* copiant un modèle commun, ou de La Fontaine plagiant les *Paraboles de Sandabar*. — Tel de nos conteurs lettrés a dû connaître des formes écrites de l'histoire : il est, par exemple, certain pour Grimm, probable pour Fernan Caballero, qu'ils ont connu le conte de Perrault; mais leur bonne foi de folk-loristes a dû les mettre en garde contre tout remaniement littéraire.

2. Joignons-y les contes réunis en C et en E″.

qui procède du conte français, qui procède du conte espagnol? ou bien plutôt que le conte espagnol procède du conte français, qui procède du conte allemand, qui procède du conte magyar? L'une et l'autre hypothèse se valent, comme également vraisemblables, et également indémontrables. — Or il n'en est pas seulement ainsi de ces deux hypothèses : mais, comme les mots : espagnol — magyar — allemand — français — peuvent se grouper de vingt-quatre manières, il existe encore vingt-deux hypothèses similaires, également vraisemblables et indémontrables.

Tout de même, dans la famille g, où le vœu formé est obscène, nous trouvons réunies les diverses versions orientales des *Sept Sages* et le fabliau français. — C'est encore, je le veux bien, un résultat positif. Mais quelle en est la signification? Dirons-nous que la forme française provient de la forme orientale? nous le pouvons, assurément. Ou bien que la forme orientale provient de la forme française? rien ne nous en empêche[1]. — Dans le groupe c précédemment considéré, il ne vient à l'esprit de personne de prétendre que la forme française soit la génératrice de la forme allemande, parce que Perrault a recueilli son récit en France deux siècles avant que Hebel ne l'ait rencontré dans les pays rhénans. Il en est de même ici. Qu'un fabliau et un recueil oriental se groupent dans une même sous-famille, c'est un fait qui ne prendrait de signification que s'il était constant; mais il est très rare, au contraire, comme le démontrent nos études. Il résulte de la rareté de ce phénomène que, seul, le hasard associe en g les *Sept Sages* et le fabliau, tout comme il associe en c un conte chinois et un conte normand, sans que le conte normand soit nécessairement issu du conte chinois.

Le lecteur se convaincra aisément qu'il en est de même pour tous les groupes a, b, d[2], e, f, C, E'''. Y a-t-il quelque rat-

---

1. Mais, dira-t-on, les *Souhaits St-Martin* ne sont qu'une exagération visible du récit des *Sept Sages* : il s'ensuit que la version des *Sept Sages* est la forme-mère. Il est, en effet, certain que le fabliau suppose à sa base un récit plus simple, où trois souhaits seulement étaient exprimés; mais cette forme plus simple, qui est celle des *Sept Sages*, ne vient pas nécessairement des *Sept Sages* au conteur anonyme français; elle pouvait vivre, sur le sol français, depuis mille ans.

2. Il est curieux, à première vue, que la forme d réunisse deux variantes musulmanes (*Arabum proverbia* et conte de Châdjihânpour). Mais il est visible que l'esprit du conte est tout différent dans l'une et dans l'autre version, et que, seul, le hasard a conjoint ici ces deux variantes musulmanes.

son pour que l'héroïne du conte souhaite la beauté en Arabie et au Bengale, tandis qu'elle demande un pied pour son pot au xvi° siècle chez un conteur français, en Hainaut au xix° siècle? Or, marquer qu'elle demande un pied pour son pot en Hainaut au xix° siècle, en France au xvi°, voilà le seul résultat positif de ces très patientes, très minutieuses et très méprisables recherches.

2°) Comparons entre elles les sous-familles, au lieu de les considérer chacune isolément.

Des versions a, b, c, d, e, f, g, laquelle est la primitive? celle où la femme souhaite un bec de fer à son mari, ou bien celle où elle réclame un pied pour son pot? ou celle où elle forme un vœu obscène? ou, serait-ce peut-être celle où elle demande une aune de boudin? celle où elle gâche son souhait par futilité? ou par coquetterie? ou par sensualité? Poser ces questions, c'est en montrer la puérilité. J'aurais mauvaise grâce à trop insister.

3°) Opposerons-nous maintenant les formes simples (E') aux formes antithétiques (E")?

Lesquelles sont nées les premières? On pourrait soutenir que ce sont les formes redoublées, où trois souhaits bénis s'opposent à trois souhaits maudits, car le premier inventeur du complexe d'événements constitutifs de la forme E" fut certainement un esprit très constructeur et très ingénieux; il peut donc avoir bâti d'emblée le conte sous sa forme la plus compliquée, simplifiée postérieurement par d'autres. Mais j'admets volontiers, comme plus vraisemblable, que les formes simples sont les plus primitives. Que ce soit là l'un des rares résultats positifs de notre enquête. Quel indice en pourra-t-on tirer pour l'histoire de la propagation du conte? Je l'ignore et j'abandonne ce fait, pour qu'il en tire parti,

<blockquote>Au fin premier qui le demandera.</blockquote>

4°) Enfin, considérons les cinq groupes principaux, A, B, C, D, E.

Il ne serait pas impossible d'admettre que nous avons affaire à cinq contes indépendants[1], tant est lâche le lien qui

---

1. Comparez, par exemple, la fable où un laboureur, afin d'épargner la peine des batteurs et des vanneurs, demande à Cérès que son blé pousse sans épis. Il est exaucé; mais les oiseaux, attirés par un butin plus facile, s'abattent sur son champ (V. Burchard Waldis, éd. Kurz, II, XXXIII; — ou le conte bien connu de Grimm, *Le pêcheur et sa femme*, *Kinder- und Hausmährchen*, n° 19.

semble unir ces familles. C'est simplement l'idée qu'il y a loin de la coupe aux lèvres, que les vœux humains sont souvent inintelligents et néfastes ; — idée si universelle que Garo lui-même s'en était pénétré, sans que pourtant il eût étudié le *Pantchatantra*[1]. Mais, si nous voulons bien admettre, avec nos devanciers, que nous sommes en présence, non de cinq contes, mais de cinq formes du même conte, laquelle peut prétendre à la priorité?

Est-ce la plus anciennement attestée? Ce serait donc celle de Phèdre. Mais nous avons promis de ne jamais recourir au raisonnement : *post hoc, ergo propter hoc*.

Est-ce, comme le veut Benfey, la forme du *Pantchatantra* ? Il remarque en effet que, dans le *Pantchatantra* comme dans les *Sept Sages*, les héros du conte souhaitent de voir leurs organes se multiplier ; le Pantchatantra serait donc ici la source de la forme des *Sept Sages*, qui serait, à son tour, la génératrice de toutes les autres[2]. Je regrette de ne pouvoir insister sur le récit des *Sept Sages*. Mais je crois que le premier inventeur de cette version, capable d'imaginer un conte aussi ingénieusement combiné, n'avait pas besoin du point de départ insignifiant du *Pantchatantra*, et je répète ce que je disais à propos du fabliau des *Tresses* : tous les conteurs passés, présents et futurs méditeraient-ils pendant l'éternité sur le conte du Pantchatantra, ils ne sauraient en faire sortir le conte de la *Nuit Al-Kader* ou des *Souhaits Saint-Martin*. Si je considère la forme du *Pantchatantra* — où un tisserand, après mûre délibération avec sa femme, et force *slokas* prudhommesques, demande, comme le plus grand des biens, d'être pourvu de deux têtes et de deux paires de bras, sans soupçonner qu'il risque de devenir grotesque, — je dis que ce n'est pas seulement ce tisserand, mais aussi l'auteur du *Pantchatantra* qui mérite son nom de Manthara, lequel signifie *niais*; je me refuse à voir dans cette version, comme voudrait Benfey, la forme vénérable, mère des autres ; j'y vois seulement une forme

---

1. Les formes B, C, E", où un dieu voyageur accorde des souhaits bénis ou maudits à ses hôtes, paraissent plus intimement associées. Mais combien de dieux païens, de saints chrétiens, se sont assis au foyer d'hôtes qu'ils récompensaient ou punissaient, depuis les temps lointains de Philémon et de Baucis!

2. En admettant que le conte des *Sept Sages* fût issu du *Pantchatantra*, comment toutes les autres formes seraient-elles issues de ces deux-là? C'est ce que Benfey n'explique pas.

caduque, sans vraisemblable influence sur les destinées ultérieures du conte. J'y vois simplement la plus sotte des versions conservées.

Faut-il aller plus loin encore, et abstraire la quintessence du conte? La forme initiale est-elle celle qui raille l'inintelligence foncière des femmes (A), — ou leurs vices, futilité, coquetterie, sensualité (E')? ou celle qui exprime la vanité de nos désirs, ceux de l'homme comme ceux de la femme (conte de Châdjihânpour)? - ou celle où le conteur n'a voulu que s'amuser de la déconvenue comique d'un distrait (c)? ou celle où il a exprimé, d'une manière populaire, le conflit de la prescience divine et de la liberté humaine, en ces versions où un dieu ironique accorde des souhaits dont il sait par avance que rien de bon ne peut sortir? (Phèdre, le dieu Fô, E'')?

Laquelle de toutes ces versions est la primitive? Pour en juger, il nous manque l'instrument judicatoire.

En résumé, que pouvons-nous savoir de l'origine de ce conte, de sa forme et de sa patrie premières? — Rien.

De sa propagation? Nous arrivons à constater simplement que nos vingt-trois versions se groupent deux à deux, trois à trois, etc..., en des pays qui s'étonnent de se voir associés. Mais la raison de ces groupements étranges nous échappe.

C'est, dira-t-on, que vous ne connaissez que vingt des moments de l'évolution d'un conte un million de fois répété. — Soit, je suppose que nous possédons ce million de variantes. Qu'arrivera-t-il? Le tableau synoptique ci-dessus comprendra quelques familles et sous-familles de plus, sous lesquelles continueront à s'aligner les versions des provenances les plus hétéroclites; mais, si nous voulons les classer dans leur succession géographique et chronologique, le pouvoir inductif d'un Cuvier n'y suffira point. Il faudrait que l'ange Ezraël ou le dieu Fô de nos contes vînt, en personne, nous dérouler l'histoire de ce million de variantes. Quel serait son récit? Le début en serait intéressant. Il nous dirait peut-être que le premier inventeur du conte fut Enoch, fils de Seth; que Thubal-Caïn, père des forgerons, a créé la forme C, et quelque Hittite la forme D. Mais la suite de son récit serait fort ennuyeuse : le même hasard, qui distribue en quelques groupes nos 23 variantes, en distribuerait en quelques groupes de plus avec la même indifférence, 999977 autres. Nous verrions que le Suédois Pierre a conté les *Souhaits ridicules* à l'Allemand Paul qui les a contés à l'Italien Jacques, et ainsi de suite un million de fois, sans que l'Ange Ezraël ni le dieu Fô fussent capables de nous dire pourquoi ce n'est pas l'Italien Jacques qui l'a, le premier, conté au Suédois Pierre.

En résumé, — me demandera le lecteur, — n'aurait-il pas mieux valu, au lieu de vos subtiles classifications, prendre les fiches où les folk-loristes réunissent les variantes des *Souhaits ridicules*, les battre comme un jeu de cartes, et les énumérer au hasard? — Il se peut. — N'aurait-il pas mieux valu encore ne les recueillir point? — D'accord.

Le Lai de l'Epervier

Dans les contes étudiés jusqu'ici, nous avons admis ce principe : si deux versions d'un même récit présentent au même endroit le même trait accessoire, elles sont associées indissolublement par un rapport de filiation, dont il ne reste plus qu'à déterminer la direction.

Ce principe parait, en effet, très sûr : si nous trouvons, par exemple, deux versions de la *Matrone d'Éphèse*, où la veuve inconsolable, pour complaire à son nouvel amant, retire du cercueil le cadavre de son mari, lui brise trois dents et le suspend à une potence; si, dans deux autres versions, au contraire, elle se borne, comme fait la Matrone du pays de Song, à ouvrir le cercueil et à fendre le crâne de son époux d'un coup de hâche, il est évident que les deux premières versions forment un groupe indissoluble qui s'oppose à un second groupe, non moins indissoluble.

Ce principe — qui procède d'une observation de simple bon sens — est précisément celui sur lequel se fondent les méthodes de la critique des textes : de même que deux copistes indépendants ne font pas la même faute au même endroit, de même deux conteurs indépendants ne racontent pas le même épisode accessoire au même endroit.

Mais ce principe comporte, dans la méthode de la critique verbale, un corollaire restrictif : deux copistes indépendants ne font pas la même faute au même endroit, *à moins que cette faute soit si naturelle, si facile, qu'elle ait pu se présenter d'elle-même sous la plume de deux copistes*. Quiconque a eu l'occasion de classer des manuscrits sait combien ces cas sont fréquents, combien de fois le critique est obligé d'admettre que la même faute a pu être *suggérée* à deux scribes indépendants, bien qu'ils aient eu sous les yeux deux manuscrits corrects l'un et l'autre.

Ce corollaire doit aussi nécessairement s'appliquer lorsqu'on veut comparer des variantes de contes, et il ne me semble pas qu'on y attache communément une importance suffisante.

Il reste, dans toute classification de manuscrits, un élément de critique subjective : il ne suffit pas, pour grouper deux manuscrits en une famille, de noter, par une opération toute mécanique, que tous deux présentent, en tel passage, la même faute ; il faut encore décider si cette faute n'a pu être commise deux, trois, dix fois par des copistes étrangers les uns aux autres.

De même, il ne suffit pas de marquer qu'un trait accessoire commun reparaît dans deux versions d'un conte : il faut de plus montrer que ce trait procède d'une fantaisie si particulière, si individuelle, qu'il n'ait pu être réinventé deux fois indépendamment[1].

Distinguer quels sont les traits qui peuvent être ainsi plusieurs fois *réinventés*, et qui, par conséquent, n'établissent pas fatalement un lien entre deux versions, c'est une tâche nécessaire.

Appliquons ces considérations au *Lai de l'Epervier*.

Ce fabliau, l'un des plus jolis qui nous soient parvenus, a eu la bonne fortune d'être découvert, publié et illustré par M. G. Paris. Si le lecteur veut bien se reporter à sa très savante étude[2], nous serons dispensé de reproduire longuement ici le texte des différentes versions. Réduit à sa forme organique, il se résume ainsi :

« *Une femme a deux amants. Un jour, qu'en l'absence de son mari, elle a reçu l'un d'eux, l'autre survient. Le premier amant se dissimule devant le nouvel arrivant.*

---

1. Si l'on nous permet d'employer encore ces formules, qui ne sont qu'en apparence compliquées, soit trois versions d'un conte :

$$1° \; \omega + a, b, c.$$
$$2° \; \omega + a, d, e.$$
$$3° \; \omega + x, y, z.$$

On est d'ordinaire fondé à dire que les deux premières sont associées, puisqu'elles offrent toutes deux le même trait **a**.

Il arrive pourtant souvent que c'est là une illusion, et que le rapport de ces trois versions doit être ainsi établi :

Le conte, raconté d'abord sous la forme $\omega + a, b, c$, est parvenu à un conteur qui l'a modifié ainsi : $\omega + x, y, z$, et un troisième conteur, partant de cette forme d'où ont disparu tous les traits accessoires primitifs, retrouve l'un des traits **a** d'une version qu'il n'a jamais connue ; d'où... $\omega + a, d, e$.

2. *Romania*, VII, 1.

« *Tandis qu'elle s'entretient avec celui-ci, le mari revient. Elle s'en aperçoit à temps. Elle fait jouer à l'amant qui lui tient compagnie une scène de colère : il prend un air très irrité, passe devant le mari en proférant des menaces terribles, et s'en va ainsi.*

« *Le mari, fort intrigué, demande des explications à sa femme, qui lui répond très simplement :* « *L'homme qui sort d'ici en poursuivait un autre, qui s'est réfugié chez nous. Je n'ai pas voulu le trahir ; il aurait été tué. Je lui ai donné asile. Le voici.* » *Elle présente alors le premier amant à son mari : voilà le bonhomme rassuré.* »

Encore une fois, nous savons que jamais le conte n'a été dit sous cette forme schématique. Chaque conteur le recevait du précédent, agrémenté de détails explicatifs ou d'épisodes d'ornement. Il existe pourtant des versions qui n'offrent que ces seuls traits en commun avec certaines autres, ce qui est dire qu'à certains moment de son histoire, il s'est trouvé dépouillé de tous les ornements dont il avait été primitivement vêtu : nous sommes donc en droit d'extraire cette forme schématique.

C'est la seule possession en commun des traits accessoires qui groupera les versions, et ce sont en effet les seuls que M. G. Paris considère dans son étude.

Tout auditeur ou tout lecteur du conte exigera en effet des solutions à certaines difficultés du récit. Pourquoi le premier amant cède-t-il la place au nouvel arrivant, au lieu de lui faire une scène de jalousie? Il faut que le conteur se préoccupe d'établir entre eux un rapport qui nous l'explique. — Pourquoi les deux amants sont-ils réunis à la même heure dans la maison du mari? — Comment se succèdent toutes ces scènes? Où se passent elles exactement ? etc...

Bref, tout conteur devra répondre à ces questions que les rhéteurs anciens recommandaient aux jeunes orateurs d'épuiser dans leurs narrations :

Quis? quid? ubi? quibus auxiliis? cur? quomodo? quando?

Plusieurs des conteurs du *Lai de l'Epervier* se rencontrent, en effet, pour expliquer ici et là, de la même façon, tel incident, et M. G. Paris fonde sur ces coïncidences sa classification. Voici les trois principaux considérants de ces groupements :

1° Deux versions indiennes, l'*Hitopadésa* et le *Çukasaptati*, supposent que les deux galants sont le père et le fils. M. G. Paris les associe donc. De plus, comme dans toutes les autres versions, le rapport qui unit les deux amants est moins scandaleux — comme ils sont, par exemple, maître et valet, ou puissant personnage et pauvre hère, etc... — ce savant voit dans la version du *Çukasaptati* la version-mère. Le conte est indien d'origine. » Les autres formes sont le produit d'une habile révision... la substitution d'un esclave au fils, dans le rôle du jeune rival, a été pratiquée, sans doute sur le sol indien même, pour éviter la donnée incestueuse du conte primitif. »

2° D'autres versions, le *Sindibad*, le fabliau, un conte des *Gesta Romanorum*, supposent que les deux amants sont unis par un rapport de domesticité (maître et esclave, chevalier et écuyer). De plus, le maître seul est l'amant de la femme; son valet, envoyé chez elle pour annoncer la venue prochaine du maître, a été simplement l'objet d'un caprice soudain. — En conséquence, M. G. Paris associe ces trois versions : les deux récits des *Gesta Romanorum* et du fabliau sont venus du *Sindibad*, et ont été importés en Occident par la tradition orale, « soit par l'intermédiaire des Byzantins, soit à l'époque des croisades. »

3° Enfin — tandis que la plupart des conteurs admettent qu'un certain laps de temps sépare les scènes successives, — le *Çukasaptati* et Pogge donnent au conte une marche plus accélérée. Dans la plupart des versions, le premier amant a le temps de se cacher devant son rival, et quand le mari survient, la femme est avertie assez tôt de son approche pour pouvoir donner ses instructions à l'amant qui lui tient compagnie ; au contraire, dans le *Çukasaptati* et chez Pogge, les trois hommes se trouvent presque simultanément réunis. Le *Çukasaptati* et Pogge sont donc associés par M. G. Paris : « le conte indien est arrivé au novelliste italien par une voie particulière, différente de celle qu'il a suivie pour aboutir à tous les autres récits du *Sindibad*. Il a pu sans doute arriver de l'Inde directement ; toutefois il est plus probable qu'il a passé par la Perse et l'Arabie... »

Ce classement de versions, dont je ne donne ici que l'essentiel, est établi avec une rigueur et une ingéniosité saisissantes.

Pourtant, est-il vraiment nécessaire que les choses se soient ainsi passées ?

Tel de ces traits n'a-t-il pu être inventé et réinventé, à plusieurs reprises, par des conteurs indépendants ?

Est-il bien sûr, par exemple, que la forme primitive soit nécessairement celle où figurent un père et son fils, et que toutes les autres soient des atténuations de cette donnée première? Ne pourrait-on pas se poser la même question pour chacun des autres épisodes du conte ? Chacun d'eux ne peut-il pas avoir été dix fois réinventé ?

Si je le prétends, je puis être assuré qu'on m'en demandera quelque preuve. L'affirmer serait substituer une impression personnelle à la saine méthode d'observation. N'y avait-il nul moyen de fournir cette preuve? Je crois en posséder un, légitime.

Un de nos plus illustres hellénistes, lorsqu'il veut expliquer la méthode de la critique verbale et démontrer que des copistes indépendants peuvent commettre la même faute au même endroit, a coutume de recourir à cette ingénieuse démonstration expérimentale : il propose à ses étudiants de recopier tous, sur le même texte correct, au courant de la plume, les mêmes cinquante lignes de grec ; comparant ensuite entre elles les copies ainsi obtenues, il lui arrive de relever à la même ligne, la même bévue commise par deux étudiants, et il cherche les raisons psychologiques de cette commune erreur.

J'ai cru que cette expérience pourrait être aussi probante, appliquée à des contes. Il m'était souvent arrivé de tenter cette épreuve au hasard de conversations, et elle m'avait donné des résultats surprenants. Je l'ai donc méthodiquement instituée pour le lai de l'Épervier.

Voici comment. J'ai soumis, soit par lettres, soit oralement, notre conte à quelques amis et à quelques étudiants. Je le leur ai proposé sous sa forme organique, ω, telle qu'elle est donnée plus haut : « *Une femme a deux amants; un jour, qu'en l'absence de son mari, elle a reçu l'un d'eux*, etc... » Je leur ai demandé de se placer en présence de ces données comme des écoliers devant une matière de narration à développer, de la motiver, de l'orner à leur gré.

Il était ainsi possible de produire des versions artificielles. Ces versions ainsi formées seraient-elles comparables aux versions historiques, réelles?

Il va de soi que j'ai demandé à mes novellistes improvisés de me donner l'assurance qu'ils ne se souvenaient point d'avoir lu nulle part ce conte. Aucun d'eux ne le connaissait, bien qu'ils fussent les uns et les autres des esprits fort cultivés[1] : mais ce

---

1. Depuis, pour plus de sécurité, et craignant que ces versions ne fussent parfois que des réminiscences, j'ai demandé des variantes, dans un petit chef-lieu de canton, à des conteurs infiniment moins lettrés : les résultats ont été tout semblables.

fait ne surprendra personne ; combien de ces historiettes ont traversé notre mémoire sans y laisser de traces ! Un seul se souvenait d'avoir lu une nouvelle analogue dans Boccace ; mais la version qu'il m'a remise ne ressemblait nullement à celle du *Décaméron*.

Voici brièvement les résultats de cette enquête qui sont vraiment inespérés.

Le plus important des éléments qui servent aux groupements de M. G. Paris est dans le rapport qui unit les deux amants. Mes correspondants ont inventé une série de rapports très variés. Parmi leurs imaginations, il en est qui ne sont pas représentées dans les versions sanscrites, arabes, allemandes, etc...; mais la réciproque n'est pas vraie : il n'est pas une des combinaisons réelles qui n'ait été reproduite, après Boccace, après le fabliau, après Pogge, par un ou plusieurs de mes amis. Je me trompe, il en manque une à l'appel ; un conteur érotique du commencement de ce siècle[1] a imaginé que les deux amants sont un marquis et son petit nègre, envoyé pour annoncer sa venue. C'est la seule forme que je n'aie pas reproduite artificiellement. Mais mes novellistes ont su imaginer les rapports suivants : un matamore et un poltron (M. Camena d'Almeida) — un grand seigneur bretteur et son chapelain (M. J. Texte), — un abbé et un moinillon échappé du monastère (M. Pascoët), — un maître et son esclave, un chevalier et son écuyer, un seigneur et son page, etc...; (différents conteurs) — un débiteur et un créancier (M. Godard, M. Demerliac) — un amant riche qui paie, un gueux qui est aimé (M. L. Herr) — un riche bourgeois et un personnage de médiocre importance, qui accepte l'humiliation comme une chose toute naturelle (M. Alfred Bourgeois), etc., etc.

Le rapport « père et fils » a-t-il aussi été imaginé ? Oui, certes. Mon ami, M. Lucien Herr, qui a recueilli pour moi plusieurs versions, m'écrivit un certain jour : « Voici la forme la plus satisfaisante que j'aie encore obtenue : le premier amant est le fils du second, et sait être le rival de son père. Elle provient de M. L. Lapicque. » Et, le même jour, à Caen, proposant à un de mes étudiants, M. Bourdon, le conte sous sa forme organique, j'obtenais de lui, à la première réflexion, cette réponse : « les deux amants sont le père et le fils. » Or c'est la

---

[1]. *Contes et historiettes érotiques et philosophiques*, par Adrien L. R., Paris, 1801, p. 190. *La matinée aux aventures.*

version de l'*Hitopadésa* et du *Çukasaptati*, et M. L. Lapicque ni M. Bourdon ne connaissaient le *Çukasaptati* ni l'*Hitopadésa*. Cette version-mère, dont toutes les autres ne seraient, selon M. G. Paris, que des atténuations, ils la réinventaient aisément, tandis que le même jour autour d'eux, d'autres conteurs réinventaient toutes les autres combinaisons historiquement attestées.

Cependant il en restait une qui manquait à ma collection de contes factices. C'est celle qui unit dans la même famille *Sindibad*, les *Gesta Romanorum*, le fabliau. Là, le rapport est plus complexe qu'ailleurs : il s'agit d'un maître et de son serviteur ; mais le maître seul est l'amant. Il envoie un jour son valet annoncer sa visite ; le jeune homme, esclave ou écuyer, plaît soudain à la dame ; une scène de coquetterie se déroule qui se prolonge jusqu'à l'arrivée du maître, et qui force le jeune homme à se cacher. Cette forme, nul de mes conteurs ne la reproduisait. Il existe, il est vrai, un conte moderne qui renouvelle exactement ces données : c'est celui auquel je faisais allusion tout à l'heure, où un marquis envoie « son petit nègre » annoncer sa venue. Il prend fantaisie à la jeune femme et à sa soubrette de comparer « les appas de la dame à ce corbeau ». Au cours de cette comparaison, le marquis arrive et le négrillon, peu vêtu, n'a plus qu'à se cacher. — Il est bien probable que l'auteur de ce récit n'a connu ni *Sindibad*, ni les *Gesta Romanorum*, ni le fabliau, et qu'il a simplement laissé sa fantaisie s'exercer sur un récit quelconque, sans doute sur celui de Boccace. Il se trouvait donc vraisemblablement dans les mêmes conditions que tous mes novellistes bénévoles, et sa version atteste que la combinaison du *Sindibad* pouvait être réinventée, sans le secours du *Sindibad*. Pourtant, nul de mes conteurs ne l'imaginait. Je me suis alors avisé que ce fait provenait sans doute de ce qu'ils acceptaient trop passivement la donnée première du conte : « Une femme a deux amants. » La combinaison du *Sindibad* et du fabliau provient manifestement de conteurs qui se préoccupaient de rendre le conte moins choquant, plus élégant, moins indigne de la bonne compagnie, en n'admettant pas que l'héroïne pût recevoir deux amants à la fois. Cette préoccupation, non de moralité, mais de plus grande élégance, sollicite souvent les conteurs, et les force à remanier leurs données. J'ai cru rester dans la bonne foi de mon expérience, en disant à deux de mes correspondants : « Voici la forme organique de ce conte : *Une femme a deux amants, etc.*; préoccupez-vous d'en atténuer la trop déshonnête grossièreté. » Je n'ai demandé que deux versions ainsi atténuées : l'une m'a été fournie par M. Seignobos. Elle est infiniment ingénieuse, mais n'est point représentée historiquement; je ne la communique donc pas. L'autre m'a été donnée par mon collègue, M. Desdevises du Dezert. La voici textuellement. « Un chevalier envoie son écuyer prévenir sa dame qu'il viendra prochainement la visiter. L'écuyer, épris d'elle, se laisse aller à faire une déclaration qui n'est pas accueillie, mais qui n'est pas repoussée non plus ; au cours de ce manège de coquetteries, l'heure passe et quand le chevalier oublié frappe à l'huis, son écuyer s'est assez compromis pour n'avoir plus qu'à se cacher. » — Il ne semble donc pas que le *Sindibad* et le fabliau doivent nécessairement provenir l'un de l'autre, puisque le récit de M. Desdevises du Dezert, tout semblable, ne provient ni du fabliau, ni du *Sindibad*.

Quant à la version plus rapide qui est celle du *Çukasaptati* et de Pogge et qui met en présence les uns des autres le mari et les deux galants, aucun de mes conteurs ne l'a reproduite. Pourquoi? C'est qu'ils se préoccupaient trop de raconter un joli conte, bien organisé, parfaitement logique. Or le récit du *Çukasaptati* et de Pogge sont également maladroits, gâtés. Ils ne se ressemblent qu'à moitié : ils proviennent de la paresse d'esprit de ces deux conteurs, qui ont l'un et l'autre expédié leur historiette en dix lignes. Il était hors de toute prévision que je réussisse à retrouver parmi mes contes factices une forme ainsi déformée, et je ne l'ai pas retrouvée, en effet.

M. G. Paris établit enfin certains rapports entre l'*Hitopadésa*, le *Sindibad* et d'autres récits, fondés sur ce trait que l'amant qui simule la colère brandit aux yeux du mari ici une épée, là un bâton. Dans ma collection de contes factices, les uns omettent ce trait; d'autres ornent le galant de toutes les armes imaginables, coutelas, pistolets, épées, bâtons. C'est une panoplie complète, qui n'est point pillée pourtant de l'*Hitopadésa*.

En résumé, si l'on dressait maintenant un tableau généalogique des différentes formes du *lai de l'Epervier*, il faudrait ranger en un même groupe le *Çukasaptati*, l'*Hitopadésa*, M. L. Lapicque et M. Bourdon; en un second groupe dérivé du premier, l'original sanscrit du *Sindibad*, le fabliau du XIIIe siècle, les *Gesta Romanorum* et M. Desdevises du Dezert. — Etranges familles !

Les trois bossus ménestrels

Eh quoi! Toujours les mêmes résultats négatifs? Toujours cette épreuve, dix fois renouvelée, se retournera-t-elle contre l'hypothèse de l'origine orientale des contes?

C'est bien pourtant, jusqu'ici, le résultat de ces enquêtes, monotone, mais si fortement établi qu'on n'y pourra blâmer que notre minutieuse et lourde insistance à démontrer l'évident.

Nous avons considéré successivement, soit en ces deux chapitres, soit à l'appendice II, tous les fabliaux attestés dans l'Orient. Tantôt il a été impossible de découvrir, entre des versions de même valeur, la forme logiquement antérieure. Elles passaient devant nos yeux comme un essaim d'abeilles, errant au hasard, d'où la reine a disparu. Tantôt nous la découvrions, cette forme-reine, — mais elle était italienne, française, — jamais indienne.

Il reste un fabliau pourtant — celui des *Trois Bossus Ménestrels* — qui donnera à la théorie orientaliste une apparente satisfaction.

Ici, il nous est possible de marquer certains moments de l'évolution du conte, et nous en saisirons la forme-mère. Or, cette forme est représentée, entre autres versions, par un conte oriental.

1° Classons les diverses versions du fabliau.

2° Voyons par quelles observations on peut prouver l'antériorité logique de certaines formes.

3° Si, parmi ces versions primitives, l'une d'elles est orientale, quelle est la portée de ce fait?

I. — *Analyse et classement des différentes versions du conte.*

Je considère les quatorze versions qui me sont connues, et dont voici le dénombrement :

1°) Un récit du 7ᵉ sage dans le remaniement hébraïque du roman des Sept Sages, le *Mischle Sandabar*[1]; 2°) un récit du sixième sage dans la version arménienne de ce roman[2]; 3°) un récit du 6ᵉ sage dans l'*Historia septem Sapientum*[3]; 4° et 5°) les fabliaux des *Trois Bossus Ménestrels*[4] et d'*Estormi*[5]; 6° et 7°)

---

1. Ed. Sengelmann, 1842.
2. *Orient und Occident*, II, 373.
3. *Deux rédactions en prose du roman des Sept Sages*, pp. G. Paris.
4. MR, I, 2.
5. MR, I, 19.

deux contes allemands du moyen âge, l'un sous forme narrative, les *Trois Moines de Colmar*[1], l'autre sous forme de complainte, la *femme du Pêcheur*[2]; 8°) une nouvelle de Sercambi[3]; — 9°) un des récits des *Facétieuses Nuits* de Straparole[4]; — 10°) une farce française du théâtre de la foire[5]; — 11°) une farce italienne[6]; — 12°) un conte français en vers, du xviiie siècle[7]; — 13° et 14°) deux contes recueillis à Vals, par M. E. Rolland[8].

Comment classer ces quatorze variantes?

Je prends l'un quelconque des récits de ma collection, pour en extraire, antérieurement à toute comparaison, la forme organique (ω). C'est le *lied* de la *femme du Pêcheur* que le hasard a amené sous ma main. En voici donc l'analyse.

Près de Vienne en Autriche, vivent un pêcheur et sa femme. Un soir que le mari est à la pêche aux carpes, sa femme, persuadée qu'il ne rentrera pas de la nuit, donne asile à trois clercs errants, avec qui elle fait bombance. A minuit, le pêcheur revient à l'improviste. Vite, la femme cache ses joyeux hôtes dans un bassin à mettre les poissons. Cette

---

1. *Gesammtabenteuer*, III, LXII.
2. Keller, *Erzählungen aus altdeutschen Hss. gesammelt.*, p. 317. *Ain lied von ainer vischerin*.
3. Sercambi, éd. Renier, Appendice 2, *De vitio lussurie in prelatis*.
4. Straparola, V. 3. Traduction de J. Louveau et de Pierre de Larivey, pp. Jannet, I, 339. V. l'étude de M. Giuseppe Rua, *Intorno alle piacevoli Notti dello Straparola*, Turin, 1890, p. 69.
5. Il m'en a passé trois éditions par les mains : *les facétieuses rencontres de Verboquet, pour rejouir les melancoliques...* à Troyes, sans date, in-12 ; — *les rencontres, fantaisies et coqs à l'asne facétieux du baron Gratelard, tenant sa classe ordinaire au bout du Pont Neuf...*, à Troyes, chez Pierre Garnier, 1736 ; — *Œuvres complètes de Tabarin*, pp. Gust. Aventin, 2 vol., Paris, Jannet, 1868, t. II, p. 193.
6. *Una covata di gobbi, ovvero i tre gobbi della Gorgona con Stenterello, facchino ubriaco*, Firenze, 1872. Je ne connais cette farce que par l'indication qu'en donne M. Rua, *loc. cit*. Mais ce titre, seul, permet, comme on le verra plus loin, de classer cette farce en son lieu.
7. *Contes nouveaux et plaisants*, par une Société, Amsterdam, 1770, p. 41.
8. *Romania*, XIII, p. 128. — Je n'ai pas pu me procurer la version de Doni, éd. Gamba, Venise, 1815, n° 1 (tiré à 80 exemplaires) — J'ai lu aussi dans les Κρυπτάδια (t. I, 64 ; cf. t. IV, 218) un conte russe, le *Pope qui hennit comme un étalon*, qui reproduit notre fabliau ; mais je n'ai pas noté les traits de cette version, au moment où ce recueil rare m'était accessible. — Les autres rapprochements, indiqués par Von der Hagen (*loc. cit.*) et par M. Landau (*Quellen des Dek*. p. 50) ne doivent pas être considérés ici, car ils proviennent de confusions avec le conte de *Constant du Hamel*.

réserve est à sec, et n'a point reçu d'eau depuis six mois. Mais le mari a fait cette nuit-là une pêche miraculeuse et rapporte quatre vases remplis de carpes. Il veut en mettre une partie dans sa piscine, ouvre le canal qui l'alimente, et voilà nos trois étudiants noyés.

La femme retire alors subrepticement du bassin l'un des clercs, le montre à un valet niais et lui offre dix *gulden*, s'il veut bien le charger sur ses épaules, et l'aller jeter dans le Danube. Pendant que le bonhomme s'acquitte de sa commission, elle retire de la piscine un second noyé, le couche au même endroit que le premier. Voici le valet revenu pour chercher son salaire : « — Mais, lui dit-elle, tu ne l'as pas emporté d'ici! Vois-le donc encore étendu à la même place! — C'est donc qu'il est revenu! » Étonné, mais résigné, il reprend le chemin du Danube, le second clerc sur son dos, et, le prenant par les cheveux, l'enfonce consciencieusement dans l'eau. Il retourne à la maison : « — Quoi! il est encore revenu! » La même scène se reproduit, et pour la troisième fois, il jette dans le fleuve le mort récalcitrant. — En revenant, il rencontre sur le chemin un prêtre, bien vivant, qui s'en va confesser un malade. « Cette fois, lui dit-il, tu ne reviendras pas! » Et, malgré ses raisonnements, il l'envoie dans le Danube rejoindre ses confrères.

Le conte, sous sa forme nécessaire et substantielle, se réduit aux données que voici :

Par suite de circonstances variables, trois cadavres (plus ou moins, mais deux au minimum), se trouvent réunis dans une maison; il s'agit de s'en débarrasser. La personne que leur présence compromet appelle un portefaix quelconque et lui montre l'un des trois cadavres, comme s'il était le seul. Qu'il l'emporte et le fasse disparaître! — Ainsi fait. — Quand il revient pour rendre compte de son œuvre, on lui fait voir, à la même place, un second cadavre, semblable au précédent. « *C'est donc qu'il est revenu!* » *Il emporte ce second corps, et la même scène se reproduit pour le troisième cadavre. A la fin, le portefaix rencontre un homme qui ressemble à son revenant, mais bien vivant. Il le tue, pour qu'il ne revienne plus.*

Cette forme est telle qu'il est hors du pouvoir de l'homme d'en supprimer un iota. Ce n'est donc pas la communauté de ces traits qui groupera les versions, puisqu'ils s'imposent à tous les conteurs, passés et futurs. Mais, comme le conte n'a jamais vécu sous sa forme substantielle, il arrive, comme toujours, que plusieurs versions reproduisent les mêmes traits accessoires; s'il apparaît que tel de ces traits n'a pu être inventé qu'une seule fois, les versions qui le reproduiront seront associées en une même famille.

Chaque conteur devra en effet se préoccuper de répondre à une série de questions, dont voici les principales : Comment les cadavres peuvent-ils être pris les uns pour les autres et ressembler en même temps à l'homme bien vivant qui est, à la fin du conte, victime de cette fatale ressemblance? — Quel est l'homme qui se charge de la lugubre tâche de faire maison nette? — Où et comment se débarrasse-t-il des cadavres? etc... La rencontre de deux conteurs sur chacun de ces épisodes pourrait entraîner le groupement de leurs deux récits. En fait, ces questions se subordonnent toutes à celle-ci : comment les trois cadavres se trouvent-ils réunis dans la même maison ? de quelle mort ont péri ces trois hommes?

Ce sont les solutions diverses données à cette question qui groupent ou opposent les versions[1].

Le nombre des combinaisons possibles est indéfini; les combinaisons réellement imaginées se réduisent à deux : ce qui sépare nos quatorze versions en deux familles.

Pour six de nos conteurs, ce sont trois amants qui, courtisant la même femme, ont été surpris ensemble chez elle et tués par le mari.

Pour les huit autres, ce sont trois bossus qui se réunissent dans la maison d'une femme ; sans être ses amants, ils ont de bonnes raisons d'éviter le mari; à son retour, ils se cachent, et meurent dans leur cachette.

Considérons successivement et rapidement ces deux groupes.

A. *Les amants tués par le mari.*

Les narrateurs expliquent différemment ce meurtre :

1. En effet, l'on verra par la suite que la première de ces difficultés (comment les cadavres se ressemblent-ils?) dépend de la manière dont on explique leur rencontre dans la même maison. — La seconde question (quel est l'homme qui se charge de les emporter?) ne fournit pas de classement utile : ce sera nécessairement un homme un peu simple, soit un portefaix de profession, soit un serviteur très dévoué à ses maîtres, soit un homme prêt à tout [un Éthiopien (*Sandabar*), — un champion, frère de la dame (*Historia Septem Sapientum*) — un portefaix (*Trois Bossus, Sercambi, Vals 2*) un niais, neveu de la femme (*Estormi*) — un soldat (*Vals, 1*) — un porte-morts (*Straparole*), — un clerc errant ivre (*Trois moines de Colmar*), — le niais Gratelard (*farce française*), — un manant (*Contes nouveaux*), — un valet niais (*Keller*), — un faquin ivre (*farce italienne*)]. — Quant à la troisième difficulté (comment l'homme se débarrasse-t-il des cadavres?) il n'y a pas lieu d'en tenir compte. Douze conteurs les jettent à l'eau; ce qui est en effet le procédé le plus naturel, et dont la rapidité du conte s'accommode le mieux. Les deux autres moyens imaginables, — la mise en terre, la crémation, — plus bizarres, pourraient servir à classer des versions : mais ils ne sont employés qu'une fois chacun (*Historia Septem Sapientum, Estormi*).

a) Celui qui se met le moins en frais d'imagination est l'un des conteurs de Vals[1] : « U.. meunier avait une femme trop aimable pour les moines. Il en tua un jour deux. » La femme ne joue ici aucun rôle actif.

a¹) Tous les autres conteurs supposent, au contraire, que les amants ont été attirés et tués par les deux époux complices.

a²) Tantôt il s'agit d'un odieux guet-apens. Les deux époux, pauvres, complotent de s'enrichir à peu de frais. La femme, qui a une voix merveilleuse, se tient « sur les loges et galeries de la maison du chemin public », et, « pour se montrer et faire regarder, » chante. Trois chevaliers se prennent à ses appeaux; elle leur donne, pour le même soir, moyennant promesse de nombreux florins, trois rendez-vous successifs. Ils arrivent l'un après l'autre: le mari, caché derrière la porte, les occit. — Plus tard, à la suite d'une querelle avec son vieux mari, elle le dénonce à l'empereur, qui les fait traîner tous deux à la queue des chevaux et pendre.

C'est la version de l'*historia Septem Sapientum*[2], et, sans doute, du roman arménien des *Sept Sages*[3].

a³) Tantôt, au contraire, ce sont les amants qui sont odieux et non leurs meurtriers. C'est, en effet, une femme pauvre et

---

1. J'appelle cette version : *Vals* 1. Il ne s'agit ici, comme dans Straparola et les *Contes nouveaux*, que de deux cadavres. — Le mari confie les corps des aimables moines à un soldat, qu'on appelle *le diable*. Il passe deux fois, avec son précieux fardeau, devant un couvent. Le veilleur l'interroge : « C'est le Diable, répond-il les deux fois, qui emporte le moine du couvent. » Le veilleur donne l'alarme dans le cloître, où l'on s'aperçoit qu'il manque, en effet, deux moines. Les autres s'enfuient, épouvantés. Le Diable rencontre l'un d'eux, monté sur un âne : « Je ne m'étonne pas, lui dit-il, que tu arrives toujours avant moi, puisque tu as quatre pattes et moi deux; » et il le jette à l'eau, avec son âne.

2. Tandis que le *champion*, gardien de la cité et frère de la dame, est en train de brûler dans un bois le corps du dernier chevalier, il en survient un quatrième, qui venait à la ville pour jouter le jour suivant, et qui s'approche du feu pour se chauffer. Le champion l'y jette, avec son cheval. — Je ne crois pas qu'il faille associer plus intimement cette version et celle de Vals 1, en raison de ce détail minuscule : un cheval et un âne y périssent avec leurs maîtres. — C'est un trait réinventé par deux conteurs indépendants.

3. Je ne connais cette version que par l'insuffisante analyse donnée par Lerch, *Orient und Occident*, loc. cit., et que je traduis *in extenso* : « Le sixième sage raconte l'histoire de la jeune femme qui, aidée de son vieux mari et par cupidité, fait tomber dans un piège trois braves chevaliers, attirés par ses charmes. Les deux époux sont pendus. »

sage que trois moines ont persécutée de leurs vaines obsessions. De guerre lasse, elle s'en plaint à son mari qui en tire vengeance et profit à la fois, leur fait assigner par sa femme trois rendez-vous successifs, et les assomme, dès qu'ils ont payé. — On le reconnaît, c'est le début du fabliau de *Constant du Hamel*.

Cette version est représentée par le fabliau d'*Estormi*, par le conte allemand des *Trois Moines de Colmar*, et par la nouvelle de Sercambi[1].

B. *Les bossus.*

Les versions de ce second groupe se diversifient de deux manières :

α) *Les bossus sont frères du mari.* Un bossu a épousé une femme riche, jeune et belle, qu'il surveille jalousement et durement. Il a trois frères, bossus comme lui, qui sont gueux, et qu'il défend à sa femme de recevoir jamais. Un jour, par pitié, en l'absence de son mari, elle les reçoit et les héberge. Au retour du jaloux, elle les cache. Quand elle veut les délivrer, ils sont morts, soit de peur, soit par asphyxie, soit parce qu'ils étaient ivres. Elle s'en débarrasse, comme dans les autres versions. Après avoir expédié le troisième magot, le portefaix rencontre le mari, bossu comme ses frères : c'est lui qu'il tue.

Cette famille est représentée par cinq versions : le second conte de Vals, Straparole, les *Contes nouveaux et plaisants*, les farces française et italienne[2].

---

1. Je note, par scrupule d'exactitude, plutôt que par utilité, les quelques divergences de ces trois contes allemand, français, italien. Dans tous les trois, la victime innocente tuée à la fin du conte est un moine (ou un prêtre) qui passe par hasard. — Dans le conte allemand, la scène de séduction a lieu à confesse, successivement dans trois couvents de Frères prêcheurs, de Carmes déchaussés et d'Augustins. — Chez Sercambi, ce sont trois moines de l'Eglise Saint-Nicolas à Pise, qui importunent l'innocente Madonna Nece, l'un sous le porche, le second au bénitier, le troisième près de l'autel. — Dans *Estormi*, le lieu de la scène reste indéterminé. — Dans le fabliau, le mari assomme les trois amants dès leur arrivée. — Dans les *Gesammtabenteuer*, les amants, effrayés successivement par le bruit que mène le mari caché, le précipitent dans une cuve d'eau bouillante. — Dans Sercambi, les trois amants, sans qu'on s'explique pourquoi, sont arrivés à la même heure, et, après avoir dîné ensemble, se sont mis au bain; au retour du mari, ils se réfugient dans un réduit, où l'homme, qui est tanneur, renferme ses peaux. Il les tue en versant sur eux un chaudron plein d'eau bouillante et de chaux.

2. Voici l'analyse de ces cinq versions :

Straparola: Long préambule sur les aventures des trois frères bossus, jusqu'au jour où l'un d'eux, Zambù, épouse à Rome la fille du

d) Enfin, dans les *Bossus Ménestrels*, il s'agit aussi de la jeune femme d'un affreux bossu jaloux, qui héberge trois autres bossus ; mais ce ne sont plus ses beaux-frères ; ce sont des ménestrels qu'elle a fait venir, pour se distraire. Le conte se poursuit tout comme dans la précédente version, et c'est le mari lui-même qui va rejoindre dans la rivière les bossus ses confrères.

C'est le fabliau des *Trois Bossus ménestrels* et le récit du *Mischle Sandabar*[1].

marchand de drap, son patron. — Mauvais ménage que font les époux. — Zambù part pour Bologne, après avoir averti sa femme de se méfier de ses deux frères, qui lui ressemblent à s'y méprendre. Au retour imprévu du mari, ils sont cachés dans une auge « pour eschauder et plumer les pourceaux » ; la peur, la chaleur et l'odeur les tuent.

La farce française se résume ainsi : Scène I : Horace donne au niais Gratelard une lettre pour la femme du vieux bossu Trostole. — Sc. II. Trostole, appelé au palais par une assignation, recommande à sa femme en partant de ne pas laisser entrer ses trois frères, bossus comme lui. — Sc. III. Les trois frères bossus, affamés, viennent mendier, et la femme les héberge par pitié. — Sc. IV. Retour du mari. Les frères sont cachés, ivres. Trostole s'en va. — Sc. V. Les bossus sont morts d'avoir trop bu. Gratelard les emporte à la rivière. — Sc. VI. Retour de Trostole que Gratelard envoie rejoindre ses frères. — Sc. VII. Gratelard vient chercher son salaire : « C'est fait ! il m'a fallu m'y reprendre quatre fois. — Quatre fois ! n'y aurait-il pas mon mari avec les autres ? — Le dernier parlait, ma foi ! » La femme épouse Horace. Trostole et ses trois frères reviennent et se battent.

La farce italienne, que je n'ai pas lue, doit se rattacher à ce type, puisqu'il s'agit d'une « couvée de bossus. »

Contes nouveaux : Le récit est placé dans « une ville d'Asie, » et l'on y parle de « cadis » et de « caravansérails » ; mais cette *turquerie* paraît être de l'imagination du conteur français. Il y a, comme dans Straparola, un long préambule sur les aventures antérieures des trois frères bossus. — Ceux-ci meurent d'avoir trop bu. — L'histoire se termine par une assez sotte invention : le bon calife Harouan-Arracchid, se promenant par les rues, fait relever par son vizir les filets tendus dans la rivière. Les trois bossus sont ainsi repêchés. Le mari revient à la vie, et le calife le tance pour sa fierté et sa dureté à l'égard de ses frères.

Le conte de Vals[2] est très court et assez mal motivé. « Il était trois frères bossus, dont l'un aubergiste et marié. Un jour qu'il était absent, ses deux frères burent tant dans sa cave qu'ils en moururent. » On ne voit pas ici pourquoi la femme se débarrasse subrepticement de leurs cadavres.

1. Dans le fabliau, trois bossus ménestrels s'invitent le soir de la Noël chez leur jaloux confrère, qui les héberge volontiers, leur donne un bon dîner, et les renvoie avec vingt sous parisis pour chacun, à condition qu'ils ne remettront plus les pieds chez lui :

> Car, s'il i estoient repris,
> Ils avroient un baing cruel
> De la froide eve du chanel.

La dame qui a entendu les bossus « chanter et solacier » profite du

Je résume ce classement de versions[1] par le tableau synoptique ci-contre.

II. *Histoire probable du conte.*

Ces différents groupes de versions se valent-ils, si bien qu'ils doivent s'aligner pour nous sur un même plan? Nous sera-t-il impossible d'établir entre eux certains rapports de filiation? — Non: ici, comme en un certain nombre d'autres cas, quelques observations très simples nous permettent, je crois, de saisir certains moments de l'évolution du conte.

1° Des deux formes principales — les amants tués par le mari (A), les bossus morts par accident (B), — laquelle est née la première?

Je crois que c'est la forme B.

Les versions du groupe A, — où c'est le mari qui tue les trois galants, — sont marquées, en effet, d'une véritable infé-

départ de son grotesque mari pour les faire rappeler, et leur fait chanter leurs chansons. Au retour du jaloux, elle les cache dans trois *escrins*, où ils périssent étouffés, etc... — Le conte du *Mischlè Sandabar* est étrangement défiguré, et si sottement conté qu'il ne serait pas intelligible, si nous ne connaissions pas le fabliau et les autres formes du conte. Qu'on en juge: « une jolie femme est mariée à un vieillard (il n'est pas dit qu'il soit bossu) qui lui défend de sortir dans la rue. Elle envoie un jour sa servante chercher un homme pour la distraire. Celle-ci rencontre un bossu qui joue des cymbales et de la flûte et danse. Elle le conduit à sa maîtresse qu'il amuse; la femme lui donne de beaux habits et un présent. Le bossu fait part de cette bonne aubaine à deux de ses compagnons bossus, qu'il obtient la permission d'amener avec lui. Ils boivent tant qu'ils tombent de leurs sièges, et que la jeune femme et la servante sont obligées de les transporter dans un logement voisin où ils se disputent et s'étranglent les uns les autres. — Voici, textuellement, la fin inintelligible du récit: « Elle fit appeler un Ethiopien, lui donna une précieuse récompense, et lui dit: Prends ce sac, jette-le dans le fleuve et reviens; je te donnerai tout ce dont tu auras besoin. L'Ethiopien le fit jusqu'à ce qu'il eût jeté à l'eau, l'un après l'autre, tous les bossus. » — Nous surprenons ici le conte dans un état si maladif qu'il n'a jamais pu, sans doute, tel qu'il est, en provigner aucun autre. Mais il avait été conté sous une forme saine, à l'auteur du *Mischlè Sandabar* ou à son modèle arabe, et cette forme était nécessairement celle des *Trois Bossus ménestrels*. C'est ici le même cas que pour les *Quatre Souhaits St-Martin*, v. p. 189, *note*.

1. Il reste le *lied* de la *Femme du pêcheur*, ci-dessus analysé, qui se classe malaisément, car il participe à la fois des deux formes *A*, *B* du conte. — Il se rapproche pourtant davantage de la sous-famille *d*, puisque les clercs errants y jouent le même rôle d'amuseurs que les bossus du fabliau. Mais l'omission de cette circonstance qu'ils étaient bossus force le conteur a faire occire à la fin du conte, au lieu du mari, un prêtre innocent (comme en A).

TABLEAU SYNOPTIQUE DES FORMES DIVERSES DU FABLIAU DES *TROIS BOSSUS MÉNESTRELS*

Par suite de circonstances qui varient selon les conteurs, trois cadavres (ou plus, mais deux au minimum), se trouvent réunis dans une maison. Il faut s'en débarrasser. La personne que leur présence compromet appelle un portefaix quelconque et lui montre l'un des trois cadavres, comme s'il était le seul. Qu'il l'emporte et le fasse disparaître! Ainsi fait. — Quand il vient rendre compte de son œuvre, on lui fait voir, à la même place, un second cadavre semblable au premier : « C'est donc qu'il est revenu! » se dit-il. Il emporte le second cadavre et la même scène se reproduit encore pour le troisième. A la fin, le portefaix rencontre un homme qui ressemble parfaitement aux précédents, mais bien vivant. Il le tue pour qu'il ne revienne plus.

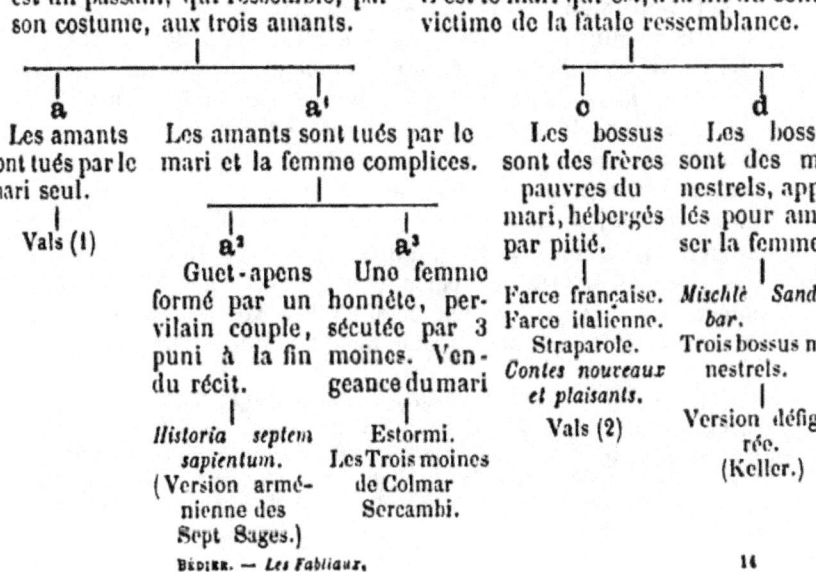

A. Les cadavres sont ceux de trois amants, prêtres, moines ou chevaliers, surpris ensemble par un mari et tués par lui. Le personnage, bien vivant, tué à la fin du conte, est un passant, qui ressemble, par son costume, aux trois amants.

B. Les cadavres sont ceux de trois bossus que la femme a reçus par charité ou pour se divertir. Elle les cache, au retour de son mari jaloux, bossu comme eux. Ils meurent par accident. C'est le mari qui est, à la fin du conte, victime de la fatale ressemblance.

a. Les amants sont tués par le mari seul.

Vals (1)

a¹. Les amants sont tués par le mari et la femme complices.

a². Guet-apens formé par un vilain couple, puni à la fin du récit.

Historia septem sapientum. (Version arménienne des Sept Sages.)

a³. Une femme honnête, persécutée par 3 moines. Vengeance du mari.

Estormi.
Les Trois moines de Colmar
Sercambi.

c. Les bossus sont des frères pauvres du mari, hébergés par pitié.

Farce française.
Farce italienne.
Straparole.
Contes nouveaux et plaisants.
Vals (2)

d. Les bossus sont des ménestrels, appelés pour amuser la femme.

Mischlê Sandabar.
Trois bossus ménestrels.

Version défigurée.
(Keller.)

riorité. A la fin du conte, le portefaix est obligé de tuer un moine ou un chevalier étranger à l'aventure, qui nous est indifférent : c'est un inconnu, un simple passant[1]. Combien est supérieure, au contraire, et plus jolie, la forme *des bossus* (B) où c'est le mari lui-même, jaloux, tyrannique, odieux, qui devient la victime de sa ressemblance avec les magots! Dès le début du conte, nous plaignons la jeune femme, séquestrée par le grotesque mari, dont nous souhaitons qu'elle puisse être délivrée. Une innocente fantaisie, ou sa charité, l'entraîne à recevoir chez elle trois bossus, dont la mort (qu'elle n'a pas voulue) la jette dans un cruel embarras. Elle s'en débarrasse le plus aisément du monde, et de son mari par surcroît, et non moins innocemment. Tout le conte paraît imaginé pour cet épisode final, si imprévu, si logique pourtant.

Cette forme, machinée comme une élégante combinaison d'échecs, et qui nous procure le plaisir d'une équation finement résolue, est évidemment sortie d'un seul jet de l'esprit du premier inventeur. C'est la forme-mère.

Mais des deux sous-familles c, d, laquelle est née la première? celle où les bossus sont des frères pauvres du mari, hébergés par pitié (c)? celle où ce sont des ménestrels, appelés pour divertir la femme (d)? — L'une et l'autre forme me paraît aussi ingénieuse, et je ne vois nul moyen de décider si la forme première du conte est Bc, ou Bd.

Qu'il nous suffise ici que ce soit une forme en B.

2° Mais comment les formes en A dérivent-elles des formes originelles? en d'autres termes, comment un conteur qui connaissait le joli récit des *Trois Bossus* a-t-il pu être amené à le remanier, à le gâter? Je crois pouvoir l'expliquer.

Ce conteur se proposait primitivement de dire un tout autre récit, une histoire comme celle de *Constant du Hamel* : trois amants ont importuné de leurs obsessions une femme sage et pauvre, qui, de concert avec son mari, leur donne trois rendez-vous successifs, se fait grassement payer, et les dupe. Mais, au moment de raconter le dénoûment, il a voulu « faire du nouveau ». Il aurait pu, comme dans les autres versions de

---

1. Une autre difficulté : dans toutes ces versions (A), où le mari et la femme sont complices, pourquoi l'homme n'emporte-t-il pas lui-même sur son dos les cadavres de ses victimes, au lieu de les confier à un tiers compromettant? Cela s'explique bien mieux dans les versions (B), où c'est la femme, trop frêle pour s'en débarrasser elle-même, qui, seule, en a la charge.

Constant du Hamel, précipiter les trois galants dans une cuve pleine de teinture, ou dans un tonneau rempli de plumes, ou les forcer à danser devant le mari, affublés de costumes grotesques; les enfermerait-il tous trois dans un coffre, qu'il ferait ensuite porter sur une place publique? les lâcherait-il, nus, à travers le village, poursuivis par les chiens des rues? Non; le conte des *Bossus* s'est soudain présenté à son esprit : les amants seront donc tués... et c'est de cette contamination que dérivent toutes les versions en A.

3° Cette version (a^3) où une femme honnête est persécutée par trois galants, me paraît en effet logiquement antérieure à la version a^2, où un couple odieux dresse un vulgaire guet-apens pour y faire tomber de loyaux amants. On surprend en effet, comme en flagrant délit, le conteur qui a transformé et gâté encore ce récit. C'était un remanieur du roman des *Sept Sages* : l'histoire du mort récalcitrant lui plaisait; mais comment la faire entrer dans le cadre du roman? Le Sage Cléophas voulait, comme les six autres Sages de Rome, démontrer par un exemple la perversité féminine. Le conte, qu'il connaissait sous sa forme a^3, où les époux sont sympathiques, ne pouvait point servir à sa démonstration. Il supposa donc que la femme n'est point une victime d'amants tyranniques, mais une coquette qui attire par cupidité de braves chevaliers. Et comme le conte sous cette forme prouverait aussi bien la méchanceté de l'homme que celle de la femme, Cléophas imagine à la fin du conte qu'elle va dénoncer son mari à l'empereur, et qu'elle se perd avec lui.

4° Quant à la version a (Vals I) où le mari joue seul un rôle actif, elle n'est qu'une simplification d'un conteur peu soucieux de motiver longuement son récit. Il connaissait aussi la forme a^3; mais la fin seule de l'histoire l'intéressait : « le mort qui revient ». Comment ces trois cadavres sont-ils réunis là? C'est le mari qui les a tués! il n'en demande pas davantage.

En résumé, l'on peut établir ainsi la filiation des versions : il est né sous sa forme B, sans qu'on puisse discerner si la forme Bc est antérieure, ou la forme Bd. — Un conteur a dérivé de B la forme a^3, dont les formes a^2, a ne sont que des remaniements.

Ainsi, pour saisir la filiation des versions, il faut lire notre tableau synoptique de droite à gauche : B, — a^3, — a^2, — a.

C'est là l'histoire probable, mais non nécessaire, du conte; et j'abandonnerais volontiers mes conjectures, sauf la première, qui me paraît tout à fait fondée en raison : les formes-mères sont les formes en B. Le conte est né sous la forme des *Bossus*.

Mais que signifient ces hypothèses, si même elles sont justes ? Que nous enseigne cette « histoire » du conte ? Etrange histoire, sans dates et sans géographie, soustraite aux catégories du temps et de l'espace ! Nous saisissons le développement logique de ce conte, non son développement historique ; nous déterminons son évolution interne, non ses destinées à travers les pays et les âges. — Voici, disons-nous, la forme dérivée la première de la forme originelle : mais où, quand, par qui s'est opéré ce remaniement ? C'est ce qui nous échappe, et c'est pourtant tout ce qui nous intéresserait. Car classer logiquement ces variantes, c'est un jeu d'esprit qui peut mettre en relief l'ingéniosité du folk-loriste ; mais autant lui vaudrait deviner des rébus.

III. — *Parmi les versions qui représentent la forme-mère du conte, se trouve une version orientale ; quelle est la portée de ce fait ?*

Ici pourtant, il se trouve que la forme-mère est représentée par un conte oriental : le *Mischlè Sandabar*.

Voilà, dira-t-on, la preuve fournie de l'origine orientale, pour ce conte tout au moins. — Je ne le crois pas.

Ce n'est pas que je veuille tirer parti de la médiocrité du récit du *Sandabar*. On peut le voir par l'analyse que j'en ai donnée : il est si misérable, qu'il serait inintelligible à qui ne connaîtrait pas de versions parallèles du conte. Pourtant, peu importe : ce récit défiguré nous prouve, sans doute, que son auteur, israélite ou arabe, était un sot, mais, en même temps, qu'il connaissait une forme du récit, saine, probablement semblable au fabliau des *Trois Bossus ménestrels*, vivante en Orient.

Notons seulement, en passant, un exemple de plus de la médiocre influence des grands recueils de contes sur la tradition orale, car il est évident que le récit inintelligent du *Sandabar* n'a jamais pu produire aucun rejeton. Mais j'admets volontiers que sa source, écrite ou orale, reproduisait trait pour trait le fabliau[1]. Que pouvons-nous en conclure ?

---

1. Je ne veux pas retenir ce fait que les formes-mères ne sont pas représentées seulement par le fabliau et le *Sandabar* (d), mais aussi par les versions où les bossus sont frères (c). Cette forme c, nous l'avons dit, est peut-être la primitive, auquel cas les versions logiquement

Qu'est-ce que ce récit du *Sandabar*? Une vénérable histoire indienne, qui remonte à l'original sanscrit perdu du *Roman des Sept Sages*? Nullement. Aucune autre version orientale des *Sept Sages* ne raconte les *Trois Bossus*, et il est assuré qu'ils n'entraient pas dans le cadre du roman primitif. L'auteur du *Mischlê Sandabar*, pour combler une lacune de son roman, ou par fantaisie, l'a recueilli dans la tradition orale. Peut-être ce conte n'a-t-il jamais vécu dans l'Inde : il n'a pas plus de titres à prétendre à une origine indienne que l'histoire d'*Absalon* que le même auteur juif nous raconte aussi. Comme il prenait dans la Bible l'histoire d'Absalon, il a ramassé dans la tradition orale les *Trois Bossus*, et nous sommes simplement en présence de ce fait : dans la première moitié du xiii° siècle, un conteur israélite a dit en hébreu le même conte qu'à la même époque un trouvère racontait en français.

Le miracle est précisément que *jamais* la forme-mère de nos contes ne soit représentée par une forme indienne. C'est là le résultat le plus imprévu, le plus assuré pourtant de nos recherches, qui ont porté sur un grand nombre de contes, non étudiés dans ce livre. Il démontre, avec une surabondante évidence, la fausseté de l'hypothèse indianiste.

Pourtant, admettons que le récit du *Mischlê Sandabar* se trouve en effet dans un recueil indien. Ou bien considérons l'hypothèse de certains théoriciens, selon lesquels les contes seraient nés, non point dans l'Inde, mais dans un Orient indéterminé, syriaque ou mogol, selon les besoins de la cause, ou persan, ou hébraïque. Si d'ordinaire, par une rencontre constante et vingt fois observée, les formes-mères étaient en effet attestées dans l'Orient, toute objection devrait tomber devant ce fait considérable. Mais il n'en va pas ainsi : et ce phénomène se produit pour le seul fabliau des *Trois Bossus*. C'est donc le hasard qui associe en *d* le *Sandabar* et un fabliau, comme il groupe en *c* Straparola et Tabarin, en a^3 des nouvelles allemande, italienne, française. Ce groupement du *Sandabar* et d'un fabliau n'a pas plus de valeur que l'un des mille autres groupements étranges que peut présenter chaque classement des formes diverses d'un conte.

antérieures seraient représentées par Straparola, les *Contes nouveaux*, les farces italienne et française, l'un des contes de Vals, donc par un groupe où n'entre aucune forme orientale. Mais faisons cette concession, toute gratuite, que la forme première est en effet celle du fabliau et du *Sandabar*.

Et, par une rencontre piquante, les deux formes principales *A*, *B*, de notre conte, séparées du tronc commun, depuis quand? depuis mille ans peut-être, — en quel lieu? au Kamtchatka peut-être, — sont recueillies coexistantes, à quelques jours de distance, par le même érudit, au même lieu, dans le même bourg de l'Ardèche, à Vals.

A quoi nous sert le joli château de cartes du classement des versions? Sur quel sable avons-nous bâti?

Que conclure de ces longues recherches micrographiques? Il est possible que tel de ces contes soit né dans l'Inde. Il est possible qu'ils y soient nés, tous les onze. Mais cette origine est improbable, et certainement indémontrable.

Que dire des cent trente autres fabliaux, qui jamais n'ont été notés sous aucune forme orientale? Où est la forme sanscrite des *Trois Aveugles de Compiègne?* de la *Bourgeoise d'Orléans?* des *Braies au Cordelier?* du *Boucher d'Abbeville?* Mais je triomphe ici trop aisément : je m'arrête.

De ces longues discussions, il résulte, je pense, que nous devons renoncer à tout jamais à l'hypothèse de l'origine indienne ou orientale des contes populaires.

CHAPITRE VIII

SOUS QUELLES CONDITIONS DES RECHERCHES SUR L'ORIGINE ET LA PROPAGATION DES CONTES POPULAIRES SONT-ELLES POSSIBLES ?

I. L'hypothèse de l'origine indienne écartée, les contes procèdent-ils pourtant d'un foyer commun ? Que peut-on savoir de leur patrie, une ou diverse, et de leurs migrations ? — Direction incertaine et hésitante des recherches contemporaines. — II. Que les contes dont on recherche désespérément l'origine et le mode de propagation ne sont caractéristiques d'aucun temps, d'aucun pays spécial. — III. Pour ces contes, que peut-on espérer des méthodes de comparaison actuellement en honneur ? Critique de ces méthodes : leur stérilité montrée par un dernier exemple, tiré de l'étude du fabliau des *Trois dames qui trouvèrent un anneau.* — IV. Conclusions générales. — V. Que ces conclusions ne sont pas purement négatives.

I

Les contes populaires ne nous viennent pas de l'Inde. Mais où sont-ils nés ? Leur chercherons-nous quelque autre foyer originaire ? La Grèce ? L'Assyrie peut-être [1] ? Non ; les critiques qui vont suivre ne porteront plus sur la seule théorie orientaliste, mais plus haut. Y a-t-il apparence que les contes procèdent d'une patrie commune ? Au cas contraire, si l'un d'eux est né ici, et l'autre là, et le troisième ailleurs encore, sous quelles conditions pouvons-nous déterminer leurs patries respectives et les lois de leurs migrations ?

Depuis les frères Grimm, une fièvre de collectionneurs s'est emparée de l'Europe. Pas un recueil de contes ancien qui n'ait été dépouillé, pas un conte moderne qui n'ait été traqué de pays en pays, de village en village. Pas une *isba* russe, pas une

---

1. Je sais tel savant qui serait disposé à croire à l'origine assyrienne des contes. Babrius y croyait déjà :

Μῦθος μέν, ὦ παῖ βασιλέως Ἀλεξάνδρου,
Σύρων παλαιῶν ἐστιν εὕρεμ' ἀνθρώπων
οἳ πρίν ποτ' ἦσαν ἐπὶ Νίνου τε καὶ Βήλου.

(2ᵉ prologue des *Fables*.)

cabane de Norvège où n'aient fureté des savants. Pas un récit polynésien que n'ait épinglé quelque missionnaire. Bienheureuse contagion, quand il s'agit de dresser le bilan des croyances et des imaginations du peuple, d'en décrire la psychologie, de sonder ces couches profondes de l'humanité qui se révèlent comme si étrangement semblables entre elles sous les diverses latitudes! Bienheureuse contagion quand elle atteint Mannhardt, Andrew Lang, Gaidoz! Mais épidémie néfaste quand l'effort de tant de travailleurs se confine dans cette question de l'origine des contes et s'y épuise!

Je vois bien qu'on a réuni de tous les points de l'horizon des versions de tel conte. Pas une fois seulement, mais souvent. Partant du fabliau des *Trois Aveugles de Compiègne*, J.-V. Le Clerc recueille dix formes de ce conte; partant des *Facétieuses Nuits* de Straparole, M. Giuseppe Rua en recueille dix autres; partant d'un conte portugais, M. Braga allonge encore cette double liste; et je puis, à mon tour, à ces collections, ajouter quelques références. Et l'on me démontrera aisément que je suis un ignorant, que j'ai négligé une version thibétaine ou une version espagnole. Soit. Je crois volontiers que la collection de M. Reinhold Köhler est plus riche de vingt, de cinquante parallèles. J'admire son zèle. J'admire que son cabinet de la bibliothèque de Weimar soit assez vaste pour contenir ses casiers de fiches. Une version nouvelle d'un conte est-elle publiée quelque part? Vite, un savant collecteur court à son dossier de ce conte : c'est une cinquantaine de bouts de carton où, depuis vingt ans, au hasard des lectures les plus imprévues, il a résumé le récit en des abrégés qui ont enlevé à chaque version toute saveur locale. Ces cinquante rapprochements, il les énumère dans une revue, et le lecteur, qui saute brusquement du *Liedersaal* de Lassberg aux récits norvégiens d'Asbjörnsen ou aux fables siciliennes de Pitré, de la Petite-Russie au pays de Galles, de Sansovino à Somadeva, de Giambattista Basile à Cervantes et à un conteur araméen, confondu de cette vision de kaléidoscope, brisé par ce voyage de rêve à travers les civilisations les plus contradictoires, admire. Mais le numéro suivant de la revue paraît, où un savant mieux outillé montre qu'il possédait quelques fiches de plus : voici encore une forme islandaise; voici Malespini, Molina, et les *Comptes du monde aventureux*. Et son voisin en connaît d'autres; mais ce voisin lui-même est incomplet et se désespère que la science soit si peu avancée.

Que veulent-ils prouver ainsi? Que ces contes voyagent par le temps et l'espace? qu'ils se trouvent partout? — Soit! la preuve est donnée, surabondante jusqu'à la satiété. Maintenant, grâce!

Mais puisque c'est aussi l'origine et les lois de la propagation des contes qu'ils prétendent établir, que concluent-ils de ces mille rapprochements, de ces monographies toujours recommencées?

Ceux-ci — et ils s'appellent légion — s'abstiennent de toute conclusion. Nous n'avons pas encore, disent-ils, assez réuni de matériaux. Le temps n'est pas encore venu des généralisations. Quelle idée jaillira de notre travail? Nous l'ignorons et nous nous abstenons volontairement de le chercher. Notre génération ni les générations prochaines peut-être ne verront le fruit de notre labeur; nous nous sacrifions à ceux qui viendront. Ne soyons que des collecteurs; compilons, colligeons, collectionnons. Humble tâche, besogne de manœuvres, mais qui tire sa grandeur de sa volontaire modestie. Or, il faut le dire hautement à ces martyrs, l'orgueil de cet holocauste est chose mauvaise. Il dit: Travaille et abstiens-toi de penser. Mais la science n'a que faire de cette passivité, qui n'est que paresse d'esprit. C'est tâche vaine que de préparer des matériaux pour une expérience future, sans savoir laquelle on veut instituer ni si une expérience sera jamais possible. Vos recherches de matériaux n'auront chance de valoir quelque jour, que si d'ores et déjà une hypothèse les guide. Travaillez pour une idée, votre idée dût-elle être démontrée, par d'autres ou par vous-mêmes, vaine et fausse. Collectionnez pour confirmer ou détruire une hypothèse, mais ne collectionnez pas pour collectionner, ou collectionnez des timbres-poste.

Ceux-ci se croient en possession de cette idée directrice, mais la considèrent comme déjà démontrée. Ils poursuivent leurs collections à l'abri de cette croyance : les contes viennent de l'Inde. Pour ceux qu'on retrouve en Orient, c'est la forme orientale qui est primitive; pour les autres, on trouvera quelque jour cette forme; elle a existé, ou existe; et nous avons trouvé l'origine indienne de tant de contes que nous pouvons dès maintenant admettre la même origine pour les autres. — Cette foi est un mol oreiller d'incuriosité, qui permet de se livrer plus longtemps aux joies du collectionneur.

Pour d'autres enfin, la réponse à la question de l'origine des contes n'est pas encore donnée, mais les méthodes de recherche sont les bonnes. L'origine des contes n'est pas indienne, ou du moins nous ignorons encore si elle l'est. Etudions davantage : peut-être prouverons-nous qu'elle est assyrienne, grecque ou égyptienne; peut-être prouverons-nous, au contraire, que les contes ne procèdent pas d'un foyer commun, mais on pourra sans doute établir que celui-ci est né dans l'Inde, celui-ci en Grèce, tel autre en Egypte. Et l'on amasse toujours des variantes, et quand on en a réuni 100, on en cherche fiévreusement une 101°. Dans quel espoir? Toujours pour le travailleur futur, qui dégagera la loi. N'est-il pas enfin temps de se demander où peut nous conduire cet amas perpétuel et toujours incomplet de versions de contes — cette science de petits papiers? N'est-il pas temps enfin de se demander si, ce qu'on cherche, on aura jamais quelque moyen de le trouver; si l'on était même en droit de le chercher? Ἀνάγκη στῆναι.

Or, je crois qu'il est bon de collectionner et de comparer des contes pour qu'ils servent de matériaux soit à des systèmes mythologiques, soit à des études de psychologie populaire. Mais si l'on se propose la tâche d'en déterminer l'origine et la propagation, le problème est insoluble et vain.

II

Commençons par poser, au début de cette discussion, un fait qui paraîtra d'abord trop simple pour être marqué, — si les notions les plus claires n'étaient souvent obscurcies par l'esprit de système.

Il existe un très grand nombre de contes dont l'origine peut être sûrement établie et dont on peut aisément étudier la propagation.

Il y a des contes antiques, et qui ne sont qu'antiques.

Plutarque nous raconte[1], par exemple, la touchante légende d'Antiochus, épris de Stratonice, femme de son père, et qui se meurt de cet amour caché. Un médecin, Erasistrate de Céos, fait défiler devant le lit du malade toutes les beautés de la cour, et lorsque vient Stratonice, au battement plus précipité du cœur d'Antiochus, il découvre son secret. — Comme le père, inquiet de ce mal mystérieux, l'interroge, Erasistrate lui répond par un subterfuge : « Quand toutes ces femmes ont

---

1. Plutarque, *Démétrius*, 38.

passé devant ton fils, j'ai deviné qu'il aimait l'une d'elles ; il se meurt, parce qu'il se sait fatalement séparé d'elle. — Quelle est donc cette femme ? — C'est la mienne ! » répond le médecin. Le père le supplie de la répudier et de sauver ainsi son fils, — « Ferais-tu toi-même, lui demande Erasistrate, pareil sacrifice, s'il s'agissait non de ma femme, mais de la tienne ? — Je le ferais ! » Et quand Erasistrate lui avoue que c'est bien Stratonice qu'aime le jeune homme, le père l'abandonne, en effet, à son fils.

Voilà, certes, une légende que nous ne pouvons supporter que sous son vêtement grec. Le christianisme la tue, car ni un beau-fils ne peut épouser sa marâtre, ni même un ami ne peut céder sa femme à son ami.

De même, il y a *des* contes bouddhiques, qui ne sont que bouddhiques ; et nous en avons vu des exemples.

Il y a des contes musulmans. Il y a des contes hébreux, qui ne sont que dans le Talmud. Il y a des contes chrétiens.

Et, parmi les contes qui appartiennent à chacune de ces religions, il en est dont on peut discerner à quelle époque ils sont nés, où ils ont vécu. Il existe, parmi les contes chrétiens, des contes des premiers siècles de l'Eglise, il en est qui sont du moyen âge chrétien (les miracles de la Vierge, la Sacristine, Saint-Pierre et le Jongleur). Il y a des contes chrétiens et féodaux, chrétiens et français, chrétiens et allemands, etc...

C'est à dire *qu'il y a des contes dont on voit qu'ils ne conviennent qu'à des groupes d'hommes plus ou moins spéciaux.*

Remarquons par quel procédé se fait cette détermination. Il est inutile, pour y atteindre, de recourir à la méthode comparative. Ce n'est point la *partie ornementale* du conte qui révèle le secret de son origine ; c'en est la partie constitutive, organique.

Mettons, par exemple, à nu, l'organisme ω du conte de *la Sacristine* :

« Une religieuse coupable, mais très dévote à la Vierge Marie — ou à une sainte quelconque — s'enfuit du couvent. Au milieu même de ses débordements, elle n'oublie pas de prier sa patronne. Longtemps après, elle rentre repentante au couvent. Pendant ces années, la sainte, déguisée sous les traits de la coupable, a rempli son office au couvent, et nul ne s'est aperçu de la substitution. »

Ce conte suppose, comme données nécessaires et sous sa forme organique, le christianisme, le développement du culte de la Vierge ou des saints, des idées spéciales sur la charité, sur le repentir et le pardon, sur l'efficacité de la prière supérieure à celle des œuvres.

De même, mettons à nu l'organisme ω du conte du *Chevalier au Chainse* :

Un amant consent, pour gagner celle qu'il aime, à cette épreuve de soutenir un combat sans être revêtu d'armes défensives. Il est grièvement blessé, et sa dame déclare qu'il a bien mérité son amour. Mais, il faut qu'elle lui donne à son tour, une preuve d'amour équivalente : elle revêt dans une grande fête les vêtements ensanglantés de celui qui a failli mourir pour elle. »

Ce conte suppose donc aussi, sous sa forme organique, des idées très spéciales sur l'honneur et le dévouement en amour. On voit qu'il ne peut vivre que dans des milieux très déterminés. — Ici encore, il en est des contes comme des mots. On peut comparer tout conte nouvellement éclos à un néologisme : y a-t-il accord entre l'état psychologique de l'homme qui crée le mot ou le conte et celui du peuple? le mot ou le conte durera, selon qu'il trouvera plus ou moins de *complicité* dans la manière de sentir de ceux qui les acceptent. Autrement, le néologisme ou le conte brille un instant, et s'éteint.

Pour ces deux légendes, et pour toutes les analogues, nous percevons, à la seule introspection du conte, certaines conditions essentielles d'existence, qui lui imposent une limitation plus ou moins étroite dans l'espace et dans la durée, — une patrie et une date. Ce conte du Chevalier au Chainse, par exemple, à supposer qu'on ne vous en présente qu'une forme réduite à six lignes et que ces six lignes soient écrites en latin cicéronien, vous pourrez affirmer qu'il ne se trouve ni dans les œuvres de Cicéron, ni chez aucun écrivain quelconque de l'antiquité classique. De quel pays est-il? Combien de siècles a-t-il pu vivre? Sous quelles conditions a-t-il pu passer d'un pays à un autre, et dans quels pays? Ce sont des questions malaisées, mais légitimes. Ce sont des recherches *historiques*, exposées à l'erreur, mais que l'on peut concevoir comme solubles, plus ou moins, selon que celui qui les entreprendra sera plus ou moins armé de la connaissance des temps féodaux. Ici interviennent, comme légitimes, les comparaisons de versions. Il est intéressant de rechercher à quelles conditions un tel conte a pu passer d'un pays à un autre, c'est-à-dire à des hommes qui pouvaient ne pas le comprendre pleinement et tel quel. Par exemple, le conte de la *Sacristine* peut-il vivre en pays protestant? dans quelles sectes, au prix de quelles transformations? Ce sont là des recherches difficiles, de psychologie historique, mais possibles, fécondes.

Est-ce pour ces contes que sont bâties les théories sur l'origine et la propagation des contes? Est-ce pour eux qu'a été édifiée la théorie aryenne? la théorie orientaliste? Est-ce ces contes dont l'origine est un mystère? Non : nous en découvrons la patrie aussi sûrement que l'origine d'une légende historique, de la légende de Roland ou de Guillaume d'Orange. Tel de ces contes est français, tel autre indien.

Pour quels autres contes s'échafaudent les systèmes? Pour des contes (nouvelles, contes d'animaux, contes merveilleux) européens, — ou plutôt, universels; — c'est-à-dire tels que, si on en a recueilli des variantes de dix pays et de dix époques différentes, personne n'est assez hardi pour affirmer qu'il ne s'en puisse trouver des formes dans un autre pays quelconque, en un autre temps quelconque; et cela, parce qu'il nous est impossible de découvrir, à l'inspection des traits organiques du conte, un pays ou une époque où il ne soit plus viable.

C'est précisément le caractère de longévité et d'ubiquité de ces récits qui nous attire vers la question d'origine. Où donc est le premier inventeur de ces contes qui peuvent amuser les générations les plus diverses? Or, c'est précisément ce caractère de longévité et d'ubiquité qui rend le mystère indéchiffrable, en vertu de ce syllogisme presque naïf :

Ce qui vit ou nous apparaît comme viable partout et en tout temps peut être né en un lieu quelconque et se transporter indifféremment ici et là.

Or ces contes vivent ou nous apparaissent comme viables partout et en tout temps.

Donc, ils peuvent être nés en un lieu quelconque et se transporter indifféremment ici et là.

Pour les *nouvelles*, quelles données supposent en effet toutes celles qu'on prétend faire venir de l'Inde? toutes celles dont on cherche désespérément l'origine? Quelles conditions d'adhésion exigent-elles des auditeurs?

Uniquement des conditions qui s'imposent partout et en tout temps. Ces fabliaux ou nouvelles sont constitués par ces deux éléments : *l'observation de sentiments très généraux dans une situation très particulière.*

Des sentiments très généraux : l'antagonisme de l'amant et du mari, l'esprit de défiance du mari vis-à-vis de sa femme, l'esprit de ruse qui pousse celle-ci à duper son mari, la jalousie de la belle-mère à l'égard de sa bru, de la femme envers une rivale, les sentiments élémentaires qui naissent d'un amour heureux, contrarié ou malheureux, les rapports des amis entre eux, etc..., etc...

Des situations très spéciales : l'une des mille ruses que peut inventer un amant pour gagner celle qu'il aime, une femme pour tromper son mari, pour faire évader un amant, etc..., etc...

La force de diffusion et de durée du conte réside d'une part dans la *singularité* de la situation, qui le rend plaisant, tragique, facile à retenir ; d'autre part, dans la *généralité* des sentiments, qui lui permet de s'accommoder aux mœurs les plus diverses.

Les données morales qu'impliquent ces nouvelles sont éternelles, accessibles à tout homme venant en ce monde, et vivront aussi longtemps qu'il y aura, partout où il y aura des maris et des femmes, des amants venant à la traverse, des jaloux, des amis, des brus et des rivales. L'imagination populaire enferme des sentiments très généraux dans le cadre étroit de situations très particulières, et ne crée jamais de *caractères*. Le premier moment de l'observation, qui reste celui du peuple, est peu individuel. La psychologie personnelle, l'idée qu'un homme est un microcosme, différent des microcosmes qui l'entourent, est une conception supérieure. Les personnages des contes populaires ne sont jamais des individus, toujours des *types* : c'est *le* jaloux, *l'amant*, *le* rival, placés dans une condition spéciale. Cette condition étant donnée, le jaloux, l'amant, le rival se comporteront fatalement de même. Que Boccace s'empare d'un de ces contes populaires et applique à le narrer ses facultés de psychologue délié, ces personnages quasi abstraits prendront une figure individuelle et complexe : ce seront des Italiens de la première Renaissance, nés dans une civilisation affinée, spirituelle, corrompue. Que le dominicain Bandello reprenne le même conte, ces personnages vivront d'une vie cruelle, sanglante. Ils deviendront sceptiques et légers avec La Fontaine. Ils seront tour à tour bouddhistes, chrétiens, musulmans. Ils seront des croisés, des vizirs, des kchâtriyas, des clercs, des mignons. Mais sous la forme orale où le conte continue de se perpétuer sur les lèvres du peuple, ils restent des types, le *Mensch*.

De même pour les *contes d'animaux* : ils supposent, en plus des nouvelles, cette convention, acceptable de tout homme, que les animaux parlent, et un symbolisme très peu caractérisé, qui fait de chacun d'eux le type de certaines passions humaines. Ainsi qu'il existe des nouvelles localisables, comme le *Chevalier au Chainse*, si elles supposent sous leur forme organique des données sociales particulières, de même le symbolisme des contes d'animaux peut être assez spécialisé pour qu'on détermine la patrie de certains d'entre eux. *Noble*, considéré comme roi féodal, meurt avec la féodalité; les chacals Karataka et Damanaka ne sortent pas du Pantchatantra; certains contes de *Renart* restent dans l'Europe du moyen âge; certains contes du *Kalila et Dimna* restent dans l'Inde.

Mais si un conte d'animaux vit à la fois dans l'Inde et en France, et encore en Russie, c'est que les traits communs à ce conte sous ses diverses formes ne supposent qu'un symbolisme acceptable de tout homme : le lion n'y représente que la force et la noblesse; le renard que la ruse; et il suffit qu'on puisse substituer, selon les pays, un renard à un chacal ou un chacal à un renard, pour que la fable du *Renard et des raisins trop verts* soit viable partout, et qu'il nous soit impossible de découvrir où elle est née.

De même enfin pour les *contes merveilleux*. La question paraît ici plus complexe. Il est en effet évident que tout homme passé, présent ou futur a pu, peut et pourra admettre les données du *Vilain Mire* et du *Loup et de l'Agneau*; mais, pour les contes merveilleux, il semble que la bizarrerie du fantastique doive les arrêter à la frontière de tel pays, au seuil de telle époque. Et de fait, comme il y a des nouvelles et des contes d'animaux localisés, il y a des contes merveilleux localisés; et ces contes ne voyagent pas, ou voyagent sur un territoire et pendant des périodes déterminables. Il y a un merveilleux zoulou qui ne sort pas du Zoulouland; un merveilleux indien qui ne sort pas de l'Inde : par exemple, l'histoire qui sert de cadre au *Vetâlapantchavinçati* ne saurait être contée par un paysan français.

Mais si un conte merveilleux vit à la fois dans l'Inde et en France, et encore en Russie, comparez; cette loi ressortira clairement que *les éléments merveilleux communs n'impliquent jamais croyance*.

Ce qui permet à ces contes de vivre, c'est qu'on n'a pas besoin d'y croire. A ce titre, ils possèdent encore, peut-on remarquer, plus de force de diffusion que les nouvelles, car une nouvelle suppose parfois l'intelligence parfaite de certaines données sociales ou morales. Une nouvelle exige l'adhésion complète de la *raison*, tandis qu'un conte merveilleux n'exige que l'adhésion, infiniment plus compréhensive, de l'*imagination*. Tel paysan, qui ne pourra rien comprendre à l'acte follement héroïque du chevalier au Chainse, admettra parfaitement qu'on lui parle de bottes de sept lieues, d'ogres hauts de vingt coudées et de poiriers d'or. Il sait qu'il vit dans un monde de féerie, qu'il n'a pas besoin de se représenter nettement, qui n'engage point sa croyance. C'est une convention semi-consciente, analogue à l'état d'esprit des enfants qui jouent à la poupée.

De là vient la possibilité du *traditionisme*, et qu'on puisse retrouver dans des contes modernes, chez des paysans qui se croient d'ailleurs bons chrétiens, des détritus de mythes ou de croyances sauvages. Tandis qu'il ne subsiste *jamais* dans un conte moderne un trait de mœurs de la vie réelle d'une époque disparue, — un trait analogue au dévouement du chevalier au Chainse, — les mythologues peuvent y retrouver les traces d'anciennes croyances religieuses, des *totems* et des *tabous*. Cela, parce qu'elles ont perdu leur caractère de croyance, parce qu'elles vivent à la faveur de cet oubli, qu'elles ne sont plus pour ceux qui les content que de pures imaginations, nullement gênantes. A ce titre de simple fantaisie imaginative, le souvenir d'un ancien *totem* peut être introduit aujourd'hui dans un pays qui n'a jamais connu cette superstition sauvage.

Le fait est le suivant : si un conte suppose des croyances surnaturelles actuellement vivantes chez un peuple, il ne voyage que là où ces croyances sont admises.

Si, au contraire, un conte est représenté à la fois chez les Français et chez les Slaves par exemple, les éléments merveilleux communs ne sont jamais en relation directe avec des croyances surnaturelles qui vivent actuellement soit chez les Slaves, soit chez les Français.

En somme, les seuls contes dont on recherche l'origine et pour lesquels on édifie les théories sont ceux qui ne sont aucunement limités ni dans le temps, ni dans l'espace, ceux qui ne réclament de l'auditeur aucune adhésion spéciale, aucune complicité.

Si l'on trouve un conte quelconque à la fois chez les Kirghiz et chez les Islandais, dans le Pantchatantra et dans Chaucer, en Gascogne et en Syrie, qu'on le réduise à ses éléments essentiels : cette forme ω ne contiendra aucun trait ni kirghiz, ni islandais, ni indien, ni gascon, ni syriaque, ni anglais.

Inversement, si l'on possède seulement d'un conte sa forme essentielle ω en dix lignes, et si cette forme ω ne renferme aucun trait ni kirghiz, ni islandais, ni gascon, ni anglais, on a chance de le trouver à la fois chez les Kirghiz, les Islandais, les Gascons, les Anglais ; il est universel.

Il y a cercle.

III

Pour l'un quelconque de ces contes populaires universels, tel que l'on ne puisse, à l'inspection des traits organiques, découvrir la possibilité d'une localisation, quel fruit peut-on espérer de la méthode qui compare les traits accessoires des différentes versions ?

Soumettons cette méthode comparative à une critique dernière. Supposons les conditions les plus favorables. Nous avions cent variantes de ce conte et nous avons trouvé ces matériaux insuffisants ; nous suspendons notre jugement et nous attendons encore que cent années de travail se soient écoulées.

Nous voici en l'an 2000. Pendant tout le xxe siècle, une vaste enquête a été instituée sur la surface du globe. Les livres sacrés des couvents de Ceylan ont livré tous leurs secrets ; un autre Stanislas Julien a découvert des Avadânas ignorés ; pas une forme ancienne du conte qui n'ait été exhumée des manuscrits ou des vieux recueils imprimés ; pas un bourg où l'on n'ait cherché ce conte vivant ; dans chaque village on l'a recueilli, sans l'embellir, tel qu'il y vivait dans la mémoire des conteurs. Voici tous les matériaux réunis dans une seule main. Les savants comparent. A quelles conclusions peuvent-ils parvenir ?

Précisément à celles où ils parviendraient aujourd'hui, en comparant une trentaine de variantes, c'est-à-dire à l'un des cas suivants :

1° On démontrera que n variantes proviennent directement de tel livre, et n autres de tel autre livre. Ce sera le cas d'Annibale Campeggi copiant le *Kalilah* ou de Tirso de Molina copiant Malespini ou de La Fontaine copiant Boccace. Ces faits seront intéressants pour l'histoire des livres qui auront servi d'originaux. Ce sera de la bibliographie. Ce sera aussi de l'histoire littéraire : il sera toujours amusant et utile de comparer le conte de *Simone* dans Boccace et dans A. de Musset. Mais on n'aura pas travaillé *zur Volkskunde*.

2° Il se formera un certain nombre de familles, constituées chacune par la similitude dans plusieurs versions (lettrées ou populaires) d'un même trait accessoire, arbitraire.

10 versions présenteront le trait *a*.
10 versions   —   *b*.

Nous sommes en droit de comparer ces deux groupes. Que peut-il résulter de la comparaison ?

a.) Ou bien il n'y a aucune raison imaginable, ni historique, ni sociale, ni morale, pour que le trait *a* se trouve dans telles versions plutôt que dans telles autres. Le trait *a* est l'œuvre de la fantaisie individuelle d'un conteur à jamais inconnaissable qui s'oppose à la fantaisie individuelle d'un autre conteur à jamais inconnaissable, lui aussi, inventeur du trait *b*.

C'est le cas du fabliau des *Trois Bossus*. Il présente des traits *a*, *b*, *c*... en commun avec le *Roman des Sept Sages*. Ces traits sont dus à l'imagination individuelle d'un conteur. Quel est ce conteur ? Comme ces traits *a*, *b*, *c* sont moralement, socialement, historiquement indifférents, je suis en droit d'en attribuer l'invention au premier inventeur du conte, que je puis supposer avoir été un sujet de Rhamsès II. Depuis Rhamsès II, ils se sont maintenus dans un double courant de traditions, de sorte que ces deux versions, le *Roman des Sept Sages* et le fabliau, bien qu'offrant en commun les traits *a*, *b*, *c*..., peuvent n'avoir eu aucun rapport depuis la xixe dynastie égyptienne. Ces traits, le conteur du *Roman des Sept Sages* les a-t-il inventés? ou puisés dans la tradition orale? nous n'en saurons jamais rien. — Le conteur français les a-t-il pris dans le *Roman des Sept Sages* ou dans la tradition orale? nous n'en saurons jamais rien non plus. Et si l'on admet, comme il peut être vraisemblable, que le jongleur les a pris dans le *Roman des Sept Sages*, nous saisissons un moment du conte, une *cause seconde*, indifférente. Le *Roman des Sept Sages* a influé sur la tradition orale, cela est certain. Mais le conte pouvait vivre sous cette forme ω + *a*, *b*, *c*..., en France même, plusieurs siècles avant que le *Roman des Sept Sages* eût été composé.

b.) Ou bien le trait *a* convient seulement aux mœurs de certains pays, aux mœurs françaises par exemple, tandis que le trait *b* ne convient qu'aux mœurs allemandes. Nos dix versions a sont donc françaises, nos dix versions b sont allemandes.

Mais le conte est-il venu d'Allemagne en France? ou de France en Allemagne?

Si le trait a est aussi logique, aussi légitime que le trait b, il nous sera impossible d'en rien savoir.

En fait, c'est le cas qui se produit le plus souvent. Cette tentative de démontrer la supériorité logique d'un trait sur un autre trait correspondant suppose trop aisément que les conteurs et les auditeurs sont des sots. On surprend, en effet, souvent, sur les lèvres des paysans, un conte altéré; l'inintelligence, le manque de mémoire du narrateur l'ont gâté. Mais telle est la force de diffusion de ces contes que l'on ne peut jamais dire si, dans le même village, à la même heure, son voisin ne raconte pas le même conte sous une forme saine, et c'est cette forme qui vivra. On a saisi un moment maladif du conte, non durable. Les contes sont des organismes vivants dont un caractère remarquable est la longévité : le secret de cette longévité réside dans la perfection de leur charpente essentielle et dans leur pouvoir d'éliminer les parties maladives. Un conte altéré ennuie, un conte ennuyeux meurt. A vrai dire, si le trait b est mal justifié, on ne trouvera pas dix versions pour le reproduire contre a, mais une ou deux seulement.

Admettons pourtant que le cas se produise en effet : le trait a des dix versions françaises est manifestement inférieur au trait b des dix versions allemandes, et en dérive.

On en conclura légitimement que c'est au passage de l'Allemagne en France que le conte a pris cette forme b; et les versions b dérivent des versions a.

C'est le seul résultat positif auquel puisse mener la méthode comparative. Mais quelle en est l'importance?

On atteint de la sorte une cause seconde et purement accidentelle. On a prouvé que le conte a, un jour, passé la frontière franco-allemande sous la forme $\omega+b$, dérivée de $\omega+a$. Mais l'origine de ω, c'est-à-dire du conte lui-même, reste en dehors de notre atteinte; car voici dans le même pays, en France même, le conte sous une troisième forme, $\omega+c$, qui peut être la source de la version allemande. On peut concevoir :

1° Que le conte a été inventé en France sous la forme $\omega+c$;

2° Qu'il a passé sous cette forme en Allemagne, où un narrateur lui a donné, par caprice ou besoin, la forme $\omega+b$;

3° Que cette forme $\omega+b$ est revenue au pays d'origine, la

France, en se transformant en la forme $\omega+a$. — Nous voilà au rouet.

En résumé, on peut atteindre une forme maladive, contée par un sot ; mais son voisin peut dire le conte intelligemment, dans le même pays, et la forme maladive n'est qu'un accident éphémère.

Si cette forme maladive peut se reconstituer, s'accommoder par un habile remaniement aux mœurs du pays où le conte vient d'être introduit, on ne peut plus reconnaître que cette forme est secondaire.

Au cas très rare où l'on reconnaît que telle forme, dans un pays, est adoptive, on ne peut dire que le conte même y soit d'adoption, et l'on ne sait s'il n'y est pas né sous une forme saine perdue.

Prenons un exemple encore, et le dernier.

Choisissons-le favorable : que ce soit un de ces récits à tiroirs qui se prêtent si bien aux classements des versions, car chaque conte y peut être considéré comme un trait accessoire très saillant.

De plus, il sera bon que le conte choisi pour cette démonstration dernière ait été étudié avant nous par d'illustres folkloristes : la méthode comparative, maniée par des savants persuadés de sa valeur, avec toute la force de leur conviction, de leur érudition, de leur sens critique, aura donné tous les résultats qu'on peut lui demander. Et, si ces résultats sont nuls, nous saurons du moins que la faute n'en est pas à notre maladresse, mais à la méthode elle-même.

Le fabliau *des Trois dames qui trouvèrent l'anneau* satisfait à cette double condition : c'est un conte à tiroirs, très répandu dans les diverses littératures populaires. D'autre part, il a eu la bonne fortune d'être étudié à fond, à deux reprises et à douze ans de distance (1876, 1888), par deux très éminents érudits, M. Félix Liebrecht[1] et M. Giuseppe Rua[2]. De plus, M. Pio Rajna lui a fait aussi l'honneur de contribuer à l'illustrer[3].

Trois femmes ont trouvé un anneau précieux et s'en disputent la possession. Elles remettent leur querelle à un arbitre.

---

1 Dans la *Germania*, t. XXI, p 385, ss., et dans son livre *Zur Volkskunde*, 1879, p. 124-141.

2. *Novelle del « Mambriano » Del Cieco da Ferrara*, Turin, 1888, p. 104-119.

3. *Romania*, t. X.

LES TROIS DAMES QUI TROUVÈRENT L'ANNEAU

Pages 228-229.

Versions consultées	1 Le moine	2 Le mort	3 Le nu	4 Les poissons	5 L'auberge	6 La dent arrachée	7 Trois l'un sur l'autre	8 L'arbre enchanté	9 La maladie	10 La chandelle	11, 12, 13, 14, 15, 16, 17, 18, 19 Contes qui ne se trouvent chez que dans une partie des versions.
1 Jsl. Erzählungen	Le moine (1)	Le mort (2)	Le nu (3)								
2 Hans Fols	Le moine (2)	Le mort (1)	Le nu (3)								
3 Conte norvégien		Le mort (1)	Lo nu (2)								L'homme qui n'est pas lui-même (3)
4 Conte islandais		Le mort (2)	Le nu (1)								Le chien de garde (1)
5 Conte gallois		Le mort (1)	Le nu (2)								L'homme qui se confessa à un faux moine (2)
6 Conte danois		Le mort (2)									Le faux moine (3)
7 Comptes du monde adventureux	Le moine (1)	Le mort (3)									Le mari qui côtoie sa femme (2)
8 Verboquet	Le moine (1)	Le mort (3)								La chandelle (3)	
9 Fabliau anonyme	Le moine (2)										
10 Fr.Miau de Haisst	Le moine (3)									La chandelle (3)	La sorcière (2)
11 Lederzsal de Lassberg											
12 D'Ouville	Le moine (3)	Le mort (1)									
13 Tirso de Molina	Le moine (3)	Le mort (1)									
14 Cieco da Ferrara et Valca-pini	Le moine (3)				L'auberge (2)	La dent (1)					
					L'auberge (2)						
					L'auberge (2)						
15 Jacques de Vitry	Le moine (3)	Le mort (1)				La dent (2)					
16 Conte de Palerme	Le moine + le mort (3)				L'auberge (2)	La dent (1)					
17 Conte de Cerda					L'auberge (2)	La dent (1)					
18 Conte russe		Le mort (3)									Les poissons dans le sillon (1) La femme qu'on porte (2)
19 Seile Savi							Trois l'un sur l'autre (1)	L'arbre (2)	La maladie (1) [bis]		
20 Conte de Borghetto					L'auberge (3)		Trois l'un sur l'autre (3)	L'arbre (1)	La maladie (2)		
21 La Fontaine (La Gageure)								L'arbre (2)			La ficelle (3)
22 Nouveaux contes à rire							Trois l'un sur l'autre (2)	L'arbre (1)		La chandelle (3)	La bourgeoise d'Orléans (1)

Il décide qu'il adjugera la trouvaille à celle des trois femmes qui aura su jouer le meilleur tour à son mari.

Tel est le cadre immuable dans lequel se succèdent, mobiles, maints récits empruntés au cycle des ruses féminines.

L'une des femmes enivre son mari, lui fait une tonsure, l'affuble d'un froc, le porte au couvent, et le bonhomme, dégrisé, se laisse persuader qu'il est entré dans les ordres (*le moine*) ; — cette autre lui fait croire qu'il est malade, moribond, trépassé (*le mort*) ; — cette troisième, qu'il est revêtu de vêtements merveilleux, invisibles pour lui seul, et le mari se promène par la ville, fier et nu (*le nu*) ;

Ou bien, elle quitte la maison pour quelques instants, un vendredi, à l'heure du repas, sous prétexte de faire cuire des poissons frais chez une voisine ; elle disparaît, et pendant une semaine entière, mène joyeuse vie loin de son mari qui la cherche en vain ; le vendredi suivant, à l'heure du repas, elle se procure d'autres poissons frais, va trouver sa voisine, lui demande la permission de les faire cuire et les apporte tout chauds à son mari. Il la questionne : d'où vient-elle? Elle prétend qu'elle est sortie de la maison quelques minutes à peine, juste le temps d'apprêter les poissons. Son mari en doute? mais les poissons ne sont-ils pas tout frais? la voisine ne vient-elle pas témoigner que l'innocente femme n'a passé chez elle que quelques instants ? — Bonhomme, tu as rêvé! (*les poissons*).

Ou bien, elle lui persuade par une ruse subtile qu'il doit se faire édenter (*la dent arrachée*).

Ou encore, comme son mari est sorti, elle transforme sa maison, de concert avec quelques bons drôles, en une auberge ; une enseigne pend à la porte, les buveurs sont attablés, le vin est versé, et quand le mari revient, il cherche en vain sa maison, d'où le chassent des taverniers improvisés (*l'auberge*).

Ou encore, elle lui joue le bon tour du fabliau du *Prêtre et de la Dame* (*Trois l'un sur l'autre*).

Ou celui du *Prêtre qui abevete*, bien connu par le *Poirier enchanté* de Boccace et de La Fontaine, etc., etc[1].

---

[1]. Chacune de ces nouvelles vit aussi sous forme indépendante, en dehors du cadre des *Trois dames à l'anel*. J'indique à l'appendice II un certain nombre de parallèles pour celles qui se trouvent dans notre collection de fabliaux : *le Prêtre et la Dame*, — *le Vilain de Bailleul* — *le Prestre qui abevete*.

Comme chaque version de ce conte n'offre pas trois récits différents, mais qu'au contraire le même récit reparaît dans six versions différentes (*l'auberge*), voire dans onze versions (*le moine*) ou même dans treize (*le mort*); comme plusieurs versions ont en commun deux récits et parfois trois, il est constant que les diverses formes du conte sont unies par certaines relations de dépendance, dont on a tenté de découvrir la nature.

Si l'on peut déterminer ces rapports, c'est à condition de réunir le plus possible de matériaux.

Or Félix Liebrecht a recueilli et classé treize versions de notre conte ; M. Giuseppe Rua en a retrouvé trois de plus ; et je suis moi-même assez heureux (bonheur dont je fais peu de cas!) pour ajouter six autres formes aux collections de ces savants[1].

Soit 22 versions aujourd'hui connues, entre lesquelles se répartissent, apparaissant et disparaissant tour à tour, 19 nouvelles qui peuvent servir à un classement.

Ce classement était le but de mes savants devanciers. J'ai

---

1. Voici l'énumération de ces versions :
A) *Versions recueillies par Liebrecht dans la Germania* :
1° Le fabliau anonyme des *Trois dames qui trouvèrent l'anneau* (MR, I, 15). — XIIIe siècle.
2° Keller, *Erzählungen aus altd. Hss.*, p. 210 (*Bibliothek des lit. Vereins zu Stuttgart*, 1855) — XIVe siècle.
3° Hans Folz (*von dreyen Weyben die einen porten funden*), Zts. de Haupt, VIII, 521; reproduit dans les *Facetiae Bebelianae* — XVIe siècle.
4° Conte islandais (Collection de Jon Arnason) ; — moderne.
5° Conte norwégien (Collection Asbjörnsen) ; — moderne.
6° Conte de Borghetto près Palerme (communiqué à F. Liebrecht par Pitrè) ; — moderne.
7° Conte de Cerda (Pitrè, *Racconti siciliani*, t. III, p. 255 ; — moderne.
8° Conte de Palerme (Pitrè, *ibid.* p. 265) ; — moderne.
9° La Fontaine, *La Gageure des trois commères* ; — XVIIe siècle.
10° Conte de la Russie méridionale (collection Rudtschenko, n° 59) ; — moderne.
11° *Liedersaal* de Lassberg, III, 5.
Dans son livre *Zur Volkskunde*, Liebrecht ajoute les deux versions que voici :
12° Conte danois (collection Grundtvig, n° 19) ; — moderne.
13° Tirso de Molina (*Tresoro de novelistas españoles*, Paris, 1847, I, p. 231) — XVIIe siècle.
B) *Versions recueillies par M. Giuseppe Rua* :
14° Une nouvelle du *Mambriano* de l'Aveugle de Ferrare, et la

— 231 —

joint mes humbles efforts aux leurs. A quels résultats avons-nous abouti ?

Il ne sera pas long de les rapporter.

Liebrecht s'est borné à énumérer et à résumer les treize versions qu'il connaissait. Ce dénombrement terminé, il l'a envoyé à l'imprimeur. Ne cherchez pas dans son travail une conclusion quelconque : il n'y en a pas.

M. Pio Rajna, qui vint après lui, a fait une remarque intéressante : il a noté que deux contes populaires siciliens reproduisent les mêmes épisodes qu'une nouvelle littéraire du *Mambriano*, écrit à la fin du xv⁰ siècle (*l'auberge, la dent, le moine*). Il a émis cette conjecture vraisemblable que la nouvelle du *Mambriano*, mise à la portée de tous en Italie par de nombreuses réimpressions, a pu exercer quelque influence sur la tradition orale en Sicile[1].

M. Giuseppe Rua a démontré que le conteur espagnol Tirso de Molina avait simplement plagié Malespini, metteur en prose de la nouvelle du *Mambriano*[2].

transcription en prose de cette nouvelle par Malespini ; — fin du xv⁰ siècle.

15⁰ Le fabliau d'Haisel (MR, VI, 138 ;) — xiii⁰ siècle.

16⁰ *Una versione rimata dei Sette Savi*, Pio Rajna, Romania, X, 19) ; — xv⁰ siècle.

C) *Versions que j'ai recueillies :*

17⁰ Jacques de Vitry, CCXLVIII, éd. Crane ; — xiii⁰ siècle. — (Le cadre est tombé; les deux épisodes de cet exemple, qui se trouvent dans tant d'autres versions (le mort — la dent arrachée) n'en montrent pas moins par leur juxtaposition que Jacques de Vitry connaissait une forme des Trois dames à l'anel.

18⁰ *Les comptes du monde adventureux*, p. p. Félix Frank, Paris, 1878, n⁰ XLI ; — xvii⁰ siècle.

19⁰ *Le Sieur d'Ouville*, éd. Ristelhuber, p. 116 ; — xviii⁰ siècle.

20⁰ *Verboquet le généreux* (éd. de 1630, réimpr. par Ch. Louandre, *Conteurs fr. du XVII⁰ siècle*, II, 31) ; — xviii⁰ siècle.

21⁰ Conte gallois, collection Campbell, n⁰ 48. Cf. R Kœhler, *Orient und Occident*, II, 686 ; — moderne.

22⁰ *Nouv. contes à rire ou récréations françoises*, Amsterdam, 1741, t. II, p. 142 ; — xviii⁰ siècle.

1. M. Rua a fait effort pour démontrer que la nouvelle espagnole de Molina aurait pu influer à son tour sur la nouvelle sicilienne recueillie à Cerda.

2. Tirso de Molina a, il est vrai, substitué un conte (*le moine*) à un récit de son modèle (*la dent arrachée*). Sa version, dit M. Rua, « est une imitation générale. » Soit; mais une imitation. — Quant aux tentatives de M. Rua pour retrouver les sources du *Mambriano*, M. Rua sait bien qu'elles n'ont pas abouti.

De même, il est aisé de remarquer que, parmi les versions que j'ajoute à la collection, celle de Verboquet n'est qu'un plagiat des *Comptes du Monde adventureux*.

C'est-à-dire que l'on recueille ces deux résultats :

1° Nos 22 versions se réduisent en réalité à 19, puisque Molina a copié l'Aveugle de Ferrare et que Verboquet a copié les *Comptes du Monde adventureux*. Ce sont des faits intéressants pour les historiens des littératures espagnole et française, et jusqu'à quel point le sont-ils? Car, si Tirso de Molina est un digne émule de son contemporain Lope de Vega, quelle place occupe Verboquet le Généreux dans l'histoire du siècle de Louis XIV? S'il me plaisait de tourner en vers latins le récit de Verboquet, et en prose allemande la nouvelle de Molina, les futurs historiens de notre conte auraient à considérer 24 versions et non plus 22. Mais quand ils auraient découvert la source de mes vers latins et de ma prose allemande, qu'auraient-ils ajouté à la science des traditions populaires? — Rien.

2° En second lieu, M. Rajna a montré que des contes populaires siciliens pouvaient dépendre de la nouvelle littéraire du *Mambriano*. Ce résultat est plus intéressant : il montre que les livres peuvent agir sur la tradition orale. Mais c'est un fait bien connu, que nul n'a jamais songé à discuter. Si un paysan connaît la parabole de l'Enfant prodigue, c'est apparemment que lui ou son voisin l'a lue dans l'Évangile. Pourtant, soit : nous avons ici un exemple de plus du mélange des courants littéraires et oraux dans la transmission des contes populaires. Il est surabondant? n'importe! qu'il soit le bienvenu!

Voilà donc les deux conquêtes de mes devanciers. Mais, nos 22 versions une fois réduites à 19, et en négligeant les deux nouvelles siciliennes, comment les autres formes se classent-elles?

Quelle est la forme originelle? Où, quand, par qui a-t-elle été imaginée? Comment, dans quel ordre les autres versions en ont-elles été dérivées? Par quels intermédiaires? Suivant quelles lois le conte s'est-il propagé de peuple à peuple?

Nous l'ignorons.

Ce sont ces questions pourtant que se posaient Liebrecht et M. Rua, au début de leurs recherches. C'est pour y répondre qu'ils ont analysé ces contes, amoncelé ces variantes, disposé ces tableaux synoptiques.

J'en ai établi un à mon tour, où j'ai tâché de rapprocher les versions qui se ressemblent le plus. Je l'ai médité et retourné en tout sens. Que signifie-t-il?

Peut-on découvrir la forme première du conte? Il en est une, qui est la mieux construite : celle où les trois récits sont enchaînés les uns aux autres, où le mari, revêtu de vêtements invisibles, assiste, nu, à la messe chantée par le mari fait moine pour le repos de l'âme du mari qui se croit mort (*Keller, Hans Folz*). C'est la plus logique, la plus mnémotechnique[1]. Il est heureux qu'il ne s'en trouve aucune forme indienne, car nous serions obligés de soutenir, à grand renfort d'arguments, que la forme la plus logique n'est pas nécessairement la primitive.

Dans notre impuissance à trouver la forme première du conte, pouvons-nous du moins savoir comment il s'est propagé? Se forme-t-il un groupe allemand? ou français? ou italien? un groupe médiéval? ou un groupe renaissance? un groupe moderne?

Non. Si quelque esprit très subtil, malgré l'échec de MM. Liebrecht et Rua, veut pousser plus avant, je lui livre le tableau ci-joint. Qu'il le médite, aussi gravement que saint Anselme a médité sur son argument ontologique; aussi profondément que les ascètes dans la main desquels les oiseaux du ciel venaient construire leur nid. Je consens à déclarer qu'un bâton peut avoir moins de deux bouts, si le fruit de ses veilles ne consiste pas tout entier dans ce simple aveu : seul, le hasard associe tantôt les *Sette Savi*, le conte de Borghetto et les *Nouveaux contes à rire*, tantôt le pays de Galles et la Norwège ; et ce que nous pouvons savoir du rapport de ces versions s'appelle : néant. Or, si c'est là le résultat fatal et prévu de nos recherches, pourquoi les poursuivre? pourquoi avoir minutieusement, péniblement, colligé, compilé, collationné, comparé toutes ces versions? Pour arriver à démontrer que Tirso de Molina et Verboquet le Généreux sont des plagiaires? A douze ans de distance, après cette stérile étude de Liebrecht, pourquoi avoir repris son travail? Pour la gloire d'ajouter à sa collection cinq ou six versions qu'il avait ignorées? Faudra-t-il donc que, dans quelque dix ans, un érudit à venir apporte encore triomphalement cinq ou six

---

1. Il est curieux que cette forme, si aisée à retenir, ne soit pas attestée un plus grand nombre de fois. Plusieurs autres versions (les n°° 3, 4, 5, 6 de notre tableau synoptique) ne renferment que ces deux récits, *le mort, le nu*. Le conte du *Moine* est tombé, sans doute à cause de l'invraisemblance d'une messe solennelle chantée par un faux prêtre.

versions inconnues aujourd'hui, et ainsi jusqu'à la consommation des siècles? Est-ce donc le seul plaisir du collectionneur que vous poursuivez? Alors, avouez-le courageusement, et n'appelez pas science vos amusettes. — Mais non, vous recherchez les modes de la propagation des contes et vous prétendez déterminer, par méthode comparative, les lois de la migration et de la transformation de chacun d'eux. Alors, reconnaissez que votre méthode est impuissante. Ou bien, vous résignerez-vous à penser comme Faust, après son entretien avec Wagner : « Et dire que jamais l'espérance ne délaisse le cerveau qui s'attache à de si misérables bagatelles! D'une main avide l'homme fouille le sol, espérant y découvrir des trésors, et se tient pour satisfait s'il vient à trouver quelque ver de terre :

Glücklich wenn er Regenwürmer findet! »

Pourquoi, en vérité, des érudits de haute valeur, MM. Liebrecht et Rua, ont-ils accordé tant de sollicitude à ce conte? Pourquoi l'admirable auteur des *Origines de l'Epopée française*, M. Pio Rajna, a-t-il daigné s'en occuper, — s'ils devaient, les uns et les autres, y perdre leur temps? Le mien a peu de valeur, certes; je le regretterais pourtant, si je n'avais confiance de l'avoir employé, moi chétif, mieux que ces savants, car, ayant appliqué leurs méthodes, j'ai le courage de conclure qu'elles sont stériles.

Le jour même où ce conte à tiroirs, ou un autre quelconque, a été inventé, comprenant trois récits, *a*, *b*, *c*, ce conte, pourvu qu'il ait été raconté une seule fois, a pu prendre, dans la bouche du second narrateur, l'une des formes suivantes :

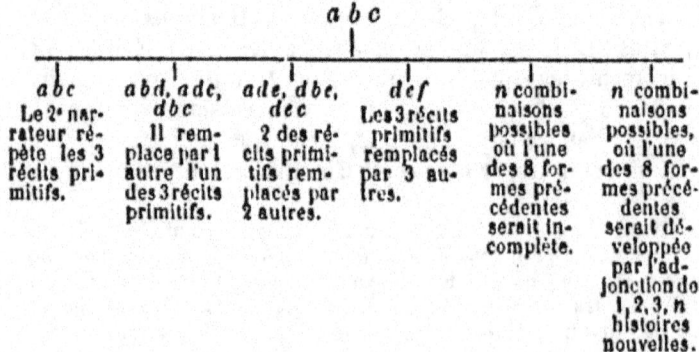

Supposons que le conte ait été inventé par le contemporain de Rhamsès II que nous imaginions plus haut et qu'il l'ait conté à deux de ses amis de Memphis, on peut établir, comme aussi vraisemblable et aussi indémontrable que toute autre, la filiation plaisante que voici :

1er *conteur égyptien* : *a b c*.

1er auditeur égyptien ou 2e conteur. *a b*	1er auditeur égyptien ou 2e conteur. *a d e*
Qui conte les récits *a b* à un Hébreu, qui les conte à un Persan, qui les conte à un Indien, qui les conte à un Thibétain, etc.	Qui conte les récits *a d e* à un Phénicien, qui les conte à un Carthaginois, qui les conte à un Romain, qui les conte à un Gaulois, etc.
D'où ils parviennent, par la suite des temps et grâce à la fidélité des conteurs successifs, à un conteur norwégien, et Asbjörnsen les recueille.	D'où ils parviennent, par la suite des temps et grâce à la fidélité des conteurs successifs, à l'Aveugle de Ferrare, qui les recueille dans le *Mambriano*.

On le voit : le grand malheur a été d'appliquer aux contes la méthode de comparaison qui est bonne pour les légendes historiques ou pour ce qu'on pourrait appeler les contes *ethniques*. On saisit tous les fils d'une légende historique, ou presque tous, soit par les livres, grâce à la paresse d'esprit de ceux qui remanient des modèles écrits, ou grâce aux limitations historiques de cette légende. C'est ainsi qu'a pu être écrit ce livre admirable: *l'histoire poétique de Charlemagne*. On peut dater et localiser de même une légende ethnique, dont les données sociales et morales ne conviennent qu'à certaines intelligences. Au contraire, pour la masse des contes populaires, posséderions-nous de chacun un million de variantes, nous pourrions les classer logiquement, jamais dans leur succession historique. — Il y a longtemps pourtant que le grand Jacob Grimm disait : « La légende marche pas à pas; le conte a des ailes [1]. »

IV

Donc, *où les contes populaires pour lesquels on édifie des théories sont-ils nés ?*

---

1. *Deutsche Mythologie*, I, XIV.

Chacun d'eux en un lieu. Mais lequel? Nous ne le saurons jamais, puisqu'ils n'ont aucune raison d'être nés ici plutôt que là.

Procèdent-ils d'un foyer commun? Existe-t-il une nation qui ait été la pourvoyeuse, unique ou principale, de l'universelle fantaisie? C'est une hypothèse invraisemblable, et que les faits démentent. Eh quoi ! La polygénésie des contes nous est attestée par mille exemples : toutes les légendes religieuses, sentimentales, merveilleuses, sont propres à tel pays, non à tels autres. L'Inde invente des contes indiens, la France des contes français, l'Armorique des contes celtiques, le Zoulouland des contes zoulous, et seuls, les contes les moins spéciaux, ceux qui peuvent faire rire ou émouvoir à la fois des Zoulous et des Français, les contes quelconques, nous admettrions qu'ils n'ont pu être inventés ni par des Zoulous, ni par des Français, mais que Zoulous et Français ont dû les recevoir d'une mystérieuse source commune?

Pour une autre raison encore, c'est une hypothèse invraisemblable et que les faits démentent : car nous trouvons, à une époque quelconque, ces contes indifféremment répandus sur la face de la terre, et nous constatons seulement des *modes littéraires* qui les font recueillir et mettre en œuvre par des lettrés tantôt dans l'Inde, tantôt en Arabie, tantôt en France.

La communauté d'origine des contes est une hypothèse, en tout cas, indémontrable. Il est impossible de savoir où ces contes sont nés; de plus, il est indifférent de le savoir ou de ne le savoir pas, puisqu'ils ne sont caractéristiques d'aucune nation spéciale.

Quand ces contes sont-ils nés?

Chacun d'eux, un certain jour. Mais lequel? Nous ne le saurons jamais. Nous pouvons constater que tel conte nous apparaît pour la première fois en 1250 après J.-C., et tel autre en 1250 avant J.-C. Mais, n'y ayant aucune raison découvrable pour qu'ils n'aient pas vécu l'un et l'autre en 2250 avant J.-C., nous ne saurons jamais, s'ils ne vivaient pas, effectivement, l'un et l'autre, à cette date.

Il est impossible de savoir quand ces contes sont nés; de plus, il est indifférent de le savoir ou de ne le savoir pas, puisqu'ils ne sont caractéristiques d'aucune époque spéciale.

Pourquoi ces contes vivent-ils d'une vie si dure?

Les nouvelles, les fabliaux, parce qu'ils sont bien charpentés, ingénieux, frappants; parce qu'ils ne mettent en action que des sentiments universels, accessibles à tout homme, si primitif qu'il soit.

Les contes merveilleux, pourquoi vivent-ils? Parce que la charpente en est également solide, ingénieuse; — parce que le merveilleux, dans les parties communes aux différentes versions, est très général : il suffit qu'on puisse assimiler un *vetâla* indien à un *kobold* germanique, à un lutin français, à un démon japonais, pour que le conte plaise dans l'Inde, en Allemagne, en France, au Japon.

Mais pourquoi tel conte vit-il depuis des milliers d'années, tandis que tel autre, d'apparence tout semblable, n'est pas représenté dans les littératures traditionnelles?

La plaisanterie d'Ulysse à Polyphème (οὖτις) se perpétue dans tous les recueils folk-loristes. Pourquoi ce succès, alors que tel jeu de mots, telle nouvelle à la main, tel conte à rire, qui nous paraît aussi général en ses données' et aussi spirituel, ne sort pas d'un unique recueil, d'un unique village?
— Le conte du *Vilain Mire* se perpétue depuis des siècles. Pourquoi ce succès, alors que tel conte du sieur d'Ouville ou d'Arlotto de Florence, aussi général en ses données, ne s'est pas perpétué?

C'est un mystère, mais dont on ne saurait percer l'obscurité.
— *Quia est in eis virtus ridicula quae facit ridere.*

La réponse est insuffisante? Certes. Mais n'en cherchez pas une autre, si vous ne voyez pas de *méthode* pour en trouver une autre.

Pourquoi tel conte meurt-il? Il n'y a aucune raison pour que l'οὖτις d'Ulysse, au lieu d'avoir été imaginé il y au moins trois mille ans, ne l'ait pas été il y a trois jours seulement; mais, une fois imaginé, nous ne pouvons concevoir de raison pour qu'il meure jamais. Rien ne se perd sans cause suffisante; aucune force ne s'éteint que tuée par une autre force contraire et supérieure. Et nous ne pourrons jamais imaginer une force contraire à la pérennité de cette facétie.

Comment les contes universels se propagent-ils?

On a remarqué peut-être qu'il est un article de foi de la théorie orientaliste que nous avons négligé de discuter dans notre critique de cette école. La théorie cherchait quelles sont les *occasions historiques* qui ont pu favoriser le passage des contes d'Orient en Occident. Elle remarquait des échanges intellectuels plus actifs entre l'Orient et l'Europe, d'abord à Byzance, puis en Syrie et en Égypte, à l'époque des Croisades, ou bien à la faveur de la domination arabe en Espagne.

On comprend maintenant quelle médiocre importance nous devions attacher à ces circonstances historiques.

D'abord, ces considérations sont trop aisées, et se présentent trop commodément, pour une époque quelconque, à qui veut y mettre une certaine bonne volonté. S'agit-il d'expliquer la floraison des fabliaux à la fin du xii° siècle? C'est l'influence des Croisades! — La présence des contes dans le haut moyen âge? C'est que Byzance a mis en communication régulière l'Orient et l'Occident! — A-t-on besoin d'expliquer qu'Apulée connaisse le conte de Psyché? C'est, dit M. Cosquin, qu'au premier siècle avant notre ère, on avait découvert la mousson, et que des touristes s'en allaient chaque année, à travers la mer Rouge et le golfe Persique, visiter l'Inde. — Veut-on rendre compte de l'existence des fables ésopiques en Grèce? C'est que l'expédition d'Alexandre a relié la Grèce et l'Inde. — Trouve-t-on des contes grecs antérieurs à la défaite du roi Porus? C'est que des caravanes assyriennes, depuis les temps de Ninos et de Bel, couvraient les routes, des vallées du Pendjab aux côtes d'Asie-Mineure!

Toutes ces considérations historiques seraient nécessaires et valables, si les contes communs à l'Orient et à l'Occident étaient vraiment des paraboles indiennes, qui supposassent la connaissance des trente-deux signes caractéristiques du bouddha, l'intelligence parfaite des formules de refuge, des quatre vérités sublimes, de la production des causes successives de l'existence, les préceptes de l'enseignement, la révolution du monde, l'effort. Mais non, il s'agissait exclusivement de contes à rire, de fables, de récits merveilleux, tels que, réduits à leurs termes organiques, ils ne supposaient aucune condition spéciale d'adhésion.

Dans *Mélusine*, M. Loys Brueyre affirme que « si les récits littéraires passent aisément d'une littérature à l'autre, pour qu'au contraire tout un groupe de contes populaires passent d'un peuple à l'autre, il faut un long temps, un contact prolongé, la pénétration intime d'un peuple par l'autre. C'est ce qui est arrivé en Europe, dans l'Inde et en Perse, quand les Aryens y ont jeté leurs colonies, c'est encore ce qui a lieu en Asie, où les disciples du bouddha ont répandu des contes originaires de l'Inde. » — Quel est donc le conte pour lequel il faut supposer la lente pénétration d'un peuple par l'autre et qui donne matière à ces graves affirmations? Le voici.

Un homme, surpris par l'obscurité, s'est réfugié dans un

arbre creux. Des lutins entourent cet arbre, chantent et dansent. L'homme sort de son refuge, chante et danse avec eux, et comme il les amuse, les lutins lui enlèvent une grosse loupe qui dépare son front. Un autre homme, affligé pareillement d'une loupe au front, apprend comment son voisin a été guéri, s'en va trouver les lutins à son tour et veut danser avec eux. Mais les lutins qu'il ennuie, au lieu de le débarrasser de sa loupe, lui donnent celle qu'ils ont enlevée à l'autre.

C'est un conte japonais. Il se trouve aussi en Picardie, sous cette forme : Trois fées passent leur temps à danser en rond et à chanter *dimanche, lundi, dimanche, lundi*. Un petit bossu, qui passe par là, les prend par la main et se met à danser aussi en répétant *dimanche, lundi, dimanche, lundi*, — et cela si gentiment que les fées lui enlèvent sa bosse. Un autre bossu veut se faire redresser l'échine de la même façon ; mais il chante : *dimanche, lundi, mardi, mercredi*..., et les fées mécontentes ajoutent à sa bosse celle du premier bossu[1].

C'est bien là le type de ces contes universels dont on recherche comment ils ont pu se propager. En vérité, est-il besoin de supposer l'intime pénétration d'un peuple par un autre, une conquête analogue à la romanisation des Gaules ou à la germanisation des provinces baltiques, pour qu'un tel récit amuse à la fois des Picards et des Japonais ?

Est-il même besoin que M. Cosquin rapporte l'observation suivante ? M. Loennrot, professeur à Helsingfors, demandait un jour à un Finlandais, près des frontières de la Laponie, où il avait appris tant de contes. Cet homme répondit qu'il avait passé plusieurs années au service soit de pêcheurs norvégiens, soit de pêcheurs russes sur les bords de la mer Glaciale. Mais quand la tempête l'empêchait d'aller à la pêche, on se racontait des histoires, qu'il a ensuite redites en Finlande (*Bulletin de l'Ac. de Pétersb.*, t. III, p. 503, 1861).

Qui de nous ne pourrait rapporter de semblables observations. En voici une, personnelle. Au mois d'octobre 1887, à la hauteur du cap Gardafui, sur le paquebot le *Yarra* de la

---

1. On trouve, comme de juste, un peu partout, des formes de ce conte. Voyez H. de la Villemarqué, *Barzaz-Breiz*, p. 36 ; Cerquand, *Les légendes et récits populaires du pays basque*, Pau, 1876, t. II, p. 17 ; Julien Vinson, *Le Folk-lore du pays basque*, 1883, p. 44 ; des formes allemande, irlandaise, catalane, provençale, citées par M. Cosquin, *Mélusine*, I, col. 163 et col. 211 ; sicilienne, bretonne, rapportées par M. Gaidoz, *Mélusine*, I, col. 211.

ligne d'Australie, j'entendis narrer des contes. Le narrateur était un vieil habitant de Maurice, qui pour la première fois quittait son île. Il disait, entre autres histoires grasses, le récit d'un certain examen qu'un père de famille fait passer à ses trois filles pour savoir laquelle des trois a besoin d'être mariée la première. Ce conte, qu'il m'est impossible d'analyser plus précisément, est un fabliau. Il m'est également impossible de dire le titre du fabliau, mais on pourra le trouver au tome V de la collection de Montaiglon et Raynaud, sous le numéro 122. Bien que j'aie dû lire une centaine de recueils de Κρυπτάδια, je n'ai rencontré ce conte nulle part ailleurs, et je doute s'il a jamais été écrit depuis le xiii° siècle. Le vieux planteur mauricien le disait pourtant comme le jongleur, sans y ajouter ni en retrancher un seul épisode. Je lui demandai d'où il tenait cette histoire, et je reçus la réponse que connaissent bien les collecteurs de contes : « Est-ce qu'on sait? Je l'ai entendu dire ainsi, sans doute à Port-Louis, je ne sais plus ni quand, ni par qui. » Il était donc un témoin de la tradition orale. Je remarquai alors que parmi les auditeurs se trouvaient un commerçant anglais qui venait de Sidney et un gabier du bord qu'on appelait le Martigaw, parce qu'il était des Martigues. Le lendemain, j'entendis le Martigaw conter le fabliau à un cercle de matelots. L'équipage était presque exclusivement composé de Basques et de Corses; mais celui de ses auditeurs qui paraissait s'amuser le plus, et qui montrait en riant les plus belles dents, était un chauffeur arabe qui venait de remonter de la machine et qui, son corps nu ruisselant de sueur, buvait sa minuscule tasse de café. On peut dire que, ce jour là, ce conte avait passé des îles Mascareignes au pays Basque, à la Corse, à l'Australie, à l'Arabie. Outre que, sur le navire même, il a pu passer encore à des *boys* chinois et à des terrassiers piémontais qui revenaient de Bourbon, l'Arabe a pu le conter à Aden, le Martigaw en Provence, un Corse à Bastia. Des collecteurs de contes qui peut-être, depuis ces cinq ans, ont recueilli ce récit à Aden ou à Moka, à Marseille, à Dax, compareront gravement ces versions qu'ils proclameront arabe, provençale, basque, et chercheront les lois de la propagation de ce conte. Quelle apparence qu'on en découvre jamais? Si les rapprochements fréquents des croisés avec les Sarrazins, si les métis *poullains* ont pu et dû créer des échanges de légendes, bien plus rapides et profonds encore doivent avoir été ces échanges entre les diverses nations occidentales représentées dans une armée de croisés, ou dans les villes de Tripoli, d'Antioche, de Jaffa. Dès lors, quel mélange, quelle confusion de contes allemands importés en Espagne, de contes espagnols importés en Angleterre, de contes anglais importés en Italie! Il nous est aussi impossible de déterminer une loi que de dire dans quelle direction soufflait le vent à Jaffa, dans telle matinée de l'an 1248. Et il est d'ailleurs aussi indifférent de savoir où a été porté tel conte narré tel jour dans une maison de Jaffa, que de savoir dans quel sens a tourné ce jour-là la girouette fixée au faîte de cette maison. Pour qu'un de ces contes passe d'un pays à l'autre, il suffit que, sur un point quelconque de la terre, deux conteurs de pays différents se rencontrent, dont l'un entend la langue de l'autre. La patrie des contes est non pas où ils sont nés, mais où ils sont bien. Une tradition populaire est citoyenne de tout pays qui n'a pas une raison expresse de la rejeter. Un conte populaire peut faire le tour de la terre en quelques mois, semant des rejetons tout le long de sa course..

Nous ne croyons donc pas qu'on soit en droit de rechercher l'origine et la propagation des contes populaires européens.

Pourtant, dira-t-on, cette impuissance serait un fait unique. Dans toute science relative à l'esprit humain, se pose, comme fin dernière, la question d'origine. Le but suprême est de rechercher le point d'impulsion des forces que nous trouvons agissantes dans l'humanité. Où en est le germe initial? comment ont-elles passé de la puissance à l'acte? dans quelles directions se sont-elles développées?

Dans l'histoire des idées, partant d'une conception philosophique, si nous trouvons, par exemple, l'idée de la Fatalité développée dans les tragédies de Sénèque, notre effort est d'en chercher, par voie de comparaison, la propagation dans les monuments contemporains ou postérieurs, l'origine dans les drames de Sophocle, d'Eschyle; au delà, dans Hésiode; plus haut, dans l'idée de la Μοῖρα homérique; nous nous arrêterons là, si c'est la dernière source accessible; si nous le croyons légitime, nous remonterons jusqu'aux *Védas*.

Dans l'histoire de l'art, partant d'un style architectural développé, le gothique par exemple, nous en déterminerons, par voie de comparaison, la propagation dans le temps et l'espace; nous en chercherons l'origine en remontant au style roman, et du roman aux styles antérieurs.

En linguistique, partant d'un mot français, nous en chercherons l'origine dans une forme latine, nous suivrons, par voie de comparaison, la propagation de cette forme latine dans les diverses langues romanes.

Pourquoi ces recherches et ces méthodes nous seraient-elles interdites quand il s'agit des contes populaires ?

Mais si l'on veut bien y prendre garde, cette impuissance est commune à la science des traditions populaires et aux sciences historiques mêmes que nous venons de considérer.

Les sciences historiques n'ont prise que sur les singularités humaines, sur les éléments mobiles, caducs et locaux des idées, sur les éléments différentiels des mêmes idées chez les différents hommes.

Il est possible d'étudier historiquement l'idée grecque de la Μοῖρα, en ses caractères locaux, en ses formes anthropomorphiques. Il est possible d'étudier les personnifications spéciales de cette idée, Αἶσα, Ὕβρις, les Erynnies, Atè, la Jalousie des dieux. Mais si l'on dégage cette idée de tous ses éléments adventices, si l'on découvre que l'essence de cette croyance grecque est une idée populaire, actuellement vivante, universelle; si cette croyance a pour germe cette tendance, naturelle à tous les esprits simples, à donner une explication commune aux événements qu'ils ne peuvent s'expliquer, à se rendre compte par exemple de la mort d'un homme écrasé par la chute d'une tuile en disant : *C'est que son jour était arrivé*, l'idée de la destinée, réduite à ces éléments universels, ne relève plus de l'histoire, mais de la psychologie. — De même, on peut étudier les éléments caducs d'un conte, son costume, ses formes diverses significatives de telle ou telle civilisation; en tant qu'il est commun à tous les peuples ou acceptable, au contraire, pour tous, il ne relève plus de l'histoire, mais de la psychologie, et la seule question qu'il soulève est celle-ci : Quelles sont les conditions psychologiques universelles que suppose l'adoption universelle de ce conte ?

Dans l'histoire de l'art, on peut rechercher l'origine du style gothique, déterminer, par exemple, sous quelles influences l'ogive s'est substituée au plein cintre. Mais si l'on considère l'idée de *porte*, dépouillée de toute idée qui la détermine, porte ogivale, à trèfle ogival, à arc surbaissé, rectangulaire, etc..., la question d'origine disparaît. — De même, on peut étudier un conte en tant qu'il est grec, français ou indien, c'est-à-dire dans ses éléments caducs; mais on ne saurait chercher l'origine des traits qui sont communs à la Grèce, à la France et à l'Inde.

Enfin, en philologie, on peut étudier la propagation du mot *lectum* dans les différentes langues romanes, rattacher ce mot *lectum* à une racine commune au latin et au grec, donner la forme indo-germanique de cette racine. Mais on ne cherche pas l'origine de l'idée de *se coucher*, parce qu'elle est universelle.

— De même, pour les contes qui ne sont pas plus limités dans l'espace et le temps que l'idée de *se coucher*, il est vain d'en chercher l'origine.

Nous nous croyons maintenant en droit d'exprimer cette loi :

On peut rechercher l'origine et la propagation d'un conte au cas et au cas seulement où ce conte, réduit à sa forme organique, renferme sous cette forme des éléments qui en limitent la diffusion dans l'espace ou la durée.

Au contraire, si cette forme organique ne renferme que des éléments qui ne supposent aucune condition d'adhésion spéciale — sociale, morale, surnaturelle — la recherche de la propagation et de l'origine de ce conte est vaine, et c'est le cas de tous ceux pour lesquels se bâtissent les théories.

Cette loi s'applique non seulement aux contes, mais à toutes les parties du folk-lore.

Comme rien ne se perd sans cause, une conception populaire n'est arrêtée dans l'espace et la durée que si elle heurte une conception contradictoire et considérée comme supérieure.

Or les hommes acceptent presque indifféremment les *imaginations*, malaisément les *croyances*, plus malaisément encore les *sentiments* les uns des autres.

Il suit de là qu'on peut dresser d'une manière générale l'échelle de caducité des conceptions populaires.

La voici, en procédant du plus *éphémère* et du plus *particulier* au plus *tenace* et au plus *général*.

Au bas de l'échelle, comme les plus caduques et les plus locales des traditions populaires, sont :

Les légendes historiques (créées par un peuple, pour un temps. Elles n'intéressent ni le peuple voisin, ni, dans la nation qui les a créées, une génération de culture différente).

Puis, en gravissant les échelons, *les chansons populaires*. (Les manières de sentir sont plus particulières que les manières de penser. C'est surtout ici que la *race* exerce une influence spéciale, et c'est ce qui légitime en principe les recherches de M. Nigra. De plus, la forme lyrique limite souvent la force de diffusion de la légende.

Puis, *les superstitions surnaturelles*. (Elles sont battues en brèche par les philosophies, les religions.)

Puis, *les traditions scientifiques*. (Elles sont battues en brèche par des observations plus exactes. Elles sont moins violemment attaquées que les croyances surnaturelles, parce qu'elles touchent moins au fond intime de l'homme. Une croyance scientifique populaire est plus ou moins vivace dans un pays : 1° selon que l'instruction y est plus ou moins répandue ; 2° selon que cette croyance intéresse les hommes plus ou moins directement ; les superstitions *astronomiques* sont par là plus vivaces que les superstitions *médicales*.)

Puis, *les contes renfermant à des degrés divers des éléments historiques, religieux, scientifiques*. (Ils suivent les destinées de ces croyances.)

Puis, en montant toujours, d'échelon en échelon, vers des groupes de traditions populaires de plus en plus tenaces, de plus en plus généraux, nous trouvons :

Les contes merveilleux où le merveilleux est assez général pour n'impliquer aucune croyance ; — *Les contes (nouvelles et fables) qui reposent sur des observations morales ou sociales universelles*. (Ces contes peuvent vivre partout et toujours.)

Les devinettes (qui sont des comparaisons fantaisistes acceptables de tous).

Les *proverbes* (qui sont des métaphores ou des vérités générales acceptables de tous). Ces devinettes et ces proverbes peuvent vivre partout, et toujours[1].

Comme c'est tâche vaine de rechercher l'origine et la propagation des contes populaires européens, il sera donc vain, pour les mêmes raisons, de rechercher l'origine et la propagation du plus grand nombre des devinettes et des proverbes.

On peut dater, grâce à sa *forme*, ce proverbe :

> Au seneschal de la maison
> Puet on connoistre le baron,

Mais non ce même proverbe sous cette forme : *Tel maître, tel valet*. On pourra déterminer, sans procédés comparatifs, à

---

1. Notez, en passant, que cette échelle est précisément celle qui exprime le rapport plus ou moins intime des littératures populaires aux littératures savantes. Là où elles se confondent, c'est dans l'emploi des proverbes ; elles se confondent aussi dans l'usage de la nouvelle, du conte universel, qui peut être à la fois admis par un paysan et par Boccace. Là où la différence commence à se faire sentir, c'est quand il s'agit de notions scientifiques. Pourtant, quel nombre de superstitions médicales chacun de nous, même le plus cultivé, ne conserve-t-il pas ?

la seule introspection d'une forme quelconque, que tel proverbe est arabe, tel autre indien ; mais le proverbe « Qui trop embrasse mal étreint, » ou celui-ci : « pierre qui roule n'amasse pas mousse » ne sont, au point de vue de l'origine et des migrations, susceptibles d'aucune étude scientifique [1].

De même, pour les devinettes. On ne pourra jamais découvrir d'autre date pour la naissance d'une devinette que celle où a été inventé l'objet qui est le mot de l'énigme. La devinette sur le *filet à poissons* que M. G. Paris étudie en sa préface au recueil de M. Rolland, peut avoir été imaginée en un lieu quelconque, le jour même où les mailles du premier filet ont été façonnées. Il peut être intéressant (bien que d'un intérêt infiniment restreint) d'énumérer les différents pays où l'on compare le battant de la cloche à un enfant qui frappe sa mère, pour distinguer les variantes minuscules dont cette idée est susceptible. Mais, si l'on se propose par ces rapprochements de découvrir où est née cette comparaison et par quelles voies elles s'est propagée, on peut collectionner pendant des siècles.

Pour les fabliaux, quelques-uns — le plus petit nombre — à la seule inspection de leurs traits organiques et sans aucun procédé comparatif, sont localisables, d'une manière plus ou moins vague :

1° *Quelques-uns ne peuvent appartenir qu'au moyen âge français.*

a) comme fondés sur un jeu de mots français (*Le Vilain au buffet, Les deux Angloys et l'anel, La male Honte, La vieille qui oint la palme au chevalier* [2].)

b) comme supposant un ensemble de données propres au moyen âge français :

Le Sentier battu (usage de s'épiler, jeu du roi et de la reine, etc...)

---

1. Le but final de la parémiologie ne peut donc être qu'un répertoire-dictionnaire, comme le superbe recueil des *Sprichwörter der germ. und rom. Sprachen* (par Ida von Düringsfeld et Otto von Reinsberg-Düringsfeld, Leipzig, 1872), ou une étude purement littéraire et historique, traitant des proverbes comme de menues œuvres d'art, ainsi que les ont considérés Leroux de Lincy ou Quitard (*Etudes littéraires, historiques et morales sur les proverbes français*, Paris, 1860.)

2. Le jeu de mots sur lequel se fonde ce fabliau de la *Vieille qui oint la palme au chevalier*, peut, bien entendu, survivre en France au moyen âge et se répandre en quelques langues autres que le français. Pour « *graisser la patte,* » Suétone employait cette métaphore : « *ferrer la mule* » (*Vespasien*, ch. 23).

2° *Quelques-uns ne peuvent appartenir qu'à une époque féodale et supposent certaines conditions sociales qui en limitent l'extension.*

Tels sont : *Le povre mercier ; les trois chevaliers et la chainse ; les lécheors ; le roi d'Angleterre et le Jongleur d'Ely ; St-Pierre et le Jongleur.*

3° *D'autres ne peuvent appartenir qu'à un pays chrétien.*

Exemple : La seconde partie du fabliau des *Trois aveugles de Compiègne ; le mari confesseur ; Frère Denise ; l'Evesque qui bénit ; la dame qui fit trois tours autour du moustier ; le vilain qui conquist paradis par plait ; le Prêtre crucifié.*

4° *D'autres ne sont limités ni dans le temps ni dans l'espace, mais ne peuvent convenir, en un lieu et en un temps quelconques, qu'à des groupes d'hommes spéciaux :*

a) par la délicatesse qu'ils supposent : ils se rapprochent, par les données psychologiques qu'ils exploitent, des conceptions purement littéraires ;

Le Vair Palefroi ; Guillaume au faucon ; les deux changeurs.

b) par leur grossièreté :

L'avoine por Morel et les récits apparentés (I, 29, 45 ; IV, 101, 107 ; V, 111, etc...) ; la *Pucele qui voloit voler* (IV, 108) ; *l'écureuil* (V, 121) ; *la Sorisete des estopes* (IV, 105) etc.

Tous les autres fabliaux se révèlent, à l'examen de leurs seuls traits organiques, comme viables partout et toujours.

Pour tous ces contes — fabliaux, contes merveilleux, apologues — qui seuls, ont fait germer les théories, — toute recherche sur leur origine et leur propagation est vaine.

Nous ne saurons jamais ni où, ni quand ils sont nés, ni comment ils se propagent.

Et il est indifférent que nous le sachions ou non.

V

Si l'on nous reprochait, à la fin de ces longues discussions, leur caractère trop fréquent de polémique négative, si l'on nous disait que la science n'a que faire de cet agnosticisme, nous protesterions de toute notre énergie et de toute notre sincérité.

Il est faux de dire que toute négation soit stérile. Une négation est féconde, qui réduit une erreur à néant. Il est, par contro, des affirmations stériles, nuisibles : la théorie indianiste est de celles-là. Il est des problèmes mal posés, où s'épuisent en pure perte les forces vives des chercheurs, et le problème de l'origine et la propagation des contes est de ceux-là. Il est des recherches vaines, et il est bon de le dire fermement, car le nombre des travailleurs n'est pas si grand dans une génération qu'on puisse les laisser égarer par les prestiges de la science inutile. Tout système est, dit-on, bon à son heure; et c'est une grande vérité, parce que tout système est fondé sur une hypothèse, et que, seules, les hypothèses donnent à l'homme le désir de recueillir et de grouper les faits. Mais quand le groupement des faits détruit l'hypothèse même qui avait provoqué la recherche, il faut avoir le courage d'y renoncer. En montrer la fausseté, même sans la remplacer par une autre hypothèse, ce n'est pas un résultat purement négatif. Assurément, ce n'est pas « faire avancer » la science; mais, la science étant enlisée, c'est la dégager. D'autres viendront qui l'entraîneront plus loin : car, si les faits manquent souvent aux hypothèses, les hypothèses ne manquent jamais aux faits. Ils viendront bientôt — sans doute sont-ils déjà venus — ceux qui entraîneront la science des traditions populaires loin du marais où elle s'embourbait. Si nous avons desséché ce marais, il suffit, c'est déjà un résultat positif.

Il est faux d'ailleurs que nos conclusions soient celles de l'agnosticisme et du scepticisme, et nous ne serions pas en peine d'énumérer les principaux articles de foi de notre *Credo*.

Je crois, selon l'expression de M. Gaidoz, à la *polygénésie* des contes. Je crois qu'il n'y a pas eu de race privilégiée, indienne ni autre, qui, en un jour de désœuvrement, inventa les contes dont devait s'amuser l'humanité future.

Je crois seulement à certaines modes littéraires qui, à telle époque, en tel pays, ont induit des écrivains à recueillir les contes populaires; de ces modes procèdent les recueils indiens, les collections ésopiques grecques, les novellistes italiens, les jongleurs et leurs fabliaux, etc... Que ces recueils aient exercé de l'influence sur des conteurs d'autres pays, cela est trop évident. Que Musset ait pris des contes à Boccace, cela est assuré. De même, que tel de nos rares fabliaux attestés en Orient soit emprunté au *Directorium humanae vitae*, cela est infiniment probable. J'accorde même volontiers que tous les onze, malgré les apparences contraires, proviennent de recueils indiens traduits. Le fait a tout juste la même importance que de savoir que Musset a pris à Boccace le conte de *Simone*.

Je crois qu'il est des contes dont on peut déterminer la date et la patrie (ces dates sont diverses et divers ces pays d'origine, ce qui prouve la polygénésie des contes). Je crois qu'il y a des contes qui sont localisables, parce qu'ils ne conviennent qu'à certaines âmes : c'est pourquoi les études de M. G. Paris sur les légendes de l'*Ange et de l'Ermite* ou de l'*Oiselet* sont fécondes.

Je crois, par contre, que l'immense majorité des contes merveilleux, des fabliaux, des fables (tous ceux pour qui les théories générales sont bâties) — sont nés en des lieux divers, en des temps divers, à jamais indéterminables. Mais, si j'écarte ce problème, faux dans ses données, de l'origine et de la migration des contes, je crois pourtant ne diminuer en rien la science des traditions populaires. Je crois, au contraire, la débarrasser d'un faix pesant.

Pour la novellistique d'abord, la question d'origine écartée, je crois qu'il se pose des questions autrement intéressantes. Je crois que les fabliaux, par exemple, dénués de tout intérêt si on les étudie en leur banales intrigues communes à tous les peuples, reprennent leur valeur si l'on considère le costume dont les a vêtus le moyen âge, leur partie ornementale, l'appropriation du conte universel à un milieu bourgeois, chevaleresque, clérical. Comment le goût de ces contes s'est-il développé dans la France du xiii° siècle? Dans quelles classes sociales spécialement et pour quel public? A quelle époque? Par quelles influences historiques ce goût a-t-il été favorisé ou combattu? A quelle époque et pourquoi ces contes disparaissent-ils de la littérature? Quelles idées supposent-ils sur les femmes, le mariage, la religion? Je crois que ce sont des questions susceptibles d'étude, et toute la seconde partie de ce livre n'a d'autre but que de le faire voir.

Je crois de même que nos contes de fées, considérés comme des *produits fabriqués*, indéfiniment transmissibles, ne sont, en tant qu'ils sont communs aux diverses nations, susceptibles d'aucune étude. Mais je crois, aussi fermement, que beaucoup renferment des traits merveilleux, actuellement vivants, précieux aux mythologues. Ces traits survivent, bien qu'ils ne répondent à aucune croyance actuelle, parce que les paysans qui les content les considèrent, par une convention semi-consciente, comme du domaine indifférent de la féerie. Ce sont ces traits merveilleux — et eux seuls — qui font l'intérêt de nos contes de village : ils sont les matériaux de la mythologie. Remontentils à l'époque aryenne, et tel d'entre eux est-il le détritus d'un mythe cosmogonique ? ou plutôt, sont-ils les témoins de croyances abolies dans nos races, mais actuellement vivantes chez les peuples sauvages ? Le champ reste ouvert aux mythologues, soit à l'école de Max Müller, soit aux belles études des Andrew Lang et des Gaidoz.

SECONDE PARTIE

Etude littéraire des Fabliaux

CHAPITRE IX

QUE CHAQUE RECUEIL DE CONTES ET CHAQUE VERSION D'UN CONTE RÉVÈLE UN ESPRIT DISTINCT, SIGNIFICATIF D'UNE ÉPOQUE DISTINCTE

Projet de notre seconde partie. — Chaque recueil de contes a sa physionomie propre : ainsi les novellistes italiens ont tâché de sang les gauloiseries des fabliaux; d'où un intérêt dramatique supérieur. — Chaque version d'un même conte exprime, avec ses mille nuances, les idées de chaque conteur et celles des hommes à qui le conteur s'adresse. Exemples : le fabliau du *Chevalier au Chainse*, du xiii° siècle français au xiv° siècle allemand, du xiv° siècle à Brantôme et à Schiller, de Brantôme à M. Ludovic Halévy. — Etude similaire tentée sur le fabliau de la *Bourgeoise d'Orléans*.

Nous avons donc tenté de réduire à sa juste valeur l'importune question de l'origine des contes populaires. Si nos conclusions sont généralement admises comme fondées en fait et en raison, nous ne regretterons ni les lenteurs de cette étude, ni le caractère parfois négatif de ses résultats ; c'est un résultat appréciable, et vraiment positif, que d'avoir fait table rase de cette pseudo-science, d'avoir dissipé ces fantômes et d'économiser ainsi, dans l'avenir, la vie d'un nombre indéfini de travailleurs. Sans doute, les systèmes qui sont ici pour la première fois attaqués ont la vie dure. Mais les voilà ébranlés : d'autres mains, plus solidement armées, achèveront leur ruine.

Voici que nous abordons des recherches d'ordre littéraire et historique. Il ne s'agit plus de poursuivre, d'odyssée en odyssée et de mirage en mirage, l'insaisissable patrie des contes; de traverser à la suite de chacun d'eux les pays et les temps, comme des Ahasvérus toujours déçus et jamais lassés, pour tâcher de les saisir sous leur forme première, idéale, sans cesse fuyante. Mais il s'agit de considérer nos fabliaux comme des œuvres d'art, qui appartiennent à une époque déterminée, au même titre que le *Cid* ou *Tartufe*, et d'y chercher les témoins des conceptions artistiques et morales du xiii° siècle français.

Que ces recherches soient légitimes, c'est ce que personne ne voudrait contester. Une époque est responsable des récits dont elle s'est amusée, même si elle ne les a pas inventés. En effet, — est-il nécessaire de le marquer? — bien que la plupart des contes puissent indéfiniment circuler, chaque recueil de contes révèle pourtant un esprit distinct.

D'abord, par le choix des sujets. Presque toutes les nouvelles du *Décaméron* voyageaient par le monde avant que Boccace ne vînt, et voyagent encore. Mais pourquoi Boccace a-t-il arrêté au passage ces cent contes, et non tels de ces cent autres? — Puis, ce qui donne à chaque recueil sa marque et comme sa physionomie propre, c'est la façon de traiter et de diversifier la matière brute de chaque récit. Les mêmes contes à rire, qui ne sont chez nous, Français, que des gaillardises, étaient jadis des exemples moraux que le brâhmane Vichnousarman faisait servir à l'instruction politique des jeunes princes, au même titre que les plus graves *slokas*. Ces mêmes contes gras, les Italiens de la Renaissance les ont « tachés de sang ». Chez Bandello ou Sercambi, l'amant surpris risque sa vie : de là un intérêt dramatique supérieur. Par ce mélange singulier de courtoisie et de cruauté, ils ont comme ennobli leur matière, qui est commune et banale.

Je n'en veux qu'un seul exemple. On connaît le gaulois fabliau du *Mari qui fist sa femme confesse*. Déguisé en moine, il surprend l'aveu des fautes de sa femme et peut se convaincre de son malheur; mais la rusée soupçonne la fraude et réussit à persuader au faux moine qu'elle l'a reconnu sous le froc avant de commencer sa confession, qu'elle a seulement voulu l'éprouver, et le fait tomber à ses genoux, repentant et grotesque. Voici les derniers vers du *Chevalier confesseur* de La Fontaine : Comme elle vient d'avouer son amour pour un prêtre

« Son mari donc l'interrompt là-dessus,
Dont bien lui prit : « Ah ! dit-il, infidèle,
Un prêtre même ! A qui crois-tu parler ?
— A mon mari, dit la fausse femelle,
Qui d'un tel pas sut bien se démêler.

> Je vous ai vu dans ce lieu vous couler,
> Ce qui m'a fait douter du badinage !
> C'est un grand cas qu'étant homme si sage,
> Vous n'ayez su l'énigme débrouiller !
> — Béni soit Dieu ! dit alors le bonhomme,
> Je suis un sot de l'avoir si mal pris ! »

Dans les contes de Bandello, qui portent bien leur titre d'*Histoires tragiques*, cette maligne gauloiserie est devenue un poignant drame d'amour, dont voici le dénouement : « Alors la damoyselle, ayant fini sa confession, remonta en coche, s'en retournant où jamais elle n'entra vive ; car, voyant son mari venir vers elle, elle commanda au cocher qu'il arrestast ; mais ce fust à son grand dam et deffaicte, veu que, dès qu'il l'eust accostée, il lui donna de sa dague dans le sein, et choisist bien le lieu [1]. »

Ici, la novellistique peut vraiment reprendre ses droits, non point comme une science indépendante qu'elle ne saurait être, mais comme une auxiliaire utile de l'histoire des mœurs. Chaque conte est un microcosme où viennent se reproduire, avec leurs mille nuances, les idées du conteur, et celles des hommes à qui le conteur s'adresse.

Nous en voulons donner deux ou trois exemples, tirés de notre collection de fabliaux.

Voici ce que Jacques de Baisieux nous raconte [2] : « Trois chevaliers, attirés par un tournoi, ont pris hôtel chez un bachelier. Tous trois s'éprennent de sa femme, à qui ils déclarent leur amour. Elle ne les accueille ni ne les repousse, mais les soumet à une épreuve. Son écuyer apporte de sa part à l'un des soupirants un *chainse* blanc (une de ces tuniques d'étoffe fine qui se portaient par dessus les vêtements ou l'armure). S'il veut « vivre en son service », qu'il revête le lendemain, au tournoi, ce chainse comme seule cuirasse qui protège sa poitrine, et qu'il combatte sans autres armes que son heaume, sa chaussure de fer, son épée, son écu. Le chevalier accepte d'abord, puis hésite, puis refuse. Ce combat, sous cette armure de soie, c'est la mort assurée ! — A son tour, le second chevalier refuse. — Le troisième accepte, baise le chainse, le revêt en place de son haubert, combat tout le jour, remporte le prix

---

1. Bandello, XL. *Histoires tragiques*, traduites par François de Belle-Forest, comingeois, t. III, p. 249, éd. de 1604.
2. *Les trois chevaliers et le chainse*, M R, III, 71e.

du tournoi, et quitte enfin l'arène, navré par trente blessures. Il n'en meurt point, pourtant[1].

« A quelques jours de là, le mari donne un grand festin, où sa femme, suivant l'usage féodal, doit servir les convives. Le blessé l'apprend et fait rapporter à la dame le chainse ensanglanté : quand elle servira à table, qu'elle le porte, aux yeux de tous, par dessus ses vêtements. — « Oui, dit la dame, puisqu'il fut mouillé du sang de mon ami loyal, je le tiens pour une parure de reine; car nulle pierre fine ne saurait m'être plus précieuse que le sang dont il est teint. » Elle s'en revêt, et paraît au festin en ses sanglants atours. Le trouvère nous demande que nous jugions cette manière de jeu-parti : lequel a le mieux mérité d'Amour ? lui, ou elle ? »

On ne saurait réfléchir à ces données sans être frappé des conditions morales infiniment curieuses et rares qu'elles supposent. Pourquoi la dame exige-t-elle cette horrible épreuve? par coquetterie et caprice? pour tirer vanité de la puissance de sa beauté? Non point. Pourquoi le chevalier blessé exige-t-il une épreuve non moins cruelle? ce n'est ni vanité, ni esprit de vengeance. Mais tous deux ont obéi au même précepte du code chevaleresque : l'amour veut qu'on le mérite et qu'on l'achète. Un amant ne l'a pas bien gagné, qui n'a point su tenter pour sa dame les plus folles *emprises*. La dame peut trembler pour lui, regretter les épreuves qu'elle-même impose; mais elle se doit de les lui imposer, comme il se doit d'exiger d'elle la réciprocité des épreuves acceptées, car l'amant et l'amante sont égaux devant la passion. L'amour veut que l'un risque sa vie, l'autre son honneur, et chacun d'eux

> Embrasse aveuglément cette gloire avec joie.

Plus tard, les deux amants se revoient-ils seulement? Le poète ne nous en dit rien. Peu importe, en effet. Ces héros ne demandent à l'amour que l'amour même. — Et le mari? Le trouvère nous dit simplement : « Il ne fut pas content, mais il n'en laissa rien paraître. » C'est que, pour ces poètes, le mariage n'est qu'une convention mondaine, et il n'y a point de convention qui doive tenir devant l'amour.

---

1. La dame, touchée, paye les dépenses du chevalier blessé. Au moyen âge, il était parfaitement admis qu'un chevalier reçût de l'argent de sa dame. Bien des textes nous le prouvent. Voyez M R, I, VIII, vers 90; II, 50e, et surtout le roman du *Petit Jehan de Saintré*.

Nous sommes ici dans un monde très spécial, tout imprégné de l'esprit de la Table Ronde, et qui nous devient naturel, si étrange soit-il, dès que nous nous sommes familiarisés avec ces idées. Mais ces conceptions n'ont été directement intelligibles, au moyen âge même, qu'à un moment très court et dans des milieux très restreints. Voyons comment notre légende, faute d'être accessible à tous, va s'altérant ou se transformant.

Elle parvient à un *minnesänger* viennois, qu'elle séduit par sa tragique étrangeté [1]. Mais les héros, dont il comprend mal les mobiles, le choquent; il les transforme. « Un brave chevalier de l'empereur Frédéric II s'éprend d'une comtesse, d'inexpugnable vertu. Trois ans il la requiert d'amour, toujours vainement. Enfin, lassée de ses obsessions, elle se décide, toute pleurante, à lui fixer un rendez-vous. Elle s'y rend, en effet, mais pour lui jurer qu'elle aimerait mieux être brûlée vive que commettre une infidélité aux dépens de son mari. Le chevalier Frédéric d'Auchenfurt revient pourtant à la charge, quelques jours après. Alors elle lui impose la même épreuve que dans notre fabliau : qu'il combatte sans armes défensives. Une lance le transperce, sans le tuer pourtant; la comtesse se promet, malgré cette marque de dévoûment, de rester fidèle à son époux.

Au bout d'un an, guéri, Frédéric d'Auchenfurt va trouver sa dame, portant la chemise sanglante. Il exige le paiement de son acte téméraire. La comtesse le conjure de la laisser à son devoir conjugal, de la relever de son serment, de lui imposer une autre épreuve quelconque. Frédéric d'Auchenfurt cède, mais à une condition : le jour de la saint Etienne, elle revêtira le *chainse* qu'elle couvrira de son voile et de son manteau et s'en ira à la grand'messe; au moment où elle viendra à l'autel pour l'offrande, elle laissera tomber à ses pieds voile et manteau. Lui sera dans le chœur et la verra.

Elle fait ainsi, apparaît à l'autel, devant tous, dans son tragique costume. Puis elle reprend son manteau et retourne chez elle. Son mari l'a d'abord crue folle; mais elle lui raconte la série des événements, et le comte l'embrasse avec une joyeuse reconnaissance. Frédéric d'Auchenfurt quitte le pays. »

Voilà, certes, une excellente moralité, et von der Hagen se félicite [2] que les vertus germaniques n'aient point toléré, en ce

---

1. *Herr Vriderich von Ouchenvurt*, von Jansen Enenkel, *Gesammtabenteuer*, III, LXVII.
2. *Gesammtabenteuer*, I, p. CXXV.

conte, l'odieuse légèreté française, qui méprise, comme un chacun sait, les devoirs familiaux.

Mais qui ne voit que la légende est ici faussée? que le conte, devenu moral, est impossible? Est-il concevable qu'une honnête femme, pour éconduire un importun, lui joue ce méchant tour de l'envoyer à une mort presque assurée? Ces obsessions, qu'elle révèle si bénévolement à son mari à la fin du drame, que ne les a-t-elle dévoilées plus tôt, avant d'exposer le chevalier à mourir? Et n'est-ce pas une scène répugnante, celle où Frédéric d'Auchenfurt rapporte le chainse ensanglanté comme un usurier présente un billet échu, où il réclame son salaire, comme Shylock sa livre de chair humaine? D'autre part, si rude que soit l'humiliation passagère de la comtesse à l'autel, y a-t-il parité entre cette épreuve et celle qu'elle a imposée à son amant? Ne sait-elle pas que, quelques instants plus tard, son mari lui ouvrira ses bras, et que les châteaux d'alentour célébreront sa pudeur, comme celle d'une Lucrèce?

Le conte de Jacques de Baisieux est donc gâté, frappé d'impossibilité morale. Sous cette forme, il est caduc. Mais un autre poète allemand s'en empare et y réintègre la vérité morale, une vérité plus humaine et moins spéciale que n'avait fait le trouvère français.

« Un chevalier[1], nouvellement venu dans une ville, demande à un bourgeois quelle est la plus belle femme du pays.
« — Vous le verrez bien à l'église. » Le lendemain, en effet, il on distingue une à la messe, belle entre toutes. Il la montre au bourgeois dont c'est précisément la femme. Le prudhomme est si confiant en elle, qu'il offre pourtant l'hospitalité au chevalier. Mais lui, follement épris, refuse et poursuit de ses vaines obsessions la fidèle épouse.

Rebuté, il imagine de faire crier par la ville qu'il combattra, revêtu d'une simple chemise de soie, quiconque se présentera contre lui, armé de pied en cap. Il est frappé d'un coup de lance, dont le fer lui demeure dans le corps. Il veut le garder dans sa blessure : celle-là seule l'en arrachera, pour qui il a voulu être blessé. Bien des femmes se présentent, qu'il repousse; seule, la bien-aimée ne vient pas.

C'est le mari lui-même qui, sachant le secret du blessé, force

---

1. *Gesammtabenteuer*, I, XIII, *Vrouwen triuwe*. Le conte publié dans le *Liedersaal* de Lassberg, p. 117, ne diffère de celui des *Gesammtabenteuer* que par des variantes de forme.

sa femme à le visiter. Elle s'y rend avec sa chambrière, et retire le fer. — A peine la blessure du chevalier s'est-elle refermée, qu'il ose s'introduire nuitamment dans la chambre des époux. La dame se lève pour l'éconduire; mais il la serre si fort entre ses bras que sa blessure se rouvre et qu'il tombe mort. » — On reconnaît en cette scène le conte de Girolamo et Salvestra, du *Décaméron*[1], supérieurement imité par Alfred de Musset. « La femme a la force de rapporter le cadavre du chevalier jusqu'en sa chambre; le lendemain, avec la permission de son mari, elle se rend à l'église où on ensevelit le mort :

> Celui dont un baiser eût conservé la vie,
> Le voulant voir encore, elle s'en fut...
> Ce cœur, si chaste et si sévère
> Quand la fortune était prospère,
> Tout à coup s'ouvrit au malheur.
> A peine dans l'église entrée,
> De compassion et d'horreur
> Elle se sentit pénétrée,
> Et son amour s'éveilla tout entier.
> Le front baissé, de son manteau voilée,
> Traversant la triste assemblée,
> Jusqu'à la bière il lui fallut aller.
> Et là, sous le drap mortuaire
> Si tôt qu'elle vit son ami,
> Défaillante et poussant un cri,
> Comme une sœur embrasse un frère,
> Sur le cercueil elle tomba[2]...

Et le vieux *minnesänger* ajoute ces vers très simples, que Musset eût aimé connaître :

> Da legte man sie beide
> Mit jâmer und mit leide
> In einem grap, die holden[3]...

C'est ainsi que le poète allemand a su donner un intérêt général et humain au vieux conte chevaleresque. Il n'en a gardé que cette donnée : un amant rebuté s'impose, pour frapper l'esprit de sa dame, de combattre sans armes défensives. Et il a soudé à ce conte, par contamination — à moins qu'il n'en soit le premier inventeur — la nouvelle de Girolamo et de Salvestra. Ce n'est plus un récit purement féodal; l'épisode du

---

1. Journée IV, nouv. 8. Voyez M. Landau, *Quellen*, p. 161.
2. *Poésies nouvelles*, *Sylvia*.
3. Vers 385, ss.

tournoi peut tomber[1]; nous sommes en présence d'un récit d'une émotion vraiment humaine — supérieur aux nouvelles de Boccace et de Musset, en ceci que Salvestra ou Sylvia ne sont que des *malmariées* qui, dans le mariage, regrettent leur ancien amant, Girolamo ou Jérôme. Chez le vieux conteur allemand, au contraire, c'est vraiment le dévouement du chevalier qui provoque l'amour de l'insensible. Depuis quand aimait-elle le chevalier sans l'avouer? Qui le sait? depuis très longtemps, peut-être. Cet amour qu'elle ne révèle qu'en mourant garde, chez le vieux poète allemand, quelque chose de mystérieusement tendre.

Mais voici le moyen âge fini; nous sommes sous François Ier; les joûtes et les tournois, plus brillants que jamais, ne sont plus que de vains simulacres sans âme. Le conte du *Chevalier au chainse*, déjà si malaisément compris au xive siècle, devient tout à fait inintelligible. C'en est fait à jamais de cette conception que l'amante peut tout exiger de l'amant, parce que l'amour est la source des vertus chevaleresques. Lorsque les hommes du xvie siècle rencontrent, dans les vieux romans qui survivent, ces folles aventures où les dames lancent les chevaliers, ils n'y voient plus qu'une coupable coquetterie, qui mérite punition. Aussi le conte qui supplante le *Chevalier au chainse* (et qui est aussi très significatif de l'époque) est-il celui que nous raconte Brantôme[2] et que Schiller a illustré[3].

« J'ai ouy, rapporte Brantôme, faire un conte à la Cour aux anciens d'une dame qui estoit à la Cour, maistresse de feu

---

1. Il doit même tomber, car il devient invraisemblable. Ce combat est impossible, s'il est annoncé à son de trompe. Les héros des deux autres versions sont blessés par des adversaires qui croient que le chainse recouvre une cote de mailles. Mais ici, quel est le lâche qui consentira à servir au chevalier un coup de lance?

2. Brantôme, *Vie des femmes galantes*, disc. VI, éd. de 1822, t. VII, p. 461.

3. Dans sa ballade intitulée *le Gant*. Schiller raconte, dans une lettre à Gœthe, datée du 18 juin 1797, par quel intermédiaire il a connu le récit des *Vies des dames galantes*. — Voyez, dans l'édition de K. Gœdeke, Stuttgart, 1871, t. XI, p. 227, une curieuse variante. Schiller avait d'abord écrit : « De Lorge rapporta le gant et Cunégonde le reçut avec un regard d'amour, qui lui promettait son bonheur prochain. Mais le chevalier, *s'inclinant profondément*, dit : Dame, je ne vous demande pas de récompense, » et il la quitta sur l'heure. Puis Schiller corrigea ainsi : « Mais le chevalier lui jeta le gant au visage : « Dame, je ne vous demande pas..., etc. » — Comparez une curieuse pièce de R. Browning, où la dame se justifie (éd. Tauchnitz, II, 223-9, *the glove*.)

M. de Lorge, le bon-homme, en ses jeunes ans l'un des vaillants et renommez capitaines des gens de pied de son temps. Elle, en ayant ouy dire tant de bien de sa vaillance, un jour que le roy François premier faisoit combattre des lions en sa Cour, voulut faire preuve s'il estoit tel qu'on luy avoit fait entendre, et pour ce laissa tomber un de ses gans dans le parc des lyons, estans en leur plus grande furie, et la dessus pria M. de Lorge de l'aller querir s'il l'aimait comme il le disoit. Luy, sans s'estonner, met sa cape au poing et l'espée en l'autre main, et s'en va asseurément parmy ces lyons recouvrer le gand. En quoy la fortune luy fut si favorable, que, faisant toujours bonne mine et monstrant d'une belle assurance la pointe de son espée aux lyons, ils ne l'osèrent attaquer; et, ayant recouvré le gand, il s'en retourna devers sa maistresse et le luy rendit; en quoy elle et tous les assistans l'en estimèrent bien fort. Mais, de beau dépit, M. de Lorge la quitta pour avoir voulu tirer son passe-temps de luy et de sa valeur de cette façon. Encores dit-on qu'il luy jetta par beau dépit le gand au nez. Certes tels essais ne sont ny beaux ny honnestes, et les personnes qui s'en aident sont fort à réprouver ».

Et de décadence en décadence, les nobles *emprises* d'amour du moyen âge prennent cette forme dans les *Sonnettes* de M. L. Halévy. C'est un domestique qui parle : « Sous Charlemagne, un chevalier se promenait avec sa belle au Jardin des Plantes, près de la fosse de l'ours Martin. Elle y jeta son mouchoir : Va le ramasser! dit-elle. Savez-vous ce que fit le chevalier? Il prit sa belle et l'envoya rejoindre le mouchoir et l'ours Martin. C'est de l'histoire, ça[1]. »

Ainsi les différentes fortunes du *Chevalier au chainse* nous montrent avec quelle précision un conte peut représenter des âmes diverses : il convient exclusivement à un milieu chevaleresque très particulier; là seulement, il peut trouver sa forme accomplie, et vivre. Mais il passe en Allemagne, où les idées de la Table Ronde sont d'emprunt, imparfaitement comprises. Deux poètes s'en emparent : l'un, Jansen Enenkel, en tire un récit niaisement moral; l'autre, une noble légende, qui, par ses données plus humaines, dépasse le moyen âge et peut convenir aussi bien à Boccace, à Alfred de Musset. Enfin, le moyen âge meurt. Les données du *Chevalier au chainse*

[1]. Cette forme et plusieurs autres m'ont été signalées par M. G. Paris.

révoltent les consciences des hommes nouveaux : c'est pour l'avoir méconnu que la petite dame d'honneur de Brantôme fut si cruellement punie. Et notre beau conte chevaleresque s'effondre piteusement sous le soufflet de de Lorges ou dans la fosse de l'ours Martin.

Mais nous avons choisi là, sans doute, un exemple trop favorable. Cette légende du *Chevalier au chainse* était trop manifestement médiévale, dans son essence et ses accidents. Prenons maintenant un conte à rire, nullement ethnique, vraiment quelconque, qui appartienne au trésor banal des littératures populaires. Soit le fabliau de la *Bourgeoise d'Orléans*[1], qui fait partie du cycle d'histoires qu'on peut intituler avec La Fontaine : le mari trompé, battu et content. Voyons, par cet exemple, comment la matière du conte le plus universellement accessible à tous va se diversifiant d'un conteur à l'autre, selon son tempérament intellectuel et les exigences de son public.

« ... Or vous dirai d'une borgeoise
Une aventure assez cortoise !... »

Que le lecteur veuille bien juger de cette courtoisie !

« Une bourgeoise a pour amant un gros et gras clerc, étudiant aux écoles d'Orléans. Le mari, jaloux, la fait surveiller par une nièce pauvre qu'il héberge, et qui, moyennant la promesse d'une *cotele*, lui révèle le jour du prochain rendez-vous. A l'heure dite, le mari, qui a simulé un voyage, revient déguisé sous une chape de clerc et frappe à la porte du verger où l'infidèle vient lui ouvrir. Malgré l'obscurité, elle reconnaît son mari, mais n'en laisse rien paraître, l'accueille comme s'il était vraiment le clerc et l'enferme à clef dans une sorte de soupente : qu'il attende un peu, jusqu'à ce qu'elle ait pu envoyer coucher ses gens. Elle retourne aussitôt à la porte du verger où, cette fois, c'est bien le clerc qu'elle trouve et reçoit, tandis que, dans le grenier, se morfond son vilain. Ensuite, elle va trouver ses gens, qui sont réunis pour le souper : « J'ai enfermé, leur dit-elle, dans la soupente, ce méchant clerc qui m'importunait, et à qui j'ai donné un rendez-vous pour le punir. Prenez vos bâtons, et rossez-le si bien qu'il perde à jamais fantaisie de requérir une femme de bien. » La fin se devine : on voit comment le mari sera roué de coups, satisfait pourtant.

1. MR, I, 8. Voir l'appendice II.

Voilà une vraie gauloiserie, brutale, comme il sied. Le bon raillard qui l'a rimée s'amuse royalement à décrire la volée qu'infligent au mari sa femme, ses deux neveux, sa nièce, trois chambrières, un valet, un pautonnier et un ribaut, jusqu'au moment où ils le laissent, aux trois quarts mort, achever sa nuit sur un tas de fumier. Cette grossièreté est en situation[1] : notre fabliau appartient à ce cycle de contes où l'on rit du mari, sans nulle sympathie d'ailleurs pour la femme. On ne conçoit guère ce conte transporté dans un milieu chevaleresque, courtois.

C'est pourtant la fortune qu'il a courue à diverses reprises.

D'abord, c'est l'une des rares nouvelles qui aient survécu au naufrage de la poésie narrative provençale. Ramon Vidal de Besaudun[2] a imaginé pour ce récit un cadre élégant : il le fait raconter par un jongleur dans une cour royale, en présence d'Alphonse, roi de Castille, et de la reine Éléonore, fille d'Éléonore d'Aquitaine[3]. Ce public courtois et les goûts plus relevés de Ramon Vidal lui imposent d'ennoblir le fabliau. L'amant ne sera donc plus un clerc trop gras, mais le plus preux des chevaliers d'Aragon, en' Bascol de Cotanda. Le mari ne sera plus un bourgeois débonnaire, mais le suzerain de Bascol, n'Anifol de Barbastre. Sa femme n'Alvira deviendra une épouse fidèle et chaste. Le poète suppose que la dame est restée pure, et qu'elle ne succombe que par dépit d'avoir été injustement soupçonnée[4]. C'est la légitime punition d'un jaloux : c'est le *Castia gilos*.

Notre conte gras devait subir, sur le sol d'Angleterre, un ennoblissement, plus raffiné et plus étrange encore.

Un conteur élégant[5] s'empare du fabliau de la *Bourgeoise d'Orléans* : nous voici dans un monde non seulement chevaleresque, mais parfaitement moral. Le mari est sympathique, l'amant est sympathique, la femme l'est encore plus. Le galant

---

1. Elle est reproduite dans un autre fabliau qui n'est qu'une variante de *la Bourgeoise d'Orléans : De la dame qui fist battre son mari*, MR, IV, 100.
2. Raynouard, *Choix de poésies des troubadours*, t. III, p. 398.
3. Ce cadre n'est peut-être point, d'ailleurs, une fiction poétique.
4. On voit l'invraisemblance : comme il n'y a pas de rendez-vous donné, comme l'amant n'est pas là, il faut qu'Elvira aille rejoindre chez lui, à sa grande surprise, Bascol de Cotanda.
5. *Le chevalier, la dame et un clerc*, MR, II, 50. L'auteur est un Anglais, comme M. P. Meyer l'a aisément démontré (*Romania*, I, 69).

est un fils de chevalier, que des revers de fortune et de famille ont engagé dans les ordres, et dont tous font l'éloge, les riches et surtout les pauvres. La nièce pauvre n'est plus cette donzelle qui, tout à l'heure, vendait sa bienfaitrice pour un *cotele*; ici, elle ne la trahit plus que par jalousie d'amour. Le mari et sa femme forment un couple charmant; c'est un modèle de bon ménage, attendrissant; chaque jour, la dame va au moûtier et reçoit trois pauvres à sa table; quand son mari est aux tournois, elle reste à prier pour lui :

> Souvent haunta il les esturs,
> Chevals cunquist, armes gaina,
> Et la dame pour li pria...

Son amour naît à l'Eglise, où elle s'est rencontrée souvent avec le clerc en de communes dévotions. Pour qu'elle consente à visiter le clerc une seule fois, il faut qu'il soit tombé malade d'amour, à en périr; c'est pour éviter un homicide qu'elle daigne lui faire visite, non sans des hésitations et des combats intimes, dignes d'une héroïne de la Table Ronde. Il faut bien pourtant se résoudre à conter, telle quelle, la chute brutale de la dame; mais, dit le poète, elle ne pécha qu'une fois; après, elle redevint le modèle des épouses, et quand elle mourut, Dieu reçut son âme. — C'est ainsi que le trouvère s'est mis en frais de psychologie pour aboutir à conter la même histoire grossière que tout à l'heure; il a créé toute une série de personnages courtois et brillants, pour arriver à faire rosser un mari au profit d'un prestolet[1].

Enfin, un poète allemand rencontre à son tour ce conte à rire. Il s'en amuse, sans vouloir l'avouer, et s'avise de le moraliser. Le mari n'est plus chez lui que battu et content. La femme qui le fait rosser est le parangon des vertus domestiques. Mais je n'ai pas le courage d'analyser cette prudhommesque version[2].

Ainsi les contes les plus généraux, les plus indifférents sont faits d'une sorte de matière plastique, que peuvent façonner à leur gré les artistes. Que deviendra cette matière? Dieu, table ou cuvette, selon chaque conteur, et selon son public.

Chaque conte pourrait servir à de semblables démonstra-

---

1. Les deux contes sont prochement apparentés. Remarquez, entre autres traits, que la nièce pauvre joue le même rôle dans les deux poèmes.
2. *Gesammtabenteuer*, II, XXVII, *Frauenbeständigkeit*.

tious[1] ; mais laissons ces comparaisons de variantes. Les études de M. G. Paris sur les légendes de *l'Ange et l'Ermite*, de *l'Oiselet*, du *Mari aux deux femmes*, etc..., ces minuscules chefs-d'œuvre de critique, resteront les modèles de ces monographies. On y voit combien elles peuvent être fécondes pour l'historien des mœurs. Mais, puisque chaque version des divers contes reflète avec une précision si délicate l'âme du conteur et de son public, profitons de cette démonstration acquise; cessons d'étudier ces subtiles modifications.

Etant admis que le plus banal des contes révèle quelque chose de la génération qui lui a donné telle ou telle forme, prenons l'ensemble des contes d'une époque déterminée : les Fabliaux. D'où qu'ils viennent, on peut y étudier les mœurs du temps, comme s'ils étaient vraiment nés sur le sol de la France. Sans doute, il n'est pas indifférent que le sujet même des contes soit exotique; mais, si les conteurs ont perdu la conscience de cet exotisme, s'ils n'ont nul souci de la couleur locale étrangère, leurs récits sont significatifs de leur époque. Pareillement, dans une Cène hollandaise ou florentine du XVIe siècle (voire dans une Circoncision ou une Crucifixion), on peut étudier non seulement le costume hollandais ou florentin du temps, mais les idées mêmes de l'époque, son idéal moral, la personnalité du peintre, la forme de son imagination.

Analysons donc les fabliaux : il est possible de les étudier comme un groupe d'œuvres présentant l'unité d'une inspiration commune. Certes, ces cent cinquante récits conservés représentent des milliers de contes disparus; ces vingt-cinq poètes dont nous avons les noms représentent des centaines de poètes inconnus. Mais les œuvres de chaque conteur ne sont point marquées de traits individuels très distincts. Il n'y a guère de génies parmi les poètes du moyen âge : nous sommes à une époque demi-primitive, où l'influence du milieu social est prépondérante, où les poètes sont nécessités par le milieu, et surtout par le « moment ». Nous avons donc l'assurance que cette analyse, si elle est bien conduite, devra nous permettre de déterminer les traits de l'organisation intellectuelle et morale de certains groupes d'âmes du moyen âge.

1. Il serait curieux de comparer le fabliau du *Prêtre qui eut mère à force* (MR, V, 125) avec le conte chevaleresque et charmant des *Gesammtabenteuer*, I, V, *Die alte muoter*.

CHAPITRE X

L'ESPRIT DES FABLIAUX

I. Examen du plus ancien fabliau conservé, *Richeut*. — II. L'intention des conteurs n'est, le plus souvent, ni morale ni satirique : un fabliau n'est qu'une « risée et un gabet. » De quoi riait-t-on ? — III. Fabliaux qui supposent une gaieté extrêmement facile et superficielle. — IV. Fabliaux qui n'impliquent que « l'esprit gaulois » : caractéristique de cet esprit. — V. Fabliaux qui, outre l'esprit gaulois, supposent le mépris profond des femmes. — VI. Fabliaux obscènes. — VII. Fabliaux qui impliquent satire : a) la satire des classes sociales, chevaliers, bourgeois, vilains, est très exceptionnelle ; b) au contraire, satire fréquente et violente du clergé. — Résumé.

Nous voilà donc bien autorisés à rendre les hommes du moyen âge responsables de ces contes : ils ne les ont pas tous inventés, qu'importe ? il suffit qu'ils s'en soient amusés.

Dans l'immense forêt des contes populaires, où croissent confusément, pêle-mêle, les lianes vénéneuses, les sauvageons stériles, les souches puissantes et précieuses, ils étaient libres d'élire les plus nobles essences. Cette matière brute, une fois choisie, ils étaient libres de la tailler et de la façonner à leur gré : dans le même cœur de chêne, on peut sculpter un dieu ou un magot.

Qu'ont-ils voulu faire ? et qu'ont-ils fait ?

Nous voici en présence de ces 147 poèmes, soit d'environ quarante-cinq mille vers. Parcourons-les.

J.-V. Le Clerc a déjà résumé presque tous ces contes. Voulons-nous reprendre cette analyse, qu'il a faite avec charme ? Mieux vaudrait y renvoyer le lecteur, et d'ailleurs la lecture directe des textes serait plus efficace encore. Notre but est autre. J.-V. Le Clerc cherchait une sorte de fil conducteur qui lui permit de promener le lecteur dans ce labyrinthe de contes. Il voulait simplement, à propos de chaque fabliau, réunir les remarques de tout genre qu'il provoquait, observations linguistiques, morales, notes historiques, rapprochements littéraires, etc... Comment pouvait-il passer d'un conte à l'autre sans qu'il parût écrire une centaine de petites monographies indépendantes ? Il s'avisa de les classer selon la dignité sociale des personnages qui figurent dans ces contes, en procédant de Dieu le père à Dieu le fils, passant ensuite à la Vierge, aux saints, au clergé séculier, au clergé régulier, aux chevaliers, etc... C'était un procédé commode, ingénieux : il lui permettrait de relier entre eux les poèmes par un lien extérieur, léger, peu gênant. Division factice aussi, car outre qu'elle groupait des contes disparates, elle tendait à nous montrer, dans la collection des fabliaux, une sorte *d'image du monde*, une perpétuelle satire politique, sociale : nous verrons que la portée n'en va pas jusque-là. — Nous voulons, au contraire, diviser les fabliaux en plusieurs catégories, selon des rapports plus intimes, selon que les poèmes de chaque groupe procèdent d'une inspiration commune, exploitent les mêmes sentiments, prétendent à la même qualité de comique[1].

I

LE PLUS ANCIEN FABLIAU CONSERVÉ : RICHEUT

Avant de commencer cette revue systématique, considérons à part le poème de *Richeut*. Il peut être curieux d'interroger cet ancêtre vénérable, — vénérable par sa date seulement, — de nos fabliaux[2].

Sans doute, quand il fut rimé (1159), on redisait en France, depuis des siècles déjà, des contes plaisants. Sans revenir sur l'antique recueil de Marie de France analysé plus haut[3], rappelons que, très anciennement, les Sommes de Pénitence enregistrèrent, au nombre des péchés à punir, le goût de nos ancêtres pour les histoires grasses. Dès le vm[e] et le ixe siècle, le *Pœnitentiale Egberti* († 766), les *Capitula ad presbyteros* d'Hincmar († 882) interdisent aux chrétiens de prendre plaisir à ces vilaines historiettes *(fabulis otiosis studere, fabulas inanes referre)*, et ces contes à rire qu'un vieux texte bien connu appelle déjà les *fabellae ignobilium* devaient ressembler fort à nos fabliaux[4].

---

1. Nous réservons quelques contes de notre collection : nous leur ferons, au chapitre XI, la place large, honorable, qu'ils méritent.
2. *Recueil de fabliaux*, p. p. Méon, I, p. 38, p. 79.
3. V. ci-dessus, pp. 92, ss.
4. Voici ces textes : « Si quis christianus fabulis otiosis, stultiloquiis verbis, jocularibus risumque moventibus studuerit... sacerdoti suo manifestet et secundum arbitrium ejus modumque delicti pœniteat. » (*Pænitentiale Egberti, eboracensis archiepiscopi*, Labbe, VI, 1604.) — « Nec plausus et risus inconditos et fabulas inanes ibi referre aut cantare praesumat, nec turpia joca cum urso vel tornacibus ante se facere permittat. » (*Capitula ad presbyteros*, ch. XIV.) —

Pourtant, comme nous l'avons marqué ailleurs, la mode de rimer ces facéties ne vint guère que dans la seconde moitié du xii° siècle, et *Richeut* est l'unique spécimen de ces poèmes archaïques[1]. L'esprit de *Richeut*, est-ce déjà « l'esprit des fabliaux? »

> Au moins je vais traiter d'une étrange matière,

et il est sage de répéter l'excuse naïve du trouvère de *Richeut* :

> Vos qui entendez nos raisons,
> Pardonnez nos s'ensi parlons :
> Tels est l'estoire[2].

Le plus ancien de nos fabliaux en est peut être aussi le plus cynique. C'est l'histoire brutale d'une fille de joie, Richeut,

---

Cité par M. Léon Gautier, *Les Epopées françaises*, II, p. 9. — Le texte où un comte de Guines, qui vivait au xii° siècle (1169-1206) nous est montré comme habile à conter des *fabellas ignobilium* se trouve dans Du Cange, *s. v. fabularius*, et dans les *Mon. germ. hist. script.* XXXIV, 598.

1. Déjà, à l'époque de *Richeut*, les poèmes analogues paraissent n'avoir pas été très rares. A n'interroger que notre poème, on s'aperçoit qu'il en a existé plusieurs autres qui mettaient en scène la « jongleresse d'amour » Richeut. Sans quoi, que signifient les vers du début :

> Or faites pais, si escotez,
> Qui de Richeut oïr volez!
> Soventes foiz oï avez
> Conter sa vie.

Et que signifient ces rappels d'évènements à peine indiqués, comment Richeut fut nonne et s'enfuit du couvent avec un prêtre qui fut pour elle démembré, occis et damné (v. 34 ss.), comment elle dupa un certain dans Guillaume dont il n'est plus question par la suite? (v. 54 ss.) Ces évènements sont obscurs pour nous, mais devaient être de claires allusions à des récits déjà entendus : il a dû exister tout un petit cycle de la *Menestrel Richeut*, dont l'une des branches était le *Moniage Richeut*. — Notre poème — ou les poèmes voisins du même cycle — eut d'ailleurs un très grand succès au moyen âge, comme en témoignent de nombreuses allusions dans divers poèmes. Déjà, on lit dans le vieux roman de Tristan (éd. Michel, II, 3) :

> Or me dites, reïne Isolt,
> Dès quant avés esté Richolt?

« Je sai de *Richalt* », dit l'un des jongleurs ribauds (MR, I, 1). Le nom est même devenu commun, comme en témoignent ces vers curieux du fabliau d'*Auberée* (MR, V, p. 302, variante du ms. D) :

> ...Maus li aviengne [à Auberée]
> Et li et toutes les Richiaus!

Cf. *Renart*, éd. Martin, I, 257.

2. V. 952.

qui dupe ses amants et fait endosser à un nombre indéfini d'entre eux la paternité d'un fils qui lui est né ; elle fait elle-même l'éducation de ce fils, et le petit Sansonnet grandit en force et en science du mal, jusqu'à lutter avec sa mère elle-même dans l'art de vivre grassement de l'amour. De *Richeut* aux contes de Jean de Condé, les jongleurs sauront perfectionner l'intérêt des intrigues, le comique des situations. Mais pour la peinture réaliste des types et des mœurs, pour la vérité de l'observation cruelle, ils paraissent avoir atteint du premier coup le genre spécial de perfection qu'ils recherchent. A cet égard, *Richeut* n'est pas seulement un exemplaire isolé des vieux fabliaux perdus ; il est le modèle des fabliaux conservés.

Voici deux commères du XIIe siècle, Richeut et Herselot, la maîtresse et la servante, qui discutent, moitié crédules, moitié sceptiques, par quelles sorcelleries et quelles « charaies » elles charmeront leurs amants, s'il vaut mieux leur faire boire des herbes, ou écrire des lettres magiques avec du sang et de l'encre. Les voici à leur miroir, qui se fardent de blanc et de vermillon,

> Por ce que du natural sanc
> Poi i avoit ;

ou bien, qui font bombance « de claré, de nicles, de pevrée, d'oublées, de fruit et de parmainz ». Richeut, devenue mère, va faire ses relevailles. Quoi de mieux observé que ce désir de la courtisane de ressembler à une vraie dame ? Elle tient à aller à la messe, à y faire son offrande : le visage clair et vermeil, en grande toilette, portant un manteau vair et un *chainse* nouveau, dans sa dignité de bourgeoise, elle passe par les rues, fière ; « sa longue queue va traînant dans la poussière, » et les bourgeois, accourus sur le pas de leur porte, admirent. Le digne fils d'une telle mère, Sansonnet, nous apparaît à son tour, les mains belles et fines, « lacé dans sa ceinture à longues franges, » respirant une grâce malsaine de mignon. Le poète nous dit comment il a été élevé. Les *enfances* de ce Sansonnet, dont un bourgeois, un chevalier, un prêtre et quelques autres s'enorgueillissent paternellement, sont dignes de chacun de ses nombreux pères putatifs : il fait honneur au prêtre par sa parfaite connaissance de son psautier, de la grammaire, par son art à chanter « les conduits et les sozchanz » ; il a tant appris par son « clair sens » qu'il est dialecticien ; il est bien aussi le fils du chevalier, si élégamment il sait « s'afichier » sur ses étriers, composer des sonnets, des serventois et des rotruenges, jouer de la citole et de la harpe, dire des lais bretons ; il est le fils du bourgeois encore, car il sait compter mieux que personne, et des vilains aussi, car il sait tricher aux dés et boire d'autant. Voici que déjà il possède les sept arts, et quelques autres encore ; la science de vivre, c'est-à-dire la science d'aimer à bon profit, il croit l'avoir apprise dans ses livres et allègue « les bons auteurs »,

... Que moult en cuide
Sansonnez savoir par Ovide.

Mais sa mère, « maistresse de lecherie, » lui donnera le trésor plus précieux de son expérience. Dans les nobles chansons de geste, quand un chevalier nouvellement adoubé quitte le château paternel et s'en va quérir les aventures par le vaste monde, il est d'usage que sa mère lui dicte ses nouveaux devoirs, l'endoctrine avant le dernier adieu, et le *chastie*. De même Richeut ne laissera point partir son fils sans lui enseigner sa morale spéciale : il doit toujours « parler courtoisement, agir férocement, toujours promettre aux femmes et leur devoir toujours. » Et le voilà parti pour les pays, levant sur les femmes qu'il « afole » « impôts et tonlieux », courtois dans les demeures seigneuriales, ivrogne et batailleur dans les tavernes, moine blanc à Clairvaux d'où il emporte les croix et les calices d'or, prêtre et chapelain à Wincester d'où il enlève une abbesse qu'il abandonne et qui devient jongleresse ; c'est lui qui porte les messages des amants, qui fait dolentes les épouses et les jeunes filles ; et s'il les met à mal, « peut lui chaut, mais qu'il gagne ! » N'y a-t-il pas une véritable puissance poétique dans ce prototype malsain de don Juan, élégant et cynique, si gracieux, si féroce ?

Ce caractère qui marque le plus ancien fabliau conservé, à savoir la vérité effrontée de l'observation, la vision réaliste d'un monde interlope, l'exactitude dans la peinture des mœurs, et spécialement des mauvaises mœurs, nous verrons bientôt s'il ne reste pas l'un des signes distinctifs du genre au cours de son histoire[1].

---

1. Il s'en faut pourtant que *Richeut* ressemble de tout point aux poèmes postérieurs. Il en diffère par la nature du sujet traité, en ce qu'il n'est pas un conte *traditionnel*. L'intrigue n'y est rien ; les caractères y sont tout. Aucune des duperies qu'imagine notre vilain couple

Ce qui frappe encore à la lecture de ce poème, c'est que l'intention du poète n'est nullement satirique. On sent qu'il s'amuse de ses personnages et ne leur en veut point; qu'il est tout joyeux de voir Richeut s'asservir un prêtre, un vieux chevalier, un bourgeois, et la fille de joie régner souverainement sur les trois ordres, clergé, noblesse, bourgeoisie, sans compter les vilains et les pautonniers; on sent qu'il met une gaieté épique, une sorte d'allégresse à chanter l'odyssée de Sansonnet qui, poursuivant, comme un héros de la Table Ronde, ses entreprises et ses *quêtes*, court triomphant à travers le monde, par l'Allemagne et la Lombardie, et de Bretagne en Irlande, et de la Sicile à Toulouse, de Clairvaux à Saint-Gille,

> Et de ci qu'en Inde la Grande
> A il esté !

Ces caractères, les retrouverons-nous aussi dans les fabliaux postérieurs ? Commençons notre revue.

n'est un de ces bons tours particulièrement ingénieux qui font rire par eux-mêmes : réduites à la seule intrigue, les aventures de Richeut n'intéresseraient personne. Aussi le fabliau de *Richeut* ne se retrouve-t-il dans aucune littérature et nous n'avons à présenter à son sujet aucune remarque comparative : c'est moins un conte qu'un tableau de mœurs. Or, pour mentionner une dernière fois la théorie orientaliste, on sait que, selon elle, c'est l'invasion exotique des contes orientaux qui a enseigné à nos trouvères, confinés jusqu'alors dans le monde légendaire des héros d'épopée, l'art de peindre aussi les mœurs quotidiennes, les petites gens, la vie du carrefour et de la rue. « Les contes indiens, dit M. G. Paris (*Les contes orient. dans la litt. fr. du m. â.*, 1875), nés de l'observation directe et ingénieuse des hommes dans toutes les conditions sociales, retracent naïvement leur vie et leurs mœurs avec la simplicité et l'absence d'affectation qui caractérise l'Orient. Les aventures et les sentiments d'un jardinier, d'un tailleur, d'un mendiant y sont exposés avec complaisance et décrits avec détail. Les Occidentaux, quand ils reçurent d'Orient cette matière nouvelle de narrations, ne connaissaient que l'épopée nationale et le roman chevaleresque. La poésie ne s'adressait qu'aux hautes classes, les peignait seules, et se mouvait ainsi dans un cercle très restreint de sentiments souvent conventionnels. En s'efforçant d'approprier les contes orientaux aux mœurs européennes, les poëtes apprirent peu à peu à observer ces mœurs pour elles-mêmes et à les retracer avec fidélité. Ils apprirent à faire tenir dans le cadre de la vie réelle et bourgeoise de leur temps les incidents qu'ils avaient à raconter, et en s'y appliquant ils acquirent l'art de comprendre et d'exprimer les sentiments, les allures, le langage de la société où ils vivaient. Ainsi se forma peu à peu cette littérature des fabliaux, qui, par une singulière desttinée, a fini par être le plus véritablement populaire de nos anciens genres poé-

II

L'INTENTION DES CONTEURS DE FABLIAUX

Que recherchent nos conteurs? L'instruction morale, comme l'*Hitopadésa*? la volupté, comme La Fontaine? la peinture des cas étranges, des espèces rares, comme Bandello? la satire des mœurs contemporaines, comme Henri Estienne? Interrogeons les prologues des fabliaux : ils nous répondent d'une voix : un fabliau n'est qu'une amusette. Ce sont « mos pour la gent faire rire[1] ». Ce Guillaume ne veut que « s'eslasser » quand il « rime et fabloie[2] »; ce « joli clerc » ne s'étudie qu'à faire « chose de quoi l'on rie[3] ».

> Ce sont risées pour esbatre
> Les rois, les princes et les contes[4]...

Le poète narre son « fabelet pour deliter[5] »... « afin qu'on s'en rie[6] »... « par joie et par envoiseure[7].

tiques, bien qu'elle ait sa cause et ses racines à l'extrême Orient. » *Richeut* nous paraît apporter un argument minuscule, significatif pourtant, contre cette thèse. Voici que le plus ancien poème conservé qui soit exclusivement consacré à peindre les mœurs des gens du commun n'a d'autre intérêt que cette peinture même ; celui de l'intrigue y est nul. Il semble donc que l'évolution du genre ait été celle-ci : d'abord le goût de l'observation exacte, réaliste; on a mis en scène, pour le seul plaisir de les peindre dans la vérité de leur geste habituel, le marchand du coin, le clerc goliard qui traîne par les villes sa jeunesse mendiante et spirituelle, le prêtre et le clerc du village; puis, par une conséquence inévitable et rapide, on a cherché à faire se mouvoir ces personnages dans une intrigue intéressante, comique par elle-même : cette intrigue, les contes errants dans la tradition orale l'ont fournie. A l'origine, la peinture de types familiers; puis, pour mieux mettre ces types en relief, leur introduction dans les intrigues que fournissait le trésor des contes populaires.

1. MR, IV, 107e.
2. *Le Prestre et Alison*, MR, II, 31.
3. *Le Pauvre Mercier*, MR, II, 36.
4. *Les trois Chanoinesses*, MR, III, 72, fin; comparez MR, VI, 142 : De trois prestres, voire de quatre — nous dit Haiseaus, por nous esbatre..
5. *La Vieille qui oint la palme au chevalier*, MR, V, 129.
6. *Le Prêtre au lardier*, MR, II, 32 : Moz sans vilonie — vous vueil recorder — afin qu'on s'en rie...
7. MR, IV, 107.

Mais ces poètes se flattent-ils, de plus, que nous en retirerons quelque profit? Oui, certes, ils croient à la vertu saine d'un éclat de rire :

> Fablel sont bon a escouter;
> Maint duel, maint mal font mesconter,
> Et maint anuit et maint mesfet [1].

Les fabliaux recèlent une propriété calmante et consolatrice : oisifs et gens occupés, et vous-mêmes, cœurs « pleins d'ire », écoutez un bon fabliau : vous en rapporterez « confortement et allégeance »; vous oublierez

> ... duel et pesance
> Et mauvaistié et pensement [2].

Le poète qui rima le *Pauvre Mercier* nous dit en vers gracieux :

> Se je di chose qui soit belle,
> Elle doit bien estre escoutée,
> Et par biaus diz est obliée
> Maintes fois ire et cuisançons...;
> Car, quant aucuns dit les risées,
> Les forts tançons sont obliées..

Riez donc, pour le plus grand bien de votre rate. — Mais, les trouvères n'ont-ils point encore d'autres ambitions? quelques prétentions morales? Assurément, car cela ne saurait rien gâter :

> L'en devroit mout bien escouter
> Contëor, quant il vuet trouver.
> Pour coi? — Pour ce qu'on i aprent
> Aucun bien, qui garde s'en prent [3]...
> .. Car qui bien i voudroit entendre,
> Maint bon essample i porroit prendre [4].

Il n'y a pas, en effet, de bourde ni de *trufe* si indifférente qu'on n'en puisse tirer quelque leçon; écoutons les fabliaux, pour rire d'abord, au besoin pour en profiter :

> Vos qui fableaus volés oïr...,
> Volentiers les devés aprendre,
> Les plusors por essample prendre,
> Et les plusors por les risées
> Qui de maintes genz sont amées [5].

1. *Les Trois aveugles*, MR, I, 1.
2. *Du chevalier qui fist parler*... MR, VI, 147.
3. *Le Vilain au buffet*, MR, III, 80.
4. *L'Espervier*, MR, IV, 95.
5. *La Dame qui se venja*, MR, VI, 110.

Mais l'intention morale n'est jamais qu'accessoire. Elle ne vient que par surcroît, et les poètes y tiennent bien moins encore que ne fait La Fontaine, dans ses fables. Pour s'instruire, n'ont-ils pas les *dits* moraux, qu'ils distinguent très soigneusement des fabliaux [1]? Ici, leurs visées morales sont très humbles; ils n'ont aucune ambition réformatrice. Le principal, c'est de rire. Les fabliaux ne sont que « risée et gabet ».

Mais les sources du rire sont étrangement diverses, selon les hommes. De quoi riait-on au xiii° siècle?

III

FABLIAUX SIMPLISTES

D'abord, on riait de peu. Ce rire était facile, médiocrement exigeant. Ferons-nous à tels de ces fabliaux l'honneur de les compter pour des œuvres littéraires? — Un prudhomme, appelé Honte (étrange nom!), lègue sa malle au roi d'Angleterre. Il meurt, et un bourgeois de ses amis veut exécuter ses dernières volontés. La malle sur les épaules, il parcourt les pays jusqu'à ce qu'il ait rencontré le roi d'Angleterre, au milieu d'une cour brillante : « Sire, je vous apporte la male honte [2]! » Il s'est trouvé deux poètes pour rimer longuement ce pauvre calembour, quatre manuscrits pour le transmettre aux âges à venir, et combien de gosiers pour en rire! Combien de pauvres âmes simplistes se sont délectées à la méprise de la vieille femme qui, sur le conseil d'une commère, pour se concilier un chevalier puissant, va « lui graisser la patte » avec un morceau de lard [3]; — ou à la grande frayeur d'un vilain dont le chien s'appelait Estula, et que réveillent la nuit des voleurs de choux et de moutons; il appelle son chien : Estula! — « Oui, je suis là! » répond l'un des voleurs. — « Hé quoi! mon chien parle, » et le vilain court chercher le prêtre pour l'exorciser. » M. G. Raynaud affirme gravement (d'après J.-V. Leclerc) que P.-L. Courier « s'est approprié cette histoire », et plus d'un savant

---

1. Moniot commence ainsi son *dit de Fortune* :
   Un ditelet vueil dire cortois et delitable :
   J'entent que je le die pour estre profitable
   Au monde, et nel di mie por fabler, ne por fable.
   (Jubinal, *N. Rec.*, I, 195.)
2. M R, IV, 90, et V, 120.
3. *La vieille qui oint la palme au chevalier*, M R, V, 127.

répète cette injure gratuite. Pauvre Paul-Louis ! — Combien de ces contes ne sont que de simples gausseries de paysans, qui révèlent un très rudimentaire développement artistique ! Il suffit à ces humbles esprits, pour qu'ils s'épanouissent de joie, qu'on leur montre par quel combat épique un vilain et un moine de St-Acheul se disputèrent un méchant roussin[1]. Il leur suffit, pour qu'ils s'émerveillent comme de grands enfants, qu'on leur répète les bons tours de deux larrons, Barat et Haimet : comment l'un d'eux déniche à la cime d'un chêne les œufs d'une pie sans déranger la mère qui les couve, puis va les remettre en place, tandis que, le long de l'arbre où il grimpe, son confrère, plus subtil encore, lui enlève ses braies, à son insu; comment, en une nuit, Barat et Haimet volent, perdent, reconquièrent, perdent encore la même pièce de lard[2]. Il leur suffit, pour s'esclaffer largement, d'entendre cette sotte histoire d'un Anglais malade qui demande à son camarade de lui faire manger de l'agneau; il prononce mal (*anel* pour *agnel*), et son compatriote lui achète un ânon contre de bons *estrelins*; quand il en a déjà mangé un cuissot, il s'aperçoit de l'erreur et rit si fort qu'il en guérit[3]. Nos ancêtres prenaient un plaisir extrême à entendre *fastrouiller* ces anglais : nous serions plus difficiles, pour les imitations de baragouin exotique, dans les théâtres de faubourg. — Comparez ces autres contes, la *Plenté*, *Brifaut*, *Brunain* : Un tavernier, établi en Syrie, sert pour un denier de vin à un pauvre bachelier de Normandie. Il laisse tomber, par maladresse ou par méprise, une partie de la petite mesure, et lui dit pour toute excuse : « Vin renversé porte bonheur ! » Le bachelier, pour se venger, enlève la bonde de ses tonneaux, et inonde son cellier, en répétant : « Vin renversé porte bonheur[4] ! » — Le vilain Brifaut vient de faire emplette de dix aunes de toile, qu'il emporte sur son épaule. L'un des pans de l'étoffe traîne derrière lui. Un larron saisit ce bout de toile, le coud solidement à son propre surcot, bouscule le vilain, et disparaît dans la foule emportant la toile. Comme Brifaut se lamente, il a l'audace de se présenter à lui, lui montrant son étoffe : « Vilain, si tu avais pris, comme moi, la précaution

---

1. *Les deux chevaux*, M R, I, 13.
2. *Barat et Haimet*, M R, IV, 97.
3. *Les deux Anglais*, M R, II, 46.
4. *La Plenté*, M R, III, 75.

de coudre ta toile comme j'ai fait, on ne te l'aurait pas prise[1]. Ce sont des anecdotes comiques dont ne voudraient pas les almanachs de village, le *Bonhomme normand* ni le *Messager boiteux*, des nouvelles à la main que rejetteraient des journaux de sous-préfecture, des calembredaines que sifflerait un public de café chantant. Ce sont bien là des *fabellae ignobilium*; c'est la littérature des pauvres, l'art des indigents.

Laissons ces misères, non sans retenir ce premier trait, commun à tous les fabliaux : les sources du comique y sont superficielles, le rire y est singulièrement facile.

IV

FABLIAUX QUI RÉPONDENT A LA DÉFINITION DE L'« ESPRIT GAULOIS ».

Considérons un groupe de fabliaux plus caractéristiques, ceux qui répondent à la définition de l'*esprit gaulois*, et qui ne supposent rien d'autre que cet esprit.

Il se révèle d'abord par la bonne humeur. Comme dans les contes précédemment analysés, mais plus affinée, c'est la belle humeur qui fait seule les frais de maintes de ces menues et plaisantes drôleries. — Un prêtre chevauche son bidet, lisant ses heures — matines et vigiles. Par delà un fossé profond, une haie de mûres grosses, noires, succulentes, tente le bonhomme. Il y pousse son roussin, monte debout sur sa selle pour atteindre jusqu'aux fruits, et s'en donne à cœur joie. « Dieu! songe-t-il, si quelqu'un disait : hue! » Il le pense, et le dit en même temps; le coursier prend le galop, laissant le *provoire* dans les ronces du fossé[2]. — Cet autre chante l'office du Vendredi-Saint : mais il a beau feuilleter son livre, il a perdu ses signets. Il s'embrouille, ne peut retrouver l'évangile de la Passion. Que faire? les vilains ont faim; le prêtre veut-il à plaisir

---

1. M R, V, 103. — Un prêtre dit au prône : « Donnez à Dieu, il vous le rendra au double ». Un vilain se propose de profiter d'un marché si avantageux, et comme sa vache Blérain fournit peu de lait, il la donne au prêtre pour l'amour de Dieu. Le bon doyen l'accepte fort bien, et la fait lier avec sa propre vache, Brunain, pour qu'elles s'accoutument l'une à l'autre. Mais Blérain, qui regrette son étable, entraine après elle à travers prés et chenevières, la vache du curé, et retourne chez le vilain, qui en conclut qu'en effet Dieu se montre « bon doubleur ». (I, 10).

2. *Le prêtre aux mûres* (IV, 92 et V, 113).

prolonger leur jeûne? Ils s'impatientent. Bravement, à tout
hasard, il bredouille les vêpres du dimanche : *Dixit Dominus
domino meo...*, se démenant de son mieux, pour que l'offrande
soit fructueuse. De loin en loin, des bribes de l'évangile cherché
lui reviennent à la mémoire; alors, il les lance à tue-tête :
Barrabas! clame-t-il, aussi fort qu'un crieur qui crie un ban...
et les vilains, émus, battent leur coulpe. Puis, *crucifige eum!*
et ses paroissiens sont inondés de componction. Cependant son
clerc trouve l'évangile trop long et lui sert cette étrange *répons:*

> « *Fac finis !* » — *Non fac, amis,*
> *Usque ad mirabilia....*

Mais

> Si tost com ot reçu l'argent,
> Si fist la passion finer [1].

C'est, comme on voit, une raillerie bien innocente et inoffensive. Qu'on range encore dans ce même groupe le très amusant conte des *Perdrix* [2] ou celui du *Convoiteux et de l'Envieux* [3] : Un convoiteux et un envieux chevauchent en compagnie de saint Martin. « — Que l'un de vous, leur dit le saint, me demande un *don*; je le lui accorderai, et l'autre obtiendra le double. — Faites, dit l'envieux, que je perde un œil ! » C'est ainsi que l'envieux devint borgne, et le convoiteux aveugle. — Ecoutez encore ce conte : Un pauvre mercier ambulant, ne pouvant payer l'avoine et le fourrage pour son cheval, l'attache dans un pré bien clos, qui appartient au seigneur du pays. « Ce seigneur, lui a dit un marchand, est loyal et bon : si le cheval est placé sous sa sauvegarde, des larrons pourront bien s'en emparer; mais on n'aura pas invoqué en vain son appui; il dédommagera le volé et fera pendre le voleur. » Le mercier s'est rendu à ces raisons : il recommande son roussin au seigneur, et dit par surcroît force oraisons, pour que Dieu ne permette pas que nul emmène son cheval hors du pré. Dieu « ne lui faillit mie » : car, personne n'emmena son cheval hors du pré : le lendemain le mercier retrouve dans ce champ à la même place... la carcasse de son bidet : pendant la nuit, une louve l'a dévoré. Il s'en vient devant le seigneur et lui conte comment il a perdu son cheval sur sa *fiance* : « Je l'avais mis sous votre sauve-

---

1. *Le prêtre qui dit la passion* (V, 118).
2. MR, I, 17.
3. MR, V, 135.

garde et sous celle de Dieu. — Soit! Mais combien valait votre cheval? — Soixante sous! — En voici donc trente! pour le reste, faites vous payer par Dieu. Allez le gager sur la terre! » Le mercier s'en va, tout marri de cette cruelle et juste sentence, quand il rencontre un moine : « A qui es-tu? — Je suis à Dieu! — Sois donc le bienvenu; comme son homme lige, tu répondras pour lui. Il me doit trente sous! paye-les moi! » — L'affaire est portée devant le seigneur, qui juge selon les saines coutumes du droit féodal : « Es-tu l'homme de Dieu? Paye! ne payes-tu pas? c'est renier ton maitre. » Le moine s'exécute[1].

Dans tous ces contes, transparait la même gaieté maligne et innocente, piquant à peine, à fleur d'épiderme. Les poètes s'amusent à ces esquisses rapides. Ils se complaisent en cet esprit de caricature, non trop tourné à la charge, avisé, fin, jovial et léger.

Mais ce sont jusqu'ici des sujets trop simples; parfois cette bonne humeur anime un petit drame plus complexe, ingénieusement machiné, fait vivre quelques instants tout un monde de personnages plaisants. Le modèle en est dans le *Vilain Mire*[2], l'humble prototype du *Médecin malgré lui*, — ou dans les *Trois bossus ménestrels*[3], ou bien encore dans ce menu chef-d'œuvre, *les Trois aveugles de Compiègne*[4]: Clopin clopant, trois aveugles cheminent de Compiègne vers Senlis. Un riche clerc passe, « qui bien et mal assez savoit. » Sont-ce de vrais aveugles? Pour s'en assurer : « Voici, leur dit-il, un besant pour vous trois! » — Il le dit, mais ne leur donne rien, et chacun des trois ribauds croit que l'un de ses compagnons a reçu la bonne aubaine. Un besant! Mais c'est de quoi faire bombance de vin d'Auxerre et de Soissons, de chapons et de pâtés! Les voici retournés à Compiègne, suivis du clerc qui les observe. Ils sont attablés dans une auberge et se font servir « comme des chevaliers : »

Tien! je t'en doing! après m'en donne!
Cis crut sor une vigne bonne!...

L'heure de payer est venue: c'est dix sous! « Soit, disent-ils sans marchander ; voici un besant : qu'on nous rende le surplus! — Où est le besant?

1. MR, II, 36.
2. MR, III, 74.
3. Voyez ci-dessus, chap. VIII.
4. MR, I, 4.

— Je n'en ai mie !
— Dont l'a Robers Barbe fleurie ?
— Non ai ! — Mais vous l'avez, bien sai !
— Par le cuer bieu ! mie n'en ai !

Ils se disputent, se battent ; le clerc « de rire et d'aise se pasmoit ». Il a pitié d'eux pourtant : « Je paierai, dit-il à l'aubergiste ; ou plutôt, le prêtre du moûtier paiera pour moi. » Suit le bon tour que les *Repues franches* attribuent à Villon. La main dans la main, le clerc et l'aubergiste arrivent au moûtier. Le clerc tire le prêtre à part : « Sire, j'ai pris hôtel chez ce prudhomme, votre paroissien ; depuis hier soir, une cruelle maladie l'a saisi ; il est tout *assoti* et *marvoié*. Voici dix deniers : lisez-lui un évangile sur la tête. « — Le prêtre dit donc au tavernier : « Attendez que j'aie dit ma messe, et je réglerai votre affaire. » L'aubergiste attend patiemment, très rassuré, tandis que le clerc s'esquive. Sa messe dite, le prêtre veut faire agenouiller son paroissien, qui demande obstinément de l'argent et non des exorcismes. Mais c'est sa maladie ! Maintenu par de forts gaillards, il a beau protester ; il est aspergé d'eau bénite et doit supporter qu'on lui lise l'évangile sur la tête.

Un trait encore : c'est l'attitude frondeuse, ironiquement familière, que les conteurs prennent souvent en présence des personnages sacrés. Ce jongleur qui, chargé de veiller en enfer sur la cuve où les âmes cuisent, et qui les joue aux dés contre saint Pierre, ne craint pas, quand il a perdu, d'accuser son adversaire de tricherie, et de le tirer par ses belles moustaches tressées[1]. Ce vilain, qui se présente à la porte du ciel, n'a pas la moindre révérence à l'égard des saints vénérables qui lui refusent l'entrée : « Vous me chassez, beau sire Pierre ? pourtant je n'ai jamais renié Dieu, comme vous fîtes par trois fois ! — Ce manoir est à nous ! lui dit saint Thomas. — Thomas, Thomas, ai-je demandé, comme toi, à toucher les plaies du Sauveur ? — Vide le Paradis, lui dit saint Paul. — Paul, je n'ai pas, comme toi, lapidé saint Etienne[2] ! »

Tous ces contes — d'autres encore — sont d'excellents témoins de l'esprit gaulois, tel que l'ont défini M. Lenient dans *La Satire en France au moyen âge*, M. Taine dans son

---

1. MR, V, 117.
2. MR, III, 81.

La Fontaine[1]. Ils manifestent les deux traits les plus saillants de cet esprit : la verve facilement contente, la bonne humeur ironique. On y rit de peu, on y rit de bon cœur. C'est un esprit léger, rapide, aigu, malin, mesuré. Il nous frappe peu, nous Français, précisément parce qu'il nous est trop familier, trop « privé », dirait Montaigne. Mais comparez-le, comme l'a fait M. Brunetière, à cette tendance contraire de notre tempérament national, à la préciosité ; ou bien, rapprochez-le de l'*humour* anglais, du *Gemüth* allemand : ses traits distinctifs sailliront fortement. Il est sans arrière-plans, sans profondeur ; il manque de métaphysique ; il ne s'embarrasse guère de poésie ni de couleur ; il n'est ni l'esprit de finessse, ni l'atticisme. Il est la malice, le bon sens joyeux, l'ironie un peu grosse, précise pourtant, et juste. Il ne cherche pas les éléments du comique dans la fantastique exagération des choses, dans le grotesque ; mais dans la vision railleuse, légèrement outrée, du réel. Il ne va pas sans vulgarité ; il est terre à terre et sans portée ; Béranger en est l'éminent représentant. Satirique ? non, mais frondeur ; « égrillard et non voluptueux, friand et non gourmand[2]. » Il est à la limite inférieure de nos qualités nationales, à la limite supérieure de nos vices natifs.

Mais il manque à cette définition le trait essentiel, sans lequel on peut dire que l'esprit gaulois ne serait pas : le goût de la gaillardise, voire de la paillardise.

Nos pères se sont ingéniés en mille façons à se représenter comme les plus infortunés des maris. Ils ont imaginé ou retrouvé des talismans révélateurs de leurs mésaventures : le manteau enchanté qui s'allonge ou se rétrécit, s'il est revêtu par une femme infidèle, la coupe où seuls peuvent boire les maris heureux. Ils ont dépensé des trésors de finesse, d'ingéniosité, de véritable esprit, pour aider les amants à s'évader de la chambre conjugale. Il n'est besoin que de rappeler rapidement *Auberée* ou *Gombert et les deux clers*[3], prototype du *Meunier de Trumpington* de Chaucer et du *Berceau* de La Fontaine. Je n'en veux ici qu'un exemple[4]. Un riche vavasseur revient des plaids de Senlis, à l'improviste. En rentrant,

---

1. V. aussi Sainte-Beuve, *L'esprit de malice au bon vieux temps* et un excellent article de M. Langlois dans la *Revue bleue* (1892).
2. *La Fontaine*, par H. Taine.
3. M R, I, 22 ; V, 119.
4. *Le chevalier à la robe vermeille*, III, 57.

il trouve dans sa cour un palefroi tout harnaché, un épervier mué, deux petits chiens à prendre les alouettes; dans la chambre de sa femme, une robe d'écarlate vermeille, fourrée d'hermine, et des éperons fraîchement dorés. « — Dame! à qui ce cheval? à qui cet épervier? ces chiens? cette robe? ces éperons? — A vous-même, sire! n'avez-vous donc pas rencontré mon frère? il ne fait que sortir d'ici et m'a laissé ces présents pour vous. » Le prudhomme accepte et s'endort content, tandis qu'un certain chevalier, caché jusque-là, reprend sa robe d'écarlate, chausse ses éperons d'or, remonte sur son palefroi, prend son épervier sur son poing, et s'esquive, suivi de ses petits chiens à prendre les alouettes. — Le prudhomme s'est réveillé : « Ça! qu'on m'apporte ma robe vermeille! » Son écuyer lui présente son vêtement vert de tous les jours. « — Non, c'est ma belle robe vermeille que je veux! — Sire, lui demande sa femme, avez-vous donc acheté ou emprunté une robe? — Mais n'en ai-je pas reçu, hier, une en cadeau? — Etes-vous donc un ménestrel qu'on vous fasse des dons semblables? un jongleur? un faiseur de tours? quelle vraisemblance qu'un riche vavasseur, comme vous, ait pu accepter de tels présents? — N'ai-je donc pas trouvé hier, céans, tous ces présents de mon beau-frère, un épervier, un palefroi? — Sire, vous savez bien que, depuis deux mois et demi, nous n'avons pas vu mon frère. S'il vous plaît d'avoir un palefroi de plus, n'avez-vous pas assez de rente pour l'acheter? » Le bonhomme, confondu par cette évidence, finit par convenir qu'il a été *enfantosmé*, et sa femme lui décrit tout l'itinéraire du pèlerinage qu'il doit entreprendre : qu'il passe par Saint-Jacques, Saint-Eloi, Saint-Romacle, Saint-Sauveur, Saint-Ernoul :

« Sire! Dieus penst de vous conduire! »

Tels sont les premiers signes que montrent les fabliaux. Ajoutons peu à peu des traits plus spéciaux, plus caractéristiques du xiii° siècle, qui se superposeront à ceux-là, sans les contredire.

V

FABLIAUX QUI SUPPOSENT UN PROFOND MÉPRIS POUR LES FEMMES

Ainsi, un cinquième des fabliaux détourneraient Panurge du mariage, — ce qui n'est pas dire que les quatre autres cinquièmes l'y encourageraient. Nos conteurs ont développé à l'infini tout un vaste cycle des ruses féminines. C'est un véritable *Strigvéda*. Les femmes des fabliaux ne reculent devant aucun stratagème : elles savent persuader à leurs maris, l'une qu'il est revêtu d'un vêtement invisible ; la seconde, qu'il s'est fait moine ; la troisième, qu'il est mort[1]. — Elles savent tromper la surveillance la plus minutieuse : grâce à leurs ruses, cet amant se déguise en *se incresse*[2], ou en rebouteur[3] ; cet autre se fait hisser dans une corbeille jusqu'au sommet de la tour où sa dame est étroitement gardée[4]. — Elles savent découvrir pour leurs amants les retraites les plus imprévues : elles les *mussent* dans un *escrin*[5], sous un cuvier, et font crier « au feu »! par un ribaud, dès que le mari s'approche de la cachette[6]. — Surprises en flagrant délit, elles savent *engignier* leur *vilain*, soit par le spirituel stratagème de la *Bourgeoise d'Orléans*, ou par le tour vraiment extraordinaire du *Prestre qui abevete*[7] ; leur persuader, comme la commère des *Tresses*[8], comme la dame du *Chevalier à la robe vermeille*[9], qu'ils ont rêvé, qu'ils sont *enfantosmés*. — Un mari entre soudain, et le galant a le temps, à grand'peine, de se cacher derrière le lit : « Sire, demande la dame à son époux, si vous aviez trouvé un homme céans, qu'auriez-vous fait ? — De cette épée, je lui aurais tranché la tête ! — Bah ! réplique-t-elle, en faisant *grant risée*, — je vous en aurais bien empêché : car je vous aurais jeté ce *peliçon* autour de la tête, comme pour jouer, et il se serait enfui ! » Elle joint l'action à la parole, pendant que l'amant s'évade en effet, et elle crie à son époux qui rit, tout empêtré sous le *peliçon* : « Le voilà échappé ! Courez après ! car il s'en va ! » — Le tour, dit le poète, fut « biaus et grascieus[10] ». — Un mari s'aperçoit qu'il a revêtu, s'habillant à tâtons, des braies qui ne sont point les siennes. Il rentre chez lui, furieux ; ce sont, lui explique sa femme, les braies de Monseigneur saint François,

---

1. *Le Vilain de Bailleul*, MR, IV, 109. — *Les Trois dames à l'anneau*, MR, I, 5 ; VI, 138.
2. MR, I, 25.
3. MR, V, 130.
4. MR, II, 47.
5. MM, IV, 91.
6. MR, I, 9.
7. MR, III, 61.
8. MR, IV, 94 ; V, 124.
9. MR, III, 57.
10. *Le dit du Pliçon*, MR, VI, 156.

qu'elle avait mises sur son lit, car c'est un bon talisman pour avoir des enfants. Le bonhomme rapporte avec componction au couvent des Cordeliers la précieuse relique [1].

Certes, gardons-nous d'exagérer la signification historique et sociale de ces gravelures. Il n'y faut point voir une marque — une tare — de l'esprit français, ni de l'esprit du moyen âge. Les contes gras ont dû fleurir dès l'époque patriarcale, aux temps de Seth et de Japhet. Les plus anciens vestiges de littérature qui nous soient parvenus des hommes quasi-préhistoriques, les monuments exhumés des nécropoles memphitiques, sont précisément des contes licencieux ; les plus anciens papyrus d'Égypte nous révèlent les infortunes conjugales d'Anoupou. Hérodote nous parle d'un Pharaon que les dieux ont rendu aveugle et qui ne pourra guérir que si, par une rare bonne fortune, il rencontre une femme fidèle à son mari, et M. Maspéro dit, à propos de ce conte léger : « L'histoire débitée au coin d'un carrefour par un conteur des rues, ou lue à loisir après boire, devait avoir le succès qu'obtient toujours une histoire graveleuse auprès des hommes. Mais chaque Egyptien, tout en riant, pensait, à part soi, que, s'il lui fût arrivé même aventure qu'au Pharaon, sa ménagère aurait su le guérir, — et il ne pensait pas mal. Les contes grivois de Memphis ne disent rien de plus que les contes grivois des autres nations : ils procèdent de ce fond de rancune que l'homme a toujours eu contre la femme. Les bourgeoises égrillardes des fabliaux du moyen âge et les Egyptiennes hardies des récits memphitiques n'ont rien à s'envier, mais ce que les conteurs nous disent d'elles ne prouve rien contre les mœurs féminines de leur temps [2]. »

Voilà qui est spirituellement et sagement dit. Non, les fabliaux ne sont point des documents qui puissent nous renseigner sur la moralité des femmes du moyen âge, et leurs données grivoises ne sont point spécialement caractéristiques du xiii° siècle.

---

1. *Les Braies au prestre*, M R, III, 88, VI, 155. — Comparez III, 79. Pourquoi cette femme rentre-t-elle si tard, à minuit? Le mari, inquiet, la tient déjà par ses tresses, sous le couteau. — « Sire, je suis grosse ; on m'a conseillé d'aller faire trois tours autour du moûtier, en disant des patenôtres, trois jours de suite, et d'y faire un trou avec mon talon. Si, au troisième jour, je le trouvais encore ouvert, j'aurais un fils ; s'il était clos, une fille. » Le mari, attendri, demande pardon : « Dame, que savais-je de votre pieux dessein ? »

2. Maspéro, *Les contes égyptiens*, collection Maisonneuve, introduction.

Mais voici qui l'est davantage : à cette grivoiserie superficielle s'entremêle une sorte de colère contre les femmes, — haineuse, méprisante, qui dépasse singulièrement les données de nos contes. Il ne s'agit plus « de ce fond de rancune que l'homme a toujours contre la femme », — mais d'un dogme bien défini, profondément enraciné, que voici : les femmes sont des êtres inférieurs et malfaisants.

Voyons, en effet, comment nos conteurs se représentent les femmes, jeunes filles ou épouses.

Dans cette famille singulièrement réduite où ils nous introduisent[1], à laquelle suffisent ces trois membres : le mari, la femme, l'amant, — les jeunes filles apparaissent peu. On les rencontre dans les fabliaux plus souvent que dans les chansons d'amour, rarement pourtant. Si les conteurs les ont exclues, ce n'est point par retenue, ni par respect, non certes. Mais, de même que les trouvères lyriques chantent leur passion pour leur *dame* plus volontiers que les amours virginales, de même les narrateurs de fabliaux n'aiment pas plus que Louis XIV « les os des Saints Innocents ». Les rares jeunes filles de nos poèmes sont des niaises ou des drôlesses. Des niaises, comme cette fille de châtelain — la seule véritable Agnès de cette galerie — que son père fait garder dans une tour par une duègne, et à qui son innocence porte malheur, car « male garde paît le loup[2] » ; ou comme ces autres sottes, dont l'esprit s'éveille grâce aux leçons maternelles, autour desquelles rôdent des valets et des *pautoniers*[3]; des prudes, qui ont des pudeurs pires que l'impudeur, des précieuses qui craignent le mot, et non la chose[4]. — Les autres sont des drôlesses vicieuses : telles ces jeunes filles, hâtées de se marier, terriblement subtiles, à qui leur père propose de bizarres *jeux-partis*[5]; telle l'étrange

---

1. Les mères y sont des matrones peu respectables (l'*Ecureuil*, V, 121, etc.). Les enfants y sont admis à d'étranges spectacles. Voyez l'enfançon qui défend à son père de *bouter la pierre* (IV, 102 ; VI, 152) ; ou cette filette, « qui mout bien parloit » et qui dit à son père :

« ... Ma mere a grant deuil quant restez ceanz.
Baillet respondi : Pour quoi, mon enfant?
— Pour ce que le Prestre vous va trop doutant. »
(II, 32).

Ce sont des enfants terribles dont il faut se méfier ; « car du petit ueil se fait bon garder. »
2. *La Grue*, V, 126
3. *L'Ecureuil*, V, 121.
4. MR, IV, 107.
5. MR, V, 122.

nouvelle mariée de la *Sorisete des Estopes*[1]. Celle-ci trahit sa bienfaitrice pour une *cotele*[2]; cette autre cède aux prières d'un clerc pour l'anneau de fer du landier, que, dans l'obscurité, elle a pris pour un anneau d'or[3].

Que deviennent ces jeunes filles, une fois mariées,

> Quand les fruits ont tenu la promesse des fleurs?

On s'en doute. C'est un axiome : les femmes sont des créatures inférieures.

> Femme est de trop faible nature ;
> De noient rit, de noient pleure;
> Femme aime et het en trop poi d'eure ;
> Tost est ses talenz remués[4]...

Aussi peut-on les battre du matin au soir, et les laisser jeûner. La Sainte-Ecriture elle-même nous l'enseigne : Dieu n'a-t-il pas tiré la femme d'une côte d'Adam? Or, un os ne sent pas les coups et n'a pas besoin de manger[5]. — En vertu de ces préceptes, le vilain mire, sans colère, placidement, bat sa femme. « Il faut bien, pense-t-il, qu'elle ait une occupation, pendant que je travaillerai aux champs; désœuvrée, elle penserait à mal. Si je la battais? Elle pleurerait tout le long du jour, ce qui l'occuperait; et le soir, à mon retour, elle n'en serait que plus tendre. » C'est donc pourquoi il la traine par les cheveux et la frappe à coups redoublés, « de sa paume qu'ot large et lée[6]. » Seul, un régime de terreur peut les mater : il faut que sire Hain conquière contre sa femme, à coups de poing, de haute lutte, ses braies[7]. — Un comte chevauche avec sa jeune épousée, le jour de ses noces, pour gagner son manoir. Un lièvre passe devant ses chiens : « Rapportez! » leur crie-t-il. Ils le manquent, et il leur tranche la tête. — Son cheval choppe : « Si tu butes une seconde fois, je t'ouvrirai la gorge! » Le cheval ayant une seconde fois buté, il le tue en effet. Ils arrivent au château : la jeune femme, que ces épreuves n'ont pas encore terrifiée, veut l'éprouver à son

---

1. MR, IV, 105.
2. MR, I, 8.
3. MR, I, 22 ; V, 119. Cf. encore *la damoisele qui sonjoit* (V, 134) et la *Damoiselle qui voloit voler* (IV, 108).
4. MR, III, 70.
5. Méon-Barbazan, IV, p. 191.
6. MR, III, 71.
7. MR, I, 6.

tour et commande au cuisinier des mets qui, elle le sait, déplairont au comte ; le malheureux serviteur obéit. Son maître lui coupe une oreille et une main, lui crève les yeux et le chasse de sa terre. Puis il s'élance vers sa femme,

> ...par les cheveus la prent,
> A la terre la rue encline ;
> Tant la bat d'un baston d'espine
> Qu'il l'a laissiée presque morte.
> Tote pasmée el lit la porte ;
> Iluec fut ele bien trois mois [1].

D'où cette moralité, qui convient à tant de fabliaux :

> Beneoit de Damedeu soient
> Qui leur males dames chastoient !
> Teus est de cest fablel la somme.

Mais les coups ne suffisent pas, car leurs vices sont vices de nature. Les femmes sont essentiellement perverses : contredisantes, obstinées. Lâches, elles sont hardies au mal, capables de vengeances froides, où elles s'exposent elles-mêmes au besoin (*Les deux changeurs, La dame qui se vengea du chevalier*). — Elles sont curieuses du crime (*Le févre de Creeil*[2]) ; affolées du besoin de jouir, comme la hideuse matrone d'Éphèse du XIIIe siècle[3] ; insatiables, c'est l'une d'elles qui le dit dans sa répugnante confession à son mari déguisé en moine. Elles sont la ruse incarnée :

> Par lor engin sont deceü
> Li sage, dès le tens Abel [4],

Aristote, Salomon, Hippocrate, Constantin. A quoi bon lutter avec elles ? « Mout set femme de renardise[5]... » Les surveiller ? « Fols est qui femme espie et guette[6]. » Ruser avec elles ? C'est « faire folie et orgueil[7] ». Il serait plus aisé de « décevoir

---

1. MR, VI, 149, *La male dame*.
2. Comparez I, 28.
3. Comparez ces fabliaux répugnants : *D'une seule femme*, I, 26 ; *Le Pêcheur de Pont-sur-Seine*, III, 63, *le Vallet aux douze femmes* (III, 78), *Les quatre souhaits saint Martin*, V, 133.
4. MR, I, 8.
5. MR, II, 51, v. 172.
6. MR, I, 24, v. 119.
7. MR, I, 23.

l'Ennemi, le diable, en champ clos¹ ». La moralité de tous ces fabliaux s'exprime à merveille en ces vers brutaux et vilains :

> Enseignier voil par ceste fable
> Que fame set plus que deiable;
> De ma fable faz tel defin
> Que chascuns se gart de la soe,
> Qu'ele ne li face la coe...

Le meilleur procédé est encore celui de Sire Hain : « battez-leur et les os et l'eschine ».

Faut-il joindre, à cette honteuse galerie, les Macettes du xɪɪɪᵉ siècle, de Richeut à Auberée, la vieille truande énamourée², la nourrice du conte de la *Grue*³, la duègne du *Chevalier à la corbeille*⁴, Hersent, « marrugliere » du moûtier, qui rend ses bons offices « à tous les bons chanoines, à tous les bons reclus » d'Orléans⁵, — ou plus bas encore, les « meschinettes de vie », Mabile, Alison⁶ ?

Tous ces fabliaux respirent le même outrageant mépris. M. Brunetière dit fortement : « Les femmes, dans le monde bourgeois du moyen âge, semblent avoir courbé la tête aussi bas qu'en aucun temps et qu'en aucun lieu de la terre, sous la loi de la force et de la brutalité... Ni la mère, ni l'épouse, ni la sœur n'ont place dans cette épopée populaire. Une telle conception de la femme est le déshonneur d'une littérature⁷. »

VI

FABLIAUX OBSCÈNES

Encore avons-nous réservé les contes les plus durs aux femmes. Encore n'avons-nous pas descendu jusqu'au fond cette spirale honteuse. Il reste comme un dernier cercle secret, où nous ne pénétrerons pas. De loin, on y voit grouiller, comme des bêtes immondes, les contes obscènes. Certes, en quelques-uns, brille encore une vague lueur d'esprit et de gaîté⁸ : telle

1. MR, III, 79.
2. *La vieille truande*, V, 129.
3. MR, V, 126.
4. MR, II, 47.
5. *Le prêtre teint*, MR, VI, 138.
6. *Boivin de Provins*, V, 116; *le Prestre et Alison*, II, 31.
7. *Revue des Deux Mondes* du 15 juin 1879.
8. *La Gageure*, II, 18. — *Le sot chevalier*, I, 20.

on voit luire parfois une étoile au fond d'une mare croupie. — Mais, le plus souvent, ils sont si insolemment brutaux et répugnants que nous n'avons le choix qu'entre la scatologie et le priapisme. Les lois des justes proportions voudraient que l'on en traitât ici aussi longuement que des autres séries de contes : car ils ne forment pas la catégorie la moins nombreuse ni la moins bien accueillie du moyen âge. Tel fabliau, si obscène que le titre même n'en saurait être rapporté (VI, 147), a, selon les versions, de 500 à 800 vers; il a été remanié, tout comme une noble chanson de geste, par trois ou quatre poètes; il s'est trouvé jusqu'à sept manuscrits pour nous le conserver: pas un fabliau qui nous ait été transmis à tant d'exemplaires! Bornons-nous à énumérer ces poèmes en note[1] : je ne connais d'analogues, comme modèles de brutalité cynique, que les odieux contes de moujiks, récemment imprimés, en esprit d'abnégation scientifique, par les moines d'un couvent orthodoxe russe[2]. Passons vite, mais ne les considérons pas comme indifférents, pourtant. Souvenons-nous qu'ils existent, et qu'ils ont plu : ne sont-ils pas l'aboutissant extrême, et peut-être nécessaire, de l'esprit gaulois?

VII

LES FABLIAUX ET L'ESPRIT SATIRIQUE

Les Chevaliers, les bourgeois, les vilains, le clergé.

L'esprit des fabliaux n'est que rarement satirique. Cette proposition n'est point un paradoxe, — si l'on veut bien admettre que moquerie et satire ne sont point mots synonymes. La satire suppose la colère, la haine, le mépris. Elle implique

---

1. *Contes scatologiques* : le type en est *Jouglet* (IV, 98). Cf. *Gauteron et Marion* (III, 59); *les trois meschines* (III, 64); d'autres, dont on ne pourrait dire les titres (I, 28, III, 57, VI, 118); *Charlot le Juif* (III, 83). *Contes priapiques* : *L'anneau* (III, 60); un conte pp. Barbazan-Méon, IV, p. 194; — *Les trois Dames* (IV, 99, V, 112); *La dame qui avoine demandoit* (I, 29); *La Damoiselle* (III, 65, cf. V, 111); *La Damoiselle qui sonjoit* (IV, 134) cf. V, 121; V, 122; IV, 101; IV, 107; III, 85; V, 133; IV, 105; etc.
2. S'il faut en croire l'éditeur anonyme, mais on peut soupçonner que c'est une bonne plaisanterie. Ces contes ont été traduits en français dans la collection des Κρυπτάδια, Heilbronn, Henninger, 1883.

la vision d'un état de choses plus parfait, qu'on regrette ou qu'on rêve, et qu'on appelle. Un conte est satirique, si l'historiette qui en forme le canevas n'est pas une fin en soi; si le poète entrevoit, par delà les fantoches qu'il anime un instant, un vice général qu'il veut railler, une classe sociale qu'il veut frapper, une cause à défendre. Les contes de Voltaire sont d'un satirique; La Fontaine, en ses contes, n'en est pas un. Nos diseurs de fabliaux ne s'élèvent point jusqu'à la satire : ils s'arrêtent à mi-route, contents d'être des maîtres caricaturistes. Ils n'ont dans l'âme aucune amertume. Ils jettent sur le monde un coup d'œil ironique : clercs, vilains, marchands, prévôts, vavasseurs, chevaliers, moines, ils esquissent d'un trait rapide la silhouette de chacun, — et passent. Ils peignent une admirable galerie de grotesques, où personne n'est épargné, mais où l'on n'en veut à personne. Ils ne s'indignent, ni ne s'irritent, ils s'amusent. Ils restent tout aussi étrangers à la colère qu'au rêve : leur maîtresse forme est une gaieté railleuse, mais indifférente, sans pessimisme, satisfaite au contraire.

On chercherait donc vainement dans les fabliaux une satire des classes sociales, — et c'est là que J.-V. Le Clerc me paraît s'être mépris. La portée d'un fabliau ne dépasse guère celle du récit qui en forme la trame. Les portraits comiques de bourgeois, de chevaliers, de vilains, y foisonnent : mais aucune idée qui domine ou relie ces caricatures; la raillerie vise tel chevalier, et non la chevalerie, tel bourgeois et non la bourgeoisie; et le plus souvent, on peut substituer un chevalier à un bourgeois, ou un bourgeois à un chevalier, sans rien changer au conte, ni à ses tendances. J.-V. Le Clerc a imaginé à ce propos une théorie outrée : d'après lui, le rire des fabliaux est lâche ; il ne s'attaque qu'aux faibles. Il ménage, respecte, craint les chevaliers. J.-V. Le Clerc n'a présenté cette observation que prudemment, nuancée comme il convient. Mais comme toute idée, une fois entrée dans la circulation générale, tend à s'exagérer, celle-là est devenue depuis, dans la plupart des livres où il est traité des fabliaux, une manière de dogme : les fabliaux ne sont plus que des satires, faites pour que les chevaliers puissent s'ébaudir aux dépens des bourgeois et des vilains. M. Aubertin, entre autres, s'exprime ainsi : « Protégés par les seigneurs et vivant de leurs libéralités, les trouvères ont dû ménager des patrons si nécessaires et si redoutables. Mais le conteur est entièrement à l'aise et sur un terrain vraiment à lui, quand on conte quelque aventure d'où sort, tout déconfit et tout penaud, un bon bourgeois ou un vilain. Là, ni crainte ni respect ne l'arrête[1]... »

En vérité, ce reproche est injuste, et nos conteurs ont des torts assez graves pour qu'on leur épargne cette accusation de lâcheté. Le vrai, c'est qu'ils daubent indifféremment sur les uns et sur les autres, chevaliers ou vilains. En veut-on un exemple? Pour nos diseurs de fabliaux, les hauts et puissants barons ne sont pas à l'abri des infortunes conjugales, et les guetteurs qui veillent sur leurs créneaux ne les en défendent point. C'est un chevalier qui, sous le froc d'un moine, entend la cruelle confession de sa très noble épouse. C'est un chevalier qui, sous le même déguisement clérical, se trouve battu et content. A les bien compter, ils sont dix dans nos fabliaux qu'attendent ces malheurs intimes, écuyers, vavasseurs, bacheliers, chevaliers... Les vilains — ô surprise! — ne sont que six. Et combien de bourgeois? dix-neuf[2]! Qu'on nous pardonne cette étrange statistique! Les bourgeois y figurent en plus grand nombre, et c'est chose naturelle, car les personnages prédestinés à défrayer les contes gras sont ceux de la comédie moyenne. On y trouve peu de très grands seigneurs? Je le crois volontiers. Il était malaisé de mobiliser le personnel de la tragédie, pour cacher un grand feudataire dans un lardier, pour faire revêtir à un prince suzerain les braies du cordelier. Sachons gré à nos conteurs d'avoir su appliquer le précepte classique :

Descriptas servare vices operumque colores.

Prétendre d'ailleurs que les jongleurs, craintifs devant les chevaliers, pouvaient impunément railler les bourgeois, voire les vilains, c'est méconnaître ce fait que les jongleurs ne vivaient point seulement des libéralités seigneuriales, mais que les bourgeois étaient au contraire leurs patrons favoris; que les fabliaux n'étaient point contés seulement dans les nobles cours

---

1. *Histoire de la Litt. fr. au m. âge*, II, p. 11-12.
2. *Chevaliers* : *Le Chevalier confesseur*, I, 16. — *Le Sot chevalier*, I, 20. — *Le Chevalier, sa dame et un clerc*, II, 50. — *Le Chevalier à la corbeille*, II, 47. — *Le Chevalier à la robe vermeille* (riche vavasseur, III, 57). — *La Dame qui fist trois tours* (écuyer) III, 79. — *La Dame qui se vengea du chevalier*, IV, 99. — *Maignen* (bachelier, V, 130). — *Le Chevalier qui recovra l'amour de sa dame* (VI, 151). — *L'Epervier* (V, 115). — *Vilains* : I, 24; III, 61; IV, 102, 109; V, 128, 132; VI, 152. — *Bourgeois* : I, 5, 8, 9, 18, 22, 23, 24; II, 32, 51; III, 88; IV, 89, 94, 100; V, 110, 119, 124; VI, 138, 155, 156.

chevaleresques, mais dans les repas des corps de métier, ou dans les foires, devant des vilains.

En fait, on n'a que le choix entre les nombreuses caricatures des chevaliers, des bourgeois, des vilains.

Des chevaliers? Ici, se plaint une sorte de noble Chrysale[1], résigné à obéir à sa femme impérieuse. « Je ne suis pour elle qu'une chape à pluie, » dit-il tristement. Là, c'est toute une galerie de pauvres chevaliers, de louches personnages qui vivent du prix des tournois[2]. Voici, dans la *Housse partie*, trois nobles seigneurs, appauvris par les tournois, qui font une vilaine besogne : ruinés, ils donnent une fille de leur maison à un riche bourgeois d'Abbeville, et captent son avoir. De même, un châtelain, pour fumer ses terres, marie sa fille au fils d'un vilain usurier : il arme son gendre chevalier ; mais cette manière de M. Jourdain reste couard comme devant, aime mieux *empailler de l'estrain* que manier écu ni lance, et « desprise la gent menue. »

De même, quelle jolie collection de caricatures de bourgeois ! J'en note une seule, celle du bourgeois d'Etampes que sa femme et un prêtre ont grisé :

> Lors commence a paller latin
> Et postroillaz et alemand,
> Et puis tyois et puis flemmanc,
> Et se vantoit de sa largesce
> Et d'une trop fiere proesce
> Que il soloit faire en s'anfance :
> Li vins l'avoit fait roi de France[3] !

Comme nos conteurs savent ébaucher d'amusantes figures de chevaliers et de bourgeois, ils saisissent de même au passage les ridicules des vilains :

> L'un ueil a lousche, l'autre borgne ;
> Tous diz regarde de clicorgne,
> L'un pied a droit et l'autre tort[4]...

Ils le peignent tel qu'il est, sans sympathie, mais sans haine, tout comme les autres personnages de leur comédie humaine.

1. MR, VI, 149.
2. Sur ces curieux personnages, les chevaliers *tournoyeurs*, voyez MR, I, 3; I, 5, II, 31, III, 71 (v. 29), III, 86, VI, 117. Voyez aussi comme ils sont bafoués dans *Hueline et Aiglentine*, Méon, *N. R.*, I, 357, vers 120-110.
3. MR, II, 51.
4. *Aloul*, I, 21.

— Un chevalier *tournoyeur* arrive dans un village et demande chez qui il pourra être hébergé. Allez chez le prêtre, lui répond un passant; car les vilains sont trop pauvres,

> Maléureux de toute part,
> Hideus comme leu ou lupart,
> Qui ne savent entre gens estre.
> Mieus vous tient aler chez le prestre,
> Car de deus maus prent on le mieus[1].

Les trouvères redisent donc la détresse physique et morale des vilains. Les choses étaient bien ainsi : qu'y pouvaient-ils? S'indigner ? ce n'était point leur manière. Ils les montrent dans leur sottise trop réelle[2], dans leur grossièreté foncière, aussi près de la bête que du chrétien[3]. — Mais ils savent aussi sa bonhomie[4], son habileté finaude, et comment il conquit Paradis par plaid.

Certes, il y manque presque toujours l'accent de la sympathie. Mais, en cela, les fabliaux ne se distinguent en rien des autres œuvres du moyen âge. Cette littérature n'est point tendre aux vilains. Elle ne parle guère d'eux, ne parle pas pour eux. Ce n'est point pour eux, la musique printanière des pastourelles, ni la forêt de Broceliande, ni le mystère exquis des lais de Bretagne. C'est un beau proverbe du moyen âge, qui dit : « Nul n'est vilain, s'il ne fait vilenie[5]. » Mais des centaines de pièces protestent :

> Vilain seront preudomme quant chien venderont lart[6]...

Tous les sentiments de la littérature courtoise à leur égard se résument en ce refrain d'une pastourelle :

---

1. *Le prêtre et le chevalier*, II, p. 49.
2. *Brifaut*, IV, 103; *Le Vilain de Farbu*, IV, 95; *L'âme au vilain*, III, 68.
3. *Le vilain asnier*, V, 111. Un vilain ânier passe devant une boutique où, dans des mortiers, des valets pilent des herbes odorantes et des épices. Il tombe pâmé : on lui met sous le nez une pelletée de fumier; le voilà ranimé : *Nuls ne se doit desnaturer*.
4. *Barat et Hainet*, IV, 97.
5. V. le développement de cette idée dans le *Dit de gentillece*, Jubinal, *N. rec.*, p. 35-6.
6. *Dit satirique*, p. p. Ed. du Méril dans ses *Poésies inédites latines*, III, p. 340. Comparez l'*Enseignement aux princes* de Robert de Blois (P. Meyer, *Romania*, t. XVI, p. 37) :

> Sor totes choses vos gardez
> Que jai en serf ne vos fiez...

Ci le me foule, foule, foule,
Ci le me foule, le vilain [1].

Les choses étant ainsi, n'est-il pas curieux que, dans les fabliaux, les vilains soient à peine plus maltraités que les chevaliers? — Allons plus loin : si quelques très rares fabliaux peuvent réellement prétendre à être des satires sociales, si quelques-uns nous montrent — très vaguement — l'antagonisme des classes, n'est-il pas remarquable que le jongleur y prenne précisément parti, pour qui? pour le fort contre le faible, comme le veut la théorie? non; pour le serf contre le maître.

Je cite à peine *Connebert* [2], *le Vilain au buffet* [3]. Mais qu'on veuille bien se rappeler *Constant du Hamel* [4]. Trois tyranneaux de village, le prévôt, le forestier du seigneur, le prêtre, convoitent la femme du vilain Constant du Hamel. Ysabeau est sage, avenante, courtoise : elle leur résiste. Tous trois complotent, après boire, de la réduire « par besoin, poverte et faim », d' « amaigroier » la rebelle et son mari :

« Pelez de là, et je de ça!
Ainsi doit on servir vilaine ! »

Le prêtre accuse au prône Constant d'avoir épousé sa commère [5]. Il le chasse de l'église et le rançonne à sept livres. — Le prévôt l'accuse d'avoir brisé la grange du seigneur pour voler son froment; il le met aux ceps, et le rançonne à vingt livres. — Le forestier l'accuse d'avoir coupé les chênes et les hêtres du seigneur; il emmène ses bœufs, et le rançonne à cent sous de deniers. — Le pauvre corvéable est ruiné, et ce fabliau nous donne bien la mesure de la liberté individuelle au XIIIe siècle. Mais voici que les vilains vont prendre leur revanche et le poète triomphe avec eux. — Ysabeau feint de

---

1. Bartsch, *Romanzen*, I, 67; cf. *ibid.*, I, 48 :

Fol vilain doit on huer,
Et si le doit on gaber...

2. M R, V, 128.
3. M R, III, 80.
4. M R, IV, 106.
5. On sait quels liens cette qualité de *compère* établissait entre les hommes du moyen âge. Epouser sa commère était un inceste, par suite un cas d'excommunication. Dans plus d'une chanson de geste, des amants sont empêchés de se marier, parce qu'ils ont tenu ensemble un enfant sur les fonts baptismaux. Cf. fabliau de *L'oie au chapelain*, VI, 111, et la *Romania*, t. XV, p. 491.

céder : elle donne rendez-vous chez elle à ses trois persécuteurs, pour des heures différentes, mais voisines les unes des autres. Comme le premier vient d'arriver, chargé d'une grande bourse et de joyaux, le second frappe à la porte. « Fuyez! c'est mon mari! » Le galant, nu, se cache dans un tonneau rempli de plumes. Trois fois la même scène se reproduit, si bien que les trois amants se retrouvent, étonnés et marris, dans le même tonneau. Alors le vilain fait venir leurs trois femmes, se venge sur elles sous les yeux des maris; puis, il met le feu au tonneau; les trois amants s'enfuient en hurlant, couverts de plumes, poursuivis par Constant qui fait tournoyer sa massue. On sent que le conteur s'enthousiasme: il les poursuit aussi et lance contre eux, férocement joyeux comme à la curée, tous les chiens du village : « Tayaut, Mancel! Tayaut, Esmeraude! » Et l'on entend l'accent de je ne sais quelle haine de jacques, quand il termine son récit par ce vers grave :

    Que Dieus nous gart trestous de honte!

On sent que le poète se sait vilain lui-même, et qu'il parle à ses pairs.

Mais ce ton violent est presque toujours étranger aux fabliaux. On peut dire qu'ils n'ont aucune portée sociale. Tous sont égaux devant le rire. Les jongleurs, bienvenus des bourgeois comme des chevaliers, n'ont eu peur de se gausser ni des uns, ni des autres; non par courage : mais parce que leur rire n'offensait pas, et que, d'ailleurs, nul n'eût daigné les persécuter.

Dans les fabliaux, il n'y a guère satire que du clergé.

Ici encore, il faut prendre garde de nous méprendre. C'est une tendance maligne et naturelle de notre esprit de trouver plus piquante une aventure légère, si nous y pouvons mettre en scabreuse posture une personne chaste par métier. C'est une pointe de piment en plus. Aux temps lointains où fut écrit le *Pantchatantra*, les religieux mendiants en ont déjà pâti. En France, c'est l'ordre des cordeliers qui a, depuis sa fondation, le privilège de nous égayer le plus. Les cordeliers sont devenus comme « de style » dans les contes à rire. Voyez les contes de J.-B. Rousseau, qu'ils défrayent presque exclusivement[1]. Un conteur du XVIII° siècle commence en ces termes un récit plaisant :

---

1. J.-B. Rousseau, *Contes inédits*, p. p. Luzarche, Bruxelles, 1881.

> Deux cordeliers — je vois à ce seul nom
> Mon cher lecteur se pavaner d'avance,
> Et souriant, dire avec complaisance :
> Des cordeliers ! cela promet du bon ! [1]...

Le plus souvent ce sont plaisanteries sans portée : non seulement elles n'atteignent pas l'ordre, mais les conteurs ne le visaient pas.

Tel d'entre eux qui met en scène des cordeliers serait empêché de distinguer un Cordelier d'un Carme, et de dire si ces moines appartiennent à la règle de Saint-François ou à celle de Saint-Dominique. — Chez certains, au contraire, il y a satire voulue, violente ; rappelez-vous les cordeliers qui foisonnent dans *l'Apologie pour Hérodote* ou dans *l'Heptaméron*[2]. Là, ils sont victimes de haines vigoureuses ; on sent le voisinage de Calvin et des guerres de religion.

Les fabliaux nous offrent ces deux types de contes ; tantôt de simples *gaberies*, tantôt de vives satires.

Les jeunes premiers des fabliaux, à qui vont les sympathies des conteurs et les faveurs de leurs héroïnes, sont presque tous des *clercs*. Mais il faut les écarter de cette revue : ils n'appartiennent qu'à peine à l'Eglise, et J.-V. Le Clerc a tort de les confondre sans cesse avec les prêtres[3]. Ils ne sont, à vrai dire, que des étudiants des Universités. La cléricature ne les empêchait pas de se marier : témoin, entre tant d'autres, Pierre *Mauclerc*, duc de Bretagne. Les jongleurs les traitent en enfants gâtés et terribles[4]. A Orléans, ville universitaire, arrivent

> Quatre Normanz, clerc escolier ;
> Lor sas portent comme colier ;
> Dedenz, lor livres et lor dras ;
> Mout estoient mignoz et gras,
> Cortois, chantant, et envoisié[5]...

Mariti, servate uxores! L'un de ces bourgeois d'Orléans revêtira bientôt des braies où il trouvera tout un attirail d'étu-

---

1. *Le singe de La Fontaine*, Florence, 1773, p. 121.
2. Voyez, entre autres, les nouvelles 22, 23, 31, 33, 35, 41, 44, 48, etc.
3. Voyez *Hist. Litt.*, XXIII, p. 110, 146, etc.
4. Voyez, ci-dessous, chapitre XIV, le paragraphe intitulé : *Les clercs errants*.
5. *La Bourgeoise d'Orléans*, I, 8, v. 8-12. Cf. la variante de ce fabliau, IV, 100, v. 9.

diant : écritoire, *canivet*, parchemin et plume [1]. — Ils sont de
dangereux séducteurs. Voici que rôdent par la campagne

> Dui clerc qui vienent d'escole :
> Despendu orent leur avoir
> En folie plus qu'en savoir [2]...

Que le vilain Gombert fasse bonne garde ! — Mabile aurait
pu devenir une riche paysanne : si elle a mal tourné, c'est
qu' « uns clers l'en mena par guile [3] ». Au besoin, ils s'engagent comme valets pour capter la bienveillance des jeunes
filles pudibondes [4] ; c'est un clerc qui apprend à l'une d'elles à

> ... voler par mi l'air la sus,
> Ainsi comme fist Dedalus [5]...

Mais peu de ces méchants drilles recevront les ordres
majeurs. Ils ne nous intéressent pas ici.

Les vrais prêtres ordonnés sont traités avec infiniment moins
de faveur. Nos jongleurs ne tarissent pas sur leur compte : à
tout instant, sans raison, par luxe, alors même qu'ils sont inutiles à l'action, apparaît rapidement la face d'un prêtre paillard [6]. Mais leurs bonnes fortunes sont rares et, dans les
fabliaux où ils agissent au premier plan, on peut poser cette
règle : tout prêtre en bonne fortune le paye cher au dénouement ; inversement, dans tout conte où les rieurs sont du côté
du mari, le héros est un prêtre [7].

Les conteurs les peignent comme avares, cupides, orgueilleux [8], débauchés. Auprès d'eux, sous leur toit, vit la *prestresse*.

La prêtresse n'est point un être imaginaire : aucun personnage n'est de fantaisie dans les fabliaux. Les conteurs parlent
d'elles tout naturellement, comme d'un personnage aussi connu

---

1. *Les Braies au Cordelier*, III, 88.
2. *Gombert*, I, 22, v. 2.
3. *Boivin de Provins*, M R, V, vers 111, variante du ms. B.
4. M R, IV, 107.
5. M R, IV, 108. — Voyez aussi *Le clerc qui fu repus derrere l'escrin*, IV, 91.
6. C'est le cas dans la *Dame qui fist trois tours*, III, 76 ; dans *Celui qui bouta la pierre*, IV, 102, V, 132; dans le *Pécheur de Pont-sur-Seine*, III, 63, dans la *Sorisete*, IV, 105, tous contes où le galant est à l'arrière-plan, et où il importait fort peu qu'il fût un prêtre ou non.
7. Exceptions : *Le Prestre qui aberete*, III, 61, le *Vilain de Bailleul*, IV, 109.
8. *Le Prêtre et le Chevalier*, II, 31. — *Le boucher d'Abbeville*, III, 84.

que le boutiquier du coin. Ils la nomment par son nom. Ils savent qu'elle est « jolie et mignote, belle et plaisante à devise, qu'elle a les yeux clairs et riants[1] ». Ils peuvent décrire ses beaux atours, connus de toute la paroisse, « sa verte cote, bien plissée au fer, à plis rampants, dont elle relève les pans à sa ceinture, par orgueil[2]; » ils savent de quels menus soins le prêtre l'entoure :

> Bone cote ot, et bon mantel;
> S'ot deux peliçons bons et biaus,
> L'un d'escurieul, l'autre d'aniaus,
> Et s'ot riche toissu d'argent,
> Dont assez parloient la gent[3].

Ils savent que dame Avinée vit au presbytère avec toute une *mesnie* d'enfants; il n'est pas jusqu'à l'innocent prêtre aux mûres que sa *femme* n'attende au logis[4].

Cette vie familiale paraît avoir été ostensible. Un prêtre est irrité contre sa *prestresse* : de quoi la menace-t-il? Il lui fera cette honte, aux yeux de toutes ses ouailles, de la chasser, et il veut que nul n'en ignore :

> Dès ore vueil quel sachent tuit,
> Trestuit li voisin del visnage[5]...

Un seul se cache à demi : pour ne pas être soupçonné, « por coverture de la gent », il a fait de sa prêtresse sa commère[6]; on sait que le fait d'avoir été compère et commère au baptême d'un enfant constituait un lien si puissant, qu'il écartait toute idée de mariage ou de vie commune. — Les évêques ne paraissent pas poursuivre très sévèrement ces libres unions[7].

1. *Le Prêtre et le Chevalier*, passim.
2. *Ibidem.*
3. *Le prestre qui eut mere a force*, V, 125.
4. MR, IV, 92.
5. II, 34.
6. *L'oie au chapelain*, VI, 143.
7. L'un d'eux (III, 77) interdit à un prêtre sa concubine, pourquoi?

> Parce qu'elle est preus et cortoise,
> Et à l'evesque molt en poise.

Un autre (V, 125) reçoit la dénonciation de la mère d'un chapelain: La vieille se plaint que son fils, traite mieux qu'elle-même son amie, qui vit sous le toit commun. L'évêque menace de suspendre le mauvais fils s'il ne traite pas plus honorablement sa mère. Mais, de renvoyer la prêtresse, il n'en dit mot.

Certes, il faut se méfier de l'autorité historique des jongleurs : ils sont des moralistes suspects, de piètres censeurs des mœurs. Mais comme, outre des textes poétiques sans nombre[1], les actes des synodes et des conciles confirment ici les dires des fabliaux, il nous faut bien admettre, dans le clergé du xiii⁰ siècle, une survivance plus ou moins générale des anciennes tolérances; un état moral analogue à celui que connaissent, encore aujourd'hui, certains diocèses de l'Amérique du Sud. L'opinion publique tolérait ces scandales, mais les voyait avec une défaveur croissante.

Encore nos conteurs passent-ils volontiers aux prêtres leurs prêtresses. Mais s'ils osent sortir de leur presbytère, soudain

---

1. Combien d'autres poèmes font allusion aux prêtresses! Dans *Renart* (éd. Martin, II, xii, p. 285, ss.), Tybert le chat, poursuivi par un prêtre, se réfugie sur un arbre : « Je ne suis pas un larron, proteste-t-il, mais un pénitent :

>   Je me voloie confesser,
>   Se vous oussez vostre estole ;
>   Mais vostre femme n'est pas fole,
>   Qui en a lié son veel...

Comparez *ibid.*, v. 390, ss. — Voyez, entre autres textes sans nombre, Wright, *Latin poems commonly attributed to Walter Mapes* p. 171, la pièce où l'auteur proteste contre de nouveaux décrets relatifs au célibat des prêtres :

>   *Pater noster* nunc pro me, quoniam peccavi,
>   Dicat quisque presbyter *cum sua suavi*.

Cf. *ibid.*, p. 174, la *Consultatio sacerdotum* ; p. 180, la pièce *De convocatione sacerdotum*. Voyez encore les *Carmina burana*, passim ; par exemple, LXIV, p. 36 :

>   Sacerdos, huc responde
>   Cujus manus sunt immunde,
>   Qui, frequenter et jocunde
>   Cum uxore dormis, unde
>   Surgens mane missam dicis,
>   Corpus Christi benedicis,
>   Scire velim causam quare, etc...

Voyez aussi la discussion entre un clerc errant (*logicus*) et un prêtre (*Latin poems*, p. 251, v. 167.)

>   Et, prae tot innumeris quae frequentas malis,
>   Est tibi presbytera plus exitialis.

Dans le *Songe d'Enfer* de Raoul de Houdenc, on sert à la table des démons

>   Bediaus bestes bien cuis en paste,
>   Papelars a l'ypocrisie,
>   Noirs moines à la tanoisie,
>   Vieilles prestresses au cive...
>   (Ed. Scheler, v. 532).

éclate dans les fabliaux la satire, j'entends une véritable haine.

Dans une série de contes, avec une joie jamais épuisée, haineuse, les jongleurs les bafouent, les traînent à travers les aventures tragiquement obscènes.

L'eux d'eux, poursuivi par des bouviers dans la nuit, acculé comme une bête fauve, caché derrière un van comme derrière un écu, se défend à coups de massue, puis à coups de dents[1]; un autre est poursuivi, comme à l'hallali, par les chiens qui mordent sa chair nue[2]; celui-ci est enfermé dans un lardier que le mari outragé hisse sur une charrette et va vendre au marché; sur la place publique, par une fente de sa prison, le captif distingue son frère, prêtre comme lui, et lui crie : « Frater, pro Deo delibera me! » Et le mari de s'écrier, triomphant : « Esgar! mon lardier a latin parlé! », et brandissant son maillet : « Parle encore latin, méchant lardier, parle latin, ou je frappe! » Le lardier s'exécute :

> Frater, pro Deo,
> Me delibera!
> Reddam tam cito
> Ce qu'il coustera[3]!

Un autre encore est jeté dans un piège à loups[4]; un autre dans une cuve pleine de teinture, où il se plonge tout entier, corps et tête; quand il en sort,

> Il est plus teint et plus vermeil
> Qu'au matinet n'est le soleil[5].

Trois prêtres ont été attirés dans un guet-apens. Surpris, ils se cachent dans un four : le mari fait choir la clef de voûte, les écrase, fait jeter les cadavres dans une marnière[6]. Dans un autre fabliau, il les assomme tous trois à coups de massue, et le poète recommence par trois fois, avec une minutie joyeuse, la description des coups qu'il donne à chacun, si bien que « li sans et la cervelle en vole[7]. » — Un moine a été tué dans une équipée nocturne : le conteur développe avec délices la lugubre

1. *Aloul*, I, 24.
2. *Constant du Hamel*, IV, 106.
3. *Le prêtre au lardier*, II, 32.
4. *Le prêtre et le loup*, VI, 141.
5. *Le prêtre teint*, VI, 139.
6. *Les quatre prêtres*, VI, 112.
7. *Estormi*, I, 19.

odyssée de son cadavre qu'il promène toute la nuit, tantôt jusqu'à un tas de fumier, tantôt au fond du sac d'un voleur, ou sur le lit de l'abbé, pour le hisser finalement sur un poulain, l'écu au bras, le heaume en tête... Ce fabliau macabre, cinq jongleurs l'ont remanié en cinq poèmes distincts, dont le plus court a 445 vers, et le plus long 1164 : et si nous comptons les vers de ces cinq fabliaux, nous arrivons au total énorme de 4.144 vers[1]. — Voici enfin *Connebert*[2], le plus violent de ces contes. Un forgeron outragé a cloué un prêtre à son enclume. Comme il résiste, il lui dit :

> En charité, dans prestres fous,
> Se vous i faites cri ne noise,
> Je n'i querrai baston ne boise,
> Que je orendroit ne vous fire,
> Por la cervele desconfire,
> De cest martel ou de mes mains !...

Puis il met le feu à la forge et laisse le prêtre attaché à l'enclume, un rasoir à la main. Quand le feu l'atteint, il est obligé, pour s'échapper, de se mutiler. Le conte se termine par ce cri de vengeance :

> Car fuissent or si atorné
> Tuit li prestre de mere né,
> Qui sacrement de mariage
> Tornent a honte et a putage !

Il ne s'agit plus, on le voit, de malices, de sous-entendus goguenards, familiers aux conteurs légers, — mais de véritables haines[3].

---

1. MR, IV, 89, V, 123, V, 136, VI, 150 et 150 *bis*.
2. V. 128. Comparez aussi le *prêtre crucifié*, qu'il est impossible d'analyser.
3. Ici encore nous rencontrons la théorie de J.-V. Le Clerc, maintes fois reprise après lui : ces satires contre le clergé sont lâches. Les conteurs, dit-on, bafouent à plaisir le bas clergé, les inoffensifs chapelains des villages ; mais ils respectent les prélats, les moines puissants ; ou, s'ils attaquèrent parfois les ordres, ce ne fut que plus tard, alors qu'ils étaient déchus de leur puissance première.
Mais, ici encore, ces reproches sont injustes. Les évêques (*l'Anel*, III, 60, *le Testament de l'âne*, III, 82, *l'Evêque qui bénit*, III, 77), les ordres religieux féminins (*les Trois chanoinesses*, III, 72, *la Nonnette*, VI, 157, *les trois dames*, VI, 100, V, 112), les moines enfin sont aussi peu épargnés en fait, que les prêtres séculiers. Si les hauts dignitaires de l'Eglise figurent plus rarement dans les fabliaux, c'est par les mêmes raisons que nous disions plus haut, à propos des grands seigneurs laïques : il était invrai-

Si outrées qu'elles puissent être, on est parfois tenté de s'en réjouir et de crier au poète : Oui, indigne-toi, fût-ce injustement. Assez de cette indifférence railleuse, satisfaite! assez de ces gaillardises complaisantes, amusées! Un peu de colère, de satire : là, au moins, il y a quelque noblesse!

Au terme de cette passive revue, on voit saillir, sans qu'il soit besoin d'une longue synthèse, les traits qui réunissent les fabliaux par une sorte d'air de famille.

L'esprit qui anime cette masse est fait de bon sens frondeur, gai, d'une intelligence réelle de la vie courante du monde, d'un sens très exact du positif. Pas de naïveté, mais un tour ironique de niaiserie maligne ; ni de colère, ni de satire qui porte, sauf, parfois, contre les prêtres ; mais la dérision amusée, la croyance, commune à tous au moyen âge, que rien ici-bas ne doit ni ne peut changer, et que l'ordre établi, immuable, est le bon ; l'optimisme, la joie de vivre, un réalisme sans amertume. L'examen du style des fabliaux achèvera de mettre en relief tous ces traits.

semblable d'enfermer des cardinaux dans un lardier ou dans un four. Mais outre que les puissants prêtres et chanoines des villes ne sont nullement épargnés, croire qu'il y eût moins de péril à attaquer d'humbles desservants que des prélats, c'est méconnaître le puissant esprit de solidarité ecclésiastique. — Quant aux moines, ils courent d'aussi tragiques aventures que les séculiers : qu'il me suffise de rappeler que le sacristain de la *longue nuit* est tantôt un Jacobin, tantôt un moine de Cluny. Les fabliaux ont, d'autre part, été composés à des dates trop rapprochées les unes des autres pour qu'il soit sérieux de dire que les contes dirigés contre les moines sont plus tardifs, d'autant que les Frères prêcheurs et mineurs n'ont pas été, que je sache, moins puissants au commencement du xive siècle qu'à la fin du xiiie. — Enfin, en des fabliaux qui dépassent en portée la moyenne de ces contes, on reproche aux puissants dominicains de capter les testaments (*la Vessie au prêtre*, III, 69); aux Cordeliers de pénétrer dans les familles pour y porter le trouble et la ruine (*Frère Denise*, III, 87).

CHAPITRE XI

LA VERSIFICATION, LA COMPOSITION ET LE STYLE DES FABLIAUX

Absence de toute prétention littéraire chez nos conteurs : leur effacement devant le sujet à traiter. — De là les divers défauts de la mise en œuvre des fabliaux : négligence de la versification; platitude et grossièreté du style. — De là aussi ses diverses qualités : brièveté, vérité, naturel. — Comment l'esprit des fabliaux a trouvé dans nos poèmes son expression adéquate.

Si tel est l'esprit des fabliaux, les jongleurs ont-ils su lui trouver son expression accomplie? Les fabliaux ont-ils pâti, comme tant de genres littéraires du moyen âge, comme les chansons de geste, comme les mystères, de cette trop fréquente impuissance verbale des écrivains, qui met une si triste disproportion entre l'image conçue par le poète et sa notation, entre l'idée et le mot? Comme œuvres d'art, que valent les fabliaux?

> Un fabelet vous vuel conter
> D'une fable que jou oï,
> Dont au dire mout m'esjoï;
> Or le vous ai torné en rime
> Tout sans barat et tout sans lime[1].

Ces vers modestes, par lesquels débute un de nos fabliaux, pourraient servir d'épigraphe à presque tous. — Ce qui frappe tout d'abord, c'est en effet l'absence de toute prétention littéraire chez nos conteurs. Il est manifeste qu'ils n'apportent pas ici la même vanité que dans la chanson d'amour ou dans les romans d'aventure; tous ils conviendraient, comme Henri d'Andeli, que ces amusettes veulent être rimées sur des tablettes de cire et valent à peine qu'on gâche pour elles des feuillets de parchemin. Ils content pour le plaisir, soucieux simplement d'animer un instant les personnages fugitifs de leurs petites comédies. De là une poétique très rudimentaire, dont voici la règle essentielle et presque unique, exprimée en vers naïfs:

1. MR, V, 129.

> A cui que il soit lait ne bel,
> Commencier vous vueil un fablel,
> Por ce qu'il m'est conté et dit
> Que li fablel cort et petit
> Anuient mains que li trop lonc[1].

S'amuser soi-même, amuser le passant, conter non pour faire valoir ses talents de poète, mais pour conter, tel est le but. Etre bref, plaire vite, tel est le moyen. De là découlent toutes les particularités de la versification et du style des fabliaux, défauts et qualités.

Le vers dont le choix s'imposait presque à nos trouvères était l'octosyllabe rimant à rimes plates, puisqu'il était comme le mètre obligé de tout genre narratif. Etriqué dans les rares épopées qui l'ont employé, — aimable, mais trop facile dans les fluides narrations des romans de la Table Ronde, — si prosaïque dans les *Lapidaires* et les *Images du monde* qu'il semble n'être plus qu'un instrument mnémotechnique, — parfois excellent, grâce à son « allure dramatique » dans les dialogues familiers des mystères, mais le plus souvent indigne de la majesté des scènes sacrées, — ce mètre devait convenir excellemment à ces contes rapides. Aucun n'est plus facile, ni plus léger, ni ne donne à moins de frais l'apparence de ces qualités.

Nos conteurs l'ont manié négligemment, sans grand souci d'en faire valoir toute les ressources. Bien des fabliaux sont à peine rimés : Enguerand, dans la *Veuve*, Gautier le Long dans le *Meunier d'Arleux*, d'autres trouvères encore se contentent de fréquentes assonances. D'ailleurs, ils ne sont pas embarrassés de trouver des rimes exactes ; ils ont sous la main de si riches collections de chevilles : *ce est la voire, ce est la pure, ce est la somme, se Dieus m'aïst, se Dieus me consaut, se Dieus me gart, se Dieus me voie...* ! Il y a, dans les martyrologes et les *Vies des Pères*, tant de saints, tant de saintes, dont les noms semblent formés à souhait pour fournir toutes les rimes désirées : *par saint Omer, par saint Romacle, par saint Herbert, par saint Honoré, par saint Acheul, par sainte Elaine, par saint Ladre d'Avalon, par saint Remi, par saint Gile, par les rois de Cologne, par le Saint Signe de Compiegne, par saint Germain, par saint Hindevert de Gournai...* ! Un trouvère a terminé, bien imprudemment, son vers en *o*, et ne sait com-

---

1. MR, III, 58.

ment finir pareillement le suivant. Comment s'en tirer? il nous dit naïvement son embarras, et cet aveu lui fournit la rime:

> Li prestres dist isnelepas
> Primes en halt et puis en bas:
> « *Dixit Dominus Domino meo...* »
> Mais ge ne vos puis pas en *o*
> Trover ici consonancie;
> Si est bien droiz que ge vos die
> Tot le mielz que ge porrai metre[1].

La rime s'offre-t-elle riche? Qu'elle soit la bienvenue! Mais on n'ira pas la quérir, car un bon mot vaut mieux qu'une rime léonine et en dispense:

> Ma paine metrai et m'entente,
> Tant com je sui en ma jovente,
> A conter un fabliau par rime
> Sans colour et sans leonime;
> Mais s'il n'i a consonancie,
> Il ne m'en chaut qui mal en die,
> Car ne puet pas plaisir à toz
> Consonancie sanz bons moz:
> Or les oiez teus comme il sont[2].

Mais si les trouvères ont versifié négligemment, du moins n'ont-ils pas versifié pédantesquement, et si l'on songe aux savants jeux de rimes déjà en vogue au XIIIe siècle, on se félicite qu'ils n'aient pas daigné en affubler leurs contes. Il est remarquable que tous les poèmes de Rutebeuf sont hérissés de rimes équivoquées, tous, sauf les fabliaux. Comme d'ailleurs nos trouvères savaient communément leur métier de versificateurs, comme les hommes du moyen âge se distinguaient par une justesse d'oreille qui surprendrait nos plus prétentieux dompteurs de rythmes, leurs rimes, voire leurs assonances sont toujours phonétiquement exactes, la facture de leurs vers le plus souvent suffisante, parfois excellente à force d'aisance et de franchise.

L'effacement complet du narrateur devant son sujet entraîne et explique, disions-nous, les divers défauts du style des fabliaux et ses diverses qualités.

Et d'abord, ses défauts. La matière de ces contes étant souvent vilaine, l'esprit des fabliaux étant souvent la dérision vulgaire et plate, nos poèmes se distinguent aussi, toutes les fois

1. MR, V, 118.
2. MR, V, 112.

que le requiert le sujet, par la vilenie, la vulgarité, la platitude
du style. Nul effort, comme chez les conteurs érotiques du xviii^e
siècle, pour farder, sous la coquetterie des mots, la brutalité
foncière des données. Mais, avec une entière bonne foi, la
grossièreté du style suit la grossièreté du conte. Il est pénible
d'en rapporter des exemples; pourtant, on ne saurait donner
une juste idée du style des fabliaux si l'on n'en marquait ici
que les aimables qualités. Voici donc, à titre d'exemple malheureusement nécessaire, un de ces poèmes. Il est resté inédit
jusqu'à ce jour; que ce soit notre excuse de publier ici cette
pauvreté[1].

    Je vous dirai, se il vous siet,
    D'un castiel qui sor le mer siet
    Qu'il i avint, n'a pas lonc tans :
    Ja fu ensi c'uns paissians
5   En cele ville femme prist,
    Biele et gente, mais tant mesprist
    Qu'elle fu trop jovene a son œus;
    Elle nel prisa pas deus œus.
    Elle le vit et noir et lait,
10 Et li vilains et honte et lait
    Li refaisoit et rebatoit,
    Com cil qui jalous en estoit.
    Un an fu celle en cel mesaise,
    Qu'elle n'i voit rien qui li plaise,
15 Tant c'uns biaus vallés li proia,
    Et celle tout li otroia
    Quanqu'il requist, mout volontiers.
    Ne passa pas deus mois entiers
    C'un jour vint cil veoir s'amie,
20 Car li vilains n'i estoit mie;
    Si acolerent et baisierent.
....

1. Il est intitulé dans le ms. : « *De le femme qui cunqie sen baron.* »
Il est curieux que MM. A. de Montaiglon et G. Raynaud l'aient négligé,
car il se trouve à la dernière page du ms. B. N., f. fr. 12603, auquel ils
ont emprunté onze copies de fabliaux. Peut-être l'ont-ils omis parce
qu'il est incomplet; la lecture en est parfois très difficile, car l'hu-
midité a dégradé cette feuille de parchemin.
V, 1. Sil uous siet. — V, 3. Qu'il nauint : *'n, élision pour en. Cf. Vie
de St-Gilles, éd. G. Paris, v. 1676 : Certes, jo'n sui desesperes. Mais le vers
du ms. est trop court. —* V, 14, quelle niuoit cose qil plaise. Peut-on
conserver la leçon du ms. ? — V. 20, n'i est effacé dans le ms. — V.
22-24, Et sachiés quil semrasierent [?]. — De faire entraus deus
ensamble — Che por quoi hons a femme asanle.

25 Ensi sont dusqu'a euro basse,
    Et celle a dit a sa bajasse
    Que très bien garde se presist
    Que ses sir s nes souspresist.
    Ne tarja gaires que nuis vint,
30 Et li vilains droit a l'uis vint
    Si coiement que nus nel sot.
    Lors se tint li vallés pour sot
    Quant le vilain oï parler;
    Lors ne sot il quel part aler.
35 La dame est de li desevrée,
    Si s'est en un celier entrée,
    Qui mout près de la cambre estoit.
    Boins vins en toniaus i avoit,
    El celier quant la dame i vint.
40 D'un mout grant barat li souvint :
    Tout maintenant par li s'espant
    . . . .
    A terre bon vin cler et sain ;
    Puis a mis la broche en se main,
45 Et son paucher dedens fichyé :
    Puis a a haute vois huchié :
    « Aidiés ! Aidiés ! Li vins s'en court ! »
    A tant li vilains i acourt,
    Qui demande que ce puet estre.
    « . . . .
50 Fait la dame, de vostre truie,
    Que Dieus le maudie et destruie !
    Par li avons éu damage !
    Je ne vos tieng mie por sage,
55 Quant vous avés tel noureture :
    Vous n'avés de vostre bien cure !
    Mais j'i sui a boin point venue,
    S'ai fait que bien aperchëue,
    Car a Diu plot, soie merchi !
60 Venés avant, et boutés chi
    Vostre paucher qui est plus gros,
    Car de chi remuer ne m'os,
    Et je querrai la broque la
    Ou jo vi que la truie ala. »
65 Lors vint avant li païsans,
    L'un de ses pauchiers a mis ens,

V. 25, la première lettre du mot *basse* est seule lisible dans le ms. V. 26, baiesse. — V. 36, si sen est .I. celier. — V. 38. Il n'existe plus dans le ms. que les deux premiers mots du vers : *Boins vins*. — V. 40, on ne peut lire dans le ms. que les deux premières lettres de *so[uvint]*. — V. 42, Le scribe a passé un vers. — On lit, entre les vers 39 et 40, celui-ci qui parait être une glose : *por le vilain qil ne trouuast*. — V. 50. Le scribe a omis un vers. — V. 51, Dix. — V. 57, Mais ie i sui. — V. 60, J'ai ajouté [et].

Et cele en a le sien sachié.
Bien a le vilain atachié
La dame, et a tout son plaisir
70 Puet elle bien avoir loissir
De son ami mettre a la voie.
Lors vint a li, si l'en envoie;
Mais ains se sont entrebaisié,
Car bien en furent aasié,
75 Et bien porrent, si com moi samble,
Longement demourer ensamble
Sans paour, qu'il n'ont nulle garde
Du païsant qui son vin garde,
Qui est sains, clers et deliés.
80 Ne fust mie si biens loiiés
Li vilains, s'il fust en aniaus!

....

Quelle affligeante et basse médiocrité! Mais aussi, quelle parfaite convenance du fond grossier et de la forme grossière! Pourtant, même en ces humbles contes, la langue est juste et saine. On peut leur appliquer ce jugement de M. Petit de Julleville sur notre vieux répertoire comique : « Un grand nombre de farces et de sotties sont, quant au fond, d'une extrême platitude, et quant au style, d'une extrême trivialité; mais ces platitudes triviales sont le plus souvent exprimées dans une bonne langue, un français sain, dru et gaillard[1]. »

Ainsi — et tel est bien le caractère essentiel des fabliaux — le poète ne songe qu'à dire vitement et gaiement son conte, sans prétention, ni recherche, ni vanité littéraire. De là ces défauts, négligence de la versification et du style, platitude, grossièreté. De là aussi des mérites, parfois charmants : élégante brièveté, vérité, naturel.

La brièveté est une qualité trop rare dans les œuvres du moyen âge pour que nous ne sachions pas gré à nos conteurs de l'avoir recherchée. Il suffit de s'être quelquefois perdu dans les châteaux enchantés aux salles sans nombre des romans de Chrétien de Troyes ou dans l'inextricable forêt où Obéron égare Huon de Bordeaux, il suffit d'avoir suivi les péripéties sans fin de la bataille des Aleschans, pour estimer dans les fabliaux ces

---

V. 79, et clers et delies. — V. 81, ainiaus. — V. 83. A partir d'ici, le ms., déjà difficile à déchiffrer plus haut, devient presque illisible et je ne garantis pas ces vers : Ja mais par li niert li toniaus — Guerpis, se la broce ne uoit — El pertuis ou son pauch auoit — Et suis....

1. Petit de Julleville, *La comédie et les mœurs en France au moyen âge*, 1886, p. 7.

narrations jamais bavardes. Certes, le poète est trop pressé pour se soucier du pittoresque et son coloris reste pâle. Ses narrations sont trop nues, ses descriptions écourtées. Pourtant, il sait parfois s'arrêter dans le verger fleuri où la jeune Indienne du *lai d'Aristote* tresse en couronne des rameaux de menthe. Ou bien, dans la prairie ensoleillée où l'héroïne du fabliau d'*Aloul* se promène les pieds nus dans la rosée, tandis qu'au premier chant du rossignol « toute chose se meurt d'aimer », il sait goûter l'allégresse des matinées printanières :

> ... Li douz mois fu d'avril,
> Que li tens est souez et douz
> Vers toute gent, et amourous ;
> Li rossignols la matinée
> Chante si cler par la ramée
> Que toute riens se muert d'amer ;
> La dame s'est prise a lever,
> Qui longuement avoit veillié ;
> Entrée en est en son vergié,
> Nuz piez en va par la rousée [1]...

L'abandon, la négligence que nos trouvères mettent à dire leurs contes nous sont garants de qualités plus précieuses : le naturel et la vérité. Précisément parce qu'ils s'effacent devant le petit monde amusant des personnages qu'ils animent, précisément parce qu'ils ne s'attardent pas à leur prêter des sentiments compliqués ni à les faire se mouvoir dans un décor curieusement imaginé, parce qu'ils les peignent tels qu'ils les ont sous les yeux, ils nous donnent de très véridiques peintures de mœurs. Ils sont d'excellents historiographes de la vie de chaque jour, soit qu'ils nous conduisent à la grande foire de Troyes, où sont amoncelées tant de richesses, hanaps d'or et d'argent, étoffes d'écarlate et de soie, laines de Saint-Omer et de Bruges, et vers laquelle chevauchent d'opulents bourgeois, portant comme des chevaliers, écu et lance, suivis d'un long charroi [2] ; soit qu'ils nous dépeignent la petite ville haut perchée, endormie aux étoiles, vers laquelle monte péniblement un chevalier *tournoieur* [3], soit qu'ils nous montrent le vilain, sa lourde bourse à la ceinture, son long aiguillon à la main, qui compte ses deniers au retour du marché aux bœufs [4] ;

1. MR, I, 24.
2. MR, III, 67, la *Bourse pleine de sens*.
3. MR, II, 34, le *Prêtre et le Chevalier*.
4. MR, V, 116, *Boivin de Provins*.

soit qu'ils décrivent tantôt le presbytère, tantôt quelque noble fête où le seigneur, tenant table ouverte, se plaît aux jeux des ménestrels[1] :

> Li quens manda les menestrels,
> Et si a fait crier entr'els
> Qui la meillor truffe savroit
> Dire ne fere, qu'il avroit
> Sa robe d'escarlate nueve.
> L'uns menestrels a l'autre rueve
> Fere son mestier tel qu'il sot
> L'uns fet l'ivre, l'autre le sot :
> Li uns chante, li autres note,
> Et li autres dit la riote,
> Et li autres la jenglerie;
> Cil qui sevent de jouglerie
> Vielent par devant le conte;
> Aucun i a qui fabliaus conte,
> Ou il ot mainte gaberie,
> Et li autres dit l'*Erberie*,
> La ou il ot mainte risée.

Ces dons aimables de naturel et de sincérité, les trouvères les portent dans leurs vifs dialogues[2], dans la peinture des personnages dont ils excellent à saisir l'attitude, le geste. Voici un mignon, qui muse à la porte d'une bourgeoise, aux aguets, assis sur une borne, les jambes croisées :

> Et en ses deus mains tornoioit
> Uns blans ganz que il enformoit[3]...

Voici une jeune veuve qui, après avoir pleuré, non sans sincérité, son mari, sent lever en elle un regain de coquetterie, et cherche de nouvelles épousailles : « comme un autour mué

> Qui se va par l'air embatant,
> Se va la dame deportant,
> Mostrant son cors de rue en rue[4]. »

Voici encore une jeune femme à son miroir. Chérubin entre, qui porte un message de son maître. La dame est précisément occupée à lier sa guimpe, ce qui était l'une des opérations les

---

1. MR, III, 80, le *Vilain au buffet*.
2. Voyez surtout le *Prestre et les deux ribaus*, II, 42; *Saint Pierre et le jongleur*, V, 117.
3. MR, I, 28.
4. MR, II, 49, la *Veuve*.

plus délicates de la toilette féminine. Alors, par un joli mouvement de coquetterie, elle tend son miroir au petit écuyer :

> « Biau sire, dit ele, ça vien,
> Pren cest mireor, si me tien
> Ça devant moi, que je le voie,
> Qu'afublée bellement soie. »
> Cil le prent, si s'agenoilla :
> Bele la vit, si l'esgarda
> Que plus l'esgarde plus s'esprist ;
> La biauté de li le sorprist
> Que plus près de li s'aproucha,
> La dame prist, si l'enbraça :
> « Fui, fol, dit ele, fui de ci !
> Es-tu desvez ? — Dame, merci !
> Soufrez un poi ! » Oz du musart
> Que plus li desfent et plus art ! [1]

Parfois, mais rarement, le poète s'arrête à décrire son héroïne, en traits un peu banals, un peu trop connus, gracieux pourtant. C'est tantôt un gentil portrait de fillette qui cueille, comme dans nos chansons populaires, du cresson à la fontaine :

> Une pucele qui ert bele
> Un jour portoit en ses bras bele
> Et cresson cuilli en fontaine ;
> Moilliée en fu de ci en l'aine
> Parmi la chemise de lin [2]...

C'est tantôt Gilles, la nièce du chapelain, toute menue, « avenante et graillette : »

> Les dois avoit lons et les mains ;
> Plus blanche estoit que n'est gelée ;
> Quant ele estoit escavelée,
> Si cheveil resambloient d'or,
> Tant estoient luisant et sor ;
> S'ot le col blanc et le front plain...
> S'avoit petites oreillettes ;
> Bien li sëoient les levretes
> Et li dent net, menu et blanc ;
> Sa bouche resanloit fin sanc,
> Cler et riant furent li œil [3]...

---

1. MR, V, 115, l'*Epervier*.
2. MR, I, 31, le *Prêtre et Alison*.
3. MR, II, 34, le *Prêtre et le chevalier*. Ce sont les mêmes traits élégants, peu individuels, qui dessinent aussi les portraits, non plus des vilaines ou des bourgeoises, mais des hautes et puissantes femmes

Comme ces portraits ne sont jamais embellis plus que de raison, de même les caricatures ne sont pas trop chargées. Sous l'exagération nécessaire et voulue des traits, on retrouve la nature. Voyez la vieille truande, déguenillée et coquette encore, toute fardée et qui raccommode ses hardes près d'un buisson, dans l'attente de quelque galante aventure :

    Par dedevant une maison,
    La vieille recousoit ses piaus,
    Son mantelet et ses drapiaus
    Qui n'estoient mie tot noef,
    Ainz ot vëu maint an renoef...
    En cinc cens dés n'a tant de poins
    Com ele i a de dras porpoins ;
    La s'asorelle et esgohele ;
    Son pochon ot et s'escuele,
    Son sakelet et ses mindokes ;
    Un ongnement ot fait de dokes,
    De viés argent et de viés oint
    Dont son visage et ses mains oint
    Por le soleil qu'il ne l'escaude ;
    Mais ce n'estoit mie bele Aude,
    Ains estoit laide et contrefaite ;
    Mais encor s'adoube et afaite

de barons, comme d'ailleurs dans les aristocratiques romans de Chrétien de Troyes :

    De la dame vos voldrai dire
    Un petitet de sa beauté :
    La florete qui naist el pré,
    Rose de mai ne flor de lis
    N'est tant bele...
    ... La dame estoit plus très cointe
    Quand ele est parée et vestue
    Qui n'est faucons qui ist de mue,
    Ne espervier ne papegaut.
    D'une porpre estoit son bliaut
    Et ses manteaus d'or estelée...;
    D'un sebelin noir et chenu
    Fu li manteaus au col coulez...;
    En la teste furent li œil
    Clair et riant, vair et fendu ;
    Le nés ot droit et estendu.
    Et miels avenoit sur son vis
    Le vermeil sor le blanc assis
    Que le synople sor l'argent.
    Et de sa bouche estoit vermeille,
    Que ele sembloit passerose,
    Tant par estoit vermeille et close ;
    Neïs la gorge contreval
    Sembloit de glace ou de cristal,
    Tant par estoit cler et luisant,
    Et desuz le piz dedevant
    Li poignoient .II. mameletes
    Auteles comme des pommetes.
      (*Guillaume au faucon*, MR, II, 35).

> Por çou k'encore veut siecler.
> Quant ele vit le bacheler
> Venir si trés bel a devise,
> Si fu de lui si tost esprise
> K'ainc Blancheflor n'Iseut la blonde
> Ne nule feme de cest monde
> N'ama onques si tost nului
> Com ele fist tantost celui[1].

Le jour où l'on fête les saints Rois de Cologne, trois dames de Paris, le femme d'Adam de Gonesse, sa nièce Maroie Clippe et dame Tifaigne, marchande de coiffes, ont décidé de dépenser deux deniers à la taverne :

> — « Je sai vin de riviere
> Si bons qu'ainz tieus ne fu plantez !
> Qui en boit, c'est droite santez,
> Car c'est uns vins clers, fremians
> Fors, fins, frés, sus langue frians,
> Douz et plaisanz a l'avaler... »

Les voilà attablées, et une large ripaille commence. Elles boivent à grandes hanepées, mangent à larges platées, engloutissent chopines, oies grasses, gaufres, aulx, oublies, fromages et amandes pilées, poires, épices et noix, et chantent, « par mignotise, ce chant novel » :

> Commere, menons bon revel!
> Tieus vilains l'escot paiera
> Qui ja du vin n'ensaiera!

Mais tandis que les autres boivent « à gorge gloute », celle-ci, plus délicatement gourmande, savoure chaque lampée à petits traits

> Pour plus sur la langue croupir;
> Entre deux boires un soupir
> I doit on faire seulement;
> Si en dure plus longuement
> La douceur en bouche et la force.

Elles sortent en chantant :

> Amours! au vireli m'en vois!

et leurs pauvres maris les croyaient en pèlerinage[2] !

---

1. M R, V, 129, la *Vieille truande*.
2. M R, III, 73, les *Trois dames de Paris*. Cette *beuverie* finit par dégénérer en une répugnante scène d'ivrognerie. Ce ton est rare dans les fabliaux. On se rappelle, à voir cette lourde kermesse, que l'auteur, Watriquet de Couvin, est un Flamand.

Toutes ces qualités de composition et de style, rapidité, vérité, naturel, donnons-nous le plaisir de les considérer réunies dans ce gentil chef-d'œuvre, *Auberée*.

Le fils d'un riche bourgeois de Compiègne aime la fille d'un voisin moins fortuné. « Elle est trop pauvre pour toi, lui dit son père, et l'on devrait te tuer, si jamais tu osais me reparler de telle folie. » Refus cruel,

> Quar Amors, qui les siens justise,
> Le vallet esprant et atise ;
> El cuer li met une estincele
> Qu'il ne pense qu'a la pucele.

Mais, pendant qu'il languit, un riche veuf, moins intéressé que le vieux bourgeois, épouse la fillette. Notre amoureux se désespère,

> Ne voit riens qui ne li enuit ;
> Mult het le solaz de la gent,
> Mult het son or et son argent
> Et la grant richece qu'il a,
> Et jure que mult s'avilla
> De ce que onques crut son pere...
> Mult soloit estre gens et beaus
> Qui ore a le vis taint et pale.

A tout prix, il faut qu'il la voie, qu'il lui parle. Une vieille complaisante, Auberée, couturière de son état,

> Qui de maint barat mult savoit,

a pitié du jouvenceau, naguère si gai, si « envoisié », maintenant tout accablé de chagrin. Par pure bonté d'âme — sans compter qu'elle y gagnera cinquante livres — elle promet de tenter quelque galante entreprise : que le jeune homme lui abandonne seulement son beau *surcot*, fourré de peau d'écureuil !

Un jour de marché, après avoir guetté le départ du mari, munie du *surcot* fourré, elle s'en vient vers la jeune épousée, et l'amuse par de longs bavardages de commère :

> — « Et Dieus, » fait ele, « soit caiens !
> Dieus soit a vos, ma douce dame !
> Ausi ait Dieus merci de l'ame
> De l'autre dame qui est morte,
> Dont mult mes cuers se desconforte ;
> Maint jor m'a caienz honorée !
> — Bien vignoiz vos, dame Auberée, »

Fait la dame, « venez seoir ».
— « Ma dame, je vos vieng veoir,
Quar de vos acointier me vueil;
Ge ne passai ainc puis ce sueil
Que l'autre dame morte fu,
Qui onques ne me fist refu
De riens que ge li demandasse... »
— « Dame Auberée, faut vos riens?
Se riens vos faut, dites le nos! »
— « Dame, fist el, ge vieng a vos
C'une goute a ma fille el flanc;
Si voloit de vostre vin blanc
Et un seul de vos pains faitiz;
Mais que ce soit des plus petiz !
Dieu merci, je sui si honteuse,
Mais ainsi m'engosse la teuse
Que le me covient demander.
Ge ne soi onques truander,
Ainc ne m'en soi aidier, par m'ame! »
— « Et vos en avrez, » dit la dame,
Qui ert a privée maignie.
Cele, qui ert bien enseignie,
Delez la borgoise s'assiet.
— « Certes, fait ele, mult me siet
Que j'oi de vos si grant bien dire!
Comment se contient vostre sire?
Vos fait il point de bele chiere?
Ha! com il avoit l'autre chiere!
Ele avoit mult de son delit!
Bien vorroie veoir vo lit :
Si verroie certainement
Se gisez ausi richement
Com faisoit la premiere femme. »

La maîtresse du logis consent innocemment, montre le beau lit conjugal à la vieille rusée qui, subtilement, ayant laissé une aiguillée de fil et son dé dans le *surcot* du galant, le glisse, à l'insu de la dame, sous la courte-pointe. Puis elle s'en va, toujours bavardant, comme elle était venue.

Le mari revient chez lui, fatigué, et veut se coucher. Il entre dans sa chambre, aperçoit la bosse que fait le *surcot* sous la courte-pointe. — « Qu'est cela? » Il découvre le lit, retire l'élégant vêtement.

Qui li boutast dedenz le cors
Un coutel très par mi le flanc,
N'en traisist il goute de sanc,
Tant durement fu esbahis :
« Ha, las! » fait-il, « ge sui trahis
Par cele qui ainc ne m'ama!... »

Il tourne en tous sens le surcot suspect,

> Dehors le remire et dedenz
> Qu'il sanble qu'achater le vueille;

et, tout épris de jalousie, il fait cette conjecture assez plausible :

> « Et las, dit-il, que porrai dire
> De ce surcot? » Et dit par s'ame
> Que il fu a l'ami sa femme...

A cette pensée, il court vers elle, la saisit par le bras, la jette à la rue, sans un mot d'explication, et referme l'huis sur elle. Voilà l'innocente, tout *esmarie*, dans la nuit solitaire. Quel crime a-t-elle commis? Pourquoi cette querelle? Soudain quelqu'un s'approche :

> « Ma belle fille, Dieus te gart!
> Que fais-tu ci?... »

On le pense bien : c'est Auberée qui l'aborde ainsi. La pauvrette lui demande en grâce de l'accompagner jusque chez son père. — « Chez ton père? Je n'en aurais garde! Il te battrait, donnerait raison à ton mari. Viens plutôt chez moi. J'ai une chambre secrète où tu demeureras, paisiblement cachée, jusqu'à ce que la folie de ton mari soit passée. »

Elle accepte cette offre si sage et trouve, en effet, chez Auberée, bon souper, bon gîte, et le galant qui l'attendait. — C'est bien taillé, maintenant il faut coudre : il s'agit d'apaiser le mari.

Le surlendemain, quand matines sonnent, Auberée conduit la jeune bourgeoise à l'abbaye de Saint-Corneille. Elle lui ordonne de s'allonger sur le sol, dans l'attitude de l'adoration, devant l'image de Notre-Dame, lui met une croix près de la tête, une autre aux pieds, deux autres à main droite et à main gauche, allume tout autour huit cierges de plus d'une toise chacun et lui recommande de ne point se relever jusqu'à son retour.

Elle court chez le mari, frappe à la porte. — « Que voulez-vous à cette heure, dame Auberée? — C'est donc ainsi, « failli, mal enseigné, » que tu rends ta femme malheureuse? Effrayée cette nuit par un mauvais rêve, je suis allée au moûtier, et là, qui ai-je trouvée? Ta pauvre femme en oraison, tout entourée de cierges ardents! Est-ce de la sorte que tu dois traiter

>...Ce tendron qui hier fu née,
> Qui déust la grant matinée
> Çaiens dormir en ces cortines?
> Et tu l'envoies as matines!
> As matines! lasse pechable!...
> Vielz la tu faire papelarde?
> Mal feu et male flamme l'arde
> Qui juesne feme ainsi envoie! »

Le mari, très satisfait que sa femme ait si pieusement employé le temps passé hors de chez lui, court à Saint-Corneille, y trouve en effet la pénitente, toute lassée par ses veilles dévotes, la relève et la reconduit au logis, rassuré. A moitié rassuré seulement, car un doute persiste : d'où venait le surcot mystérieux? Comme il passe par une rue, tourmenté de ce soupçon, il entend Auberée qui crie :

> « Trente sols! la veraie croix!
> Or ne me chaut que ge plus vive!
> Trente sols! dolente chaitive!
> Trente sols, lasse! que ferai?
> Trente sols! et où les prandrai?
> Trente sols! lasse, trente sols!
> Or venra çaiens li prevoz,
> Si prendera ce pou que j'ai :
> C'est le songe que je songeai! »

— « Qu'avez-vous donc, dame Auberée? » Et la vieille raconte, dolente, comment un valet lui avait confié l'avant-veille un surcot à raccommoder. Elle avait déjà commencé l'ouvrage, à telles enseignes que son aiguille et son dé ont dû rester après; elle l'a perdu, elle ne sait où. Voici que son client redemande son surcot ou trente sous! Trente sous! Que devenir? « Dame Auberée, n'êtes-vous pas entrée en quelque maison? — Oui, un instant, chez vous. » Le bourgeois retourne en hâte à son logis, examine le surcot : le dé et l'aiguille y sont, en effet, attachés!

> Qui li donast trestote Pouille
> N'éust-il pas joie graignor!
> Ainsi la vieille delivra
> Le borgois de mauvais penser,
> Que puis ne se sot apenser
> Quant il du surcot fu delivres;
> Et cele ot les cinquante livres,
> Bien ot son loier deservi :
> Tot troi furent en gré servi!

Ce qu'on admire surtout dans *Auberée*, comme en presque tous nos contes, c'est comment le ton, la versification, la composition, s'accommodent, s'adaptent exactement au sujet traité; comment le style y exprime de manière adéquate « l'esprit des fabliaux ».

Peu de genres au moyen âge ont eu cette bonne fortune que la mise en œuvre y valût l'inspiration. « Le fabliau, dit M. Lenient, ne demande pas, comme l'épopée, une grande invention, une inspiration élevée, un souffle puissant et contenu. Nos vieux trouvères se perdent et s'embarrassent dans les longs poèmes chevaleresques, d'où l'on ne sait plus comment sortir une fois qu'on y est entré. Ils sont plus à l'aise dans le cadre étroit d'une action commune et familière dont l'issue est toujours facile, où quelques détails ingénieux, quelques traits piquants suffisent aux agréments du récit. Leur langue naïve, simple et gracieuse, alerte et sautillante, mais dépourvue de force et de dignité pour exprimer les grands sentiments, excelle à raconter et à médire. Plus tard, La Fontaine et Voltaire, dans leurs contes, ne trouveront rien de mieux que d'en reproduire la forme et les allures[1]. »

Nul délayage, mais une juste proportion entre les diverses scènes; aucune coquetterie de forme, mais les trouvailles que sait faire la gaieté; nulle recherche de sous-entendus galants, comme chez les poètes érotiques du xviii° siècle, mais la seule bonne humeur, cynique souvent, jamais voluptueuse; nulle prétention au coloris ni à la finesse psychologique comme chez les conteurs du xvi° siècle qui alourdissent ces amusettes en leurs nouvelles trop savantes, mixtures de Boccace et de Rabelais, mais la simplicité, le naturel. C'est vraiment la Muse pédestre :

 Légère et court-vêtue, elle allait à grands pas.

1. Lenient, la *Satire en France au moyen âge*, 1859, p. 83.

CHAPITRE XII

PLACE DES FABLIAUX DANS LA LITTÉRATURE DU XIIIe SIÈCLE

Que l'esprit des fabliaux représente l'une des faces les plus significatives de l'esprit même du moyen âge. — I. Littérature apparentée aux fabliaux. — II. Littérature en contraste avec les fabliaux. — III. Deux tendances contradictoires se disputent la poésie du XIIIe siècle : comment concilier ces contraires?

Mais n'aurions-nous pas fait œuvre factice? N'aurions-nous pas pris les fabliaux trop au sérieux?

On dira : les uns sont ingénieux, spirituels, agréablement machinés? N'était-il pas suffisant de marquer d'un mot ces qualités primesautières et médiocres, ce don de décrire avec gaieté le train courant des choses? Amusons-nous un instant de ces fugitives amusettes, — et passons.

Pour d'autres fabliaux, — les contes grivois, — qu'importent ces monotones escapades d'amants surpris, les aventures sans cesse renouvelées du prêtre et de la prêtresse? Ici encore, passons vite.

Enfin, pour les contes vraiment honteux, n'y a-t-il pas injustice à en rendre responsable une époque? Ne les retrouve-t-on pas — les mêmes — dans les bas-fonds de toutes les littératures? Pourquoi les arracher, comme des papillons nocturnes, des coins réservés et obscurs des bibliothèques? — Certes, nul n'a de meilleures raisons que nous de n'en point exagérer la portée. N'avons-nous pas dû, pour les besoins de ce travail, dépouiller des centaines de recueils analogues? Nous la connaissons aussi bien que personne, pour l'avoir retrouvée, identique à travers les civilisations, la même chez l'Anglais puritain, la même chez le Français *léger* et chez le pudique Allemand, la même chez les très érudits conteurs germaniques Bebel et Frischlin, ces savants en *us* de la paillardise, la même sous le musc et la poudre des alcôves du xviii⁰ siècle, — nous la connaissons, l'incroyable monotonie de l'obscénité humaine.

Ces critiques porteraient juste, si nous nous confinions ici dans l'examen des fabliaux. Mais c'est artificiellement que l'on groupe ces œuvres de trente poètes divers. C'est arbitrairement que, les ayant groupées, on les isole de la poésie ambiante. Cessons de tenir nos yeux obstinément fixés sur les six volumes de MM. A. de Montaiglon et G. Raynaud. Réintégrons les fabliaux au milieu des œuvres contemporaines, comme on replace dans son contexte une phrase d'un écrivain. — Soudain éclate cette vérité : la moitié des œuvres littéraires du xiii⁰ siècle sont animées du même souffle que les fabliaux. Ils ne sont point des accidents singuliers, négligeables ; mais il existe toute une littérature apparentée, où ils tiennent leur place déterminée, comme un anneau dans une chaîne, comme un nombre dans une série. Ces œuvres, satires, pièces dramatiques, romans, supposent ces mêmes tendances que nous avons appelées « l'esprit des fabliaux ». Cet esprit, c'est l'une des faces les plus significatives de l'esprit même du moyen âge.

I

La moitié des œuvres du xiii⁰ siècle supposent le même état d'esprit général que les fabliaux, les mêmes sources d'amusement et de délectation.

Par exemple, le mépris brutal des femmes est-il le propre de nos conteurs joyeux ? Est-ce pour les besoins de leurs contes gras, pour se conformer à leurs lestes données, qu'ils ont été forcés de peindre, sans y entendre malice, leurs vicieuses héroïnes ? Non ; mais, bien plutôt, s'ils ont extrait ces contes gras, et non d'autres, de la vaste mine des histoires populaires, c'est qu'ils y voyaient d'excellentes illustrations à leurs injurieuses théories, qui préexistaient. Le mépris des femmes est la cause, non l'effet. Cet article de foi : les femmes sont des créatures inférieures, dégradées, vicieuses, — voilà la semence, le ferment des fabliaux.

Ce dogme inspire et anime en effet, auprès des fabliaux, des centaines de petites pièces : le *Blastange des femmes*[1], le *Dit*

---

1. *Jongleurs et trouvères*, p. 75.

des femmes[1], l'*Epître des femmes*, le *Contenance des femmes*[2], la *Similitude de la femme et de la pie*[3], etc.

> Nus ne se doit fier, certes, neis en sa suer...
> Fame semble trois choses: lou, et vorpil, et chate[4]...

Les poètes sont intarissables en tirades injurieuses. La femme, disent-ils,

> Or se rit, or se desconforte,
> Or se het, et or se conforte,
> Or fait semblant que soit marie,
> Or est pencivĕ, or est lie.
> Or est viguereuse, or est vaine;
> Or est maladĕ, or est saine...
> Or ne vuet nul homme vĕoir,
> Or le vuet, or ne le vuet mie[5]...

Ainsi, pendant trois cents vers. — Le *Dolopathos* nous dit de même :

> Fame se change en petit d'eure;
> Orendroit rit, orendroit pleure;
> Or chace, or fuit; or het, or aime;
> Fame est li oisiaus sor la raime,
> Qui or descent et or remonte[6]...

Femme est cochet à vent, qui tourne comme l'écureuil au bois; fuyante et glissante, comme l'anguille et la couleuvre, graisse pour bien oindre, serpent pour bien poindre; le jour, mauviette, la nuit chauve-souris; femme est taverne, sur la grand'route, qui reçoit tout passant; femme est lion pour dominer, colombe par la luxure, chat qui mord *coiement*, souris pour se cacher, jour d'hiver qui est nuit, foudre pour tout brûler, autour pour prendre sa proie, enfer qui a toujours soif et toujours boit. Sitôt qu'elle est bien repue, qu'elle a belle robe, aumônière, ceinture à fermail d'argent, chapel d'orfrei et lacs de soie, comme elle méprise son mari ! C'est elle qui sépare le fils du père, l'ami de l'ami; elle qui brûle les

---

1. Jubinal, *N. Rec.*, II, p. 329.
2. *Jongleurs et trouvères.*
3. Jubinal, *N. Rec.*, II, p. 326. Cf. P. Meyer, *Contes moralisés de Nicole Bozon*, p. XLI.
4. Le *Chastie Musart*, p. p. P. Meyer, *Romania*, XV, strophes XIX, XX.
5. *N. Rec.* de Jubinal, II, p. 170.
6. *Dolopathos*, v. 4254.

bâteaux et renverse les fertés; elle qui fait retentir les trompes de guerre; elle qui fait sortir les couteaux de leur gaîne[1].

Comment la gouverner?

> Donnez-lui poi a mangier,
> Et a vestir et a chaucier;
> Batez la menu et sovent...

La battre, c'est bien le meilleur remède. Un invalide célèbre son bonheur : il peut, s'il délace sa jambe de bois, piler son ail, écraser son poivre, broyer son cumin, attiser son feu, briser ses noix, cheviller sa porte,

> Et puet son chien tuer,
> Vers son porcel ruer,
> Et puet sa femme battre[2].

Rares sont les pièces où ces portraits ironiques revêtent une forme moins grossière, comme ce piquant *Evangile aux femmes*[3], remanié en vingt façons, où, dans chaque quatrain, trois vers sont consacrés à faire des vertus féminines un éloge apparent, que dément et détruit la pointe savamment aiguisée du dernier vers :

> Se uns hom a a femme parlement ou raison,
> L'on ne doit ja cuidier qu'il i ait se bien non;
> De quanques elles dient bien croire les doit-on,
> Tout aussi com le chat, quant il monte au bacon...

> Lor fiance resamble la maison Dedalus :
> Quant l'on est ens entrez, si n'en set issir nus...
> Diseteur de conseils sont par els secouru,
> Autant com oiselet quant sont pris a la glu.

Qui se fie à elles peut être assuré... comme une poignée d'étoupes dans une fournaise. Qui prend conseil d'elles fait sagement... comme le papillon qui se brûle à la chandelle. On peut garder leur amitié... aussi aisément qu'un glaçon en été.

Ne vous rappelez-vous pas encore ces monstres, Chicheface et Bigorne, l'un qui, se repaissant de femmes obéissantes, jeûne sans cesse, l'autre, nourri de femmes rebelles, et qui éclate

---

1. V. le *Tractatus de bonitate et malitia mulierum*, dans les *Romanische inedita* de Paul Heyse, 1856, p. 63, et le *Blasme des femmes*, *Jongleurs et trouvères*, p. 75.

2. *De l'Eschacier* (*Jongleurs et trouvères*, p. 158).

3. Conetans, *Marie de Compiègne et l'Evangile aux f.*, 1876. Cf. *Zts. f. rom. P.*, I, 337, VIII, 24 et 449.

d'embonpoint[1]?— ou ce mythe par lequel le Roman de Renart explique la genèse des animaux? Quand Dieu chassa Adam et Eve du Paradis terrestre, il leur donna une verge miraculeuse. Adam en frappa les eaux de la mer, et il en sortit une brebis; Eve les frappa à son tour; un loup s'élança des flots, qui emporta la brebis; Adam frappa encore une fois : un chien se précipita, qui poursuivit le loup. Ils continuèrent ainsi, Adam faisant naître les doux animaux domestiques, Eve les bêtes sauvages et malfaisantes :

> Les Evain assauvagissoient,
> Et les Adam apprivoisoient[2]...

C'est ce même mépris des femmes qui, dans le *Roman de la Rose*, soulève et fait avancer, par pesants bataillons, les arguments de Raison, de Nature, de Génius. C'est lui qui inspire les tristes démonstrations en *baralipton* de Jehan de Meung, qui devaient si fort affliger, plus d'un siècle après, l'excellente Christine de Pisan.

Est-il besoin de continuer longuement et de montrer, par des analyses et des rapprochements similaires, que chacun des traits de l'esprit des fabliaux se retrouve dans des œuvres apparentées?

Pour laisser de côté les rapprochements de détail, dans ces collections de *dits* moraux, de *bibles* satiriques, de *miroirs du monde*, d'*Estats du monde*, d'*Enseignemens*, de *Chastiemens*, n'est-ce pas, tout comme dans les fabliaux, la même vision ironique, railleuse, optimiste pourtant, de ce monde?

N'est-ce pas, dans toutes ces œuvres, la même hostilité contre les prêtres et les moines, étrange chez ces dévots, qui raille les personnes et non les institutions? n'est-ce pas la même satire sans colère, partant sans pensée ni portée?

La sagesse de Salomon s'exprime en hautaines maximes. Aussitôt, comme un clerc à l'office, le Sancho Pança du moyen âge, Marcoul, lui répond. Et sa voix mordante et rieuse est celle même du bon sens réaliste des fabliaux; elle est l'humble voix de la sagesse des nations; elle exprime la même vérité terre à terre, moyenne et quotidienne.

Enfin et surtout, — si l'on compare l'ensemble de nos contes à l'épopée animale de Renart, — n'y a-t-il pas identité intellec-

---

1. V. le dictionnaire de Godefroy, sous le mot *Chicheface*.
2. *Renart*, éd. Martin, br. XXIV, t. II, p. 337.

tuelle entre les cinquante poètes qui ont rimé les contes d'animaux? Ici et là, éclate le même besoin de rire, aisément contenté; ici et là, on fait appel au même public gouailleur, étranger à de plus hautes inspirations :

> Or me convient tel chose dire
> Dont je vos puisse faire rire :
> Qar je sai bien, ce est la pure,
> Que de sarmon n'avez vos cure,
> Ne de cors saint oïr la vie[1].

Existe-t-il une qualité des contes de Renart qui ne soit aussi un trait des fabliaux, si nous considérons soit ces dons de gaieté, de verve, de prodigieux amusement enfantin, soit l'absence de toute émotion généreuse, soit la raillerie alerte, jamais lassée ni irritée, soit l'absence de toute prétention artistique, en ces narrations vives, hâtées, nues?

N'apparait-il pas clairement que des tendances similaires animent toutes ces œuvres? On peut concevoir un lecteur unique à qui elles s'adresseraient toutes, aux besoins artistiques duquel elles satisferaient, et dont il serait aisé de décrire l'âme. Son esprit parcourrait une sorte de cercle complet, qui le ramènerait des fabliaux au *Roman de Renart*, en passant par tous les poèmes que nous avons énumérés. Ce lecteur idéal des fabliaux, on pourrait presque dresser le catalogue de sa bibliothèque : dans un coin réservé, pour satisfaire ses goûts les plus bas, il dissimulerait les fabliaux ignominieux, le roman de *Trubert*, l'épopée scatologique d'*Audigier* dont le succès a duré plus d'un siècle[2]. Sur un autre rayon, un peu plus en évidence, — les fabliaux lestes, les mille poèmes contre les femmes, *la vie de saint Oison*, *les miracles de saint Tortu et de saint Hareng*, *le martyre de saint Bacchus*, ce spirituel récit des tourments de Bacchus, fils de la vigne, sorte de mythe dionysiaque bourgeois. A la place d'honneur, les meilleures pièces de notre collection de fabliaux, les plus jolis contes de Renart. Enfin, l'on y trouverait aussi, pour satisfaire ses plus hautes aspirations métaphysiques, le Roman de la Rose, car la capacité de son esprit se hausserait jusqu'à goûter la science universitaire de Jehan de Meung, où il se plairait à retrouver l'esprit des fabliaux, pesamment armé de dialectique. Enfin,

---

1. *Renart*, éd. Martin, I, p. 146.
2. V. les nombreuses allusions à ce poème burlesque, réunies par M. P. Meyer, *Romania*, VII, 450, note.

il réserverait même une place à la charmante chante-fable d'*Aucassin et Nicolette* : c'est en cette grêle, spirituelle et ironique figurine de Nicolette que s'incarnerait son plus haut idéal et son plus noble rêve.

II

Telle est l'une des faces de la poésie du xiiie siècle, voici l'autre.

Peut-être se souvient-on que, dans notre revue des fabliaux, nous en avons réservé quelques-uns. On rencontre, en effet, dans nos recueils, entre le *Porcelet* et le fabliau de la *Dame qui servait cent chevaliers de tout point*, quelques récits d'une plus noble essence. Le type en est le conte du *Chevalier au chainse*, que nous connaissons déjà. Tels encore *Guillaume au faucon*[1], le *Chevalier qui recouvra l'amour de sa dame*[2], le *Vair palefroi*, qui est écrit

> Pour remembrer et pour retraire
> Les biens qu'on puet de femme traire,
> Et la douçor et la franchise...[3]

Ici nous sommes transportés dans un tout autre monde, et ces contes, imprégnés de la plus exquise sentimentalité, s'étonnent de se rencontrer en pareille compagnie. On a eu raison de les y laisser pourtant, tout isolés qu'ils s'y trouvent, puisque les hommes du moyen âge, aussi empêchés que nous de fixer aux genres des limites précises, les appelaient des fabliaux. Ils sont à mi-route entre les fabliaux et les lais bretons, entre le *dit d'Aristote* et *Lanval*. Ils sont comme étrangers dans notre collection, mais non dans la littérature du moyen âge. Eux aussi, ils trouvent, dans la poésie contemporaine, de nombreux similaires.

---

1. M R, I, 35.
2. M R, VI, 151.
3. M R, I, 3, v. 29. Ajoutons-en d'autres encore : les uns (*Le Manteau mal taillé*, III, 55, *l'Epervier*, V, 115) sont encore, par leurs données, des contes à rire, mais traités avec le souci de la bienséance, de la délicatesse, le sentiment de ce que la forme ajoute à la matière. D'autres (*Pleine bourse de sens*, III, 67, *Housse partie*, I, 5; II, 30), révèlent même certaines préoccupations morales. Ajoutons enfin les fabliaux fort honnêtes, mais vaguement niais, de la *Folle Largesse* (VI, 116), du *Prudhomme qui rescolt son compere de noier* (I, 27).

Retournons, en effet, la médaille. Exprimons d'un mot le contraste : d'un côté, les fabliaux et Renart; de l'autre, la Table Ronde.

Voici que s'opposent soudain à la gauloiserie, la préciosité; à la dérision, le rêve; à la vilenie, la courtoisie; au mépris narquois des femmes, le cultisme des trouvères lyriques et l'exaltation mystique des compagnons d'Arthur; aux railleries antimonacales, la pureté liliale des légendes pieuses : à Audigier, Girard de Vienne; à Nicolette, Yseut; à Auberée, Guenièvre; à Mabile et à Alison Fénice, Enide; à Boivin de Provins et à Charlot le Juif, Lancelot et Gauvain; à l'observation railleuse de la vie commune et familière, l'envolée à perte d'haleine vers le pays de Féerie.

Jamais, plus que dans les fabliaux et dans la poésie apparentée du XIIIᵉ siècle, on n'a rimé de vilenies, et jamais, plus qu'en ce même XIIIᵉ siècle, on n'a accordé de prix aux vertus de salon, à l'art de penser et de parler courtoisement. Qu'on se rappelle le *Lai de l'Ombre*, le *Lai du Conseil*, les *Enseignements aux dames* de Robert de Blois.

Jamais, plus que dans les fabliaux, on n'a traité familièrement le Dieu des bonnes gens, ni ironiquement son Eglise; et jamais pourtant foi plus ardente n'a fait germer de plus pures, de plus compatissantes légendes de repentir et de miséricorde. Qu'on pense à l'exquise collection des *Miracles de Notre-Dame*, de Gautier de Coincy, le saint François de Sales du XIIIᵉ siècle.

Jamais, plus que dans les fabliaux, les hommes n'ont paru concevoir un idéal de vie rassis et commun, et jamais, plus que dans les chansons de geste contemporaines, dans les poèmes didactiques sur la chevalerie, dans les romans d'aventure, on n'a imaginé un idéal héroïque.

Jamais, plus que dans les fabliaux, on ne s'est rassasié d'une vision réaliste et banale du monde extérieur, et jamais, plus que dans les bestiaires, volucraires et lapidaires de la même époque, on ne s'est ingénié à faire signifier à la nature un symbolisme complexe.

Jamais, pouvions-nous dire après avoir considéré les fabliaux, les femmes n'ont courbé la tête aussi bas qu'au moyen âge, et l'on peut douter, à lire les chansons d'amour, les lais bretons, les romans de la Table Ronde, si jamais elles ont été exaltées aussi haut.

D'abord, par les chansons d'amour, les motets, les jeux-partis, les saluts d'amour, les complaintes d'amour, la poésie lyrique courtoise apporte cette idée, grande en soi, que l'amour doit être la source des vertus sociales. Il recèle une force ennoblissante. L'amant doit se rendre digne de l'objet aimé, par le double exercice de la prouesse et de la courtoisie, et l'amour ne doit se donner qu'à ce prix, car il a pour fin de conduire à la perfection chevaleresque. L'amour est un art : tel est le principe inspirateur de la poésie courtoise, et troubadours et trouvères ont perfectionné cet art jusqu'à la minutie. Ils appliquent toute une rhétorique et une casuistique de l'amour, une dialectique des passions, un code de courtoisie. Les sentiments s'y trouvent catalogués et étiquetés aussi soigneusement que des genres lyriques, asservis à des lois aussi rigides que le serventois, la tençon ou le jeu-parti. Les poètes lyriques connaissent une étiquette cérémonieuse du cœur, une stratégie galante, dont les manœuvres sont réglées comme les pas d'armes des tournois. Puisque le devoir de l'amant est de mériter d'être aimé, et qu'il lui faut *valoir* par sa courtoisie, c'est toute une règle de la stricte observance qu'il doit respecter. Il doit vivre aux yeux de sa dame dans un perpétuel tremblement, comme un être inférieur et soumis, humblement soupirant. Il doit être devant elle comme la licorne, qui, redoutable aux hommes, s'humilie et s'apprivoise au giron d'une jeune fille ; — ou comme le tigre pris au miroir ; — ou comme le phénix qui s'élance de lui-même dans un feu de sarments ; — ou, comme le marinier sur la haute mer, que guide l'étoile polaire, immobile, sereine et froide. C'est un long cortège de bannis de liesse, de malades qui aiment leur maladie et d'espérants désespérés. L'amour n'est plus une passion ; c'est un art, pis encore, un cérémonial. Il aboutit à un sentimentalisme de romances pour guitares, aux saluts d'amour tremblants, aux requêtes d'amour, aux « complaintes douteuses » de vrais chevaliers de la Triste Figure, — bref aux pires fadeurs du troubadourisme.

Puis, comme cette poésie menaçait de se dessécher en une galanterie précieuse et formaliste, l'influence celtique vint servir comme de contre-poids à celle des troubadours. A la galanterie de la poésie provençale s'oppose le sensualisme supérieur des lais bretons. Ici, il ne s'agit plus de bien parler, ni de savoir agencer des rimes, ni de briller dans les tournois. Il ne s'agit plus de *valoir*. Nulle rhétorique de sentiments. Pourquoi Tristan est-il aimé d'Yseut ? Pour son élégance ? ou parce qu'il a su puiser dans le magasin de recettes galantes d'Ovide ou d'André le Chapelain? Non : parce que c'est lui, et parce que c'est elle. Leur passion trouve en elle-même sa cause et sa fin. L'amour est dépourvu dans ces légendes de toute portée plus générale. L'idée du mérite et du démérite moral en est tout-à-fait absente : conception plus naïve, et un peu trop primitive, mais profonde pourtant. La dame n'est plus, comme dans les poésies lyriques imitées des troubadours, une sorte d'idole impassible, qui réclame l'encens des ballades et des chansons tripartites; à la soumission de l'amant à l'amante, succède l'égalité devant la passion. La femme doit aussi être capable de sacrifice : voyez ce beau lai du *Frêne*, qui est la forme la plus archaïque de la légende de Griselidis : une jeune femme, renvoyée par celui qu'elle aime, accueille l'épouse nouvelle venue. « Quand elle sut, dit Marie de France, que son seigneur prenait cette épousée, elle ne lui fit pas plus mauvais visage, mais la servit bonnement et l'honora, » et c'est elle qui pare le lit nuptial, avec une résignation et une patience dignes de la Griselda de Boccace. Elle obéit, non par devoir, mais par une sorte d'instinct. Voilà qui eût étrangement surpris un troubadour, habitué à donner toujours sans recevoir jamais! Donc, plus de règles d'amour dans ces légendes bretonnes; et c'est le contre-pied de la théorie des trouvères lyriques, selon laquelle on ne doit parvenir à l'amour que grâce aux règles réfléchies de la stratégie sentimentale.

Enfin, le sensualisme breton et le cultisme provençal se concilient dans une unité supérieure, qui est l'idéal des romans de la Table Ronde, où l'amour est réciproque, ardent, comme chez les harpeurs bretons, — mais tout ensemble courtois, chevaleresque, savant comme chez les trouvères lyriques.

Alors, en regard des fabliaux qui, à la même époque, se confinent dans leur étroit réalisme, les Romans de la Table Ronde nous ouvrent la porte d'ivoire du monde romantique. Dans un décor enchanté, au milieu d'un univers inconsistant et charmant, une atmosphère surnaturelle nous enveloppe, très lumineuse et très douce. Voici que nous entourent, dans la forêt de Brocéliande, des apparitions fugitives, les fées qui errent dans les bois, près des fontaines. Nous sommes ravis au pays des Héros, vers cette Ile d'Avalon, qui rappelle de si étrange manière les Terres Fortunées, l'île d'Ogygie, les Hespérides des légendes homériques et hésiodiques. Un naturalisme naïf pénètre ce monde, environne les héros d'animaux bienveillants, qui les aident dans leurs entreprises. Nous sommes entraînés au pays de sortilège, vers le jardin que clôt un mur d'air impénétrable, vers l'harmonieux château des *caroles*, vers les forêts où sonnent au loin des cors enchantés, où l'on entend retentir le galop de chasses mystérieuses. Des héros très purs tentent les aventures à travers les surprises d'un monde fantastique. Un beau rêve se construit, mystique, brillant, incomplet, « si vain et si plaisant. »

En vérité, fut-il jamais contraste plus saisissant? N'est-il pas vrai d'abord qu'il n'est pas factice et supposé, mais réel?

Si nous exceptons la littérature des clercs, qui, comme le sermon d'un prêtre à l'église, s'adresse aux âmes les plus différentes; si, laissant de côté les âmes religieuses et mystiques, nous considérons seulement le public à qui parlent les poètes profanes, n'est-il pas vrai que la poésie du XIIIe siècle se répartit, toute, dans l'un ou dans l'autre de ces deux vastes groupes?

Nous sommes en présence de deux cycles complets : l'un qui va des fabliaux au Roman de Renart et au Roman de la Rose : c'est l'esprit réaliste des fabliaux; l'autre, qui va des poésies lyriques courtoises aux romans de Lancelot et de Perceval le Gallois : c'est l'esprit idéaliste de la Table Ronde.

Peut-on imaginer que ces deux catégories d'œuvres aient pu convenir aux mêmes hommes, vivant dans le même temps, sous le ciel de la même patrie?

Rappelons-nous ce lecteur idéal des fabliaux que nous imaginions tout à l'heure et figurons-nous pareillement un lecteur idéal pour qui auraient été composés tous les poèmes apparentés à la Table Ronde. Opposons ces deux hommes, par un regard jeté rapidement sur leurs âmes. Nous verrons se marquer deux conceptions contraires de la vie.

Pour l'un, toute son activité cérébrale allant de *Connebert* à *Aucassin et Nicolette*, toute sa métaphysique étant enclose dans le discours de Génius du *Roman de la Rose*, quel est son rêve de bonheur terrestre? C'est le pays de Cocagne, cher au moyen âge, « où, plus l'on dort et plus l'on gagne, où l'on mange et boit à planté, où les femmes ont d'autant plus d'honneur qu'elles ont moins de vertu, » sorte de vallée de Tempé bourgeoise, et qui eût fait frémir Fénelon. — Dans un grave conte dévot, un homme vend son âme au diable. En échange, que demande ce Faust? Du vin de raisin, du pain de froment, des grues, des oies sauvages, des cygnes rôtis, tant de deniers qu'il en puisse semer, et du pain chaudet, et du vin de Saint-Pourçain[1]... Pour achever le rêve terrestre de notre amateur de fabliaux, que faut-il? une femme qui se plaise, comme Martine, à être battue, et qui s'en venge aussi modérément qu'il est raisonnable de l'espérer de ces créatures inférieures. — Et quelle est sa conception de l'autre vie? C'est — à l'époque de l'*Enfer* de Dante — un enfer de l'imagerie d'Épinal, où Belzébuth, Jupiter et Apollin se plaisent à faire rôtir pour leur table béguinettes et templiers, où, dans la grande salle de Tervagant, ils font bombance de moines blancs et noirs et d'usuriers[2]. Comme contraste, un ciel où règne un Dieu débonnaire, environné de saints qui volontiers jouent aux dés, de martyrs qui chantent des *vaduries*, tandis que les vierges dansent la *tresque* et la *carole*[3]. D'où une morale infiniment simple : il faut cultiver son jardin, se méfier des voisins et des femmes, surveiller la sienne, se gausser, pour ce que rire est le propre de l'homme, observer sa religion, parce qu'il faut penser pour être hérésiarque ou sceptique, bref faire son salut au meilleur compte possible.

L'autre homme, au contraire, conçoit sa vie comme une œuvre d'art dont il est l'ouvrier, au cours de laquelle il doit se perfectionner dans la courtoisie et la prouesse. Il imagine un monde chimérique, soustrait à toute convention sociale. Il le peuple d'allégories et de symboles...

A quoi bon poursuivre ici un parallèle en forme? Il apparaît clairement que ces deux âmes doivent être impénétrables, incommunicables l'une à l'autre; que leurs conceptions n'ont point de commune mesure. Elles sont deux microcosmes, deux monades irréductibles, sans fenêtre ouverte sur la monade voisine.

L'un sculptait l'idéal et l'autre le réel.

N'y a-t-il pas ici plus qu'un contraste, une antinomie?

Or, ces deux mondes coexistent. Bien plus, ils se pénètrent.

Le symbole de cette coexistence et de cette pénétration n'est-il pas dans ce monstre qui est le Roman de la Rose, où Jean de Meung, naïvement, croit continuer l'œuvre de Guillaume

---

1. M R, VI, 111.
2. *Le salut d'Enfer.*
3. *La cour de Paradis.*

de Lorris, alors qu'il la contredit, et qu'il juxtapose l'un et l'autre idéal que nous avons défini?

Cette antinomie, dont la thèse et l'antithèse se posent si curieusement, la peut-on résoudre? Comment concilier ces contradictoires?

CHAPITRE XIII

A QUEL PUBLIC S'ADRESSAIENT LES FABLIAUX

I. Les fabliaux naissent dans la classe bourgeoise, pour elle et par elle. — II. Pourtant, indistinction et confusion des publics : les cercles les plus aristocratiques — d'où les femmes ne sont point exclues — se plaisent aux plus grossiers fabliaux. — Cette confusion des publics correspond à une confusion des genres : l'esprit des fabliaux contamine les genres les plus nobles.

On peut concilier ces contraires.

Ces deux groupes d'œuvres littéraires correspondent à deux publics distincts, et le contraste qui les oppose est le même qui divise les classes sociales : d'une part le monde chevaleresque, d'autre part le monde bourgeois et vilain. La première fois, ou à peu près, qu'on nous parle des fabliaux, c'est pour les appeler les *fabellae ignobilium*. Ils sont la poésie des petites gens. Le réalisme terre à terre, la conception gaie et ironique de la vie, tous ces traits distinctifs des fabliaux, du Roman de la Rose, du Roman de Renart, dessinent aussi la physionomie des bourgeois. D'autre part, le cultisme, l'idéalisme transcendant, tous ces traits qui marquent la poésie lyrique et les romans de la Table Ronde, tracent aussi la physionomie des chevaliers. Il y a d'un bourgeois du XIIIe siècle à un baron précisément la même distance que d'un fabliau à une noble légende aventureuse. A chacun sa littérature propre : ici la poésie des châteaux, là celle des carrefours.

I

Cette explication si simple est, en grande partie, fondée en vérité.

Il est exact, en effet, que les fabliaux sont originairement l'œuvre des bourgeois. Le genre naquit le jour où se fut vraiment constituée une classe bourgeoise ; il fleurit concurremment à toute une littérature bourgeoise. C'est ce qu'il sera aisé de montrer.

La première période de notre littérature, dont on peut fixer le terme au milieu du XIIe siècle, est exclusivement épique ou religieuse; c'est la chanson de Roland, ou c'est la Légende de Saint-Alexis. « La poésie nationale naît et se développe surtout dans la classe guerrière, comprenant les princes, les seigneurs, et tous ceux qui se rattachaient à eux[1]. » — Mais cette poésie guerrière et féodale s'adresse par la suite des temps — et très anciennement déjà, — à un public moins aristocratique; et dans les plus hautaines épopées, se glisse un élément comique, plaisant, vilain[2]. C'est le germe des fabliaux. Ainsi le bon géant Rainoart égaye de ses énormes facéties la sombre chanson des *Aleschans*. Ainsi, dans *Aimery de Narbonne*, apparaît le type d'Ernaut de Girone, caricature héroï-comique qui ne déparerait pas nos fabliaux. Il est très téméraire, très gabeur :

> Mais tos ses diz torna a fausseté :
> Que il disoit, voiant tot son barné,
> Que femme rousse n'avroit en son aé;
> Puis en ot une, en court terme passé,
> Qu'il n'ot si laide en une grant cité;
> D'un pié clocha, un oil ot avuglé,
> Et si fu rousse, et il rous, par verté.
> Et après s'est d'autre chose vanté :
> Qu'il ne fuiroit d'estor por homme né,
> Puis l'enchaucierent Sarrazin desfaé
> Quatre liues dès que dedens un gué,
> Et l'enbatirent dedens outre son gré :
> Et non porcant, si fu de grant bonté,

c'est-à-dire :

> Au demeurant le meilleur fils du monde.

N'est-ce pas l'esprit marotique ? n'est-ce pas l'esprit des fabliaux ?

Dans *Aiol*, pendant trois cents vers, le noble héros est poursuivi, à son entrée dans Orléans, par des troupes de *léchcors*, de *pautonniers*, de sergents, d'écuyers. A la tête de cette horde qui le *gabe* et l'*escharnit*, considérez ce couple, qui semble

---

1. G. Paris, *La Littérature française au moyen âge*, 2e édition, p. 36.
2. Je ne crois pas qu'on puisse en trouver la plus ancienne trace dans l'épisode des cuisiniers de la Chanson de Roland, à qui Charlemagne confie Ganelon prisonnier (laisse CLXI, éd. Gautier). L'intention n'y est pas comique, et rien que de grave dans cette chanson.

échappé des fabliaux[1], Hagenou l'enivré, bourgeois enrichi par l'usure et le commerce de la triperie, et sa femme Hersent « au ventre grant » :

> Chele ne voit nul home par ci passer
> Que maintenant ne sache un gab doner :
> S'ele voit un coutel grant, acheré,
> Son ronchi li avroit ja escoué...

Ce grotesque couple ne grimace-t-il pas ici aussi bien que, dans les fabliaux, Sire Hain et dame Anieuse, Gombert et dame Ermo? Quand le noble Aiol, beau, fier, pauvre, entre dans Orléans, marchands et vilains le poursuivent de leurs huées. De même, quand, dans une commune bourgeoise, passent les épopées, ils rient et raillent. Très anciennement déjà, la parodie bourgeoise atteint les nobles chansons de geste : qu'on se rappelle ces antiques parodies le *Pèlerinage de Charlemagne à Jérusalem*, et *Audigier*; l'une fine, rieuse, avec ses *gabs* étranges, « le plus ancien spécimen de l'esprit parisien »; l'autre, grossière, ordurière. Tout l'esprit des fabliaux y est déjà enclos : tantôt mesuré dans *Auberée* ou le *Pauvre mercier*, comme dans la *Chanson du pèlerinage*, tantôt odieusement obscène dans *Jouglet* ou dans le *Maignien*, comme dans *Audigier*.

Que s'est-il donc passé? Pourquoi cette verve amusée ou grossière envahit-elle le genre élevé, grave, hautain par excellence? La classe bourgeoise est née. Alors, en 1159, paraît le fabliau de *Richeut*.

Plaçons-nous au milieu du xiie siècle. La période qui commence, et qui se prolonge pendant tout le siècle suivant, est, par excellence, l'époque heureuse du moyen âge. Point de grandes guerres sur le sol français; point de graves malheurs nationaux. Ce fut une rare période de prospérité matérielle, de splendeur morale, grâce à laquelle le moyen âge a pu réaliser sa conception spéciale (et incomplète) de la beauté. Cette paix, ce bonheur matériel engendre deux mondes : elle donne aux cours seigneuriales le goût de l'élégance, aux bourgeois le rire. Elle crée d'une part l'esprit courtois, qui aboutit à la préciosité et trouve son expression accomplie dans *Cligès* ou dans le *Chevalier aux deux épées*; d'autre part l'esprit bourgeois ou gaulois, qui aboutit à l'obscénité, et qui se résume dans les fabliaux ou dans *Renart*.

---

[1]. Cet épisode, *Aiol gabé et escharni*, existait déjà dans le prototype du poème qui nous est parvenu remanié. V. le texte de Raimbaud d'Orange, qui le prouve (éd. Normand et Raynaud, p. XXII).

Ainsi naît la littérature bourgeoise, qui n'aurait pu se développer cinquante ans plus tôt, au son des cloches des beffrois ameutant les hommes des villes contre leurs seigneurs ou leurs évêques. Si le bon comte de Soissons a raison, pendant la bataille de Mansourah, de songer à ces *chambres des dames* des châteaux de France où fleurissent les vers courtois, la même joie de vivre s'épanouit dans les communes et dans les âmes bourgeoises. Quand un de ces marchands revient la bourse lourde, par les routes plus sûres, d'une des grandes foires champenoises ou flamandes et qu'il rentre dans sa ville bien fermée, il se sent mis en gaieté, comme un bourgeois d'Aristophane, par le son des écus, l'odeur des bonnes cuisines, et la prospérité engendre le loisir — et la paresse, mère de l'art. Comme il s'est plu à orner sa confortable maison familiale, il faut qu'il orne et pare aussi son esprit. Il lui faut ses jongleurs qui viennent, dans les repas des corps de métier, chanter sa gloire, comme celle des douze pairs, et déclamer devant lui les dits des *fevres*, des *boulengiers*, des *peintres*, qui sont pour lui ce qu'étaient les odes de Pindare pour les bourgeois de Mycènes ou de Mégare. En contraste avec la littérature des châteaux, naît la littérature du tiers.

Nous avons peine à nous figurer aujourd'hui quel fut alors l'éclat de ces grandes communes picardes, flamandes, artésiennes. Arras, célèbre par ses tapisseries, par le travail des métaux et des pierreries, par ces métiers de luxe où l'artisan est un artiste, paraît avoir été la ville-type. Les bourgeois y ont leurs poètes : ils sont poètes eux-mêmes, et s'organisent en confréries. Ils ont conscience, ce qui est précieux pour l'art, de former une école littéraire, presque une coterie :

> Arras est escole de tout bien entendre :
> Qui voudroit d'Arras le plus caitif prendre
> En autres païs se puet por bon vendre [1].

---

1. Cf. le serventois de messire Alart de Caus, *Hist. litt.*, XXIII, p. 523 :

> A Deu commant les bonnes gens d'Arras,
> Que autres gens ne savent honour faire...

V. les *Congiés* de Jean Bodel, de Baude Fastoul, d'Adam de la Halle, ou cette pièce d'Andrieu Contredit :

> Arras, pleine de baudour,
> A vous congié prenderai :
> Dieu vous maintegne en honour ;
> Des cités estes la flour.

La vie paraît y avoir été brillante et douce. Adam de la Halle fut obligé de la quitter un jour et de s'en aller

> Souspirant en terre estrange
> Fors du douc païs d'Artois.

Il s'écrie, en la quittant :

> Encor me semble-il que je voie
> Que li airs arde et reflamboie
> De vos festes et de vo gieu !

Quand il y peut rentrer, les vers où sa joie s'exprime font songer à la douceur angevine qui rappelait Joachim du Bellay vers son petit Liré :

> De tant com plus aproisme mon païs,
> Me renouvele amors plus et esprent,
> Et plus me semble, en aprochant, jolis,
> Et plus li airs, et plus truis douce gent...

Plusieurs générations de poètes s'y succèdent, de Jehan Bodel à Baude Fastoul. Ce n'est pas ici le lieu d'étudier cette école, encore obscure[1]. Mais si nous négligeons la foule des *poetae minores*, les Gilles le Vinier, les Jehan le Cuvelier, les Lambert Ferri, à ne considérer que les noms plus célèbres, Jean Bretel, Jean Bodel, Adam de la Halle, les mêmes traits marquent leurs œuvres, le *Jeu de Saint-Nicolas*, les *Congés*, le *Jeu de la Feuillée*. Ces bourgeois-poètes sont mal faits pour le rêve comme pour la colère, fins et grossiers tout ensemble, d'une bonhomie finaude, reposés dans un optimisme de gens satisfaits, passionnés seulement pour leurs querelles municipales d'échevin à échevin, sans autre souci que de réaliser leur idéal de prudhomie, qui est l'art de bien vivre, et l'ensemble des vertus médiocres. Ils étaient bons chrétiens et détestaient leurs prêtres ; ils aimaient leurs femmes et méprisaient les femmes. Grassement heureux, ils développèrent une littérature de comptoir, une poésie de bons vivants, bien faite pour leurs âmes spirituelles et communes. C'est bien eux qui ont fait fleurir les fabliaux, car c'est à eux que les fabliaux conviennent excellemment.

II

De ce qui précède, il paraît bien ressortir que le public qui écoutait *Perceval* ou les chansons courtoises, n'était pas le

---

[1]. V. Louis Passy, *Bibliothèque de l'École des Chartes*, 1859.

— 334 —

même devant qui l'on disait l'aventure de la *Pucelle qui abreuvait le poulain* ou la *Sorisette des étopes*. Non; mais les contes qu'écoutaient les chevaliers, c'étaient le *Vair Palefroi*, le *lai de l'Ombre*, le dit de *Folle Largesse* de Philippe de Beaumanoir, le *lai d'Aristote*. Le reste était pour les bourgeois, après boire, ou pour le menu peuple.

Pourtant, si nous interrogeons les prologues des fabliaux, un étonnement nous saisit. A qui s'adressent nos poètes? La plupart de leurs contes nous laissent dans l'incertitude; mais, dans aucun, il n'est dit explicitement que le jongleur récite devant des bourgeois. De plusieurs, au contraire, il ressort clairement qu'il parle devant un public de seigneurs.

Le plus souvent, quand, « aux fêtes et aux veillées[1] », à la fin d'un grand repas[2], il s'adresse à la foule tumultueuse pour implorer son attention[3], pour annoncer son sujet ou pour tirer quelque plaisante moralité, il interpelle son public de ce nom : « Seigneurs[4] ! » Malheureusement, ce titre ne nous renseigne point : il n'est, comme on sait, qu'une formule commune de politesse, indifféremment applicable à des nobles ou à des bourgeois. Voici, par contre, quelques vers plus

1. MR, III, 73.
2.
    Or ai mon fablel trait a fin,
    Si devons demander le vin...
        (*La Bourse pleine de sens*, variante du ms. C.)

    Et li sires qui toz biens done
    Gart cels de male destinée
    Qui ceste rime ont escoutée,
    Et celui qui l'a devisée :
    Donne-moi boire, si t'agrée !
        (*Le Pauvre mercier*, III, 36.)

3. Or escoutés, laissiés moi dire !... (V. 130.)

    Rien ne vaut, se chascuns ne m'ot,
    Quar cil pert mout bien l'auleluye,
    Qui pour un noiseus le desluie. (I, 6, p. 98).

    Or faites pais, si m'entendez ! (III, 62.)

    Traiés en ça, s'oiez un conte ! (II, 34.)

Cf. I, 24, V, 110.

4. Seignor, oiez un nouveau conte. (III, 65).

    Seignor, volez que je vos die ?... (III, 78)

    Seignor, se vos volez atendre
    Et un seul petitet entendre... (I, 2.)

Cf. III, 84, v. 578; V, 135, etc., etc.

explicites, où le jongleur emploie des appellations qui ne sauraient, en aucun cas, s'adresser à des non-nobles :

> Cis fabliaus dit, seignor *baron* [1]...

> Seignor, vallez et *damoisel*,
> Soviegne vos de cest fablel [2] !...

> Ce sont risées pour esbattre
> *Les rois, les princes et les contes* [3]...

> Por une *haute cort* servir [4]...

> On tient le menestrel a sage
> De fere biaus dis et biaus contes
> Qu'on dit *devant dus, devant contes* [5].

Ailleurs encore :

> Cil qui sevent de jouglerie
> Vielent par devant le *conte* :
> Aucun i a qui *fabliaus* conte,
> Ou il ot mainte gaberie [6].

Nous savons que l'art de dire des contes était fort apprécié chez les grands seigneurs. C'est par ce talent que Gautier d'Aupais, qui sert comme guetteur et sonneur de trompe aux créneaux d'un donjon, parvient à se rapprocher de la fille du châtelain, qu'il aime. Ailleurs, le vieux comte de Ponthieu est présenté au soudan d'Aumarie comme bon joueur d'échecs et *bon diseur de contes* [7]. — Gautier d'Aupais, dira-t-on, et le comte de Ponthieu ne disaient, l'un à sa noble amante, l'autre au soudan, que des récits élégants. Nous le croyons volontiers. Voici pourtant des seigneurs un peu moins délicats; nous sommes [8] en bonne compagnie,

> Chez un *baron*
> Qui mout estoit de grant renom,

et dont la fille était « desdaigneuse » à l'excès. Après souper, ses nobles convives se mettent à dire des contes. Quels récits

1. M R, IV, 97.
2. M R, VI, 140.
3. M R, III, 72.
4. M R, V, 135, v. 5. J'adopte la leçon de B, qui est la seule correcte.
5. M R, I, 4.
6. M R, III, 80, v. 146.
7. *Nouvelles en prose du XIII* s.*, p. p. d'Héricaut et Moland, *Roman de la comtesse de Ponthieu.* V. d'autres textes cités au chapitre suivant.
8. M R, III, 65.

charmeront leur veillée? De pures et chevaleresques légendes?
non point :

> Si commencierent à border
> Et contoient de lor aviaus
> Lor aventures, lor fabliaus,
> Tant que li uns...

Tant que l'un... dit une telle incongruité qu'il serait impossible de citer plus avant, et que la jeune fille présente se pâma. Mais, dit le poète, c'est une bégueule, et la suite du conte a pour but de la châtier de cette pruderie excessive, inouïe.

Voilà, certes, qui est significatif à souhait. Nous savons d'ailleurs que la pruderie de cette fille de baron était en effet très anormale, et — si étrange que le fait puisse paraître — les fabliaux étaient souvent récités devant des femmes. M. G. Paris nous dit : « Ces contes ne sont pas écrits pour les femmes et on les récitait sans doute en général quand elles s'étaient retirées[1]. » Nous devons l'admettre, car le contraire serait inexplicable et monstrueux. Encore faut-il prendre garde à cette restriction nécessaire de M. G. Paris : « en général. » Parfois, en effet, nos jongleurs s'adressent à un auditoire d'où l'élément féminin n'est pas exclu. Certes, La Fontaine, en ses contes, trouve un malin plaisir à prendre à témoin ses lectrices; en fait, les grandes dames de son temps ne se faisaient point scrupule de les lire et nous serions trop puritains de nous en offenser, comme fit Mme de Grignan. Mme de Sévigné, qui cite les *Contes* à plusieurs reprises, n'écrit-elle pas à sa fille, mariée depuis deux ans seulement : « Ne rejetez point si loin
« les nouvelles œuvres de La Fontaine. Il y a des fables qui
« vous serviront et des contes qui vous charmeront : la fin des
« *Oies de frère Philippe*, les *Rémois*, le *Petit chien*, tout cela
« est très joli. Il n'y a que ce qui n'est point de ce style qui
« est plat[2]. » Encore faut-il considérer qu'autre chose est la lecture solitaire à huis clos, d'un conte gras, autre chose la récitation publique, dans une fête, devant des hommes et des femmes assemblés. Par exemple nous nous figurons malaisément que l'année qui suivit cette lettre de Mme de Sévigné (1672), le soir où le vieux Corneille lut *Pulchérie* chez le duc de La Rochefoucauld, La Fontaine ait pu y produire, entre deux

---

1. *Litt. franç. au m. d.*, 2e édition, p. 113.
2. Lettre du 6 mai 1671.

actes, par manière d'intermède, devant Mme de Sévigné, devant la jeune Mme de Nemours, devant Mme de La Fayette, Mme de Thianges et Mme de Coulanges, le conte des *Lunettes*.

Le xiiie siècle était moins chaste ou, si l'on veut, moins prude. Certes, la charmante Lyriope du roman de Robert de Blois[1], qui est le parangon de la civilité puérile et honnête de l'époque, qui sait, selon les règles de l'éducation courtoise, apprivoiser éperviers et faucons, jouer aux échecs et aux *tables*,

> Chanter chansons, envoiséures,
> Lire romans et *conter fables*,

serait incapable de conserver, dans ce répertoire de *fables*, le *Prestre et le mouton* du jongleur Haiseau[2]. Nous voulons bien encore négliger, comme personnages imaginaires, les joyeuses chanoinesses de Cologne qui, au bain, demandent des contes au jongleur Watriquet Brassenel : « Dis-nous, lui demandent-elles,

> Des paroles crasses et doilles,
> Si que de risées nous moilles[3]. »

Voici pourtant une série de textes explicites, où les jongleurs s'adressent à des femmes, qui sont là, devant eux, tandis qu'ils récitent des fabliaux non point légers, grivois, — mais ignominieux.

L'un termine, en ces termes, le récit d'un songe odieusement déshonnête :

> Ainsi tourna le songe à bien.
> Autressi face a moi le mien,
> Et a ces dames qui ci sont[4].

L'autre s'adresse à son auditoire, au début du fabliau de la *Male dame*, dont je ne puis citer le titre *in extenso* :

> ...Seigneur,
> Oez une essample petite,
> Et les dames, tout ensement,
> Y repregnent chastiement...

---

1. *Lautliche Untersuchung über die Werke Robert's von Blois*, diss. de Zurich, par Mme Colvin, 1888.
2. MR, VI, 111.
3. MR, V, 132.
4. *La Damoiselle qui sonjoit*, v. 131.

Est-il possible d'imaginer un conte plus répugnant que le *Pécheur de Pont-sur-Seine*? En voici les derniers vers :

> *Se dames dient que je ment,*
> Soufrir le vueil, atant m'en tais.
> De m'aventure n'i a mais [1].

Trois meschines — et ce fabliau est une triste vilenie — se prennent de querelle au sujet d'une poudre de beauté qu'elles ont achetée en commun et que l'une d'elles a renversée. Le trouvère demande aux seigneurs et aux dames qui l'écoutent de se faire les arbitres de leur différend :

> Signor et *dames* qui savez,
> De droit jugiez, sans délaier,
> Qui ceste poudre doit paiier [2]

Ainsi ferait Martial d'Auvergne, en un jugement de cour d'amour, pour résoudre quelque subtile difficulté de procédure sentimentale !

Notez qu'il n'y a pas un seul de ces contes que, de nos jours, un homme d'éducation moyenne et de médiocre élévation morale oserait raconter sans répugnance, je ne dis pas devant des femmes, mais devant des hommes plus âgés ou plus jeunes que lui.

Nous ne saurions croire, pourtant, que ces auditrices de fabliaux fussent nécessairement des bourgeoises ou des vilaines. Nous savons que les sociétés les plus aristocratiques du temps admettaient d'étranges propos. Entre tant de témoignages qu'on pourrait alléguer, en voici un que j'emprunte à notre collection de fabliaux. Dans le *Sentier battu*[3], Jean de Condé nous introduit dans un cercle de grands seigneurs et de grandes dames, réunis pour un tournoi près de Péronne. Ils s'amusent à des « jeux innocents », au *Jeu du Roi et de la Reine* et ce divertissement nous est représenté, sans la moindre arrière-pensée ironique, comme l'un des passe-temps les plus délicats des cercles aristocratiques. Jean de Condé devait se connaître en matière d'élégance, puisqu'il fut le ménestrel attitré des comtes de Flandre, qu'il passa toute sa longue vie dans leurs châteaux, et ne rima jamais que pour le plaisir de leur

---

1. M R, III, 63.
2. M R, III, 64, v. 124.
3. M R, III, 85.

cour. Or, il se trouve qu'il s'engage, entre une de ces nobles dames et un chevalier « assez courtois et biau parlier », un duel d'équivoques si rebutantes que cet aristocratique fabliau est l'un des plus véritablement grossiers que nous possédions, et qu'il nous fait comprendre cet acte du concile de Worcester, en 1240 : « *non sustineant fieri ludos de rege et regina.* »

Nous ne pouvons plus maintenant nous étonner outre mesure, si nous trouvons ce beau nom de courtoisie appliqué à des poèmes que volontiers nous appellerions des vilenies :

> Or oiés un fablel *courtois*[1] !

Ainsi débute le fabliau du *Porcelet*, qui mérite son titre à merveille !

> D'une aventure *mout courtoise*
> Vous voil conter[2]...

Cette aventure « mout courtoise » est celle de la « bourgeoise qui fist batre son mari, » et il n'est pas probable que le poète parle ironiquement.

Ainsi ces publics, bourgeois et chevaleresque, si opposés tout à l'heure, se rapprochent étrangement.

III

D'ailleurs, s'il est vrai de dire que les fabliaux sont l'œuvre de l'esprit bourgeois, les textes ne nous montrent pas qu'ils fussent considérés comme un genre méprisable, bon pour le seul *popellus*, pour la seule *gent menue*. Ils n'étaient point, comme des serfs, proscrits des nobles cours; mais, indistinctement, ils prenaient rang auprès des poèmes les plus aristocratiques. Nulle hiérarchie, aucune règle de préséance. Le roi Dolapathos tient une grande cour :

> Chevalier, dames et danzeles,
> Escuier, valet et puceles
> Toute lor volonté fesoient :
> Ça X, ça XX se desduisoient.
> Li uns chante, li autres conte,
> Et *chansons* et *fabliaux* reconte[3].

Le poète d'une des branches de *Renart* rappelle à ses audi-

1. M R, IV, 100.
2. M R, IV, 101.
3. *Dolopathos*, v. 2780 ss.

teurs qu'ils ont entendu, indifféremment, les nobles romans de Troie, de Tristan, des chansons de geste et des fabliaux :

> Seigneur, oï avez maint conte
> Que maint conterre vous raconte,
> Comment Paris ravit Elaine,
> Le mal qu'il en ot et la paine ;
> De Tristan, qui la Chievre fist,
> *Et fabliaus et chansons de geste*[1].

La promiscuité de ces genres nous est matériellement attestée par les manuscrits. Prenons-en un au hasard, non parmi ceux que les jongleurs portaient dans leur escarcelle, et où il ne faut point s'étonner de trouver représentés les genres les plus divers; car le répertoire d'un jongleur devait satisfaire, selon les hasards de la vie errante, aux goûts des auditoires les plus contrastés. Non : choisissons un manuscrit de luxe, écrit sur beau parchemin par d'habiles calligraphes, pour la joie de quelque haut baron. Feuilletons-le : quelle confusion des genres[2] !

Vous pourrez y lire les courtoises aventures du *Chevalier aux deux épées*, et quand vous serez las, l'histoire de la *Male Dame*, dont je ne saurais citer complètement le titre : mais le manuscrit le donne tout entier. Vous y rencontrerez ici la noble dame de Garadigan, plus loin la vieille Auberée. Vous passerez du Castel peureux et de la Gaste chapelle au taudis du *Vilain qui cuida estre mors*. Voici le duel d'Olivier et de Fierabras, beau comme une page du *Romancero* ; et voici l'équipée grotesque du *Prestre qui abevete*. Voici la *Chevalerie Ogier*, le roman d'*Enéas*; tournez les feuillets de parchemin : vous trouverez le conte de la *Grue*. L'élégant *Lai de l'Ombre* est tout voisin de l'obscène fabliau des *Souhaits Saint-Martin*. — Cela nous choque, mais ne choquait pas nos ancêtres.

Cette promiscuité de l'esprit des fabliaux et de l'esprit cour-

---

1. *Renart*, éd. Martin, branche II, t. I, p. 91. — Dans le *Roman de la Rose* (éd. Méon v. 8379), Ami demande s'il ne serait pas avantageux pour un amant qui veut conquérir l'amour de sa dame

> Qu'il féist rimes jolietes,
> *Motez, fabliaus ou chansonnettes*,
> Qu'il voet a s'amie envoier,
> Por li chevir et apaier...

2. Le ms. en question est celui de la B. N., f. fr. 12603. On en trouvera la description dans le *Jahrbuch f. rom. u. engl. lit., Neue Folge*, I, p. 285 (Foerster).

tois est plus profonde encore, et l'on peut dire que les fabliaux ont contaminé les genres les plus aristocratiques. Considérons un instant, pour le prouver, les seuls genres lyriques.

Voici les pastourelles, ces paysanneries infiniment élégantes, délicates jusqu'à la mièvrerie, où de nobles poètes se plaisaient à évoquer, en troupes « de feuillée et de mai chargées », des bergers et des bergerettes, « polis et agréables » comme dans les églogues de Fontenelle, enrubannés, artificiels à souhait, et faux autant qu'on peut le désirer. Or, dans cette exquise collection, ne trouvons-nous pas, sous les noms du comte de la Marche, du duc de Brabant, de Thibaut de Champagne, des pièces indignes de la gracieuse Marion, des scènes de viol cyniques, l'inspiration des pires fabliaux[1] ? — La rythmique compliquée des chansons d'amour, entrelacements ingénieux de rimes, tripartition de la strophe et du poème, toutes ces minutieuses entraves où les poètes chevaleresques aimaient à enserrer leurs sentiments quintessenciés, servent à Colin Muset pour chanter « le très bon vin sur lie » ou les chapons à la sauce à l'ail; à d'autres poètes pour exprimer, comme les fabliaux, le mépris des femmes :

> En non Deu, ce dist Gobins,
> Mainte femme fet par vin
> Assez de desloiautez ;
> Por un pasté de counin,
> Ou pour l'aisle d'un poucin,
> En fet on sa volenté.
> Ce n'est mie chere vile :
> Quant, por un pasté d'anguile,
> Puet on tel marchié trouver,
> Cil est fous qui met vint livres[2].

Les jeux-partis, asservis à des règles rythmiques tout aussi savantes, destinés à être chantés, au son des vielles, sur des modes ingénieux, sont des poèmes non moins aristocratiques. Mais, auprès de tant de débats où des poètes, sur de minuscules problèmes de casuistique sentimentale, font assaut de courtoisie, on trouve d'étranges discussions, comme celle-ci : Un poète demande à son concurrent : Qu'aimeriez-vous mieux, posséder votre dame sans la voir ni lui parler, ou avoir toute liberté de la voir et de lui parler, sans la posséder jamais?

---

1. V. Bartsch, *Romanzen und Pastourellen*, 1870; II, 4, 6, 17, 19, 62, 75, 76, etc.
2. *Hist. litt.*, t. XXIII, p. 599.

Au cours de la controverse grossière, chacun des deux contestants essuie de son adversaire de lourdes injures, celui-ci parce qu'il porte des béquilles, celui-là parce qu'il a le « ventre gros et farci »[1].

Quels sont ces deux poètes? Qui est cet amant obèse, au ventre farci? Quel est cet autre, le béquillard? L'un est Thibaut, comte de Champagne et roi de Navarre; l'autre est Raoul de Soissons, roi de Chypre, l'un des héros de la cinquième croisade.

On le voit : les genres les plus aristocratiques peuvent être infectés de l'esprit des fabliaux. Inversement, les genres les plus aristocratiques fleurissaient dans les plus bourgeoises sociétés. Ni les bourgeois n'étaient si prosaïques que nous l'avions supposé, ni les chevaliers si idéalistes. Si nous retournions dans cette commune d'Arras, que nous décrivions naguère comme une citadelle de l'esprit bourgeois, et que nous fussions admis quelques instants dans la confrérie des ménestrels, nous pourrions avoir l'illusion de vivre en une compagnie très affinée et très aristocratique. Dans le *puy* d'Arras, institué « pour maintenir amour, joie et jouvent, » là où sont « li bon entendeour » parmi « la gent jolie » des poètes, le prince des ménestrels nous recevrait courtoisement, et nous pourrions douter si nous ne nous trouvons pas dans la *salle* du château de Provins, à quelque fête présidée par Thibaut de Navarre. Nous rencontrerions, là aussi, des seigneurs, Huon châtelain d'Arras, Messire Grieviler, chevalier; auprès de simples artisans, des Mécènes bourgeois. Tel ce Colart Nazard « qui semblait fils d'un roi », Simon Esturion « large en ostel, preu au cheval », les Frekinois, quelques membres de cette dynastie des Pouchinois, dont deux générations de poètes nous disent la louange : par exemple, ce Jakemon, protecteur d'Adam de la Halle,

> Qui ne semble mie bourgeois
> A sa table, mais empèrere...

Rompus aux luttes de partis qu'engendrent les institutions communales, habiles en affaires, entourés d'une clientèle de poètes, sans doute aussi d'artistes, d'architectes, d'orfèvres chargés d'orner leurs hôtels, ces personnages font songer aux riches marchands de la république de Venise. Et, si

---

1. *Hist. litt.*, t. XXIII, p. 703.

nous écoutons les chansons que chanteront au puy Lambert Ferri ou Robert de la Pierre, l'inspiration des poètes artésiens ne le cède point, pour le raffinement des sentiments, à l'école rivale, à la noble cour champenoise. Ils sont, dans leurs chansons d'amour, d'aussi délicats copistes des Provençaux ; dans leurs jeux-partis, ils apportent à la discussion des cas de conscience amoureux le même délicat esprit de sentimentalité procédurière. Comparez la collection de chansons d'Adam de la Halle à celles de Thibaut de Champagne : il n'est guère de pièce si aristocratique de Thibaut que l'on ne puisse attribuer au bourgeois Adam le Bossu ; il n'est guère de pièce si bourgeoise d'Adam que le roi Thibaut n'eût pu signer.

Il semble donc qu'il y ait, au xiiie siècle, jusqu'à un certain point, confusion des genres et promiscuité des publics.

CHAPITRE XIV

LES AUTEURS DES FABLIAUX

I. Poètes amateurs : Henri d'Andeli, Philippe de Beaumanoir; II. Poètes professionnels : 1) les clercs errants, 2) les jongleurs : Rutebeuf; 3) les ménestrels attitrés à la cour des grands : Jehan de Condé, Watriquet de Couvin, Jacques de Baisieux.

Il nous a paru certain qu'il ne fallait pas simplement assimiler les fabliaux à ces collections de contes secrets qui, à toute époque, se cachent dans les coins réservés des bibliothèques. Ils ne forment que la moindre partie d'une série de poèmes analogues, prochement apparentés, qui pullulent. La création de cet ensemble d'œuvres suppose un état de l'âme singulier, une conception spéciale de la vie.

Nous avons défini cet esprit; il nous a semblé le signe et la marque d'une classe sociale distincte. L'esprit gaulois, c'est l'esprit bourgeois, vilain. Il reste vrai qu'on peut diviser par castes les genres du moyen âge, qu'il existait des genres cléricaux, aristocratiques, bourgeois. Pourtant, non sans surprise, nous avons vu des grands seigneurs, voire des grandes dames, écouter volontiers d'ignobles fabliaux ; — les boutiquiers d'Arras rimer des chansons d'un sentimentalisme aussi raffiné que celles de Thibaut de Champagne ; — inversement, Thibaut composer des jeux-partis qui choqueraient par leur grossièreté le bourgeois Jehan Bretel ; — en un mot, l'esprit des fabliaux infecter les genres les plus aristocratiques. Ainsi, les castes du moyen âge, si tranchées dans la vie sociale, se mêlent, dès qu'il s'agit de littérature : une étrange promiscuité confond les publics et les genres, chevaliers et marchands, romans de la Table Ronde et fabliaux.

Comment cette indistinction des publics et cette fusion des genres sont-elles possibles? Nous avons chance de le savoir, si nous considérons maintenant les auteurs des fabliaux.

Esquissons leurs portraits; groupons-les, et parcourons cette galerie. Se ressemblent-ils entre eux, par un air de famille

commun? Se distinguent-ils des poètes qui composaient des
épopées ou des romans de la Table Ronde? L'opinion publique
traitait-elle diversement, avec plus ou moins d'honneur, les
uns et les autres?

I

POÈTES AMATEURS : HENRI D'ANDELI, PHILIPPE DE BEAUMANOIR.

Commençons ce dénombrement par deux conteurs bien différents l'un de l'autre : Henri d'Andeli, auteur du *Lai d'Aristote*; Philippe de Beaumanoir, auteur de la *Folle Largesse*.

Le premier est un clerc, et nous introduit dans le monde
du haut-clergé parisien et normand. Le second est un seigneur
de la comté de Clermont, et nous voici dans le monde chevaleresque.

On ne saurait démontrer qu'aucune cour seigneuriale ni
épiscopale ait été, au XIII° siècle, un foyer où se soient plus
volontiers réunis les conteurs, comme fut la maison florentine
de Pampinea. Dans sa cour de Nérac, Marguerite de Navarre
groupe autour d'elle Bonaventure Despériers, Marot et ses
dames d'honneur. Au château de Genappe, se réunissent les
conteurs dont Antoine de la Salle fut le joyeux secrétaire. Rien
de tout-à-fait semblable au moyen âge.

Pourtant il est certain que, dans le monde des clercs comme
dans celui des chevaliers, ce fut une sorte de mode de salon que de
conter des récits joyeux. Nous avons cité précédemment le texte
d'après lequel un comte de Guines, Baudouin II (1169-1206),
égalait les meilleurs jongleurs par le talent qu'il apportait à dire
les *fabellas ignobilium*. On lit dans les *Enseignements Trebor*
ce conseil à un jeune gentilhomme :

> Fiz, se tu sez *contes conter*
> Ou chançon de geste chanter,
> Ne te laisse pas trop proiier[1].

Henri d'Andeli dut en conter plus d'un, spécialement pour
la société ecclésiastique. Attaché peut-être à la personne
d'Eudes Rigaud, archevêque de Rouen[2], en tout cas familièrement lié avec le chancelier de l'Eglise de Paris, Philippe de

1. *Histoire littéraire*, XXIII, 237.
2. Héron, *Œuvres d'Henri d'Andeli*, p. XX.

Grève[1], il ne devait guère frayer avec le bas-clergé. C'est pour des prélats ou des chanoines très lettrés qu'il a fait combattre Dialectique contre Grammaire[2]. Qui donc, mieux que des prélats, aurait pris plaisir à sa *Bataille des vins*? Ce gai compagnon, à qui le vin de Saint-Jean-d'Angély avait crevé les yeux[3], était capable d'émotion et de haute poésie[4]; capable aussi, dans ses contes, d'élégance et de bon ton. Il fut une manière de Gresset, et, comme lui,

> Fut dans l'Eglise un bel esprit mondain.

Combien de ces contes se sont perdus! C'étaient des amusettes de société, qu'on n'estimait pas valoir le prix du parchemin; une tablette de cire suffisait[5]. Il est heureux pourtant qu'un bout de parchemin nous ait conservé, dessinée par Henri d'Andeli, comme une exquise figurine de miniature, la jeune Indienne du *lai d'Aristote*, qui, dans un verger fleuri, par un matin d'été, se promène en son *bliaut* violet, sa belle tresse blonde abandonnée sur le dos, et chante, en cueillant les fleurettes :

> « Ci me tienent amoretes
> Ou je tieng ma main...[6] »

Quant au monde seigneurial, n'est-il pas curieux que le témoin de cette mode d'y raconter des fabliaux soit Philippe de Remi, sire de Beaumanoir[7]? L'admirable auteur du *Coutumier de Beauvoisis*, le plus grand jurisconsulte du moyen âge, fut (sans doute en sa jeunesse) un aimable poète. Son dit de *Folle Largece* est un gracieux fabliau, un peu fade, dans la manière courtoise et sentimentale de ses deux romans d'aventures, la *Manekine*, *Jehan et Blonde*.

---

1. *Dit du chancelier Philippe*, v. 190, ss.
2. *La bataille des Sept Arts*, éd. Héron, p. 43.
3. *La Bataille des vins*, v. 128, 199.
4. V. le *dit du chancelier Philippe* :

> Deus! tes jugleres ai esté
> Toz tens, et yver et esté.
> De ma vielé seront rotes
> En ceste nuit les cordes totes...

5. V. ci-dessus, p. 14.
6. *Le Lai d'Aristote*, v. 355, ss.
7. Nous remarquons d'autres chevaliers parmi nos auteurs de fabliaux : Sire Jehan le Chapelain, Sire Jehan de Journi. Voyez notre *Appendice* III.

Ces deux contes, le *lai d'Aristote*, le *dit de Fole Largece*, nous montrent ce que durent être ces fabliaux plus élégants destinés aux classes élevées.

Ne nous méprenons pas pourtant sur le degré de retenue courtoise qu'imposait à ces personnages officiels — même à un clerc investi de fonctions sacrées, même à un chevalier jurisconsulte — leur public ecclésiastique ou seigneurial. On trouve chez Henri d'Andeli des vers bien étranges, si l'on songe qu'ils sont l'œuvre d'un clerc qui poétise pour des clercs[1], et Philippe de Beaumanoir ne dédaigne pas de dire, dans les « chambres des dames », des *fatrasies*, des *oiseuses*, ces poésies absurdes que le xviii° siècle cultiva sous le nom d'*amphigouris* :

> Li chans d'une raine
> Saine une balaine
> Ou fons de la mer,
> Et une seraine
> Si em portoit Seine
> Deseur Saint-Omer...
> Se ne fust Warnaviler,
> Noié fuissent en le vaine
> D'une teste de sengler...[2]

Voilà donc la poésie où se complaisait ce haut personnage, Philippe de Beaumanoir, sénéchal de Poitou, puis de Saintonge, puis bailli du roi en Vermandois, en Touraine, à Senlis — et qui fut un grand homme !

Mais jusqu'ici nous n'avons affaire qu'à des rimeurs occasionnels de fabliaux, à des amateurs. Venons-en aux poètes de profession.

II

POÈTES PROFESSIONNELS

1. LES CLERCS ERRANTS

Nous tenons pour assuré qu'un grand nombre de fabliaux ont pour auteurs des clercs errants.

Le fabliau du *Pauvre Mercier* débute ainsi :

> Uns jolis clercs qui s'estudie
> A dire chose de qu'on rie
> Vous vuet dire chose novele...

---

1. Voyez *la bataille des Sept arts*, vers 39, 54, 60, etc...
2. Voyez Suchier, *Œuvres de P. de Beaumanoir*, t. II, p. 274 et p. 305.

De même, le fabliau des *Trois dames qui troverent l'anel*[1] :

> Oiez, seignor, un bon fablel :
> Uns clers le fist...

Et le *Credo au ribaut* :

> Uns certains clercs nos certefie...[2]

A quelle catégorie de clercs avons-nous ici affaire? C'est, à n'en pas douter, à ces déclassés, vieux étudiants, moines manqués, défroqués, qui composent la « famille de Golias », *vagi scholares, clerici vagantes*, goliards, goliardois, pauvres clercs. Le type s'en était dessiné et fixé dès le milieu du xiie siècle[3]. Des quatre coins de la France et de l'Europe, ils étaient venus former le peuple grouillant d'écoliers de ces grandes villes universitaires, où la population scolaire l'emportait souvent en nombre sur la bourgeoisie. Les meilleurs d'entre eux étaient drainés par l'Eglise, pour les fonctions ecclésiastiques. Les pires, perdus par les vices que développait la misère en ces énormes agglomérations de jeunes gens, repoussés des cadres réguliers de la société, erraient par le monde, mendiant et chantant, réunis entre eux d'ailleurs par les liens d'une sorte de franc-maçonnerie obscure et puissante[4]. C'était une manière d'Internationale. Mais, comme le prouve excellem-

---

1. MR, I, 15.
2. Méon, IV, 115.
3. Voyez les pages intéressantes de Oscar Hubatsch, *die Vagantenlieder*, p. 12, ss. — Mes sources sont les trois principales collections des poésies de *vagants*: 1) Ed. du Méril, *Poésies lat. inédites*, Paris, 1847; 2) Wright, *the latin poetries commonly attributed to Walter Mapes*, Camden Society, Londres, 1841 (cf. Wright, *Histoire de la caricature*, p. 143, ss.), et surtout, 3) les *Carmina burana*, p. p. Schmeller, dans la *Bibliothek des litterarischen Vereins in Stuttgart*, t. XVI, 1847. — Les deux principaux travaux que je connaisse (sans parler de ceux qui sont plus spécialement consacrés à Gautier de Lille) sont celui de Giesebrecht, *Allgem. Monatschrift für Wiss. u. Lit.*, 1853, et celui d'O. Hubatsch, *Die lateinischen Vagantenlieder des Mittelalters*, Görlitz, 1870. Cf. Kaufmann, *Geschichte der deutschen Universitäten*, t. I, 1888, p. 148. — Des chants choisis des *vagants* ont été publiés en de nombreuses petites éditions à l'usage du grand public. Kauffmann, *loc. cit.*, en cite quelques-unes.
4. Voyez, par ex., Wright, *op. laud.*, p. 69, *Epistola cujusdam goliardi anglici*.

ment Hubatsch[1], c'est à Paris, la ville universitaire entre toutes, qu'ils avaient leur quartier-général. C'est de France qu'ils se sont répandus vers l'Angleterre, l'Allemagne, le long de la vallée du Danube. Ils étaient surtout accueillis aux tables somptueuses du haut-clergé, où ils chantaient leurs remarquables poésies latines. Mais nos bourgeois, nos paysans connaissaient aussi fort bien ces hôtes errants, spirituels et misérables. Les blasons populaires disaient : « famine de povre clerc[2]. » On les recevait avec indulgence et défiance, comme des enfants gâtés et terribles. Un poète loue grandement les boulangers, dans un petit poème rimé en l'honneur de leur corporation[3], de donner volontiers du pain « aux pauvres clercs ». La charmante Nicolette aime mieux aller en enfer qu'au ciel, parce que c'est là qu'on rencontre les chevaliers « et les beaux clercs ». On leur demandait souvent, comme paiement de leur écot, des chansons ou des contes ; un clerc quitte l'Université de Paris, chassé par la faim :

> Puis qu'il ne s'en seust ou prendre,
> Miauz valt la laissier son aprendre.

Comme il n'a « goutte d'argent » pour rentrer dans son pays, il demande l'hospitalité chez un vilain, qui lui dit : « En attendant que le souper cuise,

> Dan cler, se Deus me benëie,
> — Mainte chose avez ja oïe, —
> Car nos dites une escriture
> Ou de chanson ou d'aventure[4]...

Un passage des *Chroniques de Saint-Denis* nous apprend qu'ils étaient souvent conteurs de fabliaux, par profession : « Il avient aucunes fois que jugleor, enchanteor, *goliardois* et autres manieres de menesterieux s'asemblent aux corz des princes et des barons et des riches homes, et sert chascuns de son mestier... pour avoir dons ou robes ou autres joiaus, et chantant et *content* noviaus motez et *noviaus dis* et risies de diverses guises[5]. »

---

1. *Op. cit.*, p. 16, ss. Cette provenance, en majeure partie française, des *Carmina burana*, est généralement admise aujourd'hui. V. Burckhard, *La civilisation en Italie*, appendice I à la 3ᵉ partie de l'édition revue par Geiger.
2. *Proverbes et dictons populaires*, p.p. Crapelet, Paris, 1831, p. 41.
3. *Le dit des boulengiers, Jongleurs et trouvères*, p. 141.
4. MR, V, 132, *Le povre clerc*.
5. Cité par Wright, *op. laud.*, p. XIV.

On voit, par ce texte, que volontiers on confondait les goliards et les ménestrels, et je crois qu'en effet on peut leur attribuer un grand nombre de fabliaux. Bien plus, on pourrait discerner leur influence sur la plupart des genres littéraires du moyen âge. Je crois que les ménestrels et jongleurs se recrutaient très souvent parmi eux, et qu'ils ont marqué de leur empreinte notre vieille littérature. Ce n'est point là l'opinion commune. On oppose d'ordinaire, beaucoup plus qu'il ne me parait convenir, la poésie latine développée par ces clercs à la poésie française des jongleurs. M. Hubatsch y voit deux mondes distincts, opposés[1]. Il dit textuellement : « Par le métier, jongleurs et goliards, c'est tout un ; ce que les uns étaient pour les laïques, les autres l'étaient pour le clergé. Mais le goliard, en regard du jongleur, a la conscience d'être une créature à part, essentiellement différente... A peu d'exceptions près, jongleurs et ménestrels errent dans la vie, dépouillés de tout droit. Au contraire, le clerc goliard jouit de véritables privilèges ecclésiastiques, et surtout il est conscient d'être un lettré, muni de culture savante, par opposition au jongleur ignorant. » C'est bien là, en effet, l'opinion généralement reçue, que M. Hubatsch résume ainsi : « Par son caractère savant, la poésie des clercs forme un contraste saisissant avec la poésie des laïques. »

Je crois aisé de démontrer, tout au rebours, que les goliards se confondent, à peu près, avec les jongleurs : que, d'une part, ils ont mené la même vie et rencontré dans la société le même traitement; que, d'autre part, la poésie latine développée par eux explique bien des traits de notre vieille poésie française. — Bornons-nous ici, sur ces deux points, aux rapides indications qui conviennent à notre sujet.

D'abord, les vagants ont mené la même vie que les jongleurs et rencontré le même traitement. C'est la même existence errante, au sortir de ces Universités, qui les munissaient de dialectique, mais non d'un gagne-pain[2].

Ils jouissaient, dit M. Hubatsch, de privilèges ecclésias-

---

1. Il consacre, à soutenir cette opinion, un chapitre de son livre, p. 21, sqq.
2. *Carmina burana*, p. 172, n° 89, str. 12.

    O ars dialectica,
    Nunquam esses cognita,
    Quae tot facis clericos
    Exsules ac miseros!

tiques. Oui certes, comme clercs, mais précisément à condition qu'ils n'eussent rien de commun avec la famille de Golias; les canons des synodes et des conciles se succèdent sans relâche de 1223 à 1310 : ils ordonnent que, si un clerc est convaincu de goliardise, après trois avertissements préalables, on lui rase la tête pour faire disparaître toute trace de tonsure, et qu'il soit dépouillé de tout privilège clérical[1]. Dès lors, que leur reste-t-il, sinon d'aller grossir les rangs des jongleurs? De là cette sympathie, que nous avons marquée ailleurs[2], des jongleurs pour les clercs : les clercs sont les jeunes premiers des fabliaux. A eux les bonnes fortunes; à eux les faveurs des bourgeoises égrillardes. La langue emploie sans distinction, *jongleur* et *goliardois*, faisant servir, soit en français[3], soit en latin, l'un de ces mots à expliquer l'autre : « Joculatores, goliardi, vel bufones[4],.... Goliardia, sive histrionia... »

N'avons-nous point, dans notre littérature française, toute une série de petits poèmes qu'on peut attribuer à des goliards, où ils décrivent leur vie et desquels il ressort qu'ils ne formaient qu'une sous-famille de l'espèce *jongleur*?

Telle la *Patenostre aus Goliardois*, où l'on retrouve de vagues réminiscences de la *Confessio Goliae* :

> Vins fait les sons et les conduis[5] !
> *Sicut et nos*..., Je vais ainçois

---

1. Ces textes ont été d'abord réunis par Du Cange(s. v. *golia, goliardia, goliardensis*, etc...) et utilisés, à diverses reprises, par du Méril, Wright, Hubatsch, etc. Concile de Sens, 1223: *clerici ribaldi, maxime qui dicuntur de familia Goliae, tonderi præcipiantur*. Cf. dans Du Cange, les art. des conciles de Trèves (1227), de Tours et de Château-Gonthier (1231), de Normandie (1231), de Cahors, Rhodez et Tulle, 1289 : *clerici, si in histrionatu vel goliarda per annum fuerunt vel breviori tempore, et ter moniti non desistunt, omni privilegio clericali sunt exclusi*. Cf. les conciles de Cologne (1300), de Salzbourg (1310), etc.

2. V. ci-dessus, p. 293.

3. Voir dans Godefroy les mots *goliard, goliardise*, etc.; cf. les exemples anglais réunis par Wright, *op. cit.*

4. Statuts synodaux de 1289, cités par du Méril, *Poésies latines*, t. 2, p. 6; Voy. *ibid.* p. 179-80, en note, un édit de l'archevêque de Brême, rendu en 1289, et dirigé contre les *scolares vagos qui goliardi vel histriones appellantur*.

5.   Poculis accenditur animi lucerna,
        Cor imbutum nectare volat ad superna.
                    (*Confessio Goliae.*)

En la taverne qu'au moustier...
S'aus trois dés vos poez amordre,
Par tens porrez entrer *en l'ordre...*
Et ne nos inducas... Envie
Vous doinst Dieus de mener tel vie,
S'irez en langes et deschaus,
Et par les froiz et par les chaus!..
Ribaut et *goliardois* doivent
Par le pais tels cens deniers
Dont a païer est li premiers...[1]

Comparez ce *lætabundus* goliardois[2] :

Or i parra!
La cervoise nos chantera
Alleluia!
Qui que auques en boit
Si tel soit com estre doit
Res miranda!...
Bevez bel et bel et bien,
Bevez quant l'avez en poin...
Riches gens font lor bruit :
Fesom, nous, nostre deduit
Pari forma!
Benoyt soit li bon voisin
Qui nos done pain et vin
Carne sumpta,
Et la dame de la maison
Qui nous fait chere real ;
Ja ne puisse ele par mal
Esse ceca!
Or bevom al decrain
Per moitiez et puis par plein,
Que nous ne seûm demain
Gens misera!
Amen!

Bien que le goliard vive aux dépens du clergé, sans doute il ne dédaigne pas de rimer des vers français, comme les autres jongleurs, pour la joie du menu peuple :

A tous chiaus qui héent clergie,
Soit la male honte forgie!
Por chou que li clerc me soustiennent,
Et me joiestent et retiennent,
Pour chou hé-je tous les vilains,
Qui héent clers et chapelains.

1. *Jongleurs et Trouvères*, p. 69, Wright, *Latin poems*, p. XL; Bartsch et Horning, *La langue et la littérature française au moyen âge*, col. 602.
2. Wolf, *Ueber die Lais, Sequenzen und Leiche*, p. 439.

> *Christe audi nos, des nous*
> *Qu'il aient brisié les genous!*
> *Tu, pie pater de calis,*
> *Ipsos confundere velis!*

Y a-t-il une différence entre l'idéal du jongleur et celui du goliard, lorsque les vagants nous racontent leur genre de vie dans le *Credo au ribaut*[1] ou dans l'amusante pièce *des Dés, des Femmes et de la Taverne*[2]?

Et pour citer enfin un dernier exemple, quel meilleur type de jongleur que ce clerc qui s'est enfui de son couvent, et qui nous explique comment il a perdu au jeu de *tremerel* non seulement sa chape, son manteau gris, sa cote, mais aussi tout son bagage d'Université, « toute sa clergie, » son psautier, son missel, son antiphonaire, son *Grecisme*, son *Doctrinal* :

> Mes Ovides est a Namur,
> Ma philosophie a Saumur;
> A Bouvines delés Dinant,
> La perdi-je Ovide le grant...
> Mon Lucan et mon Juvenal
> Oubliai-je à Bonival;
> Estace le grant et Virgile
> Perdi-je aus dés a Abevile...

Tant il est vrai que, du goliard au jongleur, il n'y a pas la distance du lettré à l'illettré, mais que, les uns et les autres, ils sont des demi-lettrés!

Ainsi, beaucoup de clercs errants trouvaient un gagne-pain dans la *menestrandie*[3], et notre poésie dut s'en ressentir.

En effet, si nous comparons la poésie latine des clercs à la poésie en langue vulgaire, l'une et l'autre décèlent des influences réciproques.

Certes, ce sont d'abord les différences qui frappent. Ce qu'on remarque au premier coup d'œil c'est le caractère d'*ésotérisme* de la poésie des clercs errants. Entre eux, dans l'intérieur de la famille de Golias, devant leurs pairs, ils peuvent à leur gré rapetasser leurs souvenirs d'Université, mythologiques, pédan-

---

1. Barbazan-Méon, IV, p. 445.
2. Barbazan-Méon, IV, p. 485. Ces deux pièces sont certainement dues à des clercs errants. Pour le *Credo*, voyez le vers 1; pour l'autre pièce, vers 72.
3. Méon, *Nouveau recueil de contes*, t. I.

tesques[1], se complaire à leurs jeux de rimes grammaticaux et amoureux[2].

Entre eux, loin des laïques méprisés[3], loin de ceux que les premiers ils ont appelés les *philistins*, ils peuvent chanter ces poèmes, qui constituent l'essentielle et durable beauté des *Carmina burana*, ceux où ils décrivent leur vie libre, païenne, où ils recopient, en de nombreuses répliques, la superbe confession de Gautier de Lille :

> In taberna quando sumus,
> Non curamus quid sit humus...[4]

Entre eux, ils peuvent chanter leurs belles chansons à boire[5]; entre eux, dire leur mépris de la société régulière :

> Nunquam erit habilis
> Qui non erit instabilis,
> Et corde jocundo
> Non sit vagus mundo,
>   Et recurrat
>   Et transcurrat,
>   Et discurrat
> In orbe rotundo[6].

Mais, à part ces seuls thèmes d'inspiration qu'ils ne peuvent développer que pour leurs seuls confrères, ne trouvons-nous pas

---

1. V. *Carm. bur.*, n° 199, p. 78.
2. V. *Carm. bur.* 85, p. 48, str. 5; 61, p. 151, str. 15.

> Est hoc verbum *diligo*
> Verbum transitivum;
> Nec est per quod transeat
> Nisi per passivum;
> Ergo, cum nil patitur,
> Nil valet activum...

3.   Laïci non sapiunt ea quæ sunt vatis...
     Unde saepe lacrimor, quando vos ridetis...

Carm. bur., p. 74, 194; Cf. 124, p. 198.

4. *Carm. bur.*, 175, p. 235. Cf. 193, p. 251.

> In secta nostra scriptum est :
> Omnia probate!...
> Nemo in itinere
> Contrarius sit ventis,
> Nec, a paupertate,
> Ferat vultum dolentis !...

5.   Potatores exquisiti,
     Licet sitis sine siti...
                               (179, p. 240, 180.)

6. *Carm. bur.*, 177, p. 238. Cf. 79; 197, p. 76; 198, p. 77, etc.

les mêmes motifs exploités dans les *Carmina burana* et dans la littérature vulgaire?

Ce sont, ici et là, des *dits, débats et disputes* : les *Versus d. Nummo*[1] correspondent à *Dan Denier*[2]; le *Débat de l'eau et du vin*[3] au *Conflictus aquae et vini*[4]; *Hueline et Aiglentine*[5], *Florence et Blancheflor*[6] au débat de *Phillis et Flora*[7].

Pour la poésie lyrique, M. Jeanroy a montré quels rapports unissent les chansons des vagants aux chansons courtoises ou populaires[8]. Ces clercs n'ont-ils pas composé, aussi gracieusement que Perrin d'Angecourt ou Jean de Neuville, des pastourelles[9]?

> Exiit diluculo
>   Rustica puella,
> Cum grege, cum baculo,
>   Cum lana novella...
> Sunt in grege parvulo
>   Ovis et asella,
> Vitula cum vitulo,
>   Caper et capella.
> Conspexit in cespite
>   Scholarem sedere :
> « Quid tu facis, domine?
>   Veni mecum ludere[10] ! »

Ces *patenôtres* comiques, ces *Credo au ribaut* de la poésie en langue vulgaire n'ont-ils pas leurs modèles dans les parodies de messes, d'évangiles, de psaumes, qui foisonnent dans les *Carmina burana*? *Sequentia falsi evangeli secundum Marcam argenti...*

Ces clercs ne se sont-ils pas même mêlés au « siècle »? N'avons-nous pas conservé d'eux de remarquables satires, qui

---

1. *Carm. bur.*, 80ᵃ, p. 43.
2. *Hist. Litt.*, XXIII, 263.
3. *Romania*, XVI, 366.
4. *Carm. bur.*, 173, p. 232.
5. Méon, *N. R.*, I, 363.
6. Méon, IV, 354.
7. *Carm. bur.*, 65, p. 155.
8. Jeanroy, *Origines de la poésie lyrique*, p. 304.
9. Voyez dans les *Carm. bur.* les nᵒˢ 50, 52, 118, 119, 120, 121, 122, etc.
10. *Carm. bur.*, 63, p. 115. Comp. *ibid.*, 62 :

Ecce pastores	Abhominantur	Nec meditantur
Temerarii,	Opus manuum;	Curam ovium,
Fabulatores	Lucra sectantur,	
Vaniloquii...	Amant otium,	

ressemblent à nos *bibles*? n'avons-nous pas conservé d'eux même des chansons de croisade[1]?

Ce ne sont ici que de rapides remarques. Mais ces poésies latines me paraissent rendre compte, en tout ou en partie, de plus d'un caractère de notre vieille littérature française.

Elles expliquent d'abord le caractère international des inventions littéraires du moyen âge : ce sont parfois ces clercs qui les colportent à travers l'Europe.

Elles expliquent aussi, pour une petite part, l'introduction de l'allégorie dans notre poésie française. Bien avant Guillaume de Lorris, les goliards ont su familiariser les bourgeois avec les êtres de raison, pour avoir intimement fréquenté ces entités et ces quiddités aux environs de la rue du Fouarre.

De plus, l'hypothèse de Paulin Paris n'est-elle pas généralement admise aujourd'hui que ce sont ces moines manqués, anciens latinistes, qui ont introduit dans la littérature universelle du moyen âge l'épopée animale, le *Roman de Renart?*

Enfin, elles expliquent quelque chose des fabliaux. Ce sont les goliards sans doute qui ont acclimaté dans les lettres profanes ces bons contes à rire qui fleurissent volontiers dans les cloîtres : *le Prêtre aux mûres, le Prêtre qui dit la passion, le Dit des Perdrix* et *l'Enfant de neige*, dont on a de si anciennes formes monacales.

Surtout, ce trait caractéristique des fabliaux, cette haine des femmes, faite de mépris, de curiosité, de crainte, de désir[2], ne s'explique-t-il pas plus aisément par les mœurs de ces moines manqués que par les idées ascétiques des religieux bouddhistes?

2. Les Jongleurs. — Rutebeuf.

Les clercs errants ne forment guère, nous l'avons dit, qu'une sous-famille parmi les jongleurs. Ce sont des jongleurs de profession qui, pour la plupart, sont les auteurs des fabliaux. Vingt d'entre eux, ou environ, nous ont laissé leur signature. Leur nom, leur province d'origine quelquefois, c'est tout ce que nous connaissons d'eux. En général, ils furent

---

1. *Carm. bur.*, 26, 27, p. 29, sqq.
2. Femina, res rea, res male carnea, vel caro tota,
 Strenua perdere, nataque fallere, fallere docta,
 Fossa novissima, vipera pessima, etc...
 (Ed. du Méril, *Poés. lat. inéd.*, t. II, p. 180, note.)

d'assez pauvres hères, semblables à ce Gautier, qui, avant de mettre « en rime fresche et novele » l'aventure du *Prêtre teint*[1], nous raconte avec tristesse comment, à Orléans, « il mangea et but son surcot et sa cote; » comment l'hôte lui fit durement payer sa dépense et jusqu'au sel, à l'ail, au verjus, au bois :

> Tel ostel as maufez commant !

Et pourtant c'est cette *plebs sine nomine*, ce sont ces jongleurs inconnus dont la connaissance nous intéresse le plus.

Que savons-nous de ces vagues jongleurs, de ce Boivin de Provins, pauvre *lecheor* qui jouait de si bons tours aux filles, et du Barbier de Melun, « au visage fleuri comme un groseiller[2] » ? Que savons-nous d'Eustache d'Amiens, de Courtebarbe au nom grotesque, de Colin Malet, d'Enguerrand d'Oisi, de ces Garins et Gautiers indistincts, qui se confondent les uns avec les autres ? Que savons-nous de l'obscène Haiseau, d'Huon le roi, d'Huon Piaucele, d'Huon de Cambrai, de Milon d'Amiens et de tant d'autres qui ont vécu en contant « pour la gent faire rire » ? Ils sont relégués aujourd'hui au fond des appendices[3]; tout ce que nous savons d'eux ne pourrait défrayer la dissertation inaugurale d'un étudiant allemand. Ce sont eux pourtant qui ont répandu ce genre des fabliaux, et qui en furent les responsables colporteurs. Je dirai donc leur biographie collective, ce que la société de leur temps a fait d'eux. — Certes, les textes qui seront ici réunis ne sont guère nouveaux[4]. Souvent, déjà, on les a groupés, mais pour s'amuser de leur vie errante et poétique, pour montrer le pittoresque de leur débraillé. Voyons si nous n'en pourrons pas tirer quelque plus haute, plus triste conclusion.

Quelle vie ont-ils menée ? Ils ont suivi la route bohémienne, celle des truands et des ribauds, par le froid, la faim, la misère. Lequel d'entre eux ne pourrait prendre pour lui cette belle et triste plainte de Rutebeuf?

1. MR, VI, 139.
2. *Rutebeuf*, éd. Kressner, p. 100.
3. Nous avons réuni, à l'appendice III, ce que nous pouvons savoir de ces jongleurs.
4. L'importante étude sur les jongleurs qui occupe, presque tout entier, le tome II des *Epopées françaises* de M. L. Gautier a paru trop tard pour qu'il me fût possible de l'utiliser.

> Ribaut, or estes vous a point !
> Li arbre despouillent lor branches,
> Et vous n'avez de robes point,
> Si en avrez froit a vos hanches !
> Quel vous fussent or li pourpoint,
> Et li sorcot fourré a manches !...
> Vostre soler n'ont mestier d'oint :
> Vous fetes de vos talons planches !
> Les noires mouches vous ont point :
> Or, vous repoinderont les blanches[1] !

Ils ont rimé, en foule, des vers mendiants et spirituels. Je ne dis pas seulement des vers comme Colin Muset : Colin Muset, ce Clément Marot du xiii° siècle, est un heureux, un aristocrate parmi ces ménestrels. Mais combien de ces poëtes crient la faim et demandent non pas « un beau don par courtoisie[2] », mais simplement « une maille, un petit sou, par charité » : « Quelquefois, dit l'un d'entre eux, on me donne bien une cote, un garde corps, un *hérigaut*; plus souvent, quatre, trois, deux deniers; mais je suis celui qui ne refuse monnaie ni maille... Car, que ne peut-on avoir, pour une maille ? On peut avoir du poivre ou du cidre, du bon charbon, des aiguillettes d'acier, ou une potée de vin ou de quoi se faire raser, ou de quoi voir danser les singes et les marmotes, ou une grande demi-livre de pain[3] !.. »

Certes, aux yeux des bourgeois d'alors, le jongleur mérite sa misère, car il est rongé par trois vices : la taverne, les dés, les femmes. A peine a-t-il gagné quelque *surcot* ou quelque *maille*, quelle tentation, s'il vient à passer, ce pauvre irrégulier de la vie, devant une taverne ! Selon l'usage du temps[4], le valet d'auberge est là, sur le pas de la porte, qui le *huche* et le raccole. Il entre. Et là, d'autres ennemis l'attendent, les dés

---

1. *Le dit des ribauz de Greive, Rutebeuf*, éd. Kressner, p. 98.
2. Allusion à la célèbre chanson de Colin Muset : « *Sire cuens, j'ai vielé...* »
3. *Dit de la maaille, Jongleurs et Trouvères*, p. 101, ss. Comparez à ces pièces mendiantes *le menestrel honteux*, Jubinal, *Œuvres de Rutebeuf*, t. I, p. 311-4.
4. Voir les vers charmants de *Cortois d'Arras*, Méon, I, p. 361-2 :

> Ça est li bons vins de Soissons...
> Sor la verde herbe et sor les jons,
> Fet bon boivre priváement...
> Ceenz sont tuit li grant delit,
> Chambres paintes et souef lit...
> Letuaires et eve rose...

surtout : « les dés l'occient, les dés le guettent et l'épient ; les dés l'assaillent et défient[1]... » Certes, il les déteste de male haine. Que d'imprécations n'a-t-il pas rimées contre eux ! C'est le diable qui a ordonné à un sénateur de Rome, lequel lui avait vendu son âme, de fabriquer un petit cube d'ivoire et d'or et d'y peindre des points : la face du dé qui porte un seul point signifie le mépris de Dieu ; les deux points, le mépris de Dieu et de la Vierge ; les trois points, le mépris de la sainte Trinité ; les quatre points, le mépris des quatre évangélistes ; les cinq points, le mépris des cinq plaies du Sauveur ; les six points, le mépris de l'œuvre des six jours[2] ! Mais quoi ! Les dés l'ont « engignié », ensorcelé : il joue ! Quand il a bien perdu, bien bu, bien *acointé* Mabile, Manche-Vaire ou Porrette, il faut quitter cette taverne ; il faut y laisser en gage sa robe, ses chausses, ses souliers, sa vielle, ou, faute de mieux, sa parole de jongleur... Le voici sur la grand'route, et le vent souffle sur ses membres nus :

> Ne voi venir avril ne mai !
> Vez ci la glace !

Et toute sa vie, toute sa conception de la destinée se résume en ces vers macaroniques, évidemment dus à quelque goliard[3] :

> Femmes, dés et taverne *trop libenter colo* ;
> Jouer après mengier *cum deciis volo*,
> Et bien sai que li dé *non sunt sine dolo*.
> *Una vice* m'en plaing, une autre fois m'en lo...
> *Omnia sunt hominum tenui pendentia filo !*

---

1. Rutebeuf, *La Griesche d'Yver*, v. 55, ss...
2. Jubinal, *N. R.*, II, 229, cf. le *dit des Marcheanz*, MR, II, 29 · « Que Dieu protège les marchands.

> Et si les desfende du dé
> Qui maintes fois m'a desrobé ;
> Encor ne suis pas enrobés,
> Quant par le dé sui desrobés ;
> Se Deu plaist, je m'enroberai,
> Et aus marcheanz conterai
> Des dizneuf novlaus, si llement
> Qu'ils me donront de lor argent.

Cf. *Estormi*, MR, I, 19, v. 282, ss. ; voir une partie de *tremerel* dans le fabliau du *Prestre et des deux ribaus* (MR, III, 62) ; une autre dans *Saint Pierre et le jongleur*, MR, V, 117.
3. Méon-Barbazan, IV, p. 485, ss. L'attribution de cette amusante pièce à un goliard repose sur ces vers (v. 72) :

> Qui a rien si le gart, soit vieus, soit *juvenis* ;
> Ne li praigne pas faim *istius ordinis*...

> Ou sont mi vestement, *amice, si quæris,*
> Beu sont au bon vin *in tempore veris...*
> Il me pesoient trop *in meis humeris !*
> Or defauch de tos biens communs *et prosperis :*
> *Tempora si fuerint nubila, solus eris !*

Parfois, ces pauvres hères ont senti le pittoresque de leur vie indépendante. Et « plus pauvres que Job, et plus fiers que Bragance », ils ont su se draper noblement dans leur manteau troué. Tel ce jongleur d'Ely, qui, après avoir amusé et *gabé* le roi d'Angleterre comme un Triboulet, entonne cette sorte de chanson des gueux[1] : « Par saint Pierre, sire roi, je vous dirai volontiers ma manière de vivre. Nous sommes plusieurs compagnons qui mangeons de meilleur cœur là où nous sommes priés, que là où payons notre écot; qui buvons plus volontiers assis que debout, et de préférence dans de gros et grands hanaps; et qui volontiers voudrions être riches, mais nous n'avons cure de travailler...; et qui voudrions bien emprunter toujours et rendre le plus mal possible...; et qui dépensons à un dîner plus que nous ne pouvons gagner en un mois; et qui nous plaisons encore à *acointer* les belles dames... Voilà notre *ribaudie*. Sire roi, or me dites

> Si nostre vie est bonne assez ».

Telles se dessinent les figures de ces jongleurs, fines et vicieuses, dignes des estampes de Callot, telles qu'on en voit passer dans le *Roman comique*. Ils sont bien les ancêtres de Pierre Gringoire, de maître Pierre Faifeu, de Panurge, de maître François Villon.

Quelle place leur faisait la société d'alors? Dans leurs pérégrinations des foires aux châteaux, ils ne suivaient pas cette voie triomphale, que l'on a si souvent et si complaisamment décrite. Ils ne gagnaient pas toujours, dans les manoirs féodaux, « l'admiration enthousiaste des barons, leurs manteaux d'hermine, leurs coupes d'or et l'amour de la châtelaine ». — « Quand j'arrive dans un château, nous dit l'un de ces poètes, j'y suis reçu par deux *sergents* : l'un s'appelle Grognet et l'autre Petit. Petit est cuisinier, sénéchal et bouteillier; Petit fait faire les petits hanaps et les petits pots :

> Grognet m'assied au feu qui fume,
> Grognet ferme l'uis et la porte,
> Grognet laide nape m'aporte[2]...

---

1. M R, II, 52, *Le Jongleur d'Ely, passim.*
2. M R, II, 56.

Mal reçus, souvent chassés, ils reviennent toujours, comme des chiens fouettés, effrontés et rampants :

> J'ai mainte parole espandue,
> Et mainte maille despendue,
> Et dedans taverne et en place ;
> Encor ferai, cui qu'il desplace :
> Car s'on me chace, je fuirai,
> Et s'on me tue, je morrai[2]...

C'étaient des résignés, pourtant, comme le montrent ces petits vers. La résignation est la vertu la plus facile au moyen âge ; c'est la grâce d'état de cette époque qui se croyait immuable. Or, comme chacun sait, les hommes sont, de toute éternité, divisés en trois classes : c'est la théorie des trois ordres. Il n'y a que trois manières de gens, clercs, chevaliers, ouvriers de terre : les vilains pour travailler, les nobles pour se battre, les clercs pour prier[2]. Dieu a réparti en conséquence les biens de ce monde : il a assigné les terres aux chevaliers, les aumônes et les dîmes aux clercs,

> Puis asena les labourages
> Aus labourans, pour labourer...

Mais les jongleurs ? quel est leur lot ? Un fabliau ajoute à la Genèse ce mythe plaisant : Dieu s'en allait, ayant fait ce beau partage, et se complaisait en son œuvre, quand il vit venir une troupe bizarre d'hommes et de femmes, qu'il ne connaissait point. Qui est-ce ? demanda-t-il à saint Pierre. — « C'est une gent sorfete, » dit-il, c'est-à-dire une race faite par dessus le marché, par mégarde. « Ce sont des jongleurs[3] et des femmes ribaudes. Ils demandent leur part des biens terrestres. » Et

---

1. *Le dit des Boulengiers, Jongleurs et trouvères*, p. 138.
2. Voir, sur cette division, P. Meyer, *Romania*, III, 92, et XII, p. 15 ; voir aussi une amusante parodie de ces principes dans la *Consultatio sacerdotum*, p. p. Wright, *Latin poems...*, p. 179, v. 169. C'est une discussion entre vingt prêtres et moines, sur le vœu ecclésiastique de chasteté :

> Quod papa concesserat, quis potest vetare ?
> Cuncta potest solvere unus et ligare.
> Laborare rusticos, milites pugnare
> Jussit, ac præcipue clericos amare.

3. Le texte dit des *lecheors*. Mais est-il besoin de marquer qu'il ne peut être question que de jongleurs ? Le fabliau ne signifierait rien, s'il s'agissait de ribauds quelconques.

Dieu fut embarrassé, n'ayant plus rien à distribuer. Il s'en vint vers les chevaliers, et il leur dit : « Je vous donne les jongleurs, pour que vous leur procuriez le nécessaire. » Puis il s'en vint vers les clercs et il leur dit : « Je vous donne les femmes ribaudes pour que vous leur procuriez le nécessaire. » Depuis, les clercs se conforment respectueusement aux volontés divines, car ils donnent aux truandes pelisses chaudes, doubles manteaux, doubles surcots. Mais les chevaliers ont méconnu les intentions du Seigneur, car ils ne donnent aux jongleurs que de « vieus drapiaus » et de méchants morceaux, qu'ils leur jettent, comme à des chiens. C'est pourquoi les clercs seront sauvés, et les chevaliers damnés...

Mais où iront les âmes des jongleurs ? Toutes au ciel, comme chacun sait, depuis que l'un d'eux[1], commis à chauffer la chaudière de l'enfer, a perdu contre saint Pierre, au jeu de dés, les âmes confiées à sa garde, depuis que Lucifer l'a chassé vers Dieu « qui aime joie », et que tous les démons ont juré de ne plus apporter en enfer d'âmes de jongleurs. — C'est pourquoi, confiants en la vie éternelle, ils conservent précieusement quelques légendes pieuses dont s'honore leur corporation, et qu'ils répètent, mi-crédules, mi-sceptiques : comment le saint Vaudelen donna son soulier à un jongleur; quelle belle courtoisie la Vierge fit aux ménestrels d'Arras quand elle leur donna la sainte Chandelle; comment un cierge descendit de l'autel de Notre Dame de Rocamadour pour se poser sur la vielle de Pierre de Siglar...

Ce sont là leurs espérances pour l'autre vie. Sur cette terre, ils n'ont d'autre rêve que de manger à leur faim et de boire à leur soif[2].

Ainsi vivent les poètes du moyen âge, errants, soumis, vicieux, résignés. Ils se confondent avec les saltimbanques, les danseurs de corde, les prestidigitateurs, les bouffons. Dans la société d'alors, ils occupèrent la même place que les montreurs d'ours. Pourtant, dit J.-V. Le Clerc, « chacun sait que, sous le gouvernement de saint Louis, les jongleurs jouirent d'un vrai privilège[3]. » En effet, le même article du *Livre des métiers* où il est marqué que le singe du bateleur n'est tenu

---

1. MR, V, 117, *Saint Pierre et le Jongleur*.
2. Voir, comme étant l'expression la plus complète de leurs ambitions terrestres, la *Devise aux lecheors*, Méon, N. R., I, 301.
3. *Hist. Litt.*, XXIII, p. 1.

pour tout péage qu'à jouer devant le péager, dit aussi que « li jongleur sont quite por un ver de chançon ». Voilà, en vérité, un odieux privilège ! — Les jongleurs portent des noms de guerre grotesques, qui sentent l'argot, la lèpre morale, la pègre. Ils s'appellent Courtebarbe, comme l'auteur du fabliau des *Trois aveugles de Compiègne*, ou Barbefleurie[1]. Ils s'appellent Humbaut, Tranchecoste, Ticcelin, Porte-Hotte, Tourne-en-fuie, Briseverre, Bornicant, Fierabras, Tuterel, Male-Branche, Mal Quarrel, Songe-Feste a la grant viele, Grimoart, Tirant, Traiant, Enbatant[2]. Ils s'appellent A envi-te-vois, Malappareillié, Pelé, Quatre-œufs[3]. Ils s'appellent Chevrete, Brisepot, Passereau, Simple d'Amour[4]. Ils sont réduits à de bas métiers. Les chevaliers les méprisent, les poèmes d'origine cléricale les raillent[5], l'Eglise les traque, le peuple les rejette.

Où donc est, pour ces poètes, la vie intérieure ? la place au foyer de la patrie ?

D'autres nomades, sous un autre ciel, ont comme nos jongleurs, parcouru les pays en chantant : « Le héraut vint vers Alcinoos et Ulysse, conduisant le divin aède. La muse l'aimait entre tous, elle lui avait donné de connaître le bien et le mal et lui avait accordé le chant admirable... Le héraut plaça pour lui, au milieu des convives, un trône aux clous d'argent, et, au-dessus de sa tête, il suspendit la cithare sonore. Et, quand il eut chanté, Ulysse lui dit : « Démodocos, je t'honore plus que tous les hommes mortels, soit que la Muse t'ait

---

1. C'est le nom du vieux jongleur qui convertit Marguet, dans le joli conte de Jubinal, *N. R.*, t. I, p. 317 :

>   Sire vilains, Barbe florie,
>   Savez vous mès la balerie
>   De Marion et de Robin?

2. M R, I, 1, *Des deux bordeors ribauz*.
3. *Hist. litt.*, XXIII, p. 90, en note.
4. V. Freymond, *Jongleurs und Ménestrels*, p. 25.
5. Voyez, entre autres poèmes analogues, le *Chevalier de Dieu*, poème anglo-normand, composé en plein XIII siècle, sous Edouard Ier :

>   Mult est grand hunte a chevaler
>   Quant a leccheur se fet per...
>   Toute lour vie est en ordesce,
>   En puterie et en viltesce...
>   Les estrumenz David trova,
>   Et a Dieu loer les torna
>   El tabernacle, od psalmodie.
>   Touz ont tourné a lecherie...
>   Li filz al malfé va vestuz,
>   Et li filz Dieu remaint toz nuz...

instruit, soit Apollon. Les aèdes sont dignes d'honneur et de respect parmi tous les hommes terrestres, car la Muse leur a enseigné le chant et elle aime la race des aèdes. »

Ces paroles : « les poètes sont dignes d'honneur et de respect parmi tous les hommes, » — qui eût pu les comprendre au xiii° siècle, même parmi les poètes?

Sans doute, gardons-nous ici de déclamer. Cette existence famélique et honteuse des jongleurs explique à merveille la production des fabliaux. Que Colin Malet, l'obscène poète de *Jouglet*, n'ait point été armé chevalier à quelque haute cour; que Haiseau, pour avoir *trouvé* le fabliau du *Prestre et du Mouton*, n'ait point été honoré à l'égal de Démodocos chez les Phéaciens, cela est justice. C'étaient, sans doute, dira-t-on, des jongleurs de basse catégorie, des pitres, des bouffons; mais des poètes, non pas.

Certes, je sais que tous les poètes du xiii° siècle n'ont pas mené cette vie errante[1]. Je sais que l'on distingue soigneusement une classe spéciale de *trouvères*, de véritables gens de lettres, dont les jongleurs n'ont souvent été que les « éditeurs[2] ». Je sais qu'il fut de mode, chez beaucoup de grands seigneurs, d'entretenir des jongleurs attitrés[3]. Je sais que les ménestrels ont su s'organiser en confréries.

Mais je sais aussi qu'il n'y eut pas, au moyen âge, de distinction suffisante entre les poètes et les colporteurs de leurs œuvres, entre les trouvères qui ont rimé les gestes héroïques et l'auteur de la *Demoiselle qui demandait l'avoine pour Morel*. Au xiii° siècle, où finit le saltimbanque, où commence le poète? A d'autres époques, avons-nous besoin de savantes dissertations pour discerner que Ronsard ne fut pas confondu avec les bateleurs et que Corneille ne chantait point de mazarinades sur la place Royale ou près de la Samaritaine? Au moyen âge, dans l'usage de la langue et dans l'opinion publique, trou-

---

1. Voyez la précise et élégante dissertation de M. Emile Freymond, *Jongleurs und Menestrels*, diss. de Heidelberg, Halle 1883.

2. V. Léon Gautier, *Les Epopées*, t. I, p. 200. Cette distinction n'existe pas, en tous cas, pour les fabliaux. Voici un texte entre vingt :

> Mès l'on devroit bien escoter
> *Conteor* quant il vuet *trover*.
>
> (MR, IV, 80°, v. 23)

3. V. Freymond, *loc. cit.*, p. 23, et ci-dessous, p. 000, ss.

vères, conteurs de fabliaux, danseurs, acrobates, joueurs de couteaux, prestidigitateurs, dresseurs de marmotes, ménestrels, c'est tout un. Quelle différence de vie et de traitement y a-t-il entre nos Colin Malet et nos Enguerrand d'Oisi d'une part, et ces autres trouvères, non moins obscurs, Jendeu de Brie, Huon de Villeneuve, Herbert le Duc, qui ont composé les hautes épopées[1]? Raconte-t-on une fête? Les jongleurs y font des cabrioles; deux lignes plus bas, ils chantent de nobles rotruenges : tout cela est sur le même plan. Même à ces ménestrels d'une condition plus haute, attitrés à la cour des riches hommes, quels services demande-t-on? On leur demande de bonnes chansons, sans doute, mais pêle-mêle, d'être bons joueurs d'échecs et bons arbalétriers :

> Il est de tout bons menestreus :
> Il set peschier, il set chacier,
> Il set trop bien genz solacier ;
> Il set chançons, sonnez et fables.
> Il set d'eschez, il set de tables,
> Il set d'arbalestre et d'airon[2].

Dans les fêtes, l'un danse des éperons, l'autre saute à travers un cercle..., celui-ci tire son épée nue et s'appuie des poings sur le tranchant, et d'autres « ovrent de nigromance[3] ». *Mimi, salii vel saliares, balatrones, aemiliani, gladiatores, palaestrini, gignadii, malefici quoque et tota joculatorum turba procedit*[4]. Dans cette « joculatorum turba », on ne sait pas s'il ne faut pas comprendre aussi des poètes. Dans la dissertation de M. Freymond, les exemples se pressent, abondent. Mais en est-il un plus frappant, je dirai plus douloureux, que le débat des *Deux bordeors ribauz?*

Deux jongleurs s'y renvoient de plaisantes injures et chacun d'eux vante sa marchandise.

L'un d'eux nous dit qu'il sait chanter (il exagère, il est vrai) les gestes de Guillaume d'Orange, de Rainoart au tinel, d'Aïe d'Avignon, de Garin de Nanteuil, de Vivien, de Gui de Bourgogne, etc..., c'est-à-dire qu'il est le porteur des plus

---

1. Voyez la liste de ces inconnus, dressée par M. Léon Gautier, *Epopées françaises*, t. I, p. 219, ss.
2. Texte de Gautier de Coincy, cité par Freymond, *l. c.*, p. 34.
3. Texte de *Joufrof*, Freymond, p. 20.
4. Jean de Salisbury, *op. omnia*, *Polycraticus*, éd. Giles, t. V, 1853, p. 42.

belles traditions épiques. Il sait encore chanter Perceval, Floire et Blancheflor, c'est-à-dire les plus nobles légendes d'amour du moyen âge.

Et que sait-il encore? Il sait aussi saigner les chats, ventouser les bœufs, couvrir les maisons d'œufs frits, faire des freins pour les vaches, des gants pour les chiens, des coiffes pour les chèvres, des hauberts pour les lièvres, si forts qu'ils n'ont plus peur des chiens.

Et l'autre, que sait-il? Il sait jouer de la muse, des *fretiaux*, de la harpe, de la rote, parler de chevalerie, blasonner les armes des seigneurs, et aussi faire des tours de passe-passe, des enchantements, dire l'histoire des Lorrains, d'Ogier et de Beuvon de Commarchis, et encore « porter conseils d'amors », et conter pêle-mêle des romans de la Table Ronde et des fabliaux :

> Si sai de Parceval l'estoire,
> Et si sai du *Provoire taint*,
> Qui od les crucefiz fu painz...

Et, dans ce seul poème, ces deux mêmes personnages s'appliquent indistinctement ces noms que tant d'érudits s'épuisent à distinguer en leurs acceptions les plus nuancées : ménestrel et ribaud, trouvère, jongleur et *lécheor*.[1]

Tant il est vrai que le XIIIe siècle confond la scurrilité et le génie poétique, que les genres littéraires s'y mêlent dans une étrange promiscuité, et qu'une odieuse synonymie nous conduit insensiblement du poète au bouffon.

Mais nous en voulons un exemple plus convaincant encore.

Voyez Rutebeuf[2]. Il incarne vraiment cette ménestrandie errante. Parmi ces trouvères du moyen âge, dont la physionomie se dérobe, indistincte, anonyme, sa figure se détache nette, personnelle. Si, de ces bas fonds de la vie truande où végétaient, comme dans un cercle dantesque, les vagues esprits des jongleurs, quelque génie avait pu surgir, c'eût été lui. Le plus haut sommet — bien peu élevé — jusqu'où ils pouvaient monter avant de retomber dans leurs limbes, il

---

[1]. Si bien qu'on peut écrire ces égalités : ménestrel (v. 39, 199, etc.) = trouvère (v. 182) = ribaud = bordeor = jongleur (v. 205) = chanteur (v. 65) = lecheor (v. 28) = pautonnier (v. 19).

[2]. Je cite Rutebeuf d'après l'édition Kressner, 1885. Voyez le très charmant livre de M. Clédat, dans la collection dite des *Grands écrivains français*, 1891.

l'a atteint. C'était un vrai tempérament de poète, un cœur très haut, généreux. Pendant trente années environ, à cette époque même que l'on se plait à considérer comme l'âge d'or de notre vieille littérature (1250-1280), il s'est passionné pour des causes réellement populaires, pour les idées qui frappaient, troublaient alors tous les esprits. Il avait bien cette âme des poètes qui sont en communion avec leur temps, âme cristalline, « écho sonore, » où viennent vibrer, s'amplifier, se répercuter les mille bruits des consciences éparses. Si ces poètes nomades avaient pu devenir, ainsi qu'il était naturel, les collecteurs et les colporteurs des passions de leurs contemporains, Rutebeuf eût été cette conscience commune, cette âme collective.

Ecoutez-le prêcher la croisade [1], car c'est bien d'une prédication qu'il s'agit, ardente, jamais lassée. Saint-Jean-d'Acre est menacé? l'Empire latin de Constantinople tombe? le pape Clément IV fait prêcher, comme une guerre sainte, l'expédition de la Pouille? la croisade de Tunis se prépare? A chacun de ces évènements, qui agitent la chrétienté, correspondent des poèmes de Rutebeuf, cris de détresse, rudes satires, appels passionnés. Après le désastre de Tunis encore, alors que les croisades sont bien finies et que cette page héroïque et folle est à jamais tournée, il s'obstine, saint Louis mort, à songer le songe du moyen âge, la délivrance des lieux saints. En quoi il est bien du peuple [2] : précieux témoin des sentiments popu-

1. Voir, *passim*, ses pièces relatives aux croisades, que j'énumère ici, classées, autant que possible, par ordre chronologique : la *Complainte de Constantinoble* (1262), le *Dit de Puille* et la *Chanson de Puille* (1265), la *Complainte du conte Huede de Nevers* (1267), la *Complainte d'Outre-Mer* (1267), la *Novele complainte d'Outre-Mer* (1268), de *Messire Geofroi de Sergines* (1269?) le dit de la voie de Tunes, les *Complaintes du roi de Navarre* (1271), du *comte de Poitiers* (1271) et d'*Anseau de l'Isle-Adam* (1285?).

2. Vivant en ces temps où le moyen âge commença à sentir clairement la vanité de son beau rêve oriental, en ces jours de transition qui virent le curieux état d'âme des *décroisés*, il semble n'avoir soupçonné aucune des raisons profondes qui détachaient de la guerre sainte ses contemporains : ni l'inutilité, enfin aperçue, de ces aventures lointaines, ni les ambitions parfois purement temporelles des papes. Il ne prête à son décroisé qu'un égoïsme naïf, l'amour du bien-être et du poivre bien fort, le désir de cultiver en paix son jardin et de gagner le ciel au plus juste prix, la peur du mal de mer et des coups, la lâcheté de ceux « qui font Dieu de leur panse ». Il ne soupçonne pas qu'on puisse, sans être un don Quichotte, n'être pas un Sancho.

laires, il nous prouve que les petits furent bien de cœur avec saint Louis, pour vouloir la croisade. Il est généreux et hardi comme le peuple. « Nous ne sommes que prêtés au siècle!... Prenez la croix, Dieu vous attend!... Antioche, terre sainte qui n'a plus de Godefroys; Jaffa, Césarée, Acre, « dégarnie de ses bannières; » Chypre, « douce terre, douce île, » son âme vole vers ces saints lieux. Elle vole vers ces citadelles où quelques barons, Geoffroy de Sargines, Erart de Valery, Eudes de Nevers, les chevaliers du Temple, maintiennent encore la croix; elle en rapporte ces vers, où l'on dirait entendre l'appel lointain de ces abandonnés :

> Hé, las! prélat de Sainte Eglise,
> Qui, pour garder vos cors de bise,
> Ne voulez aler aus matines,
> Mes sires Giefrois de Sargines
> Vous demande dela la mer!...

ou cette vision de poëte, inspirée, illuminée :

> Vez ci le tens ! Dieu vous vient querre
> Bras estendus, de son sanc tains!...

« Empereur, rois et comtes, à qui l'on récite tous les jours les romans des anciens chevaliers, dites-moi comment ceux dont on vous rappelle les belles histoires ont conquis le Paradis? Vous allez pleurant qu'on ..'ait pas délivré Roland : et Dieu? à quand sa délivrance?... Chevaliers *tournoyeurs* qui laissez le noyau pour la coque et Paradis pour vaine gloire, jeunes écuyers au poil volage, moins hardis que vos éperviers, croyez-vous donc gagner le ciel par votre beau rire ? Les martyrs sont donc des dupes, qui l'ont acheté un autre prix? — Mais quoi? le temps est passé des Godefroid, des Bohémond, des Tancrède... Les chevaux ont mal aux échines, et les barons à leurs poitrines! Il est tout herbu, le sentier qui mène aux lieux saints et qu'on battait jadis si volontiers pour offrir l'âme au lieu de cire !... Chevaliers de Saint-Jean-d'Acre, quel secours attendez-vous encore? faites agrandir le cimetière, où vous dormirez!... » — Pourtant, la croisade de Tunis est décidée. Quelle joie pour Rutebeuf, et comme il admire saint Louis de « prêter ses enfants à Dieu contre la chienaille ennemie! »

> Qui voudra és sains cieus semence semencier,
> Voist aidier au bon roi!...

Quand les tristes nouvelles arrivent d'Afrique, il s'attendrit à la pensée des morts glorieux, à qui le Christ fait fête : « Dieu peut s'en jouer et rire et le Paradis s'en éclaire! »

Il n'est pas seulement le dernier apôtre des croisades. Toutes les passions de ses contemporains, il les ressent et les exprime.

Il avait l'âme à la fois railleuse et ardente des grands satiriques. Il était cinglant comme Regnier, généreux comme d'Aubigné. Il n'avait pas seulement du satirique le don de caricature; mais, à sa verve parisienne, il associait ce qui seul donne à la satire prix et dignité, — la colère; car la passion, l'indignation qui forge les beaux vers, il l'a portée dans les grandes querelles universitaires du temps. Lors de la grave affaire de l'Evangile éternel, alors que les Franciscains furent si véhémentement soupçonnés d'attendre, après le règne du Christ, le règne de l'Esprit, c'est avec fougue qu'il s'attaque à ceux qui rêvent « nouvelle croyance, nouveau Dieu, nouvel Evangile¹ ». C'est avec une passion généreuse qu'il prend le parti de Guillaume de Saint-Amour pour la défense de l'Université de Paris contre les ordres mendiants², et qu'il combat pour ce docteur, même condamné, même exilé. Il porte dans cette lutte ³ un véritable esprit laïque, anticlérical, au sens moderne du mot. Il hait de male haine les « papelards », les « pharisiens », toute la « gent hypocrite, vêtue de robes noires et grises », qui remplace, dans les conseils royaux, les Naymo de Bavière ⁴. Il s'indigne de voir « Ypocrisie dame de Paris, » et pulluler et grouiller dans la ville ces moines de toutes règles, carmes barrés, chartreux, trinitaires, sachets et sachetines, guillemites, moines de Saint-Augustin, moines de Saint-Benoît le Bestourné, cisterciens, prémontrés, frères de la Pie, nonnes blanches, grises et noires, et les deux grandes familles de Saint-Dominique et de Saint-François; il s'irrite de savoir que le tiers-ordre franciscain ceint de la cordelière les reins de milliers de laïques (à commencer par le roi), et que les

1. *Complainte de Constantinoble.*
2. Voir la *Descorde de l'Université et des Jacobins*, le *Dit de l'Université de Paris*, les deux *Dits de Mestre Guillaume de Saint-Amour*.
3. Bien qu'il défende ici des privilèges de prêtres séculiers, professeurs en Sorbonne.
4. Voir, *passim*, les deux *dits des Ordres de Paris*, les *Dits des Jacobins*, *des Cordeliers*, *des Beguines*, *des Règles*, *du Pharisien*, le fabliau de *Frère Denise*, les *Dits d'Ypocrisie*, *de Sainte Eglise*, etc.

béguinages ont, dans le siècle, tant d'affiliés. A-t-il pressenti quelque chose de ces dangereux mouvements religieux populaires, qui devaient, au siècle suivant, couvrir la France de sectes mystiques, de flagellants, d'adamites, de fraticelles, de bigots, de frères de la pauvre vie, de serfs de la Vierge, de crucifiés, d'humiliés? Non, sans doute, et l'on ne doit voir, dans ces satires, que la défiance instinctive qu'ont toujours soulevée, au sein du peuple de France, aux époques les plus religieuses, les tentatives de domination monacale. Mais, par là-même, ces satires sont populaires :

> Quel gent a Dieus laissié pour garder sa meson?
> Sa vigne est desertée, n'i labore mais hom...
> Quant Dieus venra sa vigne vëoir por vendengier,
> Des mauvés se voudra molt malement vengier!...

Il était naïvement, profondément religieux. Ce rude ennemi des « papelards et béguins » — est-il besoin de le remarquer, tant ce contraste est fréquent au moyen âge? — compose ses satires anti-monacales les plus violentes « au nom du Dieu triple et un » et pour le salut de « sa lasse d'âme chrestienne ». L'*Ave Maria Rustebuef*, le *Dist de Nostre-Dame* sont d'exquises prières. Nul, plus que lui, n'a excellé à tresser, comme des couronnes, ces délicates litanies où se complaisait notre vieille poésie. Le dévot prieur de Vicq-sur-Aisne, Gautier de Coincy lui-même, n'a pas rimé de vers plus tendres en l'honneur de la Vierge Marie « sœur, épouse et amie de Dieu..., verge sèche et fleurie..., onde purificatrice..., ancre, nef et rivage..., vierge pure comme la verrière que le soleil traverse sans la briser..., chambre, courtine, trône et lit du Roi de gloire..., olive, églantier et fleur d'épine,... palme de victoire, violette non violée,... tourterelle qui ses amours ne mue [1]... »

Il n'a pas dédaigné non plus la gaîté des fabliaux, et ses contes sont parmi les plus joyeux, les plus lestement troussés de notre collection [2].

Il fut encore — presque le seul des trouvères du moyen âge — une âme lyrique, au sens récent du mot : « Je ne suis pas ouvrier des mains... je vous veux découvrir mon cœur,

---

1. *Les Neuf Joies de Nostre-Dame*, passim.
2. Voir *Frère Denise*, *l'Ame au Vilain*, le *Testament de l'Ane*, *Charlot le Juif*, la *Dame qui fist trois tors entor le moustier*. Comparez le *Dit de Brichemer* et la *Desputoison de Charlot et du Barbier*.

> Car ne sai autre laborage:
> Du plus parfont du cuer me vient [1].

Il a su, parmi la foule des traditions poétiques, élire les plus hautes, les plus fécondes : de belles légendes de pénitence et de pardon, comme *Sainte Marie l'Egyptienne* ou le *Sacristain et la Dame du Chevalier*. Il est l'obscur devancier de Dante, par sa *Voie de Paradis*; de Goethe, par son *Miracle de Théophile*; il a su raconter la vie de sainte Elisabeth de Hongrie sans être trop indigne de la sainteté de son sujet et manier, de ses mains de jongleur, sans le salir, le livre des trois ancelles.

Ainsi, cet homme a été l'éminent porte-parole de ses contemporains. Ne semble-t-il pas qu'il aurait dû attirer à ses poèmes, impérieusement, poète politique, les chevaliers, — poète satirique, la foule universitaire; — conteur de fabliaux, le peuple de Grève, les bourgeois; — poète religieux, poète lyrique, toutes les âmes, si semblables à la sienne, des hommes d'alors? Si, de la rue du Fouarre au donjon de Vincennes, le nom de Rutebeuf avait volé, glorieux, sur les lèvres, s'il avait été accueilli par des protecteurs, soutenu par l'applaudissement populaire, qui sait quelle floraison eût pu jaillir de ces germes de génie? Mais quelle place la société du temps, à l'époque la plus lettrée et la plus artiste du moyen âge, a-t-elle pu accorder au mieux doué de ses trouvères? — Il a passé sa vie à crier la faim.

Poète politique, n'aurait-il pu servir d'auxiliaire modeste, mais puissant, au roi Louis IX, aux papes Clément IV, Grégoire X, — devenir comme le saint Bernard des dernières croisades? Hélas! est-il un chroniqueur du temps qui nomme seulement ce prédicateur des guerres saintes? Quelle situation saint Louis lui a-t-il faite à sa cour? Il devait pourtant connaître, au moins de nom, l'obscur soutien de sa cause, car Rutebeuf lui a dédié des vers... pour demander du pain :

> Je touz de froid, de faim baaille,
> Je sui sanz cotes et sans liz;
> Mes costez conoit le pailliz,
> Et liz de paille n'est pas liz,
> Et en mon lit n'a fors de paille...
> Sire, je vous faz a savoir
> Je n'ai de quoi du pain avoir [2]...

---

1. *Complainte de Constantinoble*, v. 3-6.
2. La *Prière Rustebeuf*.

Mais le saint roi n'aimait pas « la vanité des chansonnettes[1] ». — Rutebeuf raille quelque part[2] ces chevaliers qui, « la tête bien avinée, au feu, près de la cheminée, » frappent de grands coups sur le Soudan et sur sa gent; mais, quand vient le matin, leurs blessés sont guéris, et leur croisade est terminée. Lui, c'est piqué par le froid, le ventre creux, qu'il imagine pour lui-même de belles aventures. Il y avait un bon chevalier, Geoffroi de Sargines, type accompli du prudhomme[3], qui « avait offert à Dieu le corps et l'âme ». Joinville nous le montre dans la bataille, défendant des coups le corps du roi, comme un bon écuyer défend des mouches le hanap de son seigneur. Il était, pour les chevaliers enfermés dans Jaffa, « leur chastel, leur tour, leur étendard. » Or, Rutebeuf fait ce rêve[4] que, s'il pouvait troquer son âme contre quelque autre, c'est celle de Geoffroy qu'il élirait. Hélas! où donc sont la targe et la lance de l'infime ménestrel, qui ose songer à cette transmigration d'âmes? Quand il a fini de construire ce beau rêve aventureux, qu'il ne se hâte pas de rentrer dans « sa tanière pauvre et gaste », où il n'y a ni « bûche de chêne, ni pain, ni pâte » :

> « C'est ce qui plus me desconforte,
> Que je n'os entrer en ma porte
> A vuides mains..... »

Il trouvera sa femme en couches, sèche, maigre, et qui geint; l'hôte qui réclame son loyer; il trouvera ses meubles engagés, — et la nourrice qui veut de l'argent « pour l'enfant

---

1. Cf. ces vers de la *Paix Rustebuef*, v. 20 :

> S'il vient a cort, chascuns l'en chace
> Par gros moz et par vitupire.

2. Dans la *Novele Complainte d'Outre-Mer*, v. 251, ss. Voir ce thème oratoire repris dans la *Complainte d'Huede de Nevers*, v. 157, ss.

3. Rutebeuf trace de lui un portrait charmant, dont voici quelques vers :

> Ses povres voisins amoit bien;
> Volontiers leur donoit du sien,
> Et si donoit en tel maniere
> Que mieus valoit la bele chiere
> Qu'il faisoit au doner le don
> Que li dons...
> (*de Messire G. de Sargines.*)

« La façon de donner vaut mieux que ce qu'on donne » a dit Corneille.
4. *De Messire G. de Sargines.*

paître, sans quoi il reviendra braire au foyer¹ ». Pauvre croisé !

Poëte satirique, champion de l'Université, il fit encore un autre rêve. De même que, par la pensée, il se transfigurait en croisé, il rêvait aussi de gagner, comme Guillaume de Saint-Amour, la palme et la couronne des confesseurs de la foi. Il partage avec lui, en imagination, la responsabilité des *Pericula novissimorum temporum*; il s'exile avec lui :

> Endroit de moi, vous puis-je dire :
> Je ne redout pas le martire
> Ne la mort, d'ou qu'ele me viengne².

O glorieux théologien ! que te mêles-tu de ces hautes questions, et qui daignera te persécuter ? Au fort de la querelle, tu as pu recueillir, aux alentours de la Sorbonne, quelques applaudissements d'écoliers. Retourne donc jouer avec eux, dans quelque taverne, aux dés pipés³ ! Et, quand tu auras perdu, cherche, ô confesseur de la foi, un prêteur sur gages, qui veuille bien de ta robe. Mais qu'as-tu à faire parmi les docteurs de Sorbonne ? retourne auprès de tes pairs, les ribauds de Grève⁴, en la compagnie de Charlot le Juif et de Barbier de Melun⁵ ! Ou va-t'en, vilain, au pays d'Audigier, en l'orde terre de Cocusse⁶ !

Poëte lyrique, quelle inspiration ton génie trouvera-t-il, affamé comme te voilà ? — Eh bien, « compagnon de Job, » chante donc ta misère ! Chante la longueur des hivers, où l'on finit bien par s'habituer à aller déchaussé !

Chante tes côtés nus pendant le temps froid, et tes talons qui te servent de semelles, et le froid au dos quand la bise vente, et les flocons de neige qui te piquent, ces blanches mouches de l'hiver !

---

1. Pour ces détails et pour ceux qui suivent, voyez, *passim*, le *Mariage Rustebuef*, la *Complainte Rustebuef*, la *Paix Rustebuef*, la *Griesche d'Yver*, la *Griesche d'Esté*, la *Mort Rustebuef*, la *Povreté Rustebuef*.
2. *De Mestre G. de Saint-Amour*, v. 117.
3. V. la *Griesche d'Yver*, v. 51, ss.
4. V. l'admirable petite pièce qui porte ce titre, p. 98 de l'éd. Kressner.
5. Sur ces obscurs jongleurs, voyez les pièces à qui leur nom sert de titre.
6. *L'Ame au vilain*, éd. Kressner, p. 115, v. 75.

Chante encore — c'est un beau lieu commun — l'inconstance de la fortune et des amis :

> Je crois li venz me les a pris ;
> L'amors est morte !
> Ce sont amis que venz en porte,
> Et il ventoit devant ma porte :
> Ses en porta !...
> L'esperance de l'endemain,
> Ce sont mes festes...!

Mais, si quelque plus haute inspiration te tente, ne t'y attarde pas : bâcle ce *Miracle de Théophile*, ébauche informe, et rime plutôt un boniment d'arracheur de dents, comme le *Dit de l'Erberie* ; on t'en saura meilleur gré ; ne perds pas trop de temps à parfaire la légende de sainte Elisabeth : il n'y a plus de pain pour toi dans son tablier fleuri ; la comtesse de Champagne, ta protectrice de hasard, te donnera moins pour ta peine qu'à l'enlumineur !

Ainsi, qu'a-t-il manqué à Rutebeuf? la conscience qu'il jouait un rôle, exerçait une influence. On peut chez lui vendanger par grappes les beaux vers ; on n'y trouvera pas une œuvre. Tout y est en germe, rien n'est accompli. Comme tous les poètes de profession de son temps, il n'a pu être qu'un irrégulier de la société, un déclassé, qui a chanté pour la joie des écoliers de l'Université de Paris et pour l'ébaudissement des bourgeois de la Cité. Il n'est que le commencement d'un poète.

Tant il est vrai qu'il n'y a guère place, au XIII° siècle, pour les poètes !

Mais il y a place pour les rimeurs de fabliaux : clercs errants, jongleurs nomades, ces pauvres hères rendent vraiment raison de ce genre et de son prodigieux succès.

Quelle est, en effet, leur part de création, leur œuvre propre?

Ce n'est pas eux qui ont fait germer les belles légendes miraculeuses. Elles ont éclos, comme des lys, au paisible soleil qui baigne les cloîtres. Les jongleurs se sont bornés à traduire ces contes pieux pour les besoins de leur clientèle changeante, à les rimailler avec indifférence.

Les légendes épiques ne doivent guère davantage aux jongleurs du XIII° siècle. Ils étaient morts depuis des siècles, les bons forgerons qui les avaient forgées, comme de nobles épées. Les jongleurs se contentent de rapetasser les illustres défroques démodées de Raoul de Cambrai et de Girart de Vienne, de délayer en longues strophes monorimes, en vers de facture, les laisses rudement assonancées des primitives chansons. Ils ne sont que des remanieurs, qui ravalent l'épopée à la taille du roman de cape et d'épée.

Mais, s'il est un genre qui leur appartienne, c'est le fabliau.

Supérieurs aux barons et aux bourgeois grossiers, car les jongleurs sont, si peu que peu, des intellectuels; inférieurs pourtant aux uns comme aux autres, parce qu'ils n'ont pas conscience de poursuivre une mission idéale comme la chevalerie, ni même un but terrestre et matériel comme la bourgeoisie, mis hors la loi par leur vie bohémienne, ils sentent qu'ils sont peu de chose, des amuseurs publics. Ils jettent sur le monde qui leur est dur un regard de dérision; marchands de gaieté, les fabliaux fleurissent sur leurs lèvres goguenardes. Ils mettent dans ces contes, « pour la gent faire rire, » leurs vices, leur paillardise, leur misère joyeuse, leur gaieté qui souffle sur ses doigts, leur conception cynique et gouailleuse de la vie.

Bourgeois et chevaliers les accueillent également, également se plaisent à leurs contes ironiques — dont eux-mêmes sont les héros bafoués — parce que les jongleurs ne tirent pas plus à conséquence que les bouffons et les montreurs d'ours, et le succès des fabliaux est fait, pour une grande part, de cette dédaigneuse indulgence.

3. MÉNESTRELS ATTITRÉS DANS LES COURS DES GRANDS SEIGNEURS : WATRIQUET BRASSENEL DE COUVIN. JACQUES DE BAISIEUX. — JEAN DE CONDÉ.

Mais voici qu'au début du xive siècle les jongleurs nomades tombent en discrédit; de plus en plus les grands seigneurs se plaisent à s'entourer de poètes familiers, attachés à leur personne. Au cours du xiiie siècle, on ne saurait guère nommer, sinon à titre de raretés, des trouvères qui aient passé leur vie entière dans quelque noble cour, au service régulier, officiel de tel comte, de tel prince. Adam de la Halle suit Robert d'Artois à Naples; Thibaut de Champagne débat ses jeux-partis avec quelques ménestrels favoris; mais ce ne sont que fantaisies exceptionnelles de princes lettrés. Au contraire, dès le commencement du xive siècle, l'exception devient la règle : dans les riches châteaux, auprès des fauconniers et des hérauts d'armes, vivent à demeure les ménestrels.

La dignité du métier s'en accrut aussitôt. Les ménestrels, bien pourvus, devenus de véritables gens de lettres, avec toutes les vanités inhérentes à la profession, se prirent à mépriser, comme il sied à des parvenus, leurs confrères nomades. Il y eut une curieuse période de transition[1], où ils luttèrent contre la concurrence des jongleurs errants. Ces gueux sans gîte osaient encore parfois forcer la porte des châteaux ? ils n'étaient que de « faus menestrels, » avec qui c'était injure de confondre :

> ...L'uns fait l'ivre,
> L'autres le chat, li tiers le sot[2]...

Jamais ils ne devraient « entrer en une haute cour » ;

> Touz princes et tous hauz barons
> Doivent tieus bourdes eslongier[3] !

Arrière, ces « enchanteurs, entregeteurs et joueurs d'arbalestriaus[4] ! » Place « aux grands ménestrels, maistres de leur menestrandie[5] » !

Parmi ces « grands ménestrels », nous trouvons encore quelques auteurs de fabliaux. Ils sont les derniers qui en aient rimé. Pourquoi ? Examinons rapidement leur œuvre : nous y verrons peut-être les causes de la ruine du genre.

Ce sont : Watriquet Brassenel de Couvin, ménestrel du Comte de Blois et du Connétable de France, Monseigneur Gaucher de Chatillon ; il écrivit ses vers dans le premier tiers du xiv° siècle[6] ; — Jacques de Baisieux, qui vécut sans doute à la même époque et de la même vie de poète officiel[7] ; — Jean de

---

1. Sur laquelle nous sommes renseignés par nombre de petites pièces, telles que le *Dit des Taboureors*, le *conte des Hiraus* (Baudouin de Condé, éd. Schéler, p. 153), le *Dit du fol Menestrel* (Watriquet de Couvin, éd. Schéler, p. 367), etc...
2. *Conte des Hiraus*, v. 65.
3. Watriquet, n° xxviii.
4. Jean de Condé, *Dit des Jacobins et des Fremeneurs*, v. 284.
5. Baudouin, *dit des Hiraus*, v. 48-9.
6. V. les *dits de Watriquet de Couvin*, pp. Aug. Schéler, Bruxelles, 1868. — M. Schéler date treize de ces pièces sur trente-deux, et ces dates s'échelonnent de 1319 à 1329. Plusieurs poèmes décrivent les pays du comté de Blois, notamment le château de Mont-Ferrant, situé tout près des lieux où s'élève aujourd'hui Chambord.
7. V. les *Trouvères belges du xii° au xiv° siècle*, pp. Aug. Schéler, Bruxelles, 1876, p. XX et pp. 162-224. — On ne sait rien de précis sur l'existence de Jacques de Baisieux. Je conjecture, un peu aventureusement, qu'il fut le contemporain de Watriquet et de Jean de Condé,

Condé, dont le père Baudouin fut lui-même un illustre ménestrel[1]. Jean dut hériter de sa charge paternelle à peu près comme plus tard Clément Marot succéda à son père Jean ; c'est ainsi que de bonne heure « il vestit les robes des escuiers » du comte de Hainaut, et c'est pour les riches cours hennuyères et flamandes que, pendant trente années[2], il poétisa (de 1310 à 1340 environ).

Ces poètes ne se soucient plus de réciter leurs vers devant les bourgeois et le menu peuple assemblés. Ils ne daignent plus rimer que pour leurs très nobles patrons et se sont vite pénétrés de la gravité de leurs fonctions. Il est presque plaisant de voir comme ils s'en font accroire : leur charge est un sacerdoce et la gravité de leur vie doit répondre à la dignité de leur rôle. Ils dressent des devoirs du ménestrel un formulaire qui aurait fait rire les pauvres jongleurs de la veille, les Rutebeuf et les Courtebarbe :

> Menestrieus se doit maintenir
> Plus simplement c'une pucele !...
> Menestrieus qui veut son droit faire
> Ne doit le jangleur contrefaire,
> Mais en sa bouche avoir tous diz
> Douces paroles et biaus diz,
> Estre nés, vivre purement[3]...

Watriquet veut que « sa rime soit de loiauté enluminée[4] ; » O ménestrel, s'écrie Jean de Condé,

> Sois de cuer et nés et jolis
> Courtois, envoisiés et polis,
> Pour les boines gens solacier[5] !

Jacques de Baisieux se déclare plus heureux quand il peut « retraire un beau dit

---

et comme eux ménestrel attitré de quelque seigneur. Ses poèmes allégoriques du dit *de l'Epée* et des *Fiefs d'Amour*, ses rimes batelées et équivoquées sur *les cinq Lettres de Maria* ressemblent exactement aux pièces de ces trouvères.

1. V. la belle édition d'Aug. Schéler : *Dits et contes de Baudouin de Condé et de son fils Jean de Condé*, 3 vol., Bruxelles, 1866-1867.

2. La plus ancienne pièce de Jean qu'on puisse dater est de 1313, la plus récente de 1337.

3. Watriquet, XXVIII, v. 26, ss.

4. *Dit de Loiauté*, p. 134. — Jean de Condé, les *Etats du Monde*, t. II, p. 377 ; v. toute la tirade.

5. Jacques de Baisieux, dit des *Fiez d'Amours*, p. 183.

> Qu'il ne serait de robe vaire,
> Por coi ? La robe useroit,
> Et li biaus dis li demorroit,
> K'en son cuer avroit enserré ! »

Ils défendent avec hauteur leur corporation contre les Jacobins et les Mineurs qui osent encore sermonner contre elle : le roi David, qui harpa devant Saül atteint du *mal Sathan*, n'était-il pas un ménestrel ? la mère de Dieu n'a-t-elle pas donné à deux ménestrels la Sainte Chandelle d'Arras, qui guérit du mal des ardents ? Un ton inconnu de fierté anime cette profession de foi du poète Jean de Condé :

> Je sui des menestrels al conte,
> Car biaus mos trueve et les reconte,
> Dis et contes, et lons et cours,
> En mesons, en sales, en cours
> Des grans seigneurs vers cui je vois,
> Et haut et bas oient ma vois !
> De mal a fere les repren
> Et a bien fere leur apren !
> De ce, jour et nuit, les sermon :
> On ne demande autre sermon
> En plusours lieus ou je parole...
> Jehan de Condé sui nommés,
> Qui en maint liu sui renommés,
> Que de bien dire ai aucun sens [1].

Poétiser, pour eux, c'est prêcher. Ils portent une vielle monocorde : c'est la corde du dit moral. Ils sont vraiment des sermonnaires dans le *siècle* : ils ont du prédicateur les hautes prétentions morales, le goût des distinctions, divisions et subdivisions, la subtilité, le ton sentencieux, la tendance au lieu commun, tout, jusqu'au don de semer la somnolence.

Ils prétendent « enseigner les hauts hommes », « chastoier les jeunes bacheliers [2]. » Ils sont la lumière des princes : « Seigneur, vous allez dans la nuit, portez ce dit en lieu de torche [3] ! » Ils ont des exordes grandiloquents :

> Entendez, roi et duc et conte,
> Qui justice voulés tenir,
> Comment vous devés maintenir,
> Et pourquoi Dieus vous fist seigneurs
> Des grans regnes et des honneurs [4]...

---

1. *Dit des Jacobins et des Fremeneurs* (LXVI).
2. C'est le titre d'un dit de Jean de Condé (XXVI) : *li chastois du jovene gentilhomme*. Comparez l'*Enseignement du jone fil de prince* par Watriquet (IX).
3. Jean de Condé, *dit de la Torche* (LXXI), v. 297.
4. *Les trois Estats du Monde* (II).

A écouter ces paroles dignes de quelque primat des Gaules au couronnement de Reims, que nous sommes loin des faméliques jongleurs d'antan !

Ces ménestrels ont charge de décrire aux chevaliers leurs devoirs : voici le *miroir aux dames* et voici le *miroir aux princes*[1]. En leurs sermons versifiés, ils enseignent au jeune bachelier les vertus des nobles, la courtoisie[2], la gentillesse[3], la franchise[4], la largesse; ils s'érigent en arbitres des élégances mondaines, blâment les modes nouvelles, « ces courtes manches et ces grands chaperons à large coquille[5]; » ils enseignent comment on peut atteindre à la *cointise*[6], qui est l'élégance du costume et des manières, sans tomber pourtant dans son abus, qui est la *mignotise*. Ils mettent en garde le chevalier nouvellement armé contre les faux conseillers et ces favoris qu'ils appellent les *mahommés*[7]; contre l'orgueil et ses quatre cornes, lesquelles sont : *cuidier valoir, cuidier savoir, cuidier pooir, cuidier avoir*[8]. Ils lui définissent ses devoirs : comment il doit maintenir l'ordre de chevalerie, soutenir l'Eglise, « en bon trésorier de la foi[9], défendre la gent menue; » se comporter hardiment dans les trois métiers d'armes, qui sont la joûte, le tournoi, la bataille[10]; ils lui redisent en vers sonores comment il doit, dans la fumée des chevaux, le *marteléis* des épées, le bruit des tambours et des trompes, demeurer ferme comme une tour, le bras plus léger que des ailes d'émerillon et le poing plus dur que pierre d'aimant, faisant castel de son écu, et tour de son heaume[11]. Ils lui expliquent le symbolisme mystérieux des diverses parties de son armure, la *signifiance* du tranchant, du pommeau, de la croix de son épée et celle des cérémonies de l'*adoubement*.

Tantôt c'est un proverbe de Salomon qui sert de matière au

---

1. C'est le titre de deux poëmes de Watriquet (n°ˢ I et XVII).
2. *Des vilains et des courtois* (LVI).
3. *Dit de gentillesse* (XXXIX).
4. *Dit de Franchise* (L).
5. *Dit du Singe* (LX).
6. *Dit de Cointise* (XLVI).
7. Watriquet, le *dit des Mahommés* (VI) ; Jean de Condé, *des Mahommés aus grans seigneurs* (LI).
8. *Le dit des Haus hommes* (XL).
9. Jacques de Baisieux, *dit de l'Espée*, p. 175.
10. *Dit des trois mestiers d'armes* (V).
11. V. notamment Jean de Condé, t. II, p. 73, et Jacques de Baisieux, p. 176.

développement, ou plutôt de texte au sermon[1]; tantôt les anciens bestiaires, les lapidaires, les recueils d'exemples, toute cette faune et cette flore poétiques venues de l'Apocalypse ou de Pline l'Ancien, et qui ont fourni à l'architecture sacrée tant de motifs de décoration semi-hiératiques, semi-fantaisistes, leur fournissent des similitudes. C'est une série de paraboles compliquées et puériles, très conventionnelles; or, une parabole n'est expressive qu'autant que l'application en est nécessaire et qu'une invincible association d'idées unit le symbole à la chose signifiée. Ici, dans les dits de l'*Ourse*, du *Chien*, du *Fourmi*, du *Lion*, ce ne sont le plus souvent que des rapprochements non observés, fantasques, arbitraires : le chevalier doit prendre exemple sur la panthère[2], attirer les hommes par la bonne odeur de ses vertus comme la panthère entraîne les bêtes après elle par la douceur de son haleine; il doit défendre la Sainte Eglise comme le coq défend ses *gelines*[3]; il doit rejeter loin de lui les félons, comme l'aigle précipite de son nid ses petits couards et *desnaturés*[4], etc., etc... Et chacune de ces similitudes est poursuivie, jusqu'à épuisement de la matière, avec un luxe minutieux de rapprochements, de comparaisons, de raisonnements en forme.

On le pense bien : cette poésie moralisante, pompeuse, ne va pas sans allégories. Le *roman de la Rose* prolonge dans l'œuvre des Watriquet Brassenel et des Jean de Condé sa néfaste influence. Elle y foisonne, elle y pullule, la postérité de Nature, de Dangier, de Bel Accueil! C'est toujours le même songe allégorique où l'ombre du palais de Beauté, dans l'ombre d'un verger, abrite les ombres de Sapience, de Manière, de Raison, de Mesure, de Charité, d'Humilité, de Debonnaireté, de Courtoisie, de Largesse, de Suffisance, et autres ombres d'entités et de quiddités[5]. Nos ménestrels relèvent, trois siècles avant les Précieuses, la carte du Tendre et décrivent la route qui conduit à Haute Prouesse, en passant par Vigueur, par Renommée et par l'*ostel* de Courtoisie[6]. Ils dressent, avec un soin héraldique,

---

1. Voyez, chez Jean de Condé, les dits VI, XVI, XLVIII, LXX.
2. *Dit du bon comte Guillaume*, XXXII.
3. *Dit des trois estats du monde*, II.
4. *Dit de l'Aigle* (XI); comparez le *dit dou Sengler* (XII), le *dit de l'Oliette* (XXII); chez Watriquet, l'*Iraigne et le Crapot* (IV), la *Noix*, III, la *Cigogne* (XX), etc...
5. Watriquet, *Le mireoir as dames* (I).
6. Watriquet, *dit du preu chevalier* (XVI).

l'arbre généalogique de chaque vertu, de chaque vice : ils rapportent comment Sëurté, ayant épousé Avis, enfanta Vigueur et Hardement, lequel, ayant épousé Largesse, engendra Prouesse, sans qu'on sache pourquoi ce n'est pas tout au rebours Prouesse qui, ayant épousé Hardement, enfanta Sëurté[1], ou bien encor Hardement, qui, ayant épousé Sëurté, engendra Largesse.

Ce qui frappe surtout, c'est ce sérieux de maîtres de cérémonies, cette solennité monotone, aggravée encore par la prétention de la forme, par les jeux de rimes lugubrement riches[2]. Les ménestrels décrivent une vertu, une passion, comme les hérauts blasonnent un écu. Un cœur bat-il sous cette armure héraldique? le héraut ne s'en soucie pas, nos ménestrels non plus : cela est sensible surtout dans les légendes chevaleresques qu'ils riment. Elles sont belles, parfois[3], mais gâtées par le goût du décor, de la mise en scène. Le poète n'oublie pas une passe d'armes, ni une outre-passe, ni un cri du héraut, ni une enseigne de lance, ni un présent fait aux ménestrels, ni un chant de carole[4]; il oublie seulement de nous montrer des âmes. C'est bien de la poésie de tournois, fausse comme le faux courage de ces joûtes et de ces *behourdeïs*, bien faite pour la noblesse de Crécy, solennelle comme les hautes cours, gourmée comme le cortège des comtes. — Dans la décadence de l'ancienne poésie du moyen âge, un seul genre est en pleine floraison, c'est le genre moral, c'est le genre ennuyeux.

Au premier coup d'œil sur l'œuvre de ces ménestrels, on est frappé d'un rapprochement que la lecture prolongée fait apparaître plus évident encore : c'est que déjà nous sommes dans le monde des *grands rhétoriqueurs*.

Ce bon comte Guillaume, que Jean de Condé appelle « le père des ménestrels, » si épris de figuration qu'une fois, à Harlem, selon les chroniques, il hébergea huit jours de suite vingt comtes, cent barons, mille chevaliers et toute leur suite sans nombre, si follement prodigue que, selon Jean de Condé,

---

1. Jean de Condé, *Mariage de Hardement et de Largece* (XXXI); voyez aussi, chez le même Jean de Condé, la *Messe des Oiseaux* (XXXVIII).
2. V., pour des exemples de jeux de rimes, dans l'œuvre de Watriquet, les pièces publiées sous les numéros V, XXI, XXXVI; dans l'œuvre de Jean de Condé, les numéros VIII, XLIV, XLVII, LXIV.
3. Rappelez-vous *le blanc chevalier*, ce vieux mari qui sauve sa femme de l'adultère; *le chevalier à la manche*, ce lâche réhabilité par l'amour.
4. Dans le *blanc chevalier*, sur 1600 vers, 640 (du vers 592 au vers 1232) sont remplis par la description d'un tournoi.

>   ...il semoit l'or et l'argent
>   Ensi c'on seme blés as chans[1],

il est déjà semblable, par son goût du luxe pour le luxe, aux ducs Jean le Bon et Charles le Téméraire, patrons des rhétoriqueurs. Les dits allégoriques de nos ménestrels, leurs pièces officielles, leurs moralités, nous les retrouverons toutes pareilles chez Georges Chastellain et chez Robertet. Ces « vers rétrogrades d'amour », ces *Ave Maria* à rimes équivoquées annoncent bien les chants royaux en l'honneur de la Conception de Notre Dame, qui feront, dans les chambres de rhétorique et dans les puys, la gloire du bon Guillaume Cretin. Dès Jean de Condé, la poésie s'est faite décorative, comme ces grandes tapisseries froides que nous décrira Olivier de la Marche. Faire le portrait de Watriquet ou de Jean de Condé, c'est déjà esquisser celui de Jean Meschinot ou de Jean Molinet. Viennent maintenant les Eustache Deschamps, les Alain Chartier, les Christine de Pisan! Dès l'époque de Jean de Condé, le goût flamand domine, et pour deux siècles, dans les lettres françaises.

Maintenant, le difficile n'est plus d'expliquer comment Jacques de Baisieux, Watriquet de Couvin, Jean de Condé sont les derniers poètes qui aient rimé des fabliaux; mais le difficile est de dire, au contraire, comment, dans leur œuvre si grave, si solennelle, si prétentieuse, peuvent se rencontrer encore des contes à rire.

On en trouve pourtant, et de très plaisants: parmi les poésies de Jacques de Baisieux, voici la *Vessie au prestre*; dans l'œuvre de Watriquet, voici les *Chanoinesses de Cologne* et les *Trois dames de Paris*, la plus réaliste, la plus macabre des scènes de beuverie. Ici, dans l'œuvre de Jehan de Condé, auprès des graves dits des *Trois Sages* ou de l'*Honneur changée en Honte*, voici des contes gras qui vont du risqué au grossier: les *Braies au prestre*, le *Pliçon*, le *Sentier battu*. Voici une abbesse qui parait en plein chapitre, coiffée, en guise de couvrechef, des braies de Monseigneur l'abbé; voici encore un clerc caché derrière un *escrin*.

Ces fabliaux tard venus ne sont pas les moins joyeux de notre collection. Ils nous montrent que la nouvelle en vers ne peut pas être atteinte par une décadence interne, comme les

---

1. *Dit du bon comte Guillaume*, XXXII.

épopées ou les romans de chevalerie. Ici, le sujet est toujours aussi neuf, aussi brillant qu'au premier jour, parce qu'il continue de vivre dans la tradition orale, et que le conteur n'a qu'à se baisser pour l'y ramasser. Si le genre a péri, ce n'est pas qu'il se soit gâté, c'est que la mode a passé ailleurs.

Dans l'œuvre de nos ménestrels, les fabliaux ne peuvent plus s'expliquer que comme des *survivances* de l'âge précédent. Si les Watriquet et les Jean de Condé en riment encore quelques-uns, c'est sans doute pour soutenir la concurrence des derniers jongleurs nomades, qui devaient les colporter encore ; c'est surtout pour satisfaire à ces habitudes prises par les plus grands seigneurs, dans les nobles cours, d'entendre ces contes joyeux, voire grossiers.

Mais, de plus en plus, dans la conscience croissante de leur dignité, les ménestrels répugnent à ce genre. Les fabliaux ne sont pas faits pour les beaux manuscrits enluminés de riches miniatures, ni pour le luxe des rimes équivoquées.

Les fabliaux étaient le produit de ce double agent : l'esprit bourgeois, l'esprit du jongleur; les jongleurs sont devenus des gens de lettres, qui ne s'adressent plus jamais aux bourgeois; dès lors, les fabliaux meurent.

CHAPITRE XV

CONCLUSION

Groupons ici, très brièvement et très simplement, les résultats de notre enquête.

Comment le genre littéraire que nous étudions est-il né ? — On peut dire que l'esprit des fabliaux a préexisté aux fabliaux. Le jour où, dans la commune forte, riche et paisible, naquit la classe bourgeoise, germa aussi le goût de l'observation réaliste et railleuse, et l'esprit de dérision pénétra aussitôt la seule forme poétique alors développée : des intermèdes comiques se glissèrent dans les héroïques épopées. On conçoit aisément qu'ils s'en soient vite détachés : lorsque les jongleurs disaient quelque chanson de geste dans les communes, ils devaient choisir ces épisodes burlesques, et souvent la courte séance de récitation s'achevait sans qu'ils eussent trouvé le temps de revenir à leurs nobles héros. Leur public de vilains riches s'accoutume à les entendre isolément, à en rire, demande même de véritables parodies de chansons de geste. Bientôt on sent que ces intermèdes plaisants n'ont jamais été que des intrus dans les poèmes féodaux ; l'esprit bourgeois réclame ses droits propres : de là ces petits poèmes dont *Richeut* est le type, qui n'ont d'autre objet que la description ironique de la vie quotidienne et moyenne.

A ces tableaux de mœurs, il s'agit de trouver un cadre ; il faut une action où se meuvent ces personnages familiers. Les jongleurs n'ont que faire d'aller chercher dans l'Inde des intrigues appropriées, et, selon un mot spirituel de Charles Nodier, l'intervention des adorateurs de Bouddha dans nos contes populaires n'est qu'un conte de savants, moins plaisant que les autres. Les jongleurs n'ont qu'à recueillir les récits qui, depuis le haut moyen âge, végètent obscurément dans la tradition orale ; ils y trouvent des intrigues menues, admirablement machinées : ce sont des cadres excellents pour leurs tableaux de mœurs plaisantes. Voilà le fabliau constitué.

On sait ce qu'il fut : tour à tour léger et grossier, tantôt fin et tantôt cynique, riant d'un rire trop facile, toujours moqueur, rarement satirique, excellent témoin des qualités inférieures de notre race. On sait encore son prodigieux succès : comment il anime de ses tendances des genres voisins, coexiste avec les plus pures légendes chevaleresques, contamine parfois les poèmes les plus nobles ; comment il ne reste pas confiné dans les foires et les carrefours, mais comment, porté tantôt par les pires goliards et les plus humbles jongleurs, tantôt par des chevaliers comme Philippe de Beaumanoir, il pénètre dans les salles seigneuriales et jusque dans les « chambres des dames » ; comment enfin on peut le suivre, avec Jean de Condé, jusqu'au seuil des solennelles cours flamandes..., quand soudain il meurt.

Brusquement, au début du xiv° siècle, il disparaît. Pourquoi ?

On soutient communément, depuis J.-V. Le Clerc, qu'il n'est pas mort à cette date, mais qu'il s'est simplement transformé pour devenir la farce du xv° siècle ; il aurait été seulement transposé du mode narratif au mode dramatique.

L'historien de notre vieux théâtre, M. Petit de Julleville, a montré comment cette opinion est à la fois séduisante et fausse : « L'esprit des deux genres est sensiblement le même [1]. Le fabliau raconte vivement, dans un rythme court et dans un style aisé, une aventure plaisante ; la farce s'empare du même fait, et dans le même style et la même mesure, elle met en dialogue ce que le fabliau avait raconté. Ajoutons, ce qui est frappant, que l'époque où l'on cesse de composer des fabliaux est précisément celle où l'on commence à écrire des farces ; le xiii° siècle et le xiv° appartiennent aux fabliaux ; le xv° et le xvi° aux farces. Il semble d'abord que l'un des genres succédant ainsi à l'autre et en tenant lieu, le second ne soit qu'une transformation du premier. Il ne faudrait pas exagérer cependant jusqu'à prétendre qu'il en soit ainsi, ni faire une vraie filiation de ce qui fut plutôt une succession. Si la farce était ainsi sortie du fabliau tout entière, il y aurait plus de ressemblance entre les sujets traités dans l'un et l'autre genre. Nous avons conservé quelques centaines de fabliaux ; nous ne possédons pas moins de cent cinquante farces ; si la farce n'était

---

1. Petit de Julleville, *La Comédie et les mœurs en France au moyen âge*, 1886, p. 55.

qu'un fabliau métamorphosé, quarante ou cinquante farces reproduiraient sous la forme dialoguée le récit d'autant de fabliaux. Or il n'en est pas du tout ainsi. Les rapprochements de sujets sont très rares d'un genre à l'autre, et ces quelques rapprochements n'empêcheront pas qu'on puisse affirmer que, si la farce hérite de l'esprit narquois et de l'humeur libre du fabliau, elle est néanmoins tout à fait indépendante et dispose d'un fonds comique en grande partie original et propre à elle. »

Ajoutons que, pour vérifier l'hypothèse, il faudrait qu'on pût saisir quelque trace de cet avatar, qu'on pût voir, en quelque fabliau dialogué, les personnages s'animer, prendre une figure et une voix. Il faudrait retrouver, dans l'œuvre d'un même poète ou de deux poètes contemporains, à la fois des fabliaux et des farces. Rien de tel. Non seulement il n'y a pas coexistence des deux genres, mais il n'y a pas succession immédiate. Il est exagéré de dire : « le XIIIe et le XIVe siècle appartiennent aux fabliaux; le XVe et le XVIe aux farces. » Ainsi qu'on l'a vu, si l'on excepte les vingt ou trente premières années, le XIVe siècle ne connaît plus les fabliaux. Il se produit, en fait, entre les deux genres, une solution de continuité, une brusque rupture. Pendant soixante ans au moins, nous ne rencontrons dans notre histoire littéraire ni un fabliau, ni une farce. Quand le goût des spectacles comiques se développa au XVe siècle, les fabliaux étaient depuis longtemps oubliés; mais les contes brutsque les jongleurs avaient pour un temps élevés à la dignité d'œuvres littéraires n'avaient pas cessé de vivre. Les auteurs comiques du XVe siècle firent exactement comme deux cents ans auparavant avaient fait les jongleurs et comme font aujourd'hui les folk-loristes, M. Luzel ou M. Sébillot : ils se baissèrent vers la tradition orale. Ils y retrouvèrent ces anciennes médailles, non effacées, les contes populaires, qui circulaient, circulent et circuleront indéfiniment dans le peuple. Ainsi le *genre littéraire* des fabliaux n'a pas provigné cet autre *genre littéraire*, la farce. Le grand torrent des contes populaires continue de couler à travers les siècles : à deux cents ans de distance, les jongleurs et les clercs de la Basoche en ont détourné, sans l'appauvrir, deux minces ruisseaux : les fabliaux, les farces.

Il n'y a donc pas transformation, il n'y a pas non plus épuisement du genre : la matière des fabliaux est inusable, aussi brillante aujourd'hui qu'aux premiers jours; les derniers de nos poèmes, ceux de Jean de Condé, sont aussi plaisants que les plus anciens. Il y a disparition soudaine et complète.

Rappeler les dures souffrances qui affligent les classes moyennes au cours du malheureux xiv° siècle ou bien les grands mouvements religieux populaires qui l'agitent, toutes conditions peu favorables à l'éclosion des gauloiseries, ce serait alléguer des causes disproportionnées aux effets. A peine peut-on indiquer, sans trop insister, que l'esprit politique est plus développé chez les bourgeois de Philippe le Bel qu'au temps de saint Louis : *Renart le Contrefait*, cette encyclopédie satirique, remplace les vieux contes inoffensifs de *Renart*; les *dits* politiques ruinent les légers contes à rire de l'âge précédent; en un certain sens, malgré l'apparence paradoxale du mot, c'est la satire qui a tué le fabliau.

Mais voici une cause plus directe, plus réelle.

Qu'on veuille bien prendre garde à ce fait, vraiment considérable : à la date où disparaissent les fabliaux (vers 1320), ils ne sont pas seuls à disparaître : mais en même temps meurent ou se transforment tous les genres littéraires du siècle précédent. Plus de chansons de geste, plus de poèmes d'aventures, plus de romans rimés de la Table Ronde, mais de vastes compositions romanesques en prose; plus de contes de Renart, mais de graves dits moraux; les anciens genres lyriques, chansons et saluts d'amour, jeux-partis, pastourelles, ont vécu; les vielles sont muettes; à la place, des poèmes d'une technique de plus en plus compliquée, destinés non plus au chant, mais à la lecture, virelais, rondeaux, ballades, chants royaux. Une période distincte de notre histoire littéraire est vraiment révolue, si bien que M. G. Paris peut arrêter à cette date critique, comme au seuil d'un âge nouveau, son *Histoire de la littérature française au moyen âge*.

Ce qui se produit alors, on peut le définir aisément : c'est l'avènement de la littérature réfléchie. Plus d'auditeurs, des lecteurs; un public non plus d'occasion, mais stable; une minorité lettrée, ayant ses goûts propres, ses préférences, diverses selon les cours. Le jongleur a vécu; le poète naît, ou plus précisément l'homme de lettres.

A cette date s'achève l'*âge des jongleurs*, dont les dates extrêmes coïncident avec l'éclosion première et la disparition des fabliaux; à cette date aboutit un lent travail de près de deux siècles, dont il importe d'expliquer clairement le caractère.

Comme tout peuple dont on peut atteindre les origines littéraires, la France a connu une période exclusivement épique et religieuse : époque primitive, de poésie anonyme, populaire, impersonnelle, presque inconsciente, et nos premiers trouvères devaient fort ressembler aux aèdes homériques. Le poète n'est pas un jongleur de profession, mais souvent un guerrier; c'est Taillefer, c'est Bertolai, l'auteur de la chanson primitive de *Raoul de Cambrai*, qui chante les combats que lui-même a combattus. « Toute la vie des guerriers est enveloppée de poésie vivante; ils se sentent eux-mêmes des personnages épiques et ils entendent d'avance, au milieu des coups de lance et d'épée, la chanson glorieuse ou insultante qui sera faite sur eux... Cette épopée n'a pas été faite pour charmer des auditeurs indifférents; elle est l'écho immédiat des sentiments, des passions, des triomphes, des deuils de ceux qui la font et l'entendent[1]. » La poésie est toute à tous, et se confond avec la vie. — Or, nous sentons très nettement ce qui distingue Phémios et Démodocos de Pindare et d'Euripide, mais les intermédiaires nous échappent pour la plupart; de même, nous sentons fort bien ce qui distingue Taillefer ou Bertolai de Ronsard; mais, ici, nous connaissons toute la série des intermédiaires, et ce sont précisément nos jongleurs du xiiie siècle.

L'époque où fleurit, avec les fabliaux, toute une série d'autres genres destinés à mourir en même temps qu'eux, et qui va de la fin du xiie siècle au commencement du xive, peut se caractériser d'un mot : c'est la période transitoire, au cours de laquelle la poésie, de spontanée qu'elle était, devient réfléchie. Epoque semi-primitive, où la poésie n'est plus populaire et n'est pas encore individuelle, âge intermédiaire, vraiment *moyen*, où l'art se substitue peu à peu à l'instinct. Epoque de transition et de très lente transition, parce que d'une part nos pères ne furent pas dirigés par des exemples classiques et ne reçurent pas du dehors, comme les Romains par exemple, la révélation soudaine d'une poésie supérieure; parce que, d'autre part, le moyen âge a, de toutes façons, contrarié le développement de l'individu, donc de l'artiste.

En cette période qui ne possède plus le pouvoir de création collective et qui n'a pas encore la notion de l'art, quel peut être le fondement de la poésie? L'amusement. Elle est le délassement, la récréation d'une race bien douée. Elle n'a d'autre source que le bien-être matériel, la paix : c'est la courtoisie et

---

1. G. Paris, *Publ. de la Soc. des Anc. Textes français*, extr. du *Journal des Savants*, 1885-6, p. 45.

la gaieté françaises qui, sans culture, portent leurs fruits. Alors que les jongleurs, héritiers déjà incompris des anciens chanteurs de geste, des anciens « aèdes », touchent à une époque où l'épopée n'est déjà plus qu'une *survivance* et commence à dégénérer en roman de cape et d'épée, quel peut être leur rôle ? Ils sont des amuseurs.

De là, les deux sens du nom de jongleur : poète et bouffon. Ils n'ont pas encore pris conscience de leurs prochaines et hautes destinées. « Il n'y a pas ici-bas, dit Pierre le Chantre, une seule classe d'hommes qui ne soit de quelque utilité sociale, excepté les jongleurs, qui ne servent à rien, ne répondent à aucun des besoins terrestres, et qui sont une véritable monstruosité[1]. » Quel jongleur aurait su protester contre ce jugement ? lequel aurait pu répondre à cette question : « à quoi sert un poète ? » La société de leur temps leur fit une place restreinte et sacrifiée; mais eux-mêmes, dans leurs œuvres, se font une place moindre encore. Leur moi n'y apparaît pas; ils ne conçoivent pas une poésie où s'exprimerait leur tempérament individuel. Pas de propriété littéraire, c'est-à-dire que chaque thème, lyrique, épique ou romanesque, est commun à tous, meuble, indéfiniment remaniable et transmissible[2]; pas de stylistes, c'est-à-dire que, sur la langue, cette matière plastique, nul n'imprime la marque personnelle et volontaire de l'ouvrier[3]; pas d'écoles poétiques, c'est-à-dire nul groupement d'es-

---

1. « Nullum genus hominum est in quo non inveniatur aliquis utilis usus contra necessitates humanas, praeter hoc genus hominum, quod est monstrum, nulla virtute redemptum a vitiis, necessitatis humanae nulli usui aptum. » (Cité par L. Gautier, *Épopées françaises*, II, 203).

2. De là vient de nos jours la surprise de tout lettré qui versé dans la connaissance des siècles classiques, aborde pour la première fois la lecture de nos travaux de critique littéraire sur les œuvres du moyen âge. Il n'y trouve étudiés que les *sources* des légendes, leurs différents états successifs, leurs remaniements. De l'organisation spéciale du poète, de ses mérites originaux, de son influence, nulles nouvelles, et pour cause.

3. On dit d'ordinaire que la faute en est à la langue, qui n'était pas encore suffisamment formée, fixée. Mais la langue était au xiiie siècle parfaitement organisée, harmonieuse plus qu'aujourd'hui, non alourdie par les sons nasaux, chantante et sonore comme le provençal ou l'italien. Ce n'est pas l'instrument qui manque aux ouvriers ; ce sont les ouvriers qui manquent. Le style est œuvre de volonté et d'individualité. Qu'est-ce que l'histoire d'une langue, sinon l'histoire des révolutions volontaires, des « coups d'état » que quelques hommes, Ronsard, Pascal, Racine, Victor Hugo, ont tentés sur elle ?

prits autour d'un esprit créateur, nulle maitrise d'un génie souverain. Pas de biographies de poètes; aucun souci de la gloire personnelle; nulle trace de ce *gran disio dell' eccellenza*, dont bientôt, sous un autre ciel, Dante sera hanté.

On ne leur demande que d'être des amuseurs, et ils ne sont rien de plus. La littérature n'est encore qu'un jeu pour les réunions mondaines, un passe-temps pris en commun, et selon les mondes, soit une littérature de salon : c'est la poésie courtoise; soit une littérature de bons dîners : ce sont les fabliaux [1].

Pourquoi les fabliaux? Pour s'irriter, se venger? Non, point de haines vigoureuses. Ce sont des caricatures plaisantes, pour rire.

Pourquoi les romans de la Table Ronde? C'est l'imagination qui s'amuse à plaisir. Les jongleurs s'emparent des profondes légendes bretonnes, les travestissent à la mode du jour, les recouvrent d'un brillant et banal manteau de cour. Ne croyez pas que leurs héros soient des symboles incarnés; il en est des légendes de la Table Ronde et du Saint Graal, comme des mystères de la franc-maçonnerie; c'est une draperie prestigieuse qui est censée cacher le Saint des Saints; mais ne soulevez pas le voile : il n'y a rien derrière. C'est la folle du logis qui vagabonde, comme les chevaliers errants, *à l'aventure*.

On comprend dès lors que ces genres, si divers d'aspect, romans de la Table Ronde et fabliaux, aient pu coexister, car ils ne satisfont l'un et l'autre, par des moyens divers, qu'à un même et unique besoin : l'amusement. Qu'ils aient plu aux mêmes hommes, ce n'est plus qu'un fait historique curieux, qui nous prouve une sorte de parenté entre le monde des chevaliers, plus grossier qu'on ne le soupçonnerait sous son élégance superficielle, et le monde des bourgeois, plus affiné qu'il ne semblerait, sous sa grossièreté foncière; ce n'est qu'un fait de détail, qui peut s'expliquer; car, malgré la division des classes

---

[1]. On est étonné souvent de la place toute petite que les lettres tiennent dans les préoccupations des hommes d'alors : voyez saint Louis, le grand artisan de la Sainte Chapelle. Je ne connais que deux textes qui nous renseignent sur ses goûts poétiques : celui où il nous est dit qu'il faisait aux convenances mondaines ce grand sacrifice, quand, à quelque festin, les jongleurs avaient été introduits, d'attendre, pour dire ses grâces, qu'ils eussent fini de chanter; l'autre, où il condamne un de ses chevaliers, surpris par lui en train de fredonner un poème lyrique, à ne chanter plus que dans sa chapelle des hymnes pieuses : car le roi n'aimait pas la « vanité des chansonnettes ».

féodales, notre race est une. Quand un jongleur, admis ou toléré par tous à la faveur d'une condescendance faite de bonne humeur et de mépris, chante soit dans une haute cour, soit au perron de *l'Endit* à Saint-Denis, soit dans un repas de corps de métier, soit dans un festin de tournoi, on accepte de lui, indifféremment, fabliaux et légendes chevaleresques ; qu'il amuse, peu importe la manière : toute poésie n'est alors qu'« une risée et un gabet ».

Mais, en même temps, s'accomplit obscurément une sorte d'évolution qui s'achève au début du xive siècle. Lentement, presque inconsciemment, les jongleurs s'essayent à la littérature réfléchie.

Ce n'est pas impunément que, pendant tout le cours du xiiie siècle, ils ont exercé les qualités primesautières de notre race : dans les fabliaux, le don d'observation juste et fine; dans les romans d'aventure, la puissance d'imagination, d'une grande hardiesse et pourtant sûre d'elle-même, mesurée jusque dans le fantastique. Ils se sont accoutumés à faire vivre leurs héros d'une vie plus vraie. Certes, longtemps impuissants à peindre un caractère individuel, ils ont dû se contenter d'une psychologie rudimentaire, procédant « par grands partis-pris », comme dans les vieilles chansons de geste; longtemps ils ont dû, pour distinguer un sentiment d'un autre, recourir à l'allégorie, de même que les statuaires, pour distinguer un saint d'un autre, recouraient aux symboles et aux attributs; longtemps ils n'ont vu que le type, leur conception abstraite et les procédés traditionnels ou logiques qui pouvaient servir à exprimer ce type. Mais peu à peu, pour avoir rimé tant de poèmes lyriques, ils se sont exercés à regarder en eux-mêmes, à démêler leur propre originalité; pour s'être si longtemps pliés aux contraintes de la rythmique provençale, ils ont acquis la première notion de ce que la forme ajoute à la matière; pour avoir si souvent, dans les poèmes chevaleresques, décrit les conflits intimes du cœur, ils ont appris à discerner plus finement les nuances des sentiments; pour avoir, en tant de fabliaux, peint les mœurs de la vie réelle, ils se sont accoutumés à l'observation directe; ils ont pris intérêt au concret, c'est-à-dire à la nature.

Alors, au début du xive siècle, l'éducation du public s'étant faite en même temps que la leur, public et poètes se trouvent plus proches de la littérature réfléchie. Les humbles jongleurs de la veille passent assez brusquement à l'extrême opposé, aux

pires vanités des gens de lettres : aux Rutebeuf et aux Adam de
la Halle succèdent les Guillaume de Machaut et les Eustache
Deschamps. Les genres qu'ils développent de préférence sont
ceux qui mettent le mieux en relief l'originalité de l'écrivain ;
ils se complaisent aux poèmes de facture savante, aux artifices
des rimes riches et des rythmes compliqués ; ils enrichissent et
alourdissent la langue par un afflux de mots latins, à peine
francisés ; ils ne daignent plus rimer de fabliaux : pour que
l'esprit gaulois reprenne ses droits (avec usure), il faudra
attendre Marot et l'aimable familiarité des Valois ; mais, dans
la conscience toute nouvelle de leur dignité de poètes, ils
recherchent les graves sujets historiques, les problèmes moraux,
les hautes discussions politiques. Si la Renaissance fut si lente
à venir, s'il nous faut attendre encore pendant deux siècles le
souffle du génie antique et du génie italien, c'est au malheur
des temps qu'il faut l'attribuer, aux grandes misères du xive et
du xve siècle, et surtout à l'influence néfaste du goût flamand
et de la cour de Bourgogne. Mais déjà, au début du xive siècle,
la notion d'art est née, grâce au lent effort de nos jongleurs,
les modestes rimeurs de chansons de geste, les humbles conteurs de fabliaux.

APPENDICE I

LISTE ALPHABÉTIQUE DE TOUS LES POÈMES QUE NOUS CONSIDÉRONS COMME DES FABLIAUX

Cette liste renvoie à l'édition de MM. de Montaiglon et Raynaud. Elle indique, quand il nous a été possible de la déterminer, la province d'origine de chaque conte.

Ces localisations se fondent tantôt sur des indications géographiques précises, que nous notons auprès du titre du fabliau ; tantôt sur le fait que la patrie de l'auteur nous est connue ; tantôt, enfin, sur l'étude linguistique d'un certain nombre de fabliaux. Nous n'avons pas la place nécessaire pour énumérer les rimes et discuter les faits dialectaux qui ont, ici et là, entraîné notre conviction. Toutes les fois que les résultats de notre recherche sont douteux et contestables, nous marquons d'un astérisque le nom de la province qui nous a paru être la patrie du poète. Un grand nombre de fabliaux restent non localisés, soit que nous ayons négligé d'en étudier la langue, soit que cette recherche, tentée par nous, n'ait pas abouti.

TITRES DES FABLIAUX	PROVINCES D'ORIGINE
1. *Aloul*, I, 24....................	Picardie.
2. *L'Ame au vilain*, III, 68, par Rutebeuf..	Ile de France.
3. *L'Anneau magique...*, III, 60, par Haiseau (v. ce nom, *append.* III)............	Normandie.
4. *Anglais (les deux) et l'anel*, II, 46......	
5. *Aristote (Lai d')*, V, 137, par Henri d'Andeli....................	Ile de France.
6. *Auberée*, V, 110, (Saint-Corneille de Compiègne, comté de Clermont).........	Ile de France.
7. *Aveugles (les trois) de Compiègne*, I, 1, (Compiègne, Senlis, v. 12, 20, 62, 307)	Ile de France.
8. *Barat et Haimet*, IV, 97, par Jehan Bedel (v. *append.* III)..................	Artois.
9. *Berengier*, III, 86, par Guerin.........	
10. *Berengier*, IV, 93.................	

11. *Boivin de Provins*, V, 116............ Champagne.
12. *Bossus (les trois) ménestrels*, I, 2, par Durand (Douai, v. 8)...............
13. *Le Boucher d'Abbeville*, III, 84, par Eustache d'Amiens (Oisemont, Bailleul, Saint-Acheul).................... Ponthieu.
14. *La Bourgeoise d'Orléans*, I, 8........... Normandie.
15. *La Bourse pleine de sens*, III, 67, par Jean le Galois d'Aubepierre (Decize, v. 38).......................... Nivernais.
16. *Les Braies au cordelier*, III, 88. (L'action se déroule à Orléans et sur la route de Meung)............................ Orléanais.
17. *Les Braies au prestre*, VI, 155, par Jean de Condé (v. chap. XIV).......... Flandre.
18. *Brifaut*, IV, 103, (Arras, Abbeville, v. 3). Picardie ou Artois.
19. *Brunain*, I, 10.......................
20-21. *Celui qui bouta la pierre*, IV, 102, et VI, 152........................
22. *Ce qui fut fait à la bêche* (Barbazan-Méon, t. IV, p. 194)....................
23. *Les Deux changeurs*, I, 23............ *Normandie.
24. *Les Trois chanoinesses de Cologne*, III, 72, par Watriquet Brassenel de Couvin (Mons, Moutier-sur-Sambre, Nivelle, Maubeuge)........................ Hainaut.
25. *Charlot le Juif*, III, 83, par Rutebeuf... Ile de France.
26. *Les Chevaliers, les clercs et les vilains* (Barbazan-Méon, III, 28)................
27. *Les Trois chevaliers et le chainse*, III, 71, par Jacques de Baisieux............. *Flandre.
28. *Le Chevalier à la corbeille*, II, 47....... Angleterre.
29. *Le Chevalier à la robe vermeille*, III, 57, (comté de Dammartin, Senlis)...... Ile de France.
30. *Le Chevalier qui faisait parler les muets*, VI, 147, par Garin................
31. *Variante du précédent*, VI, 153......... Angleterre.
32. *Le Chevalier qui fist sa femme confesse*, I, 16. « En Bessin, près de Vire ». (v. I, 286.)............................ Normandie.
33. *Le Chevalier qui recouvra l'amour de sa dame*, VI, 151, par Pierre d'Anfol...
34. *Le Chevalier, sa dame et un clerc*, II, 50.. Angleterre.
35. *Les Deux chevaux*, I, 13, par Jean Bedel (Amiens, Longueau, Saint-Acheul)... Artois.
36. *Le Pauvre clerc*, V, 132................
37. *Le Clerc derriere l'escrin*, V, 91, par Jean de Condé........................ Flandre.
38. *Connebert* (V, 138) par Gautier (voy. ci-dessous le *Prêtre teint*)............. Orléanais.
39. *Constant du Hamel*, IV, 166.........

40. *Le Conroiteux et l'envieux* (v. 135), par Jean Bedel. .... Artois.
41. *Conte* (III, 58)....................
42. *Le Cuvier*, I, 9 (Provins, vers 22).......
43. *Les Trois dames de Paris*, III, 73, par Jean Watriquet Brassenel............. Hainaut.
44. *La Dame qui fist battre son mari*, IV, 100.
45. *La Dame qui fist son mari entendant qu'il sonjoit*, V, 124, par Garin.........
46. *La Dame qui fist trois tors entor le mostier*, III, 79, par Rutebeuf............. Ile de France.
47. *Dames (les trois) qui troverent l'anel*, I, 5.
48. *Variante du précédent*, VI, 138, par Haiseau.................... Normandie.
49. *La Dame qui se vengea du chevalier*, VI, 110.....................
50. *Les Trois dames qui troverent...*, V, 112, Saint-Michel.................
51. *Variante du précédent*, IV, 99......... Angleterre.
52. *La Dame qui avoine demandoit pour Morel* (I, 29).....................
53. *La Damoiselle qui n'ot parler...*, V, III..
54. *La Damoiselle qui ne pooit oïr...* (III, 65).
55. *La Damoiselle qui sonjoit*, IV, 133...... Ile de France.
56. *L'enfant de neige*, I, 14........... *Picardie.
57. *L'écureuil*, V, 121, Rouen,...........
58. *L'espervier* (Lai de), V, 115, v. G. Paris, *Romania*, VII, 2................ Ile de France.
59. *Estormi*, I, 19, par Huon Piaucele..... Picardie.
60. *Estula*, IV, 96................
61. *L'Evesque qui benï*, III, 77...........
62. *La Femme qui cunquie son baron* (publié ci-dessus, chapitre XI)...........
63. *La Femme au tombeau...*, III, 70.....
64. *La Femme qui servoit cent chevaliers*, I, 26
65. *Le Fèvre de Creeil*, I, 21, Creeil...... *Picardie.
66. *L'amoureux à louage*, MR, I, 28...... Picardie.
67. *Frère Denise*, III, 87, par Rutebeuf..... Ile de France.
68. *La Folle largesse* (VI, 116), par Philippe de Remi, seigneur de Beaumanoir.... Ile de France.
69. *La Gageure*, II, 48............... Angleterre.
70. *Gauteron et Marion*, III, 59...........
71. *Guillaume au faucon*, II, 35...........
72. *Gombert et les deux clercs*, I, 22, par Jean Bedel..................... Artois.
73. *La Grue*, V, 126, par Garin (v. append. III), Vercelai = Vézelay (Yonne) ou Vregolai (Artois)............. *Artois.
74. *La Housse partie*, I, 5, par Bernier..... *Ile de France.
75. *Variante du précédent*, II, 30.........
67. *Jouglet*, IV, 98, par Colin Malet, (pays de Carembant).................... Artois.

77. *Le Jugement,* V, 122..................
78. *Le Maignien,* V, 130..................
79. *La Male dame,* VI, 119..................
80. *La Male honte,* IV, 90, par Guillaume..
81. *La Male honte,* V, 120, par Huon de
    Cambrai (v. append. III)........... Cambrésis.
82. *Le Mantel mautaillié,* III, 55..........
83. *Le Pauvre mercier,* II, 36..........
84. *Les Trois meschines,* III, 64..........
85. *Le Meunier d'Arleux,* II, 27, par Enguer-
    rand d'Oisi.................. Cambrésis.
86. *Le Meunier et les deux clercs,* V, 119....
87. *La Nonnette,* VI, 119, par Jean de Condé   Flandre.
88. *L'Oie au chapelain,* VI, 113, Rivière de
    Sèvre (?), v. 4..................
89. *Le Pêcheur de Pont-sur-Seine,* III, 63,
    Pont-le-Roi (Aube).............. *Champagne.
90. *Le dit des Perdrix,* I, 17............ *Picardie.
91. *La Plenté,* III, 75. L'action se passe en
    Syrie et en 1191 (vers 3) sous le roi
    Henri de Champagne † 1197........ *Syrie?
92. *Le Pliçon,* VI, 156, par Jean de Condé.   Flandre.
93. *Le Porcelet,* IV, 101..................
94. *Le Pré tondu,* V, 104..................
95. *Le Prêtre et Alison,* II, 31, par Guil-
    laume le Normand.............. Normandie ou Angle-
                                        terre.
96. *Le Prêtre et le chevalier,* II, 34, par
    Milon d'Amiens.................. Picardie.
97. *Le Prêtre crucifié,* I, 18.............. *Ile de France.
98. *Le Prêtre et la dame,* II, 51..........
99. *Le Prêtre au lardier,* II, 32..........
100. *Le Prêtre et le loup,* VI, 115, en Chartein
     (pays de Chartres)..............
101. *Le Prêtre et le mouton,* VI, 144, par
     Haiseau...................... Normandie.
102. *Le Prêtre qui abevete,* III, 61, par Garin
103. *Le Prêtre qui dit la passion,* V, 118....
104-105. *Le Prêtre qui mangea les mûres* (IV,
     62, v. 113)..................
106. *Le Prestre « qui eut mere a force »,* V,
     125..........................
107. *Le Prestre qu'on porte,* IV, 89........ Picardie.
108. *Le Prêtre et les deux ribauds,* III, 62,
     Troyes........................
109. *Le Prêtre teint,* VI, 132, (Orléans, v. 5,
     ss).......................... Orléanais.
110. *Les Quatre prêtres,* VI, 142, par Haiseau   Normandie.
111. *Le Provost a l'aumusse,* I, 7..........
112. *Le Prudhomme qui rescolt son compere de
     noiier,* I, 27..................

113. *La Pucelle qui abreuva le poulain*, IV, 107.................................. *Picardie.
114. *La Pucelle qui voulait voler en l'air*, IV, 108..................................
115. *Les Lecheors*, III, 76..................
116. *Richeut* (Méon, *Nouveau recueil*, I, p. 38-79)......................................
117. *Le Roi d'Angleterre et le jongleur d'Ely*, II, 52......................................
118, 119, 120. *Le Sacristain*, V, 123 ; V, 136 ; VI, 150 bis...................
121. *Quatrième version du précédent* (VI, 150) par Jean le Chapelain............ Normandie.
122. *La Saineresse*, I, 25................
123. *Saint Pierre et le jongleur*, V, 117.....
124. *Le Sentier battu*, III, 85, par Jean de Condé............................
125. *Le Souhait desvé*, III, par Jean Bedel... Artois.
126. *Les quatre Souhaits saint Martin*, V, 133.
127. *Sire Hain et dame Anieuse*, I, 6, par Huon Piaucele.................. Picardie.
128. *La Sorisette des estopes*, IV, 105........
129. *Le Sot chevalier*, I, 20................ Picardie.
130. *Le Testament de l'âne*, III, 82, par Rutebeuf.................................... Ile de France
131. *Les Tresses*, IV, 94.................
132. *Trubert*, Méon (*Nouv. recueil*, t. I)....
133. *Le Vair palefroi*, I, 3, par Huon le Roi (v. appendice III)................ Picardie.
134. *Le Valet aux douse femmes*, III, 78.....
135. *Le Valet qui d'aise a malaise se met*, II, 41. V. Foerster, *Jahrbuch*, N, F., I, 301........................... Picardie.
136. *La Vessie au prestre*, III, 59, par Jacques de Baisieux (v. chap. XII)......... Flandre.
137. *La Veuve*, V, 49, par Gautier le Long... Picardie.
138. *La Vieille qui oint la palme au chevalier* (V, 127)...........................
139. *La Vieillette ou la vieille truande* (V, 129)
140. *Le Vilain*, VI, 118.................
141. *Le Vilain asnier*, V, 114............
142. *Le Vilain au buffet*, III, 80...........
143. *Le Vilain de Bailleul*, IV, 104, par Jean Bedel............................ Artois.
144. *Le vilain de Farbu* IV, 95, par Jean Bedel............................ Artois.
145. *Le Vilain mire*, III, 71.............
146. *Le Vilain qui conquist paradis*, III, 81..
147. *Fragment de Foerster*, dan Loussict par « le maire du Hamiel », *Jahrbuch*, N. F., I, p. 296................ Picardie.

Résumé statistique.

Nous avons donc conservé 117 fabliaux. A l'édition de MM. de Montaiglon et G. Raynaud, nous ajoutons *six* contes, les nº 22, 26, 62, 116, 132, 147 de la liste ci-dessus. Nous en supprimons *seize* pièces, savoir : deux *dits dialogués* (I, 1, II, 53); une *chanson* (I, 11), deux *contes dévots* (I, 15, VI, 141), une *patenostre* (II, 42), un *débat* (II, 39), neuf *dits* moraux ou satiriques (I, 12, II, 37, 38, 40, 41, 43, 54, III, 56, 66)[1].

Les fabliaux sont répartis dans 32 manuscrits.

Cinq d'entre eux nous offrent de véritables collections. Ce sont les mss. :

B. N., 837 qui renferme....................	62	Copies de fabliaux
Berne, 354...............................	41	—
Berlin, Hamilton, 257....................	30	—
B. N., 1593.............................	24	—
B. N., 19.152...........................	26	—

Les autres nous fournissent quelques fabliaux seulement. Ce sont :

B. N., 12.603...........................	11	—
B. N., 2.168, 1.635, 25.545, chacun 6 copies..	18	—
B. N., 1.553............................	5	—
British Museum, ms. Harl. 2.253; B. N., 2.173, chacun 4...............................	8	—
B. N., nouv. acq., 1104; Ars., B. L. F., 318; Turin, L, V, 32; Rome, B. Casan., chacun 3..	12	—
Pavie, 130 E 5..........................	2	—
B. N., 344, 375, 1.446, 1.588, 7.218, 12.483, Brit. Museum, ms. add. 10.289, Ars., B. L. F. 317, Ars., 3.524, Ars., B. L. F., 60, Cambridge, C. C. C., 50; Oxford, Bodl., Digby, 86, Turin, fr. 36, Genève 179 *bis*, fragm. de la B. de Troyes, chacun 1 copie....	15	—
Soit, au total...............	254	copies.

1. Il convient encore d'ajouter un fragment de fabliau, signalé par M. E. Ritter et publié par MM. de Montaiglon et Raynaud, t. IV, p. 151. On pourrait l'intituler : *Les trois nonnes à l'anneau*. Il ne parait avoir que le cadre de commun avec le fabliau des *Trois dames qui trouvèrent l'anneau*.

APPENDICE II

NOTES COMPARATIVES SUR LES FABLIAUX

Je réunis ici d'assez nombreuses références à des conteurs lettrés ou populaires qui ont traité les mêmes sujets que nos jongleurs. Il eût été facile d'allonger ces listes, en citant de seconde main; mais j'ai trop perdu de temps, sur la foi d'indications inexactes, à rechercher des livres rares et à les dépouiller vainement, pour ne pas tâcher d'épargner à ceux qui voudraient se servir des présentes notes les mêmes déceptions. Je ne rapporte donc ici que les parallèles que j'ai trouvés ou vérifiés moi-même. Dans les cas contraires, qui sont assez rares, j'ai marqué d'un astérisque les ouvrages que je citais sur la foi d'autrui.

Depuis trente ans, l'ambition des collectionneurs et des illustrateurs de contes se borne, ou peu s'en faut, à dresser ces listes comparatives aussi longues que possible, et je me suis efforcé de montrer en ce livre que c'est là une vaine science de petits papiers. Pourquoi donc les imiter ici? C'est d'abord que je puis m'être trompé : peut-être, si improbable que me paraisse cette supposition, quelque profit scientifique pourra-t-il être un jour retiré de l'amas de notes que voici. Puis j'ai voulu donner au lecteur la confiance que je ne me suis prononcé qu'en connaissance de cause, que je me suis décidé à attaquer ces méthodes qu'après m'être longtemps efforcé de les appliquer en toute conscience. Et moi aussi, je suis collecteur de contes! Outillé comme je suis aujourd'hui, il me serait facile, en y consacrant un ou deux mois de plus, d'allonger sensiblement ces listes; mais je ne crois plus suffisamment à l'utilité de ce travail.

A. L'Ane au vilain (M R, III, 68). — Comparez la *Farce du Munyer*, par André de La Vigne, p. p. Fr. Michel, *poésies gothiques françoises*, 1831, et par le bibliophile Jacob, *Recueil de farces, soties et moralités*, 1859.

B. L'Anneau (III, 60). — Comparez Nicolas de Troyes, le *Grand Parangon des nouvelles nouvelles*, n° 39. — *La Reine de Candie* dans les *Contes nouveaux et plaisans, par une société*, Amsterdam, 1770, p. 17, 2ᵉ partie. — *La Bague enchantée* dans les *Contes en vers et quelques pièces fugitives* [par M. Bretin], Paris, an V de la République, p. 66. — Trois contes picards dans les Κρυπτάδια, Heilbronn, chez Henninger, t. I, n° 3. — Dans la même collection des Κρυπτάδια, voy. les contes secrets russes t. I, n° XXXII; cf. les notes, t. IV, p. 202, où divers rapprochements sont indiqués. Sur ces talismans bizarres, anneaux qui font éternuer, figues qui font pousser des cornes, etc..., v. les notes de V. Imbriani, *Conti pomiglianesi...* Naples, 1876, p. 89, ss.

C. Les deux Anglais et l'Anel (II, 46). — Je n'ai retrouvé nulle part cette insignifiante historiette. Sur le baragouin anglais, comparez toute une série de textes, dont voici quelques-uns : la *Paix aux Anglais* (*Jongl. et Trouvères*, p. 170.) Cf. *Hist. Litt.*, XXIII, 449; la *Charte aux Anglais*, cf. *Romania*, XIV, p. 279; Renart déguisé en jongleur anglo-normand (éd. Martin, branche Iᵇ).

D. Auberée (V. 110). — Ce conte existe dans les diverses rédactions orientales du *Roman des Sept Sages*, dans les versions syriaque, grecque, espagnole, hébraïque, persane, arabe.

M. Georg Ebeling (*Auberée, altfranz. fablet,... kritisch mit Einleitung und Anmerkungen, hgg. von G. Ebeling*, Berlin, 1891), a noté avec conscience et minutie les variantes de ces divers recueils. Je prends, pour l'opposer à Auberée, l'un quelconque de ces récits, soit le plus ancien texte connu, qui est le *Sindbad* syriaque (éd. F. Baethgen, Leipzig, 1879, p. 22). Ce choix est arbitraire; mais il serait trop long de comparer successivement ici le conte français aux six principaux textes orientaux, et cette comparaison, que j'ai faite, conduirait aux mêmes résultats; un coup d'œil jeté sur le travail de M. Ebeling en convaincrait au besoin le lecteur.

Voici la forme organique (ω) du conte :

AUBERÉE

FORME ORGANIQUE

Une entremetteuse procure une jeune femme à un jeune homme par la ruse que voici : elle s'introduit dans la chambre de la femme et y dépose, à son insu, un vêtement d'homme

auquel elle a fait une marque particulière. Le mari découvre
le vêtement, en conclut à l'infidélité de sa femme et la chasse.
Chassée, elle rejoint le galant. Il s'agit ensuite de la faire
rentrer en grâce auprès de son mari : l'entremetteuse déclare
au bonhomme qu'elle a perdu, elle ne sait où, un vêtement
qui lui était confié et qui portait telle marque. Il s'aperçoit
ainsi qu'elle seule a pénétré dans la chambre conjugale, et se
repent de ses soupçons. (A vrai dire, il n'est pas nécessaire que
l'objet en question soit un vêtement ; mais cette imagination
si naturelle associe malaisément deux versions.)

TRAITS ACCESSOIRES

Sindbad

a) Un joyeux compagnon, qui désirait toute femme dont il entendait louer la beauté, rencontre dans un bourg une jolie femme, et l'envoie prier d'amour. Sa requête est repoussée, et venu lui-même, il n'a pas plus de succès.

ω) Il entre alors chez une voisine, lui fait part de ses désirs, et moyennant promesse d'une bonne récompense, obtient qu'elle s'intéresse à son amour.

b) Elle envoie le jeune homme au marché ; là, il reconnaitra le mari, à certains traits qu'elle lui décrit. Le mari est marchand : qu'il lui achète un manteau et le lui apporte, à elle.

c) Une fois qu'elle a le manteau, elle le brûle en trois places.

ω) Visite de l'entremetteuse à la jeune femme.
Le surcot laissé sous un coussin.
Retour du mari qui trouve le manteau, bat et chasse sa femme.

d) Celle-ci se réfugie chez ses parents. La vieille vient l'y relancer : « De mauvaises gens ont dû t'enchanter, lui dit-elle ; viens chez moi, tu y trouveras un médecin qui te traitera avec intérêt. »

ω) Rencontre des amants.

e) Le jeune homme envoyé le lendemain matin à la boutique du

Auberée

l) Long amour d'un *valet* pour une jeune fille. Son père ne veut pas qu'il l'épouse, parce qu'elle est pauvre. Un bourgeois veuf et riche se montre moins intéressé, et la prend pour femme. Chagrin du jeune homme, qui cherche à se rapprocher de celle qu'il aime.

ω) Même scène que dans *Sindbad* comme le veut ω. Auberée est une vieille couturière.

m) Auberée prend simplement le *surcot* que porte le jeune homme.

n) Auberée pique une aiguillée de fil dans le surcot, et y laisse son dé à coudre.

ω) Visite de l'entremetteuse à la jeune femme. (Les détails de la scène diffèrent de ceux du *Sindbad*.)
Retour du mari, qui trouve le surcot et chasse sa femme.

o) Auberée recueille la jeune femme dès sa sortie de la maison, et la détermine à prendre asile chez elle, où elle sera cachée, jusqu'à ce que tombe la colère du mari.

ω) Rencontre des amants.

p) Épisode de l'abbaye de Saint-Corneille (v. ci-dessus, p. 313).

mari. Il te demandera ce qu'est devenu le manteau. Tu lui diras : « Je me suis approché du feu, des étincelles y ont fait trois trous ; je l'ai donné à raccommoder à une vieille femme ; depuis je n'ai plus revu ni la vieille ni mon manteau. Alors le mari te dira : « Va chercher la femme à qui tu l'as donné. Je saurai bien ce qu'il faudra répondre. »

f) Ainsi fait ; la vieille, appelée, dit au mari : « Sauve-moi de cet homme ; il m'a donné un manteau à raccommoder ; j'ai causé avec ta femme, et je ne sais plus ce que j'en ai fait.

g) Le mari donne de riches présents à sa femme, qui était retournée chez ses parents et qui ne consent qu'à grand peine à une réconciliation.

q) Cris que pousse dans la rue Auberée.

Le mari accourt au bruit. Elle explique comme elle a perdu un surcot, qu'un jeune homme lui avait donné pour être réparé. Elle l'a perdu, avec son dé et son aiguille.

r) Joie du mari qui retrouve en effet l'aiguille et le dé attachés au surcot.

Ici encore, tous les traits accessoires, tous les épisodes d'ornement (sauf qu'il s'agit, ici et là d'un vêtement) diffèrent. Lesquels sont logiquement les primitifs? Il est impossible de le décider, car ils sont, dans l'une ou l'autre version, merveilleusement bien combinés et agencés. Par un détail pourtant, la forme française paraît supérieure : comparez, en effet, l'épisode *b* du *Sindbad* à son correspondant *m* du fabliau. Dans toutes les versions orientales, le mari est un marchand d'étoffes, chez qui le jeune homme a fait emplette de son manteau. Cette invention maladroite frappe tout le conte d'une certaine invraisemblance. Il est inadmissible, en effet, que, quelques heures après, le marchand rentrant chez lui ne reconnaisse pas le vêtement dont il vient de vanter l'excellence à son client ; il est étrange que, le lendemain, reconnaissant l'acheteur au marché, il lui demande placidement des nouvelles de son manteau, au lieu de prendre le galant à la gorge. L'entremetteuse a été bien imprudente de mettre ainsi deux fois en présence le mari et l'amant. Si le mari ne s'aperçoit pas que c'est un coup prémédité, s'il ne conçoit aucun soupçon quand il trouve dans sa boutique l'acheteur de la veille, juste à point pour lui raconter l'histoire du manteau brûlé, c'est qu'il n'est pas bien fin. La vieille du conte syriaque est donc moins adroite qu'Auberée, qui emploie un manteau quelconque, que le mari n'a jamais vu, et qui se garde bien de jamais mettre en face l'un de l'autre le jaloux et l'amant. Ainsi, la rédaction orientale est légèrement défigurée, et si l'une des deux versions peut prétendre au préjudice de l'antériorité logique, c'est le fabliau. Si l'on veut pourtant considérer les deux rédactions comme équivalentes, il reste qu'on ne peut rien savoir de leur rapport puisqu'elles s'expriment par deux formules non comparables :

la forme orientale par $\omega + a, b, c, d, e, f, g\ldots$
la forme française par $\omega + l, m, n, o, p, q, r\ldots$

E. LE LAI D'ARISTOTE (V, 137). — Pour les divers rapprochements, voyez les notes de V. der Hagen, *Gesammtabenteuer, Aristoteles und Phyllis*, t. I, V; Benfey, *Pantchatantra*, § 187, p. 461-2. Il existe un récit apparenté, qui se trouve dans les *Hieronymi Morlini Novellae*, etc... Paris, 1855, p. 158, ss., nov. 81. Dans une sorte de roman à tiroirs, où une pierre précieuse doit être départie à la femme qui aura subi dans sa vie galante la plus cruelle humiliation, trois femmes racontent chacune une aventure (*La statue, La femme chevauchée, La tige d'oignon*). La seconde de ces histoires est une contrepartie du *lai d'Aristote*. — Voyez encore la *Germania*, I, 258, où F. Liebrecht ajoute une variante espagnole. — M. Héron, dans son édition d'Henri d'Andeli, a réuni quelques variantes plus modernes, du xviiie et du xixe siècle. — On sait que, dans plusieurs contes du moyen âge, on voit de même Aristote veller sur les amours d'Alexandre : voyez les *Gesta Romanorum*, éd. OEsterley, n°[s] 31, 34, 37, etc... Pour le plus curieux de ces récits, celui du baiser empoisonné, v. *Gesammtab.* I, p. LXXX, et Landau, *Quellen des Dekamerone*, p. 228.

Plusieurs écrivains du moyen âge ont fait à notre conte des allusions qui ont été recueillies. Aux rapprochements de mes devanciers, j'ajoute ce jeu-parti d'Adam de la Halle et de Sire Jehan Bretel (*Adam*, éd. Coussemaker, p. 165) : « Aristote a été chevauché par son amie, qui l'en a mal récompensé. Voudriez-vous être accoutré comme lui, pourvu que votre dame vous tienne parole? »

Notre fabliau a eu l'honneur de représentations figurées de toutes sortes, du xiiie au xvie siècle, au portail de la cathédrale de Rouen, à la façade de l'église primatiale de Saint-Jean à Lyon, sur un chapiteau de l'église Saint-Pierre à Caen, sur les miséricordes d'une stalle de la cathédrale de Rouen, sur l'un des pilastres de la chapelle épiscopale du château de Gaillon; il a été sculpté en bas-relief sur ivoire (Montfaucon, *l'Antiquité expliquée*, t. III, p. I, pl. CXCIV), en aquamaniles (cf. Gay *Glossaire archéologique, s. v. aquamanile*), il a été peint par Spranger et gravé par Sadeler.

Toutes ces œuvres d'art ont été soigneusement étudiées, depuis Daly (*Revue gén. d'archit.*, 1810, col. 393) et de Guilhermy (*Annales archéol.* de Didron, t. II, 1817 p. 145) jusqu'aux travaux récents de MM. Gasté (*Un chapiteau de l'église Saint-Pierre de Caen*, Caen, 1887), et A. Héron (*Une représentation figurée du lai d'Aristote*, Rouen, 1891). M. Gasté me signale encore une peinture sur verre du *Musée germanique* de Nuremberg, sur laquelle v. une communication de M. Gaidoz à la *Société des Antiquaires, Bulletin de cette société*, 1888, p. 230.

Ajoutons à ces remarques que nombre de livres du xvie siècle portent au frontispice des gravures représentant le lai d'Aristote. Je signale, par exemple *Henrici Glareali de Geographia liber unus*, imprimé à Fribourg en Brisgau en 1522, où l'on voit, sur le même bois, à gauche Virgile à la corbeille, à droite une scène que je n'ai pas pu identifier, en bas, Aristote sellé et chevauché.

F. Les Trois aveugles de Compiégne (I, 4). — Il y a ici contamination de deux contes distincts: pour le premier (les aveugles dupés), voyez* Gonnella, Bouchet*, Imbert (*Hist. Litt.*, t. XXIII, p. 140). — *Schimpf und Ernst*, éd. Œsterley, *XII blinden verzarten XII guldin*, n° 646, et les renvois à Pitrè, à l'Uylen-Spiegel, à Hans Sachs, à Sacchetti (p. 546). — Ajoutez une nouvelle de Girolamo Sozzini, dans les *Novelle di autori senesi*, Londra, 1798, t. II, p. 271, et *les Deux aveugles* dans les *Contes en vers* [par M. Bretin] p. 109.

Pour le second conte (l'aubergiste dupé), voyez, outre *l'Histoire littéraire* (t. XXIII, p. 140, Villon, Eulenspiegel, d'Ouville) Dunlop-Liebrecht, *Geschichte der Prosa-dichtung*, p. 284. — L'idée des *Repues franches* (v. ce texte p. p. A. Longnon, Œuvres complètes de François Villon, 1892, pp. LIII-LIV), a été reprise dans *la Farce du Nouveau Pathelin*, p. p. Génin. — *Hieronymi Morlini novellae*, éd. de la bibl. elzévirienne, 1855, nov. XIII, p. 29, *De hispano qui decepit rusticum*... Straparola, *Piacevoli notti*, XIII, 2; cf. Giuseppe Rua, *Intorno alle « piacevoli notti »*, p. 103-4. — Liebrecht,

Beiträge zur Novellenkunde, Germania, I, 269. — Braga, *Contos tradicionaes do Povo Portuguez*, n° 179 (*a venda das gallinhas*), qui donne de nombreux renvois, notamment à Bebelius, II, 126. — Ajoutez enfin les *Nouv. contes à rire ou récréations françoises*, Amsterdam, 1741, p. 313.

G. Barat et Haimet (IV, 97). — Ce conte, qui rappelle d'une façon générale les bons tours joués à Calandrino par les peintres, ses confrères, *Décaméron*, VIII, 3, 6, etc.), paraît avoir eu grand succès au xiii° siècle, puisque les noms des personnages du fabliau, Barat, Haimet, Travers, étaient devenus ceux de voleurs célèbres, comme Cartouche ou Mandrin. V. le roman d'*Eustache le Moine*, éd. F. Michel, v. 298 :

> Travers, ne Baras, ne Haimés
> Ne sorent onques tant d'abés.

La première partie de notre conte (les œufs de pie volés et les braies enlevées au voleur) se retrouve dans un récit p. p. Eugen Prim et Albert Socin (*der neu-aramäische Dialekt*, Göttingen, 1881, n° XLII, p. 170), où l'on raconte, assez maladroitement d'ailleurs, les exploits du petit 'Ajif, neveu d'un voleur illustre. Ce récit sert d'introduction à l'histoire du trésor de Rhampsinit. — La deuxième partie (visite de deux voleurs à un ancien confrère marié et retiré, et vol d'une pièce de lard successivement reconquise et reperdue) est racontée dans les *Contes Albanais*, recueillis par Aug. Dozon, Paris, Leroux, 1881, n° XXI, *Mosko et Tosco*, p. 163. — Les deux parties (nid d'épervier, sac d'une maison où l'on pénètre par le toit) se rejoignent, comme dans notre fabliau, mais non sans de nombreuses modifications, dans un conte kabyle (*Contes populaires de la Kabylie du Djurdjura*, recueillis et traduits par J. Rivière, Paris, 1882, p. 13). Ici encore, ce conte sert de préface à *Rhampsinit*.

H. Berengier (III, 86, IV, 93). — Comparez *die verrätherische Trompete*, XVIII° *Erzählung des Siddhi-Kür*, dans les *Mongolische Märchen* p. p. B. Jülg, 1868, p. 23; ou la traduction française du texte de Jülg dans *la Fleur lascive orientale*, Oxford, 1882, p. 1. Ce conte a été étudié de très près par Liebrecht et Benfey dans la Revue *Orient und Occident*, t. I, p. 116, ss. J'ajoute à leurs rapprochements que la forme de Bonaventure Despériers se retrouve dans *Roger Bontemps en belle humeur*, Cologne, 1708, t. 2, p. 63. — La deuxième partie de la nouvelle publiée dans les Κρυπτάδια, I, XXIV, reproduit aussi le fabliau de Berengier. Cf. les renvois fournis par les Κρυπτάδια, t. IV, p. 196. — C'est, comme on voit, un des rares fabliaux qui se retrouvent sous forme orientale. Je me permets de renvoyer le lecteur au travail ci-dessus indiqué de Liebrecht et de Benfey ; il lui sera facile de constater que le fabliau et le conte mogol, tout comme les autres contes conservés sous forme orientale, n'ont en commun que leurs seuls traits organiques ; ils ne sont donc pas comparables. Je prie le lecteur de tenter lui-même cette comparaison ou de m'en croire sur parole. Il ne me sied pas de donner ici la preuve de mon affirmation ; il ne lui sied pas de me la demander.

I. Boivin de Provins (V, 116). — Dunlop (v. Dunlop-Liebrecht, p. 223) a imaginé de rapprocher ce fabliau de la nov. 5, Journée II du *Décaméron*. Landau (*Quellen*, p. 123) a adopté cette opinion. Il n'y a aucun rapport entre le jongleur Boivin, qui est le dupeur, et le maquignon Andreuccio, qui est le dupé.

J. Les Trois Bossus ménestrels (I, 22). — Voyez notre étude sur ce conte, au chapitre VII.

K. Le Boucher d'Abbeville — On a comparé (du Méril, *Hist. de la poésie scandinave*, 335, Cf. de Montaiglon et Raynaud, notes de leur édition) ce fabliau avec le conte de La Fontaine « *A femme avare galant escroc* », tiré de Boccace, VIII, 1. Bartoli (*Litteratura italiana*, 584) a montré combien ce rapprochement est vague et vain.

L. La Bourgeoise d'Orléans (I, 17). — Il existe un petit cycle de contes qu'on peut réunir sous ce titre : *le Mari trompé, battu et content*. Mais ce groupe est composé d'au moins trois récits distincts, indépendants les uns des autres, qu'on rapproche indûment de *la Bourgeoise d'Orléans*. Séparons ici ce qui a été si souvent confondu.

I. Le mari prend le costume de l'amant. *La Bourgeoise d'Orléans* (MR, I, 17). — *Le Chevalier, la dame, et un clerc* (MR, II, 50). — *Le Castia Gilos* (Raynouard, *Choix de poésies des troubadours*, III, p. 398). — *Gesammtabenteuer*, II, XXVII, *Vrouwen staetikeit*.

II. Le mari prend le costume de sa femme ; il est rossé par l'amant. — *Décaméron*, Journée VII, nov. 7. — La Fontaine a imité Boccace très exactement, sauf pour quelques épisodes invraisemblables qu'il a modifiés (l'amant devient fauconnier; — la scène de la chambre conjugale est supprimée). — *Erzählungen aus altdeutschen Hss., gesammelt durch Adalbert von Keller, Stuttgart, Bibliothek des liter. Vereins*, t. 35, p. 289, *von dem Schryber*, v. quelques références de Liebrecht, *Germania*, I, 261; — Ser Giovanni Fiorentino*, *il Pecorone* g. III, nov. 2ª; — *Roger Bontemps en belle humeur*, Cologne, 1708, p. 64-5; — *Nouveaux contes à rire ou récréations françoises*, Amsterdam, 1741, p. 184 (copié de Roger Bontemps ou d'un modèle commun). — *Contes à rire et aventures plaisantes* éd. Chassang, Paris, 1881, p. 111. — Uhland, *Volkslieder, der Schreiber im Garten*. — Κρυπτάδια, *Contes secrets russes*, 77.

III. Le poulailler. — Retour imprévu d'un mari, à qui sa femme persuade qu'il est poursuivi par des sbires; elle le cache dans un poulailler, où, disent les *Cent nouvelles nouvelles*, il passe la nuit à « roucouler avec les coulombs ». — *La farce du pigeonnier*. — *Cent nouvelles nouvelles*, 88ᵉ. — H. Estienne, *Apologie pour Hérodote*, éd. Ristelhuber, t. I, p. 275. — Poggo, *Facetiae*, éd. Isidore Liseux, t. I, p. 28, 1878. — Lodovico Domenichi, *Detti e fatti di diversi signori e persone private... in Fiorenza*, 1562, p. 118. L'italien de Domenichi traduit exactement le latin de Pogge. — *Bandello**, nov. 25.

Voyez différentes variantes que je n'ai pu contrôler, énumérées dans les *Gesammt.*, II, XIV, et dans les Κρυπτάδια, t. IV., p. 250.

M. LA BOURSE PLEINE DE SENS (III, 67). — Un trait analogue dans le *Comte Lucanor*, trad. de Puybusque, exemple XXXVI, p. 376, ss., où un marchand achète pour un maravédis de prudence. — Comparez à notre conte le *Liedersaal* de Lassberg, *von den freundinnen* où le mari, qui a deux maîtresses, achète pour « ain pfenning wert witzen »; v. dans les *Gesammtabenteuer* (II, XXXV) le poème de Hermann Fressant, *Ehefrau und Bulerin*, et les rapprochements divers de von der Hagen. V. aussi *Germania** XXXIII, p. 263. — On peut rapprocher encore un conte kamaonien où une femme demande à son mari de lui rapporter de voyage « le mauvais du bon et le bon du mauvais ». (*Romania*, Cosquin, t. X, p. 545.) Cf. *Englische Studien**, 1883, p. 111-25 (*Kölbing, a peniworth of white*).

N. LES BRAIES AU CORDELIER (III, 88; VI, 155). — Rapprochez le conte, assez différent d'ailleurs, de *Philetaerus et Myrmex* dans les *Métamorphoses* d'Apulée, IX, 17-20, éd. Eyssenhardt, Berlin, 1869. — V. les rapprochements nombreux avec Sacchetti*, Sabadino*, Pogge, Morlino*, l'*Orlando innamorato*, l'*Apologie pour Hérodote*, etc..., dans la *Geschichte der Prosadichtung* de Dunlop-Liebrecht, n°ˢ 207 et 333. — J'ajoute à cette liste les références que voici : les données du fabliau sont reproduites dans la *farce de Frère Guillebert, très bonne et fort joyeuse* (épithètes qui, par exception, sont méritées), dans l'*Ancien théâtre françois* de Viollet-le-Duc, t. I, p. 305, ss. — V. *Les Comptes du monde adventureux*, p.p. Félix Franck, 1878, compte XXVIII (traduit de Masuccio, nov. III). — *Le Caleçon apothéosé*, dans le *Singe de La Fontaine*, Florence, 1773, t. I, p. 54. — *La Culotte de saint Raimond de Pennafort*, dans les *Contes à rire... par le citoyen Collier, commandant des croisades du Bas-Rhin*, nouvelle édition par le chevalier de Katrix, Bruxelles, 1881, p. 3.

O. Brifaut (IV, 103). — Le fabliau est reproduit dans presque tous ses accidents par les *Nouv. contes à rire ou récréations françoises*, Amsterdam, 1711, p. 328; *D'un qui déroba une pièce de toile*. Comparez la facétie du curé Arlotto qui dérobe, avec la même astuce que le voleur du fabliau, quatre tanches appartenant à un Siennois (*Contes et facéties d'Arlotto de Florence*, éd. Ristelhuber, Paris, 1877, p. 7).

P. Brunain (I, 10). — *Etienne de Bourbon*, éd. Lecoy de la Marche, n° 113. — *Arlotto de Florence*, éd. Ristelhuber, p. 101, n° LXXV. — Le même conte, assez défiguré, dans l'*Amphibologie ou l'Ecriture sainte prise à la lettre, Contes érotico-philosophiques* de Beaufort d'Auberval, 1818, réimpression de 1882, Bruxelles, p. 201. — Cf. les Κρυπτάδια, I, XLIX et les notes, t. IV, p. 221.

Q. Celui qui bouta la pierre (IV, 102 et VI, 152). — *Gesammtabenteuer, Berchta mit der langen nase*. V. les notes de l'éditeur, III, LIV. — *Wendunmuth*, III, 213, *Von eines procuratoris geilen hausfrawen* et les très nombreux rapprochements indiqués par l'éditeur (Bandello, Malespini, d'Ouville, *Nouv. contes en vers*, etc.). J'ajoute à cette longue liste ces quelques variantes qui paraissent dépendre toutes de la 23ᵉ des *Cent nouvelles nouvelles* : *Roger Bontemps en belle humeur*, t. II, p. 100. — *Singe de La Fontaine*, I, p. 165. — *Contes nouv. et plaisants par une société*, IIᵉ partie, p. 2. — *Nouv. contes* à *rire* ou *récréat. françaises*, t. II, p. 267. — V. aussi des remarques de *Dunlop-Liebrecht* (note 317).

R. LES DEUX CHANGEURS (I, 23). On a souvent comparé la première partie de notre fabliau avec la première des *Cent nouvelles nouvelles* (v. les rapprochements de Dunlop avec Ser Giovanni*, II, 2; Bandello*, I, 3; Straparole, II, 10, nuit II, fable II, dans la traduction de Larivey, éd. Jannet). Comparez G. Rua, *Intorno alle « piacevoli notti » dello Straparola*, Turin, 1890, p. 50. — Mais je ne connais pas de conte qui renouvelle, avec une suffisante ressemblance, la double épreuve du fabliau.

S. CHARLOT LE JUIF (III, 83). — On a plutôt affaire ici à une répugnante imagination de Rutebeuf qu'à un conte traditionnel; aussi, ce fabliau ne se retrouve-t-il point dans les littératures orales, et c'est à tort que l'annotateur des Κρυπτάδια (t. IV, p. 250) en rapproche un conte russe qui ne lui ressemble nullement. — Sur Charlot le Juif, v. la *Desputoison de Challot et du barbier de Meléun* (*Rutebeuf*, éd. Kressner, p. 99).

T. LE CHEVALIER AU CHAINSE (III, 71). — Voyez ci-dessus, chapitre IX.

U. LE CHEVALIER A LA CORBEILLE (II, 47). — C'est à tort que l'on rapproche d'ordinaire ce conte de *Virgile à la corbeille* (voir Domenico Comparetti, *Virgilio nel medio evo* et *Gesammtabenteuer*, II, p. 509; t. III, LV). Mais notre fabliau reparaît, avec ses traits essentiels, dans l'*Apologie pour Hérodote*, éd. Ristelhuber, I, 282.

V. LE CHEVALIER QUI FAISAIT PARLER (VI, 147; VI, 153. V. dans les *Gesammtabenteuer* le conte intitulé *der weisse Rosendorn*, et les notes de l'éditeur (III, p. 5, ss.). Cf. *Germania*, I, 262.

W. LE CHEVALIER, SA DAME ET UN CLERC (II, 50). — V. ci-dessus, *la Bourgeoise d'Orléans*.

X. LE CHEVALIER QUI FIST SA FEMME CONFESSE (I, 16). D'après Dunlop-Liebrecht (*Anmerkungen*, 315, p. 490). l'idée première du conte se retrouverait dans le roman de *Flamenca*. Il est inutile de réfuter cette erreur. Comparez le *Liedersaal* de Lassberg, *die Beichte*, XXIII, p. 217. — *Exempla of Jacques of Vitry*, p. p. Crane, 1891, Keller, *Erzählungen aus altd. Hss*, p. 383, *von dem man der beicht der frawen*. — *Cent nouv. nouv.*,

78*. — *Wendunmuth*, éd. Œsterley, 3, 245 (*Betrug einer falschen frawen*) et les nombreuses notes de l'éditeur; — (renvois à la *Scala cœli*, à Bandello, Doni, Malespini, Pauli, H. Sachs, etc.). Il est à peine utile de rappeler les contes de Boccace (VII, 5) et de La Fontaine. Il y a dans M. Landau (*Quellen des Dekameron*, p. 127-8) des rapprochements trop généraux et incertains. V. encore, dans le *Catalogo dei novellatori in prosa* (Livourne, 1871, n° 28), par G. Papanti, l'indication d'une nouvelle italienne du moyen âge, semblable au fabliau.

Y. Le Clerc repu derrière l'escrin (IV, 91). — *Cent nouvelles nouvelles* (34°). — *Morlini Novellae*, éd. de la Bibl. elzévirienne, 1855, p. 62, nov. XXX. Cette nouvelle a été traduite de Morlini ou d'un modèle commun par le sieur d'Ouville, *Elite des contes*, éd. Ristelhuber, p. 81, XXXVI. — *Roger Bontemps en belle humeur*, Cologne, 1708, t. II, p. 119. — Aux rapprochements de MM. de Montaiglon et Raynaud, Aug. Scheler, dans son édition de Jean de Condé, ajoute des renvois aux *Facetiae Frischlini* et aux *Joci ac sales Ottomari Luscinii*.

Z. Le Pauvre clerc (V, 135). — Ce joli fabliau se diversifie chez les divers conteurs en un certain nombre de récits également ingénieux (*Le soldat devin, le soudan de Babylone*, etc.). Il a été, à plus d'une reprise, étudié par les collecteurs de contes et j'indique ci-après où l'on pourra trouver des listes de références. — V. de nombreux rapprochements dans les *Gesammtabenteuer*, III, 61; dans Dunlop-Liebrecht, des renvois à des poèmes anglais (*anmerk.*, 277a); dans la *Germania*, I, 263 (Liebrecht); — Keller, *Fastnachtspiele*; p. 1172, ss., *von einem varnden Schuler*, cp. *Germania*, XXXVI, 22. — Le sieur d'Ouville, *Elite des contes*, éd. Ristelhuber, p. 109, n° XLV. Ristelhuber donne une longue liste de variantes. — Les trois récits dont voici l'indication ne sont que des copies de d'Ouville : *Roger Bontemps*, éd. de 1708, p. 51; *Nouveaux contes à rire ou récréations françoises*, Amsterdam, 1741, p. 171; *Contes nouv. et plaisans par une société*, 1770, p. 109. — Ajoutez, pour la forme du soudan de Babylone, le *Facétieux réveil-matin des esprits mélancoliques*, Louandre, *Conteurs français du XVII° siècle*, t. II, p. 22. Cf. *le Sottisier de Nasr'Eddin Hodja, bouffon de Tamerlan*, éd. Decourdemanche, 1878, n° 173. — D'Ancona, *Novelle inedite di Gio-*

vanni *Sercambi*, n° 5, *de Vana Luxuria*, et les notes, p. 67, ss. — Les versions les plus voisines du fabliau sont fournies par un conte populaire lorrain, *le Corbeau*, n° 79 de la collection de M. Cosquin (v. les notes) et, sous une forme grossière et inintelligente, par un conte araméen, *der neu-aramäische Dialekt des Tur'Abdin, von E. Prym und A. Socin*, Göttingen, 1881, t. II, p. 293.

Aa. CONSTANT DU HAMEL (IV, 106). — *Gesammtabenteuer*, III, 62; v. les notes de l'éditeur. — *Novelle edite ed inedite di ser Giovanni Forteguerri*, Novella 8, Bologne, 1882, p. 177. — A. Coelho, *Contos popolares portuguezes*, Lisbonne, 1876, n° 67. — *Constant du Hamel* se trouve combiné avec le *Prêtre crucifié* dans un récit recueilli à Vals par E. Rolland, *Romania*, XI, p. 119. — La même contamination apparaît dans les *Contes érotico-philosophiques* de Beaufort d'Aubeval. — *La vengeance d'Isabelle*, contes en vers de Félix No.. et 5ᵉ édit. 1810, p. 164 ; ce n'est, comme il résulte d'une de l'auteur, qu'un simple rajeunissement du fabliau. — O peut enfin rapprocher, mais malaisément, les aventures de Spinelloccio et de Zeppa dans le *Décaméron*, VIII, 8. — Pour la vengeance que le mari prend sur les femmes de ceux qui le déshonorent, v. *die Wiedervergeltung*, p. 387 des *Erzählungen aus altd. Hss. gesammelt durch A. von Keller*.

Ce fabliau est représenté en Orient par un conte des *Mille et une Nuits* (196ᵉ nuit du texte tunisien du xvɪᵉ siècle ; l'édition de Breslau l'a supprimé. L'analyse que je donne est faite d'après la *Fleur lascive orientale* (Oxford, 1882, p. 10). Ce conte arabe peut-il prétendre à remonter jusqu'à l'Inde ? Je l'ignore et j'en doute; quoi qu'il en soit, comparons les deux versions, pour décider si l'une d'elles peut être considérée comme la forme mère.

FORME SCHÉMATIQUE DU CONTE, QUI S'IMPOSE A TOUT CONTEUR

Une honnête femme, poursuivie par les obsessions de plusieurs galants, leur donne rendez-vous chez elle pour le même soir, mais à des heures différentes. Elle les reçoit successivement, mais les force à se cacher presque aussitôt, sous prétexte que le mari revient. Il survient en effet et, mis au courant par sa femme, il les maltraite.

TRAITS ACCESSOIRES QUI SONT DE L'ARBITRAIRE DES CONTEURS

Dans les Mille et une Nuits

a) Au retour du bain, une jeune femme est accostée successivement par un cadi, un receveur général des impôts du port, un chef de la corporation des bouchers, un riche marchand.

b) Elle leur fixe rendez-vous à tous quatre, chemin faisant et sans plus tarder.

c) Elle prévient son mari, qui assistera d'un cabinet voisin aux scènes qu'elle prépare.

d) Elle reçoit le cadi qui vient à l'heure de la prière (plaisante infraction à ses devoirs!) Il lui donne un chapelet de perles. Elle l'affuble, sous prétexte de le mettre à son aise, d'une longue veste de mousseline jaune et d'un bonnet jaune. A peine se sont-ils assis au souper qu'on frappe. « — Mon mari ! » Le cadi est caché dans un cabinet.

e) Le receveur des impôts arrive, porteur d'une cassette de bijoux. Elle l'affuble, toujours pour le mettre plus à son aise, d'une jaquette rouge trop courte et d'un bonnet de mousseline à pois noirs. Il va rejoindre le cadi dans le cabinet.

f) Les deux autres galants sont à leur tour revêtus de costumes ridicules et se rejoignent dans le cabinet.

g) Scène de tendresse conjugale.

h) Le mari demande à sa femme : « N'as-tu fait aucune rencontre au

Dans le fabliau de Constant du Hamel

l) Longues persécutions haineuses que font subir au vilain Constant du Hamel un prêtre, un prévôt, un *forestier*, pour se venger d'avoir été rebutés par sa femme, Ysabeau. Comment ils réussissent à le ruiner. — Ce sont des fonctionnaires, si l'on me permet cet anachronisme d'expression, qui abusent de leur pouvoir. Il n'en est pas de même dans les *Mille et une Nuits*.

m) Ysabeau, après avoir pendant de longs jours pâti de l'amour de ses persécuteurs, leur envoie sa chambrière à tous trois, pour leur fixer des rendez-vous, à condition qu'ils apporteront force deniers.

n) Constant est absent du logis et n'apprendra que plus tard l'heureuse ruse de sa femme.

o) Ysabeau reçoit le prêtre, qui lui apporte une ceinture pleine d'or. Elle le fait mettre au bain ; l'heure du rendez-vous donné au prévôt arrive : il frappe en effet à la porte. Le prêtre se réfugie de son bain dans un tonneau plein de plumes.

p) Même scène que ci-dessus pour le prévôt, qui rejoint le prêtre dans le tonneau aux plumes.

q) De même pour le forestier.

r) Constant revient, porteur d'une grande hache.

s) Ysabeau met alors son mari au courant de sa ruse, et lui con-

retour du bain ? — Si, j'ai trouvé quatre vieilles créatures grotesques, que j'enverrai chercher demain pour te divertir. » Comme il insiste pour les voir sur l'heure, elle les fait sortir du cabinet, l'un après l'autre.

i) Le mari force le cadi à lui conter une histoire, à lui jouer du tambour, à danser avec des grimaces. — « Sur ma foi ! dit le mari, je croirais volontiers que c'est le cadi ! Mais je sais qu'il médite actuellement sur la jurisprudence ! » Le cadi danse jusqu'à épuisement. On lui fait boire un verre de vin (nouvelle infraction à ses devoirs) et on le chasse.

j) De même pour les trois autres.

seille de se venger sur les trois femmes du prêtre, du prévôt, du forestier.

t) Vengeance prise sur les trois femmes, les galants voyant la scène de leur tonneau, et se raillant les uns les autres.

u) Constant met le feu au tonneau. Les trois amoureux s'enfuient par les rues, sans autre vêtement que les plumes attachées à leur corps.
Tous les chiens du village se mettent à leurs trousses, ameutés par Constant du Hamel.

Ainsi, les deux versions ne présentent en commun que les traits accessoires que voici : d'abord, dans l'une et dans l'autre, les amoureux apportent des présents; mais, comme ils ne pouvaient raisonnablement se flatter de se dispenser de cette galanterie, il n'y a pas lieu de s'arrêter longuement à cette coïncidence des deux récits. En second lieu, les amants se retrouvent, dans les deux versions, cachés dans le même réduit. Mais ce trait est si naturel que j'ai hésité si je ne devais pas le considérer comme un des traits constitutifs du conte, sous sa forme ω. S'il n'appartient pas à l'inventeur premier du conte, un nombre indéfini de conteurs indépendants le réinventeraient sans peine.

Donc, les deux versions sont admirablement motivées, mais elles le sont différemment : à tel point qu'elles s'expriment par des formules toutes différentes, et nullement comparables :

La forme orientale par $\omega + a, b, c, d, e, f, g, h, i, j...$
La forme occidentale par $\omega + l, m, n, o, p, q, r, s, t, u, ...$

Elles sont comme étrangères l'une à l'autre : ni celle-ci, ni celle-là ne peut prétendre à aucun droit de priorité logique.

Le Convoiteux et l'Envieux (V. 135). — Ce conte se trouve aussi dans les *Enseignemens Trebor* v. *Hist. litt. XXIII*, 237, où divers rapprochements sont indiqués. — Pauli, *Schimpf und Ernst*, p. 516, n° 647, où, donnant une longue liste de références, OEsterley confond plusieurs contes distincts. — Crane, *Exempla of Jacques de Vitry*, n° CXCVI; *l'Avare et l'Envieux, Contes en vers*; F. Nogaret, auteur de l'Aristénète français, p. 169; c'est le fabliau, tristement défiguré. — *Contos tradicionaes do Povo portuguez*, n° 154, *o odio endurecido* (v. les notes de Braga, t. I, p. 230). — Les rapprochements de Crane avec la *Summa Virtutum ac Vitiorum*, la *Summa predicantium*, le *Promptuarium exemplorum*, le *Magnum speculum exemplorum*, le *libro de los Exemplos*, etc., etc..., prouvent que cette historiette était l'un des exemples favoris des prédicateurs du moyen âge.

Les histoires orientales rapprochées par Benfey, *Pantchatantra*, § 112, 7 et § 208, p. 198, ne sont point similaires, comme l'a déjà noté Crane. — Sur le rôle de St-Martin, comparez le fabliau des *Quatre souhaits Saint Martin*, et nos remarques à propos de ce conte.

Ba. Le Cuvier (I, 9). — Je ne connais d'autres imitaire à ce fabliau que le poème des *Gesammtabenteuer*, *des Ritter unterm Zuber*, par Jakob Appet, II, XLI. Le célèbre récit d'Apulée et ses dérivés n'ont que le titre de commun avec les fabliaux. Le contes des *Délices de Verboquet le Généreux* rapproché par V. der Hagen est également tout différent. La comparaison inexacte de notre fabliau avec le *Décaméron*, VII, 2, a encore été reprise récemment par M. Licurgo Cappelleti, dans ses *Studi sul Decameron* Parme, 1880, p. 112-7.

Ca. La Dame qu' fist battre son mari (IV, 100). — Voyez ci-dessus, *la Bourgeoise d'Orléans*.

Da. La Dame qui fist son mari entendant qu'il sonjoit (V, 124). — Voyez chapitre VI.

Ea. Les trois dames qui troverent l'anel (I, 15; VI, 138). — Nous avons eu occasion d'énumérer ailleurs (chapitre VIII) les vingt-deux versions que nous connaissons de ce conte. Outre ces versions, les quatre histoires contenues dans nos fabliaux (*les Poissons, le Moine, le Mari paranymphe, la Chandelle*), vivent d'une vie indépendante, distincte, dans un certain nombre de recueils de contes que nous allons rappeler ici.

1° *Les Poissons.* — Je ne puis citer aucune forme indépendante de ce récit, qui ne reparaît, à ma connaissance, que dans le *Liedersaal* de Lassberg. C'est à tort que Liebrecht et M. Rua l'ont identifié avec un conte de la Russie Méridionale p.p. Roudtschenko; nous avons eu l'occasion, dans notre étude sur le fabliau des *Tresses* (chapitre VI), d'analyser ce conte russe ; si l'on veut bien s'y référer, on verra qu'il n'a aucun rapport avec le récit de nos fabliaux, sinon celui-ci : dans l'un et dans l'autre, il est question d'un plat de poissons. Par contre, on a négligé de remarquer l'identité du conte populaire russe avec le 2° récit du 7° Sage du *Syntipas*.

2° *Le Moine.* — Ce conte vit d'une vie indépendante chez Jacques de Vitry (ex. CCXXXI, éd. Crane) et chez Etienne de Bourbon (n° 458, éd. Lecoy de la Marche). M. Crane ajoute (p. 227) plusieurs références à des recueils d'*exempla*. — Liebrecht (*Zur Volkskunde, loc. cit.*) indique comme parallèle au récit de notre fabliau, un conte tiré du *Mahâkâtjâjana* (*Mém. de l'Ac. de St-Pétersbourg*, VIII° série, t. XXII, n° 7, p. 28, n° 10, *ein cyclus buddistischer Erzählungen mitgetheilt von A. Schiefner*). Vérification faite, voici le conte très peu intéressant dont il s'agit : la femme du Brahmane Purohita a parié qu'elle persuaderait à son mari de faire raser sa chevelure. Elle lui dit, en effet : « Un jour que tu étais appelé devant le roi, j'ai fait vœu que, si tu étais bien accueilli par lui, j'offrirais tes cheveux aux dieux. » Purohita, par bienveillance conjugale, consent en effet, pour accomplir le vœu de sa femme, à se faire raser. — On peut juger par là si nous avons eu raison de ne pas ranger le conte du mari fait moine au nombre des fabliaux attestés dans l'Orient.

3° *Le Mari paranymphe.* — J'intitule ainsi, avec M. Giuseppe Rua, le récit du fabliau anonyme. Il est obscur et mal conté. Je n'en connais pas de semblable, à moins qu'il ne faille reconnaître le même conte dans cette insuffisante analyse que donne P. Lerch d'un récit de la version arménienne des *Sept Sages* : « Le septième jour l'impératrice raconte l'histoire de ce roi qui, sans le savoir, donne sa propre femme en mariage à l'amant de celle-ci ».

4° *La Chandelle.* — C'est le 3° récit du fabliau d'Haiseau. V. les nombreux rapprochements donnés par Liebrecht (*loc. cit.*)

Fa. LA DAME QUI SE VENGEA DU CHEVALIER (VI, 110). — L'épreuve que la dame fait subir au chevalier : (*Croîtries vos nois?*) se retrouve dans un conte allemand, « *von dem ritter mit den nüzzen.* » *Gesammt.* II, XXXIX. Le poète allemand a voulu le rendre un peu moins immoral et l'a fait inintelligible; je ne l'ai bien compris qu'en le comparant au fabliau, en 1890, lorsque MM. de Montaiglon et Raynaud publièrent le poème français au tome VI de leur collection. Le conteur allemand a contaminé ce récit et le *Dit du Pliçon*.

Ga. La Dame qui aveine demandoit por morel (I. 29). — Comparez le fabliau de la *Pucelle qui abreuva le poulain* (V, 107), et le fabliau, moins prochement apparenté, de l'*Escurueil* (V, 121). Ce conte était assez populaire au xiii⁰ siècle pour qu'on y pût faire des allusions très rapides, comprises pourtant: voyez le *dit* p.p. M R, II, 10. — Au xvi⁰ siècle encore, il était compris à demi-mot, comme une grivoiserie qu'une simple allusion suffisait à rappeler; en effet, v. la chanson XXVI de Clément Marot (éd. de 1577).

> En entrant dans un jardin,
> Je trouuay Guillot Martin
> Avecques s'amie Heleine,
> Qui vouloit pour son butin,
> Son beau petit picotin
> Non pas d'orge ne d'aveine, etc...

Comparez les Κρυπτάδια, t. I, n⁰ XXXVI. Dans ses notes (p. 206), l'éditeur anonyme compare entre eux les trois fabliaux ci-dessus énumérés, et plus loin (p. 223-233) il étudie longuement les variantes de ces contes. Ajoutons ces quelques rapprochements: *D'un nouveau marié, Nouv. contes à rire et recreations françoises*, Amsterdam, 1711, t. II, p. 71. — Un conte, non semblable, mais analogue: *Chacun a le sien*, dans le *Petit neveu de Boccace*, Amsterdam, 1777, p. 118. — Une forme amusante, celle du *Trompette qui sonne ville prise*, se trouve dans les *Délices de Verboquet le Genereux*, p. 7, et dans le *Facétieux réveille-matin des esprits mélancoliques*. V. Ch. Louandre, *Chefs-d'œuvre des conteurs français contemporains de La Fontaine*, 1871, p. 21.

Ha. La Damoiselle qui ne pooit oir... (III, 65). — La Damoiselle qui n'ot parler... (V. III). — V., pour ces fabliaux, les Κρυπτάδια, t. I. p. 206, et les *Novelle del Mambriano*, p. p. Giuseppe Rua, p. 61.

Ia. L'Enfant de neige (I, 14). Ce fabliau célèbre serait-il une plaisanterie d'esprit-fort destinée à combattre une superstition réelle? Sur ces conceptions merveilleuses, sur la croyance à une vierge qui touche une plante d'espèce particulière et conçoit, voir les traditions sur la mandragore réunies par Grimm, *Deutsche Mythologie*, 4ᵉ éd., p. 1007, et par Andrew Lang, *Custom and myth*, p. 143-155. — Dans le conte égyptien des *Deux frères*, p.p. M. Maspéro, un copeau d'un perséa merveilleux, qu'on a coupé et qu'on façonne en planches, s'est envolé, a pénétré dans la bouche d'une femme, qui conçoit; (sur ces avatars de dieux par l'intermédiaire d'un fruit, d'une fleur, etc... v. Dragomanof, *Légendes pieuses des Bulgares, Mélusine*, t. VI, col. 221). — Ou bien, comme il me semble plutôt, faut-il voir dans ce conte simplement un *jocus monachorum*, sans autre portée ? En tout cas, le succès de ces données dans le monde des clercs fut très grand, et nous est difficilement compréhensible. J'indique ici divers renvois à ces formes monacales, en vers latins, soit rythmiques, soit prosodiques : 1) Wright, *Essays on subjects connected with the litterature*, etc... II, 180. Cf. Wright, *Histoire de la Caricature*, trad. fr. par O. Sachot, p. 103; 2) Ed. du Méril, *Poésies inédites latines des XIᵉ et XIIᵉ siècles*, t. I, p. 275 (d'après un ms. du xᵉ siècle) et t. III, p. 418, d'après une édition de Phèdre du xvᵉ siècle. — Dans la *Romania*, M. P. Meyer décrivant un ms. de Trinity College (Cambridge), qui contient une foule de *joca monachorum*, énigmes, charades, etc..., donne ces deux vers :

De nive conceptum quem mater adultera fingit
Sponsus cum vendens liquefactum sole refingit.

Dans la *Zeitschrift für deutsches Alterthum*, XIX, p. 119 (1876), W. Wattenbach a publié et comparé entre elles plusieurs formes latines. — Von der Hagen, dans les *Gesammtabenteuer* (II, XLVII) publie un conte allemand et renvoie à Doni, Sansovino, Malespini, Grécourt. La 19ᵉ des *Cent Nouvelles*, reproduit aussi le conte de l'*Enfant de neige*. Je rencontre dans les *Origines du théâtre anglais* par M. Jusserand le passage suivant du *Ludus Conventriae*, p. p. la Shakespeare Society, en 1841, d'après un ms. du xvᵉ siècle : Marie et Joseph sont accusés devant un évêque par deux *détracteurs*, à cause de la grossesse de la Vierge ; les deux accusateurs échangent de grossières plaisanteries ; *Primus detractor* : « Ma foi, je suppose que cette femme dormait sans couverture, une fois qu'il neigeait ; et alors, un flocon se glissa dans sa bouche, c'est de là que l'enfant fut conçu dans son sein. — *Secundus detractor* : Prends garde alors, dame, car c'est une chose connue que l'enfant, une fois né, si le soleil brille, retourne à l'état liquide. »

La. L'Ecureuil (V, 121) Cf. ci-dessus à l'article de la *Dame qui aveine demandoit*.

Ma. L'Epervier (V, 115). — V. ci-dessus, p. 193, et pour toutes références, la très copieuse collection de variantes recueillie par M. G. Paris dans son article de la *Romania*, VII, 1. Ajoutez Henri Estienne, *Apologie pour Hérodote*, éd. Ristelhuber, I, p. 273, et cp. les notes de cet érudit, II, p. 176. V. aussi les pages 429-139 de l'ouvrage de Cappelletti, *Studi sul Decamerone*, Parme, 1880, où il compare notre conte à celui de Boccace.

Na. Estormi (I, 19). Voyez, ci-dessous, le *Prêtre qu'on porte*, et, ci-dessus, les *Trois bossus ménestrels*.

Oa. L'Evêque qui bénit (III, 77). — V. l'histoire de Porcellino dans le *Novellino*, nov. 64, et les rapprochements de d'Ancona, *Le fonti del Novellino*, *Romania*, III, 175. La nouvelle du *Décaméron*, I, 4, appartient au même cycle, de même que *La Nonnette* de Jean de Condé ou le *Psautier* de La Fontaine. V. pour la comparaison de la nouvelle de Boccace avec le fabliau, les *Studi sul Decamerone* di Licurgo Cappelletti, Parma, 1880, p. 298-301.

Pa. La femme au tombeau (III, 70). — Ce récit est apparenté au conte de la *Matrone d'Ephèse*. Pour toutes les références, voyez les éditions diverses du livre de Griesenbach, *die Wanderung der Novelle von der treulosen Wittwe durch die Weltliteratur*. On y trouvera une très riche collection de variantes, et une non moins riche collection des pétitions de principe et des paralogismes que la théorie orientaliste peut engendrer dans un esprit dépourvu de sens critique. Ajoutez *Matheolus*, p. 60.

Qa. La femme qui servoit cent chevaliers (I, 26). — M. G. Paris, *Hist. littér.*, t. XXX, p. 112, donne l'analogue, les vœux de Baudouin[1], *three early english metrical romances edited by Robson*, London, 1811. « Ce conte, ajoute M. G. Paris, semble « reposer sur quelque fait réel, arrivé en Palestine. » — Nous voulons en douter.

Ra. Le Fèvre de Creeil (I, 21). — V., pour les contes apparentés, les Κρυπτάδια, t. I, *Trois contes picards (Jean Catornix)*, et les notes du t. IV, p. 256.

Sa. Frère Denise (III, 87). — Ce récit paraît avoir été créé de toutes pièces par Rutebeuf, ou n'être qu'un *fait-divers* de l'époque. Les contes qu'on peut en rapprocher n'ont de commun avec le fabliau que la donnée d'une femme vivant déguisée dans un couvent d'hommes, et cette imagination est assez générale pour avoir été souvent réinventée par des conteurs indépendants. Tels sont les récits suivants : *von keuschen mönchen historia* (*Wendunmuth*, éd. OEsterley, t. I, p. 515, n° 53, bataille contre des moines, au cours de laquelle on s'aperçoit que l'un d'eux est une femme travestie); — la 60° des *Cent Nouvelles nouvelles* (trois bourgeoises qui pénètrent, tonsurées et enfroquées, dans un couvent de Cordeliers); — la 31° nouvelle de l'*Heptaméron* (un cordelier qui, un poignard à la main, force la femme d'un gentilhomme à le suivre, travestie en religieuse); — Straparola, XIII, 9, etc... Dans les rapprochements de M. Landau, *Quellen des Dekamerone*, p. 238, il s'agit au contraire de saintes femmes qui vivent chastement, déguisées, dans des couvents d'hommes; ces récits de la *Vie des Pères*, sont animés d'un tout autre esprit, et ne sauraient être rappelés ici que pour le plaisir du contraste.

Ta. Gombert et les deux clercs (I, 22) et Le meunier et les deux clercs (V, 119). — C'est le *Berceau* de La Fontaine, imité de Boccace, *Décam.*, IX, 6. C'est aussi le poème de Chaucer, *The reeve's tale*. Voyez les rapprochements énumérés dans les *Gesammtabenteuer*, à propos du poème *Irregang und Girregar*, III, LV. Une curieuse forme bretonne du conte a été publiée récemment par M. Luzel, *Le clerc et son frère laboureur*, *Souniou Breiz-Izel*, 1890, t. II, p. 203. V. aussi *Englische Studien*, IX, 240-66 (1885), *die Erzählung von der Wiege*.

Ua. La grue (V, 126). — Il y a toute une série de jolies variantes allemandes : dans le *Liedersaal* de Lassberg, p. 223, ss., le 31° conte; dans les *Gesammtabenteuer*, v. *der Sperwaere*, II, XXII, et le charmant conte *das heselin*, II, XXI, où le fabliau subit une curieuse contamination. Hans Lambel, en publiant *das maere von dem Sperwaere* (dans les *Erzählungen und Schwänke*, 1872, p. 292-306), indique un autre poème allemand, publié fragmentairement par Haupt et Hoffmann, *Altdeutsche Bl.*, I, 238, ss. — Ce fabliau vit encore dans la tradition orale : v. le *Coq de bruyère*, dans les Κρυπτάδια, I, XXIX, et les nombreuses notes du t. IV, p. 200. — J'y ajoute que, dans le *Petit neveu de Boccace*, Amsterdam, 1777, p. 91, le conte intitulé le *Pris et le Rendu* offre des traits analogues; mais ce n'est pas, à vrai dire, le même conte.

Va. LA HOUSSE PARTIE (I, 5; II, 30). — Ce joli conte a été illustré avec beaucoup de soin et de finesse par M. Pio Rajna, et M. G. Paris a enrichi cette étude de plusieurs observations (*Una versione in ottava rima del libro dei* Sette Savi, *Romania*, X, p. 2-9). On y trouvera toute la bibliographie du conte, très développée. Je me borne à ces quelques rapprochements, omis par MM. Pio Rajna et G. Paris : v. *der undankbare Son*, dans le *Liedersaal* de Lassberg, p. 585, ss; — *le fils ingrat, Contes albanais recueillis et traduits* par A. Dozon, 1881, Paris, Leroux, n° XIX; — *Roger Bontemps en belle humeur*, Cologne, 1708, t. II, p. 159; — *Contes de Bretin*, p. 109; — Hans Sachs, *Germania*, XXXVI, 31; — on trouvera une analyse de la *moralité* à laquelle M. G. Paris fait allusion dans le *Répertoire* de M. Petit de Julleville, p. 61-2 (*le miroir et exemple moral des enfants ingrats*). — J'ai montré (p. 167) l'inexactitude d'un rapprochement, proposé par Liebrecht, de la *Housse partie* avec un conte des *Avadânas*.

Wa. JOUGLET (IV, 98). — Cette orde vilenie appartient tout entière à Colin Malet, et n'a donc rien de traditionnel. « Tout au « plus, dit M. P. Meyer, pourrait-on constater, en passant, une « certaine coïncidence d'un incident de *Jouglet* avec le récit « d'une mauvaise farce jouée à un *tregettour* du comté de Lei- « cester, » et que Nicole Bozon moralise étrangement (V. *Les contes moralisés de Nicole Bozon*,... p. p. L. Toulmin Smith et P. Meyer, n° 144, p. 295).

Xa. LE JUGEMENT (V, 122). — Voyez chapitre VIII, p. 240. — Le cadre (le père qui pose une même question à ses trois filles, pour marier d'abord celle qui saura le mieux y répondre) se retrouve dans les *Contes érotico-philosophiques* de Beaufort d'Auberval, 1810, réimpr. de 1882, p. 57. La question est ici : « Qu'est-ce qui croît le plus vite? » V. dans Pauli, *Schimpf und Ernst*, n° XIII, p. 23, l'amusante histoire d'un père placé dans une situation analogue entre trois filles également pressées de se marier, et l'épreuve à la suite de laquelle il se décide à marier d'abord la plus jeune.

Ya. LA MALE DAME (VI, 149). — Conte persan par Kisseh-Khun* (Simrock, *Quellen des Shakespeare*, 3, 231). — Comparez, comme récit apparenté, le XLII° conte du *Liedersaal*, die zel-

tende Frau, p. 297, ss; dans les *Gesammtabenteuer*, I, III, *der vrouwen zuht.* Cf. les nombreux rapprochements de H. Lambel, *Erzählungen und Schwänke*, Leipzig, 1872, p. 307-330; — *le conte Lucanor*, trad. de Puybusque, ex. XXXV, p. 369-77; — Straparola, nuit 8, n° 2, cf. G. Rua, *Intorno alle piacevoli notte dello Straparola*, 1890, p. 83-4. La nouvelle de Straparola contamine certaines données de *Sire Hain et dame Anieuse.* M. J.-F. Bladé a recueilli, dans un village du Gers, une forme actuellement vivante du fabliau (*la dame corrigée*, *Contes pop. de la Gascogne*, 1886, t. III, p. 286.)

Za. LE MANTEL MAUTAILLÉ (III, 55). — Sur les différentes épreuves de la fidélité féminine (l'eau du Styx des légendes grecques, l'eau du tabernacle du *Lévitique*, la rose de *Perceforest*, le voile des *Amadis*, dont les fleurs semblent fanées sur la tête d'une femme infidèle etc...), v., Dunlop-Liebrecht, p. 85; — et *Mélusine* (art. de Lefébure), IV, 36 ss. — Sur la flûte enchantée, v. l'*Armana provençau* de 1865. — L'étude la plus complète que je connaisse sur ce thème est encore celle des *Gesammtabenteuer*, t. III, n° LXVIII. — On sait que MM. Cederschiœld et F.-A. Wulff ont publié des *Versions nordiques du fabliau français le mantel mautaillié*, Lund et Paris, 1880, et que M. Wulff a publié à nouveau le texte français en 1885 (*Romania*, XIV, p. 343-80).

Ab. LES TROIS MESCHINES (III, 64). — V. les *Contes nouveaux et plaisants par une société*, Amsterdam, 1770, p. 70, *les trois servantes*.

Bb. LE MEUNIER D'ARLEUX (II, 28). — V. une longue liste de références dans *Wendunmuth*, I, 330, *einer bület unwissend mit seiner eignen Frauwen*; cf. ibidem, le n°331. — M. Giuseppe Rua, à propos d'une nouvelle de l'Aveugle de Ferrare, a étudié ce récit sous un grand nombre de formes (*Novelle del Mambriano*, p. 43, ss). Je renvoie le lecteur à ces deux ouvrages, me bornant aux menues indications additionnelles que voici : ajouter *le Quiproquo*, contes inédits de J.-B. Rousseau, éd. Luzarche, Bruxelles, 1881, p. 35; — les *Novelle edite ed inedite di ser Giovanni Forteguerri*, Bologna, 1882, nov. 5, p. 120. — Les rapprochements de M. Landau, *Quellen..*, p. 87-89, sont très problématiques.

Cb. LA SONNETTE (VI, 156). — C'est le *Psautier* de Boccace et de La Fontaine. C'est aussi le sujet d'une farce du XV° siècle:

Farce de l'abesse et les sœurs, farce nouvelle à cinq personnages (recueil de Leroux de Lincy, t. II, 11e pièce). — *H. Morlini Novellae*, éd elzévirienne, Paris, 1851, p. 82, nov. XL. — Henri Estienne, *Apologie pour Hérodote*, éd. Ristelhuber, II, 22, indique sa source, qui est Boccace.

Db. LE PÊCHEUR DE PONT-SUR-SEINE (III, 63). — Ce conte a été étudié par M. Rua, *Novelle del Mambriano*, p. 60 ss. — J'ajoute ces quelques parallèles : v. *Der neu-aramäische Dialekt des Tür'Abdin*, von Eugen Prim und Alb. Socin, 1881, p. 43, n° XIV. — *Nouv. contes à rire ou récréations françoises*, Amsterdam, 1711, t. II, p. 168. — Zeus, par des procédés analogues à celui de notre pêcheur, se fait pardonner par Héra ses amours avec Déméter.

Eb. DIT DES PERDRIX (I, 17). — V., pour de nombreuses références, 1° Pauli, *Schimpf und Ernst*, n° 361; 2° *Gesammtabenteuer*, II, XXX; 3° Pio Rajna, *Una versione rimata dei Sette Savi*, Romania, X, p. 11-13; 4° Cosquin, *Contes pop. de la Lorraine*, t. II, p. 348. J'ajoute aux références de ces savants quelques indications : dans les *Gesammtabenteuer*, II, XXXI, le petit poème intitulé *der Reiher* est lié, d'une manière intéressante, comme dans les *Cent Nouvelles Nouvelles*, avec le fabliau des *Tresses*. — Le conte reparaît encore dans les *Nouv. contes à rire ou récréations françoises*, Amsterdam, 1711, p. 201; dans un récit breton, recueilli par M. Paul Sébillot, *Littérature orale de la Haute Bretagne*, Paris, Maisonneuve, 1881, p. 136; — dans les *Contes populaires de la Gascogne*, p. p. M. J.-F. Bladé, t. III, p. 289, 1886.

Fb. LA PLANTE (III, 75). — *Schimpf und Ernst*, éd. Œsterley, *wie ein wirt den gesten vil wein verschütt*. Cf. *Revue critique*, t. VII, p. 112; *Etienne de Bourbon*, éd. Lecoy de La Marche, 133.

Gb. LE PLIÇON (VI, 14). — Ce conte est extrêmement répandu et affecte deux formes principales, qu'on peut intituler, l'une le *Pliçon*, l'autre le *Borgne*. On trouvera de très longues listes de références dans les ouvrages que voici : 1° dans les *Gesta Romanorum*, éd. Œsterley, sous le numéro 122; 2° dans Dunlop-Liebrecht, p. 198, note 264; 3° dans les *Gesammtabenteuer*, II, XXXIX; 4° dans *Wendunmuth*, 3, 212, à propos du récit intitulé : *einen einäugigen ritter betreugt seine listige hausfrau*; 5° dans l'édition donnée par Ristelhuber de l'*Elite des*

Contes du sieur d'Ouville, XXI, p. 37 ; 6° dans l'édition, publiée aussi par Ristelhuber, de *l'Apologie pour Hérodote*, t. I, p. 266. — Je me borne donc aux quelques parallèles suivants, que mes devanciers ont ignorés : une farce du recueil de Leroux de Lincy (III, XII), intitulée : *Farce nouvelle à quatre personnages, c'est à sçavoir : Lucas, sergent boueteux et borgne, le bon payeur et Fyne Myne, femme du sergent, et le vert galant.* — *Le Borgne, Contes en vers et quelques pièces fugitives* [par M. Bretin], an V, p. 106. — *Nouveaux contes à rire ou récréations françoises*, 1711, p. 197. *D'une femme qui subitement trompa son mari qui était borgne.*

C'est un des fabliaux qui se retrouvent dans l'Inde. On lit, en effet, dans l'*Hitopadésa* (trad. Lancereau, p. 54) : « Il était une fois un marchand très riche, nommé Tchandanadâsa. Vieux, il se laissa vaincre par l'amour et épousa la fille d'un marchand. Cette femme se nommait Lîlâvatî. Elle était jeune et ressemblait à la bannière victorieuse du dieu qui a un poisson pour emblème. Son vieux mari ne lui plaisait point : mais le bonhomme était éperdûment amoureux d'elle. Un jour Lîlâvatî, mollement étendue sur un sofa environné de pierres précieuses, s'entretenait avec son amant, lorsque, tout à coup, elle vit venir son mari. Elle se leva bien vite, saisit le bonhomme par les cheveux, le serra étroitement dans ses bras et lui donna un baiser. Pendant ce temps le galant se sauva. »

Un récit aussi peu déterminé peut à peine se comparer à un autre conte. Les traits communs à l'*Hitopadésa* et au *dit du Pliçon* sont si vagues qu'ils peuvent avoir été dessinés par des mains indépendantes. Les quelques vers d'Aristophane (v. ci-dessus, p. 90) qui nous donnent le *schéma* de ce conte, si insuffisants soient-ils, sont plus voisins encore du fabliau.

IIb. Le pré tondu (V, 104). — V. chapitre I, p. 19. — Ajoutez une variante de plus de la forme du *Pouilleux*, fournie par le *Thresor des recreations contenant histoires facetieuses et honnestes*, Douay, Balthazar Bellère, 1616, p. 43. Une forme inverse du conte, où un mari obstiné se laisse enterrer vif plutôt que de manger un œuf, se trouve dans les *Contes et facéties d'Arlotto de Florence*, p. p. Ristelhuber, 1873, p. 78, et dans la *Revue des Patois gallo-romans* (contes de l'Argonne), 1888, t. II, p. 288.

Ib. Le prêtre et Alison (II, 31). — Comparez l'aventure du prévôt de Fiesole (*Décaméron*, VII, 1); — celle du chanoine de Rouen, Culinus, dans les *Bigarrures et touches du seigneur des Accords, Escraignes dijonnoises*, livr. I, XVI, Paris, 1662, p. 116; éd. de 1616, p. 11; — Cf. Bandello*, II, 17. — *Les comptes du monde adventureux*, Compte VIII, p. 50.

Jb. Le prêtre crucifié (I, 18). — *Dunlop-Liebrecht*, Anmerk. 360. — Sacchetti*, nov. 25. — Malespini*, nov. 93. — Straparola*, *Piacevoli notti*, VIII, 3. V. G. Rua, *op. laud.* p. 85. — *Le singe de La Fontaine* (Florence 1773, t. II, p. 16) a singé ici, comme il l'avoue lui-même, Straparola. — *Morlini novellae*, éd. de 1855, nov. 73. — *Contes erotico-philos.* de Beaufort d'Auberval, p. 11. *Le sculpteur et les nonnes*, Κρυπτάδια, I, p. 227-37. V. aussi d'importants rapprochements de Liebrecht, *Germania*, I, 270.

Kb. Le prêtre et la dame (II, 51). — Κρυπτάδια, I, LX; voir les notes, IV, p. 217. Ce fabliau fait souvent partie de *contes à tiroirs*, où il se trouve en compagnie de récits similaires, notamment avec *le Prêtre qui abevete*. Ainsi, dans les *Contes à rire ou recreations françoises*, t. II. p. 115, deux voisins font une gageure à qui trompera le plus subtilement un ami commun, et leur jouent, l'un le tour du *Prêtre qui abevete*, l'autre celui du *Prêtre et de la dame*.

Lb. Le prêtre et le loup (VI, 145). — C'est, exactement, la 56ᵉ des *Cent Nouvelles nouvelles*. Cf. *Germania*, I, 271. De même, dans les *Contes à rire et aventures plaisantes*, éd. Chassang, 1881, p. 357, trois amis, un prêtre, un marchand, un homme de justice, font la même gageure : l'homme de justice renouvelle l'exploit du *Prêtre et de la dame*; le marchand joue le rôle du *Prêtre qui abevete*; le curé imagine une ruse qui ne nous intéresse pas ici. — De même encore, dans un conte populaire recueilli à Borghetto près Palerme, communiqué par Pitrè à Liebrecht, et rapporté par celui-ci dans la *Germania*, XXI, 394-5, le cadre est celui des *trois femmes qui trouvèrent l'anel*, et les trois contes réunis sont : 1) *le Prêtre qui abevete*; 2) un conte qui rappelle la *Saineresse* (MR, I, 25); 3) *le Prêtre et la dame*. Voyez *Romania*, X, 20.

Mb. Du prêtre qui eut mere a force (V, 125). — Je ne connais pas d'autre variante du fabliau que le poème allemand des *Gesammtabenteuer*, qui lui est d'ailleurs très supérieur. (*Die alte Mutter und Kaiser Friedrich*, I, V.)

Nb. Le Prêtre qu'on porte (IV, 89). — Nous avons jusqu'à cinq fabliaux qui reproduisent ce conte (V, 123, V, 126, VI, 105 et VI, p. 243). — Voici quelques récits analogues Masuccio, *nov.* I, traduit dans les *Comptes du monde adventureux*, compte XXIII, p. 125 ; v. *ibidem*, quelques rapprochements. — Cosquin (*Contes Lorrains*, n° 80), à propos du conte similaire de *Jean le Pauvre et Jean le Riche*, compare un conte souabe (Meier*, n° 66), un conte écossais (Campbell*, n° 15). — Ajoutez : Κρυπτάδια, LXVIII, t. I, et les notes, t. IV, p. 249. — Braga, *Contos tradicionaes da Povo Portuguez*, t. I, n° 109 (*os dois irmãos e a mulher morta*). — Pitrè, *Fiabe e racconti*, n° 165. — Le fabliau d'*Estormi* combine, comme plusieurs des contes ci-dessus indiqués, les données du *Prêtre qu'on porte* et des *Trois bossus ménestrels*. Le dernier épisode de notre fabliau (le cadavre attaché sur un cheval qu'on lance à travers la ville) se trouve dans une curieuse petite plaquette intitulée *Le Moine amoureux*, par E. Hamonic, 1882. J'en dois la communication à M. G. Paris ; son exemplaire porte cette note : « Ce livre a été imprimé par l'auteur lui-même, qui est marchand de fer. Il en a été tiré fort peu d'exemplaires. » L'auteur a recueilli son récit « au fond d'une campagne du pays gallot ».

Ob. Le prestre qui abevete (III, 61). — Ce fabliau, sauf un changement de mise en scène, est le conte bien connu de La Fontaine, *le Poirier enchanté*. On le trouve parfois conté comme épisode du récit à tiroirs des *Trois dames à l'anneau* : tantôt comme dans l'*historia di Stefano* p. p. M. Pio Rajna (*Romania*, X, 19), sous la forme du *Poirier enchanté*, tantôt au contraire, sous des formes plus voisines du fabliau : dans un conte de Borghetto, recueilli par Pitrè (*Germania*, XXI, p. 394), dans les *Nouveaux contes à rire* (Amsterdam, 1711, t. II, p. 111) ; v. notre chapitre VIII, p. 230, ss. — Pour des formes non subordonnées au conte des *Trois dames à l'anneau*, je puis citer une nouvelle de Cintio de Fabrizi* n° 10 (*Jahrbuch f. rom. u. eng. Phil.* I, 311), un exemple de Jacques de Vitry (CCLX) et une curieuse forme de la *Musa Philosophica* rapportée par Crane, *Jacques de Vitry* p. 240 ; le *Decaméron* (VII, 9) et la *Comedia Lidiae*, mauvais poème latin imité de Boccace (Éd. du Méril, *Poésies inéd. lat.*, 1854, p. 350). — Cf. M. Landau, *Quellen*, p. 80-2,) et Dunlop-Liebrecht (p. 243, rem. 319). Même cycle : *Matheolus*, éd. v. Hamel, 27.

Pb. Le prêtre et la dame (II, 51). — Notre fabliau est la seule version de ce conte que je connaisse, qui ne soit pas enfermée dans le cadre des *Trois dames à l'anneau*. Voir p. 232, les trois versions du conte des *Trois dames à l'anneau*, qui conservent le récit de ce bon tour : *Trois l'un par dessus l'autre*.

Qb. Les quatre prêtres (VI, 142). — Cf. les *Trois Bossus ménestrels*.

Rb. Le prêtre au lardier (II, 32). — V. le même conte dans les *Exempla* d'Etienne de Bourbon, éd. Lecoy de la Marche, n° 470.

Sb. La pucelle qui abreuva le poulain (IV, 107). — V. ci-dessus la *Damoiselle qui aveine demandoit pour Morel*.

Tb. La pucelle qui vouloit voler en l'air (IV, 108). — Cf. Landau, *Quellen des Dekamerone*, p. 152. A la même classe de jeunes filles niaises appartient l'héroïne d'un récit de l'Aveugle de Ferrare, à qui un jeune homme persuade qu'il possède un enchantement contre les dangers de l'orage (*Mambriano*, ch. X, str. 3-59; Rua, p. 55, ss.).

Ub. Le roi d'Angleterre et le jongleur d'Ely (II, 52). — Sur la *riote du monde* cf. l'*Hist. Litt.*, XXIII, p. 104-5 et la *Zts. f. rom. Phil.* (Ulrich), VIII, 275.

Vb. La saineresse (I, 25). — Quelque ressemblance avec un conte recueilli par Pitrè à Borghetto, près Palerme, et publié par Liebrecht, *Germania*, XXI, 394.

Wb. Saint Pierre et le jongleur (V. 117). — Un récit analogue — non le même — dans Bernard de la Monnoie, *la rafle de sept*, Conteurs français du XVIIe siècle, p. p. Ch. Louandre, t. II, p. 349.

Xb. Le sentier battu (III, 85). — Wright[*], *Anecdota litteraria*, p. 74. — Sur le *Jeu du roi et de la reine*, v. Adam de la Halle, *Jeu de Robin et de Marion*. — Sur la superstition populaire, répandue au moyen âge, relative à la barbe, et dont il est question dans le *Sentier battu*, comparez un *jeu-parti* où Gillebert de Berneville propose ce cas : Une fillette a promis à un jeune garçon amour éternel. Ils grandissent ainsi; le jeune garçon devient un *bachelier* de grande vaillance et prudhomie; mais à l'âge où il est armé chevalier, il ne lui est pas encore venu un poil de barbe, et il est à prévoir qu'il demeurera toujours glabre :

> Puet l'amours durcir ne valoir?

(*Trouvères belges du XII° au XIV° s.*, p. p. A. Scheler, 1876, p. 54).

Yb. Souhaits saint-martin (les quatre) (I, 6). — Nous avons longuement étudié ce fabliau (chapitre VII). — Nous nous bornons donc ici à quelques notes rapides sur Saint Martin, patron joyeux. On peut remarquer d'abord que, faisant à notre vilain des dons qui, contre toute attente, ne lui apporteront aucun profit, il joue précisément le même rôle que dans le fabliau du *Convoiteux et de l'Envieux* (V, 135), où il accorde par avance à un convoiteux le double de ce que souhaitera un envieux. L'envieux souhaite de perdre un œil ; il devient donc borgne et le convoiteux aveugle. — Comparez aussi la *Moralité de l'aveugle et du boiteux*, jouée à Seurre, en Bourgogne, le 10 oct. 1496, publiée d'abord par Fr. Michel, *Poésies gothiques françoises*, 1831, puis par le bibliophile Jacob, *Recueil de farces*, 1859, p. 211, ss. Après la représentation du *mystère de Saint Martin*, un boiteux et un aveugle, qui s'entr'aident dans leurs infirmités, viennent sur la scène, d'où « les chanoynes » viennent d'emporter le corps du saint.

> Que dit-on de nouveau? — Comment!
> L'on dit des choses sumptueuses!
> Ung sainct est mort nouvellement,
> Qui faict des œuvres merveilleuses :
> Malladies les plus perilleuses
> Que l'on scauroit penser ne dire
> Il guerist, *s'elles sont joyeuses.*

Il guérit en effet le boiteux et l'aveugle de leurs infirmités : bien malgré eux, car elles sont leur gagne-pain. — Saint Martin fut célébré par toute l'Europe au moyen âge comme un patron de la bonne chère. V. une note d'E. du Méril, *Poésies populaires latines*, II, p. 198; cf. *ibid.* p. 208. On lit dans le fabliau d'*Aubérée* (variante du ms. D, MR, V. p. 301):

> « Tenez, fait li bourgois, Aubrée,
> Boine estrine et boine journée!
> Or alés tost, mandez lo vin,
> *Faites le nuit de Saint Martin,*
> Car vous ravés vos XXX saus. »

Il est demeuré un saint populaire, dans toute la force de l'expression. L'arc-en-ciel est appelé *l'arc de Saint Martin* dans le Doubs, en Murcie, en Picardie (v. *Mélusine*, II, 9). La grande Ourse est appelée le *char Saint Martin* en Normandie (v. G. Paris, *le Petit Poucet et la Grande Ourse*, p. 66). Dans les traditions populaires, il apparaît comme un bon géant, semblable à Gargantua : « A Chandette (Ardèche), on montre deux marques profondes, l'une du pied de son cheval, l'autre de la patte de son chien; à Rosières (Ardèche), des pierres à bassins sont sa vaisselle; dans les régions vosgiennes, dans la Loire, il a le privilège de longues enjambées. » (Sébillot, *Gargantua dans les traditions populaires*, Paris, 1883, p. 248, 260, 277, 278.)

Zb. Sire Hain et dame Anieuse (I, 6). — La conquête des braies du mari, en signe que la femme veut être la maîtresse du logis, veut *porter culottes*, comme dit aujourd'hui la langue du peuple, est un trait qui se trouve dans plusieurs pièces du moyen âge. Dans la farce nouvelle de *Deux jeunes femmes qui coiffèrent leurs maris par le conseil de maître Antitus*, on trouve l'opération inverse : la femme qui veut dominer dans le ménage met une coiffe sur la tête de son mari, (*Nouveau recueil de farces...*, p. p. Emile Picot et Christophe Nyrop, Paris, 1880). — Hans Sachs, *Ein fasznacht spil mit drey Personen : der böse Rauch*, éd. Arnold, t. II, p. 181. — Straparola, VIII, 2 (éd. Jannet, t. II, p. 130), combine les données de ce conte avec celles de la *Male dame*. V., pour diverses références, G. Rua, *op., laud.*, p. 84. — D'après Wright, *Histoire de la Caricature*, trad. Sachot, Paris, 1867, p. 117, la scène de notre fabliau est représentée sur divers monuments figurés : sur une stalle de la cathédrale de Rouen, sur une gravure de l'artiste flamand van Mecken (1480).

Ac. Le testament de l'ane (III, 82). — Comparez le *Testament du chien* publié par d'Herbelot (*Bibliothèque orientale*, article *cadhi*), comme extrait de Lamai, auteur d'un recueil de contes turcs dédié à Soliman, fils de Sélim Ier; — reproduit dans les *Mille et un jours*, p. p. Pétis de la Croix, Loiseleur-Delongchamps et Aimé Martin, 1838, p. 619. — *Cent Nouvelles nouvelles*, 96e. — *Pauli, Schimpf und Ernst*, 72. — *Gil Blas*, livre V, ch. I. — Poggo, *Facéties*, 36. — Le conte des *Cent Nouvelles nouvelles* a été copié par *Le singe de La Fontaine*, 1773, t. I, p. 135, sous ce titre : *Le testament cynique.* Félix Nogaret, *Contes en vers*, 1810, 5ᵉ édition, p. 250, a rimé son récit d'après le fabliau, comme il l'indique lui-même assez ridiculement :

> Essayons de remettre à neuf
> Un vieux conte assez gai de monsieur Rutebeuf.

Voyez encore l'*Art de desoppiler la rate*, 1752, p. 12 ; — les *Obsèques du chien*, dans les Κρυπτάδια, I, XLVIII et, pour quelques rapprochements, *ibidem*, t. IV, p. 220.

Bc. TRUBERT (Méon, *N. Rec.*, t. I). — Bladé, *Contes et proverbes populaires recueillis en Armagnac*, p. 22-3. — Cf. Reinhold Kœhler, *Jahrbuch für rom. u. engl. Lit.*, t. V, 20.

Cc. LES TRESSES (IV, 91). — V. chap. VI. Ajoutez *Matheolus*, éd. van Hamel, 1892, p. 30.

Dc. LE VAIR PALEFROI (I, 3). — Phèdre, *appendix*, XVI. *Duo juvenes sponsi, dives et pauper.* V. Hervieux, *Les fabulistes latins*, t. II, p. 67.

Ec. LE VALET AUX DOUZE FEMMES (III, 78). — *Matheolus*, éd. van Hamel, p. 57. Hans Sachs, *Germania*, XXXVI, 21.

Fc. LE VALET QUI D'AISE A MALAISE SE MET (II, 11). — Pour des œuvres analogues, qui fleurissent surtout au xvᵉ siècle, voyez, outre l'ironique chef-d'œuvre des *Quinze joyes de mariage* (éd. Jannet, Paris, 1853), le *Recueil nouveau de farces françaises des XVᵉ et XVIᵉ siècles*, p. p. E. Picot et C. Nyrop (1880) [*nouveau et joyeux sermon contenant le ménage et la charge de mariage* ; cf. l'introduction]. Comparez aussi la *Résolution d'amours*, au t. XII du *Recueil des poésies françaises des XVᵉ et XVIᵉ s...*, réunies et annotées par MM. A. de Montaiglon et James de Rothschild (Paris, 1877).

Gc. LA VESSIE AU PRÊTRE (III, 69). — Rapprochez la légende conservée par Fauchet, d'après laquelle Jean de Meung, ayant demandé par testament à être enseveli dans l'église des dominicains, à Paris, leur légua un coffre, où ils ne trouvèrent que des ardoises (v. *Hist. litt.*, XXIII, p. 158).

Hc. LA VIEILLE QUI OINT LA PAUME AU CHEVALIER (V, 127). — C'est un des *exempla* favoris des prédicateurs du moyen âge. Crane, *Exempla of Jacques de Vitry*, nᵒ XXXVIII, donne toute une série de renvois à des recueils de sermons. Aux nombreux rapprochements de l'*Hist. litt.*, XXIII, 168, d'OEsterley (*Schimpf und Ernst*, 124), de Crane (*loc. cit.*),

je ne puis ajouter que deux références : *Morlini novellae*, éd.
de la bibl. elzév., 1855, p. 26, nov. XI, et l'*Entretien des
bonnes compagnies* (sans date dans l'édition que j'ai consultée),
p. 21.

Ic. LA VIEILLETTE OU LA VIEILLE TRUANDE (V, 129). — J.-V.
Le Clerc rapproche (*Hist. litt.*, XXIII, 164) le chant XX de
l'*Orlando furioso*, str. 106-128.

Jc. LE VILAIN ASNIER (V, 114). — V. Crane, *Exempla of
Jacques of Vitry*, CXCI, p. 210. V. *Romania*, XVI, p. 159;
Bonnard, la *Bible au moyen âge**, p. 157. Goedeke (*Orient et
Occident*, II, p. 260) cite une version orientale tirée du Mesnewi
de Dschelaleddin Rumi (écrit en 1263, imprimé au Caire en
1835, vol. IV, p. 31 et ss. n. 10, 11) dans laquelle « un
tanneur s'évanouit en respirant du musc; son frère le rappelle
à lui par l'odeur du *dog manure* employé pour le tannage ».
(Crane, p. 211.) Dans le fabliau français, c'est un vilain qui
tombe pâmé à l'odeur d'une boutique de parfumeur, et que
ranime seule une pelletée de fumier. Quel droit de priorité
peut réclamer la forme orientale, qui peut-être n'a jamais été
entendue dans l'Inde? Pourquoi lui attribuer plus d'importance qu'au fabliau? Est-elle venue d'Occident en Orient ou
inversement? Quel moyen de le savoir jamais? et qu'importe?

Kc. LE VILAIN DE BAILLEUL (IV, 109). — On l'a vu : le conte
du brave homme qui, débonnairement, se laisse persuader
qu'il est mort, est entré fréquemment dans le cadre des *Trois
dames qui trouvèrent l'anel*. Nous avons énuméré ailleurs ces
versions : deux fabliaux, un récit des *Altdeutsche Erzählungen* de Keller, un autre de Hans Folz, une nouvelle de
Tirso de Molina, l'un des *Comptes du monde adventureux*,
l'un de ceux de Verboquet, un récit de d'Ouville, des contes
modernes gaélique (Campbell), norwégien (Asbjörnsen), islandais (Jon Arnason), italien (Pitrè), russe (Roudtschenko), danois
(Gruntvig). Voyez, là dessus, notre chapitre VIII. — Mais
le conte du *Vilain de Bailleul* vit aussi d'une vie indépendante chez de nombreux conteurs; voici quelques indications :
cf. les *Gesammtabenteuer*, II, XLV, *der begrabene Ehemann*;
Bonaventure Despériers, *Contes et joyeux devis*, nouv. LXX
de l'éd. du bibliophile Jacob et nouv. LXVIII de l'éd.
L. Lacour (de maître Berthaud, *à qui on fit accroire qu'il*

estait mort; la nouvelle de Despériers est copiée dans le *Thresor des recreations contenant histoires facetieuses et honnestes* (Douai, Balthazar, Bellère, 1616, p. 27); — on peut aussi rapprocher l'histoire de Ferondo dans le *Décaméron* (III, 8), imitée par La Fontaine (le *Purgatoire*); — dans les *Plaisanteries de Nasr-Eddin Hodja* (*traduites du turc par J.-A. Decourdemanche*, 1876, n° XLIX et n° LXVI), le Hodja se persuade qu'il est mort à différents signes qu'il est malaisé de rapporter. M. Reinhold Kœhler (*Orient und Occident*, t. I, p. 431 et p. 765) a illustré ce plaisant récit en rapprochant de la facétie du Hodja un conte indien, un récit talmudique, un conte saxon. Je puis y ajouter deux formes encore : v. *der neu-aramäische Dialeckt* par Eugen Prim und Alb. Socin, 1881, n° LXII, p. 249, et J. Vinson, *le Folk-lore du pays basque*, Maisonneuve, 1883, p. 93. — Dans l'*Hypocondriaque*, Rotrou met en scène Cloridan, « jeune seigneur de Grèce, » qui devient fou parce qu'on lui a fait croire que sa maîtresse est morte; il prétend être mort lui-même et ne revient à la raison que lorsqu'on lui a fait voir de prétendus morts ressuscités par le son de la musique : d'où il conclut qu'il n'est pas mort, puisqu'il ne ressuscite pas comme eux. — M. Ristelhuber, dans les *Contes et récits d'Arlotto de Florence*, Paris, 1873, p. 90, à propos d'un rapprochement, vague d'ailleurs, avec le *Vilain de Bailleul*, donne encore quelques renvois à divers nouvellistes. V. aussi, pour un renvoi à Somadéva, que je n'ai pas pu vérifier, Landau, *Quellen*, p. 156.

Lc. LE VILAIN QUI CONQUIST PARADIS PAR PLAIT (III, 81). — *Erzählungen* de Keller, p. 97; *Wie der molner in das hymmelrich quam, ane unsers herren Godes holffe*. Keller rapproche les *Kinder-und Hausmärchen*, n° 81. Cf. *Zeitschrift für rom. Philologie*, VI, 137.

Mc. LE VILAIN MIRE (III, 74). — Voyez, pour la bibliographie de ce fabliau, que Molière a rendu célèbre, Dunlop-Liebrecht, p. 207, 274; les *Œuvres de Molière* dans l'édition des *Grands écrivains* (t. VI, p. 9, ss.) : il a été étudié par Benfey, *Pantchatantra*, § 212; je réserve pour une occasion prochaine une critique de ce travail); Crane, *Exempla of Jacques de Vitry*, p. 232. Pour l'épisode du malade qui a une arête dans la gorge et que le médecin guérit en le faisant rire, v. le *Folk-lore du pays basque*, par J. Vinson, p. 109, Paris, 1883. Le trait final (guérison des malades accourus auprès du Vilain mire par la seule menace qu'il tuera le plus malade d'entre eux et guérira les autres en les « oignant de son sang ») se trouve dans un poème allemand composé vers 1240 (*der Pfaffe Amis, Erzählungen und Schwänke*, p.p. Hans Lambel, 1872, p. 46, ss.).

APPENDICE III

NOTES SUR LES AUTEURS DES FABLIAUX

1. *Trouvères qui ont été considérés à tort comme des auteurs de fabliaux*

J.-V. Le Clerc (*Hist. litt.*, XXIII, p. 114) a dressé une liste de 36 auteurs de fabliaux. De cette liste, MM. de Montaiglon et Raynaud ont écarté avec raison ces noms : Adam de Ros, Gautier de Coinci, Jean de Saint-Quentin, Paien de Maisières, Raoul de Houdenc, Richard de l'Isle-Adam, Robert Biket, Thibaut de Vernon. Tous ces trouvères avaient été accueillis dans ce dénombrement par suite d'une définition trop large du mot *fabliau*. MM. de Montaiglon et Raynaud conservaient encore dans leur collection deux noms que M. Pilz (*die Verfasser der fabliaux*, Leipzig et Goerlitz, 1889) a justement supprimés : Gerbert, l'auteur du « serventois » de *Grognet et de Petit* (MR, III, 56), et Huon Archevesque, l'auteur du « dit moral » de la *Dent* (v. ci-dessus, p. 9). Supprimons à notre tour de la liste de MM. de Montaiglon et Raynaud Richard Bonnier, auteur du « conte dévot » *du vilain qui donna son âme au diable* (MR, VI, 141), Phelipot, auteur du *Dit des Marcheans* (II, 37), Guiot de Vaucresson, auteur des *Vins d'Ouan* (III, 41), et retranchons de la liste de M. Pilz Marie de France et Gautier le Loup (MR, II, 40 ; voyez ci-dessous, au nom de Gauthier le Long). Il faut encore, à notre avis, effacer de la liste de J.-V. Le Clerc, le nom de Courtois d'Arras, et de la liste de M. Pilz, le nom de Boivin de Provins, que ce critique substitue à celui de Courtois d'Arras [1].

[1]. Voici ce qu'il en est de cette menue question : l'un de nos fabliaux (MR, V, 116) est intitulé *Boivin de Provins*. On y raconte, avec beaucoup de verve et de gaieté, le tour plaisant qu'un « bons lechierres », Boivin de Provins, a joué à une fille de joie, Mabile. A la fin du poème, le héros va conter sa joyeuse aventure au prévôt, qui en rit de bon cœur et l'héberge trois jours entiers. Alors, au dernier vers du poème, à notre grande surprise, le héros du fabliau en devient tout à coup l'auteur :

> Boivins remest trois jours entiers;
> Se li dona, de ses deniers,
> Li provost dix sous a Boivin,
> Qui cest fablel fist à Provins.

Dans tout le cours du poème, il est manifeste que l'auteur ne raconte pas une aventure personnelle, et je crois que ces derniers vers sont une addition toute fantaisiste du copiste du ms. A; l'autre ms. ne contient nullement cette attribution du poème à Boivin. — En tout cas, qu'y a-t-il de commun entre ce Boivin de Provins et Courtois d'Arras, auquel on attribue le très curieux remaniement poétique de la Parabole de l'enfant prodigue, que Barbazan et Méon (t. I, p. 356) ont publié ? Rien qu'on puisse imaginer, sinon qu'en

Il faut enfin supprimer de la liste de MM. de Montaiglon et Raynaud Pierre d'Alphonse, à qui ils attribuent le fabliau du *Chevalier qui recoucra l'amour de sa dame* (VI, 106). Il est très probable que l'auteur inconnu de ce fabliau fait allusion à l'auteur de la *Discipline de clergie*, lorsqu'il dit que Pierre d'Anfol « trouva premierement » ce conte ; en effet, ce nom est une traduction bien meilleure que notre « Pierre Alphonse », du génitif d'adoption *Petrus Alphonsi*. — Mais il n'est pas moins certain que l'auteur de notre conte, en nommant Pierre d'Anfol, ne fait qu'alléguer une source, réelle ou supposée, et que ce juif espagnol n'a point rimé de fabliaux français.

Ce sont donc, en tout, dix-huit noms que nous effaçons des listes dressées par J.-V. Le Clerc, par MM. de Montaiglon et Raynaud et par M. Pilz. Voici les noms qui subsistent :

2. *Auteurs de fabliaux dont les noms nous sont seuls parvenus :*

Charlot le Juif, contemporain de Rutebeuf. Un de nos fabliaux nous le montre disant des contes à Vincennes aux noces d'un certain Guillaume, panetier du comte de Poitiers (v. *Rutebeuf*, éd. Kressner, p. 99, ss., 121, ss.). Son rival, le Barbier de Melun, est probablement un jongleur de la même catégorie que Rutebeuf et lui.

Colin, Hauvis, Hersent, Jetrus. Quatre ménestrels diseurs de fabliaux dont Watriquet Brassenel, leur contemporain, nous a laissé les noms, (v. MR, III, 73).

Jean de Journi. Chevalier picard, établi dans l'île de Chypre et qui écrivait vers la fin du xiii° siècle. Il nous dit dans sa *Dîme de pénitence* (v. 23, cf. Pilz, p. 10) qu'il a composé jadis de « faus fabliaus » dont il se repent.

Jean de Boves. Voyez ci-dessous, *Jean Bedel*.

Voici, maintenant, les renseignements que nous pouvons recueillir sur les autres auteurs de fabliaux, dont les noms suivent par ordre alphabétique.

3. *Auteurs qui ont nous laissé des fabliaux.*

Bernier. (*La Housse partie*, MR, I, 5). Nous ne savons plus rien de ce jongleur, qui rêvait pourtant de vivre dans la mémoire des hommes :

> Et cil qui après vivre veulent
> Ne devroient ja estre oiseus...

1581, le président Fauchet a attribué ce fabliau intitulé *Boivin* à Courtois d'Arras. Pourquoi? on l'ignore. Depuis 1583, la Croix du Maine, du Verdier, Caylus, Legrand d'Aussy, Barbazan, Dinaux, P. Paris ont répété, comme de juste, l'allégation de Fauchet : car une erreur une fois exprimée ne périt plus. Pilz ne croit pas cette attribution légitime et, de fait, il est impossible de se figurer un seul point de contact entre ces deux poèmes, ou même d'imaginer pourquoi Fauchet les a rapprochés, sinon par une erreur de mémoire. M. Pilz annonce pourtant qu'il démontrera bientôt la fausseté de cette attribution par la comparaison linguistique du *lai de Courtois* et du *fabliau de Boivin*. Il ne devrait pas suffire pourtant qu'à la fin du xvi° siècle, un savant ait commis une distraction pour que les érudits du xix° siècle fissent à ce *lapsus calami* l'honneur d'une réfutation qui ne peut pas supposer moins de huit jours de travail!

Son poème est un de nos fabliaux les plus ingénieusement composés et le mérite en apparait mieux, si nous le comparons à la très médiocre version anonyme que nous avons conservée du même conte (M R, II, 30). Bernier vivait vers la fin du XIII° siècle, ou le commencement du XIV°, comme le prouvent des irrégularités nombreuses dans la déclinaison (v. notamment v. 317, cf. Pilz, p. 17). Quant à sa patrie, elle reste incertaine. V. la longue et peu probante étude de Pilz, p. 11-16. Il veut démontrer que Bernier est « un Picard qui écrit sous l'influence du dialecte francien ». Les traits linguistiques qu'il range sous les n°° 1, 2, 4, 6, 8, 9, 10 sont plus généraux que le picard et le francien. Le n° 3 (a nasal distingué de e nasal) n'est pas appuyé par assez d'exemples pour qu'on sache si que ce n'est pas le hasard qui a associé des mots en $a + Nas. + cons.$, en les distinguant de $e + Nas. + cons.$ — Au n° 5, l'auteur aurait pu remarquer que le poète dit *fils* au cas régime : or, presque tous les textes picards disent *fil*. — La rime *lie : mie* (n° 7) n'est pas limitée au picard. — Enfin, au n° 12, l'auteur aurait dû noter le grand nombre de rimes où *s* est distinguée de *z* (42, 56, 68, etc.), ce qui contredit l'hypothèse picarde.

De quel pays était Bernier? Ce fabliau est de ceux dont M. Hermann Suchier a bien voulu examiner spécialement les rimes avec moi; il croyait que Bernier était Parisien. Parisien ou Picard? Les rimes de ce poème sont peut-être trop peu nombreuses pour que nous le sachions jamais précisément, même quand notre connaissance des anciens dialectes sera plus avancée. D'ailleurs, ce problème ne vaut pas la grande peine qu'il coûterait à être élucidé. Les fabliaux non localisés par quelque indice géographique ne pourront jamais l'être assez précisément pour devenir des témoins utiles de tel ou tel dialecte : au point de vue linguistique, la question est donc peu importante ; au point de vue littéraire, elle est à peu près nulle. Parisien ou Picard, Bernier restera toujours un inconnu.

Colin Malet; auteur de *Jouglet* (IV, 98). Il était artésien (v. le vers 1). Son fabliau se distingue entre tous par une originalité : il peut revendiquer peut-être l'honneur d'être le plus parfaitement ignoble de tous. « Il suffirait, dit J.-V. Le Clerc (*Hist. litt.*, p. 265), pour faire comprendre quel sens énergique était attaché dans la vieille France, à ce mot : *une vilenie*. » Legrand d'Aussy ayant eu l'idée bizarre d'identifier le héros de cette aventure avec l'auteur du conte, M. Pilz annonce qu'il recherchera prochainement si Jouglet est Colin Malet. Legrand d'Aussy et Dinaux (v. Pilz) attribuent encore, par pure fantaisie, à ce Jouglet, dont nous n'avons rien, le fabliau anonyme du *Sot chevalier*. Cela n'est pas à discuter.

Courtebarbe ou *Cointebarbe* (ms. C); auteur des *Trois aveugles de Compiègne* (MR, I, 4). Il appartenait certainement au Beauvaisis. Peut-être est-il aussi l'auteur, très digne d'estime, du fabliau du *Chevalier à la robe vermeille*.

Durand, auteur des *Trois bossus* (I, 2). Inconnu. Il n'y a pas lieu de s'arrêter aux fantaisies de Dinaux, *Trouv. de la Flandre et du Cambrésis*, p. 119.

Enguerrand d'Oisi; auteur du *Meunier d'Arleux* (II, 28). Nous ne le connaissons que par c... [d]eux vers qui nous apprennent sa patrie et son état (v. 404) :

> Enguerrans, li clers, qui d'Oisi
> A esté et nés et nourris...

Estrées, Arleux, Palluel et Oisi sont quatre communes placées dans une longueur d'un peu moins d'une lieue et demie entre Douai et Cambrai (cf. les notes géographiques de l'édition Raynaud). L'œuvre d'Enguerrand est d'une technique extrêmement primitive et grossière; c'est un clerc qui rime comme un vilain illettré. Aucun fabliau ne nous est parvenu sous une forme aussi fruste, soit que la forme originale fût déjà aussi négligée, soit peut-être que la transmission orale l'ait corrompue. Toujours est-il que les rimes inexactes, les vers faux, les assonances vagues ne s'y comptent plus. Voici quelques exemples de ces à-peu-près : *apielé* : *entendes* (52); *conforter* : *entendes* (66); *entresait* : *huimais* (70); *femme* : *parente* (80 et 124); cf. vers 92, 96, 98, 102, 120, 136, 152, 186, 188, 190, 200, 218, 224, 230, 248, 252, 262, 268, 288, 296, 300, 304, 318, 328, 332, 354, 372, etc.

Eustache d'Amiens; a rimé le *Boucher d'Abbeville* (III, 81). Eustache d'Amiens n'est connu que par cette unique pièce, qui nous renseigne sur sa patrie et sur l'endroit où il a composé son fabliau.

Garin, Guerin. Cette signature est celle de six fabliaux, MR, III, 61, 86, 92; V, 124, 126; VI, 147. Avons-nous affaire ici à deux noms différents, Garin, Guerin, et, si c'est un même nom, désigne-t-il un seul et même trouvère? On ne sait. Il n'y a dans ces six fabliaux aucune indication géographique, sauf dans le *Chevalier qui faisait parler les muets* (VI, 147) où le héros va de Provins à la Haye en Touraine, ce qui ne nous renseigne guère et dans la *Grue* (v. 126), où l'auteur dit avoir entendu conter son fabliau « à Vercelai, devant les changes ». — Sur ce Vercelai, cf. le *Congé* de Baude Fastoul, Méon, I, vers 265, où on lit :

> Sire Jehan de Vregelai
> A vostre congié m'en irai...

Ou bien s'agit-il de Vézelay (Yonne)? M. Pilz (*loc. cit.*) annonce une étude linguistique qui décidera. Nous avons étudié de près les rimes de ces six fabliaux; mais cette recherche ne nous a pas conduit à des résultats assez assurés pour que nous osions les communiquer ici. Disons pourtant qu'il n'est pas impossible que ces fabliaux aient tous été composés, sauf la *Grue*, dans l'Ile de France, vers le milieu du XIIIe siècle.

Gautier; auteur de *Connebert*, V, 128, et du *Prêtre teint* (VI, 139). Le héros de *Connebert* est un prêtre né à Cocelestre (= Colchester, et non Glocester, comme le veulent MM. de Montaiglon et Raynaud). Ce n'est pas à dire que Gautier soit un poète d'outre-Manche : son fabliau ne présente aucun trait anglo-normand. Il appartenait à la classe des jongleurs errants, et nous donne quelques détails sur sa vie malheureuse. Il a composé ses poèmes dans l'Orléanais (v. le *Prêtre teint*, v. 1-30).

Gautier le Long; auteur de la *Veuve* (II, 49). M. Foerster, à la première page de sa préface du *Chevalier as deus espées*, déclare que ce

Gautier est *certainement* aussi l'auteur du *Valet qui d'aise a malaise se met* (II, 44). M. G. Paris appuie cette affirmation (*Litt. fr. au moyen âge*, 2e éd., p. 112). On aurait plaisir à adopter cette hypothèse : ces deux poèmes, qui sont des tableaux de mœurs plutôt que des contes, sont, en effet, uniques dans notre vieille littérature, pour la finesse singulière des observations morales, très réalistes et très pessimistes. De plus, ils sont l'un et l'autre manifestement picards, et si fortement imprégnés de traits dialectaux qu'il est inutile d'en faire ici une démonstration ; l'examen le plus superficiel des rimes le prouve ; voyez, pour le *Valet*, les rimes 116, 122, 184, 214, 220, 278, 302, 316, 325, 334, les formes *no*, *vo* aux vers 47, 62, 82, 94, 122, 128, 148…, les formes *vir*, au vers 100, *prisomes* (119), *voliemes* (150), *prenderons* (105, 118), *averoit* (209), etc., etc. (Cf. Foerster, *Jahrbuch f. rom. u. eng. Phil.*, N. F., t. I, p. 304-7). Voyez, de même, dans la *Veuve*, des rimes comme *porsiuue : siuue* (166), etc… — J'ai pourtant une objection à présenter contre l'attribution de ces deux pièces à un même auteur. Le *Valet* est d'une facture infiniment plus grossière et négligée ; les rimes insuffisantes, les véritables assonances y entrent en grande proportion. Voici le relevé, pour les 100 premiers vers seulement ; il y a 18 assonances contre 32 rimes, c'est-à-dire qu'un tiers des vers n'est pas rimé (*dos : estainfort*, 6 ; *chemises : aemplies*, 8 ; *ait : caitis* 20, cf. les vers 26, 32, 38, 50, 52, 54, 56, 58, 64, 68, 74, 84, 92, 96, 102). Comparez la *Veuve* : ici, au contraire, les rimes sont pures, soignées, exactes. Sur 502 vers, je ne relève que deux rimes fausses : *estre, honeste*, 240, *despitiés : pitié*, 488. Y a-t-il lieu d'attribuer au même poète deux pièces d'une technique si différente ? — Quant à l'hypothèse de M. Pilz, qui voudrait identifier Gautier le Long avec Gautier le Loup (MR, II, 40), il n'y a pas lieu de la prendre en considération. Nous n'avons heureusement pas à nous occuper de cet obscène jongleur. Une autre conjecture de M. Pilz, selon laquelle Gautier le Loup aurait quelque rapport avec l'auteur du fabliau anonyme de la *Damoiselle qui aveine demandoit*, ne repose sur aucun fondement solide.

Guillaume. C'est le nom que porte l'auteur d'une des versions de la *Male honte* (IV, 90). MM. de Montaiglon et Raynaud l'appellent sans raison Guillaume le Normand, pour l'identifier avec l'auteur du *Prêtre et d'Alison* (II, 31). J.-V. Le Clerc a fait de même avant eux. Pourtant on accordera que deux hommes puissent s'appeler Guillaume, sans que tous deux s'appellent Guillaume le Normand. Et ces deux personnages, ils les ont identifiés avec *Guillaume, Clerc de Normandie* ; sur cette attribution, voyez l'article suivant.

Guillaume le Normand. C'est le nom que porte l'auteur du fabliau du *Prêtre et d'Alison* (II, 31). Est-il comme l'ont conjecturé plusieurs savants, le même que Guillaume le Clerc de Normandie, auteur du *Bestiaire d'amour*, du *Besant Dieu*, des *Treis mos*, des *Joies Nostre Dame ?* Déjà, en 1869, M. G. Paris repoussait cette identification (*Revue critique*, 1869, n° 30 ; cf. Reinsch, *Zts. f. rom. Phil.*, III, p. 200). Elle a été reprise pourtant par M. E. Martin, dans son édition du *Fergus* (1872). Mais M. Adolf Schmidt (*Romantsche Studien*, IV, p. 497) a fait justice de cette hypothèse, en se fondant sur d'excellentes raisons dialectales :

l'auteur du fabliau est, selon lui, un Normand qui habitait l'Angleterre dans la seconde moitié du xiiie siècle. La dissertation de Seeger (Halle, 1881, cf. *Zts. f. rom. Phil.*, VI, 484) est une étude dialectale et métrique des poésies authentiques de Guillaume le Clerc de Normandie et n'ajoute rien à la démonstration de M. Adolf Schmidt.

Haiseau. Ce n'est guère que depuis deux ans (1890) que nous savons quelque chose de ce jongleur. Au seul fabliau que nous possédions de lui (l'*Anneau*, III, 60), le tome VI de l'éd. Montaiglon a ajouté trois autres contes, tirés du ms. de Berlin : *les Trois dames qui troverent l'anel au conte*. 138 ; *les Quatre prestres*, 112 ; *le Prestre et le mouton*, 114, le plus court des fabliaux conservés. Ses poèmes se distinguent entre tous par leur manière rapide, fruste, brutale. Un vers de Haiseau nous permet de dire qu'il était Normand : une de ses héroïnes (VI, 138, v. 17) jure, en effet, par « saint Hindevert de Gournai », et ce sanctuaire ne devait pas être connu très loin à la ronde. La petite ville de Gournai en Bray possède une église de saint Hildevert, datant du xiie siècle, et classée aujourd'hui parmi les monuments historiques.

Henri d'Andeli. (*Le lai d'Aristote* V, 136). V. ci-dessus, p. 315. Cf. Augustin, *Sprachliche Untersuchung über die Werke Henri d'Andeli's* (*Ausg. und Abh.*, pp. Stengel, Marbourg, 1885).

Jean, auteur d'*Auberée*. Inconnu.

Huon le Roi est la signature que porte le charmant fabliau du *Vair palefroi* (I, 3).

Huon Piaucele est celle que portent les fabliaux d'*Estormi* (I, 19) et de *Sire Hain et dame Anieuse* (I, 6).

Huon de Cambrai est celle de la *Male Honte* (V, 120).

J.-V. Le Clerc est disposé à reconnaître un seul personnage sous ces trois noms ; nous n'aurions affaire qu'à un trouvère, qui aurait aussi composé la *Senefiance de l'A, B, C* (Jubinal, *Nouveau recueil*, II, 275), et la *Description des ordres religieux* (Jubinal, *Œuvres de Rutebeuf*, t. I, note T, p. 441 ; cf. Dinaux, *Trouvères*, I, p. 188). Ces derniers poèmes sont signés ainsi : *le Roi de Cambrai*. L'auteur unique de toutes ces pièces s'appellerait donc *Huon Piaucele le roi de Cambrai*; ce qui, au premier abord, semble être un nom un peu long ; mais il faudrait considérer *le roi* comme ne faisant pas partie du nom propre : ce serait le titre honorifique qu'ont porté tant de présidents de *puys* et de corporations de ménestrels. — Il est évidemment impossible de savoir si ces hypothèses sont fondées et si un seul trouvère est l'auteur de nos quatre fabliaux et des poèmes publiés ou inédits qu'énumèrent l'*Histoire littéraire* et Jubinal. Mais l'examen des rimes des quatre fabliaux amène à cette conclusion qu'ils ont tous quatre été composés dans le même pays, qui est une province du Nord-Est de la France et qui peut être le Cambrésis.

Voici les traits linguistiques les plus caractéristiques de ces poèmes :

A. *Le Vair palefroi*.

I. Réduction de la triphthongue *iée* dans les mots soumis à la loi de Bartsch : *engignie* : *compagnie* (700) ; cf. 604, 860, 1166.

II. Confusion de *s* et de *z*. *Fors* : *tresors* (12) ; cf. 24, 112, 494, 1190.

III. Distinction constante, attestée par plus de trente rimes, de a + *Nas.* + *cons.* et de e + *Nas.* + *cons.* (une seule exception, peut-être, au v. 10). — Remarquez (v. 112) la rime : *anciens* : *sens.*

IV. *C* picard : *bouche* : *douce* (202), cf. 87, 362, 407, 496, 600, 668, 1337.

V. *no, ro,* auprès de *nostre, vostre* (*vo terre*, 168).

VI. L'*e* atone antétonique, sévèrement maintenu (9, 30, 118, etc.), tombe parfois au participe passé : *connu* (1155) auprès de *coneus* (56). On sait que cette caducité plus rapide de l'*e* atone au participe est une particularité du dialecte artésien.

Remarquez encore les rimes *siue* : *liue* (1058), *entire* : *dire* (351).

B. *Estormi.*

I. On ne trouve pas dans ce fabliau de preuves de la réduction de la triphthongue *iée* à *ie*; mais les rimes sont trop peu nombreuses (78, 160, 184, 215, 238, 271, 418, 448, 588) pour qu'on puisse prononcer si ce n'est pas le seul hasard qui sépare ici constamment les rimes en *iée* des rimes en *ie.*

II. Confusion de *s, s. Venus* : *jus* (350) ; cf. 366, 482, 518, etc.

III. Distinction de a + *Nas.* + *cons.* et de e + *Nas.* + *cons.* Attestée par plus de vingt rimes.

IV. *c* picard : *force* : *porce* (204); cf. 215.

V. *no, ro* (107, 122, 442).

VI. Chute, au participe passé seulement, de l'*e* atone protonique : *conus,* 389 ; *aperçus* (566).

Remarquez en outre les rimes surtout picardes, *saus* (*solidos*) : *saus* (*salvus*), *sone* : *essoine* (104); *encore* : *Grigoire* (219); *aprueche* : *enfueche* (400), la forme *meterai* (63), qui se trouve dans *Huon de Bordeaux,* poème artésien.

C. *Sire Hain et dame Anieuse.*

I. Trois rimes seulement en *ie* (32, 355, 372) ne suffisent pas à nous renseigner sur le phénomène I.

II. Confusion de *z, s. Esperis* : *requis* (180), cf. 324.

III. Distinction constante de a + *Nas.* + *cons.* et de e + *nas.* + *cons.*

V. *no, ro* (121, 149, 160, 163).

VI. Chute, au participe passé seulement, de l'*e* atone protonique, *il a anuit toute nuit plut* (v. 66).

Remarquez, en outre, les rimes *hastiue* : *tiue (tua)* (120), *caus* : *chaus* (260), *ore* : *Grigore* (310).

D. *La male honte* est, nous le savons, composée par *Huon de Cambrai.* Il est donc inutile d'énumérer les rimes caractéristiques. Remarquez pourtant : *la male qui fut siue* : *n'ai més talent que vo cort siue* (v. 128). La rime *maintenant* : *malement* serait unique en regard des cent rimes environ que contiennent nos quatre fabliaux et où *a* nasal est séparé de *e* nasal. Mais c'est une mauvaise leçon qu'ont adoptée MM. de Montaiglon et Raynaud. Il faut lire avec le ms. B : *Le roi apele isnelement* : *Sire, fet-il, trop malement.*

Jacques de Baisieux. Auteur des *Trois chevaliers et du chainse* (III, 71) et du *Dit de la rescie au prestre* (III, 69). Voir ci-dessus, p. 376.

Jean Bedel ou *Jean Bodel*. L'auteur du fabliau des *Deux chevaux* (I, 13) nous apprend dans son prologue qu'il a déjà « trouvé » huit autres fabliaux; et, par une rencontre singulière, nous possédons tous les petits poèmes auxquels il fait allusion.

> Cil qui trova del *Morteruel*, (IV, 95)
> Et del mort *vilain de Bailluel*, (IV, 109)
> Et de *Gombert et des deus clers* (I, 22)
> Que il mal a trait a son estre,
> Et de *Brunain, la vache au prestre* (I, 10)
> Que Blere amena, ce m'est vis,
> Et trova le songe... (V, 131)
> Et du *Pu que l'oue deçut* (*Méon-Barb.* III, p. 53)
> Et des *deus envieus cuivers* (V, 135)
> Et de *Barat* et de *Travers* (IV, 97)
> Et de lor compaignon Haimet,
> D'un autre fablel s'entremet,
> Qu'il ne cuida mès entreprendre.

Quel est le nom de ce fécond trouvère? — L'auteur continue ainsi :

> Ne por *Mestre Jehan* reprendre
> *De Bores*, qui dist bien et bel,
> N'entreprent il pas cest fablel,
> Quar assés sont si dit resnable;
> Mais, qui de fablel fait grant fable
> N'a pas de trover sens legier.

De ces vers, plusieurs savants ont conclu que l'auteur de ces huit fabliaux et de la fable du *Loup et de l'oie* était *Mestre Jehan de Boves*. L'abbé de la Rue (*Bardes*, t. III, p. 45) fait de lui, comme de juste, un poète normand et découvre un Jean de Boves qui possédait, sous Philippe-Auguste, de grands fiefs dans le pays de Caux. Dinaux (*Trouv. artésiens*, p. 293) montre, au contraire, que le nom de Boves appartient à une grande famille de l'Artois ou du Cambrésis, et cite plusieurs personnages historiques qui seraient les ancêtres ou les descendants de notre conteur. Mais, outre qu'il a pu et dû exister, faute de noms de famille au moyen âge, un nombre indéfini de Jean de Boves, le titre de *mestre* accolé à celui-ci suffit à prouver qu'il n'appartenait aucunement à cette grande famille des *de Bores*. Mais, qui pis est, les huit fabliaux ne lui appartiennent aucunement. Et cette fausse attribution repose sur un étrange contre-sens. Dans les vers ci-dessus, l'auteur a-t-il dit qu'il s'appelât Jean de Boves? Non point; mais il s'excuse de reprendre une matière déjà traitée par un certain Jean de Boves. Ce Jean de Boves est donc un trouvère, sans doute artésien, et contemporain de l'auteur des huit fabliaux. Il a, lui aussi, conté le récit, très médiocrement spirituel, des *Deux chevaux*; mais son poème ne nous est point parvenu; ce n'est plus que le nom d'un inconnu.

Mais le véritable auteur des huit fabliaux, nous le connaissons : il nous a dit son nom. Il avait composé, nous a-t-il dit tout à l'heure, le *Souhait desvé* (V, 131) : or, à la fin de ce fabliau, l'auteur dit que le héros de cette aventure l'a racontée à tout venant,

> Tant que le sot Jehans Bediaus,
> Uns rimoieres de fabliaus,
> Et por ce qu'il li sanbla boens,
> Si l'asenbla avoec les suens.
>   (V. 131, v. 209, ss.)

J.-V. Le Clerc (t. XXIII, p. 115) s'est aperçu de la méprise et a rendu à Jean Bedel ce qui n'appartenait pas à Jean de Boves. Cette méprise subsiste encore dans l'édition Montaiglon-Raynaud. Tous les fabliaux y portent en titre l'indication : « par Jean de Boves, » et seul le fabliau du *Sohait desvé* est attribué à Jean Bedel. Les éditeurs disent dans leurs notes (t. V, p. 359) : « Ce Jehan Bedel est-il le même que le trouvère artésien Jehan Bodel? La chose est probable. En tout cas, plutôt que de refuser, comme le fait l'*Histoire littéraire*, à Jehan de Boves la paternité des neuf fabliaux que lui attribue le fabliau des *Deux chevaux*, ne peut-on admettre que Jehan de Boves et Jehan Bedel ont traité l'un et l'autre le même sujet ? » — Sans doute, on doit l'admettre : Jean Bedel et Jean de Boves ont tous deux traité le même sujet des *Deux chevaux*; mais nous ne possédons que la version de Jean Bedel, et les huit autres fabliaux n'ont rien à faire avec Jean de Boves. — Ces explications étaient nécessaires, puisque M. Pilz (*op. cit.*, p. 8) suit encore l'erreur de M. de Montaiglon.

Mais ce Jean Bedel, qui est-il? ne serait-il point Jean Bodel? La conjecture est séduisante. Ces neuf petits poèmes n'appartiendraient pas à un inconnu, à un vague Guerin, à un Enguerrand d'Oisi impersonnel, mais à l'original auteur du *Jeu de Saint-Nicolas* et de la chanson des *Saisnes*, au misérable et touchant *mesel* des *Congés*. Cette hypothèse, F. Michel et Montmerqué l'avaient déjà proposée (*Théâtre fr. au M. A.*, p. 669). J.-V. Le Clerc la repousse bien vite, « parce que Jehan Bodel » s'appellerait bien modestement un *rimoieres de fabliaus*. Comme si le XIIIe siècle avait connu la hiérarchie classique des genres ! Chapelain aurait sans doute cru déchoir à écrire des contes légers, mais non Jean Bodel. Dans son étude sur *les Congés de Jehan Bodel* (*Rom.* t. IX, p. 218), M. G. Raynaud se pose à son tour la question, et dit : « La chose nous paraît assez vraisemblable, et le scribe du ms. de Berne auquel est emprunté le fabliau dont il s'agit n'est pas assez soigneux pour qu'on ne puisse le rendre responsable d'un changement d'un *o* en un *e*. » Mais M. G. Raynaud, qui se proposait seulement de donner une édition critique des *Congés*, n'a pas eu à examiner autrement la question, et a écarté, pour la constitution de son texte, les renseignements linguistiques que pouvaient lui fournir les fabliaux. Cette étude, il convient de l'entreprendre ici et, comparant la langue des huit fabliaux de Jean Bodel à celle des *Congés*, de nous prononcer pour ou contre l'identification de Jean Bedel avec Jean Bodel.

Nous prenons pour base l'excellente étude de M. G. Raynaud sur la langue des *Congés* et du *Jeu de Saint-Nicolas*; nous suivons le même ordre que lui et, pour chacun des traits phonétiques marqués par lui, nous remplaçons les exemples tirés des rimes des *Congés* par des rimes analogues des fabliaux ; on verra que toutes les observations linguistiques faites sur les *Congés* valent aussi pour les fabliaux. — A la suite, nous énumèrerons les rimes intéressantes qui n'auront pas trouvé place dans ce cadre [1].

---

1. Abréviations : B = *Brunain*, C = *Le Convoiteux et l'envieux*, 2 C = *les Deux chevaux*, F = *le Vilain de Farbu*, G = *Gombert et les deux clercs*, H = *Barat et Haimet*, S = *Le Souhait desvé*, V = *le Vilain de Bailleul*.

I. *a + i*, dans la langue de Jean Bodel, est nettement distingué de *i* (exception : *ferne = (fascinat)*).

De même, dans les fabliaux : B, 18, 46, 2 C, 98, 150, 206, etc., etc. Une exception : *asene : chaine* (S, 140).

II. *ein* se confond avec *ain* dans les formes masculines (*frein : fain* (2 C, 18), *serein : premerain* (2 C, 58), *plein : pain* (F, 16), etc... De même au féminin : *meine: demaine* (B, 42); *grevaine : aveine* (2 C, 114).

III. Jean Bodel distingue -*ana* et *ania*, *aine* et *aigne*. — Aucun exemple contraire dans les fabliaux.

IV. *iée* n'est pas réduit à *ie* par Jean Bodel. De même dans les fabliaux, les mots comme *mesnie*, *vie*, *endormie* ne riment qu'entre eux (S 205, G 116, H 172) et les mots comme *chaucice* de même (II, 246). Trois exceptions, dont une seule (*folie : lie*, V, 70) paraît devoir être retenue. Les deux autres ne sont qu'apparentes, et nous avons des variantes qui les font disparaître (*carie : cangie*; variante : *marie*, G, 97; *esclignie : mie*; variantes : *endormis*, *amie*, II, 238).

V. Le suffixe *iaus* ne rime pas dans les *Congés* avec le suffixe *aus*. De même dans les fabliaux : (*toitiaus : fabliaus* (B, 64); cf. S, 210, F 56, F, 78, etc.

VI. *ŏ* se note *eu*. *Teus : honteus* (C, 20) *douteus : morteveus* (F, 128).

VII. Dans les *Congés*, comme dans le *Jeu de Saint-Nicolas*, *a* nasal se différencie absolument de *e* nasal. De même dans les fabliaux : phénomène attesté par une cinquantaine de rimes, contredit en apparence par *talent : comant* (II, 112); mais on a la variante : *avant : comant*. Il ne faut pas considérer non plus *tens (tempus) : ans* (II, 12), *tens : Constans* (B, 32) la forme *tans* étant commune à tous les dialectes.

VIII. L'*l* devant une consonne était évidemment vocalisée au temps de Jean Bodel. De même, dans les fabliaux (*teus : honteus*, C, 20).

Ajoutez les rimes comme *remembrance, branche* (II, 60, 355, 430, 260 leçon du ms. C; 2 C, 118 ; — les formes *no, vo* (II, 143, 178, 428, 476; V, 43; B, 10, 15; 2 C, 73, etc...; — les formes *alomes* (II, 196) *lessomes* (II, 481, ms. B); — la confusion constante dans tous nos fabliaux de *s, z*; etc...

Comme conclusion, je crois presque assurée l'identification de Jean Bedel et de Jean Bodel. Le très original Jean Bodel devrait donc tenir une place dans notre galerie de portraits du chapitre XIV. Mais nous n'avons pas considéré cette identité comme assez évidente pour oser l'y faire figurer.

Jean de Condé. Voyez p. 375.

Jean le Chapelain. L'auteur du *Dit du soucretain* (VI, 150) était chevalier (il s'appelle *Sire* Jehans li chapelains, v. 5) et normand (ainsi qu'il ressort des vers 1-4). C'est tout ce que nous savons de ce personnage.

Jean le Galois d'Aubepierre, auteur de la *Pleine bourse de sens* (III, 67), champenois.

Le maire du Hamiel; auteur, sans doute picard, du fragment intitulé *Dan Loussiet.*

Milon d'Amiens. (*Le Prêtre et le chevalier* II, 34). L'examen des rimes de ce long fabliau prouve que ce jongleur écrivait dans la région même d'où il tire son nom.

Philippe de Beaumanoir (*La fole Largece*, VI, 146), voir ci-dessus, p. 316.

Rutebeuf, v. ci-dessus, p. 366.

Watriquet Brassenel de Couvin, v. ci-dessus, p. 375, auteur des *Trois chanoinesses de Cologne*, III, 71, et des *Trois dames de Paris* (III, 72).

APPENDICE IV

CORRECTIONS AU TEXTE DES FABLIAUX

Nous réunissons dans les pages qui suivent une série de menues observations linguistiques sur le texte de nos poèmes. Quelques-unes, tout au moins, éclaireront des passages difficiles, amélioreront, ici et là, l'édition de MM. de Montaiglon et Raynaud. — Cette édition a été accueillie avec une faveur marquée et légitime, et notre travail a été, grâce à elle, singulièrement facilité. Elle repose, nous l'avons vu, sur une exacte définition du genre, renferme, ou peu s'en faut, tous les fabliaux conservés, nous livre, grâce à l'énorme labeur des érudits qui l'ont entreprise, les variantes de tous les manuscrits. Elle n'est pourtant pas sans quelques taches. Les savants éditeurs, préoccupés plus que de raison de l'élégance typographique, ont comme dissimulé leur appareil critique et ont rejeté les variantes à la fin de chaque volume, où il est très incommode de les rechercher, d'autant que la numérotation des vers est insuffisante. Leur système orthographique n'est pas irréprochable, du moins dans les trois ou quatre premiers volumes. De plus, ils ont respecté trop servilement pour l'établissement des flexions, les formes du ms. qu'ils reproduisaient, fût-elle manifestement fautive. La règle est pourtant, dans une édition soignée, de rechercher, par l'examen des rimes et de la mesure des vers, si le poète observait les règles des déclinaisons, des conjugaisons, etc. Si les rimes nous prouvent qu'il les respectait strictement, on doit, dans le corps des vers, restituer en leur primitive correction les formes postérieurement rajeunies par des scribes.

Mais ces imperfections de détail sont dominées par un défaut plus général, qui procède du principe même de l'édition. Elle n'est pas une édition critique. J'entends bien que c'eût été, sans doute, faire trop d'honneur aux vers, souvent mauvais, des fabliaux, que de les éditer avec le même scrupule que l'Odyssée ou la Vulgate. Qu'on se soucie simplement de donner un texte lisible et correct, c'est assez. Soit; mais si les éditeurs méprisaient le travail du classement des variantes, pourquoi les avoir recueillies si attentivement? pourquoi en encombrer chacun de leurs volumes? On a peine à accepter cette méthode : avec une patience merveilleuse, ils ont copié ou collationné tous les manuscrits; sept ou huit cents pages de leurs six volumes sont employées à les énumérer; or, ces variantes, ils ne les utilisent presque jamais. Ils transcrivent exactement un seul manuscrit, et c'est leur texte; les autres, ils les relèguent en des appendices qui leur sont inutiles. Les anciens éditeurs des vieux textes français, les Guessard, les Méon, les Michel, suivaient un système bien plus acceptable : ils publiaient le ms. qui leur semblait le meilleur, sans s'être embarrassés d'un fatras de variantes; parfois, de ci, de là, quand leur texte était inintelligible, ils demandaient à un ms. voisin une leçon plus claire. MM. de Montaiglon et Raynaud, au contraire, relèvent *toutes* les variantes de *tous* les mss. et publient pourtant leurs poèmes absolument suivant la méthode des Guessard et des Michel, comme s'ils ignoraient ces mêmes manuscrits qu'ils ont si soigneusement colligés. Ils ont réuni, par un labour ingrat de paléographes, tous les éléments d'une excellente édition critique; puis ils ont reculé devant l'effort, moindre et plus attrayant, qui leur aurait permis de tirer parti de ces matériaux. On dirait une maison qu'ils auraient construite et où ils nous introduiraient. Les murs en seraient simplement crépis à la chaux, le sol serait recouvert d'un grossier carrelage. « — Mais, nous diraient-ils, nous avons à grands frais, à grand'peine, charrié des bois d'essences précieuses; nous aurions pu en tirer de riches revêtements, lambris, cymaises et caissons; nous avons aussi recueilli à grand effort des pierres colorées, des marbres. Quelles belles mosaïques il nous aurait été facile de disposer ! Ces bois précieux, ces marbres, ces pierres, voyez-les dans ces chambres de débarras : vous avez loisir de les y contempler. » Et notre regret est d'autant plus vif que la tâche de parer à merveille l'édifice par eux construit aurait pu être accomplie excellemment par les deux éditeurs émérites qui, en tant de remarquables publications, ont si bien mérité de la philologie romane.

Il va sans dire que nous n'avons pas fait le travail de substruction qui serait nécessaire pour constituer d'une matière critique le texte des fabliaux, et que l'on ne saurait entreprendre qu'en vue d'une édition nouvelle. Nous nous sommes simplement proposé, alors que ce livre était déjà achevé, avant de quitter définitivement les petits poèmes qui nous avaient si longtemps occupé, de les relire une dernière fois à la file ; au fur et à mesure de cette lecture, nous avons relevé les passages qui nous semblaient obscurs et fautifs. Nous avons négligé de relire : 1°) une quinzaine de poèmes qui ne sont pas des fabliaux; 2°) une trentaine de pièces, antérieurement publiées avec tous les secours de la critique, par MM. G. Paris, H. Suchier, P. Meyer, A. Scheler, et dont MM. de Montaiglon et Raynaud ont reproduit le texte sans changement notable. — Nous avons continué ce petit travail pendant que ce livre s'imprimait : il nous faut le livrer à l'imprimeur avant qu'il soit achevé et sans que nous ayons pu examiner avec un soin suffisant les deux derniers volumes de la collection de MM. de Montaiglon et Raynaud.

TOME I

Les Trois bœus, 1, 2.

— V. 120.   Si s'est delez la dame assis,
             Qui moult par seoit ses delis...

inintelligible; lisez : heoit (*détestait*).

— V. 163. « Alez, que honis soiez vous
Dist-il, se vous *ne* revenez! »

C'est précisément le contraire que doit dire le portefaix; *lire* : « se vous *en* [ou *ci*] revenez ».

— V. 220. Mettre une virgule après *conporté*.

Le Vair Palefroi, I, 3.

— V. 744. Ne li pooit del souvenir,
Se de ce non qui l'angoissoit. *Lises* : d'el souvenir.

— V. 854. *Corriges* :

Molt est hardis qui me requiert	« Molt est hardis qui me requiert!
Mon palefroi, ne rien que j'aie	Mon palefroi ne rien que j'aie
Envoierai li dont je n'aie?	Envoierai li dont je? — Naie! »

Les Trois aveugles de Compiègne (I, 4).

J'ai eu occasion de classer, pour une conférence de M. G. Paris à l'École des Hautes Études, les mss. de ce fabliau : les mss. B, C, forment une même famille; le ms. A est indépendant, le fragment T l'est également. C'est en vertu de ce classement, qu'il serait trop long de justifier ici, que je propose les améliorations suivantes. Elles sont peu nombreuses, parce que les éditeurs ont suivi presque exclusivement le ms. A, qui est le meilleur des quatre.

— V. 5, *lire* : Quand il dit biaus dis et biaus contes. — V. 34, Esraument d'une part se tindrent (: oirent), *on peut lire* : se tirent. — V. 57. Grant tens a ne fumes aaise, *lire* : a aise, *le mot aaise n'ayant jamais existé*. — V. 62, ss., la leçon de BC est plus significative :

C'or ëussons passé le pont
Et fuissimes entavrené!

— V. 80, Li borgois ont mis a raison (*lire* : le borgois). — V. 85-6, la leçon de BC est très préférable au texte corrompu de A. — V. 87-8 : Il vaut mieux lire avec BC :

Li ostes pense : « il dient voir!
Si fete gent ont deniers granz! »

— V. 127. Et l'ostes fu levez matin
Et son valet, puis si conterent... *Corriges* : Et ses valez...

— V. 153, ss. Couper ainsi le dialogue :

Quar li baille dont
Liquels l'a! — Bé! Je n'en ai mie!
— Dont l'a Robers Barbe-florie?
— Non ai! — Mais vous l'avés, bien sai... »

L'accord de deux familles indépendantes exige qu'on adopte le texte de BC, T contre A aux vers 158, 165, 166-167. [Ici le texte de l'édition est fautif; il faut lire :

« Robers, fet l'uns, car li donez;
Le besant devant li metez »].

De même, il faut accepter les leçons de BC, T aux vers 171, 183,

215, 229, 263, 277 (*a pris le livre et l'estole*), 286, 289, 293. — Au v. 311, lire : *li prestre*. — En un grand nombre de cas, les leçons de BC sont au moins de valeur égale à celles de A que les éditeurs préfèrent invariablement.

La Houce partie (I, 5).
— V. 6. Ausi come... *Supprimer la virgule.*
— V. 152.   *Lire :*
Nous ne nous i acordons mie;   Nous ne nous i acordons mie.
Non, seignor, non, Sire, par foi. — Non, seignor? — Non, Sire, par foi!
— Et comment donc, dites-le-moi? — Et comment donc? dites-le-moi!

— V. 256. Peut-être arrive-t-on à un meilleur sens, si l'on ponctue :

« Pére, fet-il, je n'en puis mais ;
Se je met sor moi tout le fais,
Ne savez s'il est a mon vuel. »

— V. 363. Que ja de moi n'enporterez.   *Lire* : n'en porterez.

De Sire Hain et de dame Anieuse (I, 6).
— Ponctuer par une simple virgule après le vers 4.
— V. 125. *Ponctuer* : « Comencier? fet dame Anieuse...; »
— V. 216. Par le cor en gist maint piece. *Le vers est trop court et facile à corriger.*
— V. 349. *Lisez* : Sire Hain...
— V. 358-8. *Ponctues* :   Escoute de ceste anemie,
                Fet Symons, qu'ele a respondu ;
                Aupais, en as tu entendu ?

Du Provost à l'Aumuche (I, 7).
— V. 50.   Lendemain li ami monterent...   *lire* : l'endemain.
— V. 69.   Quar le lart vit gros et espès
           Qui en s'escuele s'aïme.

Quel est ce mot bizarre : aïmer? Lisez : *saïme*, qui se dit de la graisse (du *sain*) qui fond.

La Bourgeoise d'Orléans (I, 8).
— V. 19.   S'el tenoit on moult a courtois. *Lire* : sel.
— V. 85.   Fame a trestout passé Argu.
Les éditeurs définissent *Argu*, dans leurs notes, « une personnification de la vigilance », et, au glossaire, un « personnage mythologique ». Il est clair qu'il ne s'agit pas du dragon Argus aux cent yeux, et qu'il faut écrire *argu* avec un petit *a*. C'est le mot qui signifie *ruse*, *subtilité d'esprit.*

— V. 220.   Malement, ce dist, il me vait.
Corriges :   Malement, ce dist il, me vait.

Brunain (I, 10).
— V. 1. « *D'un vilain conte et de sa fame.* » Le ms. porte, très correctement : *cont.* (Je conte l'histoire d'un vilain...) *Conte* est une correction malheureuse.

— V, 10-11. Os, fet li vilains, bele suer,
Que nos prestres a en convent.

Ponctuer par un point d'interrogation après ces deux vers; car *os* n'est pas l'impératif, mais la 2ᵉ p. du sing. de l'indicatif.

— V. 53. Cil a li bien cui Dieus le done. — *Lises* : le bien, *ou corriges* : Cil a bien qui a Dieu le done.

Des deus chevaus (I, 13).
— V. 119. S'ai tel engaigne, que je muir... Supprimez la virgule.
— V. 130. *lises* : roncin.

L'enfant qui fu remis au soleil (I, 14).
— V. 126-7. Li solaus, clercs ardans et chaus
Sor nous ardans rais descendi.

C'est d'une langue douteuse. Il est possible peut-être de corriger, sans difficulté paléographique :

Sor nous a chauz rais descendi.

Les Trois dames qui trouverent l'anel, (I, 15).
— V. 228-229. « Dame, a vostre comandement
Serai. » Ja n'en ert desdaignie.

Fermez les guillemets seulement après *desdaignie*.

Du chevalier qui fist sa fame confesse (I, 16).
— V. 40-2.   *Corriges* :
« Dieus, penssa, s'il tant a esté,   « Dieus ! penssa il, tant a esté
Ceste fame de grant bonté,   Ceste fame de grant bonté ?
Ce saurai-je... »   Ce saurai-je... »
— V. 93. *s'el*, lire *sel*.
— V. 188. *Lises* : Ainsi l'ai fet; si fis que fole.
— V. 208. Et fame *avoire* par nature.

Je ne comprends pas ce vers, et je ne sais si les éditeurs l'ont davantage compris, car leur glossaire ne fait pas mention du mot *avoire*. Peut-être faut-il corriger :

Et fame avoutre par nature.

— V. 225. A lendemain, *lire* : a l'endemain.
— V. 250. Lors ne fu pas la dame aaise. — *Lire* : a aise.
— V. 266, ss. « Le ms., disent les éditeurs, est déchiré au commencement de ces vers. » C'est ce qui explique, sans doute, que les deux vers 266, 267 soient trop longs d'une syllabe. Lire :

Se sëusses la verité,
Toute ma honte fust sëue.

D'Estormi (I, 19).
— V. 293. Puis li demande *d'ont* el vient. *Lire* : dont.
— V. 368, ss. Ponctuer : Jamès ne serai secoruz
Que je ne soie pris et mors.
— Dont il a le deable au cors !

De Gombert et des deux clers (I, 22).

Les leçons de B, négligées par les éditeurs, paraissent préférables aux vers 2, 15, 20, 28. Au vers 57, il faut certainement lire avec B *n'ai pooir*, et non *n'ai talent*. Le clerc a bien le *désir* (talent) de gagner la jeune fille; mais, lui dit-il pour la rassurer, sans votre consentement je n'en ai pas le *pooir*. — Au vers 64, les leçons de A et de B sont également bonnes et n'appelaient point la correction des éditeurs. — Au vers 88, les éditeurs adoptent le texte de A : *Or est dant Gombert deceü*, qui fait une faute contre la déclinaison. Il faudrait *deceüs*, et pourtant *deceü* est nécessaire, si l'on veut rimer avec *geu*. Le texte de B est le bon :

    Evous le vilain deceü.

— V. 148-9, *d'ont*; lire : *dont*.

— V. 169. *Je ne sai qu'ils ont a partir.* Lire : *qu'il ont*.

— V. 170. *J'es irai departir*, lire *jes*. — A partir d'ici, nous nous dispenserons de relever ces notations défectueuses : *s'el, lendemain, d'ont, aaise, emporter, Dies, béas, amèrent, crëust*, etc.

Des deux changeurs (I, 23).

— V. 65, ss. Le texte de l'édition n'est pas intelligible. Il faut le lire ainsi :

    Cil vient la, si a demandé :
    « Ou est li sires de ceenz?
    D'autrui aises est il noienz
    Fors que des siens, ce m'est avis.
    — Compains, fet il, etc...

Le mari arrive, impatienté d'avoir été mandé par son associé : « Où est, dit-il, le maître de céans ? Il refuse à autrui ses aises et ne songe qu'aux siennes. » On comprend alors la spirituelle réplique de son ami : « Si vous saviez qui est ici couché, vous auriez raison. »

— V. 113. *Je dois*; *lire* : *je doi*.

D'une seule fame qui servoit cent chevaliers (I, 26).

— V. 38. Faire a l'autre prejudice, *lire* : Faire a l'autre *nul* prejudice.

Du Preudome qui rescolt son compere de noier (I, 27).

— V. 74.   Ja mauvais hom ne saura gré
      A mauvais, si li fait bonté.

Cela va contre le sens et ne peut s'expliquer que par un bourdon du copiste. Lire : *A nului*, ou adopter quelque autre correction analogue.

L'amant à louage (I, 28).

— V. 33. *Couper ainsi le dialogue* :

Or me dites.... Ou la plus bele dame meint
   De Soissons. — La plus belle ? Voire, etc...

— V. 53. *Au lieu de* :   *Lisez* :

Beau vous sera s'ele vos voit. Beau vous sera s'ele vous voit.
—Voir, oïl voir, molt très matin — Voir?—Oïl voir.—Molt très matin
Li dirai-ge...   Li dirai-ge...

— V. 75. *Lors s'en va-t'il.* Lire : *s'en vait il.*
— V. 113. *Lire* : Maroie, quar me di or voir...
— V. 169. Si que tote s'envergoigna... *lire* : s'en vergoigna.
— V. 186. *ce ert*, lisez : *ce est.*
— V. 274. Et la dame s'enmerveillot. *Lire* : s'en merveillot.
— V. 319. Pour supprimer le bourdon (*fust* qui rime avec lui-même), on peut lire : *Que por riens que el monde fust.*
— V. 369. Quant il li monstra !i deniers. *Lire* : les deniers.

De la dame qui aveine demandoit (I, 29).
— V. 9. Et le vallés... lire : et li vallés...
— V. 15, v. 20 et v. 31, *si dui amant;* lire : *li dui amant.*
— V. 30. « N'amna autant Ysoue la blonde... » *Le vers a 9 syllabes;* Lisez : Ysout.
— V. 36. *Qu'i*, lisez : *que.*
— V. 51. « Tout sens autre alloingne querre. » *Le vers est trop court. Corrigez* : Tout sens nule autre... *ou* : sens autré alloingne...
— V. 73. La phrase ne devient correcte que si l'on met deux points après *feras*, et au vers 77, une virgule après *amourous*.
— V. 77. *Si jolif*, lire : *le jolif.*
— V. 112. Mettre deux points à la fin du vers.

TOME II

La Houce (II, 30).
— V. 33. *Lire* : Con vous pensés de bien avoir ! *Le vers est ironique.*
— V. 41-44. Ponctuée comme elle l'est, la phrase est inintelligible. Il faut lire :

> Je vous di bien qu'il n'i a el :
> Ou me vuidera cest ostel,
> (Fiancier le puis de ma main),
> Ou il ora congiet demain.

— V. 46, ss. *Il faut modifier la ponctuation;*

Au lieu de :	Lisez :
Et li varlés sans contredit	Et li varlés sans contredit
Ce dit qu'il fera son voloir,	Ce dit qu'il fera son voloir.
Cis qui du tout en noncaloir	Cis qui du tout en noncaloir
Pour sa femme a son père mis,	Pour sa femme a son pere mis,
Qui pour lui s'iert du tout demis.	Qui pour lui s'iert du tout demis.
Au main li coumencha à dire	Au main li coumencha a dire
Chose qu'il déust escondire...	Chose qu'il déust escondire...

— V. 82. *Et cant cacier m'en vius...* Reproduire, pour corriger ce vers de six syllabes, le vers 133 du fabliau :

> Et cant ensi cacier m'en vius...

— V. 123-124. Li prodom l'ot, si eut grant duel,
Qui maintenant morir s'en vuel.

C'est ici un texte refait par les éditeurs. Il est gravement fautif, car il faudrait la 3ᵉ p. du singulier, et non la première : *Qui maintenant morir s'en vuet*, et *vuet* ne rimerait pas avec *duel*. Le ms. porte, disent les éditeurs, *qui maintenant morut si en vuet*. Ce texte est excellent ; il faut lire :

Qui maintenant morust, sien vuel....

c'est-à-dire : « qui volontiers serait mort sur l'heure. » Cette expression *sien vuel* est bien connue ; cf., par ex., M R, t. III, p. 361, v. 32 : *Mien vuel, morissiens andoi*.

— V. 145, ss. Il faut ponctuer différemment toute la phrase :

Au lieu de :	Lises :
Savez pourquoi je l'ai partie	Savez pour quoi je l'ai partie
Et vous oste l'autre partie,	Et vous oste l'autre partie
Que vous, se je puis, userés.	Que vous, se je puis, userés ?
Quant de son éage serés,	Quant de son eage serés,
Ja de moi ne vous mentirai ;	— Ja de moi ne vous mentirai, —
Tout aussi vous revestirai	Tout aussi vous revestirai
Com vous or faites vostre père...	Com vous or faites vostre pere...

— V. 170. La signourie del ostel... *Lises* : de l'ostel.

Du prestre et d'Alison (II, 31).

— V. 36. Mais pour Marion sovent veille
C'on li vit le sercot porter... *lire* : Com li vit.

— V. 81. La phrase devient correcte si l'on supprime le point et virgule après *aesies*.

— V. 118-9. Et dame Mahaus qui fu lent   *lises* : ...cui fu lent,
Qu'ele ait l'avoir des escrins...   Que ele ait....

— V. 171. Mettre un point à la fin du vers.

— V. 233-4.   Si prist congié, a tant s'en torne,
Li chapelains a tant s'en torne.

Bourdon du copiste. On peut donc refaire à volonté le second vers :

Si prist congié, a tant s'en torne.
Li chapelains errant [ou molt bel, etc...] s'atorne.

— V. 287.
Aelison prist par le poing
D'un coiement liu ou estoit. *Lises* : D'un liu ou coiement estoit.

— V. 331. *Et g'ai fait molt rctre pont*. Vers de sept syllabes. Intercalez après *molt* un mot comme *bel*, *souef*, *bien*.

— V. 368. Mettez un point après *une eure*, et une virgule à la fin du vers suivant.

— V. 408. Ja Dame Dieus en vos n'ai part (*lises* : n'ait).

— V. 412. *Lises* : Et li chapelains...

Le meunier d'Arleux (II, 33).

Ce fabliau est le plus grossièrement ré de tous ceux qui nous sont parvenus. Le nombre des rimes faus, des assonances vagues, des vers trop longs ou trop courts y est si considérable qu'on serait peut-être mal fondé à régulariser ces rimes et ces vers, car il n'est pas impossible que la forme originale ait déjà été aussi fruste. Je me borne donc à relever quelques méprises qui sont manifestement le fait des éditeurs :

— V. 27. *Au lieu de* :　　　　　　*Lisez* :
Ma douce amie, or vous séés ;　　Ma douce amie, or vous sées
Un petit si vous reposés...　　　 Un petit, si vous reposés...

— V. 105, ss. *Au lieu de* :　　　　*Lisez* :
De mangier n'estuet tenir plait　　De mangier n'estuet tenir plait :
De chou ke promesse avoit fait ;　De chou ke promesse avoit fait,
Pain et vin, car, tarte et poison　Pain et vin, car, tarte et poison
Orent assés à grant fuisson.　　　Orent assés a grant fuisson.

— V. 120. La dame dist : « Se Diex me gart,
　　　　　 Il chou est molt très bon a faire.. » *Corrigez* : Et chou...

— V. 158. *Lisez* : taisiés.

— V. 267.　« Voire, fait Mousés, en non Dé ;
　　　　　　Or, venés ; preuc, quant vous volés,
　　　　　　Le porcelet, ki estoit mien...

Il est impossible de comprendre ce passage. Il faut lire *preuc* et non *prenc*. C'est l'expression bien connue *venez preuc, allez preuc* = *venez, allez chercher.* On doit donc écrire :

　　　　　　Or venez preuc, quant vous volés
　　　　　　Le porcelet....

— V. 321. *Le sens exige* : Ke mieus vauroit d' ele sentir.

Du prestre et du chevalier (II, 31).

— V. 22, ss.　[Li chevaliers]...
　　　　　　Cel jor ot faite grant journée...
　　　　　　Et fist fors tans, et fu en plus
　　　　　　Trestous li cors dusque as talons.
　　　　　　Dieu et saint Ladre d'Avalon.
　　　　　　Réclama, et sainte Marie etc...

Il faut lire au second vers *enplus* = *trempé par la pluie*, et ponctuer ainsi :

　　　　　　Et fist fors tans et fu enplus
　　　　　　Trestous li cors dusqu'as talons ;
　　　　　　Dieu et saint Ladre d'Avalon
　　　　　　Reclama...

— V. 31. Et sachiés bien qu' il estoit... *corrigez* : que il l'estoit.

— V. 45.　Tant chevaucherent que en Laut
　　　　　Vinrent une ville campestre... (*Corrigez* : virent.)

— V. 102-3.　Bien li seolent les levretes
　　　　　　 Et li dent menue et blanc.

Les notes disent : « *menue* est une correction : le ms. porte *menu.* » La correction n'est pas très heureuse. Il faudrait *menues et blanches*, si *dent* n'était pas du masculin. Il faut donc garder le mot *menu* du ms. et intercaler quelque épithète d'une syllabe, comme *net*, *cler*, *dru*, etc...

Et li dent net, menu et blanc...

— V. 91, ss. *Au lieu de :*   *Lisez :*

A l'entrée un homme encontra   A l'entrée un homme encontra
Qui li dist : « Sire, bien viengniés, Qui li dist : « Sire, bien viengniés ! »
Comme preus et bien afaitiés. »   Comme preus et bien afaitiés
Respont li chevaliers : « Biaus Sire, Respont li chevaliers : Biaus Sire,
Dix te saut ! »   Dius te saut !... »

— V. 268, ss. Voici un passage de l'édition, vraiment inintelligible d'un bout à l'autre :

> Et li chevaliers erraument
> Respont : « Or dites, je l'orrai,
> Le convenant, et je ferai
> Che que moi vendra à talent,
> Car il est tout à vo commant
> Et au mien ne fust d'autre part
> Vous me tierriés pour musart ;
> Pour ce est raison que je l'oie,
> D'ont dirai que Dix me doinst joie. »
> Fait li prestres : « Vous me donrés, etc...

On peut essayer d'éclaircir cette suite de non-sens. Voici la situation : le prêtre avare vient d'imaginer ce *convenant* de réclamer cinq sous en paiement de chacun des mets qu'il servira à son hôte ; mais cette exigence lui paraît à lui-même si excessive qu'il n'ose pas exprimer cette idée fantasque qui lui a traversé l'esprit. Le chevalier insiste, et le dialogue suivant s'engage entre eux :

> Et li chevaliers erraument
> Respont : « Or dites, je l'orrai,
> Le convenant, et je ferai
> Che que moi vendra a talent,
> Car il est tout a vo commant
> Et au mien refus d'autre part. »
> — « Vous me tierriés pour musart ! »
> — « Pour ce est raison que je l'oie ! »
> — « Dont dirai (que Dius me doinst je'e !),
> Fait li prestres, vous me donrés... etc...

C'est-à-dire ou à peu près : « Dites toujours (dit le chevalier) la convention que vous voulez me proposer, cela n'engage à rien ; et quand je l'aurai entendue, j'en ferai comme il me plaira : car elle dépend tout entière de votre offre et de mon refus (vous restez maître de votre offre, et moi de mon refus). — Mais, répond le prêtre, conscient de l'énormité de ses prétentions, vous me tiendriez pour un mauvais plaisant ! — Nous verrons bien, riposte le chevalier, quand j'aurai entendu ce que vous voulez me proposer. — Je le dirai donc, » reprend le prêtre, et il se décide enfin à exprimer son projet de convention.

— V. 228. La phrase ne finit pas avec ce vers. Mettez une virgule après *capelains*, au lieu du point.
— V. 300. *Lire :* !Li Prestres.
— V. 356. Il vaut mieux, je crois, lire ainsi :

       Fait li Prestres : « Premierement
       « Vous conterai cinc saus au pain...

— V. 362. Cinc as capons et cinc as *liastes*....

Qu'est-ce que *liastes*? Sans doute il faut reconnaitre ici le mot *hastes* (pièces de viande rôties). *Hastes* ne forme qu'une assonance avec *crasses*; mais il y a dans ce fabliau de nombreux exemples de ces rimes imparfaites.
— V. 455.
De li tele est no convenenche.. *Corriges* : Di li tele est no convenenche..
— V. 461. Pour ce le veut anuit avoir. *Corriges* : veul *ou* vuel.
— V. 469.

Il cure mout son cors et s'ame   *Lises* : Il jure mout son cors et s'ame
C'ains mais ne vi...   C'ains mais ne vit...

— V. 486.   Li chevaliers, qui, plains d'orgueil,
                 Le voit de son message faire...

Cela n'offre aucun sens. Corriges :

       L'enort de son message faire...

— V. 491.   l'uis de le cambre
            Qui bien estoit ouvrée a l'ambre.

Le glossaire reproduit ce mot *ambre*, mais, prudemment, n'en donne pas le sens. Il faut lire évidemment :

       Qui bien estoit ouvrée a *lambre* (bien lambrissée).

— V. 502. *Au lieu de :*   *Lises* :

« Dehait, qui vous i envoia »   « Dehait qui vous i envoia,
Fait li Prestres, pour faire noise? » Fait li prestres, pour faire noise! »

— V. 539-40. Ponctuer par un point et virgule après *message*, par une virgule après *sage*.
— V. 586 ss.   Et non porquant si li ferai
             Tout son commant a mon pooir
             Estre mon gré et mon pooir...

Il y a un bourdon, et je ne comprends pas : *estre*. Peut-être est-il permis de conjecturer :   si li ferai
             Tout son commant et son voloir,
             Entre mon gré et mon pooir..

— V. 612. Sa vie despit moult et het... *Lises plutôt* : Sa vie moult despite et het.
— V. 706.   Va tost, si ne li *coille* mie,
            Mais bien li di que je le voeil..

On lit dans le glossaire, avec renvoi à ce vers : « *cueillir, aller chercher, prendre* ». — Il faut lire :

       Va tost, si ne li coille mie...
       Va tôt, et ne le lui *cèle* pas, mais dis-lui bien que...

— V. 713. *Ponctuez* : Ceste est biele, cui qu'il desplaise...

— V. 773. Pour ce l'*atent*, qu'ele s'en viegne. — « Le ms. porte l'*atenc*, » disent les éditeurs. La leçon du ms. est la bonne; c'est l'écuyer qui dit : « Je l'attends pour qu'elle s'en vienne avec moi, » et il faut lire en supprimant la virgule :

   Pour ce l'atene qu'ele s'en viegne.

— V. 856, ss. On lit dans l'édition ce dialogue incompréhensible entre le prêtre et la prêtresse :

   ...Che sai jou bien
   Que ne m'amés de nulle rien.
   — Amie, si fach, et vous de quoi
   De che qu'avés eü de moi
   Souvent mainte peliche grise...

Corrigez ainsi :   .....Che sai jou bien
   Que ne m'amés de nulle rien.
   — Si fach, amie! — Et vous, de quoi ?
   — De che qu'avés eü de moi...

— V. 881. Tant que d'efroit l'escuiers tremble. *Lisez* : de froit.

— V. 913. C'est a boin droit *se li pesanche*. — On voit dans les notes que c'est une correction; le ms. porte : *s'il pesanche*. Les éditeurs y voient un verbe neutre : *il me pesanche* signifierait : cela m'ennuie, car, au glossaire, on trouve : *pesanchier*, ennuyer. Godefroy donne asile à cet ἅπαξ εἰρημένον. — Nous avons certainement affaire au substantif *pesanche* (v. vers 969), et l'on doit lire simplement:

   C'est a boin droit s'il [a] pesanche.

— V. 1020. *Au lieu de* :   *Lisez* :
Dame Avinée, vos effors, » « Dame Avinée, vos effors, »
Fait li prestres, « est en mal dire. Fait li prestres, « est en mal dire.
— « Mais, merchi Dieu, nus n'en Mais, merchi Dieu, nus n'en est
   [est pire   [pire. »
N'est pas pour vous.... — « N'est pas pour vous...

— V. 1037. Se je piert; *lisez* : piere.

— V. 1106. Ici, le prêtre parle d'exorciser le chevalier. Il le fait en ces vers sibyllins :

   « Amis, fait-il, en lui cancele
   Maufés, qui emaint lui esploite. »

Le glossaire explique *cancele*, au mot *canceler*, par *mal agir*; ce serait d'ailleurs le moderne *chanceler*. Le glossaire enregistre aussi le mot *emaint*, qui signifierait *en maint*. — Il faut lire au premier vers *s'ancele*, ou *ç'an cele*, = se cèle, se cache en lui. Quant à la correction du second vers, elle est évidente ; lisez :

   « Amis, fait-il, en lui s'encele
   Maufés, qui en maint liu esploite. »

« En lui se cache le diable, qui exerce en maint lieu ses ravages. »

— V. 1110, ss. Car je cuit qu'il est hors du sens.
   — Del sens je ne saige pour voir...
 Lisez : Car ce cuit qu'il est hors del sens.
   — Del sens ? ce ne sai ge pour voir...

— V. 1171, ss. 	Que Dix maudie vostre chiere
Quant vous revenistes sans lui.
Pues va ! — Que ne vous faich anui
De la riens que plus avés chiere. »

Inintelligible. Peut-être est-il permis de lire :

Que Dius maudie vostre chiere,
Quant vous revenistes sans lui!
Près va que ne vous fache anui
De la riens... »

— V. 1188. *Adont s'espurge et esclaire...* Vers faux, disent les notes.
— De même au vers 900 : *Et sa boucë ouvrir n'en ose*, les notes disent
« Vers faux »; de même encore, au vers 838 : *A li tenchë, a li estrive.* »
— Ces trois vers sont corrects, et présentent des phénomènes d'hiatus.

— V. 1212, ss. 	...Vostre ostel escondesistes
Par frankise a un gentil homme
Et cuidastes a la personne
Entrepartie de son avoir
A tort ou a pechiet avoir.

Que signifie *a la personne*, qui d'ailleurs ne rime pas ? Corrigez : *a la parsomme*.

— V. 1291. Mettez un point d'interrogation à la fin du vers.

— V. 1310, ss. 	Or soiés cuites du convent,
Fait li chevaliers, en tel guise
Que vostre ostel ne vo servise
Ne verés ne clerc ne laï. »
— Foi que doi Saint Nicholaï...

Corrigez : « Ne vëerés ne clerc ne lai. » *et lisez au vers suivant, avec le ms. :* « Foi que je doi Saint Nicholai. »

— V. 1319. *Trestous les jours qu'il est en vie; lisez :* qu'il ert.

De Guillaume au faucon (II, 35).

— V. 224. Après *descovrir*, remplacez le point par une virgule.

V. 261. *Au lieu de :* 	*Ponctuez :*
Ma douce dame, a vos me rent, 	Ma douce dame, a vos me rent;
Tot a vostre commandement; 	Tot a vostre commandement
Sui mis en la vostre menoie. 	Sui mis...

— V. 268. Le vers rejeté aux notes par les éditeurs valait mieux.
— V. 310, ss. Les vers 311-313 doivent être placés dans la bouche de l'écuyer. Lisez ainsi :

« Hé ! las, fait il, ge sui trahis !
De ceste chose me sovient
Que li mesaiges trop tost vient
Qui la male novele aporte. »

Du povre mercier (II, 36).

— V. 1-2. 	Uns joliz clers qui s'estudie
A faire chose de conrie....

Le glossaire dit : « *conrie (de)* = *convenablement* » Lisez : a faire chose *de c'on rie* (de quoi l'on rie).

— V. 6, ss. *Au lieu de* : *Lire* :
Car par biaus diz est obliée Car par biaus diz est obliée
Maintes fois ire et cussançons. Maintes fois ire et cuisançons,
Ai abasies granz tancons. Et abasie (abaissie) granz tançons.

— V. 28. Car trop me coste ses ostages
Et son avoinne et ses forrages.

On lit dans les notes : « Ms. : *s'avoinne*. Il faudrait corriger plutôt : *Ses avoinnes*. » — L'une et l'autre correction est mauvaise ; lisez avec le ms. :

Et s'avoinnë et ses forrages.

— V. 49, ss. Dist li merciers : Je l'amanrei,
Et puis ou val le lesserei. »
A Deu, a Seignour le comant,
Et en latin et en romant
Commance prieres a faire,
Que nuns ne puet son cheval treire
Du vaul....

Comant est incorrect, car il faudrait *comande*. L'incorrection disparait si on ferme les guillemets après *comant* seulement. — *Que nuns ne puet*; lisez : *ne puist*.

— V. 60. Si l'estrangle, puis l'a mainjue.

Mainjue est un étrange participe de *margier*. Corrigez : *Si l'estrangle, puis la mainjue*.

— V. 70. Si me convient mon pain aquerre. *Lisez* : a querre.

— V. 76, ss. *Au lieu de* : *Lisez* :
Plorant s'an vai jusqu'à Seignor. Plorant s'an vait jusqu'al seignor :
« Sire, » dit-il, « joe greignor « Sire, » dit-il, « joe greignor
Vos doint-il qu'il ne m'a donée. » Vos doint Dieus qu'il ne m'a donée ! »

— V. 81. Biaus sires, le volez vos
Savoir ?...

Vers faux ; corrigez : *et le volez vos Savoir?*

— V. 91. On m'avoit dit si comandoie
A vos....

Corrigez : sel commandoie, ou sou comandoie.

— V. 133. « Par la foi que je doi Saint Pere, »
Dist il, « se je vos tenoie...

Vers trop court; intercalez le mot « *Dieus* » qu'exige le sens :
Dist il, Dieus, se je vos tenoie...

— V. 137. Li merciers ist hors de la ville,
Et jure foi qu'i doi[t] saint Gille,
Que moult volentiers pranderoit
Sor Deu....

Pranderoit est une correction des éditeurs pour *prandroit*, que porte le ms. Au lieu de cette forme dialectale non assurée, je propose cette autre conjecture :

Que moult volentiers emprandroit
Sor Deu....

V. des exemples de cette construction très française du verbe *emprendre* dans Godefroy.

— V. 145. Un moinne, que du bois se part. *Lisez* : qui...

— V. 164-5.   Trente sols m'a fait de domage ;
              Frere, vos faites grant domage...

Bourdon. Corrigez : Frere, vos faites grant outrage.

— V. 218.   « Il sera tenuz
            Fait li sires, ce que dirai. »
           — « Sire, jai ne vos desdirai... »

C'est une question que pose le seigneur. *Lisez* : « Il sera tenus,... ce que dirai ? »

— V. 228.   Dan moinnes, ne vous partirai
            Deus geus...
Lisez :   Je vous partirai.

Je passe les pièces publiées sous les numéros 36, 37, 38, 39, 40, 41, 42, 43, 44, 45, parce qu'elles ne sont pas des fabliaux. Mais il y aurait à y relever aussi quelques taches. En voici un exemple : dans le conte dévot de *Martin Hapart* (p. 174, vers 103), il est question d'un avare qui refuse l'aumône aux plus pauvres, et l'auteur ajoute cette incompréhensible réflexion :

            Là venir n'en fu pas marri.
Lisez :   L'anemi (le diable) n'en fu pas marri.

Le chevalier a la corbeille (II, 47).

— V. 94-5. Ne vaut-il pas mieux mettre le point d'interrogation qui termine la phrase un vers plus bas après *bien le savez* ?

— V. 196. « Seigne, ce quid, me demoure. »

Le glossaire omet, avec raison, ce mot mystérieux *seigne*. Peut-être faut-il corriger : *teigne*.

— V. 215, ss. Quand la duègne raconte à la jeune femme ses mésaventures de la nuit, elle le fait en ces termes inintelligibles :

        « Mal feu arde ton covertour !
        Tel noise ad anuit demenee
        Malement me ad atornée. »
        Les dames qu'errerent par nuit
        Mout en eurent grant desduit,
        Les deuz amantz, quand l'œvre surent.

Il faut corriger ainsi :

        « Mal feu arde ton covertour,
        Tel noise ad anuit demenée !
        Malement me ont atornée
        Les dames qu'errerent par nuit ! »
        Mout en eurent grant desduit
        Les deuz amantz, quand l'œvre surent

(La vieille croit avoir été bernée par les fées.)

La Veuve (II, 49).

— V. 16. *Ponctuez* :   Con sui dolante et esmarie !

— V. 17. Ja Diés ne doinst con je tant voie
Ke je repas par ceste voie!

Com est incorrect; Scheler propose de lire *qu'onc*. Le texte de B est plus simple:

Ne place Dieu que je tant voie.

— V. 62. Il faut faire entrer ici dans le texte les dix très jolis vers du ms. B. — Il en est de même après les vers 76, 116, 154, 426, etc..., où des passages entiers, très vraisemblablement originaux, sont omis par le ms. A, que suivent presque exclusivement les éditeurs. Il est très regrettable, qu'ici comme en beaucoup de cas, ils aient constitué leur texte et l'aient imprimé à l'aide d'un seul ms. arbitrairement choisi, quitte à rejeter à la fin du volume, en des notes que personne ne lit, tant elles sont incommodes à consulter, les leçons meilleures des autres manuscrits. Ici, ils se sont bornés, ou peu s'en faut, à réimprimer le texte de Scheler, bien qu'ils connussent un ms. ignoré de ce savant.

— V. 107, ss. « Ce passage m'embarrasse fort, dit Scheler; quel est le malheureux dont il va être question ? Rien ne l'indique, et l'on ne devine pas comment il se rattache à notre histoire. » — Il s'agit du mari défunt, qui est mené *a la grunt cort* divine, où il va être jugé, et qui regrette sa *mesnie*.

— V. 127. La dame n'a mais de mort cure.

Ce vers ne saurait signifier que la jeune veuve n'a pas peur de la mort, mais bien qu'elle n'a plus souci de son mari défunt. Il faut donc corriger :

La dame n'a mais del mort cure

— V. 161. *Je avenrai bien a celui*. Mieux vaut lire avec B : *J'avenroie*.
— V. 180. « Sovent pour le blanchir se saine. » *Lisez* : « pour se blanchir. »
— V. 242. La leçon de B est manifestement meilleure.
— V. 249. Lisez avec B : *ert d'avoir sorpris*, au lieu de : *s'est*.
— V. 265. Ainsi pert, al dire de maint....

C'est une correction des éditeurs, qui trouvaient dans le ms. et dans le texte de Scheler la leçon : *al dit de tamaint*. Ils ne connaissaient sans doute pas ce mot *tamaint*; la leçon du ms. et de Scheler n'en est pas moins fort bonne.

— V. 291. Enne, connissiez vos Gomer? — *Supprimez la virgule*.
— V. 403. Je vous aïre mult envis...

Ici, comme en plus d'un cas que nous négligeons de noter, la leçon de B est préférable. Lisez le vers 404 avant le vers 403 et remplacez *aïre*, qui n'offre guère de sens, par *adoise*.

— V. 420. Ke vielho feme a enfans prent.
Lisez avec B : *vere femme*.

Du Prestre et de la Dame (II, 51).

— V. 24, ss. *Au lieu de* :   *Lisez* :
...Uns deables, uns mauffez   ...Uns deables, uns mauffez
Le seignor la dame amena,   Le seignor la dame amena ;

Quant au marchié ot esté ja.   Quant au marchié ot esté ja
Le cheval qui soef le porte,   Li chevals qui soef le porte,
Il s'en vint droit devant la porte.   Il s'en vint...

— V. 120. Et qui metroiz? *Lisez*: Et qu'i metroiz?

TOME III

Le mantel mautaillié (III, 55). V. l'édition critique de ce fabliau donnée par M. Wulff, *Romania*, XIV, 343.

Le chevalier a la robe vermeille (III, 57).
Les leçons du ms. B me paraissent préférables aux vers 3-4, 29-30, 137-138, 158, 279. Elles le sont très probablement aux vers 141, ss., qu'il faut lire ainsi :

         Atant lessierent la parole;
         Quar la dame si biau parole
         A son seigneur par tel reson
         Qu'il n'i puet trover achoison
         Par qoi i mette contredit.
         La dame a son seignor a dit :....

et aux vers 289-290 :

         Iluec vopt li bon pecheor
         Monseignor saint Ernoul requerre;
         Mais ainz ne fustes en sa terre.

De l'Anel...
— V. 39.   Si demanda qui lui donroit   *Corriges* : Que li donroit
           Du sien si le poeit garir.   Du sien, si...

Du Prestre qui abevete (III, 61).
— V. 39.   Taisiés, sire, nous faisons voir.

Ce vers n'offre aucun sens; corrigez : Taisiez, sire ! non faisons voir.

— V. 65.   Et le prestres [si] par deseure...

Si, ajouté par les éditeurs, est une cheville incorrecte. Remarquant qu'en deux autres cas le ms. donne un vers trop court, et que ces trois vers 10, 65, 81 renferment le mot *prestre* au cas régime, nous proposons de corriger en remplaçant le mot *prestre* par *provoire*.

         Et le provoire par deseure...

De même aux vers 10 et 81.

— V. 66.   Et quist chou : « Se Dix vous sequeure,
           Fait li vilains, est che a gas? »
Corriges :   « Et qu'est chou? Se Dius me sequeure... »

Du prestre et des deus ribaus (III, 62).
— V. 40. « *Et*, disent les notes, manque dans le ms. » Les éditeurs l'ajoutent, et c'est pourquoi le vers a une syllabe de trop.

— V. 163-4.   Mès certes ainçois li metra je
             Que je mon argent ne ratra je.

Je metra? Je ratra? Etrange langue ! Lisez : metraie, ratraie.

— V. 261. Remplacez les deux points par une virgule.
— V. 264-5. Ponctuez : Li prestres est montez amont
A tout le frain, si le rattache ;...

Du peschcor de Pont sur Seine (III, 63).
— V. 97. Mes onques nul liu n'aresta...

Ce vers, dans le contexte, n'offre guère de sens. Il a été assurément refait ainsi, tant bien que mal, par un copiste qui ne comprenait pas le mot que nous a conservé le ms. B: *desaroyta*. V. Godefroy, s. v. *aroit*.

Les Trois Meschines (III, 64).
— V. 26. Les vers 26-27 font partie du discours de la meschine Suerete.
— V. 112. Dist Brunatin : « Jel lo bien certes,
Et qui devra rendre les pertes. »

Inintelligible; corrigez (cf. le vers 119) :
Et qui devra rende les pertes ! »
— V. 114. Damoisele.. *Lisez* : Damoiseles.

De Pleine bourse de sens (III, 67). Ce fabliau est bien publié par les éditeurs, qui ont ici très heureusement dérogé à leur coutume de suivre exclusivement le texte d'un ms. unique. Ils ont adroitement choisi dans les trois mss. les leçons les plus vraisemblables. On pourrait pourtant demander mieux encore : comme il ne semble pas, en effet, à l'examen des variantes, qu'il se forme des familles de mss., mais comme A, B, C paraissent représenter chacun une tradition indépendante, l'accord de deux mss. quelconques contre un seul représente la leçon originale, et c'est arbitrairement que les éditeurs l'ont souvent rejetée aux variantes. Des leçons plus assurées seraient ainsi substituées à un texte de fantaisie en nombre de passages, par exemple aux vers 115, 147-152, 173, 254, 317, 391-3, etc...

Quelques fautes se sont glissées dans ce texte, généralement correct:
— V. 20. Ne se pot mie de tenir
Qu'ele ne die a son seignor... *Lisez : detenir.*

V. 198-200.

Tout as perdu mès icel soir : *Ponctuez* : Tout as perdu ; mes icel soir
Te veus avoec li osteler... Te veus avoec li osteler.

— V. 118. Encore a on fabliau dou sen. *Corrigez* : ou fabliau.

De la Vessie a prestre (III, 69). Ce texte difficile a été fort bien publié et illustré par M. Scheler, et MM. de Montaiglon et Raynaud n'ont fait que réviser avec plus de scrupules paléographiques le travail soigneux de ce savant. Je ne comprends pas les vers 61-3 :

« Mais des or nos covient curer, »
Dist l'uns a l'autre, « c'est passé,
Ke de l'avoir k'a amassé
Doinst a nostre maison vint livres... »

Comme M. Scheler, qui n'a pas coutume d'esquiver les difficultés,

n'a écrit aucune observation sur ces vers, je crains qu'ils ne soient
obscurs que pour moi. Je propose à tout hasard cette lecture :

> « Mais des or nos covient curer,
> (Dist l'uns a l'autre cest panssé),
> Que de l'avoir...

De celle qui se fist... (III, 70). Publié d'après le seul ms. B, alors que
les éditeurs en avaient quatre à leur disposition. Un classement des
manuscrits modifierait presque tous les vers du texte.

— V. 10.   Quar fame est mout tost *aïrie*
           A plorer et a grant duel faire.

Le verbe *aïrier* ne saurait se construire ainsi; que signifierait cette
phrase : « Femme est souvent en colère à mener grand deuil »? Lisez
avec A D : *atirie*.

— V. 58.   Quant il li de pitié vos vient. *Intervertissez* : Quant il de
li pitié vos vient.

Des trois chevaliers et del chainse (III, 71). Texte soigneusement
publié par M. Aug. Scheler (*Trouvères belges du XIIe au XIVe s*, 1876,
p. 162, ss.) — Cf. quelques observations de K. Bartsch sur l'édition
Scheler dans la *Zts. f. rom. Phil.*, II, p. 179.

Le vilain mire (III, 74).

— V. 48-9.   Li vassaus ira lez la rue
             A cui toz les jors ot foiriez.

Lisez avec B : « A cui il est toz jors foiriez. »

— V. 151.   Or est li rois si corouciez;
            S'il la pert ne sera mès liez.

La phrase est incomplète; *si corouciez...* que quoi? — *Ne sera mes
liez* est une proposition subordonnée : « le roi est si courroucé (qu')il
ne sera plus jamais joyeux, s'il perd sa fille ». Sur la suppression fréquente de *que* dans des phrases analogues, cf. Tobler, *Vermischte
Beiträge zur franz. Grammatik*, p. 185; lisez donc :

> Or est li rois si corouciez,
> S'il la pert, ne sera mès liez.

— V. 298. Ce n'est vis... *Corrigez* : ce m'est vis.

Le texte de B me paraît préférable pour les vers 1-6, 8, 51, 63-4,
147 (la rime du ms. A est inexacte), 155-6, 265, 273, 340.

La Plantez (III, 75). Ce fabliau a été publié, avant l'édition de
MM. de Montaiglon et Raynaud, par M. P. Meyer (*Recueil d'anciens
textes*, p. 350) : c'est dire qu'il est excellemment publié. Un passage
pourtant me paraît douteux. Le voici (v. 33) tel que le donne M R :

> Et cil li respont : « Va ta voie,
> Fous musarz, espoir, se Dé vient,
> Ce est ganigne qui te vient...

Quel sens attacher à ces mots : *se Dé vient?* Sans doute quelque chose
comme : *S'il plaît à Dieu*. Mais on serait, je crois, en peine de fournir

quelque autre exemple de cet emploi du verbe *venir*. Je propose de lire :

> Fous musarz, espoir, *se devient*..,

La locution *se devient* est souvent attestée dans le sens même où l'on employait au moyen âge le mot *espoir*, qui est celui de *peut-être*. Godefroy (s. v. *devenir*) en rapporte six exemples, tous empruntés au *roman de Florimont*. Ex. :

> S'ele savoit que je l'amasse
> Et que je parler en osasse,
> *Se devient* maugré m'en saroit.

Des Lecheors (III, 76).

— V. 1-3. Quant Dieus ot estoré le monde
> Si con il est a la reonde,
> Et quanquë il convit dedenz...

On voit, dans les notes, que ce n'est pas le texte du ms. Les éditeurs, si fidèles d'ordinaire à la lettre du manuscrit auraient, peut-être mieux fait de la respecter ici. Le mot *convivre* est très douteux, et la leçon du ms. très acceptable :

> Et quanquë il convint dedanz...

Quand Dieu eut créé le monde, et tout ce qu'il fallait y mettre...

L'Evesque qui beneï (III, 77).

— V. 19. Un prestes estut en la vile...

Je ne sais ce que pourrait signifier ici ce prétérit du verbe *estovoir*. Lire, sans doute : *estoit*.

— Vers 81. E non Deu, fait il, jel creant. *Lisez* : En non Deu.

— V. 128. Il dit que ne l'aura por rien
> C'a la borjoise n'aut parler
> Maintenant, sanz plus arester;
> S'en va à li, si li a dit :...

L'aura ne me paraît rien signifier et la phrase est mieux ponctuée ainsi :

> Il dit que ne *laira* por rien
> C'a la borjoise n'aut parler;
> Maintenant, sans plus arester,
> S'en va a li...

— V. 115. *L'an l'o m'a dit et conté*; lisez : *lo*. Pour l'intelligence de cette phrase, cf. Tobler, *Verm. Beiträge zur fanz. Grammatik*, p. 205.

— V. 157. *Lisez avec le ms.* : Lors se mucé et s'atapine.

— V. 165. Ni ot que li et sa balasse, *Lire* : N' i ot que li...

— V. 179. Sire, fait ele, ne vos hastez. *Vers trop long*; *lisez* : fait el.

Du vallet aus douze fames (III, 78).

— V. 21. Jamar de ce en douterez. *Lisez* : Ja mar...

— V. 119-120. Ces vers, que donne un seul ms. sur trois, alourdissent la phrase et font double emploi avec le v. 123. Les dix vers qui suivent gagneraient aussi beaucoup à être établis avec l'aide des leçons des trois mss.

— V. 135. La phrase n'est correcte que si on met une virgule à la fin du vers.

— V. 137 ss. Les vingt vers qui suivent sont bien mauvais; le fabliau devrait se terminer sur la boutade du valet et de sa femme. Les derniers vers la rendent absurde. Comme cette fin malheureuse ne se trouve que dans un seul des trois mss., je la crois postiche et la rejetterais volontiers aux variantes.

— V. 152. *Qu'autrefois...* Lisez : Qu'autre fois.

— V. 153. Mettez un signe de ponctuation à la fin du vers.

Dans ce poème encore, le texte gagnerait à un emploi raisonné des trois manuscrits. Par exemple, les vers du ms. C (119-120), introduits dans le texte par les éditeurs, sont une mauvaise glose, comme le prouve la répétition des mots *Il parla*.

De la Dame qui fist trois tors entor le mostier (III, 79).

Il y a lieu de corriger les vers 4, 5, 42, 57, 165, ss.; ces améliorations au texte ont été faites par M. Kressner dans son édition de Rutebeuf (1885). Je renvoie donc à cette édition pour les autres fabliaux de Rutebeuf, *le Testament de l'âne, Charlot le Juif, Frère Denise*, etc.

Le Vilain au buffet et *le Vilain qui conquist Paradis par plait* (III, 80, 81). Ces deux pièces sont publiées correctement, mais l'une et l'autre d'après un seul ms., alors que les éditeurs en connaissaient trois pour chacune; ils n'ont fait aux deux mss. négligés que de trop rares emprunts. Par exemple, dans le *Vilain qui conquist Paradis*, les leçons de A C me semblent meilleures que le texte des éditeurs (B) pour les vers 4, 31, 35, 39 et ss., 120, 124, 137. — On sait que les éditeurs, au cours de leur long travail, ont été très sobres de notes explicatives; c'est à peine s'ils en donnent, en moyenne, deux ou trois pour mille vers. Nous avons négligé de parler de ces rares remarques, quand elles nous ont paru inexactes. Elles le sont pourtant parfois : voici, à titre d'exemples, les deux seules notes explicatives de ces deux fabliaux.

1) L'action du *Vilain au Buffet* se passe à la cour d'un comte, dont l'auteur ne nous dit rien, sinon ceci au vers 218 :

> Li quens en a geté un ris,
> Qui ot non mesire Henris...

Les éditeurs disent : « Le comte Henri, dont il est ici question, est sans doute Henri, comte de Champagne, auquel fait allusion, mais un peu confusément, le fabliau de la *Plantez*. » Pour notre part, nous soupçonnons *Henri* d'être là pour la rime; et comme il y a eu d'ailleurs des centaines de *comtes Henri* au moyen âge, il n'y a aucune raison de croire qu'il s'agisse d'un comte Henri de Champagne. D'ailleurs, qui est ce comte Henri de Champagne dont parle la *Plantez* et qui serait le même que celui du *Vilain au buffet*? Les éditeurs (p. 380) déclarent n'en rien savoir. Quelle nécessité de faire une note pour identifier un inconnu avec un inconnu? Pour le dire en passant, M. G. Paris (*Litt. fr. au m. âge*, p. 113) a reconnu en ce comte Henri de Champagne le roi de Jérusalem Henri, mort en 1197. — Voici la seconde note des éditeurs. A propos du *Vilain qui conquist Paradis par plait*, ils disent : « Ce fabliau, qui n'est pas un conte dévot [on s'en serait douté], fait sans doute allusion par le vers 116 à la parabole de Lazare et du mauvais riche (Luc, XVI). » Quel est ce vers 146? Le vilain, que Dieu, veut chasser du paradis, lui répond : « J'y suis, j'y reste!

« Car otroié avez sans faille
Qui çaiens entre ne s'en aille. »

Il s'agit de cette promesse élémentaire que la vie du ciel durera l'éternité, et il est inutile de faire intervenir Lazare et Luc, XVI.

Le Boucher d'Abevile (III, 81).

— V. 108. Le boucher demande à un pâtre à qui appartient le troupeau qu'il garde :

« Cui cist avoirs? — Sire le prestre ».

De même, au vers 531 : « Et je li dis : Sire no prestre ».

Comment *Sire*, au cas sujet, pourrait-il se rapporter à *no prestre, le prestre*, au cas régime? Lire : *Sire, no prestre* ».

— V. 358, ss. *Au lieu de :*   *Lisez :*
« Se vos seur sainz juré l'aviez,   « So vos seur sainz juré l'aviez,
S'est ele moie. — Toutevoie   S'ert ele moie toutevoie.
Vuide l'ostel... »   — Vuide l'ostel... »

— V. 401. Sor sainz le *juerrai*; lisez : *jurerai*.
— V. 516, ss. Le chapelain injurie en ces termes obscurs son berger, qui, assurément, n'y entend goutte :

« Mauvès ribaus, dont reviens tu?
Qu'est ce c'on fait? Samblant fez tu. »

Corrigez : « Qu'est-ce? Con fet samblant fez tu! » (Quelle mine tu fais!)

— V. 542. Remplacez le point par une virgule.

Berengier (III, 86).

— V. 6. Supprimez tout signe de ponctuation après le vers 6, et voyez, sur cette très curieuse construction syntaxique, Tobler, *Verm. Beiträge z. fz. Gramm.*, p. 115, ss.

— V. 56.   Il n'estoit mie chevaliers
            Atrais ne de gentil lignaige...

Le glossaire dit, avec renvoi à ce seul passage : « *atrait* = né. » « Il n'était pas chevalier de naissance ». Je doute fort que cet emploi du verbe *atraire* puisse être autorisé d'aucun exemple et je propose de corriger : *Il n'estoit point de chevaliers Atrais...* ou de lire avec B :

Il n'est pas nez de chevaliers
Ne estrais de gentil lignaige.

— V. 172. Par moi lor *mourai* tel ennui ». Lisez : *movrai*.
— V. 217.   Dont l'a baisié de lorde pais...
Que signifie ce mot *lorde*, que le glossaire n'explique pas? Lisez : *l'orde*, épithète tout à fait de circonstance.
— V. 248.   A loi de coart hom mauvais...
Il faudrait *homme*. Lisez avec B : A guise de coart mauvais.

Les leçons de B sont peut-être préférables aux vers 35-7, 50, 64 (*J'ai tel renom*, en supprimant la virgule à la fin du vers), 90-1, 148-9.

TOME IV

Du prestre qu'on porte (IV, 89).

— V. 3-4. Mettez un point et virgule après le v. 3 et supprimez la virgule après le vers 4.

— V. 58-60. Le dialogue est mal coupé, et ces trois vers doivent être placés dans la bouche de la servante. Lisez avec B : « *Dont venés-vous? dist la vilaine. Biaus dous sires*, etc. ».

— V. 122-3. Ces vers sont une réponse de la dame et ne doivent pas être mis dans la bouche du galant.

— V. 355. Supprimez la virgule à la fin du vers, et lisez : *Ce m'est avis Que fors del cors me soit ravis Li cuers...* ».

— V. 359. Une virgule à la fin du vers.

— V. 387. *Il le trainent hors par les bras.* Vers trop long; lisez avec B : *Tost le trainent par les bras.*

— V. 499-500. Au lieu de :   Lisez :

« Qu'esse, dist il, preudome, a gas?   « Qu'esse, dist il, preudome? A gas
Par mon cief ne l'en menrés pas! »   Par mon cief ne l'en menrés pas. »

— V. 760-1. Pour comprendre ce passage inintelligible, transportez le point d'interrogation de la fin du vers 760 à la fin du vers suivant.

— V. 787. *Qui chi se veut solacier.* Vers trop court. Corrigez : *Qui chi se vorroit.*

— V. 880. *Il leur enkierke.* On peut lire de préférence : *Il le renkierke.*

— V. 886. Mettez deux points à la fin du vers.

Les leçons du ms. B me paraissent ou sont meilleures aux vers 53, 139, 316, 348, 372, 578, 651, 733, 1.005, 1.164.

La Male honte (IV, 90).

— V. 5-8. Au texte manifestement fautif de l'édition, substituez les excellentes leçons du ms. A.

— V. 11-12. Mettez un point après *apeles* et une virgule après *adoles*.

— V. 31-2. Le texte du ms. A est meilleur.

Du clerc qui fu repus deriere l'escrin (IV, 91).

— V. 40. Il *vallés*, lisez : *li vallés*.

— V. 97. *Si me laissiés tout jour seule.* Vers trop court : lisez : toute jour.

Berengier, (IV, 93.)

— V. 98-9. Ponctuez ainsi : Et li sires la salua
                              Maintenant qu'il fu revenuz;...

Des Tresses, IV, 94.

— V. 35. Supprimez la virgule à la fin du vers, et comprenez : *se il puet estre Que ja nus ne saiche lor estre.*

— V. 104.   Près d'iluec ont lonc tens esté
            Une cuve trestote enverse.

Corrigez : *ont lonc tens esté.*

— V. 158. *Et sa dame*, lisez : *et la dame.*

— V. 178, ss. *Au lieu de* :

Et cele commence son duel,
Et dit que ja longues ne vive,
Ne ja ne past ceste semaine
« Qui à tel honte me demaine ».

Lises :

Et cele commence son duel
Et dit : « Que ja longues ne vive
Ne ja ne past ceste semaine
Qui a tel honte me demaine! »

— V. 362. Espoir il vos avint par goute
Ou par avertin, se Dé vient...

Que peut signifier : *se Dé vient?* — Voyez ci-dessus notre remarque sur le vers 33 du fabliau de *la Plantes* (III, 75) et lisez : *se devient*.

— V. 368. Le vers « Au chief du tot devient nient » n'offre pas de sens. Il faut reconnaître l'expression très fréquemment attestée dans nos vieux textes : « *au chief du tor*. »

Les éditeurs ont cru que les vers 38, 113, 130, 181, 215, 263 étaient trop courts dans le ms., et les ont allongés. Il est probable que ce sont les leçons des mss. qui sont les bonnes : tous ces vers paraissent présenter des phénomènes d'hiatus méconnus par les éditeurs.

Le vilain de Farbu, (IV, 95.)
— V. 113. Mettez deux points après *atornés*.
— V. 136. C'avint, *lises* : Ç'avint.

Barat et Haimet, IV, 97.
— V. 142-3. Mettez un point après *filant* et supprimez tout signe de ponctuation après *guilant*.
— V. 399-400. Ces vers ne riment pas. Adopter la leçon du ms. B.

Jouglet, IV, 98. Comparez une collation de l'un des mss. de ce fabliau dans l'*Archiv* de Herrig, LXV, p. 462.

Des trois Dames (IV, 99). Ce fabliau est écrit dans un dialecte anglo-normand très corrompu. Bien des inexactitudes de langue proviennent certainement de l'auteur; celles-ci pourtant paraissent le fait du scribe ou des éditeurs :
— V. 1-2. Puisqe de fabler ay comencé, Ja n'yert pur moun travail lessé. *Corriges* : ja n'iert jur.
— V. 16. N'i ont descovert que le musel. *Ne vaut-il pas mieux lire :* n'i out?
— V. 65.   Et cele qe estoit premere
        Se leve et dit : « Meyntenaunt,
        Dame, bien seiez vous viegnaunt!... »

Corriges (cf., v. 75) : Se leve et dit meyntenaunt : « Dame...

De la dame qui fist batre son mari (IV, 100).
— V. 4. *frères*. Le sens exige qu'on lise : *sires*.
— V. 33. Que de ceste oure fust espie. *Lises* : ovre (= œuvre).
— V. 50. Et feroit encontre lui la. *Il faut lire, je pense* : Et seroit.
— V. 143-4. Mettez un point-virgule après le v. 143, une virgule après *vaut*, un point d'interrogation à la fin du v. 144.
— V. 173. « Que il lest meuz, Deus lo conduie. » *Je ne comprends pas ce vers. Peut-être doit-on lire* : « Il est meuz, Dieus lo conduie ! »

Brifaut (IV, 103).

— V. 25.
　　　　Un fil en une aiguille enfile,
　　　　La toile sozlieve de terre,
　　　　Si l'aqueust devant a sa cote...

Que signifie ce dernier vers? *Lises* : Si la *queust* (il la *coud*).

— V. 62. Mettez un point d'interrogation après *non*.

— V. 69.
　　　　Qu'est donc la toille devenue?
　　　　— Certes, fait-il, je l'ai perdue.
　　　　— « Si com tu as menconge dite!
　　　　Te preigne male mort subite!

Remplacez après *dite* le point d'exclamation par une virgule.

De Constant du Hamel (IV, 106). — Un coup d'œil superficiel sur les variantes, qui occupent 43 pages et dont les éditeurs n'ont utilisé que cinq ou six, montre que le texte de cet excellent fabliau serait presque transformé par une étude critique. — V. 152, lisez : *Dont ne feroit il or bon estre O la fame sire Constan?* — V. 322 et v. 648, mettez des points d'interrogation : « *Dieus, dist Constans, ce que puet estre?...* » « *Hé, las! dist il, ce que puet estre?* »

De la pucele qui abevra le poulain (IV, 107).
— V. 142. Si atant fait de hardement, *lises* : si a tant fait...
— V. 211. « Beveroit il a ma fontaine, Fait ele, se ge li metoie? » *lises* : « se ge l'i metoie? »

La pucele qui vouloit voler (IV, 108). — Il y a trois mss.; les éditeurs se sont bornés à en transcrire un seul. — Le ms. B nous donne mieux que des variantes de scribe : une cinquantaine de vers (sur 108) lui appartiennent en propre. Je ne les crois pas primitifs : ils sont généralement plus médiocres que les autres, et toujours inutiles au récit qu'ils ne font qu'alourdir. C'est un remaniement opéré non point par un copiste, mais par un jongleur. Ils doivent donc rester relégués à l'appareil critique, et ne peuvent prétendre à entrer dans le texte. L'examen des nombreuses variantes des trois manuscrits ne parait pas autoriser de groupement en familles. Chaque manuscrit représentant une tradition indépendante, nous pouvons donc constituer un texte établi avec une rigueur presque mathématique. L'accord de B C contre A doit reléguer aux variantes le texte de MM. de Montaiglon et Raynaud aux vers 1, 2, 4, 5, 6 (ici le texte des éditeurs : *des chevaliers*, offre une faute de français), 14 (Il faut intercaler ici les six vers des mss. B, C, sans lesquels on ne comprend pas le dire du clerc :

　　　　Autrement, se volez voler,
　　　　Il vos convendra atorner.)

Rejetez de même aux variantes le texte des éditeurs aux vers 16, 17, 19, 23 (au vers 26, ponctuez : *se vos comandes, encor hui Vos quit...*), 36, 39 (la leçon de *c* : *Que la coe i enterai* écarte le texte fautif du ms. A, où *ferai* rime avec lui-même); 43, 50, 53 (le texte du ms. A est ici incompréhensible); 58, 60, 73, 74 (le texte de A est inacceptable; il faut choisir entre B et C); 77, 78, 79, 91 (lire *car* ou *que*), 94, 99.

— C'est donc un vers sur cinq du texte des éditeurs qu'il faudrait remanier.

Du vilain de Bailleul (IV, 109). — Les éditeurs connaissaient quatre mss. de ce fabliau ; selon leur procédé constant, ils en ont utilisé un seul. Leur texte est une reproduction passive du ms. A. Il était pourtant facile de le rapprocher du texte primitif. En effet, l'accord de B et de C est si évident que les éditeurs eux-mêmes, si sobres en remarques de ce genre, constatent que ces deux mss. forment une même famille. En second lieu, il est également certain que D ne présente aucune faute en commun avec cette famille B, C. Nous sommes donc en présence soit de deux familles : A D, B C, soit (plus probablement) de trois groupes distincts : A, B C, D. Dans l'une et l'autre hypothèse, toutes les fois que les trois mss. B, C, D se rencontreront contre A, la leçon isolée de A sera fautive et devra être écartée. Il faut, en conséquence, modifier le texte de MM. de Montaiglon et Raynaud aux vers 8, 31, 32, 43-4 (au vers 18, *fort* est une faute d'impression pour *fors*), 49, 50, 51, 54, 60, 65, 70, 75, 82, 83, 89, 90, 91, 92, 99, 108, 109. — Comme ce fabliau ne compte que 116 vers, c'est un cinquième des vers du texte qui se trouvent ainsi modifiés.

TOME V

Pour le tome V, cette révision a été fort rapide et je me borne le plus souvent à relever des notes mises, au courant de la lecture, en marge de mon exemplaire. Quant au tome VI, les nécessités de l'impression de ce livre me forcent à en abandonner l'examen. D'ailleurs les savants éditeurs paraissent avoir, dans ces deux volumes et surtout dans le dernier, établi leur texte avec un scrupule de plus en plus minutieux.

Auberée (V, 110). — M. Georg Ebeling ayant annoncé une édition critique de ce fabliau, nous nous dispensons de reviser le texte de MM. A. de Montaiglon et G. Raynaud. — Pourquoi faut-il que nos éditeurs laissent faire à d'autres le travail dont ils ont eux-mêmes avec tant de patience amassé tous les matériaux ?

De la damoisele qui n'ot parler (V, 111).

— V. 30, ss. :   Mais sergent a prandre resoigne
                Por sa fille qui trop endure,
                Tant c'uns vallez par avanture
                Hebergiez fu...

qui trop endure est une correction des éditeurs ; le ms. porte *que*, et c'est cette leçon qui est la bonne. Lisez : *Por sa fille, que trop en dure Tant c'uns vallés...*

— V. 133. *nul,* lisez *nule.*

— V. 162. *Tu m'as bien ore porcacée...* *Porcacée* ne saurait former avec *gastée* une rime, ni même une assonance (*porcacité*). Corrigez : *Tu m'as bien ore portastée.*

— V. 179. *Au lieu de :*   *Lisez :*

« Sire, » demande, « Daviet,   « Sire, » demande Daviet,
Que est or ce en ce sachet ? »   « Que est or en ce sachet ?

— V. 183.   Dame, ce sont dui marescha!
            Qui ont a garder mon cheval,
            Qant pest en autrui *compagnie*.
            Tot jorz sont en sa *compeignie*.

On peut conjecturer : Quant pest en autrui praerie.

            Toz jorz sont en sa compeignie.

De trois dames (V, 112).
— V. 55. Qu'il virent, corrigez : *que* ou *quant* ou *qu'i virent*.
— V. 83, ss. *Au lieu de* :   *Lisez* :

    ... « Or oi biau plait,   ...Or oi biau plait!
Que volez que ci vos soit fait   Que volez que ci vos soit fait
Jugement de ce qui est nostre!   Jugement de ce qui est nostre?

— V. 103. Onques nule rien prist congie.
Corrigez :   Onques nule n'en prist congié.

Do prestre qui manja mores (V, 113).
— V. 29. Intervertissez les vers 29, 30.
— V. 37.   La maisniée au preste saillirent
            Contre la jumant que il virent
            Errant, s'esmurent por li querre.

Il ne faut pas comprendre, avec les éditeurs : *la jument qu'ils virent errer*, car il faudrait une particule de liaison, comme *et*, *si*, devant *s'esmurent*. Coupez ainsi la phrase:

            La maisniée au preste saillirent
            Contre la jumant que il virent ;
            Errant s'esmurent por li querre.

Du vilain asnier (V, 114). — V. 29. Effacez les mots : *se nul*.

De l'espervier (V, 115). — Reproduction du texte de M. G. Paris, *Romania*, VII, I. — Lisez, avec M. G. Paris, au vers 118 : *La biauté de li le sosprit* (au lieu de *sa biauté*); au vers 126, *Itels... mals*, et non *I tel maus*.

De Boivin de Provins (V, 116). — Le ms. B, non utilisé par les éditeurs, paraît provenir d'une transcription faite de mémoire par quelque jongleur. Beaucoup de leçons de ce ms. paraissent ou sont meilleures, notamment aux vers 13-14, 46-7, 95, 158, 254.

De saint Pierre et du Jongleur (V, 117). — Préférer les leçons du ms. B aux vers 57, 63, 90, 187.

Du prestre qui dist la passion (V, 118). — Je ne comprends pas bien ces vers (V. 36, ss.) :

            Chascuns de ceus qui oï l'a
            Bat sa coupe, et crie merci.
            Ha! Dieus qui onques ne menti
            Qui les avoit a droite voie!

On peut proposer de lire ainsi : Chascuns... crie merci A Dieu, qui onques ne menti, Qu'il les avoit a droite voie.

Le meunier et les deux clercs (V, 119).

— V. 154. « Seignor, fait-il, nient fors l'aire
Ico avroiz, se plus n'en avez. »

En est ajouté au ms. par les éditeurs. Mieux vaudrait lire, je pense : « nient fors l'aire Ici avroiz, se plus n'avez. »

De l'Escuiruel (V, 121). Les leçons de B sont préférables aux vers 8-9, 19-20, 22, 81-2, 182. — Au vers 39, *se trop male teche*, lisez : *de trop*.

Du Segretain et du moine (V, 123).

— V. 232. Et dist li prieus ce que doit :
« Qui ci dormés en tel maniere,
Tornés en vostre lit arriere ! »

Corrigez : Et dist li prieus : « Ce que doist ? Qui ci dormés... » Pour cette expression « ce que doit ? » cf. le vers 373 du même fabliau.

— V. 236. Et li prieus leva boutant. *Lisez* : le va boutant.
— V. 242. Et li noit de pecié le front. *Lisez* : Et li voit depecié.
— V. 246. « Volés vous, *corpus Domini*,
Biaus dous conpains, parlés a moi ! »

Corpus domini n'est pas un juron, comme semblent le croire les éditeurs. Lisez : « Volés vous corpus Domini ? » (Le prieur offre aux sacristain les derniers sacrements).

— V. 359. « Je me veus entendre, » *lisez* : « se me veus. »
— V. 409. « Quant il a les canbes veues, » *lisez* : les janbes.

De la dame qui fist entendant son mari qu'il sonjoit (V, 124).

— V. 23. Qant lo sant vers lui, s'est tornée. *Lisez* : Quant lo sent vers lui s'est tornée.
— V. 28. Après ce, l'estoire n'en mant, etc... *Lisez* : Après, ce l'estoire n'en mant. (*Ce est* une graphie du scribe pour *se*; cf. v. 21.)
— V. 137. Et je vos paierai de main. *Lisez* : demain.

De la Grue (V, 126). V. 1, dom, *lisez* : dont.

— V. 74. Vaslez, vien si, i garde ; *lisez* : vien, si i garde.
— V. 103. « Qui donastes ? » *Corrigez* : « Qu'i donastes ? » — Après le vers 109, mettez un point d'exclamation.

De la vieille qui oint la palme au chevalier (V, 127).

— V. 43. Cele co t'anseigna a faire... *Lisez* : C'ele ço t'anseigna... (*si elle te l'apprit à faire*).

De Connebert (V, 128).

— V. 17. C'ont vint... *lisez* : convint. — V. 57, Amis, tot delaissiez ester, *lisez* : tot ce laissiez ester. — V. 224. Ce vers fait partie du discours du vallet ; *lisez* :

Car li vallez li dist par ire :
« Conmant que l'evesque s'aïre,
En charité, danz prestes fous,
Vous i lairoiz... »

De la vieillete ou de la vielle truande (V, 129).
— V. 46. Con ele ja de dras porpoins. *Lises* : con ele i a.

Le sohait desvé (V, 131).
— V. 71. El dormi, *lises* : El dormir. — V. 150, Dont-ele estoit dame parçonge. *Ne vaut-il pas mieux lire* : par çonge?
— V. 157. *Le vers* « Tot par amor et tot en pais » *doit être placé dans la bouche du mari.*

Le povre clerc (V, 132).
— V. 111.   Certes vos poez bien savoir
             Qos i laisastes au matin.

Corriges : Q'os i laisastes.
— V. 213. Ce vers commence la réplique du mari; lisez ainsi :

       — « Dont amande mout nostre plait,
         La Deu merci, fait lo seignor. »

Du convoiteux et de l'envieux (V, 135). Les leçons du ms. B sont préférables aux vers 54, 62, 65.

FIN

INDEX ALPHABÉTIQUE

DES NOMS D'AUTEURS ET DES TITRES D'OUVRAGES ET DE
CONTES CITÉS AU COURS DE CE LIVRE

(Les chiffres renvoient aux pages ; les lettres à l'appendice II.)

Adam de la Halle, 332, 333, 343, E.
Adjaibel Measer, 176.
Adrien L. R., *Contes*, 198.
Aimery de Narbonne, 330.
Aiol, 330.
Aloul, 289, 297, 306.
Ame (l') au vilain, 290, A.
Ancona (d'), v. Sercambi et Novellino.
Anglais (les deux) et l'anel, 245, 273, C.
Anneau (l') magique, 10, 286, 298, B.
Anoupou, 281.
Antiochus, 88, 218.
Antoninus Liberalis, 81.
Anuvâr-i Souhaïli, 137.
Apologie p. Hérodote, v. Estienne.
Apollodore, 83.
Apulée, 80, 91, N.
Arabum proverbia (Freytag), 189.
Archevesque, append. III.
Archiloque, 75, 77.
Aristénète, 161.
Aristote (Lai d'), 10, 102, 115, 128, 170-7, 306, 345-7, E.
Arlotto de Florence, 77, O, P, Hb, Ac, Ic.
Arnason, 230.
Asbjoernsen et Moe, 24, 230.
Athénée, 85.
Auberée, 105, 115, 311-4, 331, 340, D.
Aucassin et Nicolete, 322, 326.
Audigier, 321, 331.
Avadánas, 167, 225, Va.

Aveugles de Compiègne, 216, 246, 276, F.
Avien, 65.
Babrius, 65, 70, 215.
Bahar-Danush, 139.
Bandello, 222, 253, 270, L, Q, R, X, Ib.
Barat et Haimet, 14, 273, 290, G.
Barbazan-Méon, passim.
Barlaam et Joasaph, 108.
Bartsch, *Romanzen*, 291, 341.
Beaufort d'Auberval, *Contes*, P, Aa, Jb, Xa.
Beaumanoir (Philippe de), 345-7.
Benfey, passim.
Berengier, 15, 115, 120, 169, H.
Bergmann, v. *Siddhi-Kür*.
Bétál Patchísi, 146.
Bigarrures du s^r des Accords, Ib.
Boccace, 49, 60, 89, 123, 134, 159, 161, 257, G, I, K, L, Aa, Ca, Cb, Oa, Ta, Ib, Ob, Kc.
Boivin de Provins, 294, 306, 357, I.
Bordeors (les deux) ribaus, 7, 15, 363.
Bossus (les trois) ménestrels, 105, 115, 201-14, 226, J.
Boucher (le) d'Abbeville, 294, K.
Bouchet, *Serées*, F.
Bourgeoise (la) d'Orléans, 15, 260-2, 293, L.
Bourse (la) pleine de sens, 9, 168, 306, 322, M.
Bozon (Nicole), Wa.
Braga, 216, v. *Contes portugais*.
Braies (les) au cordelier, 15, 91, 281, 294, 382, N.

— 471 —

Brantôme, 258, 260.
Bretin (Contes), B, F, Va, Gb.
Brifaut, 273, 290, O.
Brockhaus, 48, 49, 80, 146.
Browning (Robert), 258.
Brunain, 273, P.
Brunetière, 278, 285.
Buch der Beispiele, 158.
Burnouf (Buddhisme indien), 129.
Caballero, Cuentos, 183-5.
Calila et Dimna, passim.
Campeggi, 140, 160.
Cappelletti, Ca, Ma, Oa.
Carmina burana, 318-56.
Caylus (comte de), 2.
Celui qui bouta la pierre, 291, Q.
Cendrillon, 79.
Cent Nouvelles nouvelles, 159, 161, 164, L, Q, R, X, Y, Ka, Sa, Eb, Lb, Ac.
Changeurs (les deux), 246, 284, R.
Chanoinesses (les trois), 270, 298, 382.
Chastiement d'un père à son fils, 12, 103.
Chaucer, 278, Ta.
Chevalier (le) au chainse, 11, 220, 223, 224, 246, 253-60.
Chevalier (le) confesseur, 252, 288, X.
Chevalier (le) à la corbeille, 285, 288, U.
Chevalier (le), la dame et un clerc, 261, 288, L.
Chevalier (le) qui faisait parler les muets, V.
Chevalier (le) qui recovra.., 11, 288, 322.
Chevalier (le) à la robe vermeille, 278, 288.
Chevaux (les deux), 273.
Clédat, voyes : Rutebeuf.
Clerc (le) derrière l'escrin, 291, Y.
Clerc (le pauvre), Z.
Colin Malet, 363, append. III.
Collier, Contes, N.
Comparetti, 50, 81, 84, 105, U.
Comte Lucanor, 48, M, Ya.
Comptes du monde adventureux, 231, N, Ib, Nb.
Connebert, 291, 298, 326.

Constant du Hamel, 115, 210, 291, 297, Aa.
Contes albanais (Dozon), 122, G, Va; (von Hahn), 84.
Contes à rire et aventures plaisantes, L, Lb.
Contes de l'Armagnac (Bladé), Bc.
Contes de Bretagne (Sébillot), 169, Eb, Yb.
Contes de Basse-Bretagne (Luzel), 24.
Contes égyptiens (Maspéro), 78, 79, 281, Ka.
Contes de Gascogne (Bladé), 20, 169, Ya, Eb.
Contes de la Grèce (Legrand), 81.
Contes de Kabylie (Rivière), G.
Contes de Lorraine (voy. Cosquin)
Contes nouveaux et plaisants, 2 ...
B, Q, Z, Ab.
Contes portugais (Braga), 169, F, Aa, Ba, Nb.
Conteurs français du XVII s. (Louandre), Z, Ha, Wb.
Conti pomiglianesi (Imbriani), B.
Convoiteux (le) et l'envieux, 275, Ba.
Cosquin, 39, 41, 50, 52, 53, 72, 80, 81, 83, 131, 168, 169, 238, 239, M, Z, Eb, Nb.
Courtebarbe, 357, Append. III.
Crane, v. Jacques de Vitry.
Çukasaptati, 161, 195, 196, 199, 200.
Dame (la male), 289, 337, Ya.
Dame (la) qui aveine demandoit, 246, 286, Ha.
Dame (la) qui fist trois tours, 246, 288, 294.
Dame (la) qui se rengea, 284, 288, Ga.
Dames (les trois) de Paris, 310, 382.
Dames (les trois) à l'anneau, 164, 228-34, Fa.
Darmesteter (A.), 31.
Darmesteter (J.), 21.
Décaméron, voy. Boccace.
Demoiselle (la) qui sonjoit, 286, 337.
Demoiselle (la) qui ne pourait oïr.., Ia.

Derenbourg, v. *Directorium*, Joël et *Pantchatantra*.
Despériers, H, Lc.
Directorium hum. vitae, 54, 102, 103-8, 137, 170.
Disciplina clericalis, 56, 60, 90, 97, 103-5.
Djâtakas, 68, 70, 72, 75, 76.
Dolopathos, 104, 318, 339.
Domenichi, L.
Doni, X, Ka.
Dunlop-Liebrecht, 22, F, I, N, Q, X, Z, Za, Gb, Jb, Mc.
Ebeling, D.
Ecureuil (l'), 246, 282, Ha.
Enfant (l') de neige, 356, Ka.
Enguerrand d'Oisi, 357, App. III.
Epervier (lai de l'), 10, 115, 193-200, 288, 308, 322, Ma.
Eschine, 89.
Estormi, 201, 204, 206, Ma.
Estienne (Henri), 106, 270, 293, L, N, U, Ma, Cb, Gb.
Estormi, 201, 204, 206, Ma.
Etienne de Bourbon, 21, 102, 121, P, Fa, Fb, Rb.
Eulenspiegel, F.
Eustache d'Amiens, Append. III.
Evêque (l') qui bénit, 246, 298, Oa.
Fabrizi, Ob.
Facétieux reveil-matin, Z, Ha.
Farces, 204, 385, A, F, L, N, Cb, Gb, Yb, Zb, Fc.
Femme (la) qui cunqie sen baron, 303.
Femme (d'une seule) qui servoit cent chevaliers, 281, Qa.
Fèvre de Creeil, 281, Ra.
Fiorentino, L.
Fleur lascive orientale, 186, II, Aa.
Foerster, 6, 340.
Folz (Hans), 230-3.
Forteguerri, Aa, Bb.
Frere Denise, 246, 299, Sa.
Freymond, 363, ss.
Frischlin, 316, Y.
Gageure (la), 285.
Gaidoz, XXII, 31, 34, 43, 44, 78, 81, 82, 84, 113, 247, 249.
Garin, Guerin, Append. III.

Garon (*entretien des bonnes compagnies*), 22, Hc.
Gauteron et Marion, 286.
Gautier (L.), 266, 357, 361, 365, 389.
Gautier le Long, Gautier le Loup, Append. III.
Germania, 186, 228, 230, E, M, V, Z.
Gesammtabenteuer, 90, 93, 102, 103, 106, 131, 152, 160, 163, 176-8, 185, 202, 206, 255, 256, 262, 263, E, L, M, Q, U, V, Z, Ca, Ga, Ka, Ta, Ua, Ya, Za, Eb, Gb, Mb, Kc.
Gesta Romanorum, 88, 90, 125, 196, 199, E, Gb.
Gil Blas, Ac.
Giovanni, R.
Gombert et les deux clercs, 15, 278, 294, Ta.
Gonella, F.
Grécourt, Ka.
Griesenbach, Pa.
Grimm, 26, 33-9, 66, 178-83, 187-90, 235, Ka, Mc.
Grue (la), 282, 285, Ua.
Gubernatis (de), 27, 41.
Guillaume, G., clerc de Normandie, Append. III.
Guillaume au faucon, 11, 246, 309, 322.
Hagen (v. der) cf. *Gesammtab.*
Hahn (von), 28, 84.
Haiseau, 270, 237, 364, App. III.
Hebel (*Schatzkästlein*), 20, 182.
Henri d'Andeli, 14, 345-7.
Heptaméron, 152, 293, Sa.
Héron, v. Archevesque et Henri d'Andeli.
Hervieux, *Fabulistes latins*, 21, 92, 181, Dc.
Hésiode, 76.
Histoire littéraire de la France, passim.
Historia septem sapientum, 201, 205.
Hitopadésa, 60, 90, 134, 138, 195, 199, 200, 270, Gb.
Housse (la) partie, 9, 15, 167, 289, 322, Va.

Hubatsch(*Vagantenlieder*),318-52.
Huet (David), 42, 46, 48, 67.
Huon Piaucele, II. le Roi, II. de Cambrai, Append. III.
Jacobs (*Ésop*), 66-8, 75-6, 95.
Jacques de Baisieux,253-6,375,ss.
Jacques de Vitry, 21, 94, 102-7, 177, 231, X, Ba, Fa, Fb, Ob, Hc, Jc, Mc.
Jean Bedel, 44, Jean Bodel, 333, v. Append III.
Jean le Chapelain, Append. III.
Jean de Condé, 15, 16, 338, 375.
Jean de Journi, 346, Append. III.
Jean de l'Ours, 37, 81.
Jeanroy, 7, 355.
Joël, 51.
Jouglet, 286, 331, Wa.
Jubinal, *passim*.
Jugement (le), 240, Xa.
Jülg, v. *Siddhi-Kür*.
Julien (Stanislas), 123, v. *Avaddnas*.
Keller, O. (*griech. Fabel*), 66-75.
Keller (Ad. von.) (*altd. Erzählungen*), 21, 160, 202, 204, 230, 233, L, X, Z, Aa, Mc.
Koehler (R), 24, 41, 50, 52, 55, 57, 79, 80, 83, 133, 216, 231.
Kressner, v. *Rutebeuf*.
Κρυπτάδια, B, H, L, P, S, Ha, Ja, Ra, Ua, Jb, Kb, Ub, Ac.
La Fontaine, 89, 162, 155, 180, 229, 230, 252, 278, K, L, Oa, Ta, Ua, Ob.
Lambel (*Erzählungen u. Schwänke*) Ya, Mc.
Landau, *Quellen des Dekameron*, 50, 89, 123, 134, 257, E, I, Sa, Bb, Ob, Tb.
Lang (Andrew), XI, XXII, 26, 31-44, 80, 113, 119, 131, 178, 181, 182.
Langlois, 278.
Largesse (la folle), 9, 334, 345-7.
Lecheors (les), 9, 246.
Le Clerc (J.-V.), 5, 216, 264, 287, 293, 298, 362, 385.
Légendes du pays basque (Cerquand), 239.
Lenient, 277, 315.

Libro contra los engannos, 101, 185, 186, Ba.
Liebrecht, 20, 49, 50, 120, 167, 179, 183, 186, 228, 230-5, F, Fa, Jb.
Liedersaal (Lassberg), 230, M, X, Fa, Ua, Va, Ya.
Livre des lumières, 137, 149.
Loiseleur-Deslongchamps, *Fables indiennes*, 47, 48, 66, 131, Ac.
Luzel, 24, 50, Ta.
Mahâbhârata, 67, 123.
Mahâkâtjdjana, 175, Fa.
Märchen, griechische (Schmidt), 80, 83.
Maignien (le), 288, 331.
Male (la) honte, 15, 245, 272.
Malespini, 231, Q, X, Ka, Jb.
Nambriano, 91, 228, 232, Ja, Bb, Db, Tb.
Mannhardt (*Waldkulte*), 26, 27, 31-5, 84.
Nantel (le) mal taillié, 10, 322, Za.
Mari (le) confesseur, 246, 252.
Marie de France, 12, 16, 21, 83, 87, 93-5, 99, 181, 325.
Massinger, 140-2.
Matrone (la) d'Éphèse, 91, 193, Pa.
Mélampos, 81.
Mélusine, 24, 32, 33, 34, 44, 53, 78, 81, 82, 84, 91, 113, 122, 142, 180, 238, 239, Ka, Za, Yb.
Méon, *passim*.
Mercier (le) pauvre, 246, 275-6.
Méril (Éd. du), 290, 318, 351, Ob, Ka.
Meschines (les trois), 286, Ab.
Meunier (le) d'Arleux, Bb.
Meyer (Paul), 261, 318, 324, 361, Ka, Wa.
Mille et un jours, Ac.
Mille et une Nuits, 46, 91, 116, 140, 185, Aa.
Milon d'Amiens, App. III.
Molina (Tirso de), 230-3.
Montaiglon (de) et Raynaud, *passim*.
Morlini *norellae*, E, F, N, X, Cb, Jb, Hc.

Müller (Max), 27-30, 42-3, 50, 52, 249.
Musset (Alf. de), 257-8.
Nasr 'Eddin Hodja (le Sottisier de), Z, Kc.
Neveu (le petit) de Boccace, Ha, Ua.
Nicolas de Troyes (Parangon des nouvelles), B.
Nogaret, Contes, 10, Aa, Ba.
Nonnette (la), 298, Oa, Cb.
Norellino, Oa.
Nouveaux contes à rire, 231, F, L, O, Q, Z, Db, Eb, Gb, Kb, Ha.
Nutt, 119.
Oie (l') au chapelain, 295.
Orient und Occident, 49, 50, 120, H, Jc, Kc.
Ouville (d'), 22, 231, F, Q, Y, Z, Gb.
Pantchatantra, passim.
Paris (G.), IX, XXIV, 10, 16, 17, 41, 50, 52, 56, 59, 92-5, 113, 124, 126, 166, 194-200, 201, 245, 248, 259, 263, 269, 330, 336, 387, 388, Qa, Va, Yb.
Parthénius, Narrations, 86, 88.
Pauli, Schimpf und Ernst, 21, 94, F, X, BA, Xa, Eb, Fb, Ac, Hc.
Pêcheur (le) de Pont-sur-Seine, 284, 291, 338, Db.
Perdrix (les), 163, 169, 275, 356, Eb.
Perrault (Contes), 182-9.
Petit de Julleville, 13, 305, 385, Va.
Pétrone, 91.
Phèdre, 65, 68, 70, 90, 179, Dc.
Philippe de Vigneulles, 182, 186.
Pierre Alphonse, Pierre d'Anfol, 97, App. III, cf. Disciplina.
Pierre (saint) et le jongleur, 9, 246, 307, 359, Wb.
Pilz (O.) 5, 7, 9, 10, 12, App. III.
Pitrè (racconti siciliani), 230, F, Nb, Ob.
Planté (la), 16, 273.
Pliçon (dit du), 90, 103, 104, 280.
Pogge, 20, 196, 200, L, N, Ac.
Pré (le) tondu, 22, 95, Hb.

Prêtre (le) et Alison, 91, 285, 308, Ib.
Prêtre (le) et le chevalier, 290, 295, 306-8.
Prêtre (le) crucifié, 216, Jb.
Prêtre (le) et la dame, 229, Kb.
Prêtre (le) au lardier, 7, 297, Rb.
Prêtre (le) et le loup, 297, Lb.
Prêtre (le) et le mouton, 337, 364.
Prêtre (le) aux mûres, 274, 356.
Prêtre (le) qui abevele, 229, 294, Ob.
Prêtre (le) qui dit la passion, 275, 356.
Prêtre (le) qui eut mere a force, 263, 295, Mb.
Prêtre (le) qu'on porte, 8, 15, 298, Nb.
Prêtre (le) et les deus ribaus, 359.
Prêtre (le) teint, 285, 297.
Prêtres (les quatre), 297, Qb.
Prim et Socin (d. aramäische Dial). G, Z, Db, K.
Pucelle (la) qui abreuva le poulain, Ha, Sb.
Pucelle (la) qui vouloit voler, 216, Tb.
Psyché, 42, 80.
Puymaigre (de), Folk-lore, 26.
Rajna (Pio), 228, 231, 232-4, Eb, Ob.
Raynouard (Choix de poésies des troub.), 261, L.
Renart, 92, 93, 223, 320, 326, 329, 331, 356, C.
Repues franches, 277, F.
Rhampsinit, 79, G.
Rhys-Davids (voy. Djâtakas).
Richeut, 15, 16, 265-70, 285, 331.
Roger Bontemps, H, L, Q, Y, Z, Va.
Rohde (d. griech. Roman.), 80-88.
Roi (le) d'Angleterre et le jongleur d'Ely, 246, 360, Ub.
Rolland (E), Devinettes, 24, 202, 245 ; cf. Mélusine.
Rose (roman de la), 320, 321, 326, 327, 329, 340.
Romania, 11, 24, 103, 194, 202, 231, 261, 290, 291, 318, 324, 355, 361, C, M, Aa, Ma, Lb.
Romulus, voy. Marie de France.

Rua (G.), 50, 216, v. Mambriano et Straparole.
Rutebeuf, 302, 357-368. ss.
Sabadino, N.
Sacchetti, 10, F, Jb, N.
Sachs (Hans), 157-60, X, Va, Zb.
Sacristine (la), 219, 221.
Schéler (Aug.), Trouv. belges, Jean de Condé, passim.
Schiller, 258.
Schwänke des 16 Jahrh. (Goedeke), 187.
Sénèque le Rhéteur, 88, 124.
Sentier (le) battu, 215, 338, Xb.
Sept Sages (Roman des), Sindbad, Syntipas, Cendubete, Sendabad, Sandabar, Sette savi, passim.
Sercambi, 202, 204, Z.
Siddhi-Kür, 53, 120, 145, II.
Silvestre de Sacy, X, 47, 48.
Singe (le) de La Fontaine, 159, 161, 293, N, Q, Jb, Zb.
Somadéva, 81 (2.500 ans, lises : 2.000 ans), 146.
Sorisete (la), 246, 283.
Souhaits (les quatre) St-Martin, 9, 10, 91, 94, 105, 177-193, 281, Yb.
Souniou Breiz-Izel (Luzel), 24.
Straparole, 60, 202-13, F, R, Sa, Ya, Jb, Zb.
Suchier, XXVI, 17, 34 7, Appendice, III.
Tabarin, 202-21.
Taine, 277.
Ten Brink, 51.
Testament (le) de l'Ane, 298, Ac.

Thresor des recreations, IIb, Ic.
Tresses (les), 106, 133-63.
Tylor, XI, 31, 34.
Vair (le) palefroi, 91, 246, Dc.
Valet (le) aux douze femmes, 281, Ec.
Valet (le) qui a malaise se met, 7, Fc.
Vedala cadai (Babington), 116.
Verboquet, 140, ss.; 231, Ca, IIa.
Vessie (la) au prestre, 299, 382, Gc.
Vetdlapantchavinçáti, 143, 116, ss.; 223.
Veure (la), 307.
Vieille (la) qui oint..., 215, 270, IIc.
Vieille (la) truande, 285, 310, Jc.
Vilain (le) asnier, 115, 290, Jc,
Vilain (le) de Bailleul, 280, 291, Kc.
Vilain (le) au buffet, 245, 291, 307.
Vilain (le) qui conquist Paradis, 9, 216, Mc.
Vilain (le) mire, 115, 276, Mc.
Vilain (le).
Vinson, Folk-lore basque, 239, Kc, Mc.
Wagener, 66.
Watriquet, 310, 337, 375, ss.
Weber, 50, 67, 80.
Wendunmuth, 187, Q, X, Sa, Bb, Gb.
Wright, 21, 296, 318, 349, 351, 352, 361, Ka, Xb, Zb, Hc.

TABLE DES MATIÈRES

Introduction.. 1

CHAPITRE PRÉLIMINAIRE

QU'EST-CE QU'UN FABLIAU? DÉNOMBREMENT, RÉPARTITION CHRONOLOGIQUE ET GÉOGRAPHIQUE DES FABLIAUX

I. *La forme du mot* : fabliau ou fableau?................. 1
II. *Définition du genre* : Les fabliaux sont des contes à rire en vers; dénombrement de nos contes fondé sur cette définition : leur opposition aux autres genres narratifs du moyen âge, lais, dits, romans, etc.................... 4
III. *Etendue de nos pertes* : mais les fabliaux qui nous sont parvenus représentent suffisamment le genre........... 13
IV. Dates entre lesquelles ont fleuri les fabliaux : 1159-1340. 15
V. *Essai de répartition géographique* : que les fabliaux paraissent avoir surtout fleuri dans la région picarde... 17

PREMIÈRE PARTIE

LA QUESTION DE L'ORIGINE ET DE LA PROPAGATION DES FABLIAUX

CHAPITRE I

IDÉE GÉNÉRALE DES PRINCIPAUX SYSTÈMES EN PRÉSENCE

I. *Position de la question* : force singulière de persistance et de diffusion que possèdent les fabliaux et, en général, toutes les traditions populaires; d'où ce problème : comment expliquer la présence des mêmes traditions et, plus spécialement, des mêmes contes, dans les temps et les pays les plus divers?........................ 19
II. Qu'on ne saurait séparer la question de l'origine des fabliaux du problème plus compréhensif de l'origine des contes populaires, en général. C'est ce que montrera l'exposé des diverses théories actuellement en conflit... 25
III. *Théorie aryenne de l'origine des contes* : les contes populaires modernes renferment des détritus d'une ancienne mythologie aryenne............................ 26
IV. *Théorie anthropologique* : ils renferment des survivances de croyances, de mœurs abolies, dont l'anthropologie comparée nous donne l'explication................ 31

V. *Théorie secondaire*, annexe des deux systèmes aryen et anthropologique, insoutenable et d'ailleurs négligeable.   36
VI. *Théorie orientaliste* : les contes dérivent, en grande majorité, d'une source commune, qui est l'Inde des temps historiques..................................   40
VII. Que cette dernière théorie seule nous intéresse directement, car, seule, elle donne une solution au problème des fabliaux; mais aucune des théories en présence ne peut la négliger, car, vraie, elle les ruine toutes......   41

CHAPITRE II

EXPOSÉ DE LA THÉORIE ORIENTALISTE ET PLAN D'UNE CRITIQUE DE CETTE THÉORIE

I. *Historique de la théorie* : Ses humbles commencements de Huet à Silvestre de Sacy ; ses prétentions et son succès depuis Théodore Benfey........................   45
II. *Ses arguments sous sa forme actuelle* : Les contes, nés dans l'Inde, sont parvenus en Europe par voie littéraire et par voie orale, au moyen âge. Car : 1° Absence de contes populaires dans l'antiquité ; 2° Influence au moyen âge des grands recueils orientaux traduits en des langues européennes ; rôle des Byzantins, des Arabes, des Juifs ; 3° Survivance de mœurs ou de croyances indiennes ou bouddhiques dans nos contes ; 4° Les versions occidentales de nos contes apparaissent comme des remaniements des formes orientales.................   52
III. *Plan d'une réfutation*, qui reprendra, dans les chapitres suivants, chacun de ces arguments................   58

CHAPITRE III

LES CONTES POPULAIRES DANS L'ANTIQUITÉ ET DANS LE HAUT MOYEN AGE

I. Qu'il est téméraire de conclure de la non-existence de collections de contes dans l'antiquité à la non-existence des contes.................................   63
II. *Les fables dans l'antiquité*. Résumé des théories émises sur leur origine, destiné à mettre en relief cette vérité, trop souvent méconnue par les indianistes, que, lorsqu'on a fixé les dates des diverses versions d'un conte, on n'a rien fait encore pour déterminer l'origine du conte lui-même..............................   64
III. *Exemples de contes merveilleux dans l'antiquité* : a) en Égypte ; b) en Grèce et à Rome : Midas, Psyché, les contes de l'Odyssée, Mélampos, Jean de l'Ours, le Dragon à sept têtes, le fils du Pêcheur, Glaucos, etc.....   78
IV. *Exemples de nouvelles et de fabliaux dans l'antiquité* : Zariadrès. Les Fables Milésiaques. La comédie moyenne. Une narration de Parthénius. Sithon et Pal-

léné. Contes d'Apulée, d'Athénée. Fabliaux du *Pliçon*, du *Vair Palefroi*, des *Quatre souhaits Saint-Martin*, de la *Veuve infidèle*, etc. 84

V. *Exemples de contes dans le haut moyen âge* : examen de la collection dite le *Romulus Mariae Gallicae*. 92

CHAPITRE IV

L'INFLUENCE DES RECUEILS DE CONTES ORIENTAUX RÉDUITE A SA JUSTE VALEUR

I. Que les fabliaux représentent la tradition orale, et que leurs auteurs ne paraissent pas avoir rien emprunté, consciemment du moins, aux recueils orientaux traduits en des langues européennes. 97

II. Quels sont les contes que le moyen âge occidental pouvait connaitre par ces traductions de recueils orientaux, et quels sont ceux qu'il leur a réellement empruntés? — Possibilité, légitimité, utilité de cette recherche... 100

III. Analyse de tous les recueils de contes du moyen âge traduits ou imités des conteurs orientaux : 1° de la *Discipline de clergie*, 2° du *Dolopathos*, 3° et 4° des *Romans des Sept Sages* occidental et oriental; 5° du *Directorium humanae vitae*; 6° de *Barlaam et Joasaph*. — Résultat de ce dépouillement : nombre dérisoire de contes qui paraissent à la fois dans les recueils orientaux et dans la tradition orale française. Comme contre-épreuve, grand nombre de contes communs à des collections allemande et française. 103

IV. Portée assez restreinte de toute cette démonstration. Que, du moins, nous avons dissipé un *idolum libri*, funeste à beaucoup de folk-loristes. 112

CHAPITRE V

EXAMEN DES TRAITS PRÉTENDUS INDIENS OU BOUDDHIQUES QUI SURVIVRAIENT, SELON LA THÉORIE ORIENTALISTE, DANS LES CONTES POPULAIRES EUROPÉENS

I. Quelques contes où les orientalistes ont cru reconnaitre des survivances de mœurs indiennes ou de croyances bouddhiques montrent la vanité de cette prétention : 1° les épouses rivales dans les récits populaires; 2° le cycle des animaux reconnaissants envers l'homme; 3° le fabliau de *Bérengier*; 4° un conte albanais; 5° la nouvelle de Frederigo degli Alberighi et de Monna Giovanna; 6° le Meunier, son fils et l'âne. 118

II. Qu'il existe, à vrai dire, des contes spécifiquement indiens et bouddhiques; mais que ces contes restent dans l'Inde et meurent dès qu'on veut les en retirer : histoire du tisserand Somilaka; — histoire de la courtisane Vâsavadattâ, etc. 127

CHAPITRE VI

MONOGRAPHIES DES FABLIAUX QUI SE RETROUVENT SOUS FORME ORIENTALE.
LES FORMES ORIENTALES SONT-ELLES LES FORMES-MÈRES?

Le fabliau des Tresses. I. *Les versions orientales.* a) Le récit du *Pantchatantra*; b) le même récit dans divers remaniements du *Calila*; c) le même récit plagié par divers conteurs modernes. — Dans toutes ces versions, le conte, copié de livre à livre, reste immuable; d) que le germe du conte n'est point dans le *Vetâlapantcharinçâti*... 135

II. *Les versions occidentales.* a) Le fabliau comparé aux formes orientales. Supériorité logique de la forme française. — b) Qu'il nous est impossible, en fait, de décider laquelle est la primitive, des versions sanscrite et française. — Discussion de la méthode qu'il convient d'employer pour ces comparaisons de versions. — c) Les différentes versions européennes, toutes indépendantes des formes indiennes. Mobilité, variété des éléments du récit sous ses formes européennes, en contraste avec l'immobilité des formes orientales........ 149

CHAPITRE VII

SUITE DE NOS ENQUÊTES SUR LES DIVERS FABLIAUX ATTESTÉS DANS L'ORIENT

I. Fabliaux qu'il nous faut écarter : *la Housse Partie, la Bourse pleine de sens, le dit des Perdrix*............. 167

II. Monographies des fabliaux qui se retrouvent sous quelque forme orientale ancienne. Rejet aux appendices, pour éviter de fastidieuses redites, des contes d'*Auberée*, de *Bérangier*, de *Constant du Hamel*, du *Pliçon*, du *Vilain Asnier*, du *Vilain Mire*. — Étude spéciale de quatre fabliaux : A, le *lai d'Aristote*; B, les *Quatre Souhaits Saint-Martin*; C, le *lai de l'Epervier*; D, les *Trois Bossus Ménestrels*.................................. 169

CHAPITRE VIII

SOUS QUELLES CONDITIONS DES RECHERCHES SUR L'ORIGINE ET LA PROPAGATION DES CONTES POPULAIRES SONT-ELLES POSSIBLES?

I. L'hypothèse de l'origine indienne écartée, les contes procèdent-ils pourtant d'un foyer commun? Que peut-on savoir de leur patrie, une ou diverse, et de leurs migrations? — Direction incertaine et hésitante des recherches contemporaines............................ 152

II. Que les contes dont on recherche désespérément l'origine et le mode de propagation ne sont caractéristiques d'aucun temps, d'aucun pays spécial.............. 218
III. Pour ces contes, que peut-on espérer des méthodes de comparaison actuellement en honneur? Critique de ces méthodes : leur stérilité montrée par un dernier exemple, tiré de l'étude du fabliau des *Trois dames qui trouvèrent un anneau*................. 225
IV. Conclusions générales...................... 235
V. Que ces conclusions ne sont pas purement négatives.... 246

SECONDE PARTIE

ÉTUDE LITTÉRAIRE DES FABLIAUX

CHAPITRE IX

QUE CHAQUE RECUEIL DE CONTES ET CHAQUE VERSION D'UN CONTE RÉVÈLE UN ESPRIT DISTINCT SIGNIFICATIF D'UNE ÉPOQUE DISTINCTE

Projet de notre seconde partie. Chaque recueil de contes a sa physionomie propre : ainsi les novellistes italiens ont taché de sang les gauloiseries des fabliaux; d'où un intérêt dramatique supérieur................. 251
Chaque version d'un même conte exprime, avec ses mille nuances, les idées de chaque conteur et celle des hommes à qui le conteur s'adresse. Exemples : le fabliau du *Chevalier au Chainse*, du XIIIe siècle français au XIVe siècle allemand, du XIXe siècle à Brantôme et à Schiller, de Brantôme à M. Ludovic Halévy........ 253
Étude similaire tentée sur le fabliau de la *Bourgeoise d'Orléans*................. 260

CHAPITRE X

L'ESPRIT DES FABLIAUX

I. Examen du plus ancien fabliau conservé, *Richeut*...... 265
II. L'intention des conteurs n'est, le plus souvent, ni morale ni satirique : un fabliau n'est qu'une « risée et un gabet ». De quoi riait-on?.................. 270
III. Fabliaux qui supposent une gaieté extrêmement facile et superficielle............................. 272
IV. Fabliaux qui n'impliquent que « l'esprit gaulois » : caractéristique de cet esprit................. 274
V. Fabliaux qui, outre l'esprit gaulois, supposent le mépris profond des femmes..................... 279
VI. Fabliaux obscènes 285
VII. Fabliaux qui impliquent satire : a) la satire des classes sociales, chevaliers, bourgeois, vilains, est très exceptionnelle; b) au contraire, satire fréquente et violente du clergé. Résumé..................... 286

CHAPITRE XI

LA VERSIFICATION, LA COMPOSITION ET LE STYLE DES FABLIAUX

Absence de toute prétention littéraire chez nos conteurs : leur effacement devant le sujet à traiter.......... 300
De là les divers défauts de la mise en œuvre des fabliaux : négligence de la versification; platitude et grossièreté du style... 303
De là aussi ses diverses qualités : brièveté, vérité, naturel... 305
Comment l'esprit des fabliaux a trouvé dans nos poèmes son expression adéquate......................... 315

CHAPITRE XII

PLACE DES FABLIAUX DANS LA LITTÉRATURE DU XIII° SIÈCLE

Que l'esprit des fabliaux représente l'une des faces les plus significatives de l'esprit même du moyen âge... 316
I. Littérature apparentée aux fabliaux................. 317
II. Littérature en contraste avec les fabliaux........... 322
III. Deux tendances contradictoires se disputent la poésie du XIII° siècle : comment concilier ces contraires?......

CHAPITRE XIII

A QUEL PUBLIC S'ADRESSAIENT LES FABLIAUX

I. Les fabliaux naissent dans la classe bourgeoise, pour elle et par elle.. 329
II. Pourtant, indistinction et confusion des publics : les plus aristocratiques — d'où les femmes ne sont point exclues — se plaisent aux plus grossiers fabliaux..... 333
III. Cette confusion des publics correspond à une confusion des genres : l'esprit des fabliaux contamine les genres les plus nobles..................................... 339

CHAPITRE XIV

LES AUTEURS DES FABLIAUX

I. Poètes amateurs : Henri d'Andeli, Philippe de Beaumanoir.. 345
II. Poètes professionnels : 1) les clercs errants........... 347
2) les jongleurs : Rutebeuf........................ 356
3) les ménestrels attitrés à la cour des grands : Jehan de Condé, Watriquet de Couvin, Jacques de Baisieux... 375

CHAPITRE XV

Conclusion.. 384

APPENDICE I

Liste alphabétique de tous les poëmes que nous considérons comme des fabliaux... 393

APPENDICE II

Notes comparatives sur les fabliaux........................ 399

APPENDICE III

Notes sur les auteurs des fabliaux......................... 433

APPENDICE IV

Corrections au texte des fabliaux.......................... 444

Index alphabétique.. 473

www.ingramcontent.com/pod-product-compliance
Lightning Source LLC
Chambersburg PA
CBHW051403230426
43669CB00011B/1753